三水年鉴
2015
SANSHUI YEARBOOK

佛山市三水区人民政府地方志办公室
佛　山　市　三　水　区　档　案　局　编
佛山市三水区《三水年鉴》编辑部

SPM
南方出版传媒
广东人民出版社

图书在版编目(CIP)数据

三水年鉴.2015/佛山市三水区人民政府地方志办公室，佛山市三水区档案局，佛山市三水区《三水年鉴》编辑部编. —广州：广东人民出版社，2015.10

ISBN 978-7-218-10577-2

Ⅰ.①三… Ⅱ.①佛… ②佛… ③佛… Ⅲ.①区（城市）-佛山市-2015-年鉴 Ⅳ.①Z526.53

中国版本图书馆CIP数据核字（2015）第278394号

SANSHUI NIANJIAN 2015

三水年鉴·2015

佛山市三水区人民政府地方志办公室
佛 山 市 三 水 区 档 案 局 编
佛山市三水区《三水年鉴》编辑部

出 版 人：曾 莹

责任编辑：佘小华 钱 丰
责任技编：周 杰 黎碧霞

出版发行：广东人民出版社
地 址：广州市大沙头四马路10号（邮政编码：510102）
电 话：（020）83798714（总编室）
传 真：（020）83780199
网 址：http://www.gdpph.com
印 刷：佛山市南海印刷厂有限公司
开 本：787毫米×1092毫米 1/16
印 张：29.25 字 数：820千
版 次：2015年10月第1版 2015年10月第1次印刷
定 价：260.00元

编辑说明

一、《三水年鉴》是中共佛山市三水区委、区人民政府主办，由区人民政府地方志办公室、区档案局、《三水年鉴》编辑部编辑的综合性年鉴。自1996年起，每年出版1卷。《三水年鉴（2015）》为第20卷，是《三水地方志丛书》之一，由广东人民出版社出版，在国内外公开发行。本卷年鉴以马克思列宁主义、毛泽东思想、邓小平理论为指导，坚持科学发展观，实事求是、全面翔实地记载2014年三水区政治、经济、文化、社会等各方面的基本情况，反映全区人民在改革开放、经济建设和社会发展中取得的新成就、新进展和新经验。旨在为社会各界和海外人士了解和研究三水提供资料，为宣传推介三水和推动全区经济社会发展服务。为适应信息时代的需要，从2002年起，每卷年鉴同步出版多媒体只读光盘，并随书发行。

二、《三水年鉴》以出版年份为卷次名称，主要收录上年的基本情况和资料，2015年出版的年鉴主要收录2014年的资料，称“2015年卷”。

三、《三水年鉴》采取分类编辑法，以类目、分目、条目组成年鉴主体框架。在少数分目中，增加子分目的层次。其中“条目”是年鉴用以表达内容的主要形式，其标题用黑体字加【 】表示；“条目”以下的标题用楷体字表示。本卷年鉴分设特辑、特载、专文、2014年三水大事记、三水概况、镇街概况、区领导机关、民主党派·群团组织、地方军事、政法、城市建设和管理、口岸管理、经济管理、财政·税收、交通·邮电、工业、商业、农业、金融业、科学技术、教育、文化·体育、卫生、社会民生、驻三水单位、先进单位与先进个人、社会经济统计资料、便民服务，共28个类目、138个分目、842个条目、82万字和彩版96页。全书前有目录，后设主题索引，便于读者检索。

四、本卷年鉴部分资料由编辑部编选，其余由各单位年鉴通讯员撰稿（含内文图片）并经单位领导审阅后提供。编辑部编纂、排版、校正后，交各单位年鉴通讯员复校，并送区有关领导和部门审阅，再经广东人民出版社审定付印出版。

五、本卷年鉴在稳定基本框架的基础上，对部分篇目的框架和内容进行调整和充实。为反映2014年全区重大活动及各行各业新貌，在《特辑》篇中设《美丽三水·阔步前行——三水区三年城市升级专辑》《2014年大事剪影》专栏；部分照片年限至2015年。

六、《社会经济统计资料》的统计数字由三水区发展规划和统计局提供，其他统计数字由各单位提供；因统计口径不同，如个别数字出现不一致时，以《社会经济统计资料》的统计数字为准。

七、《先进单位与先进个人》主要收录2014年及因评奖时间等原因未能在上卷年鉴刊载的，广东省以上先进单位与先进个人名录、事迹简介。名录及事迹均由各单位提供。

八、为保存各部门的人事资料，本卷年鉴收录相关部门、单位负责人名录。

九、本卷年鉴的编辑出版工作，得到区有关领导、部门、单位、社会各界的大力支持和协助，谨此深表谢意。因年鉴涉及面广，编辑出版工作浩繁，时间紧迫，其粗疏、错漏之处，敬请读者批评指正。

佛山市三水区人民政府地方志办公室
佛山市三水区档案局
佛山市三水区《三水年鉴》编辑部

三水区地方志编纂委员会

名誉主任：苏伟波（区委书记、区人大常委会主任）
主　　任：陈英文（区委副书记、区长）
副 主 任：黄昌建（区政务委员、区委区府办主任）
委　　员：莫少飞　梁俭明　邹　震　陈光强　黄俊强
刘小侠　赵　梅　江克云　黎仕津　张真昃
严振飞　方耿明　苏　锋　梁宏志　李　峰
萧晓炜　李健峰　彭家文　邓沃明　刘健宇
李伟坚　郑俊辉　林均恒　蔡振鸿　黄海辉
陈泽明　霍泳康　张宏标　李一奇　修元山
赵俊江　林耀强　廖伟鸣　林晓莉　王远鸿
钱小霞　黎顺琼　朱伟伟　吴文芳　黎达贤
骆永强　周伟宁　潘志豪　龚仁舜　郑培坚
黄永德　何　山　林伟镜　朱年文　李斌强
陈浩深　赖文戈　洪　俊　陈朝晖　张宗金
李文一　林建新　杨　军　叶信标　邓伯怡
区显波　刘劲涛

《三水年鉴》编辑部

主　　任：陈光强（兼）
副 主 任：吴文芳（兼）
主　　编：吴文芳
执行主编：余燕良
副 主 编：潘秋笛　植伟森
责任编辑：潘秋笛　曲家明　何婉清　植伟森
摄　　影：程炳佳　李　东
校　　对：潘秋笛　曲家明　何婉清　植伟森
图片提供：区档案局办公室（技术声像股）

目 录
CONTENTS

特辑
SPECIAL COLLECTION

特载
SPECIAL EDITION

专文
SPECIAL REPORTS

2014年三水大事记
A CHRONICLE OF MAJOR EVENTS IN SANSHUI 2014

三水概况
A SURVEY OF SANSHUI

镇街概况
A SURVEY OF THE TOWN-SHIP

宣传工作
Propaganda Work

统战侨务工作
United Front Work

佛山市三水区人大常委会
Foshan City Sanshui District The Standing Committee of People's Congress

佛山市三水区人民政府
Foshan City Sanshui District People's Government

中国人民政治协商会议佛山市三水区委员会
Foshan City Sanshui District Committee of Chinese People's Political Consultative Conference

邮政
Post

产业基地
Industrial Base

工业
INDUSTRY

综述
Overview

主要工业行业
The Main Industries

商业
COMMERCE

对外贸易
Foreign Trade

商贸流通
Commerce and Trade Circulation

旅游业
Tourism

烟草专卖
Tobacco Monopoly

农业
AGRICULTURE

■ 综述
Overview

■ 种植业
Planting

■ 林业
Forestry

■ 渔业
Fisheries

■ 畜牧业
Animal Husbandry

金融业
FINANCE

■ 综述
Overview

■ 银行业
Banking

中国工商银行佛山三水支行
Industrial and Commercial Bank of China Foshan Sanshui Branch

中国银行股份有限公司佛山三水支行
Bank of China Company Limited Foshan Sanshui Branch

中国农业银行股份有限公司佛山三水支行
Agricultural Bank of China Company Limited Foshan Sanshui Branch

教育
EDUCATION

■ 综述
Overview

■ 学前教育
Preschool Education

■ 中小学教育
Elementary Education

■ 中等职业教育
Middling Specialized and Vocational Education

■ 特殊教育
Special Education

■ 成人教育、实践基地
Adult Education、Practice Base

■ 镇街教育
Town Education

文化·体育
CULTURE·SPORTS

■ 文化事业
Cultural Undertaking

■ 档案事业
Archives Undertaking

■ 史志编纂
Chronicles Compilation

■ 体育事业
Sports Undertaking

卫生
HEALTH

■ 综述
Overview

■ 医疗卫生
Medical and Health

三水区人民医院
Sanshui District People’s Hospital

佛山市中医院三水医院
Foshan City Traditional Chinese Medical Hospital Sanshui Hospital

三水区妇幼保健院
Sanshui District Women and Children’s Health-care Hospital

■ 疾病防控
Disease Prevention and Control

三水区卫生监督所
Sanshui District Institute of Health Inspection

驻三水单位
UNITS IN SANSHUI

先进单位与先进个人
EXCELLENT UNITS AND EXCELLENT INDIVIDUALS

社会经济统计资料
SOCIAL AND ECONOMIC STATISTICS

便民服务
CONVENIENCE OF THE PEOPLE

索引
INDEX

佛山市三水区行政区划图

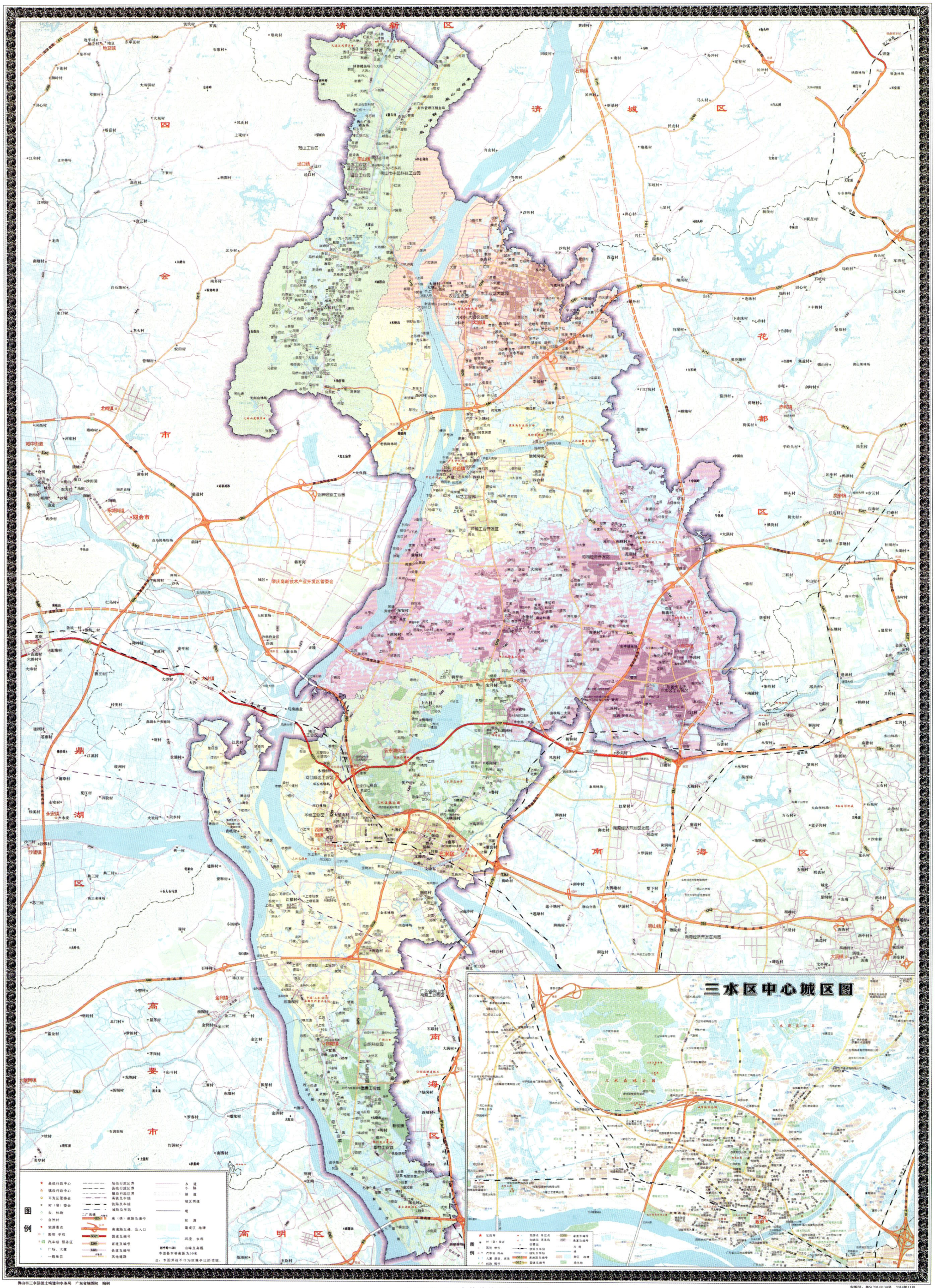

佛山市三水区国土城建和水务局　广东省地图院　编制

参考比例尺 1:50000

审图号：粤S(2014)139号　2014年11月

三水区中心城区图

三水区国土城建和水务局　广东省地图院　合编

审图号：粤S（2014）138号　2014年12月

数字看三水

2009—2014年地区生产总值及其增长速度

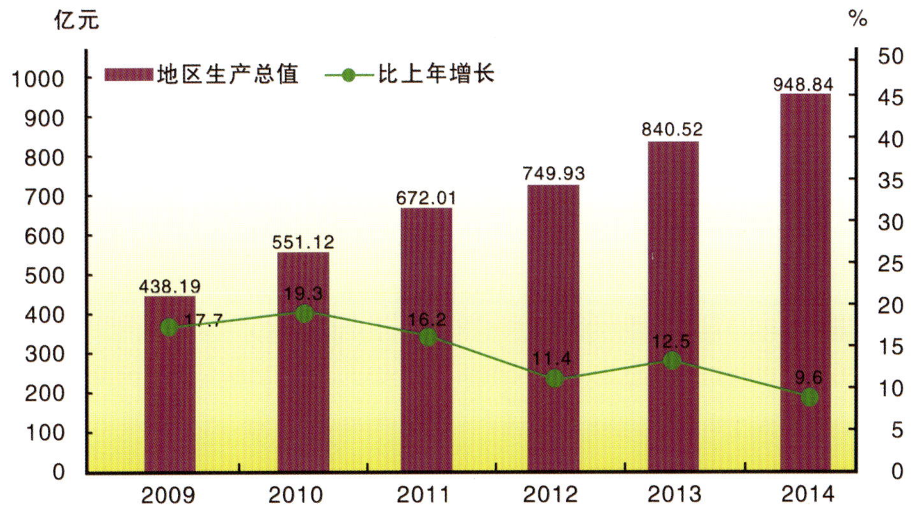

2009—2014年居民消费价格涨跌幅度

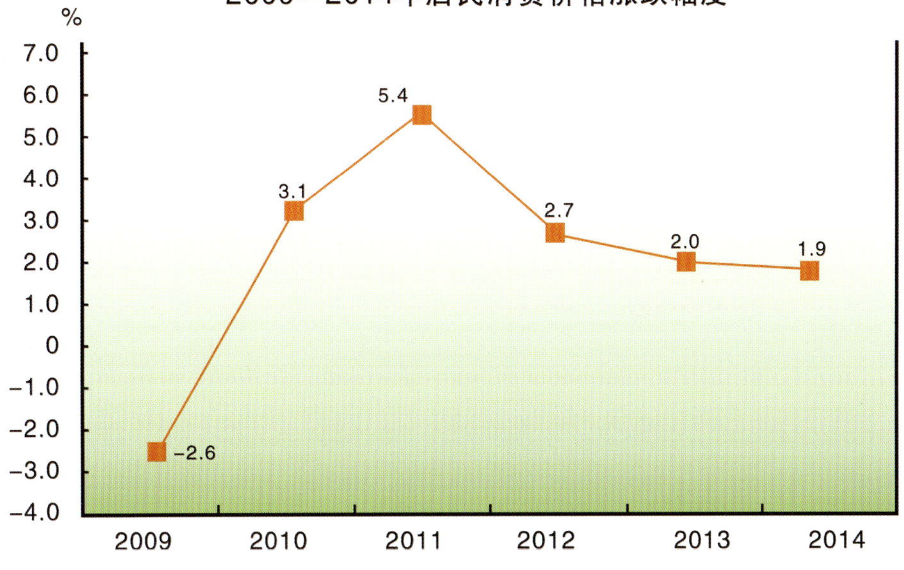

2009—2014年固定资产投资及其增长速度

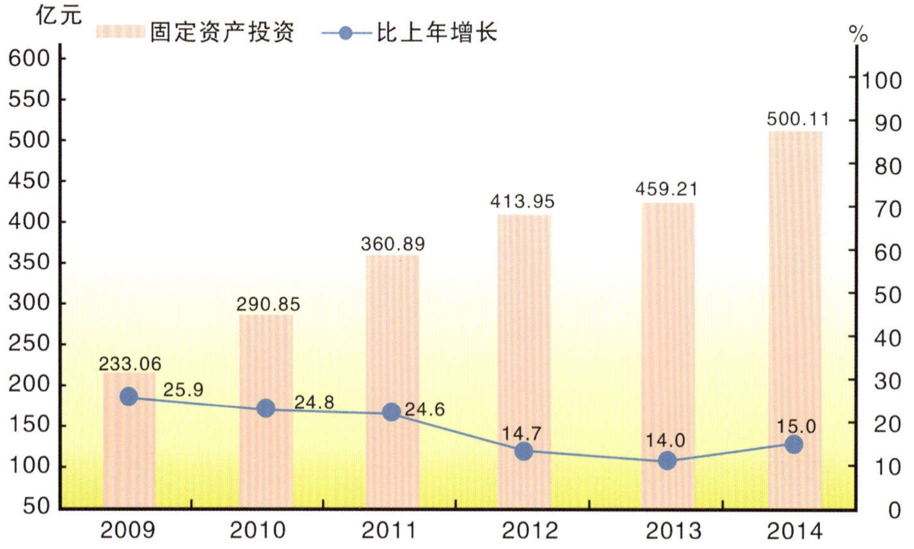

2009—2014年社会消费品零售总额及其增长速度

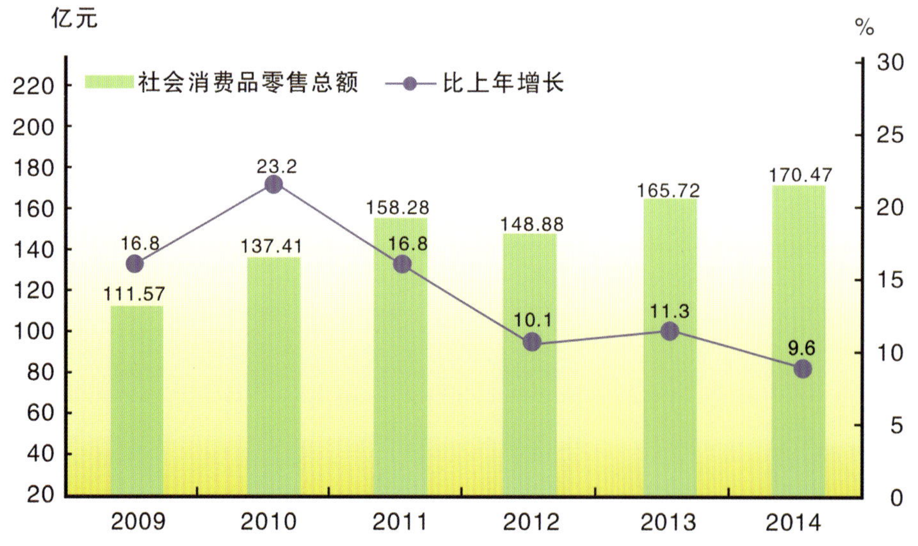

2009—2014年进出口总额及其增长速度

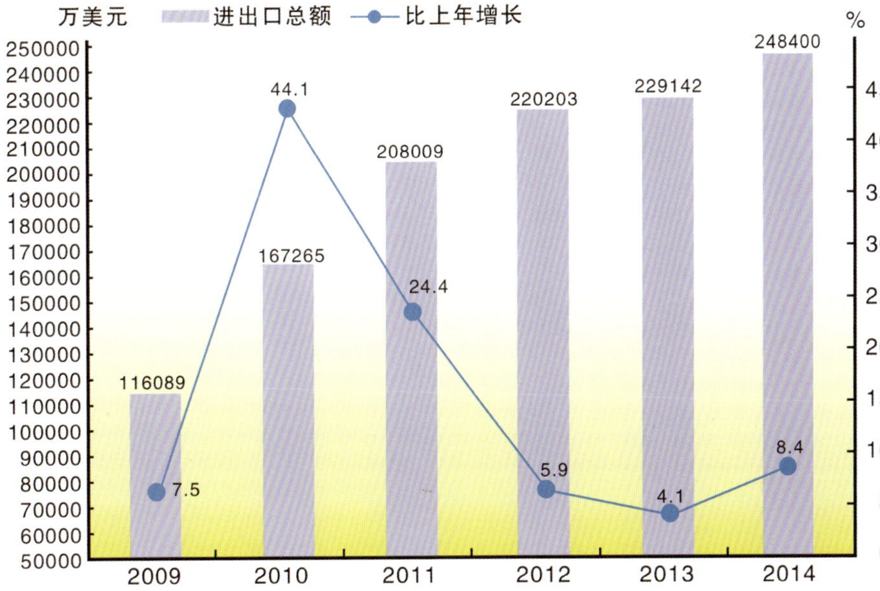

2009—2014年地方公共财政预算收入及增长速度

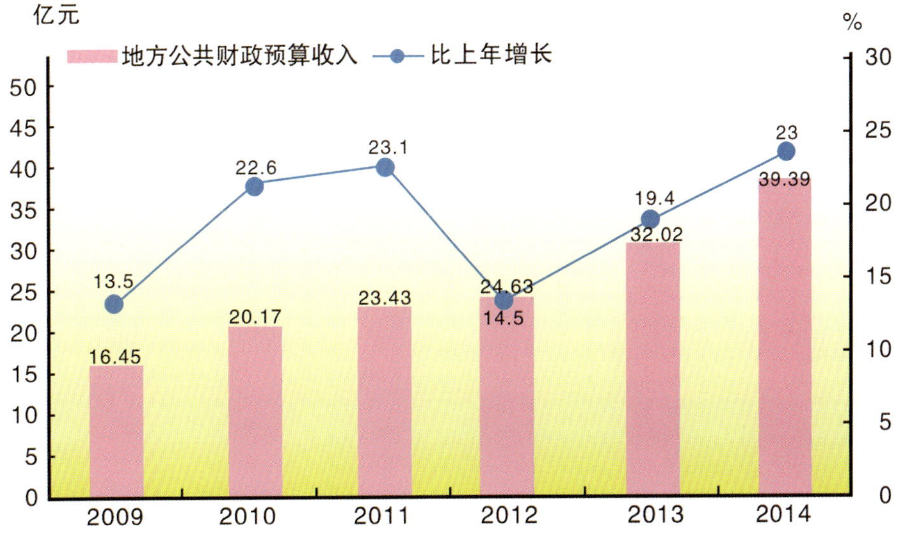

美丽三水 阔步前行

三水区三年城市升级特辑

编者按：2012年，佛山市启动城市升级三年行动计划。三年间，三水区共投入115.4亿元，开展市下达的26个项目以及自身增加的54个项目，通过重点实施组团中心提升、绿化和景观提升、城乡环境整治、园区产业提升、新农村建设五个方面，提升三水区的城市综合竞争力。2014年，三水区的城市面貌实现了蝶变，城市总体形象和人居环境得到了提升。本书以“美丽三水，阔步前行——三水区三年城市升级”图片特辑，展示三水区的城市新貌，让人们感受美丽三水焕发出来的新魅力。

■ 俯瞰三水中心城区，曾经的臭河涌变成了一道亮丽的风景线

■ 水都基地百威大道（张弘弢 提供）

■ 可口可乐瓶装商生产（佛山）有限公司生产线

水都基地厂房林立（张弘弢 提供）

广东红牛维他命饮料有限公司

广东红牛维他命饮料有限公司生产车间

广东爱康太阳能有限公司生产车间

佛山澳信科技有限公司车间

■ 高科技——诚远集团生产车间

■ 自动化生产线——广东合和建筑五金制品有限公司

■ 井然有序——佛山市金银河智能装备股份有限公司装配车间

■ 广佛肇轻轨施工现场

■ 南湖路施工现场

■ 广海大道健力宝路口（张弘弢 提供）

■ 新开通的一环西路

■ 新通车的西南大道

改造后的石湖洲立交绿意盎然（张弘弢 提供）

三水中心城区

■ 广三高速云东海出口四通八达
（张弘弢 提供）

■ 交通路网畅达（杨耀桐 提供）

■ 南山镇结束没有高速公路的历史——肇花高速六和出入口

■ 笔直宽阔的工业大道

三水在佛山率先进入高铁时代，打开城市发展空间（黄猛高 提供）

新建成的南山汽车客运站

贵广（南广）高速铁路三水南站

三水城区一角

芦苞镇奥特莱斯广场

南丹山自然风景区

三水森林公园

云东海北湖

■ 三江汇流和贵广（南广）高铁

■ “一河两岸”美丽风光

绿树红瓦映衬下的三水森林公园

远眺三水大桥、北江新区

改造后的大棉涌景色秀丽

北江体育休闲公园前身是破旧的厂区

西南涌北段一期工程竣工

北江体育休闲公园

三水新城重点项目保利中央公园建设进展顺利

东海蓝湾小区绿化景观

■ 改造后的红卫路步行街环境整洁，成为市民休闲购物的好去处（张弘弢 提供）

■ 改造后的西南市场环境整洁（张弘弢 提供）

■ 改造前的北江新区，低矮的厂房分布其中

■ 改造中的北江新区，这里是市民投资置业的新选择

■ 改造后的北江新区，城市面貌焕然一新

民生篇

2014年12月6日，三水区承办佛山市住建管理系统户外宣传日活动

■ 云东海街道桃园路施工现场

■ 云东海街道南湖路施工现场

■ 广佛肇轻轨施工现场

■ 云东海街道协和路施工现场

■ 三水新城休闲水庭施工现场

■ 三水新城高丰路施工现场

2014年1月10日，三水区召开春运工作行业安全生产会议

2014年2月13日，三水区召开第一季度防范重特大安全事故工作会议

■2014年1月26日，三水区总工会举办服务外来工浓情小驿站活动

■2014年4月29日，三水区总工会举行“职业风采·梦想飞扬”庆祝“五一”晚会

■2014年5月9日，共青团三水区委举办“五四”表彰大会暨“圆梦三水”青年励志讲座

■ 2014年5月21日，三水区妇联举办“童心共筑中国梦”活动

■ 2014年10月18日，三水区举行香港南华体育会、三水羽毛球协会友谊赛

2014年10月30日，三水区召开青年联合会第三届委员会第一次全体会议

2014年11月4日，三水区举办“创建幸福家庭·关爱计生特殊困难家庭”暨省计生协会生育关怀基金物资发放仪式

■ 2014年4月17日，三水区召开计划生育工作会议

■ 2014年5月27日，三水区举办生育关怀基金捐赠仪式并开展户外宣传活动

■ 2014年5月27日，三水区举办生育关怀基金捐赠仪式

■ 2014年10月16日，广东省科学育儿家庭教育主题活动三水区专场

■ 2014年8月5日，三水区妇联举办西南街道文锋西社区家庭服务中心揭牌仪式

■ 2014年10月12日，三水区举办第三期保障性住房（公租房）抽签选房仪式

经济篇

■ 2014年1月3日，禅城区、南海区、三水区加快佛高区核心园区协同建设合作框架协议签约仪式

■ 2014年3月6日，南山镇与上海杰隆集团签约，南山镇第一家生物科技营养、保健食品高新技术企业正式落户

■ 2014年5月26日，南山镇举行2014年上半年招商项目签约仪式，十大项目进驻南山镇

■ 2014年6月20日，世界500强企业摩根大通旗下的空调国际汽配项目落户三水工业园区

■ 2014年6月23日，总投资8400万美元的国荣先达汽配项目落户三水工业园区

■ 2014年6月26日，三水区举行福田汽车集团广东佛山三水项目奠基仪式。市、区领导鲁毅、苏伟波、陈英文和福田汽车集团总经理王金玉等为项目奠基

■ 2014年8月22日，三水区举办工业产品展览会

■ 2014年9月23日，三水区举办合肥工业大学广东研究院挂牌仪式暨校企对接活动

■ 2014年12月2日，百威英博（佛山）啤酒有限公司举行扩建项目动工仪式

■ 2014年12月2日，西南街道举行中国（三水）国际水都饮料食品基地2014年产业项目动（竣）工仪式。图为健力宝新厂区奠基仪式

■ 2014年5月20日，西门子全球教育合作总监Mr. Roland（罗兰）（左）和三水工业中专校长但修前（右）签订校企合作协议

■ 2014年6月，三水中学街舞社被评为“广东省优秀社团”，图为街舞社员持获奖证书合影

■ 2014年8月26日，北京外国语大学附属学校三水外国语学校揭幕

■2014年7月4日，三水区第四届中小学班主任专业能力大赛在实验小学举办，区内18所小学、16所初中和中职学校的优秀班主任参加比赛

■2014年8月22日，三水区举办光彩事业颁奖活动

■ 2014年11月13日，由三水区教育局主办、三水区社区学院和乐平镇教育局协办的“三水区2014年全民终身学习活动周启动仪式”在乐平镇产业社区举行

■ 2014年10月10日，三水首个校园警务室——乐平派出所南边小学警务室揭牌启用

■ 三水区理工（技工）学校

■ 2014年12月12日，西南街道教育局与佛山市教育局教研室举行“区域（西南街道）教研创新”项目研究合作签约仪式

■ 西南街道第七小学积极开展小记者活动。图为小记者们参观区气象站，认真对气象仪器进行观察

■ 2014年2月11日，三水区召开推进农村综合改革工作会议

文化篇

■ 2014年7月11日，佛山市代市长鲁毅到三水区调研“创文”工作

■ 2014年8月28日，佛山市委常委、宣传部部长冯德良到三水区视察“创文”工作

■ 2014年2月23日，佛山市在三水区举办“微文明·勤劳节俭”户外宣传活动

■ 2014年4月4日，三水区举办“感动三水”道德模范命名仪式

■ 2014年4月30日，三水区旅游文化节暨雅居乐·雅湖半岛美食嘉年华活动开幕

■ 2014年5月16日，三水区第十五届运动会开幕

■ 2014年5月18日，“让文化遗产活起来”——2014年三水区文化遗产保护宣传月系列活动开幕

■ 2014年6月27日，三水区召开《中国共产党三水历史（第二卷）》首发座谈会

2014年7月21日，佛山第二届青岛啤酒节开幕

2014年9月26日，三水区举行“南粤幸福活动周”——“兴业杯”巾帼广场舞展示大赛

特载
SPECIAL EDITION

编者按： 2015年1月26日，中共佛山市三水区委第十二届第六次全体会议召开，区委书记苏伟波作题为《新常态、新动力、新发展》的工作报告。2015年1月30日，佛山市三水区第十五届人民代表大会第五次会议召开，区长陈英文作《政府工作报告》。

区委十二届六次全会的工作报告，回顾和总结2014年工作，研究部署2015年工作。报告要求在新的一年，全区要深入贯彻落实党的十八大，十八届三中、四中全会和习近平总书记系列重要讲话精神，以党建为引领，坚持改革创新，统筹推进产业转型、城市升值、民生事业、依法治区等工作，全面完成“十二五”任务，加快建设“产业新城、南国水都、广佛肇绿芯”。区第十五届人民代表大会第五次会议的《政府工作报告》，回顾2014年的工作，提出2015年的工作是深入贯彻落实党的十八大和十八届三中、四中全会精神，按照区委十二届六次全会的部署要求，坚持改革创新，统筹推进产业转型、城市升值、环境优化、社会治理和政府建设等工作，全面加快建设“产业新城、南国水都、广佛肇绿芯”。

本书全文刊载这两个报告。

新常态、新动力、新发展
——在中共佛山市三水区委十二届六次全体会议上的报告

中共佛山市三水区委书记　苏伟波

（2015年1月23日）

中共佛山市三水区委书记苏伟波在区委第十二届第六次全体会议上作报告

同志们：

现在我代表区委常委会，向全会作报告。

2014年工作回顾

2014年，全区上下深入学习贯彻党的十八大和十八届三中、四中全会，以及习近平总书记系列重要讲话精神，紧紧围绕建设“产业新城、南国水都、广佛肇绿芯”战略目标，践行党的群众路线，全面深化改革，推动经济社会各项事业提速提质发展，较好地完成了区委十二届五次全会确定的各项目标任务。全年预计实现生产总值920.75亿元，增长9.6%；工业总产值2898.57亿元，增长10.5%；全社会固定资产投资500.11亿元，增长14.8%；地方公共财政预算收入39.39亿元，增长23%。

——党建核心引领作用凸显。一年来，我们紧紧围绕“为民务实清廉”主题，把贯彻落实中央八项规定精神作为切入点，聚焦“四风”抓整改，扎实有效开展党的群众路线教育实践活动，各级领导班子团结协作、务实进取，全区干部作风明显转变，群众诉求有效解决，群众满意度显著提升。因应基层社会重构，深化“五型”特色党组织[(1)]建设，积极探索园区党建新模式，构建区域化党建格局，加大村民小组党支部组建力度，不断扩大基层党组织覆盖面。扎实推进基层服务型党组织建设，推动7个软弱涣散村党组织全部实现晋位升级。全面推进镇街领导干部驻村（社区）直接联系群众制度，首推“民生微实事”立办制改革，共收集实施“民生微实事”项目143个，投入资金2272万元，撬动社会资金近1500万元，快速有效解决关系群众切身利益的民生实事。坚持从严治党，从严管理干部，认真贯彻执行新颁发的《党政领导干部选拔任用工作条例》，树立科学选人用人导向，加强干部日常了解，完善干部动态管理考核。按照“好干部”标准[(2)]，进一步优化机构设置和班子配备，加大培训力度，调整交流干部，提升干部队伍效能。规范和完善科级非领导职务管理，完善中层干部配备管理，激发干部干事创业激情。坚决反对“为官不为”，强化监督执纪问责，搭建狠刹“四风”网络监督平台，保持反腐败高压态势，营造风清气正、奋发有为的政治新生态。

——全面深化改革成果显著。一年来，我们认真贯彻落实上级顶层设计和总体部署的各项改革任务，坚持问题导向，全面深化区委16项重大改革专题。进一步深化简政强镇和事权下放，建立以项目为导向的土地、资金、环保容量等资源竞争性分配机制，制定差异化的绩效考核体系，营造镇街“比学赶超”的良好氛围，不断激发镇街发展活力；以“五项试点”[(3)]为抓手，有序推进农村综合改革，探索推进基层治理体系与治理能力的现代化建设，不断激发基层发展活力；全面编制完成权责清单，逐步理清政府与市场、政府与社会的边界。全面实施商事登记制度改革，新设立各类市场主体3739户，不断激发市场活力；深入推进行政审批制度改革，实施行政审批服务事项最低时限办结承诺制，全面推行“3天上报、5天办结”[(4)]。实施工程建设领域报批改革，成立重点项目报批服务中心，不断优化营商环境，加快建设人民满意政府，提升政府治理能力；充分发挥决策咨询委员会和政府顾问团的作用，健全社会广泛参与的科学决策机制，营造全社会齐心协力推进改革的良好氛围，不断激发社会活力。

——产城互动成效明显。一年来，我们依托三大园区，围绕机械装备、食品饮料和现代服务业三大主导产业，强化产业链招商，引入摩根大通空调国际、港中旅物流和万达广场等一批世界、国内500强项目。强化企业服务，促成福田汽车、亨氏食品等项目动工投产，百威啤酒等35家规模以上企业增资扩产，新增纳税超亿元企业4家。启动本土知名企业健力宝旧厂搬迁和新厂建设，实现“凤凰涅槃”，再次腾飞。强化载体建设，三大园区扩容提质步伐加快。中国（三水）国际水都饮料食品基地加快与白坭镇融合发展。佛山高新区三水园（南园）获批成为“省智能制造示范基地”。佛山高新区三水园（北园）成功创建“省绿色升级示范工业园区”。强化创新驱动，广东三水合肥工业大学研究院挂牌成立，大型科技创新公共服务平台实现新突破。扶持欧神诺、盛华德成功挂牌新三板。试点发展家庭农场，积极培育新型农民专业合作社联合社。推进水产品示范基地建设，打造水产业全产业链，加快发展现代农业。

进一步明晰城市定位和主攻方向，引导产业项目和城市设施有序聚集，实现三大板块错位发展、特色发展。全面落实“禅南三”合作，大力推进交通路网完善，有效提高城市效率。全面加快城市更新步伐，扎实完成“城市升级三年行动计划”，逐步开创从城市“升级”转向“升值”的新型城镇化道路。三年来，累计投资95亿元，实施升级项目83个。三水新城基本实现“三年完善基础”目标。北江新区建设全面加快。各镇街中心城区加快完善基础设施、公共服务、居住配套等要素建设，聚集效应明显提升。启动城市升级“八个一”工程[5]，有序推进“三旧”改造，城市综合承载力不断提高。全面完成全区农贸市场改造，大力推进市场周边环境整治，西南市场、红卫路等老街区焕发新活力。首建“环保警察”队伍，重拳打击企业违法排污，以前所未有的力度向污染宣战。铁腕推进治水、治气，生态环境持续改善。全面创建全国文明城市，着力提高城市综合管理水平，城市更加干净整洁、文明有序、宜居宜业。

——社会民生事业持续改善。一年来，我们注重民生福祉，以实施“民生十件实事”为抓手，认真落实各项惠民政策，大力推进危房改造、保障房建设等工作，着力提升市民的幸福感、安全感、自豪感。创新基层社会治理，建立村居议事会制度，扶持发展社会组织，广泛发动家乡建设委员会、乡贤慈善会等社会力量参与农村建设和治理，逐步搭建“政社归位、协同共治”的基层社会治理新体系。优化提升公共服务。成功创建“全国义务教育发展均衡县（区）”，加快区镇重点学校建设，北外附校三水外国语学校建成使用，教育资源配置进一步优化。创新医疗运营和管理模式，构建多层次的医疗服务体系，医疗卫生水平不断提升。各项社会保险扩面提标。深入推进平安创建，创新立体化治安防控体系。扎实推进食品安全示范市创建，健全安全监督管理工作长效机制，人民群众生命财产安全得到有效保障，社会大局和谐稳定。

同时，我们全力支持人大、政协充分发挥作用、积极履行职能，着力加强统战、群团、双拥、人武、对口扶贫和援助等各项工作，营造了良好的政治社会环境。

同志们，过去一年，面对经济下行压力加大、各种刚性约束因素增多的局面，我们上下一心，迎难而上，锐意进取，取得的成绩来之不易。这是上级党委正确领导的结果，是全区各级党组织、广大党员和干部群众团结协作、攻坚克难的结果，是各民主党派、各人民团体和社会各界人士同舟共济、共谋发展的结果。在此，我代表区委向全区各级党组织、广大党员和干部群众，以及关心支持三水发展的社会各界致以崇高的敬意和衷心的感谢！

2015年重点工作部署

2015年，是“十二五”的收官之年，也是全面深化改革的关键之年、全面推进依法治区的开局之年。当前，在“三期叠加”[6]的影响下，我国经济发展进入新常态，国内经济逐步由高速转为中高速增长，由注重量的增长转为更加注重结构优化，更加注重发展质量和效益，更加注重创新驱动。适应新常态，激发新动力，谋求新发展，将成为今后各项工作的基本要求。

在新旧常态的转换期，三水挑战与机遇同在。挑战来自于我们面临着资源、环境、人才、资金等诸多瓶颈和制约，发展方式仍然粗放、产业结构亟待优化、政府服务和营商环境有待提升、区域竞争力仍然不够突出等。但同时随着国家“一路一带”[7]战略实施，泛珠三角区域融合进一步加快，广东自贸区、珠江—西江产业带、珠江西岸先进装备制造产业带打造建设，必然会迎来更多的政策红利和更强的区域发展带动力。经过多年努力，我们也迎来了区位交通、产业集群、城市环境、资源空间、发展氛围等优势的厚积薄发期。经过综合评估，三水已处于加快发展的战略机遇期。因此我们要保持战略定力，坚定信心，咬定目标，奋力拼搏，着力“五个更加突出”，增创三水发展新优势。

——要更加突出党的核心领导。加快三水各项事业发展，党的领导是根本保证，各级班子是中坚力量。我们要进一步加强各级党组织建设，充分发挥各级党组织总揽全局、协调各方的领导核心作用，巩固教育实践活动成果，以优良的党风凝聚党心民心，带动政风民风。

——要更加突出发展第一要务。解决问题的关键在于发展。当前，经济总量偏小、产业层次偏低依然是三水最为突出的问题。新常态下我们要坚定发展目标，加快发展步伐，既注重量的扩张，更注重质的提升，量质并举，全面提高三水经济社会发展水平。

——要更加突出改革创新。增创一个地方发展的新优势，关键在于思想观念和体制机制上要不断勇于突破自己、超越自己。随着深化改革和依法治国的推进，传统的发展模式已难以为继。三水赖以发展的资源成本、政策优惠等优势已逐步失去，未来的发展必须不断加大改革力度，尤其是通过打造法治化国际化营商环境，充分发挥市场在资源配置中的决定性作用，激发体制机制活力，增强发展内生动力，持续释放三水发展红利。

——要更加突出绿色发展。生态是三水最具特质的名片，是可持续发展的基本条件，也是未来最具优势的竞争力。我们要严守生态环境底线，创新绿色发展方式，实现经济发展新常态与群众更加关注生存生活环境“心常态”相互融合，形成可持续发展的良性互动，将三水独特的资源优势逐步转化为产业优势、城市优势、竞争优势。

——要更加突出改善民生。发展的最终目的在于改善民生、造福百姓。我们要坚持以人为本，深入推进人民满意政府建设。坚持问需于民，加强政民互动，深入了解群众利益诉求，切实解决群众最关心、最直接、最现实的利益问题，让全区人民共享改革发展成果。

新的一年，我们要深入贯彻落实党的十八大，十八届三中、四中全会和习近平总书记系列重要讲话精神，以党建为引领，坚持改革创新，统筹推进产业转型、城市升值、民生事业、依法治区等工作，全面完成“十二五”任务，加快建设“产业新城、南国水都、广佛肇绿芯”。

一、全面推进改革创新，激发发展内生动力

改革是发展最大的红利，是三水增创体制机制新优势的关键。改革只有进行时、没有完成时，我们必须进一步解放思想，拿出更大的决心和勇气推进改革。

（一）要进一步凝聚改革合力。当前，三水改革仍然面临着许多新问题和新挑战，改革发展任务十分艰巨。对此，要更加坚定改革信念，加大改革力度，不摆花架子，防止为了改革而改革；防止改革只停留在定政策出文件层面；防止因为工作不扎实而影响改革成效。在改革推进过程中，既要注重顶层的系统设计、统筹推进，更要鼓励基层勇于实践、大胆探索，将改革创新的精神和行动融入到每一项工作的全过程，持续释放改革正能量。

（二）要进一步推动重点领域改革取得突破。要立足三水实际，着力转变政府职能，理顺区镇政府权责，深化商事登记制度改革，以及进一步在投资管理、行政审批、基层治理等重点领域谋取更大突破。加快行政审批标准化、信息化建设，优化审批流程，探索“受审分离”[8]运行模式，推进以“全城通办”[9]为目标的行政审批制度改革。继续以农村综合改革为抓手，全面创新基层社会治理。探索促进社区“共建、共融、共享”的新机制，不断拓宽基层群众参与渠道，进一步构建以党组织为核心、多元主体积极参与的“协同共治”新格局。

（三）要进一步健全改革工作机制。强化镇街和部门一把手抓改革的责任意识，切实增强改革的主动性和执行力。区委全面深化改革领导小组要抓好改革决策，及时研究改革重大任务和事项。区委改革办要牵头建立改革事项定期报告制度，健全绩效考评机制，加强对改革工作的组织协调、督查督办，有效促进改革落地。同时要认真总结改革经验，提炼具有三水特色的改革成果，形成一批可复制、可推广的新制度。

二、加快产业发展，增强经济实力

要坚定不移地以经济建设为中心，不断夯实三水的长远发展基础。坚持“工业立区、产业强

三水城区“一河两岸”夜景

区、园区兴业”发展路径不动摇，大力发展实体经济，强化投资拉动和创新驱动，更加注重内涵式发展，提高投资效益，优化产业结构，促进产业发展量质并举，全面提升产业的综合实力。

（一）狠抓项目建设。要突出抓好招商引资。结合三水特色，紧紧围绕机械装备、食品饮料和现代服务业等主导产业，坚持招大引强选优，坚定不移地实施产业链招商。要适应新常态，整合政策资源，选准时机、主动作为、重点突破，吸引一批带动性强、经济效益好的龙头项目落户三水，增强三水发展后劲。要重点抓好项目落地。继续实施区领导联系挂钩重点项目机制，深化工程建设领域报批改革，健全“五个一”服务体系[10]，建立服务企业长效机制，推动项目建设，加快形成新的经济增长点。要注重抓好增资扩产。高度重视本土企业的发展，注重培育企业梯队。支持企业扩产增效、设备更新、公共服务平台建设和特色发展。加强产业对接，帮助企业拓展市场。引导优质企业以合并、兼并、参股、技术转让等方式，实现强强联合、抱团发展。继续实施资源竞争性分配，优先扶持创新能力强、发展潜力大的企业，促进产业规模快速壮大。要全力抓好项目载体建设。一流的发展载体，才能吸引一流的企业，成就一流的产业。要全面优化三大园区功能布局，完善园区基础设施和配套设施建设。重点推动中国（三水）国际水都饮料食品基地“北联南拓”、扩容增效，以优质的项目、配套、环境、服务，打造国际一流的专业园区。佛山高新区三水园（南园）要加快智能装备、金融服务、电商物流三大主题园建设，以“一路一河一基地”[11]为轴心，打造产城互动新格局。佛山高新区三水园（北园）要加快促进新材料、精细化工和现代物流业集聚发展。各镇街要坚持特色发展、错位竞争，在产业定位发展上要全区一盘棋。要严格执行项目准入标准，加强项目后续跟踪监管，全面清理批而未供土地，统筹盘活闲置土地、低效用地，引导和规范集体经济留用地集中开发，切实加强对土地资源的控制、使用与保护，提高土地效益。

（二）加快产业转型升级。要大力发展先进装备制造业。紧抓佛山市领衔打造珠江西岸先进装备制造产业带的重要战略机遇，以福田汽车、佳明重工、恒力泰机械、盛路天线等一批重大项目为支撑，瞄准智能装备、新能源新材料、汽车装备、通讯卫星等行业，加快打造千亿规模机械装备制造业集聚区。要加快发展现代服务业。现代服务业是三水产业的短板，也是未来发展空间所在。要重点依托区域交通快速发展的优势，大力发展电商物流业；凭借三水新城、北江新区等优质载体，大力发展休闲娱乐、餐饮旅游、商贸服务等生活性服务业；因应现有的制造业需求，大力发展与之相匹配的创意设计、服务外包、中介服务、检验检测等生产性服务业。要大力发展现代农业。全面铺开农村土地承包经营权确权登记颁证工作。加大现代农业园区建设力度，大力发展农业龙头企业。探索家庭农场和农民专业合作社有效合作机制，构建新型农业经营体系。实施科技兴农和农业品牌战略，促进农业增效、农民增收。

（三）坚持创新驱动。切实提高经济的质量和效益，其根本在于依靠科技和创新驱动。要以“金融科技产业融合”为核心，加快构建新型创新体系。大力推动科技平台建设。结合三大园区产业特点，加强与高校和科研院所合作，为我区产业转型提供技术支撑。促进广东三水合肥工业大学研究院等创新平台与我区企业广泛开展产学研合作，提高产业协同创新能力。大力推进企业工程中心和技术中心建设，开展知识产权“贯标”[12]工作，强化专利密集型企业培育。支持三水新城规划建设“科技创新示范区”，推进“山水智城”项目招商，着力发展科技型企业、创意产业和总部经济。以技术改造为核心促进存量优化。一是充分利用省、市大力扶持企业技术改造的机遇和政策红利，结合三水实际出台鼓励和支持技术创新的政策措施，进一步激发民间资本投资技改的动力，大力提升企业技术、产品、装备、管理水平。二是通过院校合作、社会众筹、创业大赛等模式，促进先进生产制造技术在三水的推广应用，不断提升企业核心竞争力。顺应“工业4.0”[13]智能化趋势，加快智能机器人推广应用，试点“机器换人”，提高制造业自动化水平。加快财税金融创新发展。加大力度，创新举措，全面完成财税一年倍增计划，提升镇街财力。加强与金融机构的互动与合作，争取和吸引更多金融机构进驻我区。强化金融对实体经济的支持服务，促进各类企业健康发展。逐步引导风投、创投等外部资本市场与区域内制造业企业有效合作，激活社会资本活力。支持推动企业上市，借助资本市场做大做强。大力抓好人才队伍建设。全面落实人才政策，积极吸纳与我区产业城市发展相匹配的各类人才。创新引才用才方式，鼓励企业采取智力借入、技术入股、授课讲学等方式引进人才，不求所有、但求所用。

做好今年的经济工作，还要注意防范企业融资、产能过剩、政府债务等风险。各镇街、各部门要对可能出现的问题和风险及早研判，认真防范和化解，保持经济社会健康发展。同时，要深入研究、组织力量编制好“十三五”规划。

三、加快推进新型城镇化建设，提升城市魅力

经过近三年城市升级的投入和建设，三水城市的品质迈上了新台阶，得到社会广泛认同，为我们引进高端人才、承接高端产业扩展了平台和空间，也增强了自信。我们要继续坚持“一主三副三板块”发展战略，全面加快推进新型城镇化建设，着力打造魅力三水。

（一）构建更加开放的区域协调发展格局。三水过去几年的快速发展得益于珠三角一体化和广佛肇经济圈建设带来的交通区域改善和产业梯度转移带来的发展机遇。如今贵广（南广）高铁、广佛肇轻轨等轨道交通和肇花高速、佛清从高速等高速路网的快速发展，以及北江—西江产业带的规划，将再次为三水加速融入珠三角带来重大机遇。我们要把握机遇、主动作为，一方面及时修编完善交通规划，全面加快推进轨道交通、高速公路与我区各镇街的城市交通无缝对接，提高接受辐射和集聚资源的能力；另一方面要加快将城市内力转化为向外的张力，塑造三水开放式城市竞争格局。继续深化“禅南三”在城市规划、产业发展、道路交通、公共服务等方面的合作，积极融入区域一体化发展格局。要抓住广东省打造珠江—西江经济带和北江生态经济带机遇，加快港口岸线资源整合和开发建设，助力区域经济发展。要持之以恒推动中部板块和南部板块优化发展，支持北部板块加快发展。加大城乡统筹力度，促进资源要素合理流动，实现区内三大板块联动协调发展。

（二）铸造更加优越的城市品质。要扎实开展城市升级两年延伸行动计划，实现城市“升级”向“升值”转变。有效集聚全区资源，实施“强中心”战略。三水新城要按照“五年呈现雏形”的目标，进一步深化和完善各项城市规划，全面推进市政设施、公共服务设施、生态景观建设，推动招商项目落地，加快形成城市新核。加大北江新区建设力度，重点完善基础设施、城市景观和功能配套，大力发展都市型产业，推动产城融合发展。以实施城市升级“八个一”工程为抓手，加快完善镇街中心城区功能配套，提升集聚和服务能力，推进古村落活化和新农村建设，推动城市升级向乡村和社区延伸。将“三旧”改造作为城市更新的有效手段，重点推进万达广场、百利达广场等项目建设，启动旧工业园区、旧村居改造，促进城市形象提升、功能完善。要坚持绿色发展，加强生态建设，加快创建国家生态示范区。严格落实新《环境保护法》，严厉打击环境违法行为。全力打好大气和水环境治理攻坚战，有效改善提升空气和水环境质量。

（三）打造独具特色的城市“软实力”。要树立“精品城市”意识，以精细化、标准化、常态化为目标，完善城市综合管理监管考核机制，形成齐抓共管的良好局面。推动城市管理向镇街延伸，打造精品特色乡镇。建立“创文”常态化机制，巩固“创文”成果。要切实加强舆论宣传工作，践行和培育社会主义核心价值观。大力弘扬中华优秀传统文化，挖掘和丰富城市人文内涵，做好粤曲星腔等非遗项目的保护和传承。鼓励社会力量参与文化事业建设，加快建设村（社区）综合性文化服务中心，深入开展形式多样的文化活动，增强文化发展活力。要加强城市形象策划宣传，全面提升三水的知名度和竞争力。

四、持续改善民生，提升社会发展活力

要始终把民生摆上首要位置，按照“量力而行、尽力而为”的原则，继续办好一批群众看得见、摸得着的民生实事，通过改善民生，赢得民心，让群众支持和拥护我们的工作，激发社会活力。

（一）要提升社会保障水平。着力解决困难

群众的生活问题，加大底线民生补助力度，不断完善社会保障体系，有序推进各类社会保险、社会救助、特殊群体保障等扩面提标。逐步推行退休人员社会化管理。推动养老服务多元化建设，鼓励引导社会力量发展养老产业。完善住房保障体系，全面完成迳口华侨农场危房改造任务。

（二）要优化就业创业环境。完善就业服务体系建设，统筹发挥各级人力资源市场作用。强化职业技能培训，启动创建“国家级农村职业教育和成人教育示范县”。继续举办创新创业大赛，完善创业政策，帮助各类人群在三水成就一番事业、收获人生价值。

（三）要加快社会事业发展。认真解决民生热点难点问题，切实维护好人民群众合法权益，多站在群众立场想问题、办事情。进一步完善户籍政策，促进异地务工人员基本公共服务均等化，加速“新三水人”融入三水。加强基层社区卫生服务网络建设，促进基本公共卫生服务均等化。深化教育领域综合改革，优化区域教育资源供给，不断提升教育现代化水平。鼓励社会力量在我区办医、办学，构建多元化的医疗、教育经营体系，满足群众多种需求。优化提升公交服务，实施“交通畅顺”工程，保障群众出行便捷。

（四）要深化平安三水建设。实施综治维稳“四个一”[(14)]工程，织密立体化治安防控“七张网”[(15)]，强化综治网格化管理水平，确保社会大局和谐稳定。持续开展各类安全隐患整治，有效防范和遏制重特大安全事故发生，高度重视公共卫生事件防控，加强食品药品安全监管，保障人民群众健康安全。

五、全面推进“法治三水”建设，提高治区理政能力

依法治国的基础和重点在于基层。我们必须坚持“治以法尊”，全面推进各项事业向依法规范、依法运行、依法管理转变，努力开创“法治三水”新局面。

（一）全面加强各级党委对“法治三水”建设的领导。党的领导是“法治三水”建设最坚实的基础、最根本的保证。全区各级党委要始终发挥领导核心作用，与人大、政府、政协、司法机关依法依章履行职能统一起来，积极引导社会组织和人民群众参与“法治三水”建设，形成推进依法治区的强大合力。各级领导干部要带头增强法治意识、培养法治思维、坚定法律信仰，使各项工作纳入法治化、制度化、程序化轨道，把权力关进制度的笼子里。要充分发挥基层党组织在推进依法治区中的战斗堡垒作用，以党建带动法治，以法治支撑党建。要加强法治工作队伍建设，建立法律人才库，统筹招录、引进、培养和调配选用法律人才，为依法治区工作提供人才保障。

（二）着力建设法治政府。要建立政府权责清单动态管理机制，重点强化政府在规则制定、市场秩序规范、商事登记后续监管等方面的核心职能，推进行政职权标准化建设，切实做到“法无授权不可为、法定职能必须为”。落实重大行政决策程序要求，完善相关协商机制和问责机制，促进重大行政决策科学化、民主化、法治化。建立健全行政执法自由裁量权基准制度，推进行政执法标准化建设。积极探索跨部门联合执法，着力提高镇街执法能力，不断强化对食品安全、环境保护、安全生产、社会治安等涉及民生重点领域的行政执法力度。全面落实建设透明开放政府行动计划，加快推进政务公开。探索建立“法治GDP”，以依法行政考评为抓手，促进法治政府建设各项工作落到实处。

（三）深入推进公正司法。不断完善政法机关执法工作相关联席会议制度，提高案件办理质量。加快实施推进阳光司法促进司法公正行动计划，进一步推进审务公开、检务公开、警务公开和司法行政工作公开，提升司法工作公信力。严格执行领导干部干预司法活动、插手具体案件的记录、通报和责任追究制度，确保审判机关、检察机关依法独立公开行使职权。加强对司法活动的监督，防止司法腐败。

（四）大力加强法治社会建设。要切实加强法治宣传教育，弘扬社会主义法治精神，推动全社会树立法治意识，促进办事依法、遇事找法、解决问题用法、化解矛盾靠法成为一种基本取向。要大力推进法治镇街创建，加快构建覆盖城乡的基本公共法律服务体系[(16)]，引导村居依法自

治，把基层社会治理纳入法治化建设轨道。

六、强化党建引领，提升区域发展统筹力

事业成败，关键在党，关键在干部。我们必须坚持党要管党、从严治党，打造廉洁高效、善政有为的政治生态，以党建工作引领全区经济社会各项事业健康快速发展。

（一）强化意识，全面落实主体责任。各级党委特别是一把手要强化党建主业意识，把抓好党建作为最大政绩。坚持书记抓、抓书记，以身作则抓好班子建设，凝聚团结协作、民主集中、干事创业的合力和氛围。坚持一级抓一级，一级带一级，层层传导，制定符合三水基层实际的党建工作考核办法。结合全面推行镇党代会年会制，突出抓好基层党建工作述职评议，带动引导各级党委、党组书记聚精会神抓党建，形成大抓党建的良好局面。

（二）统筹兼顾，全面推进基层党建工作。要树立大抓基层的鲜明导向，落实佛山基层党建“1+5”行动方案[17]，强化党在基层的领导核心地位。继续推行“大党委制”，推广园区党建新模式，构建区域化大党建格局。加大村民小组党支部组建力度，建立健全党组织领导下的议事、决策、执行、监督机制，全面提升党在基层的“话语权”。狠抓基层组织生活，持续整顿软弱涣散基层党组织。实施“五强”书记建设工程[18]、“五优”党员队伍建设工程[19]、“基石”工程[20]，着力打造一支信念坚定、素质优良、作用突出的基层带头人队伍。继续深入推进镇街领导干部“直联制”，完善推广“民生微实事”立办制，打造服务型党组织，切实解决联系服务群众“最后一公里”问题。

（三）选优严管，加强干部队伍建设。要建设富有活力的干部队伍。开展公务员队伍专业化建设，实施公务员招录“433”计划[21]，优化干部队伍结构。强化基层导向，结合镇街行政体制改革，增加镇街人员编制，充实主战场力量。注重后备干部培养锻炼，加强区直、镇街干部双向挂职交流，新招录公务员原则上先安排到镇街培养锻炼。要打造干事创业的干部队伍。树立科学的选人用人导向，突出在重要岗位、重点工作、关键节点，大胆选拔各类勇于改革、敢于担当、成绩突出、廉洁自律的人才。深化动态管理综合考核，探索新常态干部激励机制，坚持以“三个区分”[22]评价干部，充分调动干部干事创业积极性和激情。要打造作风过硬的干部队伍。始终绷紧作风建设这根弦，不断巩固和扩大教育实践活动成果，推进作风建设常态化、长效化。坚守“三严三实”的行为准则，坚决反对“为官不为”。大兴真抓实干、狠抓落实之风，建立重点工作部门联动机制，切实提高干部队伍执行力。

（四）惩防并举，把反腐倡廉引向深入。认真落实党风廉政建设党委主体责任和纪委监督责任。充分运用“四风”网络监督平台，深化整治违反中央“八项规定”和“四风”突出问题。在区直部门实施纪检机构全派驻和分线管理，深入推进镇街、村居纪检组织规范化建设，全面铺开农村廉情预警机制，建立重心下移、力量下沉的监督机制。坚持用制度管权管人管事，探索用“巡查+科技+制度”方式对重大工程项目建设实施廉政风险防控。严肃查处各种腐败行为，健全重大案件剖析制度，认真落实“一案三报告”[23]工作，强化以惩促防、以案治本，保持反腐败高压态势。

同志们，三水正处于激发新动力、增创新优势的关键时期，全区上下务必保持锐意进取的精神，攻坚克难的意志，求真务实的作风，团结协作，狠抓落实，为加快建设“产业新城、南国水都、广佛肇绿芯”而努力奋斗！

注释：

(1)“五型”特色党组织：行业协会型、农业产业型、功能型、联建型和流动型的党组织。

(2)“好干部”标准：信念坚定、为民服务、勤政务实、敢于担当、清正廉洁。

(3) 五项试点：家庭农场、土地集约流转、股权固化、宅基地改革、村改居试点。

(4) 3天上报、5天办结：一般的审批服务事项能即办的必须即时办结；不能即办的，属于上级机关终审的要在3个工作日内上报，属于区级机关终审的要在5个工作日内办结。

(5) 城市升级“八个一”工程：一个镇中心

规划、一条特色乡村、一个特色社区、一个街心公园、一个分散式村级污水处理站、一条主干河涌、一条镇主干道路或商业街、一个农贸市场。

(6) 三期叠加：增长速度换挡期、结构调整阵痛期、前期刺激政策消化期叠加。

(7)“一路一带”：指“21世纪海上丝绸之路”和“丝绸之路经济带”。

(8) 受审分离：将各个行政审批部门的窗口受理职能剥离、整合，由行政服务中心综合窗口统一前台受理，各行政审批部门负责后台办理。

(9) 全城通办：以信息化建设为支撑，整合各级行政审批职能，实现在任何一个行政服务网点均能办理不同层级、不同部门的行政审批业务。

(10)“五个一”服务体系：“一个项目、一个领导、一个档案、一个专人、一抓到底”的促重点项目动工投产工作机制。

(11) 一路一河一基地：指乐平大道、乐平涌和广东省智能制造示范基地。

(12) 贯标：企业贯彻《企业知识产权管理规范》国家标准。

(13) 工业4.0：指以智能制造为主导的第四次工业革命，通过充分利用信息通讯技术和网络空间虚拟系统——信息物理系统相结合的手段，将制造业向智能化转型。

(14) 综治维稳“四个一”工程：完善一个常态化的工作机制，织实一张覆盖基层的防控网，建设一个基层公共法律服务体系，打造一支多元化的基层治理队伍。

(15) 立体化治安防控“七张网”：街面防控网、视频监控网、村居社区防控网、重点单位防控网、行业场所防控网、虚拟社会防控网、重点人员管控网。

(16) 基本公共法律服务体系：包括建设公共法律服务三级实体平台；建立“三官一师”(法官、检察官、警官、律师）直联村居工作机制；建立一镇街一律师顾问团制度；强化基层普法联动工作机制；健全完善矛盾纠纷排查调解机制；建立一村居一专职调解员工作机制；积极推动企业人民调解组织建设；加强镇街商事纠纷调解机构建设，打造“半小时法律援助服务圈”；打造一支公共法律服务志愿者队伍，建立社区矫正重点对象“一对一”帮矫机制；进一步加强镇街司法所建设等12方面工作。

(17) 基层党建“1+5”行动方案：《佛山市实施大抓基层建设服务型党组织行动方案》以及《佛山市实施“五强书记建设工程”行动计划》《佛山市党员队伍优化活化行动计划》《佛山市党员民营企业家队伍培养行动计划》《佛山市整顿软弱涣散基层党组织行动计划》《佛山市构建区域化党建格局行动计划》5个配套计划。

(18)“五强”书记建设工程：以党性观念强、服务本领强、致富能力强、化解矛盾能力强、廉洁履职意识强的“五强”为目标，以农村、社区为重点，建立一支高素质的基层党组织带头人队伍，为基层改革发展提供坚强的人才支撑与组织保证。

(19)“五优”党员队伍建设工程：经过3—5年的努力，建设质量优、结构优、素质优、服务优、形象优的“五优”党员队伍。

(20)“基石”工程：经过3—5年的努力，建立完善的村级后备干部人才库。以培养储备村（社区）“两委”干部，特别是村（社区）党组织书记后备人选为目标，每个村（社区）至少配备2名以上基层后备干部，对纳入村级后备干部的人才实行跟踪培养、动态管理，形成优秀村级后备干部选拔、培养、管理、使用长效机制。

(21)“433”计划：即每年招录公务员当中，城建、规划类专业人数占招录总人数的40%，金融、审计、会计类专业人数占招录总人数的30%，综合类专业人数占招录总人数的30%。计划利用3年的时间，提升公务员队伍专业化整体水平。

(22)“三个区分”：把因缺乏经验先行先试出现的失误与明知故犯而违纪违法的行为区分开来，把国家尚无明确规定时的探索性试验与国家明令禁止后有法不依的行为区分开来，把为加快发展的无意过失与为谋取私利故意违纪违法的行为区分开来。

(23)“一案三报告”：指重大典型案件调查结束后，案件承办单位根据案件查办情况，撰写并提交《案件总结报告》《案件剖析报告》，发案单位提交《整改落实报告》。

政府工作报告

——在佛山市三水区第十五届人民代表大会第五次会议上

三水区区长　陈英文

（2015 年 1 月30 日）

2015 年 1 月 30 日，三水区区长陈英文在区十五届人大第五次会议上作报告

各位代表：

现在，我代表区人民政府向大会作政府工作报告，请予审议，并请各位政协委员和其他列席人员提出意见。

2014年工作回顾

2014年，在市委、市政府和区委的正确领导下，在区人大和区政协的监督支持下，我们积极应对各种困难和挑战，团结协作，奋力拼搏，推动经济社会提速提质发展。预计，全区实现生产总值920.75亿元，增长9.6%；工业总产值2898.57亿元，增长10.5%；全社会固定资产投资500.11亿元，增长14.8%；地方公共财政预算收入39.39亿元，增长23%。

一、聚力奋进，真抓实干，产业发展与竞争优势同步提升

产业结构持续优化。引入摩根大通空调国际、港中旅物流、万达广场等优质项目73个，其中世界500强企业1家，中国500强企业2家，超10亿元项目4个，总部经济项目6个。新引进项目计划投资总额187.8亿元，其中先进装备制造、食品饮料、现代服务业三大主导产业占比80.5%。推动工业企业投入近70亿元实施技术改造，促成百威啤酒等35家规模以上企业增资扩产，增资额达到20.6亿元。外向型经济发展路径进一步拓宽，实际利用外资突破4亿美元。新增市级农业龙头企业9家，建设高标准基本农田3.36万亩，流转300亩以上连片土地8宗6748亩，68户农户试点发展家庭农场，农业产业化水平不断提升。

企业服务进一步强化。建立重点项目“五个一”跟踪落实、区领导联系挂钩等工作机制，成立重点工程建设项目报批服务中心，力促北汽福田、健力宝新厂等61个项目动工投产。实施骨干企业培育计划，举办首届三水区工业产品展暨产业科技金融对接活动，新增纳税超亿元企业4家，百威啤酒税收突破7亿元。推行海关“全关通”试点改革，三水港吉宝公用型保税仓成功落地，实现我区保税仓零的突破。

产业载体不断完善。三大园区扩容提质步伐加快。中国（三水）国际水都饮料食品基地向南扩展，加快与白坭镇融合发展。中心湖、周灶涌等水体改造基本完成，污水处理厂建成使用，绿色园区特质进一步彰显。基地北园一期完成“七通一平”。佛山高新区三水园（南园）投入2.5亿元完善基础设施配套，打造成为“省智能制造示范基地”。佛山高新区三水园（北园）成功创建“省绿色升级示范工业园区”。

创新能力显著增强。广东三水合肥工业大学研究院挂牌成立，大型科技创新平台建设实现新突破。发明专利工作成绩显著，申请量和授权量分别达686件和67件，增长91.62%和91.43%。金融创新能力不断提高，三水金融网投入使用，扶持欧神诺、盛华德成功挂牌“新三板”。创新人才招聘方式，为企业提供匹配度较高的高层次人才。举办首届创新创业大赛，2个人才团队被认定为市级科技创新团队，创新主体进一步壮大。

二、统筹发展，建管并举，城乡面貌与生态环境持续改善

区位优势日益凸显。贵广（南广）铁路三水南站开通，道路连接线及站前广场等配套工程同步推进，三水正式迈入高铁时代。肇花高速通车，塘西一期、三水二桥南延线等一批骨干道路建成使用，“镇街15分钟上高速”目标基本实现。实施健力宝立交、塘九立交等节点改造，城市交通微循环逐步改善。

城市品质有效提升。建立“一张图”管理体系，推行“两规合一”，规划统筹引领作用不断增强。城市升级三年行动计划基本完成，逐步开创从城市升级到城市升值的新型城镇化道路。调整西南街道和云东海街道部分行政区划，支持三水新城加快发展。三水新城“一轴一带三纵五横”基础设施建设全面铺开，广佛肇轻轨TOD片区建设顺利推进，“三年完善基础”目标基本实现。北江新区建设全面加快，西南大道、工业大道建成通车，“三纵四横”主干路网扎实推进。“三旧”改造推进顺利，启动“旧改”项目9个，涉及用地超千亩。以民生为导向，开展红卫路商业步行街、西南中心城区部分居民小区等老街区改造提升工程，深受老百姓好评。加大对城市绿化、环卫保洁和市政公用设施建设的投入，着力提高城市综合管理水平，城市面貌更加整洁、有序。积极迎接创文国检，有效引领市民素质和城市文明程度提升。

生态环境逐步改善。首建“环保警察”队伍，重拳打击企业违法排污，立案查处违法企业204宗次。深入推进治气、治水工程，完成204台熔铸炉改燃，淘汰工业锅炉53台，淘汰黄标车4469辆；坚持“一河一策”，投入6.28亿元，实施15个河涌整治项目，重点内河涌水质稳步提升。大力推进城镇污水处理厂及管网建设，城镇生活污水处理率达到93%。分别投入8500万元和3821万元，推进水质治理和农村连片污水治理试点工程。新增分散式农村生活污水处理设施10个。整治严重污染企业219家，清理禁养区畜禽养殖场145家。新建（改造）森林公园2个、湿地公园1个，建设森林家园示范村10条。南山镇通过国家生态镇考核。

二、富民惠民，促进和谐，社会事业与基层治理系统推进

民生保障水平不断提高。扎实推进“民生十件实事”，创新实行“民生微实事”立办制，办成一批人民群众看得见、得实惠的好事(实事)。以创业带动就业，发放创业小额担保贷款4300万元，扶持550人创业，带动1万多人就业。零就业家庭动态归零，城镇登记失业率2.3%。“政银保”全年放贷1.26亿元，有效支持农民创业。各项社会保险待遇全面提标，在全市首推医疗自助结算体系。推动养老服务社会化，新增养老床位360个，西南街道创办青岐万福颐养居、皓晖养老院两家民办养老机构，乐平颐康院成为省内首家引入外资运营的养老机构。建成公租房2088套，迳口华侨农场危房改造完成首期450户限价房分配。

社会事业全面进步。建立区域内校长、教师刚性交流机制，成功创建“全国义务教育发展基本均衡县（区）”，启动西南教育示范区建设，北外附校三水外国语学校建成使用，教育资源配置进一步优化。区人民医院加挂市第六人民医院牌子，区中医院顺利通过二级甲等中医院复审，创新开展契约式家庭医生服务，医疗卫生服务水平不断提升。成功举办区第十五届运动会，积极组团参加佛山市第八届运动会并取得良好成绩。

基层治理初见成效。以全面深化农村综合改革为抓手，积极探索基层治理新模式。建立村组两级议事会和监督委员会，实施决策、执行、监督三权分设的运行机制。扶持发展社会组织，新孵化社会组织40家。突出培育以自然村为单位的家乡建设委员会、乡贤慈善会，建设社区家庭综合服务中心，探索“文化祠堂”建设，发动社会力量参与农村建设和治理，逐步搭建“政社归位，协同共治”的基层治理服务新体系。白坭镇富景社区推进聘请异地务工人员作为社区联络员参与社会管理的试点，加速“新三水人”融入，获评“全国和谐社区建设示范社区”。乐平产业社区开创全市异地务工人员管理服务新模式。

社会大局和谐稳定。深化平安创建，实施综治网格化管理。乐平镇开展律师“以案定补”试点，有效化解历史积案。深入开展“八打八治”专项行动，完成450家企业安全生产标准化验收，安全生产形势总体稳定。加强重点行业、

重点领域的食品安全监管，扎实推进食品安全示范市创建工作。有效防控登革热疫情。

四、改革创新，提速增效，政府服务与权力运行更加规范

政府建设不断加强。扎实开展党的群众路线教育实践活动，全面建设人民满意政府。实施透明开放政府行动计划，规范区级重大事项议事规则，推动重点领域政府信息公开，依法行政水平和执法公信力明显提升。组建民情志愿服务队，举办《对话民生》、“微访谈”等系列活动，政民互动进一步加强。完善绩效管理，推行镇街差异化考核，基层活力有效激发。加强财经管理，财政决算和“三公”经费预算首次向社会公开，资金使用效益不断提高。进一步规范工程项目招投标管理，开展制度廉洁性评估试点工作，廉政风险防控不断加强。

营商环境持续优化。实施行政审批服务事项最低时限办结承诺制，全面推行“3天上报、5天办结”。优化审批流程与报批服务，实现工程建设领域行政审批提速。完善网上办事大厅建设，完成“市民之窗”自助服务终端（一期）工程，推动网上办事服务向镇街、村居延伸。启用公共资源交易一体化服务平台，建立监督管理体系，开展公共资源网上交易试点，实现阳光操作。编制“1+3”权责清单，公布区级行政职权8709项。全面实施工商登记制度改革，新设立各类市场主体3739户，有效激发市场主体活力。此外，武装、双拥、公安、消防、统计、扶贫、工会、妇女、儿童、人口计生、外事侨务、民族宗教等工作也取得新的成绩。

各位代表，一年来，我们始终坚持加强政府自身建设，坚持向区人大及其常委会报告工作，向区政协通报情况，自觉接受监督。过去一年的成绩来之不易，这是区委正确领导的结果，是全区人民同心同德、共同奋斗的结果。在此，我代表区人民政府，向全区人民，以及所有关心、支持三水经济社会发展的各界人士，表示衷心的感谢并致以崇高的敬意!

在看到成绩的同时，我们也清醒地认识到，三水发展仍面临不少问题和困难。产业转型升级任重道远，创新驱动能力有待提高，现代服务业发展亟待提升；区域发展不够平衡，城乡统筹一体化发展有待加强；社会治理能力和城市管理精细化、科学化水平仍需提高。对此，我们将高度重视，并在今后工作中切实加以解决。

2015年工作安排

2015年，是贯彻落实党的十八大和十八届三中、四中全会精神的重要一年，也是“十二五”规划的收官之年。在国际国内环境的共同作用下，特别是随着新一届中央领导集体治国理政总体思路和布局的深入实施，我国经济发展出现了与以往不同的新常态，经济增长由高速转变为中高速，经济发展更加注重结构优化，更加注重发展质量和效益，更加注重创新驱动。当前是新旧常态的转换期，既存在困难和压力，又孕育着希望和机遇。

三水经过近年来打基础、造环境，交通区位、产业集群、资源空间等优势日益凸显，营商环境进一步改善，发展后劲不断增强，正处于加快发展的战略机遇期。我们要坚定信心，坚持方向，鼓足干劲，大胆向前，加快思想转型，创新工作方式方法，积极适应新常态、激发新动力、增创新优势，推动经济社会持续健康协调发展。

今年工作的总体要求是：深入贯彻落实党的十八大和十八届三中、四中全会精神，按照区委十二届六次全会的部署要求，坚持改革创新，统筹推进产业转型、城市升值、环境优化、社会治理和政府建设等工作，全面加快建设“产业新城、南国水都、广佛肇绿芯”。

今年工作的主要目标是：全区生产总值增长9%，固定资产投资增长10%，地方公共财政预算收入增长10.8%，万元生产总值能耗和主要污染物减排完成上级下达指标。

为顺利完成上述目标任务，今年要重点抓好四方面工作。

一、扩总量、提质效，全力推动区域经济转型升级

坚持产业发展量质并举，是三水经济“稳增长”“调结构”的必由之路。我们要坚持“工业立区、产业强区、园区兴业”的发展路径，大力发展实体经济，强化投资拉动和创新驱动，促进总量做大和结构优化，全面提升产业竞争力。

（一）抓项目。一是大力引进一批新项目。继续深入实施产业链招商，紧紧围绕先进装备制造、食品饮料和现代服务业等主导产业，引入关联度高的核心及配套项目，打造全产业链。力争全年招商引资总额超160亿元，引进世界（中国）500强企业2家，投资额超10亿元项目2个，现代服务业投资额占比超50%。二是主动嫁接一批大项目。扎实推进产业链补链、强链工作，引导优质企业以合并、兼并、参股、技术转让等方式，实现强强联合、抱团发展，促进产业规模快速壮大。三是加快落实一批项目。深化企业服务，建立服务企业长效机制。积极对接洽谈项目，推动一批在谈项目尽早落户注资；加大跟踪服务力度，力促北汽福田、百威五期等一批项目尽早动工建设；加快推进项目建设，力促三全食品、石湾米酒、永力泰车轴等一批项目尽早竣工投产，尽快形成新的经济增长点。四是提高外向型经济发展水平。着力培育外贸骨干企业，力争年进出口额超千万美元企业超50家。加快保税仓规划和设置步伐，鼓励发展跨境电商业务，积极推进本地企业外贸值回归。

（二）抓升级。一是推动产业园区提档升级。严格执行项目准入标准，强化项目后续跟踪监管，切实加强对土地资源的控制、使用与保护。全面清理批而未供土地，统筹盘活闲置土地、低效用地，鼓励企业建设多层厂房，引导和规范集体经济留用地集中开发，实现土地高效利用。建立西南与白坭共同建设、共同招商、共同受益的跨区域联动开发机制，加快中国（三水）国际水都饮料食品基地扩容提质，争创“省饮料食品工业诚信体系示范基地”，打造国际一流的专业园区；基地北园要加快园区建设，着力推进食品饮料和生物科技产业建链、补链、强链。佛山高新区三水园（南园）要加快智能装备、金融服务、电商物流三大主题园建设，以“一路一河一基地”为轴心，打造产城互动新格局。佛山高新区三水园（北园）要进一步完善基础设施配套，加快与肇花高速和塘西大道等路网对接，促进新材料、精细化工和现代物流产业集聚发展。支持三水新城规划建设“科技创新示范区”，推进“山水智城”项目招商，着力发展科技研发、创意产业和总部经济。二是促进企业转型升级。充分利用省、市扶持技改的政策红利，积极落实佛山市工业企业技术改造行动计划。引导企业加强技改项目管理，加大技改投入，实现设备换代、工艺更新、产品升级，力争工业企业技改投资增幅达25%。加快智能机器人推广应用，提升制造业自动化水平。强化政府引导、要素支持，鼓励创新能力强和发展潜力大的中小微企业转型升级、发展壮大。三是提升现代服务业发展水平。创新体制机制，加快发展现代服务业，力争第三产业增加值超200亿元，增长7%以上。优先发展生产性服务业，充分发挥德澳科技总部等平台对产业的辐射带动作用，力争中国（三水）国际水都饮料食品基地研发创意中心、生产服务中心年内建成；加快苏宁华南电商运营中心、安博物流、普洛斯物流等项目建设，增强产业配套能力。大力发展生活性服务业，加快万达广场、新动力广场建设，促进城市综合体健康发展。着力培育新兴服务业态，推动电子商务应用，推进卡通奇境文化创意产业集聚区建设，促进文化创意产业发展。四是大力发展现代农业。全面铺开农村土地承包经营权确权登记颁证工作。有序推进家庭农场认定，鼓励农地向家庭农场流转，探索农业适度规模经营，促进农地集中、经营集约、效益提升。加快农民合作社示范社建设，稳固“农户+合作社”联结关系，构建新型农业经营体系。培育1—2家水产流通企业，建立水产合作社联社，做强区域水产品牌。

（三）抓创新。一是加快创新平台建设。支持产业服务创新平台应用，鼓励广东三水合肥工业大学研究院广泛开展产学研合作，推动南昌航空大学与诺尔贝公司共建“诺尔贝机器人研究院”，提高产业协同创新能力。搭建技术、人才、资本有机结合平台，吸引更多优秀人才团队落户创业。二是突出企业创新主体地位。引导创新要素向企业集聚，重点围绕先进装备制造和食品饮料产业，大力推进工程中心和企业技术中心建设。开展知识产权“贯标”工作，提高技术成果知识产权化水平。强化专利密集型企业培育，力争发明专利申请量增长10%以上。试行科技保险，降低企业科技研发风险。三是全力推进金融创新。积极推进城投债、私募债，解决传统融资受阻困局。通过实施“PPP”等新模式，进一步撬动社会资本参与重点领域建设。帮助有上市意愿的企业开展前期准备工作，力促企业利用资本市场做大做强。设立支持企业融资专项资金，缓解企业融资难题。加快推进三水农村信用合作联社改制为农村商业银行。四是着力建设人才高地。实施创新人才团队创业计划，围绕新能源、新材料、物联网等新兴产业，引入3个以上创新人才团队。继续举办创新创业大赛，推动首届大赛获奖项目创业发展。

二、强功能、铸精品，全力推动新型城镇化建设

统筹城乡一体化发展，是优化人居环境、促进发展成果共享的有效途径。我们要坚持走新型城镇化道路，更加突出城镇功能品质，建管并重，着力构建以城带乡、城乡互动新格局。

（一）坚持规划引领。立足区情，把握关键，研究编制“十三五”规划，科学谋划“十三五”发展。加大控制性详细规划编制力度，完善各镇街重点片区及近期发展区的控规编制，实现控规全覆盖。开展“三旧”改造专项规划修编，促进建设用地“二次开发”。实施土地利用总体规划中期调整，提高土地统筹管控能力，为我区新型城镇化建设和城乡一体化发展提供重要保障。完善基本公共服务设施均等化规划，逐步缩小城乡基本公共服务差距。

（二）提升交通组织水平。实施广佛肇城轨三水站、云东海站等轨道交通站点道路连接规划，加快新汽车客运站建设，协调好轨道交通、高速公路与城市交通的对接。全力推进桃园路西延线、虹岭路西延线等跨区道路，以及三达路南延线、金乐路东延线、油金大桥及引道扩建（二标）、南山大道南段扩建、乐平大道扩建等交通工程建设，打造外连内优的区域交通路网。逐步弱化西南老港区产业运输功能，减少对中心城区的影响。优化白坭西江岸线资源，巩固油金岸线港口码头整治成果，加快三水港二期、北江码头建设，推进西江、北江黄金水道扩能升级。

（三）提升城市品质。以“八个一”工程为抓手，实施城市升级两年延伸计划，推动城市升级向镇街和村居延伸，促进城市升级向城市升值转变。全面推进三水新城公共服务设施、水轴景观、生态环境建设，推动招商项目落地，加快形成城市新核。加大北江新区建设力度，重点完善基础设施和城市功能配套，大力发展都市型产业，推动产城融合发展。扎实推进“三旧”改造三年行动计划，启动实施旧工业园区、旧村居改造，促进城市形象提升、功能完善。落实佛山市“百村升级”行动计划，推进芦苞镇独树岗村和长岐村、白坭镇祠巷村和岗头村、乐平镇大旗头村等古村落活化升级，启动9个新农村改造提升，突显三水农村特色风貌。以精细化、标准化、常态化为目标，加大统筹力度，完善城市综合管理考核机制，形成齐抓共管的良好局面。推动城市管理向镇街延伸，打造整洁有序的精品特色乡镇。建立创文常态化机制，巩固创文成果。

北江体育休闲公园

（四）提升环境质量。环境保护既是社会赋予我们的责任，也是经济可持续发

展的基础。要严格落实新《环境保护法》，坚持“打、治、提”多措并举，加快建设美丽三水。完善网格化环境执法，严厉打击环境违法行为。打好大气和水环境治理攻坚战。狠抓陶瓷、铝型材等重点行业以及火力发电企业的综合整治，完成铝型材行业改燃，加强锅炉整治、黄标车淘汰等工作，健全扬尘防控常态化机制，确保大气环境改善。逐步加大环保投入，完善污水处理厂及管网、农村生活污水处理站建设。继续实施内河涌整治“一河一策”，确保西南涌凤岗断面基本达到Ⅳ类水质要求，实现全区范围内全面消灭劣Ⅴ类水体。加强源头治理，加大禁养区巡查力度，推进畜禽养殖场治理，完善适养区和限养区污水处理设施建设，确保农业面源污染持续下降。提升生态建设水平，创建国家级生态示范区，建设西南昆都山森林公园及20个森林家园示范村，完成2000亩林分改造。

三、抓改革、激活力，全力推动政务环境上新台阶

全面深化改革创新，是提高政府治理能力的关键抓手。我们要以人民满意为目标，秉持法治思维和法治方式，切实加强政府自身建设，全面优化营商环境。

（一）建设法治政府。探索建立“法治GDP”，以依法行政考核为抓手，促进依法行政水平全面提升。严格执行重大行政决策程序，健全区、镇两级公共决策咨询机构，进一步推进决策科学化、民主化。不断完善政府权责清单制度，实现职能、权限、责任法定化。建立健全行政执法自由裁量权基准制度，坚持公正文明执法，加大食品药品安全、环境保护、安全生产、社会治安等民生重点领域的执法力度。加强行政复议工作，落实行政复议委员会试点各项任务。提升法律服务水平，建设区、镇、村三级公共法律服务实体平台，打造“半小时法律援助服务圈”。

（二）建设高效政府。建立重点工作部门联动机制，突出对重点项目、重要工作的全程跟踪、督查、审计、问责，以“钉钉子”精神推动工作落实到位。加强行政审批标准化、信息化建设，推进以“全城通办”为目标的行政审批制度改革。优化审批流程，推行市前置条件预审，探索“受审分离”运行模式。逐步规范整合各单位信息平台，实现资源共享、信息互通。

（三）建设廉洁政府。进一步推进廉政风险防控，强化对公共资源交易领域的制度监管。推行工程建设项目信用分类优选、随机合理低价评定标办法，实施招标代理机构遴选管理。加强工程建设领域变更规范化管理，探索采取“巡查+科技+制度”方式，对重大工程项目建设实施廉政风险防控。加强财政预算和支出绩效管理，编制政府全口径预算，全力推进财政精益管理。建立“借、用、还”相统一的地方债务管理机制，着力防范化解财政金融风险。深化“四风”网络监督，着力整治“庸、懒、散、奢”和“为官不为”等不良现象。

四、惠民生、促和谐，全力推动社会事业全面发展

增进民生福祉，是政府工作的出发点和落脚点。我们要创新社会治理，完善公共服务体系，推广“民生微实事”立办制，让群众共享更多发展成果。

（一）优化创业就业环境。完善就业服务体系，多渠道开发就业岗位，突出抓好高校毕业生、农村劳动力、就业困难人员和异地务工人员等群体的就业工作，新增就业岗位3万个。加大创业扶持力度，发放创业小额担保贷款4500万元。

（二）提升保障服务水平。落实城乡养老保险制度衔接工作，动态调升城乡居民养老保险基础养老金。逐步推进退休人员养老社会化管理。引入社会资本助推养老事业发展，新增1—2家民办养老机构。试点实施适度普惠型儿童福利制度，保障各类儿童基本生活。完善住房保障体系，启动建设保障性安居房446套，全面完成迳口华侨农场危房改造任务。启动北江以西片区“村村通自来水”工程，力争2016年让该片区群众用上安全饮用水。

（三）加快社会事业发展。优化区域教育资源供给，完成西南二中江南校区、北江小学、乐平中心小学等建设（扩建）工程，普惠性幼儿园比例达到60%。启动创建“国家级农村职业教育和成人教育示范县”，开展中职学校现代学徒制试点。全面推进科学育儿指导工作，实施初生婴儿早期发育阶段干预工程。鼓励社会力量在三水设立高层次医疗机构，引导公立、民办医疗机构错位发展。加强基层社区卫生服务网络建设，力争实现村村有卫生站，促进基本公共卫生服务均等化。扩大家庭医生服务覆盖面。鼓励社会力量参与公共文体建设，继续举办“三好”“五送”等文化惠民活动，促进全民健身，增强文体发展活力。

（四）推进平安三水建设。完善综治网格化管理，推进公安“四项建设”，实现基础防控信息化全覆盖。深化基层社会治理改革，健全村组两级议事会、监督委员会运行机制，扩大家乡建设委员会、乡贤慈善会覆盖面，提升村居自治水平。创新流动人口管理服务机制，推动西南、云东海、大塘产业社区建设，新组建一批民情志愿服务队。有序推进异地务工人员参与社区自治。加强食品药品安全监管，开展家禽集中屠宰试点。高度重视公共卫生事件防控，进一步完善公共卫生防控硬件设施。全面落实安全生产责任制，坚决遏制重特大事故发生。

2015年，我们还要全力办好“民生十件实事”：

1. 实施交通畅顺工程。

2. 实施公交服务提升工程。

3. 实施文化公园景观改造提升工程。

4. 实施西南中心城区十二小区环境提升工程。

5. 推进学前教育普惠性建设。

6. 实施银龄安康行动。

7. 推进家庭服务中心建设。

8. 实施大棉涌、大塱涡涌和左岸涌水质改善服务项目。

9. 实施“三农”电网供电保障工程。

10. 启动公共法律服务体系建设。

各位代表，新常态呼唤新作为，新动力成就新发展。让我们在区委的坚强领导下，团结依靠全区人民，坚定信心，振奋精神，改革创新，攻坚克难，共同谱写三水经济社会发展新篇章！

附：2014 年“民生十件实事”完成情况

（1）健力宝立交、塘九立交交通改造及景观提升工程已完成。

（2）西南涌北段（左岸）整治工程基本完成主体工程建设。

（3）举办招聘会 200 场，开发就业岗位 30256 个；高校毕业生就业率 92.21%，“双困”毕业生 100%就业；培训本区户籍农村劳动力 2000 人、下岗失业人员 521 人；举办企业职工培训班 200 个；落实企业招用本区就业困难劳动力一次性社会保险补贴 500 人；发放创业小额担保贷款 4300 万元，扶持 550 人创业，带动就业 11018 人。

（4）完成区第三中学新校门和校外主干道工程，加快推进学校电房改造、宿舍楼、综合楼及人防地下室等工程。

（5）推进中医中药知识普及，完成 76 期中医中药特色宣传，举办 30 场健康讲堂。加大中医药“治未病”推广力度，开展中医体质辨识活动，为 4104 人次进行中医体质辨识，初步建立三水居民中医健康档案。建立 7 个镇级“中医特色示范点”，基层中医中药服务网络得到健全。

（6）完成西南第九小区市政绿化提升工程，沙头小区、十一小区已委托区代建中心进行建设。

（7）西南中心城区农贸市场周边环境提升工程已完成，并打造红卫路商业步行街。

（8）已在视频三期 18 个建设地点建立 6 个测试点电子警察、卡口设备，完成信号传输并投入使用。

（9）修订《三水区价格调节基金使用和支出规定》，正式启用“三项建设”电子平台，发放 2014 年区级“三项建设”扶持资金 840.87 万元，基本完成水产养殖基地、生猪养殖基地与平价商店的对接，建成 13 间平价商店。

（10）布设“市民之窗”网上办事自助服务终端 50 台，覆盖区行政服务中心，西南、云东海和乐平 3 个镇（街道）行政服务中心及其辖区 44 个村（居）公共服务站，为群众提供行政审批、办事预约、缴费业务、票证打印、政务咨询等五大类服务。

专文
SPECIAL REPORTS

编者按：2014年，三水区积极应对各种困难和挑战，团结协作，奋力拼搏，经济社会提速提质发展。

产业结构持续优化，引入摩根大通空调国际等优质项目73个。企业服务进一步强化，力促北汽福田等61个项目动工、投产。产业载体日趋完善，三大园区扩容提质进度加快。创新能力显著增强，大型科技创新平台建设实现新突破。区位优势日益凸显。贵广（南广）铁路三水南站开通，三水迈入高铁时代。城市升级三年行动计划基本完成，推进从城市升级到城市升值的新型城镇化。“创文”工作步入常态化，城市品质、城市品位、市民素质大幅度提升。三水新城“一轴一带三纵五横”基础设施建设铺开，“三年完善基础”目标基本实现。北江新区建设加快，“三纵四横”主干路网推进。民生保障水平提高。推进“民生十件实事”，创新实行“民生微实事”立办制。社会各项事业发展。教育资源配置优化，建立校长、教师刚性交流机制，创建为“全国义务教育发展基本均衡县（区）”。社会大局和谐稳定，深化平安创建，实施综治网格化管理。政府建设加强。深入开展党的群众路线教育实践活动，建设人民满意政府。深化大部门体制改革，建立精干高效的政府组织体系。编制权责清单，逐步实现“全面清权、依法确权、科学配权、压缩限权、公开示权、监督制权”的目标。基层治理初见成效，全面深化农村综合改革，扶持发展社会组织。完善绩效管理，推行镇街差异化考核，基层活力有效激发。完善网上办事大厅建设，推动网上办事服务向镇街、村居延伸。

现将2014年三水区政治、经济、文化和社会各项事业发展的亮点工作、有地方特色和深远意义的做法，以专文形式刊载。

招商引资工作优质高效

2014年，三水区招商引资工作立足“三定准”，狠抓“帮、扶、带”，贴近客商需求、扩大对外联络、镇街协调配合，招商成果显著。全年引入签约项目73个，计划投资额187.8亿元，预计项目投产后可增年产值140.8亿元。其中，计划投资超亿元的项目41个，投资总额176.39亿元，占全部新签项目投资额的93.9%；超5亿元项目3个，投资额16.62亿元，占全部项目投资额的8.84%；超10亿元项目4个，投资额90亿元，占全部项目投资额的48%。特色主导产业地位进一步稳固，产业集群规模效应逐步凸显。新签项目中，机械装备、饮料食品、现代服务业三大产业项目50个（占总数的68.5%），投资额151.25亿元（占总额的80.5%）。在超10亿元项目中，属三水新城的有大连万达、卡通奇境项目，属西南街道的有健力宝搬迁、新动力广场项目。大连万达是近3年来签约投资额最大的项目，对三水区城市化和第三产业发展起着推动作用。

围绕重点园区和主导产业实施产业链招商。依托海内外招商网络平台，挖掘项目信息，增加优质项目储备。梳理项目引进业务流程，出台《三水区产业项目引进业务制度》，举办1期全区招商引资培训班，指引镇街提升招商引资工作水平。制定《三水区招商业务接待制度》，严格按照事先审批、从简安排的原则进行招商接待，严把经费关，确保招商接待高效、廉洁、务实，实现招商经费投入产出效益最大化。借助行业专业展会，组织招商小分队赴深圳、上海、北京、郑州、厦门等地举办10场投资推介活动，围绕食品饮料、智能装备制造、汽车及零部件等主导产业进行专场推介，有效地宣传三水区投资环境，并储备一批意向项目。加强与专业中介机构、国内外商会的合作，与建智、莱坊等多家专业招商中介建立双向沟通合作机制，签约引入3家中介机构，拓展招商信息网络。

（三水区经济和科技促进局）

水都基地：构筑国际级食品饮料产业

2014年12月2日，西南产业转型升级又一次迎来高潮，民族品牌饮料健力宝新厂区奠基动工、“世界啤酒之王”百威英博啤酒（佛山）有限公司五期扩建扩产、全球第五大婴儿食品生产商亨氏集团佛山工厂竣工投产。三大项目同时在中国（三水）国际水都饮料食品基地（下称“水都基地”）启动，投产后预计新增税收4.5亿元，推动西南街道经济高速发展。

作为三水的本土企业，有“中国魔水”之称的民族品牌饮料健力宝，重新选址落户水都基地，前期投资10亿元，新建约12万平方米厂房，预计年产能65万吨。“受空间限制，健力宝生产设备都是1998年前的，制约公司产能结构多元化的发展，新厂区的筹建将为健力宝产品和品牌创新打下坚实基础。”广东健力宝集团有限公司董事长叶红汉说。健力宝乘着深化改革的东风，借助水都基地产业集聚的优势，绽放令人瞩目的光彩。

“2007年3月，我们选择三水并开始筹建。2009年1月，一期项目投产，同年接着扩建。2014年，年产能扩展到100万吨。这得益于三水高效、实干和优越的发展环境。”百威英博（佛山）啤酒有限公司负责人说。第五期扩建，投资约3.8亿元，预计2016年投产，年产能增至160万吨，成为全国最大的百威啤酒生产基地。“政府大力支持企业发展，我们坚信，百威英博选址佛山、落户三水是明智之举。”百威英博亚太区法律与企业事务部副总裁王仁荣说。2012年4月落户，下半年动工；2014年投产。这是亨氏的速度，也是三水的速度。亨氏联合有限公司（佛山）分公司落户水都基地后，三水多部门联动，为企业建设投产提供便利。项目分三期建设，已建成一期项目，预计年生产营养米粉1.5万吨，年产值12亿元。

至2014年12月，中国（三水）国际水都饮料食品基地先后引入饮料食品及其配套企业36家，其中饮料食品企业15家，配套的制罐、物流、包装企业21家。2014年，水都饮料基地产值135.89亿元，比上年增长33.48%；税收14.27亿元，增长26.19%。2014年，亨氏联合有限公司（佛山）分公司（一期）、天胜印刷包装有限公司、三水区瑞其运输有限公司、佛山市合骏物流有限公司、佛山市圣通仓储服务有限公司等5家企业投产。水都饮料基地累计投产企业12家，在建的有广东石湾酒厂有限公司、三水世龙印铁制罐有限公司、佛山市瑞兴潮投资有限公司、佛山市豪园饮料食品有限公司、港中旅华贸国际物流有限公司、莎吉可食品（佛山）有限公司、佛山市凤毅物流有限公司、三水永明实业有限公司、华侨糖厂、三全食品华南总部基地等10家企业。

水都基地一直秉承以优质环境招商的发展理念，坚持软硬环境两手抓，同步推进，实现产、城、人互动融合。一方面，把绿色都市型园区经济理念植入园区规划建设，加大绿化投入，打造中心湖公园“五彩环湖、生态湿地、云水荷香”

景观。完善园区配套，建设大型员工社区，推进园区供热、供气和污水处理工程建设。水都基地高标准的硬件环境日臻完善。另一方面，营造高效的行政环境，为企业落户、投产、发展提供贴心服务。建立督办中心，启动重点项目审批改革，执行“一个重点项目、一名班子领导服务、一个部门负责、一套管理方案、一抓到底”项目推进机制，多举并措优化营商环境，减少市场变化给企业带来的不良影响。水都基地致力于围绕产业链短板补链强链，特别是加大对销售、研发等高端区域总部要素的引进，补齐高附加值环节，推进产业向上下游延伸，水都基地形成完善、极具价值的产业链。此次投产的亨氏及在建的三全食品，填补水都基地在食品产业上的空白。香港中旅物流项目、广东省质量监督饮料及食品添加剂产品检验站项目将进一步完善水都基地的产业链。良好的服务环境，高标准的硬件设施，水都基地构筑成为国际级食品饮料产业高地，带动三水城市升级升值、提质提速发展。

（西南街道）

佛山普芦物流园项目落户芦苞镇

2014年1月，普洛斯进驻芦苞。9月28日，普洛斯佛山普芦物流园项目在芦苞镇工业园举行奠基仪式，进入实施阶段。

普洛斯三水芦苞物流园项目预计总投资超3亿元，项目占地20.67公顷，将建设约12.4万平方米物流仓储设施。项目将利用普洛斯在国际国内的客户网络优势，拟打造一个以先进制造业及电子商务物流为代表的现代物流园。预计项目投产后年税收超6000万元。项目建成后将吸引大量电子商务、配送等类型的知名企业进驻，并进行二次投资。普洛斯作为全亚洲最大的工业及物流基础设施供应商，其拥有一流的仓储设施设计、建造及开发技术和经验，已为众多知名企业在全球范围内建造并出租仓储设施。佛山普芦物流园以制造业为支撑，在佛山设立基地可以实现与广州的互补协作，发展成为服务“广佛经济圈”、泛珠三角，辐射大西南，并面向全球的区域性物流中心。从企业发展层面，现代化的高效物流仓库可以满足普洛斯客户快速增长的需要。而从区域发展的层面，佛山普芦物流园也有望提升芦苞地区的竞争力，为芦苞产业发展提供助力，可谓“双向利好”。

（芦苞镇）

推动文体旅游产业发展取得良好开端

为更好地推进文化、体育、旅游产业快速健康发展，区委宣传部（区文体旅游局）根据区委统一部署迅速行动，深入各镇街开展调研，查摆产业发展中存在的主要矛盾和核心问题，采取措施真抓实干，取得较好的成效：

一、注重统筹协调，认真细致部署改革工作

区委宣传部（区文体旅游局）召开班子会进行专题研究讨论，成立全面深化改革专责小组，下设3个专门工作组，分赴各镇（街道），文化、旅游、体育相关企业进行调研，撰写《三水区文化、旅游、体育产业发展调研报告（初稿）》。4月8日，召开部（局）班子扩大会议，班子领导和各科室负责人参加，会议对报告的初稿进行讨论，并提出修改意见。随后，专责小组根据调研报告制定实施方案，推进相关工作。

二、注重借用外脑，加快制定产业发展规划

为更好地提升产业发展规划的水平，邀请华南师范大学项目组为三水区文体旅游产业制订规划。项目组实地调研，遍及全区七个镇街，考察参观森林公园、荷花世界、三水新城展览馆、中国（三水）国际水都饮料食品基地、侨鑫生态园、南丹山原生态风景区、芦苞祖庙、芭蕾雨、三水温泉度假村等地。分别形成《文化体育与旅游业发展战略规划》《佛山三水区文化体育与旅游业融合发展专题研究报告》《武庙文化特色街区提升改造方案》研究成果，明确了三水文体旅游产业的发展方向。

三、注重全面推进，各项工作有序开展

（一）推介三水文化产业项目。与上级文化部门沟通，微安IT、影视三水、卡通奇景3个项目入选佛山市文化产业重点项目，并被编入《2014年度佛山市文化产业重点项目手册》，在深圳文博会上统一对外推介。举办文化产业培训班，邀请市文化产业协会专家为镇街工作人员培训；到南海等先进地区学习文体旅游产业发展经验；组织区镇两级相关人员参加深圳文博会进行学习交流。

（二）推广三水旅游文化品牌。以活动提升形象，举办2014年旅游文化节、雅居乐·雅湖半岛美食嘉年华、“三水真滋味”美食评选大赛等系列活动，吸引区内外12万人次参与；举办“南国水都·美丽三水”摄影大赛、三水旅游攻略评选大赛等，有效宣传推广三水整体旅游形象。加强旅游资源整合力度，协助指导旅游企业在区内竖立40个旅游路牌，为企业解决长期缺乏路牌指引问题，完善三水区旅游指引系统；组织区内企业参加国际旅游交易会、广东旅游博览会、佛山美食节等，促使行业间交流和合作。

（三）推动文体旅游各项活动。举办三水区第十五届运动会，1600多名运动员参赛。举办文化遗产保护宣传月系列活动，既有免费鉴宝、非物质文化遗产展演，又有独具三水特色祠堂文化、民俗文化、非物质文化遗产展览，让群众了解三水历史文化的魅力。启动全区首间24小时自助图书馆，举办“开心广场·百姓舞台”公益流动演出暨木棉村“村企共建新农村”文艺晚会，开展“魅力佛山·四季情韵”艺术惠民工程走进企业等活动。举办各类文化活动约80场，如“我们的节日”、文化“五送”等系列主题活动，以及“三水好风采”广场舞大赛、“三水好声音”歌唱大赛等文化品牌活动，推动节日群众文化活动蓬勃开展。

（三水区委宣传部）

“三水大塘蔬菜”集体商标成功注册

2014年4月，大塘镇蔬菜协会向国家商标总局申报注册“三水大塘蔬菜”集体商标终获成功，成为三水区第一件集体商标，也是佛山市第一件蔬菜类集体商标。

近年来，大塘镇加强农业园区建设和农业招商引资，吸引一批国家、省、市农业龙头企业落户，提升农业规模化、产业化和标准化水平。大塘镇注重农业品牌建设。建立畜牧、水产、蔬菜等省级无公害农产品生产基地9个，面积20205亩，认证菜心、节瓜、乌鬃鹅等无公害农产品25个；注册“利达隆”“华森水产”“合洋水产”“汇利农业”等农业商标23个，认证省名牌产品1个，建立农产品平价商店34家。大塘农业生态园成为广东省三大现代农业园区之一，是广东省乃至华南地区重要的无公害农产品生产基地，也是广东省唯一的蔬菜专业镇。

“三水大塘蔬菜”集体商标的成功注册，进一步提升大塘农业的知名度和农产品的市场竞争力，促进广大农户增产增收。大塘镇制定“三水大塘蔬菜”集体商标使用标准和管理制度。由品牌农企、合作社带动农户规范化生产，从源头上监控蔬菜质量。

（大塘镇）

三水新城框架建设全面动工

2014年，三水新城管委会（云东海街道）坚持以科学发展观为统领，围绕“三年完善基础”建设目标，以提速提质、城市升级、产业转型为重点，破解难题，打好基础，三水新城建设发展大框架全面动工。

一、狠抓精品建设，铺开城市基础工程

2014年，三水新城各项工程建设项目基本按照年初制定的工作计划有序推进，“一轴一带三纵五横”建设全部动工，涉及超32千米市政道路和近90万平方米城市景观及绿化面积的建设，总投资超25亿元。

加快地标性工程建设。“一轴”水庭岸线成形，完成总工程量约60%；TOD范围内水轴部分已进场施工。“一带”西南涌北段综合整治工程一期主体工程、二期水利工程完成，完成整体工程量的65%。

构筑城市交通网络。“三纵五横”市政道路工程按计划推进。其中，南湖路各标段路基施工及管线埋设完成，完成总工程量的65%；桃园路西延线（三水段）完成约40%的工程量，委托南海区征拆办开展南海段征地拆迁工作。河西路、湖滨南路、湖滨北路、桃园路、协和路、鲁村路、高丰路等工程施工。推进荷园路、三达北路、站南路、站北路等设计工作。

推进城市基础工程。推进兴联污水处理厂等项目设计工作，分步实施配套电网迁改工程。西乐路市政改造、松树坑水库应急加固、云东海湖生态恢复建设之堤围加固、南涡涌临时截污管道和疏浚等工程完工。

二、瞄准难点攻坚，完成土地征收工作

2014年，三水新城启动区土地征收工作基本完成，重点保障国家、省、市重大工程项目，新城重要市政基础设施建设项目和重点产业项目用地。

完成三个“重点保障”。重点保障市政基础设施建设用地，解决西乐路、虹岭路、桃园路以及河西路、高丰路、鲁村路等主要道路工程的用地“瓶颈”问题。重点保障TOD、SOD等重大招商项目用地。重点保障与部队农场的沟通对接，及时与省武警总队、佛山军分区签订农场土地使用协议，解决南湖路、三达北路以及沿湖路项目的用地。

理顺历史遗留问题。分别与邓岗、宝月、辑罗、上九、杨梅等村委会辖下12个自然村新签、续签、补签租地合同和留用地处理协议，有效理顺历史遗留问题。全力打击“三抢”行为，依法依规处理各类违法“抢种”行为。

推进旧村（居）改造工作。新城启动区“三旧”改造工作稳步推进。其中，鲁村村委会下岗村改造前期工作完成，高丰村委会何家村确定改造模式，横涌旧村(居)、高丰百旺城改造工作加快。

三、统筹全局发展，深化城市项目规划

夯实城市规划成果。抓紧对编制规划的报批工作，保证其合法性和可行性。启动《三水新城北湖片区控制性详细规划》《三水新城体育休闲公园发展策划及概念规划》《三水新城下岗、伏户迁村安置项目详细规划》等多项规划编制工作。

落实重点项目规划。《三水新城启动区集中供冷供热系统特许经营项目实施方案》通过专家评审。《三水新城文化商业综合体设计方案》通过区政府联席会议审核并完成方案公示，《新汽车客运站综合体规划设计》获区政府批复同意。

四、坚持创新驱动，加大招商服务力度

招商引资力度加大。招商引资齐头并进，保利、大连万达等城市引领性项目动工。根据市、区创建国家创新型城市工作部署，引入影视三水项目等产业项目。北京外国语大学南方（佛山）国际学院、国际文化创意产业园南方分园项目于12月签订合作协议。

企业服务精益求精。成立云东海总商会，发挥其桥梁纽带作用。落实企业“直联制”，及时解决制约企业发展的问题。推动辖区企业做大做强，盛路通信等企业投入6000万元进行技改创新，金银河公司入围2014年省战略性新兴企业（智能制造）骨干名单，产业转型升级有新成效。着重搭建创新科技服务平台，加快辖区企业科技创新资源集聚。广东翼卡互联网成为区知识产权示范企业。金万达公司获区创新创业大赛一等奖。新增3家工程中心，专利申请总量63件，发明专利拥有量25件，超额完成上级下达任务。

五、注重未雨绸缪，落实建设资金保障

把握国家加快城镇化发展和信贷投向略有放松的机遇，以三水新城征地和城镇化改造为主的融资项目完成放款，全年获得新增贷款授信金额25.6亿元，已到位资金20.6亿元，超额完成全年的融资任务。

（三水新城管委会）

北江新区跨入全面建设阶段

北江新区位于西南街道，东至口岸大道、西至工业大道、南至西河路、北至国道G321线（原对外经济开发区），占地总面积约213万平方米。采取“整体洽谈、整体拆迁、统一规划、统一建设”的“三旧”改造模式，致力于打造成三水的绿色核心金融商业区、国际饮料饮食文化会展中心、绿色休闲生态居住品质圈。北江新区首期规划建设约180万平方米，总投资45亿元，建设周期3—5年。其中2.5产业（生产性服务业）占区域产业用地面积32%。北江新区建设是三水中心城区“北拓西进”的有机组成部分之一，一直受到市、区、街道领导的高度重视。2014年，北江新区跨入全面建设阶段，引领城市升级再提速。

一、构建北江新区内部路网

西南街道着力打造北江新区内部交通网络，建设“三纵四横”交通主干道及若干城市支路，完善交通基础设施。西南大道道路工程建设完成，并于2015年元旦试通车。该道路全长约3500米，双向6车道，中央绿化带宽3米，沥青路面，雨污分流。西南大道建成后不但成为北江新区的主干道，更成为三水西南西部交通主动脉，将西南中心城区与河口片区紧密连接起来。北江新区首条南北主干道工业大道通车，路线全长1120米，为双向6车道城市Ⅱ级主干道，宽40米，中央绿化带宽3米，沥青路面，雨污分流。横向次干路建设一路与西南大道同步通车，建设二路在加快建设，增加北江新区的道路密度。

二、创造北江新区绿色高端环境

为提升北江新区的绿色景观品质，达到泄洪顺畅、排涝安全、水质清洁、生态健康、景观优美“五位一体”的总体目标，大棉涌景观改造工程首期于2014年10月施工，主要是对大棉涌（工业大道至建设一路）进行河涌整治及河道两侧绿化景观建设，总投资约3800万元，整治河道段长约720米，总用地面积约6万平方米，水体面积约2万平方米，主要建设内容包括沿线河道整改、景观树栽种、节点广场铺装、亲水平台建设、跨越道路的人行天桥景观走廊等。大棉涌整治二期工程（工业大道至三水二桥底）加快方案设计，准备施工招标前期工程。该工程总投资约6139万元，河道长约1583米，总用地面积约89693平方米，陆地面积约67698平方米，水体面积约21995平方米，打造意大利、荷兰的欧洲小镇风情现代滨水景观区。随着西南大道、工业大道的景观绿化建设、北江小学跨广海大道天桥、三水森林公园南部登山健身步道项目的推进，将完善北江新区绿色优美的宜居环境。

三、完善北江新区文化配套设施

北江小学工程于2014年11月动工。该项目投资估算为6000万元，规划用地面积为26632.48平方米，总建筑面积为18200平方米，是按高标准新建的一所小学。办学规模为36个教学班，可容纳1620名学生就读，建设有教学楼、综合楼、宿舍楼、食堂、体育馆（场）、校园绿化等。北江小学计划于2015年9月开学，完善北江新区教育资源配套。北江文化活动中心位于西青大道和建设一路夹角地块，集图书馆、展览馆、音乐厅等文化设施于一体，总建筑面积16000多平方米，将打造成西南的文化地标。北江社区综合服务中心面积约2200多平方米，设有办证大厅、居民议事厅和社工服务中心，为西南综合的社区中心。

四、修建北江新区地下管网、电力电缆

北江新区新建道路规划实行雨污分流，改善城市水环境，提高污水二次处理率，避免污水污染。工业大道、建设一路污水管铺设完工，西南大道污水管铺设完成约90%。西河路、北江片区下水道清淤工程完工，有效解决北江新区水浸街等难题。电力电缆工程：110千伏西河线架空线路迁改、西南大道高低压线路迁改、工业大道、建设一路、西青大道10千伏电缆沟工程完成。西南大道、建设二路10千伏电缆沟，西南大道、工业大道电力线路迁改工程在建。

五、商业新项目施工

北江新区商业项目建设推进，新动力广场、汇信华府等新项目动工。作为2014年佛山市重点建设项目的新动力广场项目于8月动工，占地面积约55600平方米，建筑面积约25万平方米，总投资28亿元，集国际时尚购物广场、主题商业街、SOHO办公、星级酒店、SOFT公寓、高档住宅于一体，在进行基坑支护及土方开挖工程，年度投资额57000万元。5月4日，汇信华府项目动工，项目占地面积133000平方米，建筑面积533000平方米，总投资22亿元，规划建设29栋十一至三十层高层住宅及一座商业体，首先建设北面三层商业体。10月，鸿安花园项目动工，项目占地面积118000平方米，建筑面积约50万平方米，总投资14亿元，规划建设29栋高层住宅及约4万平方米综合商业体，工程首先进行基坑支护，于11月开挖土方。时代城二期南区、三期南区等项目开展前期工作，颐澳湾三期、四期及御龙湾二期等开工项目推进，预计分别于2015年及2016年完工。北江新区东面三水核心商业居住区，南邻珠三角之源“三江汇流”奇观广阔江面，西以三水二桥为界，北倚万亩绿肺森林公园。承载着西南城区、河口城区城市扩容的空间纽带重任，立足饮料食品、电子电器、汽车汽配等产业构建西南街道“产城互动”格局，加快建构广佛肇绿色走廊重要城市节点，加速筑就“幸福、时尚、水生活”时尚滨江新区。

（西南街道）

南山镇产城互动、融合发展

2014年，南山镇以建设“养生福地，精品名城”为目标，抢抓水都基地北园建设机遇，全力推动新型城镇化建设和产业发展，实现产城互动、融合发展。

一、城镇面貌日新月异

南山镇全力推动新型城镇化建设，融合民生、产业发展需要，重点推进重要民生工程，着重打造基础设施、管理服务等软硬环境，筑巢引凤。

高标准规划引领，产城融合。邀请英国资深城市规划设计研究机构UDI公司，完成南山镇总规、产业园区控规、中心城区控规（含城市重要节点）的规划设计。规划内容包括：实施双核战略，将迳口片区规划为政治经济中心，将六和片区规划为公共服务中心进行建设。政治经济中心是南山镇新型城镇化建设的载体，规划建设占地20公顷的城市客厅、漫江河两岸生态景观和东排涌生态休闲商业中轴线。

双中心建设推动城镇发展步伐。一是加快行政经济中心区城市功能配套建设。完成南山入口景观节点、广四线和六山线的绿化提升改造和亮化工程。南山新客运站建成，九道谷温泉酒店建成开业。东华公寓、企业家高管公寓、幸福南城城市综合体、假日蓝湾酒店等动工。二是配套完善公共服务区城镇化建设。推进基础设施改造和建设，完成公共服务区道路、排水、路灯、市场周边环境改造等市政建设，启动公共服务中心公园及南山公共服务中心改造等工程。

南山大道南段扩建力度加大。为破解南山镇交通瓶颈，提升区域竞争力，南山大道南段扩建工程纳入区重点工程，区、镇合力推进该项建设。工程投资超3亿元，按I级公路设计，总长7.8千米，双向4车道沥青路面，建成城市主干道路。工程征地工作完成，准备招标。

生态建设和环境治理成效明显。启动漫江河筑坝蓄水、一河两岸桥梁及两岸生态景观建设，工程进入招标阶段。加大环保执法巡查力度，查处无牌无证企业1家，处罚违法企业3家。加强广四线常态化管理，查处违章运输车辆113台次。淘汰黄标车68辆。坚持“一河一策”，东排涌综合整治达标。完成污水处理厂、城区截污工程及全镇14家养殖场节能减排整治，建成六和村委会农村生活污水处理设施。南山镇创建为国家级生态镇。

二、产业发展活力十足

南山城镇面貌日新月异，生活、产业配套

不断完善，城市聚集、服务能力大幅提升，企业、项目、资金、人才加快集聚，助推二、三产业发展。

产业建链补链完善。南山镇围绕生物科技和食品饮料、生态养生休闲度假旅游两大主导产业，引入杰隆南方区域总部、杰隆生物制品、杰康诺3个生物科技项目、广村食品1个项目，及卓超集中供热、森和业丰等3个产业配套项目。在现代服务业方面，引入乐华商学院、六和幼儿园和九道谷温泉养生度假酒店3个项目。产业建链补链完善，二、三产业实现融合发展。

产业载体建设夯实。南山镇抢抓打造水都基地北园带来的重大机遇，加快产业园区载体建设。完成基地北园一期100公顷的“七通一平”建设，并预留发展用地300公顷。梳理产业园区闲置用地和低效用地，采取土地收储等方式推动土地开发利用，2013年盘活闲置土地9宗71公顷。2014年收储产业园区4宗闲置土地19.8公顷。

企业服务增强。建立重点项目跟踪落实、镇领导联系挂钩等工作机制，力促重点项目早动工早投产。福贞5条生产线、乐华一期、顺发起重投产。“个转企”工作取得重大突破，9家企业转型升级。审批立项18项，申报发明专利7个。

（南山镇）

芦苞镇入选“全国重点镇”

近年来，芦苞镇的产业发展、城镇建设和社会民生取得长足发展，城镇面貌大为改善，城镇综合竞争力得到增强。2014年，芦苞镇入选“全国重点镇”。

芦苞镇位于三水区中北部，北接大塘镇，东靠广州市花都区，南连乐平镇，西邻肇庆四会市。原为北江冲积而成的沙洲，因盛长芦荻和苞草而得名，是历史商埠，素有“小广州”之称。镇域总面积约105平方千米，常住人口约5.5万，其中外来人口1.7万，辖1个居民社区、6个村民委员会(芦苞社区居委会，西河、刘寨、上塘、独树岗、四联和四合村民委员会)、90个自然村、144个村民小组。2010年，被评为“国家卫生镇”；2011年，被评为“广东省生态示范镇”；2013年，被评为“国家级生态乡镇”和“广东省宜居示范城镇”。2014年，被评为“全国重点镇”。

2014年，芦苞镇实施创新和投资驱动计划，引入一批高效优质项目。全镇地区生产总值73.98亿元，比上年增长9.8%；工业总产值253.34亿元，增长11%；农业总产值10.37亿元，增长2%；税收3.23亿元，全镇纳税超1000万元的企业4家，招商引资项目15个，合同引资额20.67亿元。

芦苞镇农业发展呈稳定上升态势。推进水产示范基地建设，实施高标准连片鱼塘整治，推进家庭农场、股权固化和土地集约流转的农综三项改革，加大农业基础设施建设，投入800万元，在西河村委会实施8000亩高标准农田建设，新(扩）建5座排灌站，新建10千米硬底化排灌涌和铺设15千米机耕路。投入约150万元，实施400亩高标准鱼塘改造和建设3千米长的全诚大道和健叶大道。

芦苞镇通过土地挖潜、产业升级、推动项目落地，全面提高经济发展质量和效益，产业结构进一步优化。其中，现代服务业占20%，先进制造业占50%。2014年，芦苞引进佛斯弟摩托车、皇派门窗、华运人防3个项目。3个项目占地17.2公顷，投资额8亿元，投产后年产值可达17亿元，年纳税近5000万元。

芦苞镇生态环境优良，旅游资源丰富，自然景观和人文景观兼备。除芦苞祖庙、长岐古村外，芦苞还拥有集现代商业、休闲度假、生态居住和区域特色的“芭蕾雨项目”，形成“游祖庙、探古村、打高球、泡温泉、购名牌、品河鲜”的旅游产业链。2014年，三水温泉客流量60万人，有效带动了周边饮食、购物行业的兴起。旅游文化推介年成效明显，北帝诞、龙舟赛、饮食文化嘉年华等系列活动取得良好的经济、社会效益。随着交通路网不断完善，芦苞区位优势日益凸显，综合竞争力不断提高，吸引文化、教育等项目争相落户。

（芦苞镇）

乐平镇获评为“全国百强镇”

2014年10月17日，中国城市经济学会中小城市经济发展委员会发布《2014中国中小城市绿皮书》，并首次推出“中国中小城市综合实力百强镇”，乐平镇以第87位首次上榜。

乐平镇按照三水“工业立区、产业强区、园区兴业”发展方向，依托三水工业园区（佛山高新区三水园）这一有利载体，始终坚持“产城人融合发展”理念，以产业、城市、人气集聚为重点，推动区域升级升值。2014年，乐平镇地区生产总值235.06亿元，比上年增长9.8%；地方公共财政预算收入6.96亿元，增长26.8%；税收17.94亿元，增长30.48%，突破10亿元大关。

一、改革创新，搭建主题产业园，推进产业集聚

2014年，乐平镇通过实施园区管理体制改革，赋予园区一级财政、区级行政审批权，极大地激活园镇发展的潜力和活力。利用一级财政杠杆作用，成立园区三大平台公司，拓宽融资贷款渠道，活化金融运作，加大与金融机构合作力度，创新项目融资、流动贷款、融资租赁等方式，全年融资授信超过前5年总和，为园镇推进“二次创业”提供重要保障。推进主题产业园建设，打造产业抱团招商新载体，推动产业的高端化集聚发展。完成南部汽车产业园和北部华南电商物流园的总体规划，形成产业南北扩张的发展格局，拥有北汽福田、苏宁等国内外500强项目。筹建机器人产业孵化园，引进诺尔贝机器人、德国KUKA机器人应用技术与培训中心等6个机器人集成应用项目，推广近百台机器人，推动制造业智能化发展，带动全区机器人自主研发技术发展。推进光伏应用示范区建设，促进园区产业提升及配套完善。园区的130兆瓦光伏示范区获批成为全国18个分布式光伏发电示范区之一，申报装机容量位列全国第六，是全国唯一由国家能源局直接联系的试点，其规模和效应显著。通过打造“三园一区”四大平台，园区产业经济逐步呈现规模化、集聚化和高端化的发展趋势。

二、园、镇互动，提升服务水平，推进“产城人融合”发展

2014年，乐平镇大力实施“总规定位、交通引领、节点提升”城镇建设，加强社会管理工作，从优化软硬件环境入手，系统谋划乐平镇的区域协调发展，加快城镇化进程。针对外来人口聚集点，以满足外来工群体需求为主要目标，以加快规划和建设西二环以东、城区以西区域的镇中心城区为切点，从河涌整治、路网建设、污水处理、公园绿化、“三旧”改造等五大方面提升城市环境质量水平，加快建设“产城人融合”新乐平。工业园区建成30平方千米规模，完成绿化改造31平方千米、道路管网建设30千米。乐平珠二环以东区域路网、供电、排水等基础设施，员工村、购物中心、星级酒店、休闲公园、文化广场、学校、医院、汽车站、产业社区活动中心、生活与工业污水处理厂等一批配套设施建成或推进。载体建设加快人流、物流、信息流的汇聚，产城共进的现代化城市格局逐步显现。强化社会管理。加强对外来务工人员的管理服务。成立产业社区，实现外来工服务中心、党员活动中心、家庭服务中心等8个服务机构及社会组织孵化基地进驻。乐平镇以筑起“家”、关注“人”、服务“心”的理念，打造“家·100”品牌产业社区，争创成为佛山市外来工管理服务先进单位。推动公共服务均等化。建立村级行政服务站，为群众办事提供便利。推动养老事业市场化发展。通过市场化运作，引入社会资本7000多万元实现乐平敬老院转制，推进养老事业产业化发展。

三、以工补农，惠民生，构建“三农”基层治理新格局

2014年，乐平镇充分发挥区位交通、生态资源优势，现代农业快速发展。佛山海峡两岸创意农业城、生生农贸城进驻，乐平雪梨瓜成为全区首个国家地理标志保护产品，树立乐平雪梨瓜和乐平西瓜品牌。白鸭成为首个全国禽畜品种审定的水禽品种，韭菜芯种植实现标准化生产，乐福米、雪梨瓜协会成为区级农业龙头企业，形成以绿色瓜果、高值花卉、优质水产为支撑的现代农业体系。推进新农村建设，加快基础设施建设向农村延伸，投入1.46亿元建成118个社会主义新农

村，投入1亿多元推进乐平涌整治、重建海洲水闸等工程。建设农民公寓，完成大岗、南联村委会股权固化试点工作和首批1.1万亩高标准农田改造。创建成为广东省卫生镇，农村环境持续改善。创新和加强农村社会管理，以农村党组织换届为契机，推动机关干部参选村委书记、副书记，加强基层组织建设。推行机关干部全职担任村委书记（主任）助理，镇村干部双向流动；在全区率先实施村组干部薪酬考核制度，率先完成农村集体资产管理交易平台建设，提升村级发展和管理水平。

（乐平镇）

进一步深化大部门体制改革

根据广东省、佛山市机构改革文件精神和工作部署，2014年9月，三水区按照精简、统一、效能原则，结合地方实际，进一步深化区大部门体制改革，强化机构和职责整合，规范机构设置，理顺权责关系，完善体制机制，加快建立精干高效的政府组织体系。

一、三水区党政机构改革基本情况

调整前，综合设置的党政机构18个：设置党委工作部门6个；政府工作部门17个（其中与党委部门合署办公部门6个，不计个数）；垂直管理机构1个：市公安局三水分局。

调整后，综合设置为党政机构21个：设置党委工作部门6个，政府工作部门20个（其中与党委部门合署办公部门6个，不计个数）；垂直管理机构1个：市公安局三水分局。

（一）调整政府机构设置

1. 组建区审计局。将区政务监察和审计局的审计职责划入区审计局，区政务监察和审计局更名为区监察局，与区纪律检查委员会合署办公。

2. 组建区民政局。将区民政和外事侨务局的民政职责划入区民政局，区民政和外事侨务局更名为区外事侨务局，与区委统一战线工作部合署办公，区委统一战线工作部挂“区民族宗教事务局”“区港澳台工作办公室”牌子。不再保留区委社会工作部，区社会工作委员会调整为在区委政法委员会加挂牌子。

3. 组建区环境保护局。将区环境运输和城市管理局的环境保护职责划入区环境保护局，区环境运输和城市管理局更名为区交通运输和城市管理局。

4. 区工商行政管理局、区质量技术监督局由省垂直管理调整为区政府管理。将区工商行政管理局、区质量技术监督局、区食品药品监督管理局的部分职责整合划入区市场监督管理局，加挂“区食品药品监督管理局”“区食品安全委员会办公室”牌子。

5. 区委防范和处理邪教问题领导小组办公室与区委政法委合署办公；区社会工作委员会调整在区委政法委加挂牌子；区流动人口服务管理工作领导小组办公室调整为挂靠区委政法委管理。

6. 区总工会、共青团区委、区妇联不再归口区委社会工作部管理，按各自章程运作。

（二）增设加挂牌子机构

1. 区发展规划和统计局加挂“区粮食局”牌子。

2. 区经济和科技促进局加挂“区知识产权局”牌子。

3. 区农林渔业局加挂“区城乡统筹办公室”牌子。

4. 区文体旅游局加挂“区版权局”牌子。

（三）理顺归口管理机构设置

按照省关于市、县（区）政府不设部门管理机构的要求，进一步理顺各区归口管理机构的关系。

1. 将区行政服务中心、区接待办、区档案局调整为区委区府办下属单位；区国家保密局挂靠区委区府办管理。

2. 将区社会保险基金管理局调整为区人力资源和社会保障局下属单位。

3. 将区公有资产管理办公室调整为挂靠区财政局管理。

4. 将区公路局调整为区交通运输和城市管理局下属事业单位。

二、主要做法

（一）加大组织协调力度，细化相关改革工作

党政机构改革工作在区委、区政府的统一领导下，由区委组织部（区编办）牵头承担整体协调工作，组织区财政局、区法制办等相关部门做好有关职责、机构、编制划转及改革文件的合法性审查，严肃改革过程中的组织人事纪律，做好改革过程中的区管干部调整配备和思想政治工作，并做好机构改革中人员划转、人事关系调整等工作，确保改革期间的无缝衔接，确保思想不散、工作不断、队伍不乱。

（二）加强方案科学论证，把握相关改革动向

区编委办切实做好对相关部门的实地调研和机构编制调查摸底等机构改革各项前期工作。一方面深入调查，着力做好对改革相关部门的实地调研工作，广泛听取各单位的意见和建议，理清相关部门大部制前后机构设置、人员编制、领导职数配备情况，摸清相关部门在运行模式和管理体制中存在的主要问题，为机构改革提供翔实资料；一方面注重与上级部门及兄弟区间的沟通交流、密切联系，使方案不断完善，既坚持上下衔接对应，又因地制宜、科学合理；另一方面加大相关部门自主权，在确保职能不遗漏、不缺失的前提下，让部门参与三定初定与复审中，通过与编制部门的不断论证，反复修改，使三定内容贴近部门实际，符合部门要求。

（三）严格落实文件精神，实行优化编制管理

此次机构改革，三水区从严核定部门领导职数、人员编制和内设机构。在部门领导职数配备上，严格按照《关于做好区级党政机构改革工作的意见》的文件精神进行配备，对个别部门因机构整合等原因，出现超职数配备领导的，允许作为特殊情况暂予过渡，建议干部科作进一步的理顺；在人员编制分配上，调整变动部门的人员编制，按照“人随事走，编随人走”的原则随职责划转，具体人员编制调整方案由相关部门协商确定；在内设机构及领导职数设置上，在编制总数控制下，实行职数最大化配置，赋予部门自行配置科室编制和职数的权限。

三、主要成效

（一）完善大部制运行机制

三水区党政机构大部制改革基本实现政府职能、政务环境和行政服务效能的较大转变。经过4年磨合，机构运转基本畅顺，但依然存在行政部门间职能有待完善、区级部门改革与省市机构改革不能对接等问题。此轮党政机构改革，对运行不畅的大部门进行重新拆分，对职责加强的部门进行单独组建，对职能关联性强、互补性高的部门进行优化整合，部门间及部门内部机构职能配置设置得到优化，公共管理成本以及行政成本得到降低，职能越位、缺位、错位的难题得到解决，大部制改革得到深化和完善。

（二）优化了领导管理体制

大部制后，区领导兼任大部门首长，充当改革前一个甚至多个部门的“局长”角色，需应对部门的各种日常事务的困扰，直接影响其宏观思维和决策水平。为实现区领导强化决策，注重宏观思考和顶层设计，提升部门工作合力，根据部门性质，三水区优化领导管理体制：对区党委部门及职能较多需分块管理的部门，仍采用区领导兼任部门首长，同时树立“做实区领导，做强部门常务”的理念，按照“统一领导、充分授权、分级管理”的原则进行科学分工；与党委部门合署的政府部门领导职务不再由首长兼任，调整为由部门副职兼任，实行政府部门的相对独立运作；区领导不再兼任区政府部门首长的，实行区领导分管模式，各部门不再设置常务副局长，改设局长1名，赋予局长更大平台、更大空间和更大责任。

（三水区委组织部）

三水区政府权责清单对外公布

权责清单编制工作作为三水区2014年16项重点改革专题工作之一，从4月开始启动。此项工作旨在通过行政职权的清理和管理标准的制订，编制和公布三水区政府权责清单，建立权责清单制度。权责清单包括两部分，分别是“行政职权清单”和“企业投资管理负面清单、审批清单、

监管清单”。行政职权清单是各有关部门按“法无授权则禁止”原则依法确定的行政职权的总和，以清单形式公布实施；企业投资管理负面清单、审批清单、监管清单则按“法无禁止则准入”“权责对等”的管理原则，明确行政机关事前、事中、事后管理准则和两级政府管理重点，形成前后关联、互为印证的链条式、清单式管理模式。

为了顺利推进此项工作，三水区全面调研、制定工作方案。在区委、区政府的统一部署下，由区行政服务中心（区审改办）牵头，会同区编办、区法制、区发改等部门成立权责清单编制工作专责小组，共同推进政府权责清单的编制工作。在编制过程中，采取市级统筹、市区同步、上下联动的工作模式，分两轮进行权责清单的编制和审查。4月初，市、区各职能部门进行自查清理。6月底，由市、区分级完成本级清单的编制和审查，初步形成本级政府权责清单。7月，区级权责清单征求意见稿通过区政府网向社会进行为期10天的公开征求意见，征求意见结束后，由市级统筹完成全市通用权责清单的编制和审查，规范各区权责清单，形成上下衔接、标准一致的各级政府权责清单。8月，区行政服务中心（区审改办）根据市的审查结果组织区各职能部门对权责清单进行最终确认。9月，在市、区通用权责清单的基础上，形成本级政府权责清单报区政府审议。12月，对外公布实施政府权责清单，逐步将清单录入佛山市权责清单管理系统并实行动态管理。

三水区参与改革的36个行政机关（含7个中央、省属驻佛山单位）共清理出区级行政职权（含11类职权，按大项统计，下同）8709项。其中，行政许可316项，非许可行政192项，行政确认135项，行政给付94项，行政征收41项，行政指导241项，行政检查657项，行政处罚5805项，行政强制217项，行政裁决12项，其他999项。

负面清单编制禁止和限制投资措施共649条（禁止类406条，限制类243条），涉及47个行业大类和127个行业中类。

审批清单编制范围涵盖省、市、区三个管理层级，纳入24个区级部门218个审批事项，细分为经营项目、环境保护、安全生产、公共卫生、主体设立、其他六类，涉及78个大类行业和307个中类行业。其中，省级部门专属的事项2项，市级专属的事项13项，区级部门专属的事项99项，分级管理的事项104项。

监管清单按属地原则编制，基本涉及所有行业分类，90个大类行业，437个中类行业。区级各部门编制监管措施种类448种、监管措施数量1926条、监管标准1456个。

一、具体做法

（一）“请进来、走出去”，全面调研制订工作方案

权责清单编制是一项涉及面广、系统性强的复杂工作，为此，在权责清单编制工作方案制订之前，三水区通过“请进来、走出去”的方式对编制权责清单工作进行全面调研学习，邀请市审改、市编办、市发改局、市法制局的领导指导权责清单编制工作，并分别到南海区和顺德区学习权责清单编制工作经验。经全面调研后，拟订三水区编制权责清单工作方案初稿，再经过前后2轮的征求部门意见修改完善后出台工作方案，详细列明编制权责清单的主要任务和工作步骤。三水区参加市、区编制政府权责清单工作专责小组工作例会，加强市、区两级有关专责工作小组的沟通衔接，并确定下一阶段工作目标。

（二）加强联动，成立领导小组和设立专责工作小组

为加强对权责清单工作的组织领导，三水区成立转变政府职能和编制政府权责清单领导小组。领导小组由区主要领导担任，成员由区行政服务中心、区编办等部门领导组成。领导小组下设办公室，办公室设在区行政服务中心（区审改办），主要职责是负责全区权责清单编制工作。办公室内设立6个专责工作小组，包括综合统筹组、行政职权清理组、负面清单清理组、审批清单清理组、市场监管清单清理组、标准化建设组，人员由区行政服务中心（区审改办）、区委组织部（区编办）、区发改统计局、区法制办等单位的业务骨干组成，集中在区行政服务中心办公，分工落实各项工作任务。

（三）加强重视，召开动员部署会和组织业务培训学习

为深入理解编制权责清单的工作目标和工作重点，区政府召开三水区编制政府权责清单动员暨业务工作培训会议。会议解读三水区编制政府权责清单工作有关安排，强调编制和公布政府权责清单是规范行政权力公开透明运行、进一步方便群众办事的重要举措。会议邀请市行政服务中心副主任卢海英与市编办、市发改局、市法制局等市牵头单位业务负责人讲解编制权责清单的具体工作和现场解答参会人员的提问。三水区还在编制过程中召开全区权责清单工作阶段情况通报会，总结全区权责清单进展情况并沟通、解决存在问题，强调下阶段的工作任务。

（四）加强合力，集中办公开展审查

为有效整合资源，提高权责清单编制工作的效率和质量，各专责小组牵头单位抽调业务骨干到区行政服务中心集中办公。专责小组采取走访调研、电话交流、QQ解答等方式密集地对各参与单位进行表格填报指导，解决各单位在编制权责清单过程中遇到的疑点难点问题，以促使单位顺利地完成填报。

（五）实现群众监督，公开征求社会意见

改革的目的是更好地服务群众。为使此项改革工作更贴近群众的需求，让群众积极地参与到改革当中，三水区权责清单首次通过区政府网向社会公开征求意见，公示为期10天。此次公开征求意见充分汇聚民意，实现群众监督，为权责清单的最后发布作准备。

二、工作成效

（一）编制行政职权清单，明确职权明细

通过组织各有关部门对照法律、法规及“三定”方案，按照依法确权、合理配权、理顺关系的原则清理现有保留实施的行政职权事项，三水区厘清职权名称、分类、法律依据、实施机构、权属划分等，摸清家底，形成本地域清晰明确的行政职权清单目录，为依法行政、严格监管奠定基础。

（二）编制负面清单，明确投资范围

负面清单的编制是参照国际通行规则，着眼于开放性经济建设，充分考虑三水区的工业基础和未来经济定位，以提升行政管理透明度和开放度为目的，以清单形式列明本地区范围内禁止和限制投资的领域、产业及经济活动。限制投资即有条件准入，需经过审批获得授权方可进入，对此列明限制的内容或准入的基本条件。通过编制负面清单，明确三水区的投资范围。

（三）编制投资准入审批清单，明确投资准入条件

审批清单的编制是针对需要经过审批获得授权方可准入的投资经营活动，对应其领域、行业、产业列明准入审批的部门、审批事项名称、权属划分。纳入审批清单管理的项目，投资主体应依法定条件和程序申请准入，获得授权后方可开展投资经营有关活动。通过编制投资准入审批清单，进一步明确投资准入条件。

（四）编制市场监管清单，明确监管标准

监管清单的编制是针对本部门管理的行业或领域，按事前、事中、事后全链条监管要求，明确监管主体、监管内容、监管范围、监管措施和涉及的执法职权，制订监管标准。准入标准主要包括市场和社会主体进入某行业或领域所必须具备的基本条件，如资质资格要求、规划要求、产业政策要求、环境保护要求等。生产经营活动标准主要指在生产经营活动过程中应当执行的标准和遵守的规范，如管理标准、技术标准、安全规范、行为规范等。产品（服务）质量标准主要指生产的产品或提供的服务所必须符合的基本条件，如安全性、功能性、有效性要求等。通过编制市场监管清单，进一步明确监管标准，使监管体系一目了然。

通过编制权责清单，三水区逐步实现“全面清权、依法确权、科学配权、压缩限权、公开示权、监督制权”的目标，进一步厘清政府与市场、政府与社会、政府部门之间、政府与事业单位的关系，从而构建优质行政审批服务体系。此项改革有利于加快推进政府职能转变，规范行政权力公开透明运行，构建权力运行监督体系，做到职权授予有据、行使有规、监督有效，建设法治政府和人民满意政府。

（三水区行政服务中心）

云东海街道加强农村综合治理有新举措

2014年，云东海街道把研究农村治理新模式，深化农村综合改革列入全面深化改革工作的目标之一，以完善机制、强化管理、提升服务、夯实基层党建等多渠道促进农民增收、农业增产和农村稳定。

加强农村财务管理。2014年试行农村收支预算制度“二上二下”模式。由村（居）委会申报，街道社工局初审提出建议金额，再与各村（居）委（书记）协商、修改，最后由街道党政联席会议核定。这种管理模式强化对各村（居）资金使用的监督，健全农村资金使用制度。街道筹备集体资产交易核查工作，下发《云东海街道农村集体经济组织清产核资工作实施方案》，准备以购买服务的方式推开。

创新村（社区）管理和服务机制。以建设公共服务站为切入点，打造一流便民服务平台。伏户村委会公共服务站建成使用；上九村委会公共服务站建设进入收尾阶段，辑罗公共服务大楼已立项，下阶段将继续致力提升服务站软硬件设施、人员配备和服务职能，为群众提供便捷高效的行政、公益服务的综合性平台。完善基层党组织，打造政务机构、自治组织、经济组织和社会组织五位一体、具有现代治理能力的村（居）管理体系。

推进家庭农场试点工作。以辑罗钱景山家庭农场为试点，对其鱼塘、耕地进行资源整合，壮大经营规模。指导和协助其申请“政银保”贷款，办理养殖证，进行工商注册，使其经营方式向企业化、规范化发展。该家庭农场试点工作取得的成效，对传统农业转型有借鉴意义。

促进农村土地集约流转。为壮大村集体经济，对村经济留用地进行科学规划。由三水新城招商投资服务局协助村做好招商引资工作。基塘村、葛坑村、樟山村等的经济留用地通过集约招商，待相关手续办理后进行开发。

（云东海街道）

探索“网格化”社会服务管理新模式

2014年，三水区整合各方资源，在全市率先推行社会管理综合治理网格化工作，通过“三定”（定格、定人、定责），实行“三化”（扁平化、精细化、高效化）和“三全”（全覆盖、全天候、全方位）的社区管理和服务，努力实现“三早”（纠纷信息早掌控、矛盾调处早到位、突出问题早解决）的目标，成效初显。

一、划分四级网格，搭建基本框架

三水区综治委出台《在全区村居（社区）开展社会管理综合治理网格化管理工作的实施方案》，按行政层级划分四级社会管理综合治理服务网格。全区以行政村居（社区）为单位分成66个一级网格，由村居(社区）书记或主任担任一级网格长；以责任片区为单位划分成二级网格372个，由村居(社区）“两委”成员担任二级网格长；以自然村、物业管理小区、围院式小区或150户左右居民为单位分成三级网格1206个，由居民小组长、党员、村民代表等担任三级网格长或网格员；以楼房为单位划分四级网格，发动群众推选“楼长”担任四级网格员，参与群防群治工作。各级网格之间建立相互联系制度，实现联防联动、信息互通。

二、健全二级平台，理顺管理体制

利用镇(街道）综治信访维稳中心和村居(社区）综治信访维稳工作站作为网格化管理的两级工作平台，层层落实“网格化管理”工作措施与责任。镇（街道）综治信访维稳中心负责辖区“网格化管理”服务工作，中心主任为第一责任人。建立、健全工作例会、督办督查、工作流程、基本台账等制度，负责做好一级网格上报和本中心直接受理的综治信息收集、归类、分流、督办、反馈等工作，并指导村居(社区）综治信访维稳工作站开展“网格化管理”工作。村居(社区）综治信访维稳工作站负责一级网格的服务管理工作，一级网格长为第一责任人。围绕治保、调解、综治、流动人口及重点人口管理、禁毒、帮教、消防安全整治、反邪教、社区矫正、社情信息收集等领域，按照“十位一体”模式开展工作，并领导网格员队伍开展网格化管理工作。

三、组建三级网格员队伍，明确服务内容

各村居（社区）组建社会管理综合治理网格员队伍，由综治信访维稳工作站统一领导。按照“一格一员”原则，每个基础网格配备一名专职网格员。网格员主要由村居（社区）干部、辅助人员、社区民警、党小组组长、居民小组长、治安联防队员等组成。一名网格员包干负责一个网格，按照治保、调解、综治、流动人口及重点人口管理、禁毒、帮教、消防安全整治、反邪教、社区矫正、社情信息收集“十位一体”的运转模式开展工作。其中，三级网格员负责社情信息收集、政策法规宣传、治安防范巡逻、矛盾纠纷调处、流动人口管理、惠民便民服务等工作。

四、建立五项工作机制，落实管理责任

“六联”运行机制　建立完善社会治安联防、矛盾纠纷联调、重点工作联动、突出问题联治、基层平安联创、流动人口联管的“六联”机制，对矛盾纠纷和群众来信来访，综治信访维稳中心实行统一受理、统一分流、统一协调、统一督办、统一归档，综合运用人民调解、司法调解、行政调解等方法进行疏导化解。

走访责任制　网格长、网格员定期或不定期到负责包干的网格入户走访居民，建立居民信息档案，做到“社情民意早知道，矛盾信息早掌控，纠纷问题早调处，突出问题早解决，重大问题早上报”。

便民服务制　村居（社区）将工作重心下移，改“坐堂办公”为“入户办公”，变被动服务为主动服务，及时帮助群众解决问题。

快速处理机制　网格员每日巡查网格，收集信息，按照轻重缓急划分“三色”民情进行上报、跟踪、反馈；两级“网格化管理”平台定期召开民情分析会，村居（社区）每周一次，镇（街道）每半月一次，对收集到的社情民意进行分析研判，落实责任人办理。

首问负责制　对群众反映的问题，负责首次接待的工作人员必须持续跟进，协调相关责任人，直至问题得到妥善解决，并及时向当事群众反馈。

2014年，综治网格员调解邻里纠纷319宗，发现并及时处置消防等安全隐患23处，引导群众到政府办理事务136人次，协助开展禁毒、消防安全等宣传83场次。依托区、镇（街道）综治信访维稳中心和村居（社区）综治信访维稳工作站受理矛盾纠纷2286宗，化解2102宗，化解率92%，村居管理逐步精细化。

（三水区委政法委）

白坭镇构建城乡一体社区治理新模式

2014年，白坭镇以佛山市“城乡社区建设提升年”为契机，围绕构建城乡一体社区治理新模式这一新课题，重点在新型社区建设方面进行一系列的改革创新尝试，取得新成效。

一、立足镇情，瞄准基层善治再破题

白坭镇通过村（社区）管理体制和服务机制的改革创新，有效化解农村历史遗留问题，激发基层活力，维护基层社会的和谐稳定。随着白坭产业的迅速发展，外来人口增多，城乡人口结构发生根本性变化，且镇内村企交集多，村企关系日益复杂，处理不当势必影响产业和城镇发展，并造成社会维稳问题。白坭镇确立“基层善治”理念，搭建起新型社区建设的新模式，明晰工作思路。

二、大胆探索，探寻新型社区建设新模式

（一）重构基层治理组织体系，打造“核心引领、多元共治”的基层治理格局。白坭镇形成党组织、村委会、公共服务站的新格局。以打造“核心引领、多元共治”的基层治理格局为目标，把基层党组织、自治组织、公共服务站、经济组织、群团组织和“两新”组织统领起来。为实现这个目标，白坭镇重点做好“固本强基”工作。以富景社区为例，将社区党组织升格为党委，创新采用“两票制”的方式选举新一届社区党委班子，党委成员平均得票率99%以上，实现书记、主任“一肩挑”，“两委”班子100%交叉任职，34个村民小组实现党组织的全覆盖，单独组建党支部20个，联合组建党支部6个，镇党委给予村组党支部办公经费，提高工作积极性。在村民自治方面，白坭镇建成公共服务站，有效解决联系服务群众“最后一公里”问题，实现村民议事会在村组的全覆盖，强化村（社区）党委的核心统领地位，村居委会、村民小组、议事会由党组织领导，构建村民自治决策、执行、监督三分开机制。

（二）以人为本，促进社区融合。搭建各种平台，增强本地人、外来人口对社区的归属感和认同感，达到社区融合目标。加强公共服务，实现公共服务均等化。如为解决外来工子女“入学难”问题，在全区率先推行积分入学制，促进外来工家庭扎根白坭。入读白坭公办学校的外来工子女占58.7%，满足绝大部分适龄学生的就读需求。为促进人口融合，白坭镇推动村组修葺祠堂，打破宗族和地域，变身乡村文化活动中心和社区学校，发挥社区教化功能，整个运作模式引入专业中介服务，成立青年商会和慈善组织，多途径激发活力和营造和谐氛围。重点解决本地户籍股民、本地户籍居民以及外来人口表达诉求、参与管理、化解矛盾、均享服务的问题。对于户籍股民，村改居后，确保村民享有的各类权益不变，推行“两确权”，即农村集体资产确认和农村经济组织成员身份确认，推进农村土地承包经营权确权登记颁证及“股权固化”。对于户籍居民，即街道的常住人口，原来享受的就读、计生、医疗等各项公共服务也不变。对于外来人口，为外来人口表达诉求、参与社区管理搭建平台、建立机制。允许一定比例和名额的非户籍常住人口进入议事会和监事会，为外来人口参与社区管理和服务搭建载体。加快建设产业社区和“新三水人”服务中心，推动公共服务均等化。以富景社区为新型社区建设试点，组建由12名非户籍人口代表构成的新白坭人融合社区联系人队伍，对富景社区外来人口实行网格化管理，充当社区和外工团体之间的桥梁，选举2名代表参与富景社区议事会议事，富景社区获评为“全国和谐社区建设示范社区”。

（三）以群众需求为导向，构建联系服务群众的常态化机制。以开展群众教育实践活动为契机，白坭镇启动直接联系群众活动，构建“密切联系群众、广泛听取意见、快速回应诉求”的联系服务群众工作机制。根据镇情实际，将联系群众的范围延伸到工业园区和外来工群体。开展“民生微实事”立办制改革，设立专项资金，对群众关注度高、受益面广、亟待解决、所需资金在30万元以内的民生事项实行“立提立办”。2014年，实施“民生微实事”20项，投入资金428万元，带动社会资金投入293万元，解决一批农村历史遗留问题。

（四）以点带面，打造农村文化社区。2013年，白坭镇将陈氏大宗祠打造成为城乡结合部的新型农村文化活动中心。投入900多万元、占地约0.67公顷的祠巷村陈氏大宗祠投入使用，通过购买服务，引入社会中介进驻，扶持培育本地协会发展，有龙舟协会、醒狮协会、舞蹈协会、老年人协会等14个文体协会进驻，各个协会有活动场馆，活动经费均由会员或社会热心人士自愿捐助，自筹、自支、自我管理。协会会员超过400人，成为全镇规模最大、群众基础最深厚的村级文化活动中心。陈氏大宗祠文体设施向全社会包括外来工开放，极大地改善城区及周边村组村民文化活动设施不足的状况。打造白坭镇南部新型乡村文化社区。引导岗头村委会建设新型乡村文化社区示范点。重点是建设两大载体：投资300多万元高标准建设岗头休闲公园和岗头文化活动中心，文化活动中心涵盖图书室、多媒体播放厅、党员活动室、国防教育室、会议室等多个功能场室。投资600多万元重建凤果村周氏大宗祠，增加文体娱乐、议事决策等新的功能。引入社会组织孵化机构，带动当地社会组织发展，尤其是扶持、壮大龙舟、醒狮、篮球、象棋、舞蹈等文体协会，活跃文化氛围。

（白坭镇）

乐平镇稳抓“四个点”构建食品安全体系

面对社会经济快速发展致人口总量不断增加，流动人口密集，辖区内农村、企业、学校众多等复杂情况，乐平镇着重提升食品安全管理水平，通过创建佛山市首个农村集体聚餐备案试点、推广学校“阳光厨房”在线监控平台建设、广东省内率先进行镇街一级食品药品风险源评估分析等方式，全方位、多角度加强食品安全管理、监督力度，打造安全、放心饮食环境。

一、以食品安全为起点，全市首试农村集体聚餐备案

针对辖区内农村数量多、分布广，农村大型聚餐活动频繁，掌厨人缺乏执业资格、生熟食品混放、餐具缺乏消毒等问题，率先在镇上念德村委会陆坑村孟麒陆公祠食堂实行农村集体聚餐备案。通过刷白食堂墙壁、购买留样冰箱和盛放碗筷有盖胶箱、换吊扇等方式升级硬件设施，加强软件管理，规定大型聚餐必须备案、菜式必须进行留样，组织乡村厨师体检及餐饮从业人员业务培训，操作流程逐渐卫生和规范化。年初，佛山市食品药品监督管理局到该公祠召开农村聚餐备案工作现场会，乐平经验得到各级领导的充分肯定。在14个村（居）委会150多个自然村推开农村集体聚餐备案工作，组织314名乡村厨师进行体检。

二、以学校食堂为试点，推广实时“阳光厨房”监控

在乐平14所中小学、幼儿园建设“阳光厨房”在线监控平台。在食堂厨房内的食品加工间、洗消间、仓库等关键控制区域内安装高清视频镜头，将工作人员制作食品全过程，通过视频信号同步传输到学生就餐处、校长办公室、食药监局等电脑监控端，学生、老师及监管部门使用电脑、手机等具备固定网络信号平台就能实时看到厨房的操作情况。随着工作的推开，家长委员会代表亲身体验厨房的操作流程，对学生的伙食放心程度大大提升。如保安小学搭食率由60%增至97%。

三、以风险隐患为切入点，评估食品安全风险源

创新性地开展镇级食品药品风险源监测评估，把日常监管工作和专家指导意见有效融合起来，为工作科学性提供参考意见。镇政府全年拨款15万元，确定由华南理工大学调研团队对镇内食品、药品开展风险源监测评估，计划对乐平的餐饮业、企业饭堂、学校饭堂、食品加工小作坊、食品生产企业、农贸市场、药店等约300家店铺、单位进行调研。

四、以食品市场为考核点，打击食品药品违法行为

严打涉及面广、社会影响大、群众反响强烈的危害食品药品安全违法违规行为，严格规定生产、流通、消费行为和秩序，促使镇内食品药品市场秩序持续好转。7月，开展“百日行动”以来，区食品药品监督管理局乐平分局检查餐饮业、流通经营单位、食品加工企业、“三品一械”经营企业202家次，出动执法人员422人次，对部分经营单位抽检62批次，对13个违法行为立案查处。开展应节食品监督检查专项行动，对镇内36家糕点月饼经营户检查，发出监督意见书13份，依法对两家无证无照生产月饼和糕点的加工场立案查处，没收月饼2560个及包装盒一批。

（乐平镇）

乐平镇强化四项措施确保环境安全

乐平镇围绕佛山市“天更蓝、水更清”三年行动计划、“环保执法年”、“佛山市建设人民满意政府重点项目”等工作部署，以绿色发展为主线，强化环境执法监管，加大污染源治理力度，严把项目准入关，推动污染减排，为产业人镇铺出一条绿色发展之路。

一、制定环保实施方案，明晰任务责任

将辖区内河涌水治理列入2014年镇政府工作报告，提上工作日程。按照市、区实施计划，制定乐平镇2014年环保实施计划，指导全镇水、气环境整治、监管和生态建设。落实环境保护责任考核工作方案，将任务分解到环运、国土城建水务、农林渔业、经促、财政、宣传、纪委等责任部门以及各村（居）委会，并明确挂钩联系各村委会的领导为各村委会辖区环境整治责任人，每月召开一次工作协调会，每季度进行一次考核。

二、加快治污设施建设，推进工程减排

投入约97万元，利用厌氧水解+人工湿地的组合工艺建成下华村、大鹏村、塘边村3个农村生活污水处理工程。扩建日处理量4000吨的乐平生活污水处理厂二期，完善园区南部污水处理厂应急池工程建设，兴建南边、范湖片区污水处理厂。实施中心城区生活片区和旧工业园区截污工程、工业园三江公路污水主管网、乐康大道、西二环东辅道污水管网建设。开展53台锅炉污染治理、12家企业VOC污染治理、6家企业陶瓷行业污染治理、4家电镀企业重金属综合防治、52家企业危险废物规范化管理，推动42家企业清洁生产评估和验收。

三、严把环评审批关，控制新增污染源

新引入项目“单位GDP能耗”“单位GDP排放强度”等相关环境指标，需符合国家、省、市区要求，坚决抑制高能耗、高污染行业盲目扩张和低水平重复建设。向企业推广分布式光伏电站建设，优化镇内的能源利用结构。在镇内澳美铝业、广成铝业、普拉迪、兴发铝业等一批企业屋顶建成27兆瓦光伏应用项目，节约用电成本，减少污染物排放。

四、强化污染监督管理，确保达标排放

成立环境保护专项执法小组，实施网格化监管，2014年开展13次环保专项执法行动，巡查企业300多家，处理群众投诉200多宗。对18家企业发出责令整改通知书，立案处理案件16宗，罚款58万元。以青岛海尔与中广核太阳能公司合作为试点，引入合同能源管理模式市场化节能机制，开展能源管理体系与能源管理中心建设。引导和扶持企业开展各项节能技术研发和改造项目30个，企业年度能源利用报告上报率100%，且全部合格。对100家企业“一企一档”重点监管，投入100多万元建设水污染物在线监控系统，各企业共投入400多万元建设和运营终端监控设备。58家企业安装水污染物在线监控设备，并与区、镇在线监控中心联网，实行对企业水污染物24小时在线监控。

（乐平镇）

西南街道推进社区卫生服务体系建设

2013年开始，西南街道将村（居）社区卫生服务站建设作为重要民生工程，重点推进并力争两年内实现全覆盖。2014年，4个社区卫生服务站启用，北江新区社区卫生服务中心动工，加上原已投入使用的西南社区卫生服务中心和沙头、文锋东、园林、董➕、洲边、五顶岗6个社区卫生服务站，西南社区卫生服务网络将形成“两中心10站点”的大格局。

发展社区卫生服务工作，是缓解群众“看病难，看病贵”的基础性工作，是医疗卫生体制的重大改革。西南村（居）社区卫生服务站的建成、使用，西南20多万居民“人人享受基本药物制度”，形成“15分钟”服务圈，实现“小病不出社区”的目标。尤其是洲边村委会6000多户籍人口享受免费医疗，在实施国家基本药物制度、执行药物零差价的基础上，除社保报销外个人支付的医疗费用均由村委会支付。西南街道探索“让领导放心、让社会认可、让群众满意”，具有西南特色的村（居）社区卫生事业发展之路。

西南街道的社区卫生服务站，建筑面积均超过300平方米，以浅绿色为装修主调，极具浓郁家居温馨风格，色彩、材料、工艺、布局、设施体现“社区卫生服务”品牌的文化内涵，突出“健康生活、绿色生命”的服务理念，显示“优质安全、体贴舒适”的核心价值，让居民如在“家”中享受社区卫生服务。

村（居）社区卫生服务站均采用计划生育、卫生合一方式、同步规划建设计划生育世代服务站，实现资源共享。世代服务站采用粉红色格调装修，设B超妇检室、悄悄话室和宣传教育区、电脑上网区、儿童活动区、营养配餐区等，构建富有西南特色的“世代服务”体系，开展集宣传教育、技术服务、便民维权、信息采集、药具发放和会员活动六位一体的人口计生公共服务。

社区卫生服务中心（站）按照“综合、连续、主动”的要求，完善服务功能、改进服务方式，为群众提供优质服务。“综合”是以公共卫生服务为主，向群众提供预防、医疗、保健、健康教育、康复、计划生育指导等“六位一体”的服务；“连续”是全面掌握居民个人的健康状况，针对出现的健康问题及时采取干预措施，为居民个人提供不间断的医疗保健服务；“主动”是树立“以服务对象为中心”的思想，推行家庭医生签约式服务，提供上门诊疗，提高社区卫生服务的质量和水平。

西南街道推进社区卫生服务体系建设，构建新型卫生事业体制，履行政府公共服务职能，做好为群众谋福利的德政工程、民心工程、实事工程。

（西南街道）

促进义务教育城乡一体化均衡发展

近年来，三水区坚持“总体协调、城乡均衡、整体提质”的发展思路，致力于推进义务教育均衡、协调、优质发展。成功创建“广东省第十七个教育强区”“广东省推进教育现代化建设先进区”后，三水区以实施区域教育一体化发展综合改革试验为契机，于2012年启动创建“全国义务教育发展基本均衡区”，2013年12月通过省级督导验收，2014年3月通过国家级评估验收，成为全省首批“全国义务教育发展基本均衡区”，区域教育城乡一体化进程不断加快，教育综合改革工作成效明显。

一、加强统筹协调，促进教育资源城乡一体化

完善资源配置机制。优化教育资源布局，编制《2013—2015年义务教育布局调整和规范化学校建设规划》，对三大板块教育资源布局作优化调整。近两年共投入6000多万元用于农村学校和薄弱学校改造，使农村学校面貌焕然一新。针对教育基础相对薄弱的北部板块，将大塘中学、六和中学、迳口中学整合建成一所规模为2000人的区直属初中（三水区第三中学），实现规模办学，提升北片总体教育环境。依法保障教育投入，建立以区为主、区镇两级政府财政分担的义务教育经费保障机制，2014年全区义务教育经费投入90579万元，约有65000名学生享受免费义务教育。从2012年起，进行区级校舍维修专项资金竞争性分配机制改革，每年财政投入约800万元，对镇（街道）办学条件相对薄弱的义务教育学校给予扶持，重点加强教育装备信息化建设，推进城乡学校的资源配置均衡化。2014年，推动教育城域网升级改造，全区中小学宽带网络“校校通”、优质资源“班班通”和网络学习空间“人人通”基本覆盖，信息技术在教育教学中的运用更加广泛。扶持民办义务教育学校发展，为推进北外附校三水外国语学校建设，除了解决学校用地问题外，三水区还设立建设补助专项资金600万元和项目基础设施配套费专项补贴约27.78万元，促成该校于2014年秋季开办。

二、注重整体提升，促进师资队伍城乡一体化

均衡城乡师资水平。建立校长教师交流机制，坚持“适度交流，保持稳定；自愿为主，鼓励支教；挂职锻炼，储备人才”的原则，把职称申报与轮岗交流有机结合起来，逐步建立科学、灵活的动态用人机制。2014年，区政府出台《三水区义务教育学校教师交流工作方案》，开展校长教师交流工作，实施城镇教师支援农村教育、优质学校教师支援薄弱学校，均衡校际师资水平，有139名中小学教师参加交流，占符合交流条件人数的15%。完善校长教师培养培训体系，区教育局开展以提高校长教师专业素质为宗旨的各类培训实践活动，至2014年，培训经费年均约400万元，形成以校本培训为主、以专业进修和专项培训为辅、以远程网络教育为补充的教师继续教育体系，为教师提供开放、灵活、可选择的专业化发展新途径，促进师德师风与师资专业水

平提高。2014年，三水区和国内高校合作举办10个专题研修班，全区中小学校长教师参加各级各类培训13722人次，2458人参加远程（网络）学习。落实教师工资福利待遇，消除城乡教师待遇差距。完善教师激励机制，实施绩效工资制度和名校长、名教师特殊津贴制度，实现教师经济待遇"两相当"。2014年，教师平均年收入9.8万元。

三、坚持内涵发展，促进教育质量城乡一体化

提高义务教育办学质量。坚持立德树人，引导学生健康成长，着力构建学校、家庭、社会三位一体的大德育网络，形成合力，推动全社会形成共同推进素质教育的良好环境。加强督学责任区建设，将全区中小学及幼儿园划分为4个督学责任片、9个责任区，选聘5名专职督学和37位兼职督学，建立挂牌督导制度，开展综合性督导评估工作，促进学校整改提升。建立教育教学质量保障体系和质量监测与考核评价体系，深化课程改革，探索"学生为主，以学论教"的教学新模式和学案导学、网络教研、以点带面、名师引领、镇校联动、同课异构等教研新模式，组织各学科备考研讨活动、教学视导工作、竞赛交流活动，有效地更新教师的教育理念，提高教学能力，促使教育质量整体提升。2014年，师生参加各类竞赛成绩显著，高考重本上线率大幅度提升。推动学校内涵建设，引导学校打造特色校园文化，创建特色学校。每年举办书法比赛、科技创新大赛、运动会、艺术节等特色活动，丰富校园生活，实现教育多元化发展，打造学校的特色教育品牌，学生综合素养明显提升。

四、深化教育公平，促进教育服务城乡一体化

保障特殊群体平等接受义务教育的权利。坚持义务教育外来务工人员随迁子女"两个为主"原则，2012年实行积分入学制度，妥善解决新市民子女入学问题。2014年义务教育阶段新市民子女33869人，入读区内公办学校占总数的80%以上。实施全纳教育，贯彻落实残疾少年儿童十五年免费教育政策，办好特殊教育学校，推进特殊教育资源教室建设，并对无法入学的重度残疾儿童少年进行家访筛查，为基本具有接受教育能力的重度残疾儿童少年提供送教上门服务。全区适龄"三残"儿童少年入学率100%。探索关爱农村留守儿童工作模式，建立区、镇街、学校留守儿童关爱体系，帮助家庭经济困难学生完成学业，2014年区财政资助家庭困难学生742人次，资助金额约60万元。

（三水区教育局）

三水区党的群众路线教育实践活动抓得实、亮点多、效果好

2014年2—10月，三水区67个单位、1285个党组织、24000多名党员参加党的群众路线教育实践活动。三水区按照中央、省委和市委的统一部署，在省委第五督导组、市委第四督导组的指导下，围绕"为民、务实、清廉"主题，按照"照镜子、正衣冠、洗洗澡、治治病"的总要求，落实习近平总书记系列重要讲话精神，坚决反对"四风"，教育实践活动取得实效，得到省委、市委督导组的肯定和群众的好评。省委第五督导组组长黄业斌认为，三水教育实践活动"抓得实、亮点多、效果好"。

一、教育实践活动的主要做法

全区各级党组织落实上级要求，以"六个始终坚持"抓好各个环节的工作，确保教育实践活动不虚不空不偏、不走过场。

（一）坚持各级领导带头示范，为全区教育实践活动树立标杆。省市挂点领导、区各级党组织加强对活动的指导和组织领导，形成以上率下、整体推进的良好局面。省、市领导精心指导。省委第五督导组组长黄业斌、常务副组长任建华到活动联系点白坭镇指导和推动教育实践活动。市委常委、纪委书记张子兴参加区委班子的专题民主生活会和石湖洲村委会的专题组织生活会，对深入推进活动提出要求。市委第四督导组林邦彦组长、易祥斌副组长全程参与、深入基层、悉心指导、严督实导。区党政领导带头示

范。区委书记苏伟波、区长陈英文带头学习教育、查摆问题、开展批评和自我批评、整改落实。区领导班子成员建立联系点29个，参加并指导联系点的“两会一评议”工作，深入开展“三带头落实”活动(带头落实一项重点工作、带头落实一项改革任务、带头落实一件民生实事)。各级党组织书记履行职责，落实党建责任制，身体力行地抓好活动各个环节，形成层层示范、上行下效的生动局面。

（二）坚持把学习教育贯彻始终，为深入开展教育实践活动奠定坚实的思想基础。全区各级把学习放在首要位置，制定学习计划，保证每个星期不少于半天的集中学习时间。区委、区政府领导班子带头开展15次集中学习。抓好重点与考学，把学习习近平总书记系列讲话精神和学习弘扬焦裕禄精神，作为一条红线贯穿活动始终，认真做好学习笔记，撰写心得体会，完成考学测试题。注重实效灵活学，结合三水实际，以“三讲三学”（区委书记讲、教授讲、镇委书记讲，集中学、分散学、送学）形式确保学习教育全覆盖。

（三）坚持贯彻整风精神，高质量抓好“两会一评议”工作。聚焦“四风”查摆问题，运用批评与自我批评，提高党内政治生活的原则性和战斗性。找准找实突出问题。各级党组织在召开专题座谈会、下基层调研、到党代表工作室接访、个别走访等基础上，还通过上线“微访谈”、网络网页发布和《对话民生》热线，举办《智汇三水·群众路线系列电视访谈》等方式，广泛听取各方面意见，对收集到的1700条意见进行汇总梳理和专题“会诊”，形成“四风”问题清单、群众诉求清单两份清单。抓好“两会一评议”工作，高质量开好专题民主生活会。按照“四必谈”的要求，各级领导班子开展谈心谈话，消除隔膜和疑虑，撰写对照检查材料，自觉把自己摆进去。会上，各级党组织做到自我批评揭短亮丑，坦诚相见，相互批评动真碰硬，体现辣味。通过专题民主生活会，整理出村（社区）、机关企事业单位和“两新”组织党组织专题组织生活会和民主评议党员三套工作指引，抓好白坭镇和4家企业民主评议党员试点工作，推动基层党组织“两会一评议”实现全覆盖。

（四）坚持问题导向，狠抓整改落实、建章立制。强化问题意识，按照“四个回应”的要求，高标准制定“两方案一计划一清单”，从制度层面解决“四风”问题，巩固活动成果。突出立行立改。从活动一开始就改起来，建立问题整改台账，做到解决一个销号一个。如解决三水北部片区村村通自来水问题，全区农村通自来水受惠约23.32万人，通水率95.65%，实现区级供水全覆盖。全区制定、落实整改措施1016条，其中“四风”问题583条、群众反映的热点问题244条、联系服务群众“最后一公里”问题141条。落实专项整治。根据中央的21项、省委的15项和市委的16项专项整治任务，三水区确定18个专项整治方案，明确工作目标、工作任务、工作时限和整改单位及责任人。全区各镇街和区直单位领导班子开展专项整治325项，完成98项，正在开展201项，计划开展32项。统筹推进制度建设“废立改”工作。梳理全区制度建设工作情况，对照中央、省、市出台的制度，针对三水区作风方面的突出问题，特别是一些新情况、新问题，废止、修改完善、建立一批制度，形成系统完备、相互配套的制度体系。全区确定35项深入贯彻党的群众路线制度建设计划。

（五）坚持严督实导，确保活动分类指导、压力传导到位。在市委督导组的指导下，区委实践办派出8个督导组，严格督促各单位落实各个环节工作任务。把“规定动作”做足做到位。针对集中学习时间不够、听取意见不深入等问题，召开升温加压会议，督促相关单位完善学习计划，改进工作方式方法。针对部分领导干部谈心谈话不深不透的问题，开展多轮谈心谈话，直到谈通谈透为止。针对突出问题查找不准、对照检查材料剖析不深等问题，通过面对面、发纸质修改意见等方式指导材料修改完善。针对整改措施不具体、落实不到位的单位，召开提醒会，及时督促、限期改正。注重把活动向下延伸不留死角，上下联动传达压力。省委第五督导组4次到镇、村基层一线指导和调研教育实践活动，市委第四督导组全程参与教育实践活动，广泛听取群众意见，把好学习教育和“两会一评”质量关，从严督促整改落实。区委实践办、督导组注重条块结合，对村（社区）、机关、企事业单位和“两新”组织党组织实行差异化指导，通过明确时间节点，制定安排表，每个环节及时开展“回头看”，对情况不理想的单位及时反馈提醒；市、区两级督导组建立“每周协商”“随时碰头”督导工作联系机制，推动全区教育实践活动的开展。

（六）坚持内外合力，营造良好活动氛围。多维度搭建宣传阵地，营造活动氛围。借力主流媒体和新媒体，针对每个工作环节制定专门宣传报道方案，多个层面呈现活动开展情况、多渠道多形式进行交流互动、多平台扩大活动影响力，构建全方位的宣传格局。各主流媒体刊播稿件1727篇次，三水手机报刊稿622篇。注重发挥先进典型的示范带动作用。广泛宣传白坭镇和4家民主评议党员试点单位的经验，报道全国模范军转干部孙建国、“救火英雄”公安民警吴英和等一批个人先进事迹，为全区党员干部树立镜子和榜样。

二、教育实践活动的主要成效

（一）党员干部践行群众路线的自觉性得到增强，党员干部从政履职思维发生深刻转变。理想信念更加坚定。通过系统、认真学习，更加准确地理解、把握习近平总书记系列讲话精神，全区党员干部普遍受到一次深刻的马克思主义群众观教育，进一步坚定道路自信、理论自信、制度自信。通过查找剖析理想不牢、信念不坚、精神缺“钙”等问题，全区党员干部普遍从世界观、人生观、价值观上拧紧“总开关”。群众立场更加牢固。通过查找剖析群众立场不稳、与群众关系不紧密等问题，全区党员干部普遍打牢践行群众路线的思想基础；通过查找剖析大局观念淡薄、执行上级决策走样、政绩观偏差等问题，全区党员干部普遍增强践行群众路线的政治自觉性，站在群众的立场想问题多了，做好群众工作的能力增强了。从政理念发生深刻转变。通过以“争创改革先锋、争当人民满意勤务员”为活动主题，开展“四种意识”大讨论，全区党员干部普遍找出差距、不足，各镇（街）坚持以问题为导向，解决群众反映的强烈问题，以群众高不高兴、满不满意为标准，推进农村综合改革和经济社会提速提质；区直部门单位自我加压，开展服务型党组织建设，优化业务办理流程，提高审批效率和服务质量，探索创新社会管理机制，推进平安创建和社会稳定。全区党员干部呈现敢于担当、奋发有为的良好精神面貌。

（二）“四风”积弊得到有效遏制，三水党风政风明显好转。通过强化整改措施，“四风”突出问题得到有效解决，树立领导干部正确“政绩观”和“为官一任，造福一方”的施政理念；文山会海得到有效压减，普遍精简会议10%以上、文件20%以上；迎来送往得到规范，普遍压缩领导干部出席活动和宣传报道、简化公务接待；普遍清理超标办公用房、规范公车使用；普遍做到“零持有”会员卡和不出入私人会所，“三公”经费普遍压缩30%以上。各镇街、区直单位纠正不正之风69个，1657人次。

（三）一批关系群众切身利益问题得到解决，群众满意度显著提升。解决突出问题的效率大幅提升。推动行政审批制度改革，编制区、镇两级政府“1+4”权责清单，解决行政审批责权不清、审批时限过长等突出问题。推行领导干部驻村直接联系群众工作机制，干群联系实现“零距离”。各镇（街道）联系群众1623人，收集到各类问题及意见建议1083条，现场解决134条，转交解决949条。推行“民生微实事”立办制改革，为所需资金在30万元以内的民生事项提供审批绿色通道，以“微实事”撬动“大民生”。54个民生项目进入“民生微实事”评审范围，资金投入947万元，快捷解决镇街及工业园区路灯照明、候车亭建设等问题，得到群众的高度认可。群众反映强烈的民生问题得到积极回应。着眼便民利民，从解决群众饮水、出行、用电、环保等困难做起。如整治西南城区水浸黑点，为近40万居民的雨天出行带来便利；实施“铁腕治污”，全区立案查处企业违法排污等环境案件141宗，依法责令企业整改31家，停产停业37家，全区的环保整治工作取得明显实效；创新基层社会治理，推进社会管理综合治理“网格化管理”，群众安全感明显提升；投入65.4万元为1965名渔民购买渔业政策性保险，向986艘渔船发放禁渔期生活补贴176.9万元，有效解决渔民的生产生活困难。全区查摆整改民生问题1151个、信访问题380个、基层矛盾问题76个，受惠群众48万多人次。教育实践活动群众测评结果显示，对本地区本部门本单位开展教育实践活动总体评价“好”的占96.5%，“较好”的占3.5%；对解决“四风”问题特别是群众反映强烈问题的评价“好”的占95%，“较好”的占4.5%，“一般”的占0.5%。

（四）基层基础建设得到夯实，打通联系服务群众“最后一公里”渠道。基层党组织的领导核心地位得到强化。落实基层党建工作责任制，抓软弱涣散基层党组织专项整顿，推动基层党组织建设。建立、健全农村基层的领导、议事、决策、执行、监督机制，完善“两票制”选举，选好配强农村干部队伍，深化项目管理进村居，村民小组党建力度及单独组建率不断提高，全区7个软弱涣散基层党组织全部实现晋位升级，党在基层组织的号召力和战斗力明显增强。基层服务型党组织建设水平显著提升。构建“1+3”联系服务群众体系，抓农村综合改革，重构基层治理服务体系，构建以党组织为核心的基层组织体系，服务型党组织建设不断深化，加强村（居）委会自治组织职能。加强社会公共服务管理，按照“一村（社区）一服务站”的目标，全区建成66个村(社区）公共服务站，承接下放89项行政审批事项，基层社会公共服务管理的功能和水平明显提升。群众普遍反映，不出村就能办事，公共服务站省去了群众来回奔波之苦。

（五）制度建设得到加强，推动作风建设常态化长效化。坚持把立足当前与着眼长远、制度制定与强化执行相结合，围绕区委反对“四风”、加强区委班子自身建设，领导干部直接联系群众等35项制度，抓好制度的“废、立、改”工作，从制度层面解决“四风”问题，巩固活动成果。全区废止规章制度12项，修订、完善规章制度352项，新建规章制度247项。

（六）经济社会发展与实践活动相结合，增强发展后劲和深化改革的动力。紧扣改革发展主题主线，把教育实践活动的成效最终体现到促进改革发展、维护社会和谐稳定上来。发展后劲得到增强。活动有效锤炼党员干部的优良作风，凝聚全区干部队伍加快发展共识的正能量，招商选资力度加大，加快基础设施建设、自主创新和产业升级。2014年上半年，全区主要经济发展指标增幅位居佛山市五区前列，GDP增长9.3%，发展质量不断提升。改革任务得到全面深化。活动有效增强全区干部队伍的改革创新和责任担当意识，促进农村综合改革、政府部门责权清单、创新人才机制体制等16项改革任务和2014年90项重点工作、10件民生实事的深入推进，形成以活动促改革、以改革促发展的良好局面。

（三水区委组织部）

乐平镇打造新型工业园区党组织

乐平镇以创建省级园区党建示范点为契机，在三水工业园区成立产业社区党工委，以“家100产业社区”（“党群之家，满分服务”综合服务平台，简称“家100”）为平台，开展一系列特色鲜明的党组织活动，取得显著成效。该社区党工委下设基层党组织由原来77个增至90个，增长率14%，其中党委4个、独立党支部80个、联合党支部6个，园区党员数量由552人增至660人，增长率16%；大专以上党员人数从200名增至315名，15%的党员为企业业务骨干，党员入企业领导班子人数从15人增至45人（5名党员为企业主或法人代表）。

党建结构与园区功能和产业布局紧密结合。针对园区内各类型单位数量大、党组织隶属关系多、统筹管理难度大等难题，将产业社区联合党委升格为党工委，隶属镇委和园区党组，与镇“两新”组织党工委实行“合二为一，互为融合”模式，并根据园区功能设置和产业布局，将园区内党组织分为3类：机关型党组织包括入驻园区的镇文化站以及工青妇等群团组织，配备党员志愿服务队等后备力量；片区型党组织包括园区内佛山海尔产业园、汽车及零部件产业园、华南电商物流园、机器人产业园和光伏应用示范区等“四园一区”，成立佛山海尔产业园党委、汽车及零部件产业园党委及下属10个党支部；综合型党组织主要包括77个“两新”党组织。明确园区内各党组织隶属关系，简化党籍办理的转移手续，吸纳“隐形”党员归家，统筹开展党组织活动，初步形成党员全天候有党组织管理的新格局。

党组织服务平台建设与产业发展紧密结合。针对园区党员活动场所资源少等问题，面向园区内的村居、企业、社会组织搭建多个服务平台。搭建党群综合服务平台，在产业社区设置1个综合服务中心，以“一片区一站点”方式建设3个党员服务站；搭建直接联系群众平台，组建驻园区直联团队，设置党群直联点，直接联系园区所有企业员工；搭建交流平台，成立电子商务、汽车及零部件、智能制造等行业协会党支部，加强行业企业交流，实现产业链上下游对接；搭建创新平台，由产业社区党工委联合经济发展部门党组织，引进知名院校、科研机构及社会力量，建立创业中心、育成中心、机器人孵化基地等科技创新平台，培育孵化新升电业、合众化工核心关键技术企业。

党组织活动与产业工人需求紧密结合。针对园区内各类组织资源分散、活动参与面窄、服务单向等现状，产业社区党工委在文娱、企业员工子女教育、困难救助等方面发挥统筹作用，实现多元“聚力”。开展球赛、棋类赛等文体活动318场，帮助非乐平户籍学生3731名入读公办小学、1066名入读公办中学；筹集善款235万元，发放各项救助金151万元，救助487人次，为企业党员和群众提供各类服务近1200人次。深化政企、校企合作联动机制，促成40家企业与职校合作，开设培训科目30多个，每年为近6000名职工提供免费职业技能培训。发动园区有技能特长的党员加入志愿服务队伍，拥有60名党员、48位技术专家、96名大学生，为群众提供专业化志愿服务。

（乐平镇）

三水区创建全国文明城市工作上新台阶

“创文”工作成果显著，佛山市获得“全国文明城市”“全国未成年人思想道德建设工作先进城市”称号。三水区的“创文”工作从部分市民不理解到全民参与，群众基础更厚实；从硬件设施到软件文明的提升拓展，文明之路走得更均衡更协调；从单向创建到系统创建，城市文明得到更全面提升。几年来，通过将“创文”与城市升级、城市管理、建设人民满意政府等中心工作联动推进，三水区的城市品质、城市品位、市民素质和文明程度不断提升。

一、坚持“三个到位”，推进“创文”工作

三水区坚持“三个到位”，凝聚共识，汇聚力量，形成“党委总揽、政府主导、行业协调、部门配合、区镇联动、全民参与”的创建格局。

组织机构到位。区委、区政府高度重视“创文”工作，高规格组建领导机构，将其作为“一把手”工程抓紧抓实。区主要领导亲自挂帅，动员部署，多次带队深入重点领域调研、巡查，参加现场督查督办和季度测评分析会，为全区“创文”不断造势、鼓劲升温。区人大、区政协领导分别带领人大代表、政协委员对全区“创文”工作进行专题视察，积极建言献策。各镇街、各部门把“创文”与提升单位形象结合起来，领导狠抓落实，使全区“创文”工作有效开展。

工作机制到位。从2012年下半年开始，在全市率先把区创文办、城管办、文明办合署办公，并对镇街相应机构进行调整，建立短平快的高效运作模式。实施单位、社区网格化管理，实行“创文”城管月暗检、季明检、年考评，狠抓常规工作和阶段工作的落实，实现“创文”常态高效推进。三水区强化和完善奖惩考评、交办督办机制，健全“创文”城管月评分析制度，确保各项重点和专项工作顺利推进。

宣传发动到位。切实做到宣传报道、公益广告两个“铺天盖地、无孔不入”。在报刊、电视、电台、网络、微信、手机报等开设专栏专题，发表系列报道、文章5000多篇，动员各方力量和媒

体开展全方位、多层次的立体宣传。所有“创文”公益广告不但出现在主要城市出入口、大型商场、公园，还延伸到学校、医院、市场、餐馆、公厕等公共场所，做到“创文”润物无声，在潜移默化中让市民自觉提升文明意识。将“创文”公益广告占比列入所有广告审批的前置条件，特别是加大建筑工地围墙广告的管理力度，“创文”公益广告占城市户外广告比例大于30%，部分地段、公共场所覆盖率50%以上，数量和密度位列佛山市五区之首。近三年，三水区“创文”成绩均位列五区前列。

二、坚持创建惠民，提升城市品质

三年来，三水区坚持把民生幸福作为根本追求，为民办实事、办好事，想方设法，加大投入，在“洁”字上下功夫，在“靓”字上求突破，在“谐”字上做文章，不断提升城市品质，努力提升市民群众的幸福感和自豪感。

提升城市形象。坚持“改善硬环境，促使市民文明素质提升”的理念，借佛山市城市提升三年行动计划，加大基础设施投入力度，努力建设“白天看花草，晚上看灯光”的城市美景，为提升市民文明素养提供“硬保障”。注重城市市容市貌细节管理，并通过形式多样的活动，引导、促使市民文明行为得到提升。开展主要交通出入口和城区市政绿化提升、道路交通优化、河涌整治等系列民心工程，满足群众对出行和生活的需求，促进市政配套、城市形象、宜居程度、社会秩序、人文素养等各方面得到快速、显著改善，社会良好的风气得以形成。

切实改善民生。坚持“创文惠民”的理念，把“创文”与城市升级、城市管理、建设人民满意政府等中心工作融合在一起，开展一系列民生工程。针对老旧小区破旧严重情况，对九小区、沙头小区等进行市政绿化提升和扩建停车位；针对农贸市场脏乱差现象，对城区市场及周边环境进行升级改造；针对城市“八乱”现象，制定一系列措施严格整治；针对部分市政设施年久失修、群众意见较大的情况，对西南中心城区和镇街城区的公园、公厕、垃圾中转站等进行全面升级改造，通过加强监管和投入，全面提升绿化水平，修复破损的市政设施，增设人行道围栏，全方位提升城市的保洁水平和舒适程度。针对个别市民乱丢垃圾的不文明行为，开展“垃圾不落地，三水更美丽”主题活动，在主要宾馆饭店投入5万多个温馨提示牌，在中心城区增加100多名流动保洁员，在小街小巷、公交车站等增设2000多个垃圾桶，全方位提升城市整洁水平。重点对中心城区绿化进行密度、色彩改造提升，推进公共自行车系统建设，使三水环境更靓丽、颜色更多彩、生活更多姿。西南街道发挥了很好的龙头引领作用，各镇街积极配合做好各项创建工作。既注重建成区的创建，也注重农村地区的创建；既注重中心城区的创建，也注重“城中村”的创建；既注重主干道、商业大街的创建，也注重小街小巷、卫生死角创建。通过全民参与、全城覆盖，把创建活动与造福市民结合起来，通过共建共享，全方位提高城市的综合文明程度。

三、坚持全民共创，提升市民素质

坚持“塑形”与“铸魂”相结合，抓好城市硬件环境建设，以全面提升市民文明素质为目标，深化主题教育实践活动，市民对“创文”满意率和支持率不断提升。

各级“创文”工作队伍引领。区创文办全力以赴，主动作为，认真谋划，统筹和组织全区“创文”工作的开展；各镇（街道）创文办通力合作，落实各项工作；全区各职能部门树立“一盘棋”的思想，打破部门界限，突出重点，密切配合，高效推进创建全国文明城市的各项工作。在每年的“国检”期间，出动警力近3800人次，查处各类交通违法行为2200多宗；出动城管执法人员近1000人次，执法车辆500多车次，纠正违法违规行为1500例；出动环卫保洁人员10000余人次，全日不间断进行保洁工作；出动志愿者1500多人次开展文明劝导志愿服务活动；出动机关、社区人员500多人次开展入户问卷工作，以良好的精神面貌和一流的工作作风，确保“国检”零差错。

机关干部践行文明。三水区要求机关干部做到的，领导首先要做到；要求市民做到的，机关干部首先要做到。广大干部积极行动，带头践行文明。不少干部利用休息时间参与文明引导志愿服务、清理卫生死角垃圾、推动“创文”城管网格管理等各类文明创建活动。3年来，全区机关干部参与各类志愿服务活动2万余人次，参加各类文明创建活动6万余人次；各社区、居委会工作人员、机关干部入户“创文”宣传、问卷调查6万余人次。

各界企业广泛参与。生产和零售企业积极开展“做优质产品、做诚信企业”“诚信示范店”等创建活动，为三水区“创文”工作添砖加瓦。如青岛啤酒三水有限公司出资在区主要交通路口建设便民亭，既方便市民，又宣传文明；中旅华厦酒店、君悦酒店等餐饮企业开展文明餐桌、道德讲堂等活动；荷花世界、孔圣园等旅游景点开展文明旅游活动；全国文明单位三水供电局开展志愿服务、道德讲堂等多种形式的“创文”活动。

市民积极参与“创文”。广大市民从自身做起，践行微文明，积极参与文明创建活动，并以主人翁的意识，通过多种渠道为“创文”建言献策，传播社会文明风尚。市民参与文明餐桌、微文明、网络文明、文明旅游等各类文明创建活动60多万人次，学生参与“做一个有道德的人”等主题活动50多万人次。有1人被评为“中国好人”，1人被评为“广东好人”，22人被评为“佛山美德之星”和“佛山好人”，39人被评为“感动三水”道德模范及提名人物。全区注册志愿者超过4万人，区直机关及镇街志愿团队近100队，开展志愿服务1800多场次，参加志愿服务10万余人次，服务时数近40万小时。

深入推进品牌活动。在创建活动中，做到规定动作做好，自选动作突显品牌。抓好百姓身边的好人好事，与媒体联合开展“寻找身边的正能量”活动，连续几年大张旗鼓地开展“感动三水”道德模范推荐命名活动，树典型，扬新风，宣扬“做好一件事，带动一群人，温暖一座城”的理念，引起强大的社会反响，受到市民的广泛好评。组建“道德模范巡讲团”，开设100多家“道德讲堂”，每年开展道德模范巡讲巡演200多场，使社会主义核心价值观和文明之风家喻户晓，深入人心，让一个人带动一群人，一群人带来满城春风。推行“五抓五带五促”工程，抓机关带干部促社会、抓窗口带职工促行业、抓社区带居民促小区、抓学校带学生促家庭、抓镇街带基层促平衡，让“创文”活动融入全区每一个角落，让城市文明蔚然成风。根据市创建办委托第三方抽样调查显示，群众对“创文”的满意度90%以上。

（三水区委宣传部）

三水首创“民生微实事立办制”

2014年8月，中共三水区委制订“直联制”和“民生微实事立办制改革方案”。各镇街党委、政府立即行动，一边制订相关制度措施，一边收集群众意见，快速实施项目。通过镇街干部驻村（社区）“直联制”和人大代表联络站、党代表工作室、村（居）民议事会等渠道，广泛收集群众意见，对关注度高、受益面广、迫切要求解决的民生微实事（项目资金30万元以下），在10个工作日内立办实施。为确保项目快速实施，镇街制订相应的工作流程，简化前端审批、立项等程序，并设立专项资金保障。区级首期筹集1000万元，对优秀项目进行激励性扶持。至2014年底，全区申报民生微实事立办制项目143项，其中72个项目经过基层党代表、人大代表和政协委员、纪委委员、媒体代表为主体的评委评选，获得1005.87万元的区专项资金激励性扶持，筹集社会资金近1500万元。实践证明，民生微实事立办制改革取得显著成效，一大批群众迫切需求解决的民生微实事得到快速办理，群众高度赞扬，社会反响良好。“专项资金、群众点单、政府立办、社会监督”的民生微实事立办制，成为民生问题快速办理机制的“三水首创”，也是群众路线教育实践活动长效机制的“三水模式”。

（三水区人大机关）

2014年度三水区绩效管理工作考评结果

中共佛山市三水区委、佛山市三水区人民政府发文通报，2014年度三水区绩效管理工作考评结果如下：

一、2014 年度佛山市三水区绩效管理工作“标兵单位”（17 个）

区纪委机关（区监察局）、区委区府办、区委组织部（区编办）、区委政法委（区司法局）、区检察院、区经科局、区财政局、区国土城建水务局（国土）、区创文城管办、区质监局、区安监局、区行政服务中心、区地税局、佛山海关三水办事处、三水供电局、西南街道、白坭镇。

二、2014 年度佛山市三水区绩效管理工作“先进单位”（21 个）

区人大机关、区政协机关、区委宣传部（区文体旅游局）、区法院、区发展规划统计局（规划）、区教育局、区人力资源社保局（区社保基金管理局）、区国土城建水务局（住建）、区农林渔业局、区审计局、区食品药品监管局、区工商局、区公安分局、区公资办、区国税局、国家统计局三水调查队、区气象局、区公安消防大队、云东海街道、乐平镇、南山镇。

三、2014 年度佛山市三水区绩效管理工作“满意单位”（18 个）

区委统战部（区外事侨务局）、区发展规划统计局（发改统计）、区民政局、区国土城建水务局（水务）、区环保局、区交通运输城管局（交通）、区卫生计生局、区总工会、团区委、区妇联、区档案局、区公路局、佛山边检三水办事处、佛山出入境检验检疫局三水办事处、三水海事处、三水航标与测绘所、芦苞镇、大塘镇。

（三水区委、区府办）

2014年度三水区纳税大户

2014年，三水区深入学习贯彻习近平总书记系列重要讲话精神，围绕“提速提质年”主题，推进“产业新城、南国水都、广佛肇绿芯”建设。全区上下以改革创新为动力，以创新企业服务为载体，加快经济结构优化调整、产业转型升级，涌现一批守法经营、依法纳税、业绩突出的纳税大户，为推动三水区经济提速提质发展作出重要贡献。

为表彰先进、树立典型，进一步营造诚信经营、依法纳税的良好氛围，区政府决定授予百威英博（佛山）啤酒有限公司等109家2014年国税、地税的纳税总额超1000万元的企业“2014年度佛山市三水区纳税大户”称号。

一、纳税总额超 5 亿元企业（2 家）

百威英博（佛山）啤酒有限公司
广东红牛维他命饮料有限公司

二、纳税总额超 1 亿元企业（11 家）

佛山恒益发电有限公司
广东电网有限责任公司佛山三水供电局
佛山市三水健力宝贸易有限公司
佛山市三水区农村信用合作联社
佛山市三水裕华房地产发展有限公司
佛山科勒有限公司
奥瑞金包装股份有限公司佛山分公司
英威达纤维（佛山）有限公司
佛山欧神诺陶瓷股份有限公司
佛山市日丰企业（三水）有限公司
佛山市三水凤铝铝业有限公司

三、纳税总额超 5000 万元企业（8 家）

佛山市恒力泰机械有限公司
佛山三水保利鑫和房地产开发有限公司
青岛啤酒（三水）有限公司
广东兴发铝业有限公司佛山市三水分公司
佛山市佳利达环保科技股份有限公司
佛山市三水雅居乐雍景园房地产有限公司
广东博德精工建材有限公司
佛山市三水新明珠建陶工业有限公司

四、纳税总额超 3000 万元企业（11 家）

佛山市三水高富地产开发有限公司
青上化工（佛山）有限公司
佛山市三水雅居乐房地产有限公司
中交第四航务工程局有限公司

佛山市三水燃气有限公司
佛山北大资源地产有限公司
佛山市三水区淼城建设投资有限公司
广东好帮手电子科技股份有限公司
佛山市东海蓝湾房地产有限公司
佛山海尔电冰柜有限公司
波尔亚太（佛山）金属容器有限公司

五、纳税总额超 1000 万元企业（77 家）

佛山市三水惠万家陶瓷有限公司
中国建设银行股份有限公司佛山三水支行
佛山市国荣空调配件有限公司
南宝树脂（佛山）有限公司
佛山市广成铝业有限公司
佛山市三水区能润置地房地产开发有限公司
佛山市三水南翔房地产实业有限公司
佛山市三水冠珠陶瓷有限公司
佛山市绿湖实业发展有限公司
佛山市三水汇方房地产开发有限公司
佛山市三水华兴玻璃有限公司
佛山市三水区宏益资产管理有限公司
佛山市三水富港房地产开发有限公司
广东盛路通信科技股份有限公司
佛山市三水北江实业有限公司
佛山市三水恒福兴达房地产开发有限公司
广东健力宝集团有限公司
佛山市三水三强塑胶有限公司
佛山市粤玻实业有限公司
广东澳美铝业有限公司
广东多正化工科技有限公司
佛山三水城际轨道实业有限公司
广东省高州市建筑工程总公司
佛山市三水鸿安房地产开发有限公司
佛山市三水深业地产有限公司
广东双胞胎饲料有限公司
佛山市三水新明珠房地产开发有限公司
佛山市三水华盛房地产发展有限公司
中国移动通信集团广东有限公司三水分公司
壳牌新粤（佛山）沥青有限公司
安德里茨（中国）有限公司三水分公司
佛山伊利乳业有限责任公司
廉江市第二建筑工程公司
爱汽科技（佛山）有限公司
广东省三水市南边经济发展总公司
广东新升电业科技股份有限公司
日密科偲橡胶（佛山）有限公司
广东星星制冷设备有限公司
佛山市三水区汇信房地产有限公司
中国农业银行股份有限公司佛山三水支行
佛山市阳光陶瓷有限公司
广东金牌陶瓷有限公司
广东佳明机器有限公司
佛山市三水融创房地产开发有限公司
佛山市新华陶瓷业有限公司
佛山市三水钜隆房产有限公司
佛山市三水恒达房地产发展有限公司
佛山市三水宏源陶瓷企业有限公司
佛山市恒宝投资有限公司
罗门哈斯（佛山）特殊材料有限公司
广东一百铜业有限公司
佛山市金银河智能装备股份有限公司
佛山水业三水供水有限公司
广东荣基鸿业建筑工程总公司
道达尔石化（佛山）有限公司
佛山联群科技有限公司
佛山三水万达广场投资有限公司
广东省电白建筑工程总公司
佛山纬达光电材料有限公司
佛山达安医疗设备有限公司
广东迪生电力钢构器材有限公司
佛山明宝复合塑料有限公司
佛山市卓达豪机械有限公司
佛山市三水合成电器实业有限公司
佛山市三水区金本房产开发有限公司
中国电信股份有限公司佛山三水区分公司
重庆海尔家电销售有限公司佛山分公司
佛山市三水区益豪沥青有限公司
广东三水大鸿制釉有限公司
广东尚高科技有限公司
佛山市三水新华雄陶瓷有限公司
广东合和建筑五金制品有限公司
台昌树脂（佛山）有限公司
佛山合信包装有限公司
佛山市三水区兆辉房地产有限公司
北京聚菱燕塑料有限公司佛山分公司
广东省宝月经济发展总公司

（三水区委、区府办）

2014 年三水大事记

A CHRONICLE OF MAJOR EVENTS IN SANSHUI 2014

1月

3 日　三水区、禅城区、南海区签署《核心园区协同建设工作方案（2014—2016年）》。

5 日　广东省“南粤长城杯”青少年演讲比赛总决赛在广州举行，三水区参赛代表王茜颖获一等奖。

7 日　三水区安监局为获得首批“佛山市工作场所职业卫生管理示范企业”称号的百威啤酒、恒益发电、好帮手电子、鲸鲨化工、南宝树脂5家企业授牌。

世界先进气体制造商之一的德国梅塞尔华南研发总部落户三水工业园区。

8 日　三水区召开区委十二届五次全会。会上，区委书记苏伟波代表区委常委会向全会作主题为“改革，发展，再立新功”的报告。

三水区首批“和谐劳动关系达标企业”名单公布，青岛啤酒（三水）有限公司等115家企业入选。

9 日　三水区好帮手电子、合众化工、多正化工、合和建筑五金4家企业的5个产品获2013年“广东省名牌产品”称号。

10 日　亚洲最大的工业及物流基础设施供应商普洛斯落户芦苞镇，在芦苞镇投资超5.6亿元建设占地面积20.7公顷的普洛斯芦苞物流园。

14 日　三水区金融办联合中国人民银行三水支行、佛山银监分局三水办事处、区经科局及各金融、准金融机构等部门开通“三水金融融资超市”网上服务平台。

14—15 日　三水区政协第九届四次会议召开。会议听取区政协主席邓国斌所作的常委会工作报告和区政协副主席李应滔所作的提案工作情况报告。对《关于加强我区职业病防治体系建设的建议》《关于加强和规范我区物业管理的建议》等10件优秀提案进行表彰。

15 日　三水区十五届人大四次会议召开，会议听取和审议《政府工作报告》《区人大常委会工作报告》等报告。

三水区公布2014年“民生十件实事”：1. 完成健力宝立交、塘九立交交通改造及景观提升工程；2. 完成西南涌北段（左岸）整治工程；3. 加大扶持力度，促进就业增长；4. 开展区第三中学校园建设（一期）工程；5. 推广“中医中药进社区”工程；6. 启动西南中心城区居民住宅小区市政绿化提升工程；7. 改善西南中心城区农贸市场周边环境工程；8. 完成区公共安全视频监控系统（三期）工程；9. 实施菜篮子三项建设扩面优化工程；10. 完成“市民之窗”网上办事一体化自助服务终端布设（一期）工程。

23 日　2013年三水区民生实事之一的一环西路建成通车。

24 日　佛山市三水区芦苞镇富成生猪养殖专业合作社获“广东省巾帼创业示范基地”称号。

是月　三水森林公园孔圣园被评为广东省第二批反腐倡廉教育基地。

三水区地税局首次统一出台《纳税人涉税（费）事项一次性告知指引》，全面规范纳税人办理涉税事项所需资料、办税手续和程序等告知事项。

佛山市2013年度群众文艺“百花奖”评选结果揭晓。三水区有11个作品获奖，其中一等奖4个、二等奖3个、三等奖4个。

2月

11日 2013年三水“十大新闻”评选活动结束，“广海大道开展‘五位一体’景观综合整治、三水公共自行车系统启用、实施环保计划让天更蓝水更清、三水八成平安小区实现零发案、农贸市场全面升级改造、三水发行全省首张县级旅游信用卡、北汽福田落户三水、三水人民医院晋升三甲实现零的突破、平价商店运行一年计利600万元、西南产业城市升级10大项目动工”入选。

14日 三水自闭症儿童康复机构心语工作坊的邓健娴获第三届“佛山公益慈善之星金玫瑰奖”。

中共佛山市三水区第十二届纪律检查委员会第四次全体（扩大）会议在西南影剧院召开。

18日 广东风铝铝业有限公司获首届“佛山市政府质量奖”，是三水区获此殊荣的首家企业。

20日 三水区在区委小礼堂召开党的群众路线教育实践活动动员部署大会，启动、部署第二批群众路线教育实践活动。

西南街道和南山镇通过广东省生态镇公示，成为三水区第二批生态镇。

21日 三水区煤炭行业协会成立。

25日 马立云、冯瑞阳、梁敏、霍泳东、蔡富良、沈少雄、欧伟基、唐奇、黄志其、曾昭德10人被认定为三水区首批高层次人才，获授“森城英才”称号。

27日 多正化工获授广东省“院士专家企业工作站”牌匾，是三水区首家建立院士专家工作站的企业。

28日 第五届佛山十佳“美德之星”暨2013—2014年度“佛山好人”名单公布，三水区的唐奇获选为“美德之星”，任明、张艳玉、郭杰宏、禤润华、祝坚勇获评为“佛山好人”。

3月

5日 三水区酒厂有限公司被认定为“广东老字号”，成为区首家“广东老字号”企业，其“肆江牌”商标进入省“老字号”认证体系。

7日 三水区在西南影剧院举办区委中心组暨名家大讲堂学习会，邀请中央党校教授傅思明作题为“践行群众路线，提高群众工作能力”的专题报告。

24日 三水区财政局实行国库支付和会计集中核算业务合并。

三水区首个村企合作示范基地——广东好帮手电子科技股份有限公司世代服务站暨西南街道世代服务中心（木棉站）启用，世代服务指从事包含避孕节育在内的生殖健康家庭保健等服务的组织机构。

26日 佛山市首届小学语文青年教师教学能力展示观摩活动在三水区西南街道中心小学举行。

三水区未成年人心理辅导中心成立，是区教育局指定的未成年人心理健康服务中心。

27日 芭蕾雨国际控股集团和意大利ONLY ITALIA集团在意大利罗马举行合作签约仪式，2000多个意大利品牌于9月进驻广东三水芭蕾雨项目。

28日 三水区人民医院增挂“佛山市第六人民医院”牌子。

“三水大塘蔬菜”集体商标注册成功，成为佛山市第一件蔬菜类集体商标。

31日 三水区首个办税员协会在白坭镇政府召开成立大会。

31日至4月3日 三水区经济和科技促进局首次携企业参加第22届中国（上海）国际建筑装饰展览会，对三水建材进行集体推介。

是月 三水工业园区引进首个机器人产业项目——诺尔贝机器人生产、集成应用与研发项目。项目计划投资2.1亿元，并设立机器人生产基地及应用技术研究院。

三水区获“2013年广东省体育贡献奖”，是继2009年后再度获得这项殊荣。

4月

1日 三水区启用职工生育保险待遇核发信息系统。

3日 三水区妇联、区总工会举行三水区2013年度省、区级“巾帼文明岗”授牌仪式。2013年度被命名的省、区两级“巾帼文明岗”22个，其中省级2个、区级20个。

2013年度“感动三水”道德模范命名仪式在三水广场举行，宣传三水好人的画册《森城大爱》首发。

14日 由广东省文化厅组织的2013年度全省群众文艺作品评选结果揭晓，三水区创作的粤曲《您好！中国梦》、歌曲《谁有我的芦花美》、小品《特殊病人》分别获得金、银、铜奖。

15日 三水区人民医院急诊科“佛山市五星级青年文明号”挂牌，是三水卫生系统首个市级五星级青年文明号。

16日 三水区农林技术推广中心与大塘镇金瑞康蔬菜专业合作社联办的区农林技术培训基地揭牌。

22日 三水区西南街道园林社区举行第一次妇女代表大会，选举产生第一届妇联主席和执委，成为全区首个妇代会升级为妇联的社区。

恒力泰机械有限公司获2013年度广东省科学技术三等奖。

23日 三水区首间24小时自助图书馆在明富昌体育馆揭幕，启动2014年“崇学三水”全民阅读活动。

24日 三水区工商局登记注册大厅、乐平镇总工会三水工业园区企业员工服务中心、佛山市天元汇邦装饰材料有限公司工程技术研发中心获“佛山市工人先锋号”称号。佛山海尔电冰柜有限公司注塑班组获“广东省工人先锋号”称号。

28日 广东省科技厅公布2013年第二批高新技术企业名单，三水工业园区企业佛山智强光电有限公司入选。

29日 三水区国税局首个24小时办税服务厅对外开放。

三水职工文化体育节系列活动在西南影剧院启动。

30日 “2014 佛山市三水区旅游文化节暨雅居乐·雅湖半岛美食嘉年华”在三水雅居乐·雅湖半岛楼盘开幕。

5月

9日 三水区在区人民医院召开纪念“5·12”国际护士节暨表彰大会，全区近300名护理人员参加。会上，黄燕好等10名护士被授予2013—2014年度三水区“十佳护士”称号；陈庆桃等30名护士被授予2013—2014年度三水区“优秀护士”称号；翁影玲等14名从事护理工作满30年的护士被授予荣誉证书。

16日 三水区第十五届运动会在明富昌体育馆开幕，各镇（街道）、机关单位等13个代表团、1530名运动员参加。

广东省企业文化建设论坛在广州召开，三水盛路通信获“中国企业文化建设十佳先进单位”称号。

三水区委组织部撰写的《立足居家养老、拓展社会养老——三水区离退休干部养老服务体系建设的思考》调研报告被评为佛山市老干部工作部门2013年度调研成果一等奖。

17日 佛山市文化广电新闻出版局主办的“2014年度佛山市群众音乐舞蹈舞台展演”大赛在禅城区南庄文化中心举行，芦苞镇文化站编导的节目《谁有我的芦花美》获金奖。

21日 佛山欧神诺陶瓷股份有限公司在北京举行全国中小企业股份转让系统（即“新三板”）挂牌仪式，成为佛山首家挂牌新三板的企业。

23日 粤韵浓情汇三水——2014佛山市曲艺家协会曲艺下基层演出在西南街道文化中心举行。

是月 乐平镇大岗村儿童园地通过广东省妇女联合会的评审，获“广东省儿童友好示范社区”称号，成为佛山市两个获此荣誉的单位之一。

三水温泉度假村通过国家AAAA级旅游景区评审，成为三水区继荷花世界、森林公园后第三个国家AAAA级旅游景区。

6月

1日 共青团三水区委、西南街道总工会及宣传文体办与《佛山日报·今日三水》等单位，在北江明珠楼盘联办"传递北江之美，追逐森城之梦"首届千人缤纷跑嘉年华活动。

13日 三水区乐平欣华医院妇产科"三水区特色专科"挂牌，是区民营医院首个特色专科。

20—23日 世界500强企业摩根大通旗下空调国际集团项目、全球十大汽车配件供应商之一的法国法雷奥国际工业集团汽车冷却系统项目、国荣先达汽配项目，签约落户三水工业园区。

22—25日 首届广东省小学语文青年教师课堂教学大赛在广州华工文体中心举行，三水区西南街道中心小学王韫钰代表佛山市参赛获一等奖。

23日 佛山市公安局三水分局交警大队车管所获评为"全国优秀县级车辆管理所"，是广东省3个"全国优秀县级车辆管理所"之一。

24日 三水区首批7个镇（街道）村居人大代表联络站挂牌成立。

26日 北汽福田三水工厂奠基。

30日 三水区新明珠建陶、好帮手电子、至丰纸品、大鸿制釉、伊利乳业、东合众包装6家企业获佛山市2013年度"安全文化建设示范企业"称号。

是月 佛山市恒力泰有限公司的陶瓷薄砖自动液压机项目获2013年度佛山市科学技术奖一等奖，是三水区唯一获奖企业。

7月

1日 三水区人民医院大塘医院挂牌。

原属西南街道管辖的鲁村、高丰、横涌、邓岗、石湖洲、宝月6个村民委员会调整至云东海街道管辖。

5日 三水区妇幼保健院"全国孕期营养讲堂"挂牌，是佛山市首家"全国孕期营养讲堂"。

15—30日 广东省委宣传部、省文化厅、省文学艺术界联合会、省美术家协会联合主办的"庆祝中华人民共和国成立65周年——广东省美术作品展览"在广州艺术博物馆开展。三水区上送18件作品参加初评，1件获优秀奖、2件入展。其中，汤尧的作品《工地》获优秀奖，并被推荐参加全国美展评选。

20日 佛山市第二届青岛啤酒节在三水明富昌体育馆开幕。

21日 广东省经信委公示"2014 年省市共建战略性新兴产业基地"（广东省智能制造示范基地）名单，三水工业园区所在的佛山国家高新技术产业开发区核心区被列为"2014 年省市共建战略性新兴产业基地"之一。

住房和城乡建设部发布新一批"全国重点镇"名单，三水区芦苞镇入选。

25日 广成铝业"广成牌"获广东省企业联合会、省企业家协会授予"2013年度广东省优秀自主品牌"称号。

第十二届全国见义勇为英雄模范表彰活动在北京举行，三水区市民李福根被评为"全国见义勇为模范"。

26日 新建的乐平欣华医院开业。

30日 广成铝业职业技能培训学校成立，是佛山市铝加工行业、三水区首个企业创办的职业技能培训机构，获得佛山市及三水区财政各给予20万元创办补贴。

8月

4日 三水区工商局向广东粤宏裕实业有限公司发出佛山"同城通办"登记制度改革后的首张营业执照。

11日 三水区副科以上领导干部纪律教育学习班暨第三期"双集班"动员会在西南影剧院召开。

12日 三水区农村信用合作联社被中国人民银行征信中心授予"2013年度企业征信系统数据质量工作优秀机构"称号。

13日 三水区人力资源社保局联合团区委、区人力资源协会、三水籍在校大学生协会在广东好帮手电子科技公司举办“第一届三水优秀大学生职场体验营”。

14日 三水区纪委、区政监局、区文体旅游局联办的2014年“廉洁佛山·粤曲好声音”三水私伙局大赛在西南文化中心举行。

佛山市“最美家庭”评选结果揭晓，三水区林根源、何静达、任明、钱英华、莫玉婷、刘润梅6户家庭被评为佛山市“最美家庭”。

22—23日 三水区在金太阳酒店举办首届工业产品展暨产业科技金融服务对接会，展出区内近200家企业、1000多件展品。

26日 三水区评出首批22个民生微实事专项资金扶持项目，专项资金总额500多万元。

是月 三水区法院被广东省高级人民法院授予“广东省优秀法院”称号。

9月

4日 广东省住房和城乡建设厅、省文化厅、省财政厅联合发布第一批“广东省传统古村落”名单，大塘镇梅花村成为三水区唯一入选的村落。

18日 三水区委宣传部（区文体旅游局）主办的“南国水都·美丽三水”摄影大赛，评出金奖2名、银奖5名、铜奖6名，优秀作品30张，入选作品150张。

19日 三水区地税局工会被佛山市总工会评为2013年度“佛山市先进职工之家”。

23日 三水区首个大型综合性公共创新平台——广东三水合肥工业大学研究院在三水工业园区挂牌成立。

佛山职业技术学院“园区校企协同育人联盟”成立，首批102家企业加入第一届理事会。

25日 三水区首个市级非物质文化遗产传习所——“李月友·粤曲星腔”，在西南文化中心粤曲星腔艺术研究中心挂牌。

26日 “南粤幸福周——三水巾帼广场舞展演”在明富昌体育馆举行。

29日 2014年全国职业院校“用友新道杯——沙盘模拟经营大赛”（中职组）全国总决赛在浙江省嘉兴市浙江科技工程学校举行，三水工业中专获一等奖。

10月

10日 三水区首个校园警务室在乐平镇南边小学成立。

13日 佛山市公安局三水分局经侦大队环境犯罪侦查中队成立。

乐平镇总工会被评为“全国职工教育培训示范点”。

17日 三水区知识产权协会成立。

三水区文明办、区工商局联合举办“2011—2014年度诚信经营示范店”命名暨“诚信兴商”宣传活动。

《2014中国中小城市绿皮书》公布“中国科学发展百强镇”排名，乐平镇列第87位。

21日 2014年佛山美食节“首批佛山名菜”评选结果公布，三水区5道菜式入选。

三水区民政局向西南街道青岐的万福颐养居核发区内首个“养老机构设立许可证”和“社会福利机构设置批准证书”。

28日 公安部在北京人民大会堂召开全国公安机关爱民模范先进事迹报告会，佛山市公安局三水分局民警孙建国被授予“全国公安机关爱民模范”称号。

三水区智能制造产业技术创新联盟在三水工业园区高新创业中心成立。

28—30日 全国第七届小学数学优质课观摩交流会在重庆市举办，三水区西南中心小学老师魏广生作为广东省唯一代表参会，其执教的五年级课程《平行四边形的面积》获全国一等奖。

30日 中国建筑装饰协会举办第七届“中国厨卫百强”命名典礼，尚高科技获“整体卫浴知名企业10强”“浴室柜10强”称号，恒洁卫浴获“整体卫浴领军企业10强”称号。

是月 三水马拉松协会成立，首批会员超80人。

11月

2日 在上海光大国际大酒店举行的全国老年学学会工作经验交流会上，三水区长寿标识推广工作获中国老年学学会“工作创新奖”。

3日 三水区委宣传部与中央新闻纪录电影制片厂（集团）合作拍摄的大型纪录片《飘逝的红头巾》，获国务院妇女儿童工作委员会、中国妇联宣传部、中国电视艺术协会主办的“第六届女性题材优秀电视作品”二等奖。

5日 乐平颐康院获广东省民政厅核发“养老机构设立许可证”，是省内首家引入外资营运的养老机构。

“三水区2014政校企合作洽谈会”在广州琶州保利世贸博览馆举行，19个省、市、自治区的166所院校与三水企业进行现场对接交流。

7—8日 由广东省棋类协会主办，三水区金能燃料有限公司、区老干部中国象棋协会协办的“2014金能杯”粤浙企业家中国象棋团体赛在三水区举行。

8日 三水区经济和科技促进局和共青团三水区委联合主办的“三水区首届创新创业大赛”，在三水新城会议厅举行决赛以及颁奖仪式，“新型无孔防水透湿功能薄膜的开发及产业化技术研究”项目获得冠军。

21—23日 首届广东省中老年舞蹈大赛暨首届全国中老年舞蹈展演（广东展区）在南海区罗村举行。三水区委老干部局选送的两个舞蹈：《阿婆的幸福生活》获学习组表演金奖，《远去的红头巾》获创作组创意金奖和表演金奖。

28日 “2014年广东省知识产权优势企业”揭晓，三水区兴发铝业、金银河智能装备入选。

三水区法学会成立。

12月

2日 三水区西南街道青岐万福颐养居和金本慈养居两家养老院开业。

4日 “乐平家庭服务中心”代表佛山市参加在广州举行的志愿服务广州交流会暨首届中国青年志愿服务项目大赛。

10日 广东省良种引进服务公司在三水区大塘基地举办2014年蔬菜新品种示范推广现场会，佛山市、区、镇农业部门领导和广东省良种引进服务公司客户代表、蔬菜种植大户等约400人参加。

12日 三水区政协正、副主席分别带领政协委员，到7个镇（街道）举行政协委员工作室挂牌仪式。

佛山市中医院三水医院举行“广州中医药大学附属佛山中医院三水医院”挂牌仪式，成为广州中医药大学的教学医院。

15日 2014年三水区首届食品检验工职业技能竞赛在佛山职业技术学院举行。

23日 三水区首个农村金融服务站——芦苞镇西河农村金融服务站开业。

24日 广东省委、省政府召开全省民族工作会议暨第六次民族团结进步表彰大会，三水区委统战部党派和党外工作与民族宗教科科长张文辉被授予“广东省民族团结进步模范个人”称号。

25日 三水区检察院与广东京安交通科技有限公司联办区首个“未成年人关爱基地”。

26日 位于西南街道金本洲边二村的贵广（南广）高铁三水南站开通。

三水区政府权责清单上线区政府门户网站。

“玉璞之美——三水新城建设三周年图片展”在云东海街道办开幕，展出图片近百幅。

30日 三水区行政复议委员会成立。

31日 三水区法院39名主审法官举行宣誓仪式，区审判权运行机制改革进入实际操作阶段。

是月 三水荷花世界人口文化园被评为2014年度广东省卫生计生“十佳”宣传创新项目。

三水港吉宝公用型保税仓库通过海关验收，成为区首个投入运营的保税仓库。

三水首个消防文化主题公园启用，该园设在西南公园内，通过实训体验、图片展示等形式，向市民宣传消防安全常识和救火逃生技能。

三水概况

A SURVEY OF SANSHUI

■ 基本情况

【建置沿革】 三水，因西江、北江、绥江三江在境内汇流而得名。秦朝时期属南海郡。西汉至东晋时期属番禺、四会县。唐朝至明朝属南海、高要县。明嘉靖五年（1526年），分割南海县34图、高要县17图，建置三水县。中华人民共和国成立后，经国务院批准，1959年3月2日，三水县并入南海县；1960年9月30日，恢复三水县建制；1993年3月29日，三水撤县设市（县级市）；2002年12月，三水撤市设区，成为佛山市5个辖区之一。

【地理位置】 三水区地理坐标为北纬22°58′—23°34′、东经112°46′—113°02′。位于广东省中部、珠江三角洲西北端、佛山市西北部。东邻广州市花都区，东南与佛山市南海区相连，西北与肇庆四会市交界，北接清远市清城区和清新区，西南与肇庆高要市、佛山市高明区隔西江相望。三水中心城区东距广州市区30千米，东南距佛山市禅城区24千米。

【地形地貌】 三水区位于三水盆地内。区域形状狭长，南北最长为68千米，东西最宽为30.1千米。地势自西北向东南倾斜，西北多高丘，最高峰西平岭海拔591米；东南多冲积平原及低丘。中部云东海湖地势低洼，在珠江海平面以下，最低处负1.07米。

【区划面积】 2014年，三水区总面积827.69平方

2014年三水区镇（街道）、行政村（社区）设置情况

镇（街道）	村	社区
西南街道	木棉、南岸、江根、五顶岗、洲边、董塱、大塱山、青岐（8个）	云秀、文锋东、月桂、园林、康华、文锋西、沙头、张边、桥头、垆心、河口（11个）
云东海街道	缉罗、上九、杨梅、伏户、高丰、横涌、鲁村、邓岗、石湖洲、宝月（10个）	云东海（1个）
白坭镇	岗头、周村（2个）	富景（1个）
乐平镇	源潭、三江、竹山、大岗、湖岗、南联、范湖、乐平、念德、新旗、华垆、黄塘、保安、三溪（14个）	范湖、乐平、南边（3个）
芦苞镇	四联、四合、独树岗、西河、上塘、刘寨（6个）	芦苞（1个）
大塘镇	连滘、永平、潦边、大塘村、六一、永丰、莘田（7个）	大塘（1个）
南山镇	六和（1个）	千生、漫江、东和、择善（4个）

千米。辖西南街道、云东海街道、白坭镇、乐平镇、芦苞镇、大塘镇、南山镇7个镇（街道），有22个社区居民委员会、48个村民委员会、774个自然村。区委、区政府驻地西南街道。

【气候】 2014年，三水区平均气温22.6℃，比常年稍偏高0.4℃。极端最高气温37.2℃，出现在8月1日；极端最低气温3.3℃，出现在2月20日。全年全区总降雨量1767.9毫米，比常年同期平均值（1688.7毫米）略偏多。2014年三水区开汛日是3月30日，与常年（4月6日）相比偏早。全区出现7次暴雨降水过程，其中，区气象监测站录得最大单日降雨量138.0毫米（8月13日）；出现强对流天气（8级或以上大风、冰雹、局地龙卷风）约39天；出现闪电次数11956次。

“3·30”开汛日，三水区出现雷雨大风天气，30日8时至31日8时，全区6个站点雨量超150毫米，最大雨量芦苞黄岗小学208毫米，大塘、芦苞出现10级大风和冰雹。5月，出现连续性降雨，有26天有雨量记录，较常年同期5月（17天）偏多53%，最大月雨量乐平镇范湖工业园469.6毫米，南山、大塘镇出现最大阵风10级。其中5月22日13时至17时全区出现大雨，局部暴雨，并伴有强雷暴，芦苞新乐丰防汛指挥部4小时录得最大雨量88.7毫米。8月6日，三水区中南部出现强雷暴强对流天气，白坭镇水利所等部分站点出现短时特大暴雨。8时至11时白坭镇和西南街道最大雨量分别是白坭中心小学111.8毫米，白坭水利所104.9毫米，金本五顶岗92毫米，其中白坭水利所8时至9时1个小时雨量65毫米。三水区气象局首次发布白坭镇暴雨红色预警。8月12日20时至13日2时，三水区中部西南街道和云东海街道普降暴雨，局部特大暴雨，并伴有7级阵风和强雷电，全区有10个站点降雨超100毫米，26个站点降雨超50毫米，最大雨量西南青岐175.6毫米，其中青岐村委会3小时降雨量133.7毫米。

2014年汛期，有2个热带气旋进入佛山市防区，“威马逊”和“海鸥”对三水区造成明显影响。2014年第9号强台风“威马逊”给三水区带来持续性强降水；第15号强台风“海鸥”9月16到17日给三水区带来明显的大风暴雨天气，三水区普遍出现7级到9级、局部10级阵风，并伴有大雨，局部暴雨；受台风“海鸥”残余云系影响，9月16日23时25分，白坭镇下灶村附近出现龙卷风天气，造成约3000万元的经济损失。

综上所述，2014年三水区气候主要特点是：年初低温阴雨偏重；前汛期入汛急，暴雨多、灾害重；后汛期台风强，降水少、气温高。气象灾害主要特点是：汛期暴雨、短时强降水、冰雹、龙卷风等极端灾害性天气多发、频发；其中，暴雨、强对流天气带来较为严重的灾害损失，汛期灾害性天气造成的直接经济损失约4000万元。

（陈韵行）

【民族与语言】 2014年，三水区户籍人口中有26个民族：汉族、蒙古族、回族、藏族、维吾尔族、苗族、彝族、壮族、布依族、朝鲜族、满族、侗族、瑶族、白族、土家族、哈尼族、黎族、畲族、拉祜族、土族、仫佬族、毛南族、仡佬族、锡伯族、京族、佤族。汉族占总人口99.7%以上。全区绝大部分区域讲广州方言。南山镇六和村通行客家方言，讲客家方言人口约占全区总人口的3%。

【人口】 2014年，三水区户籍人口404883人，户籍人口全部为非农业人口。全区入住满一个月以上的全员流动人口284483人。全区户籍人口出生4557人，出生率11.15‰。死亡2487人，死亡率6.09‰。自然增长人口2070人，自然增长率5.06‰；政策内出生4317人，政策生育率94.73%。三水区通过年度考核，获广东省和佛山市授予“2014年计划生育工作先进单位”称号。2008年，三水区被评为第四个“中国长寿之乡”，是广东省首个富裕型长寿之乡。

【矿产资源】 经勘查，三水区内矿产资源有石油、油页岩、天然气、煤、铁、钨、铅锌、铋、石膏、水泥灰岩（含花岗石、石料）、岩盐、硫铁矿、磷、地下水、矿泉水、泥炭土、白陶土、二氧化碳气等18种。还有一定储量的银矿1处、金矿多处。曾开采的矿产有石油、油页岩、煤、石膏、水泥灰岩（含花岗石、石料）、硫铁矿、矿泉水、白陶土、岩盐。2014年开发利用的矿产以白陶土、岩盐、石油3种为主。

【水资源】 三水境内河涌交错，珠江水系的第一大河西江、第二大河北江及其支流绥江在此汇流。西江流经西南街道、白坭镇边境，北江从北至南纵贯大塘、芦苞、乐平、西南等镇（街道），并经思贤滘与西江相通。西江年平均径流量2260亿立方米，北江年平均径流量490亿立方米，水资源十分丰富。区内有西江、北江的支流8条，分别是思贤滘、漫水河、西南涌、芦苞涌、九曲河、青岐涌、乌石涌、南沙涌等，还有樵北涌、左岸涌、大棉涌等33条主干内河涌。西江水质常年Ⅱ类水标准，在丰水期还能达到Ⅰ类水标准。2014年，区内西江干流的青岐断面，北江干流的梁村、武庙口、大塘断面的水质均达到Ⅱ类水质标准。西南涌、大棉涌、左岸涌和乐平涌水质状况属于中度污染，漫水河水质状况属于较清洁，大塘涌、樵北涌和芦苞涌水质状况属于清洁。广州市、佛山市自来水第二水源供水工程设在西南街道金本下陈村西江河段，设计取水规模为每日350万立方米，可供600多万市民用水，由2条直径3.6米的主管供自来水至广州、佛山两市，是全国第三大引水工程。

【非物质文化遗产名录】 2014年，三水区有省级非物质文化遗产名录1个：粤曲星腔（代表性传承人李月友）。

市级非物质文化遗产名录10个：粤曲星腔、八音锣鼓、赛龙舟、广东醒狮（传承人刘汉庭、梁启钊）、龙形拳（传承人马国辉）、三水竹编（传承人曹健荣）、龙舟制作（传承人关苏）、胥江祖庙庙会、三水玉雕（传承人钱贵根）、三水农谚（传承人李仲华）。

区级非物质文化遗产名录20个：粤曲星腔、八音锣鼓、赛龙舟、广东醒狮、龙形拳、三水竹编、龙舟制作、胥江祖庙庙会、三水玉雕、三水农谚、三水灯谜（传承人蔡艺武）、华侨民间风情舞、水上婚礼、红头巾、黄塘香肉宴、抢炮、三水美食、叹歌、洪家拳（传承人洪永强）、猫狮（传承人乐新强、乐伯忠）。

【文物保护单位】 2014年，三水区省级文物保护单位有：乐平大旗头村（全国首批历史文化名村）、芦苞祖庙、白坭银洲贝丘遗址、梁士诒墓（白坭岗头村）。

市、区级文物保护单位有：把门岗贝丘遗址（白坭莘村）、梁鹤鸣墓（白坭龙池村）、杨星垣夫妇合葬墓（六和油柑山）、何维柏墓（金本芹坑村）、郑绍忠墓（乐平大旗头村）、西村陈氏大宗祠（云东海旧西村）、洪圣庙（芦苞独树岗村）、居德林公祠（六和蒲坑村）、昆都山五显古庙、云东海宝月堂、魁岗文塔、西南武庙、范湖邝氏大宗祠（赤东村）、绿堂（芦苞李家村）、芦苞关夫子庙、杜门李夫人墓（白坭周村）、梁士诒生祠（白坭岗头村）、陈心陶纪念地（六和九龙岗）、邓培故居（云东海石湖洲邓关村）、半江桥、广三铁路三水站旧址、三水旧海关大楼、横涌村头厅农协会旧址（云东海横涌村）、陆伟东烈士纪念碑（南边陆坑村）、三水纪元塔、三水烈士陵园、邓培烈士铜像、芦苞水闸。

■ 经济建设

【概况】 2014年，三水区实现地区生产总值948.84亿元，比上年增长9.6%。其中，工业总产值2874.12亿元，比上年增长10.6%；农业总产值63.45亿元，增长2.4%。全社会固定资产投资额500.11亿元，增长15%。地方公共财政预算收入39.39亿元，增长23%；社会消费品零售总额170.47亿元，增长9.6%。年末城乡居民储蓄余额558.81亿元，比上年增长10.53%；城镇居民年人均可支配收入26143元，农村居民年人均纯收入18903元，分别增长9.9%和10%。

【交通网络】 2014年，三水区内形成铁路（高速铁路、城际轨道）、公路（高速公路）、水路等三种运输方式构成的交通运输网络。有广茂、广珠铁路，贵广（南广）高速铁路及在建的广佛肇城际轨道（广州至肇庆、茂名、湛江、南宁、贵阳、重庆、昆明、珠海）过境。广茂铁路为单线客货运铁路，三水境内主线长12千米。贵广高速铁路在三水境内与南广高速铁路并线，双向4线，长13.7千米，设洲边1个站。广佛肇城际轨道设计三水境内约13.5千米，设西南、云东海2个站。

三水区内有广三、广贺、广肇、广明、西二环、佛山一环和在建的珠外环（肇花）等7条高速公路过境。广三高速境内长7.42千米，双向8车道，有西南和塘九线2个出口，由广州通往三水。广贺高速境内长8.9千米，双向8车道，有唐家村1个出口，由广州通往贺州。广肇高速境内长8.6千米，双向4车道（部分路段双向6车道），有洲边1个出口，由广州通往肇庆。西二环高速境内长10千米，双向6车道，有乐平1个出口，由广州通往南海区九江。广明高速境内长4千米，双向6车道，有岗头1个出口，由广州通往高明。佛山一环高速境内长0.5千米，双向8车道，有乐平1个出口，通向禅城、南海区里水和西樵。在建的肇花高速境内长15千米，双向6车道，有北江西、北江东和大塘3个出口，通往肇庆、花都。

三水区有国道G321、国道G324过境，其中国道G321境内长14千米，双向6车道，由广州通向成都。国道G324境内长8.49千米，双向4车道，由福州通向昆明。有省道S269、S118、S361、S381过境。其中省道S269境内长47.27千米，主要路段为双向8车道，由清远通向顺德龙山。省道S118境内长35.54千米，主要路段为双向4车道，由广州通向四会。省道S361境内长15.93千米，双向4车道，由南海盐步通向乐平镇南边。省道S381境内长2.22千米，双向4车道，由北兴通向永平。有县、乡（镇）级公路148条，总长528.4千米；其中县道13条，总长173.65千米。

水运由西江、北江可通广州、清远、韶关、肇庆、梧州、江门、香港、澳门，有三水港、西南口岸2个货运出口码头。

【财政与金融】 2014年，三水区实现财税总收入516333万元，比上年增长14.2%；地方公共财政预算收入393851万元，比上年增收73680万元，增长23%。一般预算收入加上税收返还基数收入、上级补助收入和上年结余，收入总计516333万元，为年初预算的123.7%，比上年增加64245万元，增长14.2%。财政支出457061万元，为年初预算的111.2%，比上年增支30017万元，增长7%。其中：地方公共财政预算支出369846万元，为年初预算的119.3%，比上年增长6.5%。上解支出78221万元；计提专项资金5994万元。安排预算稳定调节基金3000万元。

辖区有银行类金融机构17家、金融网点135个。各金融机构认真执行国家金融宏观调控政策，强化内部管理，调整信贷结构，金融生态环境优化，金融业经营状况好转，资金实力增强。年末，全区金融机构本外币各项存款余额558.81亿元，比年初增加53.22亿元，增长10.53%；各项贷款余额381.65亿元，比年初增加73.49亿元，增长23.85%；出口收汇金额16亿美元，增长8.1%，进口付汇10.6亿美元，增长18.3%。金融运行平稳，有力地支持三水区经济发展。

【产业发展】 2014年，三水区全力推进强优项目引进，加快产业优化升级，扶持、引导企业加大自主创新投入。经济保持平稳较快的发展势头，经济发展质量有明显的提高，发展后劲不断增强。全年全区工业总产值2874.12亿元，比上年增长10.6%。全区规模以上工业企业857家，完成工业总产值2846.35亿元，增长10.6%。

三水区工业总产值中，酒、饮料和精制茶制造业产值171.23亿元，比上年增长18.9%；纺织业141.63亿元，增长4.2%；化学原料及化学制品制造业266.37亿元，增长8.2%；汽车制造业37.66亿元，增长30.3%；钢铁冶炼及加工业59.88亿元，增长0.2%。非金属矿物制品业464.02亿元，增长7.9%。金属制品业242.08亿元，增长17.1%；医疗设备及器械制造业12.77亿元，增长15.7%；家具制造业31.5亿元，增长5.3%；电子及通信设备制造业141.77亿元，增长10.6%。

【产业招商】 2014年，三水区强化“产业链招商三年行动计划”，全年引入签约项目73个，项目计划投资额187.8亿元。计划投资超亿元的项目41

个，投资总额176.39亿元，占全部新签项目投资额的93.9%。其中10亿元以上项目4个，投资额90亿元；新签项目中，机械装备、饮料食品、现代服务业三大产业项目50个（占总数的68.5%），投资额151.25亿元（占总投资额的80.5%）。一批科技含量高、投资大、产业带动能力强的新兴产业优质项目落户，光伏太阳能、食品饮料、汽配、新材料、现代服务业等产业集群进一步壮大。

【产业基地建设】 2014年，三水区遵循“集约建设、集群发展、产业招商、效益园区”的理念，把发展园区经济和招商引资工作作为重中之重，加大园区基础设施建设和招商引资力度，使园区经济的发展质量和水平得到提高。各产业基地建设成效显著。中国（三水）国际水都饮料食品基地——西南园“饮料产能300万吨”等4个项目入选省重点项目；工业产值734.7亿元，增长9.53%。白坭园工业产值443.2亿元，增长10.72%；新增国家高新技术企业2家、中国驰名商标2个。佛山高新区三水园——三水工业园区（含乐平镇）引进项目37个，计划总投资43亿元；推动20多家企业应用100台机器人，建立全球首个工业机器人行业巨头KUKA集团与高校合作进行应用机器人技术培训的项目。芦苞园工业产值253.35亿元，增长10.9%。佛山高新区三水园北园——大塘园工业产值279.3亿元，增长12.3%。中国（三水）国际水都饮料食品基地（北园）——南山园工业产值57.2亿元，增长11%。

【商贸流通】 2014年，三水区城市综合力增强和商业配套完善，全区商贸流通业保持稳步增长的势头。全年全区完成社会消费品零售总额181.55亿元，比上年增长9.6%，其中批发和零售业143.88亿元，增长8.9%；住宿和餐饮业33.67亿元，增长6.9%。在商品销售中，全区实现商品销售总额219.75亿元，增长7.2%。大力发展现代物流业，实施大项目招商、智慧物流腾飞计划，推动国际饮料食品交易中心、三水新城万达广场和捷和广场、北江新区新动力广场建设。

【对外经济贸易】 2014年，三水区合同利用外资56831万美元，比上年增长5.21%；实际利用外资41510万美元，增长5.11%。全区有10家外资企业增资扩产，外资增资总额3421.84万美元。全区进出口贸易总值248388万美元，增长8.41%。其中出口总额153881万美元，增长4.62%；进口总额94507万美元，增长15.19%。机电产品出口总值66234万美元，增长6.96%；高新技术产品出口24787万美元，增长29.9%。

【旅游业】 2014年，三水区推动旅游产业升级，提高服务水平，区旅游业总体呈现稳步上扬的态势。三水区有三水花园酒店、金太阳酒店、绿湖温泉度假酒店3家五星级旅游饭店，凯迪威酒店1家四星级旅游饭店。三水温泉度假村被评为国家AAAA级景区，佛山伊利乳业集团被评为国家AAA级景区。有一批星级农家乐饭店，促进旅游餐饮业的多元化发展。云东海文化创意产业基地建设在推进。发行三水旅游读本《乐三水》，举办第二届旅游文化节和“三水真滋味”美食评选大赛、“文明与旅游同行”主题活动，印发宣传资料6万份。3个景区被评为第二批“平安景区”。全年旅游总收入20.18亿元，接待人数427.19万人。

【农业创收与园区建设】 2014年，三水区农业总产值63.45亿元，比上年增长2.4%，其中，种植业产值18.74亿元，增长0.2%；畜牧业产值28.21亿元，减少0.4%，渔业产值13.19亿元，增长11.3%。粮食作物种植面积11万亩，总产量3.55万吨。蔬菜种植面积18.08万亩，总产量41.72万吨，减少3.18%。农村经济总收入725.78亿元，减少10.44%。农村居民人均纯收入18903元，增长10.3%。按照“七园一带”的布局加快推进现代农业园区建设，启动农业园区提升工程，加强“菜篮子”和“e菜超市”建设。

■ 政治建设

【概况】 2014年，中共三水区委在十二届五次全会上提出“全面深化改革，加快转型发展”：调整和优化产业结构，加强城市综合承载力，吸引科技、金融、人才、现代服务等发展要素集聚三水，坚持以人为本，保障改善民生；坚持管党治党，提高党建科学化水平。三水区结合“产业新城、南国水都、广佛肇绿芯”发展新定位，加快转型升级，增创科学发展新优势。推进简政强镇事权改革、城市升级、产业链招商、社会管理创新等中心工作，实施“民生微实事立办制”，切实改善民生取得实效。全区党政机关把提高群众和基层满意度作为最高标准，以高效清廉促进发展、服务人民。强化依法行政，法治政府建设取得新进展。抓好党的群众路线教育活动，树立正确的用人导向，激发干部干事创业热情。完善大部制改革，理顺部门职能，优化流程设计，全面提升政府服务效能。建设区、镇、村三级行政服务体系，建立党政领导干部直接联系村（居）的“直联制”，加强行政监察和审计监督，推动廉政风险防控试点改革，反腐倡廉建设取得新成效。充分发挥区人大代表的监督作用，调动区政协委员参政议政的积极性，切实做好人大议案、政协提案的督办工作。简政放权，把数十项审批权下放至镇（街道），方便群众申办各项事务。

【党风廉政建设】 2014年，中共三水区委认真落实中央“八项规定”和广东省委实施办法，坚决反对“庸懒散奢”“四风”，加强党风廉政建设。中共三水区纪委以“严明组织纪律，锻造优良作风”为主题开展纪律教育学习月活动，举办第三期权力集中部门、资金密集领域领导干部培训班，组织领导干部到清远监狱广东省警示教育基地开展教育活动。加强干部监督，构建多功能三维网络教育管理平台，完善党风廉政建设体系，区、镇（街道）、村（居）各级党风廉政建设取得明显成效，筑牢反腐倡廉的思想防线。

【人大监督】 2014年，三水区人民代表大会常务委员会依法召开1次区级人民代表大会会议、8次常委会会议、16次常委会主任会议，听取和审议“一府两院”专项工作报告18项，作出决议决定16项，开展视察和专题调研116次、执法检查1次，切实履行区人大的监督职责。区人大常委会落实《佛山市三水区依法治区2012—2016年规划》，创新工作机制，推进法治政府建设和法治城市、法治区的创建工作，着力解决群众反映强烈的社会综合治理等问题，落实“法治三水”“平安三水”“和谐三水”“全国文明城市”创建工作，各项创建工作取得阶段性的显著成果。

【参政议政】 2014年，政协三水区委员会坚持把助推三水经济社会又好又快发展作为履职的第一要务，把服务民生作为履职的着力点，切实履行政治协商、民主监督和参政议政职能，提案督办、专题视察、调研议政、反映社情民意、扶贫助学光彩事业等各项工作取得较好的成绩。三水区政协九届四次会议以来，收到政协委员的提案146件，经审查立案128件，提案涉及三水区经济发展、城市建设、医疗卫生、文化教育等方面，经过承办单位的努力，尤其是区委书记、区长和区政协主席督办的3件重点提案，提案办理实效得到显著提高。通过对北江新区、水都饮料基地、南山镇侨房改造、西南农贸市场改造、西南涌北段整治等工程项目进行专题视察和调研活动，形成调研报告和建议案报送区委、区政府作决策参考，为三水区经济社会发展和民生事业发挥推动作用。

■ 文化建设

【概况】 2014年，三水区在教育、文化、科学技术、群众体育等方面加大投入，完善各项设施，取得了较显著的成绩。全区各类教育协调快速发展，基础教育高水平普及，推行教育资源配置均等化，城乡间、学校间的教育差距逐步缩小，师资队伍整体素质不断提高，教育队伍人才培养取得新成效。开展全区“平安校园”创建工作，为广大师生营造安全稳定的校园环境。保护和传承历史文化资源，开展各种文化惠民、特色文化展示活动。推进文化精品创作，上送音乐、舞蹈作品参加展演，分别获国家、省、市奖各1件。完成全区不可移动文物普查工作后，研究成果《三水祠堂》《三水书院文化》由广东人民出版社出版，举办历史文化民俗图片展。努力提高全区档案工作水平，《三水年鉴》2014年卷获第五届全国年鉴编校质量检查评比一等奖，全面开展地方志资料年报工作，加快《中国共产党三水历史（第二卷）》赠阅工作。推进企业转型升级工作，完善科技创新政策和加强企业创新体系建设，科技人才培养和科学普及工作取得新进展。

【教育】 2014年，三水区教育经费总投入为145460万元，其中国家财政性投入109916万元。全区小学专任教师1890人，学历达标率100%；其中大专以上学历1827人，占96.7%。全区初中专任教师1276人，学历达标率99.5%；其中本科以上学历1183人，占92.7%。全区高中专任教师667人，学历达标率98.7%；其中研究生165人，占24.7%。骨干教师队伍建设取得较大进展，全区有佛山市、三水区两级学科带头人和骨干教师215人。全区各级各类公办学校52所，其中电大1所、中等职业技术学校2所、业余体校1所、特殊教育学校1所、中小学生社会实践基地1所、普通高中3所、初级中学10所、小学31所、幼儿园2所。全区公办学校在校学生（含中职）57235人；其中小学生31503人、初中生11526人、高中生（含中职）12955人。民办学校（幼儿园）74所，学生42266人。全区小学适龄儿童入学率100%，小学毕业升学率100%，九年制义务教育覆盖率100%。

【科学技术】 2014年，三水区专利申请686件，其中发明专利申请210件。全区工程技术研究开发中心105家。新增多正化工公司、爱康太阳能公司2家广东省创新型企业。38家企业申报广东省高新技术产品100项，86项通过认定。新增广东省高新技术企业10家。

【文化和体育】 2014年，三水区完善区、镇、村三级公共文化服务网络，实现基本公共服务均等化。全区70个行政村（居）文化室实现“五个有”要求，建成28家数字农家书屋、1家园区书屋、首家24小时自助图书馆。举办文化活动90场次。文艺创作精品迭出，选送音乐舞蹈展演节目获国家、省、市奖。区举办各类大型体育活动55场次，有区级体育场馆1个、少年业余体校1间。区向上输送体育人才35人，其中向国家队输送6人。三水籍运动员参加世界赛、亚运会、全国赛获7枚奖牌。

【群众文化活动】 2014年，三水区着力打造群众文化活动品牌，举办一批有影响力的文艺演出。办好系列广场舞、歌唱大赛等特色文化活动。举办各类艺术展览、文化讲座、培训辅导300多场次，打造三水文化品牌，深受群众喜爱。

【文化遗产保护和传承】 2014年，三水区活化文物资源、活化古村，利用电视台、报刊宣传推介本土历史文化遗产，开展文化遗产保护宣传月活动，邀请专家免费为市民鉴宝及举办鉴宝知识讲座，营造全社会共同参与文化遗产保护的良好氛围。新增的区级非物质文化遗产名录洪家拳、猫狮在三水北部地区流传甚广，参与者众，呈现良好的传承发展势头。在文物普查研究成果方面，出版《三水祠堂》《三水书院文化》两本书。举办粤曲茶座，深化“粤曲文化”品牌。建立区级非物质文化遗产名录20个。

【档案、地方志、党史工作】 2014年，三水区档案局坚持“以民为本，服务先行”的原则，加强档案事业的“三个体系”(建立覆盖人民群众的档案资源体系、方便人民群众的档案利用体系和档案安全体系）建设，抓好地方志年鉴和党史编纂出版等业务工作，推进地方志资料年报工作和史志信息资源库建设，实现档案、史志工作持续健康发展。区综合档案馆年度评估被广东省档案局评为“合格”等次。《三水年鉴》2014年卷获第五届全国年鉴编校质量检查评比一等奖。抓好《中国共产党三水历史（第二卷）》出版后的赠阅工作，启动《中国共产党三水历史（第三卷）》的编纂工作。

■ 社会建设

【概况】 2014年，三水区民政、宗教、外事、侨务、医疗卫生、社会保障等各项社会事务和工作取得较大进展。全区完成年度人口计划生育目标任务。推进全区卫生服务网络、医院“三名”（名院、名科、名医）工程、医疗卫生服务质量建设，切实加强疾病预防控制工作，努力提高广大群众的健康水平。全区社会保障、医疗保障工作基本实现全覆盖。区民政局在区党政机构改革后重新成立，坚持“以民为本，为民解困，为民服务”的民政宗旨，推进社会救助工作，提高各项救助标准；扶持公办、民办养老服务体系建设；社会管理创新、社会福利工作、社会组织和义工队伍建设等方面取得显著成绩。

【卫生】 2014年，三水区有198家卫生医疗机构，其中医院15家、卫生院3家、卫生防疫站1家、社区卫生服务机构52家、村级卫生服务站47家。卫生机构有床位2379张。卫生技术人员3741人，年内医院、卫生院诊疗人数670万人次。加强卫生服务网络和医疗质量建设，推进卫生医药体制改革，做好重大疾病防治和重点传染病监测工作。全区774个自然村有523个村创建为“广东省卫生村”，创建率66.8%。

【社会保障】 2014年，三水区扩大社保覆盖面，推进社会保障工作。全区职工养老、医疗、失业、工伤、生育保险参保人数分别为281634人、215948人、174071人、174035人、175433人。全区新农保参保基本实现全覆盖。全区开通“三水社保”微信公共平台，增加查询服务功能。

■ 生态文明建设

【概况】 2014年，三水区继续围绕“产业新城、南国水都、广佛肇绿芯”的建设目标和“三水新城”的建设规划，实施“城市升级三年行动”计划，完善市政路网和配套设施，推进内河涌综合整治，加强道路、园林绿化养护和市政管理。在创建全国文明城市工作中，深化体制改革，落实长效管理、民生实事、景观改造、环境保护、城管“八乱”整治。白坭镇、芦苞镇、大塘镇、南山镇创建为国家生态镇。三水区推进“村村通自来水”工程建设，重点规划芦苞、大塘、南山镇等北江以西片区农村自来水工程，全区自然村按常住人口计算，自来水通水率95%。城市面貌、居住环境、市民素质得到明显提升，“花园三水”建设成效显著。

【城市建设】 2014年，三水区实施“城市升级三年行动”计划，完善市政路网和配套设施，推进内河涌综合整治，加强园林绿化养护和市政管理。三水区深化体制改革，推动城管“创文”长效管理、民生实事、景观改造和城市管理“八乱”整治，加强城管“创文”宣传，获佛山市第二个城管年度考评第三名。全年举办“创文”活动135场。7个镇（街道）建成污水处理厂，城镇污水处理率83%。“花园三水”建设蓬勃发展，三水区推进中心城区及各镇（街道）示范道路和城市公园景观改造，解决中心城区部分路段“大雨水浸街”问题。改善和优化城市公共自行车服务系统，加强环保执法，加强对公共自行车的保养和管理。

【环境保护】 2014年，三水区环保部门监测结果是：全区环境质量基本保持稳定，饮用水源地、地下水断面以及西江、北江三水段水质均达到水质标准；列入责任考核的9条内河涌，水质较好的有芦苞涌、西南涌、大塘引涌和草塘围东排渠。V类水体达标率36.11%。列入考核的6项空气质量指标中，二氧化硫、一氧化碳、臭氧和PM10均达到国家环境空气质量二级标准，二氧化氮和PM2.5未能达标。在“创文”工作中，加强环保执法，狠抓重点行业的综合整治。大力整治城乡卫生环境，推进道路景观绿化、美化，提高环境质量。

【“创建全国文明城市”工作】 2014年，三水区推进“创建全国文明城市”工作，坚持“组织机构到位、工作机构到位、宣传发动工作到位”，形成“党委总揽、政府主导、行业协调、部门配合、区镇联动、全民参与”的创建格局，加大宣传和管理力度，提高市民素质和城市文明程度，取得良好成效。努力实现城市管理“运行市场化、管理网络化、作业精细化、考核标准化”及“美化、绿化、亮化、数字化”的工作目标。加强区级、镇（街道）、社区城管队伍建设，广大干部群众积极参与“创文”工作。近3年“创文”成绩，三水区名列佛山市五区前列。在主流媒体刊播“创文”新闻、专题5000多篇，“创文”公益广告数量居全市五区之首，营造社会“创文”氛围。开展公民道德教育进农村、进社区、进学校、进企业、进机关活动。举办“三水好人”宣传评议活动，涌现100队“文明志愿服务队”。开展“感动三水”系列品牌创建活动，倡导文明风尚。推进净化社会文化环境工作。

【林业生态建设】 2014年，三水区推进林业生态建设，投入约800万元新建南山镇九道谷森林公园、改造提升大南山森林公园为区级森林公园。投入约400万元完成21个森林家园示范村建设，其中6个村被评为省级绿化示范村，11个村被评为市级绿化示范村，有效提升村居的生活环境，带动“花园三水”向农村的延伸。全区投入200万元在各镇（街道）开展低效生态林改造1000亩。开展二广高速、广梧高速、西江和北江沿岸2600亩林木培育工作。结合乡村绿化美化工程和新农村建设要求，投入160万元启动10千米进村道路绿化工作。

【社会主义新农村建设】 2014年，三水区各镇（街道）规划创建社会主义新农村工作，获得省、市“一事一议”项目资金1043万元，用于完成33个自然村创建社会主义新农村示范村，全区累计完成622个自然村创建任务，占全区自然村总数的90%。完成11个分散式生活污水处理村的创建工作，全区累计完成39个分散式农村生活污水处理设施建设，有效改善农村生活环境。

（三水区人民政府地方志办公室）

组织机构及负责人

【中共佛山市三水区委员会】

书　记：苏伟波

副书记：陈英文　郭长勇（—2014.4）　陈浩明

常　委：钟飞健　李仕清（—2014.3）

潘建刚（2014.3　）　何国辉

黄少文（—2014.4）　李学坚（2014.4—）

陈必田　孔耀明　李伟成

霍　平（—2014.12）

曾阳春（2014.12—）

【三水区人民代表大会常务委员会】

主　任：苏伟波

副主任：杜达权　何绮红　杨乃初

冯卓勋（—2014.1）　毕勇骏　李卫红

陈池金（2014.1—）

办公室主任：江克云（—2014.9）

黄俊强（2014.9—）

办公室副主任：李志军　麦颖湘

【三水区人民政府】

区　长：陈英文

副区长：郭长勇（常务副区长，—2014.4）

钟飞健（常务副区长）　张卫红

黎延坤　胡　英　杨日强

乐绍才（—2014.4）　何小玲（2014.9—）

刘秀梅（2014.3—）

政务委员：杨鉴岐　翁　良　彭建国

何小玲（—2014.9）

罗卫平（2014.1—）　黄昌建

区委、区府办主任：黄昌建

区委、区府办副主任：

霍泳康（常务副主任，—2014.8）

肖　虹（常务副主任，—2014.7）

黎达贤（常务副主任，—2014.9）

陈　畅（常务副主任，—2014.9）

（副主任，2014.9—）

杨胜坤　陈胜辉　徐　昕

余旭锐（—2014.11）　陈光强

谢玉华（2014.8—）　陈世宁（2014.11—）

【中国人民政治协商会议佛山市三水区委员会】

主　席：邓国斌

副主席：余广林　李应滔　卢世江　彭　蘅

卢　边　罗卫平（—2014.1）

彭建国（2014.1—）

办公室主任：梁咏梅（—2014.8）

刘小侠（2014.8—）
办公室副主任：李建华　卢丹丹

【中共佛山市三水区纪委，区监察局】
书　记：李伟成
副书记：陈池金（—2014.1）　莫少飞
肖　虹（2014.7—）
常　委：赵　明　吴荣华　张志恩　吕世红
局　长：莫少飞（2014.9—）
副局长：吕世红　刘勇海（2014.11—）
办公室主任：刘勇海（—2014.11）

【三水区审计局】
党组书记、局长：彭家文（2014.9—）
党组副书记、副局长、总审计师：
肖东文（2014.9—）
纪检组长：王好冬（2014.11—）

【三水区人民武装部】
部　长：李仕清（—2014.2）　刘达文（2014.2—）
政治委员：潘建刚
副部长：张文超

【三水区委组织部（三水区机构编制委员会办公室）】
部　长：黄少文（—2014.5）　李学坚（2014.5—）
常务副部长：李伟坚　梁咏梅（2014.8—2014.9）
梁洁仪（—2014.9）
骆锦驹（—2014.5）
副部长：梁咏梅（2014.9—）
梁洁仪（2014.9—）　曾群金　胡绍聪
编委办主任：梁洁仪（2014.9—）
编委办副主任：黄碧容
国家公务员管理办公室主任：黄少文（—2014.5）
李学坚（2014.5—2014.9）
梁洁仪（2014.9—）
区两新工委书记：骆锦驹（—2014.5）
梁咏梅（2014.8—）
区直机关党工委书记、两新党工委副书记、党联办主任：何海虹（—2014.8）
赵留记（2014.8—）
机关党委书记：骆锦驹（—2014.5）
机关党委副书记：赵　梅

【三水区委宣传部（三水区文体旅游局）】
区委宣传部部长：何国辉
区委宣传部常务副部长：严振飞（—2014.8）
江克云（2014.8—）
周国刚（—2014.9）
俞　虹（—2014.9）
区委宣传部副部长：俞　虹（2014.9—2014.12）
马秀伟（2014.12—）
周国刚（2014.9—）
钟艺军　陈剑峰（—2014.8）
黄猛高　傅　梅（2014.8—）
区文体旅游局局长：何国辉（—2014.9）
俞　虹（2014.9—2014.12）
区文体旅游局副局长：陈剑峰（2014.8—）
何　劲（—2014.8）
区艳阳
区委宣传部（区文体旅游局）机关党委书记：
周国刚
区委宣传部（区文体旅游局）机关党委副书记：
汤浩坤

【三水区委政法委（三水区司法局）】
区委政法委书记：陈浩明
常务副书记：林耀强　杨胜坤（—2014.9）
陈兆强（—2014.8）
副书记：林显超（—2014.8）　傅　梅（—2014.8）
阮云溪　邓泽恒（2014.8—）
张真炅（2014.8—）　梁炬坤（2014.8—）
区司法局局长：陈浩明（—2014.9）
张真炅（2014.9—）
副局长：张真炅（—2014.9）　梁英楷
丘海帆（2014.9—）
区委政法委（区司法局）机关党委书记：林耀强
副书记：邝炳忠　梁建兰
区委维护社会稳定办公室主任：林耀强
副主任：刘荣达
区委防范和处理邪教问题领导小组办公室主任：
林耀强

副主任：邝刚如
区社会管理综合治理委员会办公室主任：林耀强
副主任：周艳云
区国家安全工作领导小组办公室主任：阮云溪
副主任：刘荣达
区社会工作委员会主任：陈浩明
专职副主任：霍国聪
区流动人口服务管理工作领导小组办公室主任：
霍国聪（2014.11—）

【三水区委统一战线工作部】

区委统战部部长：陈必田
区委统战部常务副部长：严振飞（2014.9—）
区外事侨务局局长：严振飞（2014.9—）
区港澳台工作办公室主任：严振飞（2014.9—）
区侨联会主席：严振飞（2014.12—）
区委统战部副部长、区民族宗教事务局局长：
李伟明（2014.9—）
区委统战部副部长、区工商联党组书记：方耿明
区外事侨务局副局长：陈绍宁（2014.9—）
阙丽云（2014.9—）
区侨联会副主席：邓其流（—2014.11）
何燕清（2014.11—）

【三水区民政局】

局党组书记、局长：李健峰(2014.9—)
局党组副书记、副局长：禤显球（2014.9—）
局党组成员、纪检组长：刘成坤（2014.9—）
局党组成员、副局长：李倩萍（2014.9—）
局党组成员、副局长：罗嘉幸（2014.9—）
局党组成员、残联理事长：李锐华（2014.9—）
局党组成员：陈国瑞(2014.9—)

【三水区发展规划和统计局（发改统计）】

局　长：张卫红
常务副局长、局党组书记、发改统计分党组书记：苏　锋
副局长：卢　华　钱志波　杨志球　卢荣标
局机关党委书记：叶正芳
局机关党委副书记：韩建玲
纪检组长：梁雁娟
总统计师：张坤祥

【三水区发展规划和统计局（城乡规划）】

局　长：张卫红
规划分党组书记、常务副局长：梁宏志
规划分党组成员、副局长：谭宏坤
规划分党组成员、副局长、北部直属局局长：
高　康
规划分党组成员、副局长、南部直属局局长：
廖剑飞
规划分党组成员、总规划师、中部直属局局长：
林艳珊

【三水区经济和科技促进局】

局　长：何小玲（—2014.9）李　峰（2014.9—）
常务副局长：梁楚南　董志泉（—2014.10）
关洁贞（—2014.10）
副局长：董志泉（2014.10—）
关洁贞（2014.10—）
冯志强（—2014.8）
邓丹丹（—2014.8）
钟建国（2014.8—）梁健昌
梁洪文（2014.8—）陈玉虎
叶炳榆（—2014.8）
周伟洪（—2014.8）
机关党委书记：张良芬（—2014.8）
纪检组长：欧永兴

【三水区教育局】

局　长：胡　英（2014.1—2014.9）
萧晓炜（2014.9—）
常务副局长：萧晓炜（2014.1—2014.9）
区纪委派驻纪检组组长：刘福安
副局长：陈寒梅　陆英华　邓国来

【三水区财政局】

区政务委员、局长：彭建国
常务副局长：蔡日棠(—2014.8)
副局长：钱静瑜　余志斌　林均泉（2014.7—）
江校元
纪检组组长：梁悦稚

局机关党委书记：宗仕强

【三水区人力资源和社会保障局】

局　长：翁　良（—2014.9）　邓沃明（2014.10—）

常务副局长：邓沃明（—2014.9）
何谨哲（—2014.9）
陈增斌（—2014.9）

副局长：陈增斌（2014.10—）何谨哲（2014.10—）
麦汉广　刘永红　韩志勇
王好冬（—2014.11）

纪检组长：黄浩忠

机关党委书记：陈兆强（2014.8—）

机关党委副书记：邓玮娴（—2014.7）

【三水区国土城建和水务局（国土板块）】

局　长：张卫红（—2014.9）　钟飞健（2014.9—）

常务副局长：区显波（—2014.12）
刘健宇（2014.12—）

副局长：阮润斌　杨慧云　刘海峰　邝法浓

纪检组长：莫启会

【三水区国土城建和水务局（住建板块）】

局　长：张卫红（—2014.9）　钟飞健（2014.9—）

常务副局长：杨　军

副局长：刘华光（—2014.1）　林颖坚　谢洪林
何俊雄

纪检组长：莫启会

机关党委书记：郭尚林

总工程师：谢洪林

【三水区国土城建和水务局（水务板块）】

局　长：张卫红（—2014.9）　钟飞健（2014.9—）

常务副局长：郑俊辉

副局长：陈文彪　蔡　迅　吴剑洪

纪检组长：莫启会

【三水区农林渔业局】

局　长：邓仲怡

常务副局长：梁镜泉（—2014.9）

副局长：梁悦庭（—2014.8）　谭　超
罗浩强（—2014.5）　苏　锋（—2014.5）
黄天德　刘成坤（—2014.9）
何永坤（2014.5—）

派驻纪检组长：吴树昌

机关党委副书记：黄惠贞

【三水区卫生和计划生育局】

局　长：黎延坤（—2014.9）　霍泳康（2014.9—）

常务副局长：刘小侠（—2014.8）
骆顺贤　曹进星（—2014.9）

派驻纪检组组长：罗　强（2014.8—）

副局长：吴兰祺　张焯贤　陈士威（—2014.8）
陆伟明　梁玉勤

局机关党委书记：梁国新

局机关党委副书记：林克林

【三水区食品药品监管局】

党组书记、局长：杨鉴岐

党组副书记、纪检监察组长：曹进星（2014.9—）

常务副局长：李一奇（2014.9—）
李健峰（2014.1—2014.9）
黄海辉（2014.3—2014.9）

副局长：罗志敏

党组成员：李章芬

区食安办专职副主任、党组成员：
钟剑华（2014.4—）

派驻纪检组组长：张自成

【三水区安全生产监督管理局】

局　长：林志道

副局长：卢志才　邓亮佳　吴成贵

纪检组长：何　劲

机关党委副书记：陈念安

【三水区环境运输和城市管理局（城管板块）】

局　长：霍　平

常务副局长、城市综合管理分党组书记：
刘华光（—2014.9）　黄海辉（2014.9—）

副局长、城市综合管理分党组成员：叶蔚森
陈雄钊

机关党委副书记、城市综合管理分党组成员：
邓其流（2014.11—）

【三水区创文办、城管办】

主　任：陈　畅

常务副主任：刘华光（—2014.9）

　　　　　　黄海辉（2014.9—）

副主任：叶蔚森　陈雄钊　钟艺军　傅　梅

【三水区环境运输和城市管理局（交通板块）】（—2014.8）

【三水区交通运输和城市管理局（交通运输板块）】（2014.9—）

局　长：霍　平

常务副局长：蔡振鸿

派驻纪检组组长：罗　强（—2014.8）

　　　　　　　　张良芬（2014.8—）

副局长：麦自能　苏浩迁　利仲波（—2014.8）

　　　　蔡广辉（2014.8—）

总工程师：曾　兴

【三水区环保局】

局　长：林均恒

派驻纪检组组长：张自成

副局长：张伟杰　伍聪颖

总工程师：王凯武

【佛山市公安局三水分局】

局　长：杨日强

政　委：廖伟鸣

副局长：黎仕津　刘永雄　邓泽恒（—2014.8）

　　　　石耀昌　朱智耀（2014.10—）

　　　　黄富贵（2014.10—）

纪委书记：庾卓荣

党委委员、政工室主任：李常芳

党委委员：朱桂泉

【三水区人民法院】

院　长：郑道永

副院长：蔡学锋　柒善林　林晓莉

【三水区人民检察院】

党组书记、检察长：梁俭明

党组副书记：梁汉辉（—2014.7）　谢敏华

副检察长：谢敏华　梁文升　古建诚

纪检组长：黎　湘

党组成员、政工科长：杨　毅

党组成员、办公室主任：王国胜（2014.5—）

党组成员、反贪局副局长：卢志洪（2014.5—）

【三水区档案局（馆）】

局　长：吴文芳

副局长：林　晖　余燕良　董艳群（—2014.10）

【三水区行政服务中心】

主　任：刘健宇（—2014.12）

　　　　朱伟伟（2014.12—）

副主任：朱　军（—2014.11）　韩金福

　　　　邓颖娟（2014.11—）

【三水区总工会】

主　席：毕勇骏

常务副主席：王远鸿

副主席：黄　坚　胡小燕

【共青团佛山市三水区委员会】

书　记：钱小霞

副书记：李志文（—2014.6）　李锦铭

【三水区妇女联合会】

主　席：黎顺琼

副主席：罗润屏　曹雪冰

【三水区工商业联合会】

党组书记：方耿明

主　席：卢　列

专职副主席：钟建国（—2014.8）

　　　　　　邓丹丹（2014.8—）

副主席：叶红汉　叶荣恒　许伟钊　阮志明

　　　　杨　华　陈　刚　陈应标　吴小源

　　　　吴翀俊　麦文英　麦耀能　陆绍源

　　　　何健华　郑荣邦　姚　颖　赵志辉

　　　　梁伟涛　谢孔云　童绍洪　彭颖生

　　　　蒙铭强　简耀康　禤文祯

秘书长：张　宏

【三水区公有资产管理办公室】
党工委书记、主任：黎达贤
党工委委员、副主任：陈金明　尹卫文　卢　山
党工委委员、纪工委书记：郭葵芳

【三水区社会保险基金管理局】
局　长：翁　良（—2014.9）
　　　　邓沃明（2014.10—）
副局长：冯沛恩　丘海帆（—2014.9）
　　　　陈士威（2014.8—）　李志刚

【三水区卫生监督所】
所　长：卢赞芬
副所长：何　迎　陈劲仪（2014.7—）

【三水区公路局】
局长、党支部书记：骆永强
副局长：宁　辉　利仲波　卢日成
总工程师：姚燕旺

【三水区国家税务局】
局　长：潘志豪（2014.3—）
副局长：许　洪　邓国坚（2014.3—）　梁慧青
纪检组长：蔡汉生(2014.3—)

【三水区地方税务局】
党组书记、局长：周伟宁
党组副书记：温国泉
党组成员、副局长：吴景华　刘壮恒　甘文华
党组成员、纪检组长：邓桢桦
党组成员、总经济师：雷秋和
党组成员、总会计师：黄日辉

【三水区工商局】
局　长：修元山
副局长：唐宝玉　李新其　梁文赞

【三水区质量技术监督局】
局　长：赵俊江
副局长：刘雪平　胡伯宁

【佛山海关驻三水办事处】
主　任：于力生
副主任：谢志涛　黄健彬(2014.8—)

【佛山三水海事处】
处　长：郑培坚
副处长：赵卫兵　洪中击

【广东省北江流域管理局】
党委书记、局长：黄　尧（—2014.4）
　　　　　　　　钟如权（2014.4—）
巡视员：张仁宙
党委副书记、纪委书记：郑锦明
副局长：黄善和　卢俊昌　张庆通
总工程师：陈　明
副巡视员：田文峰

【广东省核工业地质局二九一大队】
党委委员、大队长：苏文聪
党委书记：肖正华
党委委员、副大队长、总工程师：张辉仁
党委委员、副大队长：周　鑫
党委副书记、纪委书记：李毓成
党委委员、副大队长：张焕雄

【三水区气象局】
局　长：黄永德
副局长：岑杰军

【三水供电局】
局　长、党委副书记：何　山
党委书记、工会主席、副局长：冼瑞成
纪委书记：李铁款
副局长：陈春城　陆志光

【佛山水业三水供水有限公司】
董事长：苏锡波
董　事：林伟镜　陆卓勇　罗文飞　郭伟志
总经理：林伟镜
常务副总经理：李钦光
副总经理：陈伟雄　何智勇

【三水区烟草专卖局（广东烟草佛山市有限责任公司三水分公司）】
局长（经理）：朱年文
副局长：温耀华
副经理：邓永艺

【三水区邮政局】
局　长：周建华
副局长：赵振江
局长助理：周冠华

【中国电信三水分公司】
总 经 理：陈浩深
副总经理：潘灿忠　罗杰洪　陈　凯（2014.10—）
　　　　　蔡耀明（—2014.9）

【中国移动三水分公司】
总经理：赖文戈
副总经理：丁术森

【中国联通三水分公司】
总 经 理：洪　俊
副总经理：邓建峰　张子云

【广东省三水强制隔离戒毒所】
所党委书记、所长：何叶光
所党委副书记、政委：王忠仁
所党委副书记、纪委书记：徐广青
所党委委员、副所长：易　晟　黄昌华
　　　　　　　　　　钟　亮
所党委委员、政治处主任：黄小龙

【广东省南丰强制隔离戒毒所】
党委书记、所长：马立明
党委副书记、政委：廖小彝
党委副书记、纪委书记：王嘉梁
党委委员、副所长：范晓鸣　徐开生　刘文奇
党委委员、政治处主任：李　明

【广东省女子强制隔离戒毒所】
党委书记、所长：靖　花
党委副书记、政委：刘增援
党委委员、调研员：李美英（2014.9—）
党委副书记、纪委书记：李美英（—2014.9）
党委委员、副所长：范新想　杨育珠
　　　　　　　　　竺广生（—2014.8）
党委委员、政治处主任：黄年新

【广东省第二强制隔离戒毒所】
党委副书记、政委：李贤才（负责全面工作，—2014.12）
党委副书记、纪委书记：梁鸣华（2014.12—）
党委委员、副所长：杜志伟
　　　　　　　　　徐禄世（2014.12—）
　　　　　　　　　陈创明
党委委员、政治处主任：于道林

【广东省三水戒毒康复管理所】
党委书记、所长：孔文忠
党委副书记、政委：唐广莉

【中国国民党革命委员会佛山市三水区支部委员会】
主　委：叶　茂
副主委：李燕华　李雪松
支部委员：王俊容　万　涛

【中国民主同盟三水区总支部委员会】
主　委：吴章荣
副主委：陈维汉

【中国民主建国会三水区总支部委员会】
主任委员：张卫红
副主任委员：刘德国　李社民　任淑萍

【中国民主促进会三水区支部委员会】
主任委员：何燕清
副主任委员：张亚平　谢洪林

【中国农工民主党佛山市三水区支部委员会】
主　委：方长庚
副主委：姚伟平　胡朝晖

【中国致公党三水区支部委员会】
主　委：彭　蘅
副主委：赵　景　叶世伦
支部委员：李荣兴　乐振华

【九三学社三水区基层委员会】
主　委：罗俊宇
副主委：陈汉礼　杜岳明　潘正兵

【三水中学】
校　长：胡志武
副校长：曹才云　梁彩欢　于伟就

【华侨中学】
校 长：李伟元
副校长：林婉萍　何浩江　张　斌

【实验中学】
校长、党总支书记：刘伟江
副校长、党总支副书记：邝贞垣
副校长：刘骁雄　杨帮南

【三水区工业中专】
党总支书记：李浩明
校　　长：但修前
常务副校长：冯志华
副　校　长：陈桂江　俞年海

【三水区理工（技工）学校】
校长、党支部书记：李杰群
副校长：连赞强　肖宽锋

【三水中学附属初中】
校 长：邵仲文
副校长：罗剑峰　区捷英　李志彬　黎锦光

【三水区第三中学】
党支部副书记：姚锦荣
校 长：冯敬文
副校长：梁建锴　侯国辉　黄怡新　彭植荣

【三水区广播电视大学（区教师进修学校、区社区学院）】
校　长：钟光健
副校长：卢世江　陈维汉　杨道应

【三水区实验小学】
党支部书记：冼婉华
校　长：李　敏
副校长：郑泳濠　李　芳　伍建强

【三水区中心幼儿园】
园　长：麦少珊
副园长：张美兰　李绮云

【三水区中小学生实践基地】
党支部书记：李福坚
学校负责人：伍景富
副　校　长：潘伟泉

【三水区业余体校】
校　长：陆晓波
副校长：黄志坚　叶成林　周鹤异

【三水区启智学校】
校　长：陈小玲

【三水区人民医院】
院长、党委书记：郑利先
业务副院长、党委副书记：黄必留
副院长：卢桂尧　马海生　李中芳

【三水区妇幼保健院】
院长、党总支书记：李思平
副院长：姚伟平　陈志清
党总支常务副书记：陈维强（—2014.10）
党总支副书记：成旭峰（—2014.8）
派驻纪检书记：徐勇忠

【佛山市中医院三水医院】
院长、党总支书记：余俊文
党总支副书记：杜恩娜

副院长：张兆华（2014.3—） 洪建康 黄 雄

【三水区疾病防治所】
所长兼党支部书记：叶恩林（—2014.10）
所长兼党支部副书记：徐志明（2014.12—）
党支部书记：梁志成（2014.11—）
党支部副书记：梁志成（—2014.11）
副所长：邓雪凝 梁庆佳（2014.11—）

【三水区疾病预防控制中心】
主任、书记：蔡文安
副主任：余小庆 杜琰霞

【中国人民银行三水支行】
行 长：陈朝晖
副行长：刘红军 陈 俊
主任科员：朱耀良

【中国农业银行股份有限公司佛山三水支行】
行 长：马俊文
副行长：陈挺立 卢国健
行长助理：欧阳瑞懿 梁嘉豪

【中国银行股份有限公司佛山三水支行】
行 长：陈志勇（—2014.9）
高武湖（2014.9—）
中级经理：刘 坤 莫玉冰
中级业务经理负责人：陈坤玲（—2014.3）
陈雪莲（2014.3—）

【中国建设银行股份有限公司佛山三水支行】
行 长：卢丽群
行长助理：范婉贞 区国明
高级风险经理：谢 平

【中国工商银行股份有限公司佛山三水支行】
行 长：万 阳
副行长：廖 恒（2014.6—）余志敏（—2014.6）
叶振华（—2014.6）
行长助理：梁耀铭 黄灿明（2014.2—）
廖 宏（2014.9—）

【三水区农村信用合作联社】
党委书记：钟瑞辉
理 事 长：钟瑞辉（2014.1—）
主 任：谭庆彬（2014.11—）
监事长：温伟明
副主任：官悦华（—2014.2） 邝荣彬
赵崇武（2014.11—）
主任助理：周 杨（2014.12—）

【中国农业发展银行佛山市三水支行】
行 长：黄忠威（—2014.3） 潘建华（2014.3—）
副行长：陈宏壮

【三水珠江村镇银行】
董事长：黎耀明
行 长：简宇聪

【中国人民财产保险股份有限公司佛山市三水支公司】
总经理：卢荣芬
副总经理：唐文井 曾昭武
经理助理：李剑峰

【中国人寿保险股份有限公司佛山市三水支公司】
总经理：张 力
副总经理：陈 彬

【三水区科学技术协会】
主 席：梁楚南（—2014.9）
常务副主席：周广生

【三水区西南街道党工委、办事处】
党工委书记：孔耀明
党工委副书记：李文一 卢钊华
党工委委员：林均恒（—2014.12）
植达强（—2014.8） 黎庭就
何启华 欧万昌
朱桂泉（—2014.5） 禤启棠
陈晓婷（—2014.8） 喻晓坤
何仕谦 何国永
刘永基（2014.5—）

张绍华（2014.8—）
何海虹（2014.8—）
办事处主任：李文一
办事处副主任：林均恒（—2014.12）
陆妙宜　陈才杰　徐仲辉
党工委书记助理：张　驰（2014.8—2014.12）

【三水区云东海街道党工委、办事处】

党工委书记：何勇祥
副书记：林建新　张宏标
党工委 委员：李健鉴（2014.8—）
林　浩（—2014.7）
区杜锋（—2014.11）　林俭信
董仕新　罗杰成　严立峰
梁爱群　杨　柳（2014.12—）
苏文泉（2014.5—）
黎浩光（—2014.5）
赵留记（—2014.8）
周伟洪（2014.9—）
办事处主任：林建新
副主任：杨　柳（—2014.12）　宁　锋　凌　霞
周伟洪（2014.9—）
应　斗（2014.12　）
纪工委书记：区杜锋（—2014.8）
李健鉴（2014.8—）
人大工委主任：何勇祥
人大工委副主任：董仕新

【三水区白坭镇党委、人大、政府】

书　　记：杨伟亮
副 书 记：叶信标　朱伟伟（—2014.12）
党委委员：严玉轩　陆振江　吴伟添　庞宗记
吴江龙　张灿超　邓志德（2014.5—）
陈晓婷（2014.8—）
曾延军（2014.12—）
苏文泉（—2014.5）
梁炬坤（—2014.8）
谢玉华（—2014.8）
莫越明（—2014.12）
人大主席：杨伟亮
副主席：莫兆祥
镇　长：叶信标
副镇长：欧柱刚　朱永剑　关俊湘（2014.12—）
曾延军（—2014.12）

【三水区乐平镇党委、人大、政府】

书　记：乐绍才（—2014.9）　何小玲（2014.9—）
副书记：张　凯　陈泽明
镇委委员：李志文　禤显球（—2014.9）　梁庆文
何顺荣　张绍华（—2014.8）　王艳茹
何沛强　张伟杰（—2014.9）　邓展毅
邬惠军（—2014.5）
余旭锐（2014.11—）　陈列勇
余干明（ 2014.5—）
镇人大主席：陈泽明（2014.1—）
镇人大副主席：陈列勇（2014.1—）
镇　长：张　凯（2014.1—）
副镇长：吴成贵（2014.1—2014.11）
杨启禧（2014.1—）　杨钊辉（2014.1—）

【三水区芦苞镇党委、人大、政府】

党委书记：朱月嫦（—2014.1）
李伟锚（2014.1—）
党委副书记：彭家文（　2014.9）　邓伯怡
张剑华（2014.11—）
党委委员：邓启涛　陈　龙　罗小林
庾超云（—2014.5）　庾伟杰　刘润林
丁国安　曾宪烽　谢庆星　余婉仪
何欢喜（2014.5—）
人大主席：李伟锚（2014.2—）
人大副主席：谢庆星（2014.2—）
镇　长：彭家文（—2014.9）
副镇长：邓启涛　杜岳明
张剑华（2014.2—2014.11）　邓沛泉

【三水区大塘镇党委、人大、政府】

党委书记：罗卫平
党委副书记：朱智耀（—2014.9）
区显波（2014.12—）　梁泳保
党委委员：周继兵（2014.8—）　黄德坚
林显超（2014.8—）
陆永新（2014.8—）

梁伟洪（—2014.8）
李健鉴（—2014.8）
梁洪文（—2014.8）
陈若春（—2014.5）
林国明　李家杰　黄星海　李亮豪
李东晓（2014.5—）
人大主席：邓仲怡（—2014.1）
罗卫平（2014.1—）
副主席：黄德坚
镇　长：朱智耀
副镇长：关杰康　杜莲英　莫嘉智

【三水区南山镇党委、人大、政府】
书　记：戴志新
副书记：刘劲涛　邓志东
党委委员：周继兵（—2014.8）
彭文锋（2014.8—）　范子健　关亦康
黎锦标　关健文　陈国雄　何炳昌
人大主席：戴志新
副主席：官国贤（—2014.1）　周达容（2014.1—）
镇　长：刘劲涛
副镇长：邓志东（—2014.1）　何国永（—2014.1）
朱凤琼　黎锦标（2014.1—）
何伟全（2014.1—）　黄汉云（2014.1—）
李豫生（2014.9—）

【广东财经大学三水校区】
副校长、三水校区管委会主任：
杜承铭（—2014.12）　袁新满（2014.12—）
三水校区党委书记、三水校区管委会常务副主任：谢访春
三水校区党委副书记：罗贤甲（—2014.12）
蔡楷有（2014.12—）
三水校区管委会副主任：陈　倩　袁东卫
柳国斌
学校派驻三水校区纪检监察员：庞华新

【广东佛山三水工业园区】
管委会常务副主任：乐绍才（—2014.9）
管委会党组书记：何小玲（2014.9—）
管委会副主任：张　凯（—2014.9）　何顺荣
管委会主任：张　凯（2014.9—）
党组成员：何顺荣　王艳茹
张伟杰（—2014.9）　陈列勇
吴成贵（—2014.11）
莫越明（2014.11—）

【三水区新城建设管理委员会】
管委会主任：陈英文
管委会常务副主任：钟飞健
管委会副主任：何勇祥　林建新
管委会办公室主任：翁汉仕
管委会办公室副主任：区柱锋（—2014.11）
杨　柳
赵留记（—2014.8）
管委会规划国土局局长：罗俊宇（2014.7—）
管委会规划国土局副局长：林艳珊（—2014.7）
李　隽
管委会市政建设局局长：张旭东
管委会招商投资服务局局长：关洁贞（—2014.9）
梁楚南（2014.9—）
管委会招商投资服务局副局长：宁　锋
管委会征地拆迁办主任：周锦钱
管委会征地拆迁办副主任：林　浩（—2014.7）

三水区村落姓氏

本节依据三水县地名委员会编辑、1988年由广东高等教育出版社出版的《三水县地名志》，按姓氏笔画顺序排列三水村落姓氏资料，所使用的村名是标准地名（与村落旧名有所不同）。1988年以来，个别村落合并或另建新村。2014年，全区有774个自然村；西南街道的高丰、横涌、鲁村、邓岗、石湖洲、宝月6个村委会调整为云东海街道管辖。有些村姓氏较多，原无姓氏资料，收集读者意见，作了更正和补充。2001年8月15日，三峡库区重庆市巫山县339户、1202名移民落户三水，安置在10个三峡移民新村。三峡移民村姓氏众多，资料暂缺，未有编入。

其内容及表述方式如下：

一、姓氏，括号内有该姓全区总村数。

二、按现行镇（街道）顺序在括号内列出该

姓的村名（标准地名）。由于镇（街道）行政区域调整、合并后个别村名雷同，故加上分片（原镇街）名称以示区别。

三画

于（2村）

乐平镇南边片（桥头、村心）

马（1村）

乐平镇南边片（禾安庄）

四画

王（5村）

西南街道河口片（新村）、青岐片（王家）

芦苞镇（三村）

大塘镇（邓塘洲）

南山镇六和片（龙塘）

区（5村）

白坭镇（地字号、区家、东坦、西坦、大滘沙）

尹（1村）

乐平镇（尹边）

韦（1村）

乐平镇范湖片（红岗）

孔（1村）

白坭镇（坑头）

邓（59村）

西南街道（上岸、石湖洲、张边、董塛、南下）、河口片（魁岗、新溪、新村）、青岐片（青岐村）、金本片（竹山、亨堂、下骊、天湖、村头、上桂、云塘）

云东海街道（邓局、墩头、塘口、上塱、龙窝、隔岗、伏水、欧水）

白坭镇（周村、银洲、邓坑、周邓谢、清塘、竹坞、文山、小塘岗、上灶、中灶、下灶、沙嘴、南边、中社、南社、七根榕、三巷、滘尾、大滘）

乐平镇（企岗、贤寮、海洲）、范湖片（龙眼园）

芦苞镇（白土、东社、蔡边）

大塘镇（榄树岗、莘田）

南山镇六和片（旧邓边、龙塘、沙路）、迳口片（蛇口岗、大索、新塘、择善）

文（1村）

芦苞镇（四洲）

五画

甘（3村）

西南街道（沙头）

乐平镇（横岗）

大塘镇（黎木岗）

古（2村）

南山镇六和片（大山口、龙岗）

左（1村）

西南街道青岐片（左家）

邝（7村）

西南街道青岐片（阁尾、竹洲）、金本片（龙舟、上桂、柏木塱）

白坭镇（塘下）

乐平镇范湖片（赤东）

叶（22村）

西南街道金本片（九水江、安溪）

乐平镇（企岗、横岗）

芦苞镇（把岗、叶岗、叶洲、刘岗尾）

大塘镇（彭岗、新村、叶屋、沙巷、山塘、蓼塘岗、赤珠岗、程洞）

南山镇迳口片（曹寨、横岗嘴、红联、蛇口岗、漫江五队、元塘队）

卢（26村）

西南街道河口片（大闸沙、马宁）、金本片（大洲）

乐平镇（良岗头）、范湖片（龙南、坑口、南巷、中巷、上巷、龙眼园、少羊、太院、红岗）、南边片（大日头、元头、望岗、山坾、万成寮、梁家庄、新村）

芦苞镇（长岐、君荣、四洲、卢园）

南山镇迳口片（卢屋、上湖）

冯（6村）

西南街道河口片（左田）、青岐片（青岐、灶岗）

乐平镇（隔坑）

南山镇六和片（新邓边）、迳口片（新寨）

龙（3村）

西南街道金本片（石基）

云东海街道（石湖洲）

乐平镇（桃坾）

乐（10 村）

南山镇六和片（侧耳蛇、上下屋、围屋、乐屋、黄屋、马栏、三丫圳、东洲）、迳口片（大窝、大埗塘）

付（1 村）

南山镇迳口片（漫江三队）

六画

刘（52 村）

西南街道河口片（马宁）、青岐片（青岐村、青龙岗、望楼岗、琴沙）、金本片（九水江、龙舟、坑边、河洲岗、松岗、松边、大洲）

白坭镇（大岗、横村、大滘）

乐平镇（水西、汉塘、大簕、刘边、小山）、南边片（大日头、先觉院、村心、梁家庄、公司寮）

芦苞镇（刘寨、刘岗、刘岗尾、仙岗、盛饭岗）

大塘镇（黄顶岗、新屋、学地、中心洲、岗仔、鹅寮、石溪、黄队、塘溪、上溪、黄普岗、刘屋、亚垳、老鼠头、潦中、朝东、沙寮）

南山镇六和片（六和、龙塘、刘屋、塘排）、迳口片（漫江三队）

关（3 村）

云东海街道（石湖洲）

乐平镇南边片（上黄塘）

芦苞镇（连涡）

许（8 村）

乐平镇范湖片（龙南）、南边片（禾安庄）

大塘镇（岗边）

南山镇迳口片（社嘴、中集、大村、地塘、漫江九队）

江（4 村）

大塘镇（大坑）

南山镇六和片（紫岗尾）、迳口片（长应、鹅寮）

汤（2 村）

西南街道（南岸）、金本片（芦涌）

成（1 村）

西南街道金本片（柏木塱）

吕（1 村）

白坭镇（竹坞）

朱（13 村）

西南街道河口片（下岗）、青岐片（青龙岗、望楼岗）、金本片（高平）

云东海街道（朱家）

乐平镇（古灶、小迳）、南边片（下黄塘）

南山镇迳口片（红旗、立新、畔田、永红、漫江九队）

阮（3 村）

西南街道（沙头、鹿洞）、金本片（亨堂）

华（1 村）

南山镇六和片（塘排）

伦（2 村）

西南街道（南岸）、青岐片（欧家）

伍（4 村）

南山镇六和片（六景、西边、龙埔、三联）

七画

李（111 村）

西南街道（沙头、鹿洞、埭头、南岸）、河口片（上岗、下岗、魁岗、新溪、黄竹坑、李村、塱东、西垳、新村）、青岐片（灶岗、银坑、竹洲、丰岗）、金本片（洲边一村、洲边二村、洲边三村、洲边四村、洲边五村、竹山、沙塘、云塘、显学、西旧、西新、天湖、周灶、东官员）

云东海街道（欧南、龙潭、李沙、李塘）

白坭镇（天字号、黄字号、鹿岭、横村、上蓬、下蓬、塘下、沙围、东坦、西坦、大滘沙、新寮）

乐平镇（水西、三江、夏洞）、南边片（赤巷、亨美、江溪、塘溪、坎头、庙边、李如初）

芦苞镇（大宜岗、丰湖坳、李洲、刘岗尾、门口垳、沙墩、李温）

大塘镇（上溪、窑溪、莘田、上坳、沙氹、洲尾、蓼塘岗、新潦、新屋）

南山镇六和片（旧邓边、新邓边、上坑尾、下坑尾、田心、黄草塱、侧耳蛇、山湖、凤山、圆石、塘墩、镬耳屋、围望、旗杆、松园、新田、彭岗、深坑、大坪、西坑、新丰、水浸垳、岩门口、中心、上屋、新井、新村、田心、长岗）、迳口片（石头坑、下寨、徐屋、付合塘、扒头、漫江五队、漫江一队、元塘、大埗塘）

杜（4 村）

西南街道（南下）

白坭镇（周村）

乐平镇（沙塘）、南边片（竹山岗）

杨（19 村）

西南街道河口片（杨村）、青岐片（青龙岗）

乐平镇（米坼）、范湖片（官地）

大塘镇（邓塘洲、莲洲、岗边、到庄）

南山镇六和片（黄草塱、塘排、联合、红星、岩门口）、迳口片（红联、黄坎、坳头、鹅寮、漫江十队、天桥）

严（3 村）

西南街道（南岸）

云东海街道（严村）

乐平镇（贤寮）

麦（19 村）

西南街道（沙头、九脯洲、董埭）、青岐片（青岐村）、金本片（洲边一村）

云东海街道（高丰）

白坭镇（大滘）

乐平镇南边片（亨美、小洞、麦岗、新村、社滘、涡边、兔约、山坼、斜岗、麦村）

芦苞镇（三村、四洲）

岑（1 村）

芦苞镇（村头）

吴（20 村）

西南街道（董埭）、青岐片（琴沙）、金本片（新村、河洲岗）

云东海街道（欧水、高丰）

芦苞镇（沙墩、吴家庄）

大塘镇（中心洲、大岗脚、水北、上溪、太婆寮、埠街、沙寮、下寮、芳寮、大沙）

南山镇六和片（荷树头、红星）

何（61 村）

西南街道（张边、旧何、新何、南下）、河口片（黄竹坑、小望岗、塱东、塱西）、青岐片（灶岗、汉塘、竹洲、隔岗、丰岗、阁尾）、金本片（芹坑、村头、下王山、上官员）

云东海街道（岗塱、钱边、新村、流溪、欧北、高丰、上横涌、下横涌、驿岗、鲁村、平岗、雁海、石潭、梅岗、邓岗、石湖洲、白沙）

白坭镇（沙围）

乐平镇（新村、良岗头、高岗、沙塘、贤寮、田螺坼、桃坼、大簕、洲头）、范湖片（上五指板、下五指板、何家庄、赤西）、南边片（横岗、旧何、新何）

芦苞镇（长岐、岗头、乌石岗）

大塘镇（岭东、岭西、岭南）

南山镇六和片（茶园）、迳口片（红联、漫江六队）

陈（53 村）

西南街道（鹿洞）、河口片（老鸦洲）、青岐片（欧家）、金本片（河洲岗、大洲、洲头、上陈、下陈、上骊、海边、西旧、江根、彭坑）

云东海街道（旧西、新西、旧迳口、驿岗）

白坭镇（银洲、黄岗里、角里、文山、庙岗、中社、南社、三巷、西岸、沙嘴）

乐平镇（暨塘、河南、碧湖、南岗）、范湖片（清湖、官地、上巷、陈家庄）

芦苞镇（长岐、虎眠岗、范罗岗、上陈、下陈）

大塘镇（上坳、潦东、黎木岗）

南山镇六和片（铁孖桥、龙塘、文坑）、迳口片（长兴、鸡山、漫江七队、漫江九队、漫江四队、漫江一队、元塘）

陆（41 村）

西南街道青岐片（青岐、琴沙、望楼岗、汉塘、竹洲、阁尾、陆家）、金本片（九水江、大路、新村、洲头、洲边三村、竹山、竹山一甲、亨堂、上骊、下骊、海边、江根、潮湾、龙游江、上塘、下坑、上王山、沙塘、上官员、东官员、翠坑、高坪、沙水）

白坭镇（陆家、新庄、清塘、金竹、南边）

乐平镇南边片（陆坑、上高坑、小陆坑）

芦苞镇（下乐塘、新溪）

大塘镇（陆村）

张（19 村）

西南街道（埭头）、青岐片（青岐、银坑、望楼岗、汉塘）、金本片（下王山）

乐平镇（下华、张岗头）、南边片（张边、横岗）

芦苞镇（旺寮）

大塘镇（大岗脚、黄普岗）

南山镇六和片（旧邓边、塘排、张屋）、迳口片（长应、横岗嘴、红星）

苏（11 村）

西南街道金本片（上桂）

云东海街道（新迳口）

白坭镇（天字号、鹿岭、石鳌、上蓬、下蓬、东坦、大滘沙、银洲）

乐平镇（禄步）

连（1 村）

西南街道河口片（连村）

巫（2 村）

南山镇六和片（新田）、迳口片（漫江十队）

邹（3 村）

云东海街道（新迳口）

大塘镇（岗边）

南山镇迳口片（长兴）

邱（6 村）

白坭镇（南社）

乐平镇（蚺蛇）

大塘镇（大坑）

南山镇六和片（白石、东洲、新丰）

余（15 村）

乐平镇南边片（公司寮）

大塘镇（旺溪、大岗脚、鹅寮、凤溪、大岗南、黄普岗、窑溪、亚㘵、沙屈、新屋、大沙）

南山镇六和片（白石、沙路、余屋）

肖（3 村）

西南街道青岐片（阁尾）、金本片（沙水）

乐平镇范湖片（岗尾）

八画

林（22 村）

西南街道河口片（新村）

云东海街道（上岸、下岸）

白坭镇（冈头、大岗、鹿岭、马岭、角里、石鳌、大滘）

乐平镇范湖片（官地）

芦苞镇（乌石岗）

大塘镇（大塘村、莲洲、潦北、大沙、埠街）

南山镇六和片（凤山、蒲坑、庙嘴、蒲六）、迳口片（漫江五队）

周（14 村）

云东海街道（下岗）

白坭镇（凤果、周村、黄岗里、周邓谢、周家、文山、牛岭岗、上灶、南社）

乐平镇（贤寮）、南边片（社滘、鸡笼岗）

南山镇迳口片（漫江十队）

罗（25 村）

西南街道青岐片（琴沙）、金本片（海边、大和、沙塘、东官员、上骊）

云东海街道（旧迳口）

白坭镇（角里、沙比岗、大岗）

乐平镇（河南、高岗、田螺㘵）、范湖片（显学岗）、南边片（公司寮、罗边）

大塘镇（凤溪、莲滘）

南山镇六和片（六和、山湖、六景、楼房、深坑、石狗窟、木棉树）

宗（3 村）

西南街道青岐片（银坑）

乐平镇南边片（虾村、下黄塘）

冼（10 村）

白坭镇（岗头）

芦苞镇（把岗、清塘、龙头、仙岗）

南山镇迳口片（漫江六队、漫江七队、漫江十队、漫江四队、天桥）

郑（5 村）

乐平镇（蚺蛇、大旗头）

大塘镇（潦洲、黄普岗）

南山镇六和片（六景）

范（14 村）

乐平镇（蚺蛇、禾里坑、蔗园坑、尹边、米㘵、上华、塘边、海洲、高岗、古灶、大簕）、范湖片（红岗）

芦苞镇（范街）

南山镇迳口片（石头坑）

欧（7 村）

西南街道河口片（欧村）、青岐片（欧家）

芦苞镇（欧边）

南山镇六和片（岩门口）、迳口片（从善、新塘、择善）

项（2 村）

南山镇迳口片（鸡山、大埗塘）

官（1村）

南山镇迳口片（珠塘）

九画

胡（15村）

西南街道（九腩洲）、金本片（洲边一村、洲边二村）

白坭镇（下蓬）

乐平镇（古灶）、南边片（社滘）

芦苞镇（旧寨、龙头、新屋、大崀头、下乐塘）

大塘镇（梅村）

南山镇六和片（蒲六）、迳口片（石禾、水坑）

钟（10村）

西南街道河口片（魁岗）

乐平镇（水西、大旗头、三江）、范湖片（龙南）

芦苞镇（长岐）

南山镇六和片（大头岗、深坑、东洲）、迳口片（良屋）

赵（2村）

西南街道（张边）、河口片（大望岗）

骆（2村）

乐平镇范湖片（龙眼园、上五指板）

姚（1村）

云东海街道（姚家）

侯（2村）

西南街道（南岸）

大塘镇（望楼岗）

洪（2村）

大塘镇（大坑、到庄）

十画

徐（15村）

西南街道（南岸）

云东海街道（徐局、福田、竹旧、竹新）

白坭镇（下灶、中灶、庙岗、莘村）

南山镇迳口片（横岗嘴、徐屋、中集、朝阳、大布、漫江七队）

钱（20村）

云东海街道（上西、下西、上东、下南、钱边、樟山）

白坭镇（马岭）

乐平镇南边片（小洞、小洞新村、小涡尾、钱坑、社滘、下黄塘、兔约、大坳岗、隔塱、西头、远坑）

南山镇六和片（石狗窟、岩门口）

唐（15村）

云东海街道（唐家）

乐平镇南边片（白坭、小洞唐家、岗边、上坑、下坑、鸡笼岗）

南山镇迳口片（大村、大索、岗仔、畔田、上湖、下湖、漫江七队、漫江一队）

高（3村）

乐平镇南边片（高家）

大塘镇（大塘村）

南山镇迳口片（新塘）

莫（17村）

西南街道金本片（村头、龙游江）

大塘镇（白水塘、大坃、平地、新塘、新沙、新兴、念塘、水边岗、潦北、横枝沥、大沙）

南山镇六和片（旧邓边、新邓边、楼房）、迳口片（鸡山）

郭（6村）

西南街道金本片（上塘、大洲）

云东海街道（簕坃）

白坭镇（莘村）

大塘镇（岗边、郭屋）

翁（1村）

南山镇六和片（翁屋）

凌（1村）

南山镇迳口片（漫江六队）

殷（1村）

南山镇迳口片（漫江三队）

十一画

梁（67村）

西南街道（南下）、河口片（魁岗、马宁、新溪、梁村）、青岐片（灶岗、梁家、琴沙）、金本片（九水江、大路、下骊、上王山、高平、沙水）

云东海街道（基塘、沙头、东村、塘坃、坑头、小塘、社边、巷口、深巷、高丰、上横涌、隔海、老寮、邓岗、岗北、岗塱）

白坭镇（岗头、大岗、龙池、上梁、水口梁、西坦）

乐平镇（水西、良岗头、三江、夏洞）、范湖片（下五指板）、南边片（坳头、上黄塘、大鹏、大寮、梁家庄、塘坾、井口、塘边）

芦苞镇（乐丰岗）

大塘镇（梁屋、新梁屋、潦南、长岗）

南山镇六和片（旧邓边、新邓边、南村岗、六和、塘排、西边、余屋）、迳口片（红联、良屋、岗仔、红星、上湖、漫江九队）

黄（63村）

西南街道（桥头、寮头、南下、南岸）、金本片(洲头、云塘、下王山、安溪)

云东海街道(黄局)

白坭镇（新庄、金竹、南社、下蓬）

乐平镇范湖片（官地）、南边片（小洞、梁家庄）

芦苞镇（长岐、筋竹岗、旺寮、三村、田低、黄岗、大坾、旺子岗）

大塘镇（黄顶岗、大岗脚、白岭、西寮、黄队、上溪、塘边、望岗、上村、蓼塘岗、水边岗、潦南、黎木岗）

南山镇六和片（黄草塱、塘排、六景、黄屋、龙岗、木棉树、白石、三联、沙路、东洲、蒲六、秧地塱、水浸坾、中心、山湖）、迳口片(赖屋、大布、围仔、新寮、珠塘、漫江三队、漫江四队、漫江五队、元塘、大埗塘、天桥)

崔（2村）

西南街道金本片（洲边二村、石基）

萧（1村）

乐平镇南边片（萧边）

庾（2村）

乐平镇范湖片（赤西）

南山镇迳口片（曹寨）

曹（4村）

西南街道金本片（江根）

乐平镇南边片（塘坾）

芦苞镇（南岸曹、曹岗）

十二画

谢（10村）

西南街道（南岸）、金本片（东官员）

白坭镇（莘村、周邓谢）

乐平镇（新村）、范湖片（元下）、南边片(院头、万成寮)

芦苞镇（谢街、大宜岗）

董（2村）

西南街道（董寮）、河口片（西坾）

植（5村）

乐平镇（蚺蛇、高岗）、范湖片（红岗）

芦苞镇（黄岗）

大塘镇（土塘下）

赖（9村）

西南街道青岐片（阁尾）、金本片（下骊、显学、村头、沙塘、东官员）

南山镇迳口片（赖屋、黄坎、漫江四队）

曾（15村）

云东海街道（石湖洲、李沙）

乐平镇（尹边、上华）、南边片（塘坾）

芦苞镇（黄岗、四洲）

大塘镇（黄普岗、沙屉、水边岗）

南山镇六和片（龙埔、木棉树、连坑、下山、凤山）

韩（2村）

西南街道河口片（左田）

芦苞镇（石头岗）

温（4村）

芦苞镇（李温）

南山镇六和片（塘肚）、迳口片（围仔、漫江二队）

游（1村）

乐平镇南边片（禾安庄）

程（7村）

西南街道河口片（西坾）

云东海街道（洞尾岗、村头、西路、塘悦）

乐平镇南边片（旧何、西头）

彭（10村）

西南街道金本片（松岗、显学、芹坑、彭坑）

乐平镇范湖片（陈家庄）

芦苞镇（解放村、北建）

南山镇六和片(旧邓边、长岗、中心)

鲁（1村）

云东海街道（鲁村）

蒋（2村）

乐平镇南边片（上黄塘）

芦苞镇（旺子岗）

十三画

詹（1村）

西南街道（沙头）

阙（1村）

南山镇迳口片（长应）

十四画

谭（6村）

西南街道金本片（竹山）

云东海街道（长岗、簕埗）

乐平镇南边片（凤岐）

芦苞镇（旧谭、新谭）

裴（1村）

西南街道青岐片（望楼岗）

廖（4村）

白坭镇（黄岗里）

大塘镇（潦中）

南山镇迳口片（漫江二队、天桥）

蔡（8村）

西南街道河口片（新村）

芦苞镇（独树岗、汀塘坦、长涡、上渡头、旺寮、窦口寮）

大塘镇（东寮）

十五画

潘（28村）

西南街道（南岸）、青岐片（琴沙、夏簕岗）、金本片（洲头、周灶、芹涌）

白坭镇（大岗）

乐平镇（禄步、桃埗、衙前）、范湖片（上五指板）

芦苞镇（上塘、下塘）

大塘镇（白水塘、梅花营）

南山镇六和片（田心、楼房、上寨）、迳口片（良屋、蛇口岗、下寨、扒头、朝阳、从善、水坑、下湖、新寨、漫江一队）

黎（17村）

西南街道（埗心、寨头）、河口片（魁岗、新溪、莘庄、黄竹坑）、青岐片（琴沙、上岗）、金本片（大路、上骊、上官员）

云东海街道（葛坑、邓岗）

白坭镇（马岭）

乐平镇（暨塘）、南边片（黎局）

南山镇迳口片（石禾）

禤（12村）

乐平镇（洲头、康乐、上边、新屋、圳西、圳东、圣堂、大山、禾仓）、南边片（望岗、奉恩）

大塘镇（竹仔岗）

滕（1村）

南山镇迳口片（漫江二队）

十六画

霍（1村）

西南街道（董寨）

十七画

戴（10村）

南山镇六和片（塘背、文坑、上下屋、塘排、龙岗、下寨、围望、彭岗、豆地脚、三联）

复姓、姓氏较多村落、三峡移民村

欧阳（2村）

白坭镇（欧阳）

芦苞镇（范街）

姓氏较多村落（28村）

西南街道（新沙）、河口片（城内村）

乐平镇范湖片（永兴、新建、黄福庄、卫东、上渔）、南边片（丰平、太监洲、卡寮、新兴、新旺、新丰）

芦苞镇（芦苞洲、牛栏岗、新旧龙、沙寮、岗尾、菜园地、南头）

大塘镇（新莲塘、社坦、新村）

南山镇六和片（黄屋、梅仔园、黄茅嘴、凤塘、八营）

三峡移民村（10村）

西南街道（菊岗、向东）

云东海街道（社堂）

白坭镇（尧山）

乐平镇（乐源、东源、新鹤、新埗）

芦苞镇（岗东）

大塘镇（新岗）

（植伟森）

镇（街道）、工业园区风貌

西南街道

2014年是西南街道提速提质发展成效显著的一年。西南街道坚持产业转型，依托中国西南水都饮料（食品）基地和工业园区南北园“双核驱动”战略，加强载体建设和扩容提升，在更大空间区域内打造以食品饮料为核心纽带的增长点；坚持统筹谋划，按照“一主三副三板块”布局，推动北江新区扩容形成规模和城中村“三旧”改造，加快三大片区融合和聚集。“西南产业城市十大项目”的西南大道、工业大道建成通车，新动力广场等项目加快推进。启动城市升级“八个一”工程，整治城市“八乱”，加大市政绿化投入，城市综合承载力得到增强。西南街道教育“扩容提质”，北京外国语大学附属学校三水外国语学校（一期）建成开学，西南第二中学江南校区、北江小学动工。建设北江新区社区卫生服务中心，形成社区卫生服务“两中心十站点”格局和“15分钟服务圈”全覆盖，提高医疗卫生、计生服务水平。分批启动15个“民生微实事”项目，持续改善民生福祉，聚集政府和社会的力量，打造重点民生工程，确保社会大局和谐稳定。

北江新区——时代城片区

■ 2014年6月28日，大中专毕业生西南街道专场招聘会在明富昌体育馆广场举办

■ 2014年9月20日，“微文明社区行”——佛山市民践行社会主义核心价值观系列宣传活动在西南街道举行

■ 2014年10月17日，西南街道成立联合执法大队

■ 2014年10月17日，西南街道召开第一期民生微实事评审会

■ 2014年10月24日，西南街道市政管理所举办环卫工人节庆祝活动。图为西南街道党工委委员何仕谦为优秀环卫工人颁奖

■ 2014年12月2日，健力宝集团新厂区奠基仪式举行

工业大道两旁绿树葱郁

2014年底，西南大道试通车

2014年12月2日，中国（三水）国际水都饮料品基地举行2014年产业项目——百威英博（佛山）啤酒有限公司扩建项目动工仪式

2014年12月2日，在中国（三水）国际水都饮料食品基地2014年产业项目——百威英博（佛山）啤酒有限公司扩建项目动工仪式上，百威公司获颁“社会责任突出贡献企业”牌匾

云东海街道（三水新城管委会）

2014年，云东海街道（三水新城管委会）坚持以科学发展观为统领，围绕“三年完善基础”建设目标，以提速提质、城市升级产业转型为重点，破解难题，打好基础，较好地完成年初确定的目标任务。加快推进城市基础性工程，动工项目17个，云东海湖生态恢复建设之湿地景观恢复工程A标（西乐路市政改造工程）等多个项目竣工。完成“一轴”水庭岸线工程量的60%，TOD范围内水轴部分进场施工。“一带”西南涌北段综合整治工程一期主体工程完工；二期水利工程完成，占工程的65%。推进“三纵五横”等市政道路工程，在建道路32千米、城市景观及绿化面积近90万平方米，总投资超25亿元。顺利完成与西南街道的部分行政区划调整交接工作，社会大局和谐稳定，三水新城“三年完善基础”目标基本实现。

2014年2月26日，三水区食品药品监督管理局云东海分局挂牌成立

2014年6月24日，三水区云东海街道人大代表联络站挂牌成立

2014年，西南涌北段整治工程一期完成

■ 2014年7月，云东海街道行政服务中心建成并投入运作

■ 2014年7月1日，原西南街道鲁村、高丰、横涌、宝月、石湖洲、邓岗6个村委会调整至云东海街道管辖，区划调整顺利过渡。图为划归云东海街道管辖的鲁村村委会挂牌仪式

■ 2014年8月，云东海街道开展联合执法行动，依法关停辖区内污染企业

2014年10月中旬，《三水新城文化商业综合体设计方案》通过区委、区政府联席会议审核并完成方案公

2014年11月，三水新城水轴一期水庭部分施工现场

2014年11月28日，云东海商会成立，三水新城管委会副主任，云东海街道党工委书记、人大工委主任何勇祥（右）向广东盛路通信科技股份有限公司董事长兼总经理杨华（左）颁发云东海商会会长证书

2014年11月，三水新城重点路网桃园路西延线（三水段）施工现场

白坭镇

白坭镇位于三水区最南端，全镇面积66.46平方千米，常住人口6.5万人。2014年，白坭镇围绕“提速增效”的工作主线，完成年初确定的各项主要任务，推动经济社会实现加速发展、提质发展和均衡发展。全年地区生产总值123.9亿元，比上年增长9.8%；工业总产值443.9亿元，增长10.8%；税收8.1亿元，增长36.6%，创历史新高；全社会固定资产投资81.3亿元，增长13.8%；公共财政收入1.5亿元，增长36.4%。

转方式和调结构，提升经济发展质量和效益。引进佛山水泵厂等9个优质项目，旷达汽配等9家企业建成投产，陶瓷行业税收占比从2010年的43%下降到2014年的28%。水都基地对接区取得实质性突破，完成1000亩基本农田核减。科技园核心区启动首期基础设施工程。汇金工业城机械制造、电子电器精品工业园区建设成型。

■ 2014年8月，广东省委副书记马兴瑞率队到白坭镇调研

■ 2014年9月24日，广东省民政厅厅长刘洪率队到白坭镇调研基层社会治理工作

■ 白坭镇城市升级向升值转变

优环境和细管理，提升田园城镇魅力。“北连东拓”战略不断深化，被佛山市确定为“集约、智慧、低碳、绿色”田园城镇试点镇。完成城镇总规和东部控规调整，启动黄金大道北至水都基地对接区控制性规划试点工作，优化城镇空间发展布局。完成城市升级三年行动计划，投入超1600万元完善交通配套，推进治水治气治尘，加快市、区名村示范村建设，城乡环境改善。

基层善治和管理创新，提升发展活力。明晰和理顺各基层的关系，形成“核心引领、多元共治”的基层治理体系。深化农村综合改革，推进家庭农场等四项改革试点，乡贤慈善会和家乡建设委员会在村组实现“全覆盖”，筹集资金超过3000万元，打造岗头村文化活动中心、凤果村周氏大宗祠2个农村新型文化社区示范点。创新“外来人口融入社区”项目，组建“新白坭人”融入社区联络员，选举2名代表进入富景社区议事会，共同参与社会管理，富景社区获评为“全国和谐社区建设示范社区”。

■ 2014年11月19日，白坭镇12户籍常住人员获聘成为白坭富区新白坭人融入社区联络员

■ 2014年白坭镇龙舟赛现场

■ 白坭镇祠巷村陈氏大宗祠当地基层治理新中心

■ 白坭镇樵北涌城区段整治工程

新建成的富景社区公园

惠民生和保稳定，提升群众幸福指数。“民生十件实事”有效落实，实施“民生微实事”20项，解决一批农村历史遗留问题。周村幼儿园建成招生，创建5间普惠性幼儿园，9月28日举办“龙竞西江·幸福白坭”龙舟竞渡大赛，完成健康村（居）创建，助推科教文卫事业再上新台阶。“平安创建”工作成效显著，积极“创建全国安全社区”，打造首条“食品安全示范街”，荣获“创建食品安全示范市先进镇”称号。

树新风和提效能，获得“佛山市十大居民满意镇街”称号。开展群众路线教育实践活动，将“联系点”办成“示范点”。直接联系群众，上线“微访谈”“对话民生”等问政平台，加强公众参与政府决策，政民互动机制完善。试点开展制度廉洁性评估，加强廉政风险防控。

黄金大道“五位一体”升级改造

富景社区公园一角

乐平镇

2014年，乐平镇以“产城人”融合为目标，着力推动产业大发展、环境大提升、民生大改善，开创发展新局面。全年地区生产总值235.06亿元，比上年增长9.8%；工业总产值843.4亿元，增长10.24%；税收17.94亿元，增长30.48%；全社会固定资产投资119.38亿元，增长14.5%；公共财政预算收入6.96亿元，增长26.8%，主要经济指标增速均居三水区前列。

产业转型与城镇升级。2014年，乐平镇产业结构持续优化，2014年GDP三次产业比重为3.32:85.66:11.02。税收质量继续提升，国税入库11.66亿元，地税入库5.05亿元，分别比上年增长36.7%和21%。龙头企业带动作用明显，4家企业税收超1亿元，新增8家超500万元纳税企业。科技创新能力增强，企业专利授权量325件，其中发明专利22件，占全区的33%。招商引资势头不减，全年引进超亿元投资项目11个。产业载体建设取得新突破，工业园区入选为广东省7大智能制造产业示范基地。基础配套设施日趋完善，投入9.6亿元完成兴业路北延线、乐康大道、西二环辅道等12项工程建设。

行政效能与营商环境。2014年，乐平镇推进人民满意政府建设，举办《对话民生》、“微访谈”等系列活动，拓宽企业与群众诉求渠道，政民互动进一步体现。充分发挥决策咨询委员会作用，民主与科学决策机制更加健全。政务公开持续完善，接受群众监督更加主动。强化镇、园及部门制度建设，规范资金审批流程，完善监督体系，廉政风险有效防控。加强机关作风建设，实行量化考核，干部执行力明显增强。推进行政审批制度改革，建立无障碍绿色通道，优化企业服务，实现村镇同步推进，营商环境进一步优化。

■2014年1月6日，佛山市市长刘悦伦在乐平镇主持佛山市光伏应用推广现场会

■2014年7月26日，乐平欣华医院举行开业庆典

2014年8月20日，乐平镇镇长凯带队上线《对话民生》节，就园镇经济社会发展、城配套、综合管理等话题与群、网友交流，并现场解答市关心关注的热点难点问题

■ 2014年9月23日，三水区区长陈英文率区财政局、区公安局挂钩帮扶工作组到乐平镇范湖村（居）委会督查人口计划生育工作，并送上挂钩帮扶资金

■ 2014年11月28日，乐平镇召开“人大代表进选区”见面会，三水区区长陈英文、乐平镇镇长张凯等领导在乐平镇产业社区（家100服务中心）接见企业、群众代表

民生保障与社会事业。2014年，乐平镇社会保障投入力度加大，医保、大社保、新农保等社会保障体系不断完善。南边社区卫生服务站建成并使用，医疗覆盖面进一步扩展。“品牌学校”创建成效显著，南边中学和乐平中学中考重点高中上线率位居全区镇级中学前两名。现代农业发展加快，城乡居民收入增加。治安防控体系有效构筑，平安村居建设进展顺利，律师进村居工作经验在全区推广。安全生产、食品和药品监管体系进一步完善，人民群众生命财产安全得到有效保障，社会大局和谐稳定。党建工作与基层治理有机结合。围绕“为民务实清廉”主题，聚焦“四风”抓整改，党员干部作风明显转变，群众满意度显著提升。落实干部驻村直接联系群众制度，推行民生微实事立办制改革，快速有效解决关系群众切身利益的民生实事。积极探索园区党建新模式，构建“六化”党建新格局，创建成为广东省党建示范点。有序推进农村综合改革，重构基层社会管理和服务体系，强化党在农村的领导核心地位。扶持和培育社会组织，广泛发动社区服务队、园区志愿者等力量，参与农村建设和企业服务，逐步搭建“政社归位、协同共治”的基层社会治理新体系。

■ 乐平产业社区

■ 2014年12月4日是中国的首个宪法日。当日上午，佛山市人大常委会代理主任杨建华在三水区人大常委会常务副主任杜达权、乐平镇镇长张凯等领导陪同下，到佛山市新升电业科技股份有限公司检查工作

■ 2014年12月12日，三水区政协副主席余广林领导到乐平镇为“佛山市三水区政协委员联系群众工作室”揭牌

■ 乐平雍翠新城商住楼

芦苞镇

2014年，芦苞镇地区生产总值73.98亿元，比上年增长9.8%；工业总产值253.34亿元，增长11%；农业总产值10.37亿元，增长2%；税收3.23亿元，增长0.97%；招商引资项目15个，合同引资额20.67亿元。

开展载体挖潜。加大闲置土地整理回收力度，开展二次招商和项目嫁接，为优质项目提供有效载体。累计回收闲置土地16宗51公顷，盘活低效土地11宗55.2公顷，促成企业增资扩产3宗，涉及开发土地10.27公顷。

推动产业升级。淘汰低效落后企业13家，涉及投资总额近2亿元、税收800多万元。新签、新进项目15个，投资总额20亿元，可增税收近1.5亿元。其中，现代服务业占20%，先进制造业占50%，有效优化产业结构。

推进项目落地。对已签项目实施贴身服务，力促项目落地。荣高科技试产，普洛斯芦苞物流园动工，华农大种业项目完成填土工程，进行规划报建。石湾酒厂注资帝一酒业，有效改进工艺加大产能。皇派门窗等一批优质项目加快实施。

提升发展质量。协助帝一酒业、家家卫浴、金三角水泥等企业，利用现有厂区，增资近3亿元扩产。奥鹏黏胶、迪生钢构开拓海外市场，全镇合同利用外资和实际利用外资分别达4496万美元和3288万美元。工业企业销售额比上年增长30%。华兴玻璃、振宣科技等一批企业税利大幅增长。全镇纳税超千万元企业由2家增至4家。

城镇规模拓展。完成城镇总体规划修编，启动土地利用总体规划，为城镇扩容拓宽空间。收储一批城市发展用地，启动影剧院“三旧”改造项目，增添城镇发展活力。

■ 芦苞镇城区鸟瞰

2014年2月26日，三水区食品药品监管局芦苞分局挂牌成立

2014年5月8日，广东省爱卫办主任许立凡率专家组到芦苞镇开展国家卫生镇复审工作，全面考查芦苞镇巩固国家卫生镇的各项工作成效

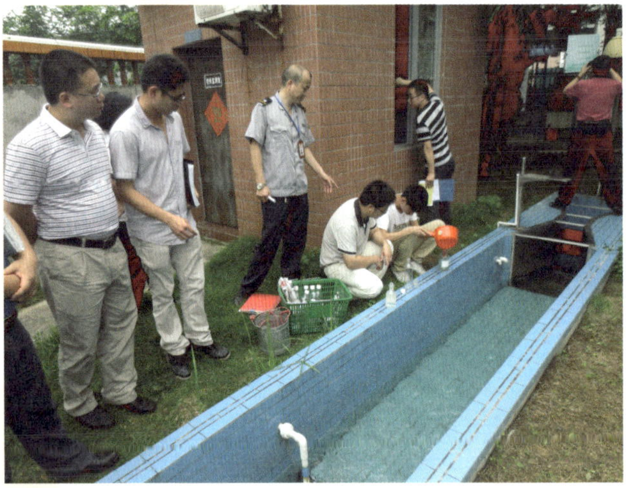

2014年5月13日，广东省环保厅环境监察局联合广州、佛山以及区环保部门工作人员在芦苞镇开展珠江广佛河段联合执法行动

2014年6月24日，芦苞镇国土资源执法监察中队挂牌成立

2014年，首批民生微实事——蔡叶线路灯工程完工

重点项目有序推进。引资新建汽车客运站，投入2500万元完成芦湖路改造提升工程，投入1200万元实施独树岗大桥改建工程，启动长岐古村活化升级、芦苞涌景观提升等城市升级项目。争取各级资金9500万元，启动白土涌、南丫涌、欧边涌、黄岗涌等超20千米河涌整治，打通农田灌溉动脉。

环境治理成效明显。涉环保投诉比上年下降近10%。博德、威特各投入1000万元开展粉尘治理。多正化工等8家企业完成在线监控设备安装。VOC企业整治、重金属综合防治等工作推进。取缔多家畜禽养殖场点，完成6个规模化养殖场治理和2个分散式农村生活污水处理系统建设，有效推进“一河一策”河涌综合整治工作，芦苞涌水质首次达到四类标准。全面加强农贸市场管理，增派执法人员、调整执法时间、完善市场布局，改善市场周边环境。

加快农业综合改革。坚持“让农民富裕起来，让资源转动起来，让农村和谐起来”的总体思路，整合连片土地超2000亩，引入慈航科技等一批优质项目，单位土地发包价格和产出比上年大幅上升。组建农民专业合作社26个，整合农村劳动力超3000人，推动农业抱团发展，芦江水产专业合作社率先实施盈余分配机制，“拉爷”“颖健叶”“芦苞鱼干”等一批农业品牌名声渐响。全镇7个村（居）组建村级公共服务站，实现行政服务全覆盖。结合村级换届工作，完善农村议事、监事、服务机构。

民生保障力度加大。促成近4.5万人参加各类社会保险，为1380名劳动力提供免费技能培训。推行民生微实事立办制改革，由“两代表两委员”根据群众的需求，确立微实事17项，投入财政资金150多万元，带动社会资金近200万元，完成蔡叶线路灯改造、工业园区下水道改造等一批民生工程。整合各类卫生资源，投入近千万元，建立公共卫生大楼，在各村社区卫生服务站实现基本药物制度全覆盖。加大教育投入力度，引导社会资金投入教育事业，实验幼儿园和伊萌幼儿园对外招生。佛山市女企业家协会捐资56万元建设新乐丰小学综合楼，并设立助学基金。全镇教育教学水平不断提高，通过省教育强镇二次复评，龙坡中学中考重点高中上线率创历史新高。

社会大局和谐稳定。投入300多万元，实现村（居）视频监控全覆盖，有效震慑违法犯罪行为。全年接处警情1403宗，比上年下降11.9%。完善食品安全监管体系建设，建成5个食品安全示范单位、24个“阳光厨房”，获评为区“食品安全先进镇”。深入开展安全生产“八打八治”工作，促成28家企业通过标准化建设验收，40家企业通过职业卫生基础建设验收，有效推动企业安全发展。解决困扰芦苞近20年的温泉高尔夫球场股权纠纷等一批历史遗留问题。深入开展直接联系群众活动，广泛走访农户家庭，畅通群众沟通渠道，一批事关群众切身利益的诉求得到有效解决。十件民生实事如期推进，较好地兑现政府承诺。

2014年6月24日，芦苞镇在社区居委会挂牌成立人大代表联络站

2014年8月27日，芦苞镇公共卫生大楼投入使用

2014年9月28日，普洛斯佛山普芦物流园奠基仪式在芦苞镇工业园举行

芦苞涌

大塘镇

大塘镇位于三水区北部，分别与广州市花都区和清远市接壤，北江流经境内，省广四线、清龙线以及肇花高速公路贯境而过，是广东省可持续发展实验区。全镇总面积98.23平方千米，下辖7个村委会和1个社区居委会，99个自然村，户籍人口4.07万人，外来人口3.02万人。2014年，大塘镇紧扣区委、区政府“一主三副三板块”的发展战略，按照“1+2”的发展思路，坚持科学发展，加快转型升级，经济实力明显增强，社会大局和谐稳定。全年实现地区生产总值90.81亿元，增长9.8%；工业总产值304.96亿元，增长10.9%；全社会固定资产投资71.36亿元，增长14.5%；税收入库4.97亿元，增长22.7%；农民人均纯收入13275元，增长12.2%。

产业发展成果丰硕。加大招商选资力度，全年新签项目9个，合同引资额18.45亿元，包括上海东久产业园、广东拉多美复合肥、和丰盛纺织等一批规模项目，产业发展后劲持续增强。签约项目动工和在建项目建设进度加快，新增安博物流等5个签约项目动工，西陇化工等9个项目完工或试投产，推动了菱王电梯等6个在建项目抓紧施工。盘活低效存量用地工作有序铺开，引导16家企业通过二次招商、增资扩产等方式，盘活883亩存量用地。产业载体建设扎实推进，实施了工业园区主干道修复、天然气管网以及产业社区装修改造工程。企业创新步伐加快，申报区级以上工程中心5家、高新技术企业2家，新增7家企业通过清洁生产审核。农业基础设施不断完善，农业园区入口景观工程完工，1.5万亩高标准基本农田项目完成9000亩建设。加强重点项目建设和农业招商，“三水鱼世界”项目首期1500亩工程建成投产，引入了占地510亩的劲农都市农业创意园区项目。新增4家市级菜篮子基地、3家市级农业龙头企业、6家市级农民专业合作社示范社，成功注册“三水大塘蔬菜”集体商标，进一步提升大塘农业品牌价值。

2014年1月，大塘镇成功集约潦边村委会大沙东、大沙西共450亩土地，引入一个优质蔬菜种植项目，图为蔬菜种植基地自动喷灌系统

2014年1月7日，大塘镇召开第十六届人民代表大会第四次会议，罗卫平（右）当选镇人大主席

城乡建设深入推进。在全面完成望岗涌生态改造、涌北路等市政基础工程的同时，重点抓好新汽车客运站、万豪大厦、大塘中心广场、奥利花园三期、莱福花园等一批重点配套项目建设，促进公共服务和商住配套资源向新城区聚集。加强城乡环境综合整治，结合城市管理考核工作，深入开展农贸市场及周边环境、户外广告牌、违法建设专项整治行动，启动了北江沿岸（S118线油金大桥西至六一段）生态景观林带提升工程，镇容镇貌得到改善。按照环保责任制考核有关要求，推进城乡水体、大气环境整治和生态建设，完成上村等3个分散式农村生活污水治理工程以及5.6千米内河涌清淤工程。着力优化农村人居环境，在抓好新农村示范村创建工程的同时，完成叶家等4个自然村“森林家园”示范村工程、念塘等3个自然村“进村道路绿化提升”工程，建成9个省卫生村。

■2014年1月14日，大塘镇民生八件实事之一的C237线上埠村至下埠村路面改造工程动工建设

■2014年3月21日，大塘镇与广州市海力格电梯有限公司签订项目投资协议，图为该公司生产车间

■2014年5月19日，由佛山市科协、三水区科协以及大塘镇政府联合主办的2014年送科技下乡活动在大塘社区广场举行

■2014年6月11日，大塘镇叶家村等9个村接受并通过广东省爱卫办考核组的考核验收

■2014年6月30日，大塘镇组织党代表开展视察调研活动，全镇各界的50余名党代表围绕产业发展、城镇建设以及社会民生积极建言献策

2014年11月11日，大塘工业园区（纺织印染集聚区）被省环保厅推荐为广东省绿色升级示范工业园区，工业园区内绿意盎然

社会民生持续改善。坚持兼顾统筹，切实保障投入，“民生八件实事”得到较好落实。加强劳动就业培训，开发就业岗位3000个，培训劳动力1015人，“新农保”、居民基本医疗保险、全征地农村居民养老保险扩面工作扎实有效。健全城乡救助体系，全年发放低保、医疗、慈善救助金644万元，完成大塘敬老院改造工程。坚持优先发展教育事业，结合教育资源整合调整，投入1025万元，完成中心小学教学楼、永平小学综合楼及校园市政配套改造工程，办学条件得到有力改善，顺利通过广东省“教育强镇”复评验收。镇卫生院与区人民医院深度合作，加挂“区人民医院大塘医院”牌子，区疾病防治所大塘工作站建成启用，医疗服务网络进一步完善，服务水平得到提升。抓好人口计生综合治理机制的落实，深化人口计生优质服务，强化日常管理，圆满完成人口计生各项考核指标。创办内部刊物《大塘万象》，开通政务微信，组织一批群众文体活动进村居、进园区，活跃了群众身心。强化社会治安综合治理，积极推动平安创建工作向企业和村居延伸，社会治安形势持续向好。落实安全生产“一岗双责”，广泛开展安全生产网格化管理，深入推进安全生产、消防安全、食品药品安全等专项巡查、执法以及整治，全年没有发生重特大事故。村（居）委换届选举工作圆满完成，村级班子结构得到优化。

2014年7月1日，三水区人民医院与大塘镇卫生院举行合作医院签约揭牌仪式，致力于近年内将大塘医院建成二级以上综合医院

2014年9月16日，大塘镇50多名妇女种植户参加佛山市农村妇女增收致富培训课程，并取得佛山市职业农民技术培训证书

2014年12月，大塘镇新城区

南山镇

2014年，南山镇以“生态立镇、产业强镇、科农兴镇”为理念，以打造南山“养生福地，精品名城”为战略目标，提速增效，全镇经济社会发展取得新的成效。新签约项目11个，投资总额超20亿元。全镇地区生产总值22.33亿元，比上年增长8.89%；工农业总产值67.65亿元，增长12.08%，其中工业总产值58.92亿元，增长12.87%；农业总产值8.73亿元，增长6.99%；税收7123.78万元，增长2.26%。

产业发展活力十足。引入杰隆南方区域总部、杰隆生物制品、杰康诺3个生物科技项目及广村食品1个项目，卓超集中供热、森和业丰等3个产业配套项目。引入乐华商学院、六和幼儿园和九道谷温泉养生度假酒店3个项目。第二、第三产业融合发展。基地北园一期100公顷完成“七通一平”建设，并预留发展用地300公顷。收储产业园区4宗闲置土地19.8公顷。

城镇面貌日新月异。完成南山入口景观节点、广四线和六山线的绿化提升改造和亮化工程。南山新客运站建成，九道谷温泉酒店建成开业。乐华公寓、企业家高管公寓、幸福商城城市综合体、假日蓝湾酒店等动工。完成公共服务区的道路、排水、路灯、市场周边环境改造等市政建设，启动公共服务中心公园及南山公共服务中心改造等工程。

十里水果长廊

■ 南山镇入口景观

■ 2014年3月15日，佛山市迳口华侨农场改造项目——南山侨苑举行奠基仪式

■ 2014年6月18日，南山镇六和幼儿园奠基仪式

■ 2014年6月26日，南山镇重要城市配套工程——绿茵幸福商贸城项目举行动工仪式

■ 2014年7月15日，南山镇企业家高管公乐华公寓项目举行动工仪式

中的南山镇天然气站

■ 南山镇危房改造自建点——“和谐小区”建设工地

生态建设和环境治理成效明显。启动漫江河筑坝蓄水、一河两岸桥梁连接及两岸生态景观建设工程。加大环保执法巡查力度，查处无牌无证企业1家，处罚违法企业3家。加强广四线常态化管理，查处违章运输车辆113台次。淘汰黄标车68辆。完成污水处理厂、城区截污工程及全镇14家养殖场节能减排整治，建成六和村委会农村生活污水处理设施。南山镇创建为国家级生态镇。

民生社会事业持续改善。危房改造自建区95%以上的自建户动工，市政配套、文化中心、商业广场建成。旧房维修完成630户的验收及资金补助发放工作。建成大埗塘拆旧建新点，天桥旧村施工。限价房施工，完成 450户选房抽签工作。出台《南山镇扶贫开发工作实施方案》，涵盖农村、教育、医疗、养老、卫生、农业的6大建设项目。农业园区5项提升工程完工。推进“民生微实事”立办制改革，争取到区级民生微实事项目资金181万元，扶持建设10个项目。

干部队伍不断优化。完善激励机制，实施干部动态考核，量化工作指标考核，提升机关干部的执行力，实现从“我要守候”到“我要发展”的转变，形成“激情、干劲、创意”的南山干部精神。

地北园建设工地

■ 危房改造限价房安置点——“南山侨苑”建设工地

广东佛山三水工业园区（佛山高新区三水园）

2014年，三水工业园区积极发挥体制优势，认真贯彻落实三水工业强区、产城互动发展理念，强化“投资拉动”和“创新驱动”两大动力源，加快推进产业转型升级。全年实现地区生产总值235.06亿元，增长9.8%；工业总产值843.4亿元，增长10.24%；全社会固定资产投资119.38亿元，增长14.5%；税收入库17.94亿元，增长30.48%。

产业链招商成果喜人。全年引入摩根大通空调国际、法雷奥、代傲电子等优质项目37个，计划投资总额42.75亿元，其中超10亿元项目11个、机械装备制造业项目18个，占项目总数28%；现代服务业引资9.35亿元。

2014年10月29日，三水区区长陈英文在区政务委员、园区管委会党组书记何小玲陪同下，深入福田、苏宁两个项目工地，详细了解项目进展及遇到的问题

业精机械公司员工在认真工作

广东保威新能源有限公司

产业扶强培优成效明显。推动21家企业投入9.92亿元技术改造，促成海尔、澳美、兴发铝业成立销售公司，新增恒力泰等4家年税收超亿元企业，海尔滚动洗衣机等7个项目建成投产，盘活存量土地55公顷。

产业载体集聚效应显著增强。汽车产业园建设顺利推进，兴业路北延线（桃坽段）投入使用，福田、永力泰动工建设。分布式光伏发电应用建设加快，并网发电51.6兆瓦，在建18兆瓦。投入2.5亿元完善基础设施配套，打造成为“省智能制造示范基地”，促成德国库卡与佛山职业技术学院共建机器人应用技术培训中心，引进6个机器人集成应用项目。

■ 2014年1月7日，全球最大特种气体研发总部落户三水工业园区

■ 2014年6月23日，国荣先达项目签约落户三水工业园区

■ 佳明重工公司生产重型挖掘机

■ 广东爱康太阳能有限公司厂房墙体上布有光伏发电设施

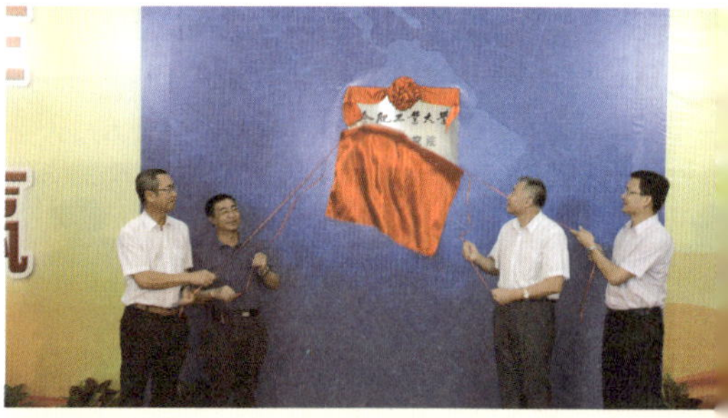

■2014年9月23日，合肥工业大学广东研究院三水工业园区举行挂牌仪式

创新能力显著增强。合肥工业大学广东研究院挂牌成立。专利申请成效显著，专利和发明专利申请量同比增51.2%、110%。金融创新能力不断提高，扶持欧神诺、盛华德成功挂牌“新三板”。新增4家国家级高新技术企业、10个省市级工程技术研究中心、1家省创新型试点企业和10个产学研项目。

产业环境逐步改善。全面实施“四大专项整治行动”，稳步推进省生态镇创建工作。河涌整治有效推进，累计投入6000万元，基本完成乐平涌水体整治。生活污水处理厂二期完成建设，水污染物在线监控系统已投入运行，65家重点企业实现24小时联网监控。立案查处环境违法企业40家，积极推进清洁生产示范园区申报，推动27家企业开展清洁生产，15家完成评估。全面完成禁养区49个养殖场清理。

■2014年9月29日，三水区政务委员、乐平镇书记何小玲带领镇安监分局、镇国土城建和水局、镇食品药品监管分局、乐平镇消防中队等门负责人到企业、建筑工地、幼儿园等进行节安全检查

■佛山市普拉迪数控科技有限公司生产

镇街概况

A SURVEY OF THE TOWN-SHIP

■ 西南街道

土地总面积 149.68 平方千米
社区 11 个；**行政村** 8 个，**自然村** 120 个
总户数 56539 户，**总人口** 169887 人
工农业总产值 742.42 亿元
农村经济总收入 1884872 万元
农村居民人均年纯收入 15972 元
财政收入 193216 万元
工业园区：中国西南水都饮料（食品）基地、河口木棉工业区
特色旅游：西南武庙、魁岗文塔、半江桥、清代海关遗址、五显古庙、思贤滘、昆都山、三江汇流、西南公园

2014 年 5 月 29 日，西南街道 2014 年中小学生庆“六一”合唱比赛暨“百歌颂中华”歌咏活动在西南影剧院举行。街道辖区内的 22 所公办中小学校参加了比赛

【概况】 西南街道位于西、北、绥三江汇流处，是三水区委、区政府驻地，辖区面积149.68平方千米，总人口169887人，总户数56539户。2014年，西南街道加快产业转型升级，提升城市核心价值。全年地区生产总值296.86亿元，比上年增长9.6%；工业总产值734.7亿元，增长9.53%；固定资产投资108.9亿元，增长14.52%；地方税收入库52.22亿元，增长18.11%；公共财政预算收入7.23亿元，增长18.74%。

【党建引领突出】 2014年，西南街道围绕“为民务实清廉”主题，深入推进党的群众路线教育实践活动，领导作风明显转变，化解“四风”等问题400多个，“入学难、看病贵、收入低、治安差”等群众热点难点问题得到有效解决，党心、民心进一步凝聚，形成推动改革发展的强大正能量。组建19个团队开展街道干部“直联制”，推进基层服务型党组织建设。反对“为官不为”，健全机关效能建设和绩效考核机制，实行机关中层干部动态考核全覆盖，完成村居“两委”换届，营造风清气正、奋发有为、结构合理的政治新生态。

【改革创新显成效】 2014年，西南街道把握改革的重要领域和关键环节，形成良好局面。承接上级的改革试点和重大改革专题启动，取得阶段性成果。深化农村体制综合改革，引导农村土地承包经营权集约流转，理顺农村财务和农村干部收入管理，完成辖区村组财务归口管理，狠抓交易平台和网上监控平台建设，木棉村获“佛山市两个平台规范管理示范村委会”称号。充分发挥人大监督、政协参政议政作用，为街道重点工作提供决策参考。行政体制改革有新突破，启动人民满意政府建设，完成6个村委会行政区划调整，编制权责清单，街道行政服务中心获得“佛山市青年文明号”称号，全年实现行政服务“零投诉”。

【产业转型加快】 2014年，西南街道推进水都基地扩容提质，强化产业链招商，打造国际级绿色饮料食品专业园区。水都基地启动“南接北拓”，完成控制性详细规划修编。水都基地污水处理厂建成运行，中心湖等配套完善。龙头项目扎堆带动产业链发展，引入港中旅物流，实现利用农村经济留用地引入中国500强企业“零”的突破，百威啤酒5期、健力宝新厂、亨氏食品于12月动（竣）工，3大项目达产后预计新增税收4.5亿元。以水都基地为核心，饮料食品产业拉动西南经济转型升级，实现工业产值209.16亿元，比上年增长19.01%；创税17.08亿元，增长17.09%，西南街道纳税前5名，食品饮料企业占4家。

【城市升值活力增强】 2014年，西南街道统筹谋划，从“城市升级”迈向“城市升值”的新型城镇化道路。“2013三水·西南产业城市十大项目”动工。

2014年 西南街道辖村（社区）基本情况

名称	书记	主任	自然村数（个）	总户数(户)	总人口数（人）	经济总收入（万元）	居民人均年纯收入(元)
云秀社区	何凤爱	何凤爱		4598	19725		
文锋东社区	陆杨明	陆杨明		2481	11063		
文锋西社区	谢绍勇	谢绍勇		1630	7163		
月桂社区	林雪华	林雪华		5012	20270		
园林社区	杨　敏	杨　敏		3920	20036		
康华社区	唐伟其	唐伟其		6644	35112		
张边社区	何令珊	何令珊		2755	14723		
桥头社区	禤瑞菊	禤瑞菊		4560	32868		
沙头社区	骆苑明	骆苑明		4824	30650		
埗心社区	叶金华	叶金华		2264	13589		
河口社区	林耀强	林耀强		3113	13081		
董槊村	邓爱芝	霍永权	9	998	3229	13679	13951
南岸村	汤沃坤	汤沃坤	29	2086	6800	49335	16486
五顶岗村	陆应才	陆应才	25	3370	10646	37655	16536
洲边村	李佑光	李佑光	10	1938	6338	56574	19127
江根村	陆耀时	陆耀时	25	2088	7256	29765	15544
木棉村	黎福球	黎福球	11	1151	3513	14118	14706
大塱山村	董富坚	董富坚	3	1032	3098	6631	13178
青岐村	刘永扬	刘永扬	19	2123	7323	31690	14917

2014年西南街道主要社会经济指标

项　目	单位	指标	项　目	单位	指标
社区	个	11	水产总产量	吨	16762
行政村	个	8	禽畜饲养量	万只	318
自然村	个	120	其中：生猪	万头	22
农业总产值（当年价）	亿元	7.73	家禽	万只	296
工业总产值（当年价）	亿元	734.69	果菜总产量	吨	28567
工业企业	家	484	中学	所	6
其中：外资企业	家	41	小学	所	14
私营企业	家	443	中小学在校学生	人	26193
实际利用外资	万美元	21043	在职教师	人	1509
个体工商户	户	11527	镇机关干部	人	378
年末储蓄余额	万元		电话普及率	%	
职工人均年收入	元		自来水普及率	%	100
粮食总产量	吨	8650	水泥公路	千米	

随着西南大道、工业大道建成通车以及新动力广场等23个城市项目的快速建设，北江新区成型。发挥西南控股等公有资产平台作用，为产业、城市以及民生提供资金支持和保证。西南控股的资产值位居各镇街之首，成为街道发展的重要支撑。如期完成贵广（南广）铁路配套工程等省、市重点工程和各项土地征收拆迁任务，保障重点项目实施。启动城镇升级“八个一”工程，推动布心、鹿洞等“三旧”改造，“创文”迎“国检”，整治城市“八乱”，加大市政绿化投入，提高城市综合承载力。

【综合治理】 2014年，西南街道创新城市综合治理模式，“零容忍”解决城市治理“老大难”问题。改变各部门“单打独斗”执法模式，抽调环保、国土、安监、派出所等30人组建联合执法大队和临时执法队，形成“多兵团作战、组合拳出击”格局和“24小时不间断”执法，增强执法震慑力和提升工作效率。重点提升水都基地核心区域及其周边的水环境，西南涌整治后达到Ⅳ（四类）水质标准。重点开展燃煤锅炉淘汰、禽畜养殖场污染整治、辖区黄标车淘汰、农村综合环境整治、土地“两违”拆迁等工作，完成上级考核任务。争创国家级生态镇和绿色社区，改善城乡环境面貌。

【民生事业】 2014年，西南街道以务实的态度帮群众办实事、谋实利。启动西南教育“扩容提质”，北外附校（一期）开学，西南二中江南校区、北江小学动工。医疗卫生计生工作提升，北江新区社区卫生服务中心动工，形成社区卫生服务“两中心十站点”格局和“15分钟服务圈”全覆盖。开展健康村创建等卫生计生工作。城市安全形势持续好转，深化平安村居建设，实施综治网格化管理，打造恒福餐饮服务食品安全示范广场，完成佛山市火灾隐患重点区域“摘牌”任务，安全生产呈现“两降、两无、一提升”态势。落实“民生微实事”立办制，分批启动15个“民生微实事”项目，每年投入300万元专项资金保障。引入民间资本推动养老服务社会化，建成青岐万福颐养居和皓晖养老院。加强城市形象宣传推广，三江论坛升格为市级论坛和科普示范基地。社会救助和劳动保障体系日益完善，扶贫、工青妇、武装等工作也取得新成绩。

（程楚妍）

云东海街道（三水区新城建设管理委员会）

土地总面积 84.32平方千米
社区 1个；**行政村** 10个，**自然村** 91个
总户数 9603户，**总人口** 59209人
工农业总产值（当年价） 324.3423亿元
农村经济总收入 96912万元
农村居民人均年纯收入 15097元，**财政收入** 10781万元
工业园区： 邓岗工业园（原西南民营工业园）
特色旅游： 三水荷花世界、三水森林公园、云东海绿道、云东海体育花园、云东海湖、桂花岛、水庭、西南涌北段公园

【概况】 三水区新城建设管理委员会于2011年12月28日成立，属三水区人民政府议事协调机构，下设办公室、规划国土局、市政建设局、招商投资服务局、征地拆迁办，负责三水新城规划建设各项工作。三水新城控制范围128平方千米，其中核心区57平方千米，启动区19.32平方千米。三水新城生态资源丰富，内有466.67公顷云东海湖、2个国家AAAA级旅游区荷花世界和224.4公顷森林公园，森林覆盖率86%；交通区位优势明显，除南广、贵广、广茂铁路外，省重点交通设施——广佛肇轻轨在三水新城范围内设三水站及云东海站2个站点，加上广三、广贺、广肇、西二环、花肇高速公路以及321（324）国道、三水大道、西乐大道、塘西三期、桃园路西延线、虹岭路西延线、佛山一环等重点道路贯穿其中，构成现代化立体交通网络。云东海街道位于三水中心城区北部，东接广州，南达港澳，整体纳入三水新城建设范围。2014年7月三水区实施部分行政区划调整，云东海辖区总面积调整为84.32平方千米，10个村委会、1个社区、91个自然村，户籍人口2.98万人。街道办事处内设党工委办公室（办事处办公室、人大工委办公室、公共决策咨询委员会办公室、法制办公室）、组织工作办公室、综治信访维稳办公室（云东海司法所）3个综合机构；经济促进局、社会工作局（农林渔业局）、财政局、人力资源和社会保障局（教育局、宣传文体办）、国土城建和水务局、卫生和人口计划生育局6个直属机构；纪律检查工作委员会、区安全生产监督管理局云东海分局、区食品药品监督管理局云东海分局、区交通运输和城市管理局云东海分局（环保局）4个区、街道双重管理机构；人民武装部按有关规定设置，工会、共青团、妇联等群团组织

2014年云东海街道辖村（社区）基本情况

名称	书记	主任	自然村数（个）	总户数（户）	总人口数（人）	经济总收入（万元）	居民人均年纯收入（元）
云东海社区	黎标辉	黎标辉	3	1536	4649	1736	16483
伏户村	姚发伦	姚发伦	12	874	2690	4895	13262
杨梅村	梁　锋	梁　锋	18	1009	3175	14111	17526
上九村	梁耀其	程耀彬	8	733	2291	7366	14003
辑罗村	钱永昌	钱永昌	6	460	1604	3253	14481
高丰村	吴景华	吴景华	5	953	2827	17600	17379
横涌村	何伟兴	何伟兴	5	669	1894	10732	15027
鲁村	何富强	何富强	16	1826	5859	18580	13390
邓岗村	何志忠	何志忠	3	368	1162	3737	13630
石湖洲村	何家达	何家达	5	411	1236	3817	15492
宝月村	梁伟荣	梁伟荣	10	764	2462	11085	16644

2014年云东海街道主要社会经济指标

项　目	单位	指标	项　目	单位	指标
社区	个	1	水产总产量	吨	7902
行政村	个	10	禽畜饲养量	万只	283.95
自然村	个	91	其中：生猪	万头	2.53
农业总产值（当年价）	亿元	64.27	家禽	万只	281.39
工业总产值（当年价）	亿元	260.07	果菜总产量	吨	5770.5
工业企业	家		中学	所	0
其中：外资企业	家	36	小学	所	2
私营企业	家	580	中小学在校学生	人	266
实际利用外资	万美元	5400	在职教师	人	14
个体工商户	户	1843	镇机关干部	人	234
年末储蓄余额	万元		电话普及率	%	100
职工人均年收入	元	46189	自来水普及率	%	100
粮食总产量	吨	5621	水泥公路	千米	

按有关章程设置。三水新城管委会（云东海街道）围绕三水新城“三年完善基础”建设目标，坚持“破解难题、打好基础”工作总基调，全年地区生产总值74.19亿元，比上年增长8.4%；工业总产值252.04亿元，增长6.8%；全社会固定资产投资22.73亿元，增长18%；税收入库5.26亿元，增长70.4%。

【难点突破】 2014年，三水新城管委会（云东海街道）坚持以项目用地为导向，有侧重推进土地征收工作，在重点工程用地保障、历史遗留问题梳理及土地利用和收回方面实现新突破。完成3个“重点保障”：重点保障市政基础设施建设用地，解决西乐路、虹岭路、桃园路以及河西路、高丰路、鲁村路等主要道路工程的用地“瓶颈”问题；重点保障重大招商项目用地，满足TOD、SOD等合作项目用地需求；重点保障与部队农场的沟通对接，与省武警总队、佛山军分区签订农场土地使用协议，满足南湖路、三达北路以及沿湖路项目用地需要。理顺历史遗留问题，分别与邓岗、宝月、辑罗、上九、杨梅等村委会辖下12个自然村新签、续签、补签租地合同和留用地处理协议。打击“三抢”行为，依法依规对土地征收过程中出现的“抢种”行为进行强制迁移。完成鲁村村委会下岗村改造前期工作，确定高丰村委会何家村改造模式，推进横涌旧村（居）、百旺城改造前期工作。

【城市基础建设】 2014年，三水新城管委会（云东海街道）坚持工程精品化、管理精细化，重点提升城市品质，加快完善新城市政基础设施和公共配套设施，实现三水新城建设“三年完善基础”阶段目标。地标性工程：“一轴”水庭岸线成形；TOD范围内水轴部分进场施工；“一带”西南涌北段综合整治工程一期主体工程完工，二期水利工程完成。交通网络：“三纵五横”市政道路工程按计划推进。其中，南湖路各标段路基施工及管线埋设完成；桃园路西延线（三水段）完成约40%的工程量，南海段委托南海区征拆办开展征地拆迁工作；河西路、湖滨南路、湖滨北路、桃园路、协和路、鲁村路、高丰路等工程施工；荷园路、三达北路、站南路、站北路、兴联污水处理厂等设计工作推进。城市基础性工程：兴联污水处理厂等项目设计工作推进，分步实施配套电网迁改工程。西乐路市政改造工程、松树坑水库应急加固工

西南涌北段整治工程一期完成

程、云东海湖生态恢复建设之堤围加固工程、南涡涌临时截污管道和疏浚工程完工。

【环保管理】 2014年，三水新城管委会（云东海街道）推进河涌水环境治理和大气环境整治，完成三水中学一带污水截污工程，并对南涡涌上游进行截污。强化联合执法，依法关停污染企业110家，开出罚单46.85万元，8家涉重金属超标排放企业被提交区环保局移送司法机关追究当事人刑责。推进辖区锅炉改造和禽畜养殖业治理；农村环境综合治理展现成效。强化城市综合管理，创建文明城市工作实现规范化、常态化，城市各类专项整治行动到位，市政园林绿化及道路养护管理水平提质上档。

【规划深化】 2014年，三水新城管委会（云东海街道）在城市规划成果的基础上，加快重点项目规划的落实工作。抓紧对已编制规划的报批工作，保证其合法性和可行性；启动“三水新城北湖片区控制性详细规划”“三水新城体育休闲公园发展策划及概念规划”“三水新城下岗、伏户迁村安置项目详细规划”等规划编制工作，科学指导城市建设。“三水新城启动区集中供冷供热系统特许经营项目实施方案”通过专家评审，推进新能源示范城市建设；“三水新城文化商业综合体设计方案”通过区人民政府联席会议审核并完成方案公示，“新汽车客运站综合体规划设计”获区人民政府批复同意。

【招商及企业服务】 2014年，三水新城管委会（云东海街道）注重创新驱动，开展招商引资及企业服务工作。招商工作：城市引领性项目——万达广场落户新城并动工；根据市、区创建国家创新型城市工作部署，引入影视三水等产业项目。北京外国语大学南方（佛山）国际学院、国际文化创意产业园南方分园项目于12月签订合作协议。企业服务：成立云东海总商会，落实企业“直联制”，及时解决一批制约企业发展的问题。推动辖区企业做大做强，盛路通信等企业投入6000万元进行技改创新，金银河入选2014年省战略性新兴企业（智能制造）骨干名单。搭建创新科技服务平台，加快辖区企业科技创新资源集聚，广东翼卡互联网成为区知识产权示范企业；金万达获区创新创业大赛一等奖；新增3家工程中心，专利申请总量63件，发明专利拥有量25件，超额完成上级下达任务。

【民生、社会事务】 2014年，三水新城管委会（云东海街道）优化公共服务，完成与西南街道部分行政区划调整的交接工作，建成街道行政服务中心，行政审批服务有序开展。社区卫生服务中心常态化运作，医疗服务功能和覆盖面持续增大。推进“三官一师”（法官、检察官、警官、律师）直联村（居）工作，完善公共法律服务体系。社会保障、劳动就业、教育、文体旅游、人口计生、养老服务、救灾救济等工作落实到位。启动农村综合改革，拟订股权固化、村改居、宅基地改革等工作方案，确定家庭农场试点。完成清产核资筹备工作，重新规范农村集体资产管理，推进土地集约流转，壮大村集体经济。创新社会管理，狠抓安全生产隐患排查，完善企业安全生产标准化，开展职业卫生危害申报及职业卫生基础建设工作，加强新《安全生产法》的宣讲和普及，重点突出食品药品监管制度建设。国防后备力量建设成效显著，完成2014年度征兵工作任务。狠抓“平安创建”“平安村居”立体防控升级，辖区平安指数持续上升，社会大局保持稳定。

【党建、行政效能建设】 2014年，三水新城管委会（云东海街道）狠抓作风建设，党建引领效果明显。通过深入开展党的群众路线教育实践活动，完善纠风工作机制，推进机关作风建设。民生微实事项目获区首批专项资金扶持，入选11个微实事项目中，完成7项、在建1项、准备动工1项，动工率90%以上。“直联制”工作持续升温获群众点赞。开展纪律教育月、纪工委书记与中层干部谈话活动，加强在土地征收、财政预算执行等领域的审计监督力度，强化廉政监督作用。抓好干部学法考试工作，形成知法、用法、守法的良好氛围。开展多形式干部培训及读书交流活动，全方位提高干部队伍的工作水平。以书记项目带动，注重做好发展党员和党员教育管理工作。以伏户村委会、征地拆迁联合党支部两个基层党组织作为优秀示范典型，发展培育基层服务型党组织。开展人大代表进选区联系选民活动，收集意见和建议59条，为街道重点工作提供科学决策依据。

（李旻蔚）

■ 白坭镇

土地总面积 66.46 平方千米
社区 1 个，**行政村** 2 个
自然村 66 个
总户数 7698 户，**总人口** 25751 人
工农业总产值（当年价） 449.33 亿元
农村经济总收入 1509938 万元
农村居民人均年纯收入 16278 元
财政收入 14949 万元
工业园区： 汇金工业城、临江工业城、莘村工业城
特色旅游： 银洲贝丘遗址（省级文物保护单位）、清塘文桥、梁士诒生祠、西江公园

【概况】 白坭镇是三水区“南大门”，东南面与南海区相接，西南面紧靠西江，拥有约15千米的西江“黄金水道”，与高明区、高要市隔江相望，东距广州60千米、佛山城区24千米。毗邻广珠铁路、西二环高速、佛山一环、广三高速、广肇高速、G321和G324国道，广明高速、白坭大道、桂丹路、塘九线跨境而过。镇内有3000吨级的货运码头，邻近三水港外运码头、贵广（南广）高铁三水南站、三水铁路货运站、广州白云国际机场。全镇面积66.46平方千米，辖富景社区居委会和周村、岗头2个村委会。户籍人口2.5万，外来人口约6万。2014年，白坭镇围绕“提速增效”工作主线，实施“北连东拓”战略，完成镇第十六届人大五次会议确定的主要任务，推动经济社会加速发展、提质发展和均衡发展。全年地区生产总值123.9亿元，比上年增长9.8%；工业总产值443.9亿元，增长10.8%；税收8.1亿元，增长36.6%，创历史新高；全社会固定资产投资81.3亿元，增长

“五位一体”升级改造后的白坭镇黄金大道

13.8%；公共财政收入1.5亿元，增长36.4%。

【产业发展】 2014年，白坭镇产业结构持续优化。引进佛山水泵厂等9个优质项目，旷达汽配等9家企业建成投产，陶瓷行业税收占比从2010年的43%下降到2014年的28%。推动传统产业投入超3亿元进行技术改造。盘活超10万平方米的闲置土地及厂房，淘汰5家低效企业，为优质产业项目提供发展空间。企业创新能力持续增强。扶持企业申请科技创新资金超600万元。新增2家国家高新技术企业、1家省级工程技术中心、2家市级工程技术中心以及1家市级企业技术中心，获得中国驰名商标2个，新增发明专利申请量43件。成立白坭人才协会，成功申报2个区级人才团队。载体建设持续加快。水都基地对接区取得实质性突破，完成1000亩基本农田核减。科技园核心区启动首期路网、园区景观等基础设施工程。汇金工业城人才公寓动工，机械制造、电子电器精品工业园区建设成型。现代农业持续提升。中茂农业增资启动二期工程建设，升级成为区级农业龙头企业和市级精品项目。康喜莱专业合作社与省农科院合作建设蔬菜科技成果转化基地，被评为市级示范社和区级优秀示范社。

【城镇建设】 2014年，白坭镇"北连东拓"战略深化。发展定位再添新内涵，被佛山市确定为"集约、智慧、低碳、绿色"田园城镇试点镇。完成城镇总规划和东部控制性规划调整，启动黄金大道北至水都基地对接区控制性规划试点工作，优

2014年白坭镇辖村（社区）基本情况

名称	书记	主任	自然村数（个）	总户数（户）	总人口数（人）	经济总收入（万元）	居民人均年纯收入（元）
富景社区	徐耀成	徐耀成	28	3589	11998	51834	16355
周村	周国海	周国海	18	1546	5125	20069	16492
岗头村	梁汝灿	梁汝灿	20	2542	8915	52326	16093

2014年白坭镇主要社会经济指标

项目	单位	指标	项目	单位	指标
社区	个	1	水产总产量	吨	8304
行政村	个	2	禽畜饲养量	万只	456.86
自然村	个	66	其中：生猪	万头	7.03
农业总产值（当年价）	亿元	6.41	家禽	万只	451.92
工业总产值（当年价）	亿元	443.17	果菜总产量	吨	80453
工业企业	家	304	中学	所	1
其中：外资企业	家	9	小学	所	2
私营企业	家	286	中小学在校学生	人	3757
实际利用外资	万美元	5609	在职教师	人	199
个体工商户	户	1960	镇机关干部	人	120
年末储蓄余额	万元		电话普及率	%	100
职工人均年收入	元	53128	自来水普及率	%	100
粮食总产量	吨	2257	水泥公路	千米	39

化城镇发展布局。城市升级加快。完成城市升级三年行动计划及两年延伸计划的编制。完善道路交通配套，完成桂丹路以及二桥南延线白坭段、汇盈路绿化景观建设，完成进港大道西段、岗凤公路改造以及塘九线抱龙桥段路灯安装。城乡环境改善。打击企业违法排污行为，推进治水治气治尘。推进“创文”和城管考核，提升城市管理运作市场化、管理网格化和作业精细化水平，城市环境更加优美。新农村建设再上新台阶，角里村建成佛山市名村示范村，祠巷村等20个村建成三水区名村示范村，岗头村等3个村建成森林家园示范村。

【基层治理】 2014年，白坭镇重构基层治理体系。明晰和理顺基层党组织、自治组织、集体经济组织、公共服务组织和社会组织的关系，形成“核心引领、多元共治”的基层治理体系，搭建“小政府、大社会”的服务型治理新架构，推动基层治理向基层善治转变，农村大局和谐稳定。完成村（居）委会和村民小组长换届，绝大多数村民小组长一次过以高票当选。深化农村综合改革。推进四项改革试点，率先建成全区首批3个家庭农场，流转150亩以上土地2宗共351亩，水运村完成股权固化工作，岗头村农民公寓完成项目选址及初步设计。农村发展活力充分激发，实现乡贤慈善会和家乡建设委员会在村组的“全覆盖”，筹集资金超3000万元，在上年打造陈氏大宗祠的基础上，再打造岗头村文化活动中心、凤果村周氏大宗祠2个农村新型文化社区示范点。探索建设新型社区。创新实施“外来人口融入社区”项目，“新白坭人”被选为社区联络员，选举2名代表进入富景社区议事会，参与社会管理，富景社区获评为“全国和谐社区建设示范社区”。

【民生事业】 2014年，白坭镇“民生十件实事”有效落实，创新推行“民生微实事”立办制，实施“民生微实事”20项，投入资金428万元，带动社会资金投入293万元，解决一批农村历史遗留问题。提升医疗卫生水平。完成健康村（居）创建，有效防控登革热等疫情；社区卫生服务中心推出“10元以内门诊”“20分钟职业卫生服务体系”等新举措。提升教育均衡化水平。增加教育投入，周村幼儿园建成招生，创建5间普惠性幼儿园。提升支农惠农水平。完成4000亩基本农田的高标准建设，新增“政银保”贷款100宗共1323万元，补助10个村组“一事一议”资金100万元。提升安全保障水平。创建“全国安全社区”，完成247家企业标准化创建；打造首条“食品安全示范街”，获“创建食品安全示范市先进镇”称号。实施综治网格化管理，推行“以案定补”、律师进村（居）、领导包案等机制化解信访积案。丰富群众文化生活，全年送戏下乡、进企业45场。9月28日，举办“龙竞西江·幸福白坭”龙舟竞渡大赛。

【政府建设】 2014年，白坭镇以开展群众路线教育实践活动为契机，启动人民满意政府建设，着力转变政府职能、改进干部作风。完善政民互动机制。开展驻村直接联系群众活动，面对面倾听民意、了解民情、化解民忧。上线“微访谈”“对话民生”等问政平台，开通“白坭食品药品监督”微信公众号，加强公众参与政府决策，提高科学施政水平。完善机关中层干部动态管理考核机制，激发干部工作活力。试点开展制度廉洁性评估，加强廉政风险防控，确保政府清正、干部清廉。

（陆坤仪）

■ 乐平镇

土地总面积 198.5 平方千米
社区 3 个，**行政村** 14 个，**自然村** 158 个
总户数 23858 户，**总人口** 76535 人
工农业总产值（当年价） 859 亿元
农村经济总收入 1904284 万元
农村居民人均年纯收入 15000 元
财政收入 200407 万元
工业园区： 佛山高新区三水园
特色旅游： 大旗头古村、侨鑫生态园

【概况】 乐平镇位于三水区中部，南与南海区接壤，东接广州市花都区，处于广佛经济圈腹地，镇内交通发达，有佛山一环、珠二环高速、省道盐南线、三水大道、塘西大道、西乐大道穿越其中，距广州白云

机场、佛山中心城区仅30分钟车程。2014年，乐平镇被评为“全国中小城市综合实力百强镇”。乐平镇是广东省教育强镇、省卫生镇和省重点发展的中心镇。全镇总面积198.5平方千米，辖3个居委会、14个村委会、158个自然村，户籍人口76503人。佛山高新区三水园位于辖区内，规划面积100.98平方千米。自然风光秀美，旅游资源丰富，拥有省级文物保护单位、“全国历史文化名村”大旗头古村与集农业田园风光、科普素质教育、休闲度假、生态美食于一体的生态旅游景区侨鑫生态园，有北江黄金沙滩、西南涌岸、芦苞涌岸等多个待开发的旅游休闲景点。2014年是乐平镇发挥园区管理体制改革优势、推动经济社会加快发展的关键年。通过全力以赴促发展、增后劲、惠民生，全镇地区生产总值235.06亿元，比上年增长9.84%，地区生产总值第一、第二、第三产业比重是3.32：85.66：11.02。工农业总产值858.75亿元，增长10.18%,其中工业总产值843.4亿元，增长10.24%；全社会固定资产投资119.38亿元，增长14.5%；税收17.94亿元，增长30.48%。

【产业发展】 2014年，乐平镇引优培强成效显著。引进摩根大通空调国际、法雷奥等优质项目37个，总投资42.75亿元，其中世界500强项目1个，超亿元项目14个。力促19个项目动工、投产，其中海尔等4个省市重点项目超额完成年度投资计划。企业创税能力不断增强，推动海尔、澳美、兴发成立销售公司，54家企业纳税超500万元，4家企业纳税超亿元。推动欧神诺成为佛山首家挂牌新三板企业，佳明机器等4家企业5个产品获“广东省名牌产品”称号。产业载体加快建设。汽车产业园建设推进，兴业路北延线(桃坾段) 投入使用，福田、永力泰动工。分布式光伏发电应用建设加快，并网发电51.6兆瓦，在建18兆瓦。乐平镇入选为“广东省智能制造示范基地”，促成德国库卡与佛职院共建机器人应用技术培训中心，引进6个机器人集成应用项目。创新能力不断增强。合肥工业大学广东研究院在乐平镇挂牌成立。新增4家国家级高新技术企业、10个省、市级工程技术研究中心，1家省创新型试点企业和10个产学研项目。专利申请成效显著，专利授权总量325件，比上年增长30%；其中发明专利授权22件，增长83%。

【城镇化建设】 2014年，乐平镇城乡面貌持续改善。完成总规、控规等系统规划。全年投入9.6亿元，完成12项城市升级工程，新建市政道路7千米、雨污水管网2万米，新增绿化面积11万平方米。“三旧”改造见成效，商业广场完成主体建设，大旗头村市政整治工程启动。17个社会主义新农村及1.1万亩高标准基本农田建设完成，农民公寓二期土建及市政工程、盘龙西小区路灯工程等建成使用。生态环境不断优化。实施“四大专项整治行动”，推进省生态镇创建工作。河涌整治累计投入6000万元，完成乐平涌水体整治。生活污水处理厂二期工程完成，65家重点企业实现24小时联网监控。立案查处环境违法企业40家，推动27家企业开展清洁生产。完成禁养区49个养殖场清理。

【社会民生】 2014年，乐平镇基础民生工作扩面提质。完善社会保障体系建设，全年发放低保、五保供养金1050万元，新增就业岗位1.1万个。教育卫生事业加快发展。投入近300万元，改善范湖、源潭小学办学条件。南边中学、乐平中学中考重点中学上线率，位居三水区镇级中学第一、二名。南边社区卫生服务站投入使用，国家基本公共卫生服务项目开展。提升产业社区服务水平，成立全区首家职工夜校，拓宽职工培训渠道。“工疗站”项目被评为广东省重点示范项目，开创帮扶残疾人新模式。社会秩序稳定和谐。推进信访维稳工作，化解矛盾纠纷152宗。律师进村居工作推进，试点开展“以案定补”激励机制，化解一批历史积案和重大矛盾纠纷。投入1900万元建设视频监控系统，立体治安防控体系有效构筑。成立全区首个“警校共建”警务室，校园治安持续强化。农村聚餐登记备案、学校食堂在线监控平台建设推进，食品药品安全防控体系更加完善。落实安全生产专项整治，确保全镇安全生

2014年乐平镇辖村（社区）基本情况

名称	书记	主任	自然村数（个）	总户数（户）	总人口数（人）	经济总收入（万元）	居民人均年纯收入（元）
乐平社区	黎达成	范锦辉	7	2507	6911	12671	15559
念德社区	李健强	李健强	9	1893	5151	10480	15245
范湖社区	卢日华	卢日华	16	2134	6596	18056	15476
华㘵村	曾庆彪	曾庆彪	6	1442	4559	13802	15188
新旗村	陈显飞	陈显飞	3	1351	4355	12666	15109
源潭村	禤广二	禤广二	17	1584	4672	16046	15116
三江村	胡永章	胡永章	6	2195	6975	21227	15122
三溪村	朱成德	朱成德	8	2049	6604	20151	15606
南联村	何沛强（第一书记）卢健强（书记）	卢健强	16	2238	7776	24775	15412
竹山村	杜炽乐	杜炽乐	13	1042	3497	15384	15382
大岗村	梁德标	梁德标	20	1995	7102	27906	15434
保安村	陆均儿	陆均儿	21	1241	4466	13951	15222
湖岗村	唐国辉	唐国辉	7	1040	3693	12163	15210
黄塘村	周浩锋	周浩锋	9	1069	3868	16776	15031

2014年乐平镇主要社会经济指标

项　　目	单位	指标	项　　目	单位	指标
社区	个	3	水产总产量	吨	27276
行政村	个	14	禽畜饲养量	万只	951.75
自然村	个	158	其中：生猪	万头	27.68
农业总产值(当年价)	亿元	859	家禽	万只	924.07
工业总产值(当年价)	亿元	843	果菜总产量	吨	150967
工业企业	家	806	中学	所	2
其中：外资企业	家	37	小学	所	9
私营企业	家	459	中小学在校学生	人	11444
实际利用外资	万美元	7358	在职教师	人	497
个体工商户	户	3572	镇机关干部	人	在编数228人，合同工数171人
年末储蓄余额	万元	421727	电话普及率	%	100
职工人均年收入	元	46508	自来水普及率	%	99.4
粮食总产量	吨	8257	水泥公路	千米	3

产形势稳定。

【政府建设】 2014年，乐平镇切实改进工作作风。深入开展群众路线教育实践活动，完善16项制度。简化公务接待，规范公车使用，“三公”经费压缩超30%，机关作风建设强化。举办《对话民生》、微访谈系列活动，政民互动渠道畅通。投入258万元实施21项“民生微实事”工程，解决195个群众反映突出的问题。机关效能提升。梳理行政审批项目123个、行政执法项目1102个，行政效能得到明显增强。设立村级网上办事自助服务终端，实现行政审批村镇同步。深化干部动态管理考核机制，实行绩效评估和末位淘汰，激发干部队伍活力。武装、消防、统计、扶贫、计生、工会、妇联、共青团等工作成效明显。

【镇委十二届二次会议】 2014年1月7日，乐平镇委召开第十二届代表大会第二次全体会议，会议听取和审议题为《抢抓机遇，凝心聚力，全面建设产、城、人和谐发展的幸福乐平》的报告、《中共乐平镇纪委监察委员会工作报告》，深入学习贯彻十八届三中全会精神，总结2011年以来各项工作，部署2014年工作。过去三年，三水工业园区被纳入佛山高新区核心园北园，乐平镇被定位为三水副中心、佛山重点发展中心镇。区委、区政府对园区实施“提格、放权、聚财”改革，赋予园区一级财政，激发体制活力。会议提出以“产城人”融合为发展目标，着力推动产业大发展、环境大提升、民生大改善，促进社会和谐稳定，建设幸福乐平。会议对镇党政领导班子成员述职述廉报告进行审议。大会期间，代表们提出提案27件，其中农业4件，社会管理和其他23件。

2014年1月6日，佛山光伏发电应用推广现场会议在乐平镇召开。佛山市市长刘悦伦（右一）充分肯定了三水分布式光伏发电应用商业运作模式，表示三水经验为全市推广分布式电站奠定良好基础

【镇十六届人大四次会议】 2014年1月9日，乐平镇召开第十六届人民代表大会第四次会议。会议听取和审议镇政府工作报告、镇2013年财政预算执行情况和2014年财政预算草案的报告、镇人大工作报告。会议选举陈泽明为镇人大主席，陈列勇为镇人大副主席；选举张凯为镇长，吴成贵、杨启禧、杨钊辉为副镇长。大会收到代表议案4件，建议、意见10件，涉及农田水利建设、环境污染治理、城建、交通等6类问题全部答复。会议指出，2014年园、镇将以主题园为载体，落实项目，科技创新，推动产业转型升级，加快构建现代产业体系。抢抓城镇化建设契机，坚持产业发展与城镇建设协调并进，加快建设宜业宜居城镇。在社会事业方面，大力提升“三农”发展、社会事业、民生福利等水平，营造和谐稳定的社会环境，提升工作效能，致力于打造群众更满意的政府。

【民生微实事】 2014年，乐平镇实施“微实事”立办制改革，将群众反映最迫切、最普遍关注、自筹性较高的项目纳入民生微实事项目。民生微实事项目21个，其中市政工程类14个、文化设施类4个、公益服务类3个。投入项目总额258.6万元，其中获得区微实事项目资金140万元，镇财政补贴57.6万元，村（居）自筹资金61万元。第一批8件民生微实事完成，第二批民生微实事完成7项。

【存在问题】 2014年，乐平镇在经济社会发展中的存在问题是产业层次、税收质量、城镇化水平较低，资金缺口、环境治理压力大。社会法制观念淡薄，还没有形成有效的法制环境。行政效能和机关干部干事创业的能力需要增强。

（王鑫）

芦苞镇

土地总面积 105 平方千米

社区 1 个；**行政村** 6 个，**自然村** 90 个，**总户数** 11116 户，**总人口** 50526人

工农业总产值（当年价） 263.71 亿元，**农村经济总收入** 107817 万元

农村居民人均年纯收入 16378 元，**财政收入** 26605 万元

工业园区： 三水工业区芦苞园

特色旅游： 三水温泉度假村、高尔夫俱乐部、芦苞祖庙（南武当）、长岐古村

2014 年 11 月 19 日，“谁有我的芦花美”芦苞镇实景美术写生展在三水区文化馆二楼展厅举行

【概况】 芦苞镇位于三水区中北部，东接广州市花都区赤坭镇，南接三水区乐平镇，西南与肇庆四会市相连，北及西北与三水区大塘镇接壤。总面积105平方千米，辖1个居民委员会、6个村委会和90个自然村。镇机关设镇委办、镇委组织工作办、镇委综治信访维稳办直属机构有镇经济促进局、镇社会工作局（镇农林渔业局）、镇财政局、镇人力资源和社会保障局、镇国土城建和水务局、镇卫生和人口计划生育局(教育局)，区、镇双管机构有区政务监察和审计局芦苞分局、区市场监管局芦苞分局、区安全生产监督管理局芦苞分局、区环境运输和城市管理局芦苞分局。2014年，全镇地区生产总值73.98亿元，比上年增长9.8%；工业总产值253.34亿元，增长11%；农业总产值10.37亿元，增长2%；税收3.23亿元，增长0.97%；招商引资项目15个，合同引资额20.67亿元。

【产业发展】 2014年，芦苞镇加大闲置土地整理回收力度，开展二次招商和项目嫁接，为优质项目提供有效载体。累计回收闲置土地16宗51公顷，盘活低效土地11宗55.2公顷，促成企业增资扩产3宗，涉及开发土地10.27公顷。淘汰低效落后企业13家，涉及投资总额近2亿元、税收800多万元。新签、新进项目15个，投资总额20亿元，预计新增税收近1.5亿元。其中，现代服务业占20%，先进制造业占50%，有效优化产业结构。对已签项目实施贴身服务，力促项目落地。荣高科技试产。普洛斯芦苞物流园动工。华农大种业项目完成填土工程，进行规划报建。石湾酒厂注资帝一酒业，有效改进工艺和加大产能。皇派门窗等一批优质项目加快推进。协助帝一酒业、家家卫浴、金三角水泥等企业，利用现有厂区，增资近3亿元扩产。奥鹏黏胶、迪生钢构开拓海外市场，全镇合同利用外资和实际利用外资分别达4496万美元和3288万美元。工业企业销售额比上年增长30%。华兴玻璃、振宣科技等一批企业税利大幅增长。全镇纳税超千万元企业由2家增至4家。

【城乡建设】 2014年，芦苞镇完成城镇总体规划修编，启动土地利用总体规划，为城镇扩容拓宽空间。收储一批城市发

展用地，启动影剧院“三旧”改造项目，增添城镇发展活力。引资新建汽车客运站，投入2500万元完成芦湖路改造提升工程，投入1200万元改建独树岗大桥，启动长岐古村活化升级、芦苞涌景观提升等城市升级项目。争取各级资金9500万元，启动白土涌、南丫涌、欧边涌、黄岗涌等超20千米河涌整治，切实打通农田灌溉动脉。涉环保投诉比上年下降近10%。博德、威特2家企业各投入1000万元治理粉尘。多正化工等8家企业完成在线监控设备安装。VOC企业整治、重金属综合防治等工作推进。取缔多家畜禽养殖场点，完成6个规模化养殖场治理和2个分散式农村生活污水处理系统建设，有效推进“一河一策”河涌综合整治工作，芦苞涌水质首次达到四类标准。加强农贸市场管理，增派执法人员、调整执法时间、完善市场布局，改善市场周边环境。

【民生事业】 2014年，芦苞镇坚持“让农民富裕起来，让资源转动起来，让农村和谐起来”的总体思路，整合连片土地超2000亩，引入慈航科技等一批优质项目，单位土地发包价格和产出比上年大幅度上升。组建农民专业合作社26个，整合农村劳动力超3000人，推动农业抱团发展，芦江水产专业合作社率先实施盈余分配机制，打造“拉爷”“颖健叶”“芦苞鱼干”等一批农业品牌。全镇7个村（居）全部组建起村级公共服务站，实现行政服务全覆盖。结合村级换届工作，完善农村议事、监事、服务机构。促成近4.5万人参加各类社会保险，为1380名劳动力提供免费技能培训。推行民生微实事立办制改革，由“两代表两委员”根据群众的需求，确立微实事17项，投入财政资金150多万元，带动社会资金近200万元，完成蔡叶线路灯改造、工业园区下水道改造等一批民生工程。整合各类卫生资源，投入近1000万元，建立公共卫生大楼，在各村、社区卫生服务站实现基本药物制度全覆盖。加大教育投入力度，引导社会资金投入教育事业，实验幼儿园和伊萌幼儿园对外招生。佛山市女企业家协会捐资56万元建设新乐丰小学综合楼，并设立助学基金。全镇教育教学水平不断提高，通过省教育强镇二次复评，龙坡中学中考重点高中上线率创历史新高。投入300多万元，实现村（居）视频监控全覆盖，有效震慑违法犯罪行为。全年收处警情1403宗，比上年下降11.9%。完善食品安全监管体系建设，建成5个食品安全示范单位、24个“阳光厨房”，获评为区“食品安全先进镇”。深入开展安全生产“八打八治”工作，促成28家企业通过标准化建设验收，40家企业通过职业卫生基础建设验收，有效推动企业安全发展。解决困扰芦苞近20年的温泉高尔夫球场股权纠纷等一批历史遗留问题。深入开展镇干部直接联系群众活动，广泛走访农户家庭，畅通群众沟通渠道，一批关系群众切身利益的诉求得到有效解决。十件民生实事如期推进，较好地兑现政府承诺。

【行政效能】 2014年，芦苞镇以党的教育实践活动为契机，深挖领导干部在思想作风上存在的根源性问题，镇党政领导班子成员率先垂范，带头强化执行、服务和效率意识，狠抓作风转变，干部队伍执行力得到提升。完成村居委会和村民小组换届选举，村干部年龄结构、文化程度得到优化，整体素质得到提升。优化公平竞争的选人用人机制，提拔一批年轻干部，完成中小学校校长竞聘工作，充分调动干部积极性，营造团结向上的工作氛围。强化行政监察，拓展预算执行审计深度和广度。完善重点工作调研督办机制，加大对重点工作的定期督办力度。狠抓机关作风效能建设管理，量化工作指标考核，切实提升机关干部的执行力，一批历史重点、难点问题得到有效解决。

【存在问题】 2014年，芦苞镇在经济社会发展中的存在问题是：经济总量偏小，产业结构有待优化，面临转型升级和做大总量的双重压力；人才、资金、土地空间、环境容量等瓶颈制约日益突出，要素配置需进一步优化；城镇功能有待提升，城乡统筹任务艰巨；社会管理面临很多新课题，政府自身建设仍需加强。

（曾健婷）

2014年芦苞镇辖村（社区）基本情况

名称	书记	主任	自然村数（个）	总户数(户)	总人口数（人）	经济总收入(万元)	居民人均年纯收入(元)
芦苞社区	刘达应(-2014.11) 林志毅(2014.12-)	刘达应		2430	6991		
西河村	胡国平	胡国平	11	1146	4461	15450	16270
上塘村	欧永强	欧永强	14	660	2380	13086	16340
刘寨村	苏贺泉	苏贺泉	12	858	3121	7497	16203
四联村	麦永仲	麦永仲	23	2957	7581	26071	16322
四合村	邓炳泰	邓炳泰	14	1430	5080	18690	16230
独树岗村	蔡达初	蔡达初	16	1832	6669	27023	16722

2014年芦苞镇主要社会经济指标

项目	单位	指标	项目	单位	指标
社区	个	1	水产总产量	吨	18629
行政村	个	6	禽畜饲养量	万只	765.95
自然村	个	90	其中：生猪	万头	12.89
农业总产值(当年价)	亿元	10.37	家禽	万只	753.06
工业总产值(当年价)	亿元	253.34	果菜总产量	吨	
工业企业	家	151	中学	所	1
其中：外资企业	家	27	小学	所	3
私营企业	家	151	中小学在校学生	人	3530
实际利用外资	万美元	3288	在职教师	人	250
个体工商户	户	1369	镇机关干部	人	90
年末储蓄余额	万元		电话普及率	%	99
职工人均年收入	元		自来水普及率	%	95
粮食总产量	吨	3828	水泥公路	千米	

■ 大塘镇

土地总面积 98.23平方千米
社区 1个；**行政村** 7个
自然村 99个，**总户数** 10694户，**总人口** 70882人
工农业总产值（当年价） 304.96亿元，**农村经济总收入** 690635万元
农村居民人均年纯收入 13275元
财政收入 42651.29万元
工业园区： 三水工业区大塘园
特色旅游： 大塘镇现代农业生态园区

【概况】 大塘镇位于三水区西北部，与广州市花都区和清远市接壤，北江流经境内，广四线、清龙线及肇花高速公路贯境而过。镇辖永丰、莘田、永平、连滘、潦边、大塘村、六一村委会和大塘社区居委会，自然村99个。镇机关设党委办、组织工作办、综治信访维稳办、经济促进局、社会工作局、农林渔业局、财政局、人力资源和社会保障局、国土城建和水

务局、卫生和人口计划生育局、区监察局大塘分局、区食品药品监管局大塘分局、区安全生产监管局大塘分局、区交通运输和城市管理局大塘分局14个办公室（局），下设农业技术推广服务中心、文化站、卫生院、畜牧兽医站、动物防疫检疫站、行政服务中心、公共资源交易中心7个事业单位，公务员39人。2014年，大塘镇紧扣区委、区政府“一主三副三板块”发展战略，按照“1+2”的发展思路，坚持科学发展，加快转型升级，经济实力明显增强，社会大局和谐稳定，全年预计地区生产总值90.81亿元，比上年增长9.8%；工业总产值304.96亿元，增长10.9%；全社会固定资产投资71.36亿元，增长14.5%；税收4.97亿元，增长22.7%；农民人均纯收入13275元，增长12.2%。

【工业经济】 2014年，大塘镇新签工业项目9个，合同引资额18.45亿元，包括上海东久产业园、广东拉多美复合肥、和丰盛纺织等一批规模项目。签约项目动工和在建项目建设进度加快，新增安博物流等5个项目动工，西陇化工等9个项目完工或试投产，推动菱王电梯等6个在建项目施工。盘活低效存量用地工作铺开，引导16家企业通过二次招商、增资扩产等方式，盘活58.87公顷存量用地。产业载体建设推进，实施工业园区主干道修复、天然气管网以及产业社区装修改造工程。申报区级以上工程中心5家、高新技术企业2家，新增7家企业通过清洁生产审核。

【农业发展】 2014年，大塘镇完善农业基础设施，农业园区入口景观工程完工，1.5万亩高标准基本农田项目完成9000亩建设。加强重点项目建设和农业招商，“三水鱼世界”项目首期1500亩工程建成投产，引入占地510亩的劲农都市农业创意园区项目。农综改革试点工作推进，集约流转300亩以上连片土地2005亩，重点培育的家庭农场9家，确立股份社股权固化试点10个。新增4家市级菜篮子基地、3家市级农业龙头企业、6家市级农民专业合作社示范社，成功注册“三水大塘蔬菜”集体商标，提升大塘农业品牌价值。

2014年12月10日，大塘镇举办2014年蔬菜新品种示范推广现场会

【城乡建设】 2014年，大塘镇按照新型城镇化要求，推进新城区设施建设，完成望岗涌生态改造、涌北路等市政基础工程，重点抓好新汽车客运站、万豪大厦、大塘中心广场、奥利花园三期、莱福花园等一批重点配套项目建设，促进公共服务和商住配套资源向新城区聚集。加强城乡环境综合整治，结合城市管理考核工作，开展农贸市场及周边环境、户外广告牌、违法建设专项整治行动，启动北江沿岸（省道S118线油金大桥西至六一段）生态景观林带提升工程，镇容镇貌得到改善。按照环保责任制考核要求，推进城乡水体、大气环境整治和生态建设，完成上村等3个分散式农村生活污水治理工程以及5.6千米内河涌清淤工程。优化农村人居环境。抓好新农村示范村创建工程，完成叶家村等4个自然村“森林家园”示范村工程、念塘村等3个自然村“进村道路绿化提升”工程，建成9个省卫生村。

【民生事业】 2014年，大塘镇兼顾统筹，保障投入，“民生八件实事”得到落实。加强劳动就业培训，开发就业岗位3000个，培训劳动力1015人，做好“新农保”、居民基本医疗保险、全征地农村居民养老保险扩面工作。健全城乡救助体系，全年发放低保、医疗、慈善救助金644万元，完成大塘敬老院改造工程。优先发展教育事业，结合教育资源整合调整，投入1025万元，完成中心小学教学楼、永平小学综合楼及校园市政配套改造工程，办学条件得到改善，通过广东省“教育强镇”复评验收。镇卫生院与区人民医院合作，加挂“区人民医院大塘医院”牌子，区疾病防治所大塘工作站建成启用，完善医疗服务网络，提升服务水平。落实人口计生综合治理机制，提供人口计生优质服务，完成人口计生考核指标。创办内部刊物《大塘万象》，开通政务微信，组织文体活动进村居、进园区，活跃

2014年大塘镇辖村（社区）基本情况

名称	书记	主任	自然村数（个）	总户数（户）	总人口数（人）	经济总收入（万元）	居民人均年纯收入（元）
大塘社区	仇　健	仇　健		1587	4674		
永丰村	余苏雄	余苏雄	22	1198	4673	23034	12468
莘田村	李毅华	李毅华	7	1040	4342	1056	13521
永平村	黄立强	黄立强	23	1837	7119	1320	10650
连滘村	莫祐昌	莫祐昌	15	1997	7495	29898	13807
潦边村	黄景兴	黄景兴	18	1391	5615	18271	13000
大塘村	林礽浩	林礽浩	4	1174	4721	213	13983
六一村	陈翠娟	陈翠娟	10	470	1980	291	12425

2014年大塘镇主要社会经济指标

项　　目	单位	指标	项　　目	单位	指标
社区	个	1	水产总产量	吨	15328
行政村	个	7	禽畜饲养量	万只	485.27
自然村	个	99	其中：生猪	万头	12.7
农业总产值(当年价)	亿元	9.7	家禽	万只	471.88
工业总产值(当年价)	亿元	304.96	果菜总产量	吨	96962
工业企业	家	168	中学	所	1
其中：外资企业	家	17	小学	所	3
私营企业	家	151	中小学在校学生	人	3815
实际利用外资	万美元		在职教师	人	386
个体工商户	户	1490	镇机关干部	人	39(公务员)
年末储蓄余额	万元		电话普及率	%	95
职工人均年收入	元		自来水普及率	%	92
粮食总产量	吨	6949	水泥公路	千米	13

2014年12月，大塘镇通过"广东省教育强镇"第二轮评估验收

群众身心。强化社会治安综合治理，推动平安创建工作向企业和村居延伸，社会治安形势持续向好。落实安全生产"一岗双责"，开展安全生产网格化管理，推进安全生产、消防安全、食品药品安全等专项巡查、执法以及整治，全年没有发生重特大事故。村（居）委换届选举工作完成，村级班子结构得到优化。

【行政效能】 2014年，大塘镇深化行政审批制度改革，重点开展职能部门权责清单清理工作，镇行政服务中心迁至新城区办公，规范审批事项流程，优化企业和群众办事环境。完善镇公共资源交易中心软硬件建设，整合和搭建镇公共资源交易平台，实施工程招投标、政府采购、农村集体资产交易，确保公共资源交易公开、公正和公平。实施纪检监察组织规范化建设，完善镇、村（居）纪检组织网络，在全区率先试点建立农村廉情预警机制，实现廉情防控关口下移。第二批党的群众路线教育实践活动取得实效，建立领导干部驻村（居）直接联系群众和民生微实事立办制改革工作机制，一批群众关心的热点、难点问题得到解决，干群关系更加密切。

【镇第十二届党代会第三次会议】 2014年12月26日，大塘镇召开第十二届党代会第三次会议，各基层党组织约180名党代表、列席代表参加会议。会议听取和审议镇党委工作报告、镇纪律检查委员会工作报告、镇十二届党代会三次会议提案处理意见的报告和镇十二届党代会二次会议提案提议办理情况的报告，听取镇党政领导班子成员述职述廉，对镇党政领导班子成员进行民主评议。代表们提出涉及全镇经济社会发展大局和民生福祉等不同领域的提案4件、意见建议7件。

【镇第十六届人大第四次会议】 2014年1月7日，大塘镇召开第十六届人大第四次会议。会议听取、审议并通过《大塘镇人民政府工作报告》《大塘镇人大工作报告》以及审议通过《大塘镇2013年财政预算执行情况和2014年财政预算（草案）报告》，提出2014年大塘经济社会发展思路和工作举措。

（刘楚雄　张秋娟）

南山镇

土地总面积 124.21 平方千米
社区 4 个，**行政村** 1 个
自然村 150 个，**总户数** 6575 户
总人口 29167 人
工农业总产值（当年价） 67.65 亿元，**农村经济总收入** 65166 万元
农村居民人均年纯收入 11589 元
财政收入 28436.72 万元
工业园区： 中国（三水）国际水都饮料食品基地北园
特色旅游： 九道谷漂流景区、南丹山原生态风景区、知青会馆、龙形拳会馆、杜马禅院

【概况】 南山镇位于三水区最北端，与肇庆市的四会市、清远市的清新县接壤，总面积124.21平方千米，常住人口2.9万人，户籍人口2.6万人（含归侨侨眷2636人）。下辖1个村委会（六和村委会）和4个社区居委会（漫江、东和、择善、禾生）、150个自然村。2014年，南山镇地区生产总值22.33亿元，比上年增长8.89%；工农业总产值67.65亿元，其中工业总产值58.92亿元，农业总产值8.73亿元；税收7123.78万元。

【基础设施建设】 2014年，南山镇完成南山入口景观节点、广四线和六山线的绿化提升改造和亮化工程。南山新客运站建成，九道谷温泉酒店建成开业。乐华公寓、企业家高管公寓、幸福商城城市综合体、假日蓝湾酒店动工。启动漫江河筑坝蓄水、一河两岸桥梁及两岸生态景观工程。完成公共服务区道路、排水、路灯、市场周边环境改造等市政建设，启动公共服务中心公园及南山公共服务中心改造等工程。

【产业招商及园区建设】 2014年，南山镇围绕生物科技和食品饮料、生态养生休闲度假旅游两大主导产业，引入杰隆南方区域总部、杰隆生物制品、杰康诺3个生物科技项目及广村1个食品项目，卓超集中供热、森和业丰等3个产业配套项目；在现代服务业方面，引入乐华商学院、六和幼儿园和九道谷温泉养生度假酒店3个项目。产业建链补链不断完善，第二、第三产业融合发展。抢抓打造水都基地北园带来的重大机遇，加快产业园区载体建设。基地北园一期100公顷完成“七通一平”建设，预留发展用地300公顷。梳理产业园区闲置用地和低效用地，采取土地收储等方式推动土地开发利用，收储产业园区4宗闲置土地19.8公顷。

【危房改造工作】 2014年，南山镇危房改造自建区95%以上的自建房动工，市政配套、文化中心、商业广场建成；旧房维修完成630户的验收及资金补助发放工作；拆旧建新方面，建成大坳塘拆旧建新点，天桥旧村在建；限价房施工，完成450户选房抽签工作。

【交通设施建设】 2014年，南山镇南山大道南段扩建工程投资超3亿元，按I级公路设计，总长7.8千米，扩建为双向4车道沥青路面，可作城市主干道路。该工程征地工作完成，准备招标。

【新农村建设】 2014年，南山镇完成六和围望村、茶园村、松元村、蒲四村，东和徐屋村、石头坑村及择善珠塘村7个村的新农村建设工作，农村面貌和人居环境不断完善。

【市对口扶贫】 2014年，南山镇出台《南山镇扶贫开发工作实施方案》，确定涵盖农村、教育、医疗、养老、卫生、农业的6大建设项目（含14个子项目），从2014年起，计划用3年时间彻底改变南山镇的落后面貌。其中，农业园区5项提升工程完工，其余项目推进。

【队伍建设】 2014年，南山镇狠抓机关作风和效能建设，完善激励机制，实施干部动态考核，量化工作指标考核，改变干部队伍过去的“等靠要”思想，实现从“我要守候”到“我要发展”的转变，提升机关干部的执行力，打造“工作充满激情、干劲、创意”的南山干部精神。

【人大会议】 2014年1月9日，南山镇召开镇二届人大六次会议，会议审议并通过《政府工作报告》《南山镇2013年镇财政预算执行情况和2014年财政预算草案报告》和《人大工作报告》，收到5个议案和2个建议。会议通过邓志东、何国永辞去南山镇人民政府副镇长职务的报告，并依法选举黎锦

南山大道中绿化提升效果显著

标、何伟全、黄汉云为南山镇人民政府副镇长，区、镇两级人大代表视察乐华恒业工地、危房改造（幸福小区）等项目。9月15日，南山镇召开镇二届人大七次会议，依法选举李豫生为南山镇人民政府副镇长。

【存在问题】 2014年，南山镇经济社会发展存在的问题：受宏观环境等因素影响，资源成本、政策优惠等优势逐步消减，招商引资困难增大。经济总量偏小，主导产业壮大、新兴产业的培育面临重大压力。人才、土地、资源、环境等要素制约逐步加大。交通建设落后，城镇功能有待完善。群众饮用水安全无法保障。社会管理面临很多新课题，政府自身建设仍需加强。

（钟劲）

2014年南山镇辖村（社区）基本情况

名称	书记	主任	自然村数（个）	总户数（户）	总人口数（人）	经济总收入（万元）	居民人均年纯收入（元）
漫江社区	陈汉钊	陈汉钊	14	1498	5860		
东和社区	伍桂洪	伍桂洪	16	634	2241		
择善社区	朱有源	朱有源	24	826	2998	65166	11589
禾生社区	钟伟强	钟伟强	0	590	1580		
六和村	钟伟强	钟伟强	96	3027	13488		

2014年南山镇主要社会经济指标

项目	单位	指标	项目	单位	指标
社区	个	4	水产总产量	吨	13146
行政村	个	1	禽畜饲养量	万只	1132.44
自然村	个	150	其中：生猪	万头	15.9
农业总产值（当年价）	亿元	8.73	家禽	万只	1315.94
工业总产值（当年价）	亿元	58.92	果菜总产量	吨	7798
工业企业	家	44	中学	所	1
其中：外资企业	家	4	小学	所	2
私营企业	家	40	中小学在校学生	人	3533
实际利用外资	万美元	1000	在职教师	人	301
个体工商户	户	478	镇机关干部	人	96
年末储蓄余额	万元		电话普及率	%	99
职工人均年收入	元		自来水普及率	%	17
粮食总产量	吨	3836	水泥公路	千米	89.23

区领导机关

THE LEADING ORGANIZATION OF SANSHUI DISTRICT

■ 中共佛山市三水区委员会

【概况】 2014年，中共佛山市三水区委员会围绕“产业新城、南国水都、广佛肇绿芯”的发展战略目标，深化改革，调整和优化产业结构，推进产业转型发展。认真抓好党的群众路线教育活动，加强区、镇领导直接挂钩联系村（居）委会工作，推进城市升级3年行动计划，三水新城建设取得新的突破，全面促进三水区经济社会提速提质发展。三水区大部门体制改革后，理顺了各部门的管理职能，有序推进各项改革工作。

【中共佛山市三水区委十二届五次全体会议】 2014年1月8日，中共佛山市三水区委十二届五次全体会议召开。会上，区委书记苏伟波代表区委常委会向全会作主题为“改革，发展，再立新功”的报告，总结过去一年的工作，深刻分析现阶段形势，全面部署2014年工作，明确全区工作的总体要求、发展目标和工作重点。苏伟波表示，全面深化改革，加快转型发展，成为当前三水的迫切任务，要通过系统的改革来调整优化产业结构，强化城市综合承载力，吸引科技、金融、人才、现代服务等发展要素集聚三水，全面促进三水经济社会提速提质发展。会议要求各级党组织要深入学习，抓好本次全会精神的传达贯彻；要联系实际，以全会精神推动当前各项工作。

【向老干部通报2013年工作情况】 2014年1月17日，三水区召开会议，向离退休老干部通报2013年三水区经济社会建设、生态环境建设、社会事业推进等方面的工作情况和成绩，并对2014年工作安排作介绍。区长陈英文表示，过去一年，三水区在经济建设、社会建设、城市升级等方面都取得可喜的成绩，甚至有些指标还取得重大的突破。GDP增长12.5%，增速排名全市第一；工业总产值增长14.3%，达2642亿元；公共财政预算收入32亿元，增长19.4%；税收超86亿元，其中两家企业税收超5亿元。区委书记苏伟波指出，通过近年的改革发展，三水积蓄较足底气，也取得很多的发展经验。新的一年，三水必须更好地抓住机遇，深化改革发展，更好地总结经验，谋求更大的突破。在深化改革过程中，三水将以问题为导向，以老百姓的诉求、以制约三水发展的因素为突破口来推动改革，做到接地气、有实效。从激发镇街发展活力、激发农村发展活力、激发市场活力、激发社会活力等方面着手，推动三水各项事业发展。希望老干部们发挥才智，为三水建设建言献策。

【区委、区政府工作会议】 2014年1月27日，区委、区政府工作会议召开。会议回顾2013年工作，部署2014年工作。区长陈英文传达省委十一届三次全会、市委十一届四次全会精神。他认为，改革创新将成为推动下一轮发展的重要驱动和手段，区域之间的竞争将越来越激烈，经济社会发展对广大干部的要求也越来越高。他强调，新的一年，各级干部要切实转变思维和工作方式，大胆改革，勇于担当，各级各部门要更加专注、用心谋划，落实区委十二届五次全会、区十五届人大四次会议确定的重点工作，实现提速提质发展。区委书记苏伟波指出，一年来，全区干部群众团结奋进，保证三水发展劲头足、质量好，城市的活力和品质、群众的幸福指数均大幅提升，值得肯定。他要求，新的一年，要围绕改革创新、提速提质发展和群众路线教育三个重点，强化改革创新、团队协作、责任担当、民本服务和廉洁自律“五种意识”，加快发展第三产业，推动三水绿色发展、跨越发展。

【党的群众路线教育实践活动专题会议】 2014年2月7日，党的群众路线教育实践活动专题会议召开。区委书记苏伟波在会上强调，三水要坚持问题导向，全面深化改革，推动三水经济社会提速提质发展。各级党组织要高度重视，把教育实践活动作为2014年一项重大政治任务抓紧抓好，以为民务实清廉为主要内容，既要做足“规定动作”，又要做出具有三水特色的“自选动作”，将教育实践活动与全面深化改革紧密结合起来。要通过广泛深入地走访群众，听取群众意见建议，查找干部队伍存在的“四风”突出问题、制约三水发展的突出问题、关系群众切身利益的热点难点问题，找准三水全面深化改革的着力点，集中资源，凝聚力量，在重点领域和关键环节上取得突破，以改革促发展，全面激发基层活力、市场活力和社会活力，提升政府的治理能力，推动三水经济社会提速提质发展。

【三水区党的群众路线教育实践活动动员部署大会】 2014年2月20日，三水区党的群众路线教育实践活动动员部署大会召开，启动、部署第二批群众路线教育实践活动。会议强调，要以区领导机关、领导班子和领导干部为重点，突出抓好直接联系服务群众的执法监管部门和窗口单位、服务行业的教育实践活动，注重抓好镇、街道和村、社区等与群众联系密切的基层组织的教育实践活动。通过开展教育实践活动，找准三水全面深化改革的着力点，集中资源，凝聚力量，在重点领域和关键环节上取得突破，以改革促发展，全面激发基层活力、市场活力和社会活力，提升政府的治理能力，推动三水经济社会提速提质发展。区委书记苏伟波强调，三水要实现科学跨越发展，党员干部的观念、行动，特别是改革意识、政府执行力等还有待提升。要通过开展教育实践活动，让群众享受更多发展“红利”。省委督导组第四督导组成员陈平州，市委督导组第四督导组组长林邦彦到会指导，区长陈英文主持会议。至2月28日，参加区教育实践活动的67个单位已全部召开党的群众路线教育实践活动动员部署会议。区委8个督导组认真指导各单位开展工作，为下一步教育实践活动开展奠定良好的基础。

【区委书记苏伟波上线微访谈】 2014年3月20日，区委书记苏伟波上线微访谈，与网友交流互动，回答网友提问，收集网友提问1600多条，吸引近60万人网上围观。苏伟波就“改革发展”“社会管理”“交通环保”等24个热点问题与网友进行深入交流。苏伟波表示，党委和政府要广开言路，广泛收集群众的意见和建议，要善待群众的批评，有

2014年3月20日，三水区委书记苏伟波上线微访谈，与网友交流互动

则改之，无则加勉。此次微访谈通过网站、微博、微信进行图文、视频直播，还设置媒体、网友现场提问环节，18个区直部门和相关镇街也现场参与访谈互动。对访谈现场没有回复的问题，相关部门将及时跟进，并于4月20日前在网上公开回复。

【刘悦伦到三水区督办省重点项目】 2014年5月30日，中共佛山市委书记刘悦伦率调研组到三水区督办省重点项目。调研组实地考察三水工业园区汽车产业园和海尔集团产业化项目，并召开各区负责人、全市50多个投资额超20亿元的项目负责人会议。会上，刘悦伦指出，重点项目的推进，既关系2014年经济的稳定增长，又关系到佛山未来几年经济发展后劲，政府各部门必须高度重视、高度关注。刘悦伦要求，各级各部门要提高行政审批效率，建立联合机制，对企业问题协调会诊，为企业解决难题，全力以赴，确保按质按时推进省重点项目建设。市委常委、常务副市长李子甫，区委书记苏伟波、区长陈英文参加调研。

【“政务传播与政府治理”学习会议】 2014年6月5日，中共三水区委理论学习中心组举行“政务传播与政府治理”学习会议，邀请中山大学传播与设计学院博士生导师、副院长张志安教授作“新媒介环境下的政务传播与社会治理”专题报告。报告从“风险社会面临的复杂挑战”“社会治理需要的改革方向”“政务发布的新机制和策略”三个方面，分析新媒体带来新挑战的具体表现，讲授危机处置、监测舆情和传播的具体方法，以及如何进行新闻发布等。区长陈英文等区委理论学习中心组成员参加学习会。

【省委调研组到三水调研农村综合改革和村居治理】 2014年8月30日，中共广东省委副书记马兴瑞率调研组到三水中茂现代农业项目、富景社区、祠巷村文体中心、红牛饮料公司和江根村思贤滘调研农村综合改革和村居治理。马兴瑞详细了解企业的生产运营及发展情况，并强调食品安全的重要性，希望中茂生物科技有限公司继续向绿色食品方向发展，以“公司＋农户”的产业链思路带动农民就业，增收致富。在富景社区，马兴瑞深入了解富景社区的直联制、公共服务站运作、基层治理工作和外来人员融入白坭等情况，对白坭的工作成效给予充分肯定，要求镇街干部继续密切和群众的联系，做好服务群众工作，并在实践中不断完善和提升。区委书记苏伟波、区委副书记陈浩明、区政务委员黄昌建等陪同调研，区委常委陈必田、孔耀明分别对白坭镇、西南街道的调研点作情况介绍。

【区党政班子务虚会议】 2014年12月16—17日，三水区召开党政班子务虚会。区党政班子领导及各镇街书记围绕“适应新常态、寻找新动力、增创新优势”的主题，结合工作实际，汇报2014年工作亮点及体会，分析制约发展的瓶颈及突出问题，提出2015年工作思路。区长陈英文认为，营造良好的干事氛围是做好其他工作的前提，勇于担当、工作扎实、行政高效是做好事情的关键，对工作系统思考、统筹协调是提升工作水平和效果的有效途径。要做好经济、用地、环保、城市升级、城管、民生、财政管理、农业农村等方面工作。区委书记苏伟波对每个发言均作点评，他认为“磨刀不误砍柴工”，务虚会集思广益，增进彼此之间工作的了解，更重要的是凝聚共识，提振信心。苏伟波要求领导班子要适应新常态，未来两年主要将定下来的工作抓好落实。重点围绕抓产业，进一步完善招商引资、园区、政府服务；抓城市建设，提升城市品位；抓好民生。首先是抓群众路线，包括直联制和微民生。其次是全面加强党和干部队伍的建设，抓好班子队伍，结合基层治理，将作风建设和反腐败渗入到区、镇、村三级。

【区委、区政府联席会议】 2014年，中共三水区委、三水区人民政府11次召开联席会议。1月17日，会议传达学习省委十一届三次全会和1月13日市委常委（扩大）会议精神。学习习近平总书记在党的群众路线教育实践活动开展以来发表的一系列重要讲话精神。会议强调，春节假期将至，各级各部门要狠抓“八项规定”落实，厉行节约，坚决纠正“四风”；扎实做好安全生产、服务群众、访贫问苦等各项工作，确保全区社会和谐稳定，各项工作顺利开局，人民群众欢乐祥和过春节。

2月13日，会议审议区纪委全会工作报告，讨论三水区开展党的群众路线教育实践活动相关材料，讨论2014年区委区政府重点工作任务分解安排，讨论成立区委全面深化改革领导小组等相关事宜。

3月12日，会议讨论《三水区区管领导干部动态管理2013年综合考核实施方案》，学习中央最近修订的《党政领导干部选拔任用工作条例》，进行党的群众路线教育实践活动集中学习。市委第四督导组组长林邦彦出席学习活动。会议专题学习习近平总书记系列讲话，以及省委书记胡春华在佛山调研时的讲话精神，与会区委常委结合学习谈体会。

4月2日，会议听取区党廉办关于佛山市对三水区党政领导班子2013年度落实党风廉政建设责任制检查考核情况的汇报，研究讨论全区全面深化改革相关工作，听取区委改革办关于全区全面深化改革有关情况汇报，进行群众路线教育实践活动集中学习。会议强调，各级领导干部要认真学习领会习近平总书记关于“三严三实”等系列重要讲话精神，进一步升温“学习教育、听取意见”环节，实实在在思考存在的问题，共同整改提高。特别要结合区委、区政府重点工作，全面深化改革，推动三水经济社会提速提质发展。

4月16日，会议传达学习广东省党风廉政建设领导小组《关于开展“会所腐败”专项整治工作的意见》、省财政厅《关于印发〈省直机关和事业单位差旅费管理办法〉的通知》精神，传达学习中央教育实践活动领导小组办公室印发的《第二批教育实践活动单位在“四风”方面存在的突出问题》。

4月25日，会议传达学习新华社3月23日播发的长篇通讯《面向未来的赶考——习近平总书记指导河北省党的群众路线教育实践活动回访记》。

5月15日，会议研究部署区委党的群众路线教育实践活动“查摆问题、开展批评”环节相关工作，传达学习上级教育实践活动会议主要精神及习近平总书记在指导兰考县委常委班子专题民主生活会的重要指示精神，通报三水区学习教育、听取意见环节工作“回头看”情况及部署下一环节工作，对群众意见建议问题清单进行集体“会诊”，市委第四督导组作工作指导，苏伟波书记部署教育实践活动第二环节工作。要求进一步做好三水区2014年城乡社区建设相关工作，下发《三水区“城乡社区建设提升年”工作方案》。该工作方案细化20项工作任务，明确各项任务的责任单位和完成时间。

5月23日，市委督导组通报三水区四套领导班子作风建设情况，传达学习《广东省党政机关国内公务接待管理办法》，传达全市领导干部大会精神。

7月25日，会议审议《三水区驻村（社区）直接联系群众及民生微实事立办制改革工作方案》《三水区农村土地承包经营权确权登记颁证工作方案》，讨论提高工程建设领域行政效率相关事宜，明确区有关单位安全生产工作职责和应急救援工作职责。

9月28日，会议审定《三水区2014年度绩效管理工作实施方案》，通报2014年上半年区党政领导班子和领导干部安全生产责任制履职情况，传达学习习近平总书记近期8次重要讲话精神，讨论党的群众路线教育实践活动第三阶段整改落实和建章立制工作，通报创文“迎国检”有关情况。会议通报9月18日全市创建全国文明城市工作推进会及9月26日全区“创文”工作督办现场会情况。

11月3日，学习党的十八届四中全会精神，研究三水区贯彻落实意见，围绕党的十八届四中全会，以及省委、市委有关会议精神进行专题学习。会议强调，各级各部门要认真贯彻落实党的十八届四中全会精神，明确方向，把握重点，全力推动各项工作的开展。传达学习10月24日市委书记刘悦伦视察三水区的讲话精神，部署区党的群众路线教育实践活动后续工作，听取区近期安全生产工作情况汇报，研究部署全区安全生产工作，审议《三水区政府权责清单》。

12月9日，会议传达学习11月17—30日第5期县委书记党性教育专题培训班的学习内容，总结前一阶段直联制和民生微实事立办制改革工作情况。会议要求加大对口帮扶罗定工作的力度，严格遵守财经纪律。

（刘娓娜）

【保密工作】 2014年，三水区国家保密局按上级保密部门的工作部署，围绕全区工作大局，以确保国家秘密安全为中心，强化督促检查，筑牢保密防线，建立“大保密”工作格局。

保密宣传教育 区国家保密局开展保密干部全员培训。6月12日、13日，举办保密干部培训班，区属各单位保密组织，中央、省、市驻三水单位的分管领导和保密干部150人参加学习。学习内容包括保密工作概况、保密宣传教育、保密管理、定密解密、保密法制、保密科技与检查等。经过培训学习，全体学员均取得优异成绩。10月21日，举办保密专题党课。区委保密委主任陈浩明授课，各镇（街道）党（工）委副书记、办公室负责人，区属各单位主要负责人、办公室负责人，中央、省、市驻三水单位分管保密工作的领导、办公室负责人，78人参加学习。11月28日，组织区委、区人大、区政府、区政协领导班子成员，区属各单位正副职领导、涉密人员及其他工作人员，以及各镇（街道）党（工）委副书记、分管保密工作领导和涉密人员227人，到佛山市参加保密技术演示活动。

保密检查 区保密局下发《关于开展2014年度保密检查工作的通知》，明确各类专项保密检查内容和要求。全年按照“不打招呼、不走过场、不放过任何隐患”的“三不”原则，对各单位不定期进行一项、多项或全面保密检查。年中开展考试保密室年审专项检查、信息公开保密审查、涉密测绘成果保密管理跟踪检查等3个专项检查。通过检查，有效消除保密安全隐患，确保区内保密工作无严重违规违法行为，无失泄密事件发生。区保密局加强对本区域内国际互联网网站、电子政务外网和其他公共网络的信息监控，按照控制源头、归口管理、重点监控、及时查处的原则，防止本区域内国际互联网网站、电子政务外网和其他公共网络上登载涉及国家秘密信息。全年检查互联网信息25678条，没有发现涉密信息和敏感政务信息上互联网。

考试保密管理 全年，区内有普通高考、成人高考、自学考试、中考等9场国家级考试，区国家保密局与教育、公安等部门密切配合，齐抓共管，做好试卷运送、存放等保密管理。对高考保密工作，考前专门成立“佛山市三水区2014年高考保密应急处置领导小组”，与所有试卷保密员、监考员签订“保密承诺书”，高考期间实行每日“零报告制度”，确保高考保密工作万无一失。

（卢应能）

【信访工作】 2014年，三水区按照省委开展“社会矛盾化解年”的部署要求，完善信访制度，加大源头化解信访问题力度，对相关的专项治理项目排查摸底，分类建立台账，细化排查工作。通过对镇街以及镇街对村居的层层考核，调动区、镇、村三级，压实三道防线的责任，做到“底子清、情况明，措施硬”。全区受理群众来访517批1848人次，比上年分别下降19.72%和13.52%。群众信访呈现以下特点：信访受理总量有所下降，重信重访较多，每周三领导接访日上访群众较多。加强抓好积案化解和重点村居整治工作，市、区积案化解，公开听证评议和重点村居整治工作全部完成。抓好初信初访处理，加快信访事项办理速度，提高工作效率，避免初信初访问题转变成重点信访问题。注重创新工作机制，通过每月联席会议、每周会商（敏感时期每日会商）、领导接访下访、编发《信访动态信息》，建立信访工作QQ群等制度措施，加强部门联动，互通信息，形成合力，将矛盾化解在基层。

（卢国仲）

组织工作

【概况】 2014年，三水区有基层党组织1446个，其中党（工）委68个、党总支部99个、党支部1279个。城市街道党组织484个，其中党委18个、党总支部25个、党支部441个；乡镇党组织483个，其中党委10个、党总支部47个、党支部426个；国有经济企业党组织86个，其中党委6个、党总支部4个、党支部

76个；集体经济企业党组织1个，是党支部；非公有制经济企业党组织222个，其中党委5个、党总支部8个、党支部209个；事业单位党组织130个，其中党委2个、党总支部12个、党支部116个；机关党组织412个，其中党委32个、党总支部23个、党支部357个。全区党员28288人，其中女党员8269人、少数民族党员148人。年内新发展党员352人。全区有离退休干部5100多人，属于中共三水区委老干部局在册服务和管理的离休干部和副科级以上退休干部1147人。其中离休干部56人，退休干部5044人，最大年龄94周岁。中共三水区委组织部（区机构编制委员会办公室）内设秘书科（政策法规科）、组织科（党代表联络工作办公室）、两新组织党工委办公室（区新经济组织和新社会组织工作委员会、调研科）、干部科、干部培训和人才科、干部监督科（监督检查科）、机关党务科（区直属机关工作委员会）、老干部科（区委老干部局）、机构编制科（区事业单位登记管理局）、人事管理科（区军队转业干部安置办公室）、工资福利科。年内，区委组织部以开展党的群众路线教育实践活动为主线，坚持"大抓基层、活化队伍"，为三水的提速提质发展提供坚强的组织和人才保障。工作中的存在问题主要是基层党建特别是村级基层党组织建设有待强化，党组织引领基层社会经济发展的措施不多，在村级基层的核心引领作用亟须增强，党员队伍先进性有待凸显。干部队伍的干事激情、梯队建设、专业化水平有待提升。

【党建工作】 2014年，中共三水区委组织部抓好党建工作，树立大抓基层的导向。以建设基层服务型党组织为引领，强基固本，创新基层党建工作，提高基层党组织的战斗堡垒作用和党员的先锋模范作用。

抓好党的群众路线教育实践活动 认真贯彻中央、省委、市委和区委的工作部署，自活动开展以来，区委组织部担负"组织者"与"参与者"的双重责任，组织全区67个单位、1285个党组织、2.4万名党员投入到教育实践活动中来，"规定动作"做足做实，"自选动作"有特色有亮点，开展"四种意识"大讨论和领导"三带头落实"活动，构建"1+3"服务体系，紧扣改革发展主题主线，实现"两手抓、两不误、两促进"，得到广东省委第五督导组、佛山市委第四督导组的肯定。教育实践活动群众测评结果显示，对三水区教育实践活动总体评价为"好"的占96.5%，对解决"四风"问题特别是群众反映强烈突出问题的评价为"好"的占95%。

开展"驻点联系制度"及"民生微实事"立办制改革 在"三固定一创新"的基础上，创新推出"三一"工作法、"户情信息卡""菜单式"联动机制等有效举措，推行镇（街）领导干部驻村（社区）直接联系群众制度，并在全市首推"民生微实事"立办制改革，建立"十天就办"的处理机制，让村民群众身边的民生小事快速办理。收集实施"民生微实事"项目143个，投入资金2272万元，带动社会资金投入近1500万元，推动群众满意度的提升和群众信访量的下降（群众对解决反映强烈的突出问题评价为"好"的占95%；全区受理群众来访批次和人次，比上年分

2014年2月18日，三水区召开"创五好关工组织"总结会议

别下降45%和49%)。

提升基层党建工作水平　以农村综合改革为契机，出台加强农村基层党组织建设等“1+8”系列配套文件，提高村党组织在基层的威信。抓好镇(街)党委书记抓基层党建述职工作，落实镇(街)党委书记履行基层党建第一责任人责任；以村“两委”换届为契机，抓好农村带头人队伍建设，形成40岁左右、大专以上文化为主体的“两委”干部梯次结构。加强人才储备，注重大学生村干部培养，有28名大学生当选为村级党组织班子成员，比上届增加16名。以项目管理进村(居)的方式整顿软弱涣散党组织，组织7名区党政领导班子成员、10名区委委员挂点，区、镇两级分别派驻工作组等，投入扶持资金305万元，对7个软弱涣散村(社区)党组织(其中1个问题突出村)进行整顿，全部实现升级。以书记项目为重点，推进党建创新项目，以“机关服务走在前”为理念，开展“双创双争”活动，全年机关落实党建创新项目40个，建立党建示范点37个，基层服务示范岗250个。以乐平产业社区为试点，探索“六化型”园区党建新模式。加强党员教育管理，严把党员入口关，试点推行发展党员公示、票决制，加大教育培训力度，对全区70个村(社区)书记、主任，870个村民小组正、副组长和714个股份合作经济社理事长进行巡回轮训，实行党员民主评议工作，全区有70名党员被评为差等次，所在的基层党组织及时对差等次的党员进行诫勉谈话。

【干部人才工作】 2014年，中共三水区委组织部推进干部人才工作。

干部工作　以新一轮机构调整为契机，着力优化队伍结构，加强队伍管理激励，活化干部队伍。建立干部挂职锻炼常态化机制，探索强化干部挂职锻炼工作，实施区、镇干部双向挂职交流。注重在区中心工作中培养锻炼干部，择优抽调5名德才表现较好的干部到区重点工程建设项目报批服务中心办公锻炼3年。提升干部培训实效，以区委组织部为试点，开办为期半年的“1+1”专业培训课堂，330多人次参加培训。举办基层社会治理、新型城镇化、干部政策研究等6期主体班，330人参加培训。举办社会治理与依法行政、学习习总书记系列重要讲话等一系列名家讲堂，2330人次参加。制定日常了解干部实施办法，组成4个工作组到区直单位和镇街了解干部日常工作，对39个单位900多名干部进行谈心谈话活动，发放调查问卷1600余份，并结合群众路线教育实践活动，对领导班子运行情况进行分析研判，将分析研判结果作为干部选拔任用、管理监督的重要参考。抓好干部专项整改工作，调整“配偶已移居境外干部”岗位，对领导干部在企业兼职和超职数配备干部进行清理，治理“吃空饷”和干部“走读”。规范档案管理，核查干部“三龄二历一身份”，杜绝档案造假等行为。出台《科级非领导职务提任办法》《中层干部高配政策工作意见》《股级公务员职务晋升和管理意见》3份文件，完善干部队伍激励保障机制。完善动态考核机制，加强考核结果运用，将考核结果与干部任用管理相结合。做好老干部服务工作。注重待遇落实，组织老干部参加区经济发展情况通报会和教育实践活动，提高区属离休干部护理费标准。注重服务创新，完成“网格化管理，亲情式服务”系统升级工作，为44名老干部购买居家养老服务，117人次获得“平安钟”救助服务。将老干部(老年)大学和老干活动中心建设项目纳入区教育实践活动整改措施和2015年区委、区政府民生实事。注重老干部文体建设，三水区获佛山市第七届老干部运动会团体第一名、首届广东省中老年舞蹈大赛暨首届全国中老年舞蹈展演(广东展区)3个金奖。

人才工作　推进“人才强区”战略，营造吸引人才、培育人才、用好人才、服务人才的体制机制环境。加大人才工作宣传报道，落实“1+7”人才政策，执行全区人才工作联席会议制度，修改《三水区创新人才团队创业计划扶持办法》，优化高层次人才公寓管理，建成180套人才公寓。采用政府购买服务方式，与中华英才网合作举办预约式招聘，为16家企业(单位)198个职位提供匹配的高层次人才。设立创业扶持资金，引进创新创业人才，扶持创新创业团队和科技型中小企业发展。举办“三水区首届创新创业大赛”，吸引北京、上海、深圳、东莞、佛山六大类48个公司、团队和个人参赛。

【人事编制工作】 2014年，中共三水区委组织部着力于“转变政府职能、优化机构设置、提高行政效能”，创新机制体制改革，努力建设人民满意政府。

推进行政体制改革 做好权责清单编制工作。编制三水区、镇两级政府“1+4”权责清单，规范行政权力运行。梳理出区级行政职权8613项；新增行政审批事项143项、取消86项、调整135项；负面清单编制禁止和限制投资措施854条；审批清单纳入24个区级部门218个审批事项；监管清单编制监管措施种类448种、监管措施数量1926条、监管标准1456个。深化区大部门体制改革。改革后，全区设党委部门6个、政府部门21个（其中合署办公部门6个），重新组建区审计局、区民政局、区环境保护局，并对大部门领导干部进行适当调整。

创新人事管理制度 出台《三水区股级公务员职务晋升和管理意见》，明确股级职务晋升条件、股级非领导职数配备要求、职务晋升程序等事项。建立机关雇员职务晋升制度并完善雇员考核及待遇激励机制。云东海街道办麦志雄被评为广东省第四届“人民满意的公务员”，区公安分局孙建国被评为第六次全国模范军转干部。围绕三水社会、经济、产业发展方向，重点招录紧缺专业人才。制定“433”计划，即每年招录公务员当中，城建、规划类专业人数占招录总人数的40%，金融、审计、会计类专业人员占招录总人数的30%，综合类专业人数占招录人数的30%。计划利用3年时间，提升三水公务员队伍专业化整体水平。探索强化新录用公务员基层锻炼机制，充实镇（街）基层公务员力量。起草《关于加强新录用公务员到基层锻炼工作的意见》（讨论稿），延长新录用公务员到基层锻炼时间，加强组织管理，加大考核力度，增强新录用公务员在基层一线岗位应对复杂局面和处理实际问题的能力。认真落实各项企业军转干部解困的政策和措施，区委组织部被佛山市评为拥军优属先进单位。

创新机构编制管理 做好控编减编工作，强化机制监督检查，制订《三水区控编减编工作方案》《三水区优化编制管理办法》，细化编制管理，完善动态调整制度。优化事业单位机构组合。开展区直党政部门人力资源现状调研，全面掌握区机关人力资源现状及需求，为加强人才队伍建设和优化人力资源配置提出意见和建议。

推进事业单位试点改革及规范管理 推进事业单位法人治理结构工作，完成区文化馆、区理工学校试点单位工作任务。开展事业单位信用建设试点工作，制定《三水区事业单位信用信息暂行目录》，完成三水公证处试点单位工作任务。规范事业单位登记管理，完成166个事业单位年度报告网上审核及公开工作。通过“一审一核制”“审核合一制”优化事业单位法人登记流程，纳入常规化、规范化管理。

妥善处理福利待遇问题 健全事业单位绩效工资制度，完善教师职务津贴发放办法、公益二类、三类事业单位绩效工资制度。梳理机关事业单位人员受刑事处罚和行政处分后停发或扣发工资待遇的相关政策规定，规范机关事业单位工作人员日常考核机制。

【加强组工干部建设】 2014年，中共三水区委组织部以提高组工干部综合素质、强化组织部门优良作风为目标，加强组织部门建设。围绕各项重点工作，推进“两方案一计划一清单”的整改落实。完善“半月报”“季报”等制度，将内部动态和科室动态放至OA公告栏，畅通内部信息渠道。组织9次学习会，开办组工干部夜校、业务课堂，修订《组工人事编制工作业务指南》。以组团式挂职为模式，安排3名年轻干部到镇（街）一线锻炼3个月。在公务员量化考核的基础上试行全员动态考核，将结果作为日常干部监督和年度考核等次评定的重要参考，激发干部干事创业热情。打造三水组工信息宣传品牌，全年采编组工信息150多篇，在《中国组织人事报》、《求是》理论网、共产党员网、中国共产党新闻网、《社区党建》等中央级媒体刊登14篇，被《广东组工通讯》《广东党建》《广东组工网》等省级刊物采用63篇。与《南方日报》《佛山日报》等主流媒体加强沟通，有效宣传三水区在党建、干部人事、机构编制等方面的先进经验和做法。

（杨明）

宣传工作

【概况】 2014年，三水区宣传思想工作围绕区委、区政府改革创新任务，把握思想形态领域的主导权，加速推行网络施政，推进政府信息公开，深入开展党的群众路线教育实践活动，推进社会主义核心价值体系建设，为区社会经济提速提质发展提供思想舆论保障。通过引入竞争性分配媒体资源、增加专题宣传分值、对媒体合作项目进行绩效评估等措施，构建宣传统筹新格局。全年召开新闻发布会、通气会、专题采访等80次，组织媒体到镇街、部门调研座谈50余次，在市以上主流媒体刊出专题报道196篇，比上年增长176%。调动新媒体力量，打造以微博、微信、手机报为主体的立体式政务信息发布平台，拓宽政民互动渠道。围绕党的群众路线教育实践活动和社会主义核心价值观体系建设，以“三江讲坛”“道德讲堂”等阵地建设为依托，开展“区委理论中心组学习会”“感动三水”等活动，加强志愿者宣讲团、道德模范宣讲团等队伍建设，筑牢宣传思想理论根基。中共三水区委宣传部（区文体旅游局）内设8个职能科室：秘书科、宣传科、理论科、区精神文明建设委员会办公室、群众文化科、文化产业科、体育科、旅游科，下属单位有区文化馆、区图书馆、区博物馆、区业余体育学校。

【宣传格局】 2014年，中共佛山市三水区委宣传部（区文体旅游局）通过创新形式，挖掘典型，使教育实践活动宣传取得显著成效。提前谋划，抢占舆论宣传先机。在驻区四大媒体、网络、官方微博等平台分别开辟7个专栏专题，以全媒体宣传的态势抢占舆论先机。自群众路线活动开展以来，利用多种方式宣传报道信息超1万条，自行设计《三水区党的群众路线教育实践活动系列漫画》，宣传10名优秀基层干部事迹，树立典型，得到佛山市实践办的肯定。广开渠道，回应群众关注的问题，开展“争创改革先锋，争当人民满意勤务员”大讨论活动5场，举办《智汇三水》13期、《对话民生》栏目38期，组织区委书记苏伟波微访谈活动，收集群众意见建议1600个，组织7个镇（街）书记在线上倾听民声，解决一批群众关心的热点难点问题。开通三水群众路线网，广泛发动网民参与教育实践活动，营造全民参与的浓厚舆论氛围。构建宣传统筹新格局，提高新闻宣传水平。出台《三水区媒体宣传经费统筹使用办法（试行）》等政策性文件，通过引入竞争性分配媒体资源，增加专题宣传分值等措施，增强各单位宣传工作的主动性，全年各有关单位围绕中心工作，递交专题宣传申报书50多份，为大宣传格局的形成打好基础。出台《三水区媒体绩效评估办法》，对《佛山日报·今日三水》等8个媒体合作项目进行绩效评估，激发媒体服务政府、服务群众的积极性和自觉性。全年召开新闻发布会、通气会、专

2014年1月20日，三水区举办“公民道德修养课堂”暨“我们的节日·春节”系列主题活动

题采访等80次，组织媒体到镇街、部门调研座谈50余次，促进了政府与媒体的良性互动。全国两会、省委全会期间，在《南方日报》策划3期新能源及三水绿色的报道，受到广泛关注。中央电视台法治频道对大塘民警抓捕持枪嫌疑犯事件进行专题报道，《人民日报》、《南方》杂志等各级媒体刊播报道孙建国事迹40多篇。全年在市以上主流媒体刊出专题报道196篇，比上年增长176%，对外宣传工作取得良好成效。成立网络宣传办，制定政务微博及政务网站工作管理办法，建立“三水发布”政务微博专业化运作模式，推出“三水发布”官方认证公众微信，借助新媒体打造以微博、微信、手机报为主体的立体式政务信息发布平台，拓宽政民互动渠道。有效化解负面舆情138宗，比上年下降35.1%，处理2082个群众网贴，有效维护全区舆论安全。

【理论学习】 2014年，中共佛山市三水区委宣传部（区文体旅游局）丰富学习载体，突出理论学习内容，提高理论指导实际能力。围绕党的群众路线教育实践活动等理论学习主题，及时拟定各级党委（党组）中心组理论学习计划，精心组织区委理论学习中心组学习会，举办题为“践行群众路线、提高群众工作能力”等4场不同主题的学习会。邀请专家作“学习贯彻党的十八届四中全会精神”专题辅导报告，促进领导干部在武装头脑、指导实践、推动工作上取得新成效。成立三水区志愿者宣讲团，深入基层一线开展60多场宣讲活动。围绕社会主义核心价值观建设，在各镇（街道）开展6场社会主义核心价值观宣讲活动。7月，启动“佛山大讲堂·三江讲坛系列公益讲座”，使社科理论知识更加普及。以“三水社科理论”微博、“三江思潮”栏目为平台，及时发布区社科理论工作动态，刊登优秀理论文章。在《三水手机报》开辟“图说我们的价值观”专栏，在《佛山日报·今日三水》专版刊登区“争做改革先锋、争当人民满意勤务员”征文活动获奖作品，以及“南粤幸福活动周”之“幸福大家谈”征文，扩大理论宣传的影响力。

【精神文明建设】 2014年是佛山市创建全国文明城市工作冲刺年。全区精神文明建设工作围绕中心，服务大局，以创建全国文明城市为龙头，以提高市民素质和城市文明程度为目标，开展一系列卓有成效的工作。注重发挥标杆示范作用。开展2013年度“感动三水”人物推荐命名活动，摄制好人事迹专题片，出版书籍《森城大爱》。举办命名晚会，形成学好人、当好人的社会风尚。5人被评为“佛山好人”，2人被评为“第四届佛山十佳美德之星”，10人被评为2013年度“感动三水”道德模范，10人入选2013年度“感动三水”道德模范提名奖。组织道德模范、“三水好人”进机关、企业巡讲巡演活动100多场，以故事分享的教育形式，传递正能量。开展“诚信经营示范点”命名宣传活动，命名第三批区级“诚信经营示范店”23家，形成诚信经营的良好示范作用。注重发挥志愿服务推动作用。创建10个区级学雷锋活动示范点，组建多支行业志愿服务队，推进志愿服务制度化建设，启动全区“学雷锋志愿服务月”活动，广泛开展关爱空巢老人、留守儿童等群体的志愿服务行动。注重发挥主题活动引领作用。举办“崇学三水”“邻里守望”等主题活动，使各项文明创建活动落到实处。在春节、元宵节等传统节日，组织群众参与“我们的节日”主题活动，宣传普及孝老敬老等优秀传统文化。推进社会主义核心价值观宣传教育活动，做好核心价值观“五进”工作，开展家庭美德建设等主题宣传活动，提高市民参与度和文明素养。深入推进未成年人思想道德建设工作，积极开展“做一个有道德的人”、经典诵读等主题活动，推进乡村学校少年宫建设，1所乡村学校少年宫获中央专项彩票公益金支持。

（吴薇）

统战侨务工作

【概况】 2014年10月16日，三水区委社会工作部机构改革，保留区委统一战线工作部，区民政和外事侨务局更名为“区外事侨务局”，与区委统一战线工作部合署办公，区委统一战线工作部挂“区民族宗教事务局”“区港澳台工作办公室”牌子。区委统一战线工作部（区外事侨务局）为区主管统一战线工作和宗教、外事、侨务工作的综合职能部门。加强对港澳台的联络联谊工作，协调区内港澳台企业解决经营生产的问题，支持民主党派参政议政，开展“送医下乡村”和扶贫助学工程，区侨联会换届，重点做好外事侨务工作。

【统战工作】 2014年，三水区委统一战线工作部（简称“区委统战部”）认真开展港澳台联络、民主党派及民族宗教事务工作。

港澳联络联谊工作 参加旅港三水同乡会77届理监事就职典礼、澳门三水同乡会65周年会庆、香港鞋材总会44周年会庆、香港孔教学院孔历二五六五年孔圣诞环球庆祝大典等多个重要庆典。邀请港九粉面制造总商会、九龙西区各界协会、香港南华体育会羽毛球协会等多个友好社团300多人到三水交流。赴港、澳与有关社团举办工作答谢会，拜访或接待汤恩佳、汤伟抡、陈劲、曾炳威、梁安琪、黄甘培、梁日昌、邓颖思等知名人士以及港澳社团负责人，增进双方的了解。多次组织港澳青年座谈，探讨两地经济社会发展的现状和趋势，了解他们的思想动态。组织旅港三水同乡会青委会成员回三水参观访问，加深他们对大陆经济社会文化发展现状的了解。促进华侨中学香港校友会成立，搭建青年工作的新平台。发动三水区港澳乡亲在政治上、经济上有影响力的人士加入香港佛山社团总会，努力凝聚更多的爱国爱乡力量，搭建促进内地与港澳关系的重要平台，三水区有30多位乡亲在总会内担任永远荣誉会长、副主席、常务副会长、会董等职务。

对台工作取得新成效 区委统战部在对台工作中勤听取意见，营造依法营商环境；勤普及法规，提高守法用法意识；勤实地调研，掌握经营发展情况；勤沟通协调，解决生产生活难题。走访联美化工、富惟汽配、大鸿制釉、国荥空调、南宝树脂等40多家台企80多家次，了解企业生产状况、困难和诉求以及园区服务。对诉求焦点集中的企业走访，及早发现和解决可能存在的违规风险。协助20多家台企解决建设、消防、环保、安全、质检、社保及住房公积金等问题。组织台企负责人与所属镇街的经科、环保、安监等职能部门负责人进行茶叙，搭建交流沟通的平台，密切政企关系。邀请台南市将军区农会参访团一行25人到三水区开展农业交流考察活动，配合做好有60多位两岸退役将军参加的“黄埔情”第六届海峡两岸退役将军联谊活动。12月，与区农林渔业局、区农业龙头企业负责人，组团赴台开展农业经贸考察交流活动。选拔2名青年台商担任佛山市台协青年台商委员会人选，发动5名青年台商参加8月在浙江大学举办的“佛山市台资企业转型升级专题培训班”。2014年三水区纳税大户中，台企有8家，比上年增加2家，其中超亿元1家、超3000万元1家、超1000万元6家。4月，广东省科学技术厅公布2013年省第二批高新技术企业，三水区台资企业佛山智强光电公司被认定为省级高新技术企业，是三水区台资企业的第三家省级高新技术企业。区

2014年12月27日，三水区南丹山开元寺举行奠基仪式

台商联谊会及台企捐赠18万元用于区奖教助学事业。

多党合作事业发展 区委统战部支持民主党派参政议政。按照“党委出题、党派调研、政府采纳、部门落实”的工作制度，帮助民主党派选择12个调研课题。组织民主党派赴惠州考察养老服务体系建设。民革三水支部《加强微信舆情的引导与监管》，民盟三水总支《建议加强对“人皮面具”产品的市场监管》等建言信息被佛山市委统战部采用。组织民主党派开展“送医下乡村”“助学·敬老·扶贫”活动。加强党外代表人士队伍建设，完善党外人才信息库，实行动态管理，完善“选、育、用、管”各个环节，把党外代表人士队伍建设工作提高到新的水平。三水区有民主党派基层组织7个，成员270人，其中年内新成员31人。民主党派领导班子中，在区政协任职24人。各民主党派及成员递交提案55件，占政协提案总数的37.67%，其中优秀提案6件，占政协优秀提案总数的50%；被政协采用信息36条，占总数的29.75%。

民族宗教事务管理 区委统战部开展民族团结进步宣传，推动宣传教育活动进社区、进机关、进学校，以张贴宣传海报及发放民族政策宣传小册等形式宣传党的民族政策。协调推进两寺建设。走访调研，加强信众和寺院的沟通。极乐寺基建工程竣工，大雄宝殿装修。争取省、市民宗部门支持，破解开元寺筹建困局，重新成立筹委会，落实负责人，开元寺在12月27日动工。加强普法宣传与平安创建。开展以“发挥正能量，共筑中国梦”为主题的宗教政策法规学习月活动，加强宗教界人士对党的宗教政策和相关法律法规的学习和理解。切实做好平安宗教场所创建工作，多次联同公安、消防、安监、镇（街）等部门对辖区内的寺观教堂开展安全排查和隐患整治工作，确保平安宗教场所创建落到实处。倡导宗教界以“弘法利生、慈善救助、奉献社会”为宗旨，开展公益慈善活动。宗教团体、宗教活动场所及宗教界人士捐出物资及款项共计53000元，区福利中心、大塘敬老院、大塘贫困家庭15户、云东海贫困家庭11户受惠，部分款项作为云南鲁甸赈灾款及新疆喀什救济款。

【外事侨务工作】 2014年，三水区外事侨务局充分利用侨务资源，通过恳亲、春茗等大型活动，加强与港澳知名人士、社团侨领、重点乡亲和投资客商的友好交流，对外宣传、推荐三水，为全区招商引资、招贤引智搭建平台。加强佛港澳交流合作，做好重点项目乐平敬老院的跟踪服务工作。邀请海外商会、社团到三水区交流，接待加拿大多伦多华人联合会青少年夏令营，派团出访新加坡、马来西亚，加强与海外联系。严格控制因公出国（境）人数及批次，加强出访审批管理。实行专办员制度及因公证照集中保管制度，做好因公证照管理工作。开展整治公款出国旅游专项行动。对因公出国组团做好行前教育、阳光出访工作，保障三水区对外交流、经贸活动及招商引资工作的顺利开展。办理因公出国（境）证照162批233人次，其中因公出访港澳组团160批221人次，出国组团2批12人次。办理外国人来华申请52批61人次。做好华侨农场危房改造督促协调工作，定期到现场监督工程进度。配合区职能部门完成省侨办以及国家审计署驻广州特派办对华侨农场的跟踪审计工作。召开座谈会，听取华侨农场群众意见，解决居民用水难问题。改善贫困归侨侨眷生活，对79人次归侨侨眷发放2013年度扶持贫困归侨专项资金9.56万元；处理华人、华侨、港澳同胞信访8件，有效化解矛盾。召开三水区第八届归侨侨眷代表大会，选举产生区侨联第八届委员会委员23名、常务委员11名，聘请梁安琪、徊国全、卢铭生等40多名旅外乡亲为新一届侨联会荣誉主席、顾问，通过《三水区第八次归侨侨眷代表大会决议》。

（曾文畚）

佛山市三水区人大常委会

【概况】 2014年，佛山市三水区人民代表大会常委会（简称“区人大常委会”）下设正科级综合办事机构办公室及法制、财政经济、城乡建设环境与资源保护、教育科学文化卫生华侨、选举联络人事任免5个工作委员会。区委依法治区领导小组办公室挂靠区人大常委会管理。年内，区人大常委会依法召开1次区级人民代表大会会议、8次常委会会议、16次常委会主任会议，听取和审议“一府两院”专项工作报告18项，作出决议、决定16项，开展视察和专题调研116次、执法检查1次。

【区十五届人大四次会议】 2014年1月15日，佛山市三水区人大常委会召开区第十五届人民代表大会第四次会议。非人大代表的区委、区政府、区政协班子组成人员；区纪委副书记；区直部门常务副职（含归口管理单位正职）；区人民法院、区人民检察院、区武装部的领导；各镇（街道）领导；区政协办、纪委办负责人；中央、省、市驻三水区有关单位主要负责人；三水区的第十二届省人大代表、市人大代表；区人大常委会机关有关人员；曾任三水县（市、区）党委、政府、政协正职领导，历届区人大常委会副主任，以及政协三水区九届四次会议的全体委员等列席会议。会议还接受30名公民参加旁听。会议听取和审议区人民政府区长陈英文作的《区人民政府工作报告》，区十五届人大常委会主任苏伟波作的《区人大常委会工作报告》，区人民政府常务副区长、区发展规划和统计局局长钟飞健作的《三水区2013年国民经济和社会发展计划执行情况及2014年发展计划草案的报告》（书面），区政务委员、区财政局局长彭建国所作的《佛山市三水区2013年财政预算执行情况和2014年财政预算草案的报告》（书面），以及区人民法院院长郑道永、区人民检察院检察长梁俭明分别作的区法院、区检察院工作报告。会议对各个报告分别作出相应决议。会议期间收到代表10人以上联名提出的议案16件、建议13件，大会主席团决定将这些议案及建议在会后由区人大常委会转交区政府及有关部门处理。

【区人大常委会会议】 2014年，佛山市三水区人大常委会召开8次常委会会议。

1月13日，三水区十五届人大常委会第17次会议通过《佛山市三水区人大常委会关于接受冯卓勋同志辞去三水区第十五届人民代表大会代表职务的决定》《佛山市三水区人大常委会关于接受彭建国同志辞去三水区人民政府政务委员职务的决定》。

3月20日，三水区十五届人大常委会第18次会议审议和通过“区人大常委会2014年工作要点”和《佛山市三水区人大代表联络站工作暂行办法》。

4月11日，三水区十五届人大常委会第19次会议进行人事任免，任命刘秀梅为佛山市三水区人民政府副区长。

5月27日，三水区十五届人大常委会第20次会议听取和审议《佛山市三水区法治政府建设情况报告》。会议认为，简政放权工作要勇于直面矛盾，着力解决事权下放后的人、财、物不配套的“肠梗阻”；要加大对服务窗口工作人员的业务培训；要放权与管理并重，不能“一放了之”。编制权责清单工作，要强化组织领导，领导重视是做实权力清单编制最有力的保证；要加强部门之间、上下之间的沟通协调。政府信息公开工作，当务之急是要整顿“僵尸”政府门户网站；其次是要改变网站“重部门动态信息、轻政策法规信息”的状况，使政府门户网站恢复为民服务的功能；要把建立“大数据三水”列入政府议事日程，力争用2—3年时间建成“百度三水”。会议听取和审议《三水区人民法院关于“严格执法、文明司法”工作情况报告》《三水区人民检察院“严格执法、文明司法”工作情况报告》。会议指出，“两院”要继续把严格执法和文明司法有机结合起来，提升司法水平。要科学制定法官、检察官办理案件数量的上限，提高办案的质量和效率，缓解案多人少的矛盾；要加强司法队伍的建设，要求司法人员及时学习最新的法律，丰富法律业务储备；要完善法律文书送达制度，及时通知代理律师收取案件的相关法律文书。法院要正确处理依法立案与调解等制度的关系，严格依法立案；要全面提高法官的庭审驾驭能力；要严把证据质量和法律适用关；要减少审批环节，提高当庭宣判率。检察院要严格公平执法，把好起诉关、证据质量关，减少二次开庭，加强法律监督，文明对待被告人，杜绝刑讯逼供现象。会议听取和审议三水区贯彻实施《中华人民共和国残疾人保障法》情况报告。会议建议区政府一要加大对《残疾人保障法》的宣传力度，营造理解、尊重、关心、帮助和支持残疾人的社会氛围，提高全社会对残疾人的关注程度；二要继续加大力度推进和完善残疾人社会保障体系和服务体系，推进重度残疾人托养机构的建设以及重度残疾人居家康复工作，完善启智学校的软硬件建设，加强工疗站的管理，强化残疾人就业基地的建设，促进残疾人就业；三要加强队伍建设，针对残疾人的特殊性、多样性、类别化的服务需求，增加专业人员编制，加强业务培训；四要加大财政投入，在保障刚性开支的同时，根据上级出台的优待和保障政策逐步增加投入；五是按照省、市的有关标准配备村（社区）残疾人专职委员，做好残疾人的管理、服务和保障工作。会议通过《关于同意区人民政府将佛山市三水区人民医院融资租赁项目纳入区财政预算统筹安排的决议》《关于同意区人民政府将佛山市三水区理工学校融资租赁项目纳入区财政预算统筹安排的决议》。

7月11日，三水区十五届人大常委会第21次会议对区内河涌综合整治工作进行专题视察。

7月29日，三水区十五届人大常委会第22次会议对区内河涌综合整治工作开展专题询问。会议听取区政府作的《关于内河涌综合整治工作专题情况报告》，围绕内河涌综合整治工作采用一问一答的形式开展专题询问。区人大常委会组成人员、城建环资专业小组成员从不同角度、不同方面有针对性地提出与内河涌综合整治工作密切联系的8个问题，区负责内河涌综合整治的相关单位分别作出详细、认真的回答。

9月25日，三水区十五届人大常委会第23次会议听取和审议《区人民政府关于2014年上半年预算执行情况报告》《2013年度本级财政决算报告》《2013年度本级预算执行和其他财政收支审计工作报告》，通过《关于批准三水区2013年度本级财政决算的决议》。书面审议《区人民政府2014年上半年国民经济和社会发展计划执行情况报告》《区人民政府国民经济和社会发展十二五规划实施情况中期评估报告》。会议审议《佛山市三水区人民政府关于提请审议广东三水发展控股投资有限公司融资项目相关事宜的议案》，通过《关于同意区人民政府将广东三水发展控股投资有限公司融资项目资金纳入区财政预算统筹安排的决议》《佛山市三水区人大常委会关于同意佛山市三水区人民法院调整人民陪审员名额的决定》。

2014年8月28日，佛山市人民代表大会代表到三水区调研

11月27日，三水区十五届人大常委会第24次会议听取和审议《佛山市三水区人民政府关于调整2014年财政预算的议案》，通过《佛山市三水区人大常委会关于批准〈佛山市三水区2014地方财政预算调整议案〉的决议》。会议听取和审议《佛山市三水区十五届人大四次会议代表议案、建议办理情况报告》，建议区政府要提高议案、建议解决率，特别是对人大代表多年反复提出而又难以解决的议案、建议应加以重视、研究和解决；要加大办理力度，抓好全过程督查，对落实情况进行跟踪检查、督促，促进办理结果更能合民意、得民心；要加强培训协调

和对承办单位和具体办理人员的培训，提高业务水平和规范办理程序；对联合办理的议案、建议要加强组织协调，明确主办、汇办责任，促进承办单位之间、承办单位与代表之间的沟通联系；建议区政府出台《三水区人民政府办理人大议案、建议和政协提案、建议工作办法》，保障办理工作的制度化、规范化。会议听取和审议《佛山市三水区2014年“民生十件实事”落实情况报告》。会议建议，区政府要克服“重建轻管”的现象，加强前期建设与后续管理的有效衔接，建立长效管理机制，完善后续管理办法和制度，重建设更要重管理；要本着实事求是、适度超前的原则，主动向社会征集意见，科学安排明年的民生十件实事，选取立足三水区实际、政府力所能及、社会关注度高、受众面广的问题作为实事的计划安排；要加强民生实事的组织领导，领导亲自抓，部门通力合作，对仍在推进的项目要尽快做好收尾工作；要加强民生实事实施情况的宣传，将实事的开展情况、完成情况、经验做法和社会效果向社会公布，让市民知晓政府为民办实事的决心、措施和效果。

【执法检查】 2014年，三水区人大常委会重点对《中华人民共和国残疾人保障法》的贯彻实施情况开展执法检查，听取和审议三水区贯彻实施情况报告，督促区政府在发展经济的同时要注重全面做好民生工作，加大力度推进和完善残疾人社会保障体系和服务体系。

【人事任免工作】 2014年，三水区人大常委会坚持党管干部和人大依法任免的有机统一。依法任免政府组成人员32人次、两院干部71人次、人大机关干部6人次，接受辞职4人次。通过《佛山市三水区人大常委会关于同意佛山市三水区人民法院调整人民陪审员名额的决定》，把人民陪审员名额从60名增到200名，保证法院审判工作的依法运行。

【创新工作机制】 2014年，三水区人大常委会注重“首创”精神，不断创新代表活动的方式方法，在全市实现“四个率先”：率先建立代表联络站。全区7个镇（街）建立48个代表联络站，制定《佛山市三水区人大代表联络站工作暂行办法》《三水区人大代表接待选民（群众）工作意见》《三水区人大代表接待选民（群众）制度》《三水区人大代表联络站工作职责（试行）》《佛山市三水区人大代表联络站工作台账》等系列规章制度，规范联络站的日常运作，安排全区人大代表分别在单月15日进站与选民群众进行面对面的交流，人大代表进站有510人次，接待选民、群众1277人，收集意见871条。率先实施“民生微实事”立办制改革。配合区委拟定《佛山市三水区民生微实事立办制改革指导意见》《佛山市三水区两代表两委员组团履职与民生微实事立办专项资金激励性分配办法（试行）》，首次建立“民生微实事”快速办理机制。全区申报民生微实事立办项目143项，经人大代表、党代表、政协委员、纪委委员和媒体代表民主评议，区设立的民生微实事立办制专项激励资金对其中72个项目给予1005万元的扶持，撬动社会资金近1500万元，推动大批贴近民心、关系民生的小事、急事、难事的解决。率先启动“代表进选区联系选民”活动。开展区、镇两级“代表进选区联系选民”活动，通过举办见面会、接访、约访、走访、实地调研等形式，密切代表和选民的联系，增强代表服务意识，提升履职能力。全区510多名区、镇两级人大代表联系选民1098名，收集各种意见748条。率先向社会公开征集议案、建议线索。通过网站、报刊等多种渠道，向社会公开征集人大代表议案、建议线索。收集14条反映民情、体现民意的线索，转交有关人大代表调研、酝酿，作为本次人代会的意见、建议提出。

【督办代表议案和建议】 2014年，三水区十五届人大第四次会议收到代表议案、建议29件，均按时办理完毕，办复率及满意度100%。实行区人大常委会领导牵头督办机制，人大机关各相关委室具体负责跟踪督办，通过日常督办和重点督办有机结合，着力跟踪议案、建议办理的落实。

【代表变动情况】2014年，三水区十五届人大第四次会议后，朱月嫦、黄少文、乐绍才调离本行政区域，其代表资格自行终止。江克云、林佑成、杨乃初分别因工作原因、年龄和身体原因辞去代表职务，根据《代表法》的有关规定，区十五届人大常委会分别于第23次和第25次会议审定，其代表资格终止。区人大常委会根据工作需要，依照法定程序于2014年12月底至2015年1月5日期间，在第14、45、73、74、75、106、112选区分别补选何志忠、李学坚、蔡日棠、黄俊强、梁镜泉、黎耀明、何山为佛山市三水区第十五届人民代表大会代表。区人大常委会代表资格审查委员会对上述7人的代表资格进行审查，确认代表资格全部有效。经补选后，三水区十五届人民代表大会代表194名。

【代表工作】2014年，三水区十五届人大常委会开展代表培训活动，拓宽代表参政议政渠道。组织省、市、区人大代表近200人次参加集中学习培训，不断提高代表履职业务知识水平。扩大代表对常委会工作的参与，邀请代表列席常委会会议和主任会议，听取和审议"一府两院"专项工作汇报，参与调研、视察和执法检查，开展代表专业小组活动。组织区、镇（街）部分人大代表前往外地学习开展人大代表联络站和代表进社区工作的做法经验，提高代表活动实效。

【依法治区工作】2014年，三水区十五届人大常委会专题调研法治政府建设，重点对简政放权推进、权责清单编制和信息公开工作进行深入研究，听取和审议区政府关于法治政府建设情况报告，督促政府加快职能转变，建设人民满意政府。听取和审议区人民法院和区人民检察院关于"严格执法、文明司法"的工作报告，要求"两院"自觉对照宪法、法律的规定和中共十八届四中全会精神，提升司法水平。组织人大代表旁听法院庭审，深化代表对司法审判工作的认识；组织人大代表视察看守所、拘留所，根据视察情况，编撰《视察专报》，向区政府提出加大财政投入、落实依法治国理念、抓好"防隐患、保安全"的制度建设和加强队伍建设等建议。充分发挥法律专家委员会的专业作用，做好日常规范性文件的备案审查工作，受理和审查区政府规范性文件15件，促使政府依法办事，维护法制统一。推进"深化改革，改善三水的法治环境"年度重点改革项目的落实，统筹司法部门共同编制行动实施计划，促进三水区法治环境逐步改善。三水区被佛山市推荐参加全省法治县（市、区）创建活动先进单位评选。

【信访工作】2014年，三水区人大常委会重视群众来信来访工作，探索和改进信访接待工作方式，常委会班子成员定期接待群众，倾听群众诉求。全年受理群众信访48件，其中群众来信32件，来访61人次，办结上级人大转办信访件14件。

（林楚妍）

佛山市三水区人民政府

【概况】2014年，佛山市三水区人民政府加快推进佛山城市升级3年行动计划，认真抓好"创文"城管工作，在产业转型升级、城市规划和建设、环境保护和美化、社会综治管理等方面取得新的成效。三水区创建成为"全国义务教育发展基本均衡区"。芦苞镇入选国家住房和城乡建设部发布的"全国重点镇"。三水工业园区入选"2014年省市共建战略性新兴产业基地"。全区实现生产总值948.84亿元，比上年增长9.6%；工业总产值2874.12亿元，增长10.6%；全社会固定资产投资500.11亿元，增长15%；地方公共财政预算收入39.39亿元，增长23%。城镇居民人均可支配收入26143元，比上年增长9.9%；农村居民人均纯收入18903元，增长10%。通过对城市形象、城市环境、城市内涵、城市品质等方面的改造提升,三水城市综合竞争力得到增强。

【禅南三签署合作框架协议】2014年1月3日，禅城区、南海区、三水区签署《核心园区协同建设工作方案（2014—2016）》，联手推动佛山高新区核心园区加速崛起。佛山市市长刘悦伦认为，三区签署合作框架协议意味着佛山高新区离全国高新区20强目标又接近了一步。本次合作区域将覆盖佛山高新区整个核心园区，包括禅城区张槎街道、南庄镇，南海区狮山镇、丹灶镇，三水区乐平镇等三区五镇(街)，总面积约700平方千米。按照合作框架协议，三区将按照“交通突破、产业对接、民生共享”总体思路，通过城市功能差异互补、产业密切协作、交通高度衔接，共同推动佛山高新区核心园区加速崛起。

【刘悦伦到三水区开展新一轮城市升级巡查】 2014年1月24日，佛山市市长刘悦伦率检查组到三水区检查城市升级工作。检查组巡查奥特莱斯名牌折扣店项目、登骏数码城项目、健力宝立交交通改善和景观提升工程、口岸大道平交口工程、西青大道出入口、广海大道沿线景观五位一体改造提升工程、西南涌北段整治工程左岸景观示范段等改造升级效果。刘悦伦表示，三水区可评生态环境奖。他认为，三水最突出的还是生态环境的建设，围绕水做足水文章，三水很多公园都做得非常好，在立交改造升级方面，三水走在全市前面。他指出，奥特莱斯项目是产业升级与城市升级融合的重大项目，对提升三水、佛山第三产业将发挥很大的作用，希望尽快做好餐饮、保健等多方面配套。区委书记苏伟波、区长陈英文陪同检查。

【三水区第一季度防范重特大安全事故工作会议】 于2014年2月13日召开。会议传达国家、省和市安全生产工作会议精神，通报2013年三水区安全生产主要工作情况，并提出2014年工作意见。区长陈英文指出，要加大处罚力度，把事故多发、频发的地方和行业作为执法行动的重点来抓，对于安全隐患突出企业和打击治理的重点环节，要“用重典、出重拳”，切实把隐患消灭在萌芽状态。陈英文代表区委、区政府与各镇街、有关部门主要负责人签订2014年安全生产责任书。

【合肥工业大学广东研究院落户三水工业园区】 2014年3月10日，佛山市科技局、三水区政府和合肥工业大学签署三方共建协议，在三水工业园区共同组建集科研、孵化、培训等功能于一体的合肥工业大学广东研究院。该研究院将建设四大科技服务平台，一期将率先建设先进制造与智能装备平台、新能源技术与应用平台；二期将重点打造汽车及其零部件平台、信息化与智能网络平台，实现三水区大型公共科技服务平台零的突破。佛山市副市长刘炜表示，佛山市已将研究院纳入市重点工作，将在政策、资金上给予支持，三水区要为研究院开通绿色通道，成立专门小组及建立联动机制，迅速解决项目建设中遇到问题。要探索建立激励机制，完善交通、居住等配套环境，优化人才环境，留住高层次人才。区长陈英文出席签约仪式。

【朱小丹到三水区视察北江大堤防汛备汛工作】 2014年4月18

美丽三水　　（卢冠东　提供）

日，广东省省长朱小丹组织视察组到三水区检查北江大堤防汛备汛工作，并召开北江大堤防汛工作会议，部署2014年三防工作。朱小丹强调，北江大堤沿线各级政府和各有关部门要牢固树立责任意识、危机意识和全局意识，警钟长鸣，全力把防汛工作抓早、抓紧、抓细、抓好。他要求，做好2014年北江大堤防汛工作，要突出重点，从严从实，有效提高北江大堤防洪能力。各地、各部门要强化责任，凝聚三防工作合力，全力确保人民群众生命财产安全，最大程度减轻水旱风灾带来的损失。4月24日，市北江大堤防汛工作会议在三水区召开，参会人员还实地检查北江大堤三水西南城区堤段。

【国家能源局调研指导三水区分布式光伏发电工作】 2014年5月8日，国家能源局副司长梁志鹏，到三水工业园区调研指导光伏产业发展工作，参观澳美铝业8兆瓦屋顶光伏电站项目以及爱康太阳能公司光伏应用展览区，听取三水区分布式光伏发电示范区建设和发展思路情况汇报，并予以充分肯定。梁志鹏希望三水区充分利用示范区领头作用，做好光伏产业发展统筹规划，加快发展光伏制造、配套业，并建立企业协调机制，提升企业规模和技术研发水平，加强可再生能源的综合利用，打牢产业基础，推动光伏产业做强做大。

【鲁毅到三水区调研】 2014年5月28日，中共佛山市委副书记鲁毅到三水区调研，走访广东红牛维他命饮料有限公司和广东好帮手电子科技股份有限公司，检查西南涌综合整治工程。调研组在现场听取情况汇报，并与区委书记苏伟波、区长陈英文及区政府领导班子成员进行座谈，了解三水近年经济社会发展情况。苏伟波建议市级部门加强区域协调力度，关注、支持三水区的发展，并安排专人跟进各区的重点项目审批事宜。鲁毅认为三水区“产业新城、南国水都、广佛肇绿芯”的定位准确，围绕这个定位开展的工作卓有成效，要充分发挥后发优势，强化规划引领作用，实施精细化发展、高端发展。对传统产业的高级化、战略性新兴产业、高端产业的规模化作进一步思考。抢抓机遇，通过招商引资，学习、借鉴先发达地区经验，把三水未来的发展谋划好，推动好。鲁毅强调，市委、市政府将一如既往地关心、支持、帮助三水，希望三水进一步抢抓机遇，加快发展，努力使产业更高端、城市更美好、环境更优美、人民生活更幸福。

【北汽福田三水生产基地奠基】 2014年6月26日，北汽福田三水工厂奠基。佛山市、三水区领导鲁毅、苏伟波、陈英文和福田汽车集团总经理王金玉等为项目奠基。北汽福田三水工厂占地62.25公顷，主要生产福田皮卡和SUV，产品将出口亚、非、欧、美地区40余个国家，预计2015年投产后，年产能24万辆，年销售收入360亿元。区长陈英文表示，福田项目动工，将为三水区提速提质发展提供强大动力。三水区将进一步优化政务营商环境，创造更好发展条件，为企业提供贴心、到位服务，推动项目早日建成投产，支持福田汽车做大做强。市委副书记、代市长鲁毅说，福田三水项目动工将是佛山打造珠三角西岸机械装备制造业产业带的重要突破口，

2014年1月3日，禅城、南海、三水签署《核心园区协同建设工作方案（2014—2016年）》

有利于推动佛山整车制造及配套产业提升发展，希望三水进一步提升政府服务和城市配套水平，为北汽福田项目创造良好发展环境。

【中共佛山市委、市政府领导巡查三水区城市升级三年行动计划工作成果】 2014年7月23日，中共佛山市委书记刘悦伦、代市长鲁毅率巡查组到三水区就城市升级三年行动计划工作成果开展现场巡查。巡查三水新城景观水轴、文化活动中心项目、西南农贸市场及周边改造提升工程、广海大道沿线景观改造及五位一体改造提升工程、北江新区“三旧”综合改造项目、西南教育示范区、水都饮料基地“中心湖”及园区绿化提升工程现场，听取情况汇报。鲁毅希望三水区在下一步“三旧”改造中，把好的规划与产业和城市升值结合起来。刘悦伦充分肯定三水区“老百姓身边的城市升级”工作成效，要求加快推进城市升级项目，进一步提升城市基础设施和生态环境水平。区委书记苏伟波，区委常委钟飞健、霍平陪同巡查。

【三水区新型城镇化建设工作暨上半年工作分析会】 2014年8月6日，三水区召开新型城镇化建设工作会议暨上半年工作分析会。会议指出，在九大经济指标中，三水区的GDP、地方公共财政预算收入、金融机构存贷款余额、税收收入和实际外商直接投资五项指标增幅均位列佛山五区第一，经济发展呈现企稳走强、增速加快发展态势。区长陈英文分析，这些数据反映三水区培育龙头骨干企业、总部经济、企业服务、税源管理等发展措施是有效的，特别是龙头骨干企业发挥主要支撑作用，增强三水区发展后劲。三水区在全力稳增长，在推动产业内涵式发展的同时，探索新型城镇化，推动城市升级向升值转变。区委书记苏伟波认为，新型城镇化必须做到“五坚持五注重”，坚持以人为本、“四化”同步、优化布局、生态文明、文化传承，更加注重以人为本、城镇发展质量、优化城镇空间结构、城镇生态保护、城市治理。

【三水区第三季度经济工作分析会】 2014年10月31日，三水区召开第三季度经济工作分析会。会议指出，前三季度通过强化项目带动、创新驱动，完善政策体系、优化发展环境等举措，经济发展提速提质，多项指标增速加快。会议分析，前三季度三水区经济运行情况整体平稳，而且稳中有进、稳中向好，但部分工作仍然存在薄弱的地方，接下来的工作仍存在一定压力。区长陈英文要求：围绕稳增长主线，全力开展各项工作；集中力量解决问题，加快重点项目推进进度；加大招商引资力度，为发展储备项目；大力推动和发展第三产业，在生产性服务业方面狠下功夫；切实加强企业服务，主动关心和帮助企业；在做好年度各项工作的基础上，及早谋划明年的工作。

【区领导直接挂钩省、市重点项目】 2014年，中共三水区委、区政府制定《区领导联系挂钩省、市重点项目工作制度实施方案》，由区领导挂钩2—3个2014年的省、市重点项目，协调和推进项目建设提速、提质，通过充分发挥重点项目的示范效应，带动全区固定资产投资项目建设，促进经济发展方案。通过建立“项目单位具体实施，区属部门或镇（街道）跟踪落实，联系领导推进督办”的工作机制，按照“新建项目抓前期、立项项目抓开工、开工项目抓进度、在建项目抓竣工、竣工项目抓投产”的要求，达到“联系有目标、协调有力度、工作有成效”的目标。年底由区重大项目办组织目标责任考核。

【中国（三水）国际水都饮料食品基地2014年产业项目动（竣）工仪式举行】 2014年12月2日，三水区在西南街道举行中国(三水）国际水都饮料食品基地2014年产业项目动（竣）工仪式，包括健力宝新厂区奠基动工、百威英博啤酒（佛山）有限公司五期扩建扩产、亨氏集团佛山工厂竣工投产。三大项目达产后预计新增税收4.5亿元。水都饮料食品基地自2009年投产至2013年，每年产值分别达37.34亿元、52.32亿元、92.22亿元、115.12亿元、180.56亿元，每年税收分别为3.65亿元、4.51亿元、8.94亿元、11.26

亿元、18.8亿元。拥有百威、红牛、三全等35家国内外知名食品饮料行业龙头企业及配套企业。良好的服务环境，高标准的硬件环境，水都饮料食品基地实现从无到有、从有到优的发展，带动三水城市升级升值，提质提速发展。

【区政府常务会议】 2014年，三水区政府召开6次常务会议。

3月13日，会议讨论三水区“十二五”规划中期评估报告，讨论《三水区市政公用事业特许经营暂行管理办法》，讨论《三水区价格调节基金使用和支出暂行规定》的修订。会议通报2013年区依法行政工作及市政府考评三水区情况，通报修订《三水区中小微企业“保险贷”工作实施意见》事宜。

5月19日，会议通报全区党的群众路线教育实践活动情况，并对区政府领导班子民主生活会前谈心谈话工作进行部署，讨论非限摩区域实行“一证一摩”政策问题，讨论《关于进一步加强三水区经营性公共资源管理的实施意见》相关事宜。

7月3日，会议审议《三水区商业网点发展规划》《关于进一步规范我区工程建设招标投标活动的通知》，通报《三水区基础通信管线管理实施办法》有关事宜。

8月28日，会议通报《三水区义务教育学校教师交流工作方案（试行）》《三水区金融产业发展扶持办法》《三水区促进电子商务发展扶持办法》，通报《三水区专利资助办法》修订情况。

10月16日，会议听取促进企业提升工作进展情况，讨论《三水区城市升级三年延伸行动计划工作方案和项目安排表》《三水区2015年5月份城市升级三年行动计划拟巡查项目和路线》《三水区实施质量强区和商标战略扶持办法》。

12月1日，会议听取区交通部门关于《2014年三水区新能源公交车推广应用补贴方案（试行）》的情况汇报。

【区政府工作会议】 2014年，三水区政府召开18次政府工作会议。

2月21日，召开“重点工作、民生实事工作会议”。

3月5日，召开“进一步提高三水区工程建设项目审批效率工作会议”。

4月3日，召开“三水区城市管（线）规划建设工作会议”。

4月14日，召开“交通建设管理职能和管理体制讨论会”。

4月25日，召开“恒益电厂至西南水都饮料（食品）基地供热管网项目工作会议”。

5月7日，召开“推进水都基地扩容及重点项目建设工作会议”。

5月19日，召开“促进低效企业提升工作会议”。

5月26日，召开“三水区新建公园及道路绿化管养问题协调会”。

6月17日，召开“三水新城市政工程（道路、桥涵、管线）建设工作协调会议”。

6月19日，召开“产业和科技工作会议”。

6月25日，召开“西南街道和云东海街道部分行政区域调整工作领导小组会议”。

7月11日，召开“三水区工商登记制度改革推进会”。

7月15日，召开“全区水环境整治工作现场会议”。

10月22日，召开“迳口华侨农场危房改造工作专题会议”。

11月17日，召开“西南水都饮料食品基地集中供热工作协调会”。

11月21日，召开“三水区全面加快奥特莱斯项目实施领导小组专题工作会议”。

12月4日，召开“县道X521线至黄塘段（防汛路）堆沙（泥）场多、车辆撒漏和扬尘严重问题协调会议”。

12月12日，召开“三水区推进国家分布式光伏发电应用示范区建设工作会议”。

【区委、区府办工作】 2014年，区委区府办围绕区委、区政府中心工作，坚持以服务大局为第一要求，以领导和群众满意为第一目标，以忠诚履职为第一底线，着力强化队伍建设、强化效率质量、强化深度服务，切实发挥承上启下、联系内外、综合协调的“神经中枢”作用，全力打造办公室服务升级版。

作风建设常态化长效化 通过批评与自我批评、查摆问题、强化整改措施，“四风”突出问题得到有效解决。“文山”得到大幅削减，全年收文7995件，发文560件，发文数比上年下降22.8%；“会海”实现有效压减，举办重大会议、活动50余次，比上年下降11.1%。普遍减少领导干部出席活动次数，压缩宣传报道；进一步规范、简化公务接待，全年接待人次比上年下降40%。全面清理超标办公用房、规范公车使用；“三公”经费和会议费大幅下降，有序实施预算、决算公开。4次召开镇（街道）、区属部门征求意见座谈会，将收集的48条意见和建议一一梳理、逐条落实。3次召开区党政系统办公室业务交流会，组织“践行群众路线、提升服务能力”专题讲座、规范性文件制定和审查工作培训班，以及信息公开工作培训班。出台《区委区府办开展优化办文办会流程整治文山会海实施方案》和《办文办会业务指引》。健全财务、后勤、保密等10方面的规章制度，从制度层面解决“四风”问题，巩固活动成果。

加强统筹协调 规范办文流程，提高公文运转速度。制定《关于进一步精简文件和会议的工作意见》及《日常工作制度》，做到收文环节严把关，办文环节强协调、重规则，发文环节明主体。内部做好沟通协调，外部做好主动服务，对于重点难点工作广泛征集镇（街道）、部门意见，掌握详实客观的信息资料，切实提高拟办意见的质量，为领导提供科学的决策依据。优化调整电子交换平台运作流程和使用方式，保证公文流转高效畅通。提高办会质量、实效。以“减会议、重实效、提效率”为目标，统筹土地、公有资产、新城建设、重点工程、规划、资金等六大领域决策会议，全面提升大型会议、活动精细化管理水平，做到会前准备到位、会上落实到位、会后总结到位。充分发挥区法制办的法律审核和行政复议、行政应诉功能，全年审核区政府规范性文件20件、审查部门规范性文件8件，向有关单位出具法制意见和建议128件。受理行政复议案件68件，协调代理区政府行政诉讼案件16件，备案审查重大行政处罚案件683件。积极开展农村基层改革专题调研指导活动，牵头制订《建设透明开放政府行动方案》。重点围绕区委、区政府90项重点工作和“民生十件实事”开展督查督办，探索建立领导批示台账制度，不断优化考核评价机制，加强对区主要领导交办事项的专项督查。全年配合开展市级督查12次，开展区级督查46次、专项督查58次，确保重点工作如期推进。协调相关单位办理各级人大议案、建议和政协提案187件，答复率100%。完成36份佛山市行政投诉电子监察系统投诉件的办理工作。建立区金融工作联席会议制度和日常沟通联络机制，强化政府部门、监管部门、行业组织与金融机构及相关企业之间的合作协调，形成政府注重组织协调、职能部门严格监管、行业组织自律服务和金融机构规范发展的机制和格局。推动欧神诺、盛华德公司挂牌“新三板”，设立佛山市首家农村金融服务点，推进德澳金融商务中心建设。加大信访三级终结力度，尝试公开评议听证制度，信访问题依法终结取得新突破。成立区首届应急管理专家组，推动全区应急管理体系科学化建设，全年接报突发事件146件，上报突发事件信息22期，组织应急演练84次。加强档案安全管理工作，提升档案服务能力，《三水年鉴（2014）》获全国第五届年鉴编纂出版质量评比一等奖，编撰出版《中国共产党三水历史》（第二卷）。加强会议服务、政府采购、饭堂管理，公务用车以及安全保卫等机关后勤保障。

推进深入调研信息工作 2014年，起草大型会议文稿和汇报材料220余篇。完善全区工作信息联络网，做好新闻媒体的沟通交流工作。编写《三水信息》91期，其中市采用28篇、省采用9篇。刊发《信息专报》37期、《全区工作情况简报》21期。

（刘娓娜）

【法制工作】 2014年，三水区法制办公室（简称“区法制办”）为20件政府规范性文件出具审核意见，审查部门规范性文件7件。内容涉及公有资产管理、家庭农场、商标专利、金融产业扶持等多个方面重大决策。全区所有政府规范性文件均按时向市政府和区人大常委会报备。为落实公开征求意见的要求，推行网上公开征求公众意见。区法制办出具法制意见和建议128件，参加各类工作协调会近50次，回复市级各类征求意见函7件，办理区信访局信访督查征求法制意见23件。区法制办主任列席区政府常务会议7次，对涉及的法律问题均依法提出意见、建议。

行政复议及应诉 全区收到各类行政复议案件申请69件，其中，不予受理1件，经过复议作出维持具体行政行为49件，变更具体行政行为1件，当事人撤回申请7件，驳回行政复议申请3件。比上年增加35件，增长103%。涉及农村股份分红分配处理、工伤认定、公安行政处罚、城市管理行政处罚、国土行政执法处罚等内容。区政府作为被申请人的行政复议3件，均因不服土地权属处理提起，市政府均作出维持的决定。区政府作为被告的行政诉讼案件16件（一审11件、二审5件），主要涉及政府信息公开和农村土地权属纠纷，其中撤销区信息公开答复1件，其他均判决三水区胜诉。行政机关负责人应出庭率连续3年保持100%。

重大行政处罚案件备案和评查 区法制办开展重大行政处罚案件备案审查工作，对区属各单位报送的493件重大行政处罚案件逐季审查并通报。经过连续几年备案审查，各单位行政执法文书质量明显提高，说理、论证更为细致、充分。3月，为了解各单位依法行政工作情况，组织区依法行政考评工作组到白坭镇、芦苞镇、区农林渔业局、区安监局和区交通运输和城市管理局等单位开展依法行政工作评查，并听取对依法行政工作的意见和建议，全面了解各单位法治政府建设、工作制度建设，以及工作措施和相关机制落实情况。

建设透明开放的政府行动方案 4月，根据区委改革工作部署，区人大常委会确定“建设透明开放的政府”为改善区法治环境的重要内容，由区委区府办牵头制定工作计划。在充分调研并多次征求相关单位意见的基础上，区委区府办（区法制办）形成《三水区人民政府关于建设透明开放的政府行动方案》和《三水区建设透明开放的政府行动计划重点项目推进表》，把健全行政决策机制，加强政府网站建设、更新，推动重点领域政府信息公开作为工作重点。

推进行政复议委员会试点工作 经广东省政府批准，三水区为全省第五批行政复议委员会试点单位，区政府集中行使行政复议权，组建区政府行政复议委员会，建立集中审查、议决的行政复议机制。成立区政府行政复议委员会试点工作领导小组，协调推进试点工作，聘任行政复议非常任委员，形成“政府主导、专业保障、社会参与、运行有效”的集中议决机制。

编制权责清单 按照省、市的统一部署，区法制办协助三水区推进政府权责清单的编制工作。按“法无授权则禁止”原则编制行政职权清单，按“法无禁止则准入”原则编制企业投资管理负面清单、审批清单、监管清单，对全区行政职权清单逐条审核并提出法制意见，做了大量工作。12月底，区政府向社会公布行政职权清单结果，涉及36个行政机关，包括行政许可、非行政许可的行政审批、行政处罚、行政强制、行政征收、行政给付、行政确认、行政裁决、行政指导、行政检查和其他行政职权等11个类别、8709项行政职权。

举办培训班 3月，三水区组织相关单位人员参加初领行政执法证人员网上培训，89名初领行政执法证人员进行网上考试。4月，区法制办举办“规范性文件制定和审查工作培训班”。区属各单位和各镇（街道）负责规范性文件制定和审查的人员参加培训。10月，区法制办牵头组织“三水区政府信息公开工作培训班”。各镇（街道）和区有关单位分管领导和具体负责信息公开事务的工作人员98人参加培训。

（吴秋莹）

【行政服务工作】 2014年，三水区行政服务中心（简称“中心”）进驻单位23个，进驻人员350多人，受理业务463923件，日均受理业务1855件，业务按期办结率100%，其中提前办结率52.58%，即办件率63.7%。区受理（督办）中心解答群众咨询41750件，受理群众督办投诉7件，办结率100%。12345热线处理各类投诉和咨询来电8983例，工单总量比上年增长108%，答复率100%。

编制区政府权责清单 “编

三水区行政服务中心大堂

制权责清单工作”是2014年三水区16项重点改革专题之一。4月，中心会同区编办、区法制、区发改等部门成立权责清单编制工作专责小组，推进权责清单编制工作。经过部门清理、市区分级审查、向社会征询意见、市级统筹规范、部门确认等步骤，于9月形成三水区政府权责清单报区政府审议。12月，区政府权责清单公布实施。其中，行政职权清单包括区级36个行政机关8709项行政职权；负面清单编制禁止和限制投资措施649条，涉及47个行业大类；审批清单纳入24个区级部门的218个审批事项，涉及78个行业大类；监管清单编制监管措施1926条，涉及90个行业大类。

布设“市民之窗”自助服务终端 推进区政府民生十件实事“市民之窗”网上办事自助服务终端布设（一期）工程。经过制订方案及选址、落实资金等前期工作，“市民之窗”自助服务终端（一期）工程于6月完成布设。全区有“市民之窗”自助服务终端50台，覆盖区行政服务中心，西南、云东海和乐平行政服务中心及其下辖村（居）委会，为群众提供行政审批、办事预约、缴费业务、票证打印、政务咨询五大类自助服务。

设立区重点工程建设项目报批服务中心 推进工程建设领域行政审批改革，11月在区行政服务中心设立重点工程建设项目报批服务中心，对纳入区重点建设工程项目库范畴的项目试点“并联预审”。从规划、国土、住建等部门抽调骨干常驻区重点工程建设项目报批服务中心，专门负责与重点工程建设项目报批相关的咨询、指引、跟踪、协调、监督等工作，实现重点工程建设项目审批“全程跟踪、一跟到底”。

建设网上预约系统 7月，建成区行政服务中心网上预约服务系统，市民可利用网上服务大厅或手机、平板电脑等设备，对区行政服务中心进驻事项进行预约，自行选择办事时间。预约成功后，在约定时间到达办事窗口，即可经预约通道进行业务办理，有利于市民合理安排办事时间，减少排队等候时长。至12月，办事预约大厅网页访问量3万多次，移动设备客户端下载量8000多次；受理预约近1.7万人次，成功办理约1.5万人次。

建设房地产权办证大厅 优化窗口设置，调整进驻部门，建设房地产权办证大厅，落实区土地登记事务所、房产登记事务所、房产交易所和房产档案馆的进驻。9月1日，房地产权办证大厅启用，开放20多个窗口，为市民办理房地产登记、房地产备案、土地登记、土地备案、注销、房地产档案查询等业务，使群众在中心一站式办妥各类房地产业务。至12月底，大厅办理业务约1.5万件，群众对房地产权办证大厅便捷的办证服务表示肯定，相关办证、取证等手续可在中心顺利办理，避免多个部门来回跑。

实行审批服务事项最低时限办结承诺制 落实区委十二届五次全会提出“实行审批服务事项最低时限办结承诺制”的工作部署，中心深入开展走访调研，与有关部门反复论证，对全区审批服务事项承诺时限进行全面梳理。3月，制订“审批服务事项最低时限办结承诺制目录”，所有事项一律取消弹性审批时限，全面推行“3天上报、5天办结”。全区28个部门1061个事项全部明确最低办结时限，其中按照“3天上报、5天办结”实施的从改革前的47.5%提高到91.4%，不能按照“3天上报、5天办结”实施的，平均审批时限从32.3个工作日压缩到12.6个工作日。审批时限从改革前的17.5工作日，缩减到5.3工作日，审批提速69.7%。

建设企业综合服务窗口 配合实施全市深化企业登记联合审批改革工作，9月，中心对原企业登记综合服务窗口进行升级，打造企业综合服务窗口。该窗口对涉及区级企业登记和准入许可审批事项提供办事咨询、办事预约、接件（受理）、发证、重点项目VIP服务，服务事项包括企业设立登记环节涉及的工商、税务、组织机构代码、社保、刻章备案登记等六个登记事项。至12月底，综合服务窗口咨询指引总量约2100宗，涉及工商登记、后续登记、并联审批改革咨询等内容。

利用信息化手段打造阳光交易平台 为进一步规范三水区公共资源交易活动，推进公共资源全面网上交易，区公共资源交易中心于3月启用公共资源交易一体化服务平台，实现网上办理入场登记、内部呈批、日期场地安排、发布招标公告等流程环节电子化管理。建设工程交易启用佛山市建设工程投标企业信息数据库，实行投标网上报名，减少招投标过程人为因素影响，提高工作的质量和效率。启用广东省电子政府采购平台以及引入电子反拍采购方式，加强反腐败建设，促进政府采购交易活动的规范化。

（谭莉）

■ 中国人民政治协商会议佛山市三水区委员会

【概况】 2014年，三水区有政协委员200名。其中，中共党员74名，占37%；非中共人士126名，占63%。中国人民政治协商会议佛山市三水区委员会（简称“区政协”）机关设办公室、综合室、组织联络室、专委会工作室。年内，区政协团结各民主党派、工商联和无党派人士，认真履行政治协商、民主监督、参政议政职能，广聚民智，协调各方，发挥独特优势，为推动三水经济社会又好又快发展作出了应有的贡献。区政协工作中的存在问题是委员主体作用发挥有待加强，协商民主制度落实不够，参政议政成果转化落实情况还需加大跟踪的力度，委员履职的服务、保障和激励机制有待加强。

【政协佛山市三水区九届四次会议】 2014年1月14—15日，中国人民政治协商会议佛山市三水区第九届委员会第四次会议在中心城区召开。苏伟波、陈英文、陈浩明、黄少文、陈必田、李伟成、杨乃初、张卫红、黎延坤、郑道永、梁俭明等三水区党政、人大、法院、检察院领导到会祝贺。区政协九届全体委员出席会议，在三水区工作的佛山市政协委员，三水区政协历届正、副主席及区政协联谊会理事、港澳台嘉宾等列席会议。会议听取和审议邓国斌主席代表区政协九届常务委员会向大会作的工作报告、区政协九届委员会常务委员会关于九届三次会议以来提案工作情况的报告，并表彰优秀提案。会议期间，区政协委员列席区第十五届人民代表大会第四次会议，听取和讨论《政府工作报告》及有关报告。会议听取区政协第九届委员会关于区政协九届四次会议提案收集情况的报告，补选彭建国为区九届政协副主席、苏国麟为区九届政协常务委员。会议同意罗卫平辞去区九届政协副主席职务，梁卫华辞去区九届政协常务委员职务。会议审议通过《中国人民政治协商会议佛山市三水区第九届委员会第四次会议决议》。区委书记苏伟波在闭幕式上讲话。

【政治协商工作】 2014年，三水区政协按照党的十八大提出“健全社会主义协商民主制度，推进协商民主广泛、多层、制度化发展”的要求，以及省、市关于协商民主的要求，探索、实践协商民主方式，逐步形成适合三水区实际的分级分类协商模式。区政协主席主动就政协主要工作向区委书记、区长作经常性工作汇报和通报，争取党政主要领导对区政协工作的重视和支持。区委书记不定期约请区政协主席交心沟通，并就全区经济社会发展的重点、难点工作向区政协出题目、交任务。年初，区委、区政府主要领导率部分班子成员到区政协机关，通报党委、政府新一年的主要工作思路，听取区政协领导班子以及机关干部对党委、政府工作的意见和建议，同时也对政协的工作提出要求和期望。区主要领导列席区政协常委会议，就区政府工作报告进行通报说明，征求意见。区政协主席会议在全会后就政协新一年的主要工作向区委汇报，将区政协的工作融入全区整体工作当中，并在充分协商的基础上，确定《区政协2014年重点工作计划》。区委邀请区政协委员、各民主党派、工商联和无党派人士代表参加区经济和社会发展情况分析会、区委工作报告征求意见座谈会等会议，共商发展大计。区政协各专委会根据自身实际以各种方式与区委、区政府相关职能部门进行对口协商，转达社会各界的呼声。区政协创新思路，抓住重点提案办理过程协商，把提案工作融入协商民主，推动协商民主沿着广泛、多层、制度化的轨道发展。区政协主席会议、常委会、各专委会和各党派团体以高度负责的精神，围绕三水区大政方针和民生热点问题，召开各层次各类协商会20多次，推动三水区经济发展和社会稳定和谐。

【提案工作】 2014年，三水区政协九届四次会议以来，收到提案146件，经审查，立案128件，根据内容相近合并交办98件，提案涉及三水区经济、城市建设、医疗卫生、文化教育等方面。经过承办单位的努力，提案全部办复。区委书记苏伟波、区长陈英文、区政协主席邓国斌分别领衔，督办3件重点提案。尤其是针对广大群众关心的西南北江新区码头和云东海白沙煤场搬迁问题，区政协创新督办机制，与区人大对相关提案、议案进行联合督办，为提案办理开辟新渠道。

【专项视察】 2014年，三水区政协针对北江新区的建设问题，组织常委会对这一片区的扩容、构建西南街道“产城互动”格局进行专题视察，提出要经营好北江新区与旧城区衔接，完善文化教育、医疗卫生、休闲娱乐设施配套以及做好历史文化遗迹的保护开发等建议，供西南街道决策参考。针对三水新城建设、新引进产业投资情况及重点工程项目，区政协常委会进行专题视察，了解工程进展，提出新城建设要重视规划、设计方案要科学实用、确保工程进度和质量、用好资金避免浪费等建议。区政协主席会议针对西南水都饮料基地扩容工程、南山镇侨房改造工程进展情况进行专题视察。区政协各专委会根据自身界别特点，分别对西南城区农贸市场周边环境改善工程、西南城区居民住宅小区市政绿化工程、西南涌北段整治工程、乐平海尔创新产业园、北部片区教育卫生资源配置情况、健力宝立交和塘九立交交通改造及景观提升工程等直接关系广大市民切身利益的项目，开展专题视察监督。区政协组织委员视察对接南海、连通禅城的“禅南三”交通合作项目。

2014年6月30日，三水区政协主席邓国斌率队到水都饮料基地调研

【履行监督职责】 2014年，三水区政协规范特邀监督员的选派和管理，推荐政协委员担任政府相关职能部门的行风评议员、监督员，定期和不定期地开展行风效能监督检查，及时反馈存在问题，跟踪督查整改情况，有力地促进三水区机关行政效能建设。

【调研议政】 2014年，三水区政协常委会围绕区委、区政府的中心工作和人民群众普遍关注的重大问题，结合党的群众路线教育实践活动，深入基层，开展多种形式的调研活动，积极参政议政，为促进三水区经济社会发展尽智出力。

为北部次中心建言。围绕区委构建三水北部次中心的战略构想，区政协常委会对北部3镇进行调研，形成《加大力度，支持大塘镇建设为北部板块中心的若干建议》的常委会建议案，提出以大塘镇为北部次中心、北联南山南接芦苞，构建三水北部经济重镇的建议，被区委、区政府采纳并实施。

为第三产业献策。围绕区政府加快现代服务业发展的战略部署，区政协常委会对三水区现代服务业发展情况进行调研，形成《关于加快我区现代服务业发展的若干建议》的常委会建议案，提交区政府及相关部门，为三水区现代服务业发展献计献策，得到相关部门的好评。

关注事权下放。围绕中央和省市行政审批权下放政策的落实，三水区政协正、副主席深入7镇(街)及区直相关职能部门调研，掌握第一手资料，形成《关于深化简政放权，激发镇街活力的建议》的主席会议建议案，被区委、区政府纳入决策参考。

聚焦行政效能。围绕如何有效提升职能部门行政效能，三水区政协主席会议成员与区工商联深入各镇（街）、区直职能部门以及各类企业，了解三水区行政效能的现状，分析制约三水区行政效能释放的原因，形成《提高行政效能、优化营商环境》的主席会议建议案，所提建议被区委、区政府采纳，区委书记苏伟波、区长陈英文分别就此建议案作了批示。

【走访委员企业】 2014年初，三水区政协机关干部分成7个小组，由正、副主席带队走访30多位委员企业家，了解委员企业的生产经营情况，将企业遇到的困难和亟待解决的问题形成专题报告报区委、区政府。

【反映社情民意】 2014年，三水区政协充分发挥委员联系面广的优势，引导委员关注社会发展中的突出问题以及群众普遍关心的热点、难点问题，积极反映民意，代言民声。收集各类社情民意信息355条，其中上送佛山市政协137条，被市政协采用44条，被广东省政协采用2条，被广东省委采用1条，被全国政协采用1条。编发三水区《社情民意摘要》19期，向市政协和区委、区政府反映社情民意。其中《关于点亮农村路灯的建议》等6期获区领导批示，增加左岸涌开闸和黄塘排灌站泛水时间等多条建议获有关部门采用。

【搭建议政平台】 2014年，三水区政协常委会坚持“长期共存、互相监督、肝胆相照、荣辱与共”的方针，密切与各民主党派、工商联和无党派人士以及各人民团体的联系，支持和保障他们通过政协组织积极建言献策，努力营造团结民主、和谐活跃的政治环境。支持民主党派开展调研议政，区各民主党派围绕专业市场规划建设，组织人员深入各镇（街）工业园区进行调研，撰写《关于做好我区专业市场的建议案》，提交区委、区政府作决策参考。区政协常委会召开区各民主党派负责人座谈会、各民主党派情况通报会，通报全区和政协机关党的群众路线教育实践活动情况，征求他们对政协机关班子及党员领导干部作风建设等方面的意见、建议。区政协常委会组织各民主党派、工商联和无党派人士代表参加区委、区政府及相关部门召开的各类座谈会，为他们知情议政、履行职责创造便利条件。

【联系港澳委员】 2014年，三水区政协赴香港召开三水区经济社会发展情况通报会，向港澳委员及三水乡亲通报家乡发展情况；组织港澳台委员回乡就三水区交通建设情况进行专题视察，为家乡建设出谋划策；走访三水籍知名港澳企业家和港澳地区的三水同乡会社团，关心他们的事业发展，联系乡亲感情，鼓励他们关注和参与家乡经济社会建设。

【光彩事业发展】 2014年，三水区政协继续协助区光彩事业促进会，发动委员和社会各界人士参与慈善助（奖）学活动。区光彩事业促进会发放助（奖）学金185万元，获得助（奖）学金资助的挂钩学校增至35所，

103名三水籍在校大学生获得助（奖）学金，400名中学生获得资助。

（李慧玲）

中共佛山市三水区纪律检查委员会

【概况】 2014年上半年，中共佛山市三水区纪律检查委员会（简称“区纪委”）（区政务监察和审计局）内设办公室、纪检监察室、信访室、案件审理室、党风政风监督室、执法监察综合室、效能监察室、审计综合监督室、审计一室、审计二室、经济责任审计室11个职能科室。下半年，根据省市机构改革部署，保留中共佛山市三水区纪律检查委员会，佛山市三水区政务监察和审计局更名为佛山市三水区监察局，与区纪委合署办公，将审计职能划转到区审计局。区纪委（区监察局）在区委、区政府和佛山市纪委（市监察局）的双重领导下，履行党的纪律检查和政府行政监察职能。

机构改革后，区纪委（监察局）内设办公室（干部室）、宣教调研室（廉政风险防控室）、党风政风监督室（区政府纠正行业不正之风办公室）、信访室（举报中心）、案件监督管理室（纪检监察干部监督室）、第一纪检监察室、第二纪检监察室、第三纪检监察室和案件审理室9个职能科室。年内，全区纪检监察部门贯彻落实中央、省、市、区反腐倡廉工作部署，按照“转职能、转方式、转作风”的要求，明确职责定位，聚焦主业主责，推进全区党风廉政建设和反腐败工作。工作中的存在问题是：一些基层党组织落实党风廉政建设主体责任认识不到位、措施不具体；个别党员干部工作作风不扎实，在落实中央八项规定上打折扣、搞变通。基层纪检监察力量比较分散，镇街纪委和派驻纪检组的职能作用未能充分发挥；“小官大贪”现象依然存在等。

【召开区纪委全会】 2014年2月14日，中共佛山市三水区第十二届纪律检查委员会第四次全体（扩大）会议在西南影剧院召开。区委书记、区人大常委会主任苏伟波作重要讲话。大会审议通过了李伟成代表区纪委常委会所作的《正风气，促发展，塑干部清廉形象》的工作报告和全会《决议》。对2个镇街和9个区直部门党（工）委（党组）落实党风廉政建设责任制情况进行重点检查考核，其中6个单位的党（工）委（党组）主要负责人向区纪委全会“述责述廉述德”。

【落实“八项规定”治理“四风”】 2014年，三水区纪委（区监察局）开展对收送“红包”礼金、“会所歪风”、公款送礼、公款吃喝等问题的专项治理，推进作风建设常态化。查处违反中央八项规定精神问题5宗18人。坚持暗访、曝光、查处、追责“四管齐下”，拍摄2期明查暗访专题片，搭建“四风”网络监督平台，办理“四风”问题投诉119件，向有关单位发出督办意见9件（次），对12人次进行谈话提醒，对4人责令书面检查，对1人进行离岗培训。

【作风建设与行政问责】 2014年，三水区纪委（区监察局）加大对不作为、慢作为、乱作为问题的问责力度，对26名党员干部实施问责，重点处理区妇幼保健院资金管理不善、大塘“红火蚁事件”中失职渎职的党政领导干部和工作人员。开展民主评议政风行风，对区司法局、区食品药品监督管理局进行重点评议和对21个单位进行“回头查”。

【案件查办】 2014年，三水区纪检监察部门受理各类信访举报250件次，初核线索117件，比上年上升40.9%；立案64件，上升72.9%；结案56件，给予党纪政纪处分56人。全区查处乡科级干部9人、一般干部9人、其他人员46人。通过办案挽回直接经济损失410多万元。为58名党员干部澄清问题，保护受诬告错告的党员干部。

【效能监察】 2014年，三水区纪委（区监察局）启动工作目标倒逼管理，开展对区委、区政府重点工作的监督检查。完善绩效管理机制，推行镇街绩效差异化考核。处理行政投诉，全年办理群众反映的各类投诉咨询3156件，办结3116件，办结率98.7%。

村廉情的全程动态跟踪，加强农村基层党风廉政建设。

2014年8月8日，三水区“双集班”领导参观清远监狱警示教育基地现场

【纪律教育】 2014年，三水区纪委（区监察局）开展以“严明组织纪律、锻造优良作风”为主题的纪律教育学习月活动，举办第三期权力集中部门、资金密集领域领导干部培训班，组织领导干部到清远监狱警示教育基地开展教育活动。启动多功能二维网络教育管理平台，拓宽党员干部教育监督渠道。健全谈心谈话和廉情提醒制度，执行任前廉政谈话、提醒谈话和诫勉谈话制度，任前廉政谈话43人次，诫勉谈话22人次，信访约谈8人次，函询5人次。

【廉政文化建设】 2014年，三水区纪委（区监察局）加大两个省级反腐倡廉教育基地的提升改造力度，挖掘孔圣园“儒廉”文化内涵，提炼荷花世界“荷廉”文化精髓，全年接受区内外45个单位3000多名党员干部前来接受教育。推进廉洁文化“六进”活动，西南街道康华社区等3个单位被评为市级廉政文化示范点。录播《人生如棋》廉政宣传短片，举办廉洁文化书画摄影比赛、“廉洁佛山·粤曲好声音”创作比赛等群众性廉洁文化活动，营造崇廉尚洁的社会氛围。

【工程建设领域监管】 2014年，三水区纪委（区监察局）深化重点领域制度改革和机制创新，建立公共资源投诉和处理情况联系制度，在全市首推《国有资金投资小额工程建设项目随机抽取定标管理办法》，规范100万元以下工程建设项目的招投标管理，有效遏制围标、串标现象的发生。

【农村廉情预警】 2014年，三水区纪委（区监察局）健全权力运行的监督制约机制，在大塘镇开展农村廉情预警机制试点工作，对村内征地分红、集体资产出租发包、村账管理等方面的问题进行“三色”预警，实施对农村廉情的全程动态跟踪，加强农村基层党风廉政建设。

【廉政风险防控】 2014年，三水区纪委（区监察局）在白坭镇和区妇幼保健院开展制度廉洁性评估试点工作，重点评估涉及“三重一大”事项的制度文件，审查制度设置上的漏洞，压缩权力寻租的空间。坚持制度和科技相融合，以区国土城建水务系统和发展规划统计系统为试点，推进党政机关廉政风险科技防控平台建设。利用婚丧喜庆事宜信息管理平台，构建预防长效机制。

【机构改革】 2014年，三水区纪委（区监察局）坚持从机构改革和自身建设入手，明确定位，厘清责任。按照中央、省、市关于深化查办腐败案件体制机制改革精神，增设两个纪检监察室、一个案件管理室，办案人员比例达70%；把审计、公车改革、小汽车定编的职能划转到相关职能部门。

【派出、派驻机构管理】 2014年，三水区纪委（区监察局）加强对派出、派驻机构的管理，铺开镇街纪检组织规范化建设，出台加强镇街纪检组织规范化建设的工作意见和目标管理考核办法，完善工作机制，规范工作流程，强化自主办案，构建区、镇（街）、村（居）三级“大纪检”格局；探索派驻纪检组全派驻和分线管理模式，制定派驻机构全派驻和分线管理实施办法。

（李梦华）

民主党派·群团组织

THE DEMOCRATIC PARTIES·
THE MASS ORGANIZATIONS

中国国民党革命委员会佛山市三水区支部委员会

【概况】 2014年，中国国民党革命委员会佛山市三水区支部委员会有党员25名，平均年龄45岁，均为大学以上学历，其中硕士3名、博士1名。7人有中级职称、15人有高级职称。支部委员5名，主任委员叶茂为民革佛山市第十一届委员会委员、三水区第九届政协常委，副主任委员李燕华、支部委员万涛、党员曾靓为三水区第九届政协委员，副主任委员李雪松为三水区第十五届人大代表。支部委员王俊容负责组织工作。支部分为“人民医院”“教育”和“综合”3个党员活动小组，胡建军、曾靓和曹国荣分别任组长。

【考察调研】 2014年，中国国民党革命委员会佛山市三水区支部委员会积极参加党务和社会活动。支部获三水区政协十大重点优秀提案奖。李燕华、王俊容参加市委统战部组织的高明区义诊活动。李雪松被聘为民革广东省委会人口资源环境委员会委员，参加公共交通调研、内河涌综合整治、视察督办议案提案、人大代表接访等活动。支部成员参加西南市场整治、社会养老、广东省孙中山研究会珠海研讨会、南山镇捐书扶贫、“中心城区‘三旧’改造”提案等考察调研活动。

【参政议政】 2014年，中国国民党革命委员会佛山市三水区支部委员会积极履行职责，参政议政。支部的人大代表、政协委员提交10多份议案、提案，受到政府的重视。曾靓的提案《关于依托中国长寿之乡品牌，大力发展我区健康长寿产业的建议》，被评为三水区政协2014年度重点优秀提案；其调研报告《关于三水水环境建设可持续发展研究》得到区委统战部的表扬。万涛、夏克传撰写上送区政协、区委统战部的信息多篇。

（万涛）

中国民主促进会佛山市三水区支部委员会

【概况】 2014年，中国民主促进会佛山市三水区支部委员会（简称“民进三水支部”）有会员13名。民进三水支部设主委一人、副主委两人。在参政议政、民主监督、社会服务等方面开展活动，取得较好的社会效果。是年，何燕清被评为民进全国组织建设先进个人、佛山市民进信息工作先进个人。会员谢洪林的《佛山市三水区白坭镇总体规划》获广东省城乡规划设计优秀项目三等奖。张亚平的论文《局部带蒂皮瓣在唇缺损即刻修复中的应用》获佛山市科技局2014年优秀科技论文三等奖。何燕清、谢洪林、吴兰祺被评为2014年度三水区优秀政协委员。

【参政议政】 2014年，民进三水支部围绕中心工作和民生问题，广泛调研，撰写提案、调研报告和信息。在政协会议提交《关于逐步将非本地户籍常住居民纳入基本医疗保险范围的建议》《关于规范民办学校办学体制促进我区教育优质均衡的提案》（被评为优秀提案）和《关于加强安监基层力量，确保安全生产形势持续稳定的建议》3份提案。撰写调研报告和

2014年11月22日，民进三水支部主委何燕清（右二）带队参加三水区委统战部组织的“助学·敬老·扶贫·南山行”活动

信息，如《职业卫生技术服务机构不足》被区卫生部门采纳，在各镇街开展职业病体检。

【社会服务】 2014年，民进三水支部参加扶贫慰问、送医送药等活动，增强社会影响力。开展“扶贫、助学、敬老”南山行活动，举办“暖心爱心同心”社会服务活动慰问大塘镇特困家庭。会员何燕清任2014年区政府政风行风评议团成员，会员张亚平任区监察局特邀监察员、广东省女子强制戒毒所特邀执法监督员。

（何燕清）

中国民主建国会佛山市三水区总支部委员会

【概况】 2014年，中国民主建国会佛山市三水区总支部委员会下设3个支部，会员66人，平均年龄48岁。会员中，大专学历12人，占总数的17%；本科学历35人，占总数的53%；硕士以上学历6人，占总数的8%。一半以上会员具备中、高级职称，有工程师、会计师、律师、医师、教师、资产评估师、作家、画家等。会员任副区长1人，任市人大代表2人、区人大代表3人、区政协委员7人。会员立足本职工作、发挥专业特长、履行参政议政职能、积极服务社会。是年，6名会员被评为总支部优秀会员。3名会员分别获区政协优秀信息员、广东省优秀测绘地理信息工程班主任基金等奖项。

【参政议政】 2014年，中国民主建国会佛山市三水区总支部委员会参加区委统战部的会议，深入调查研究，积极建言献策。总支部加强对信息工作的力度，撰写多篇议案、提案、信息，《关注畜禽养殖业对节能减排及构建资源节约型产业结构的重要作用》《保护我们的生命线》和《关于我市社会组织培育的调研报告》3篇调研报告，被区委统战部《社情民意》采用。调研报告《关于做好我区专业市场规划建设的建议》受到好评。在区人大和区政协两会提交《关于重新规划区汽车站和区人民医院出入口交通问题的议案》《关于建设我区疾病预防控制中心的预案》和《关于尽快制定佛山市光伏应用扶持政策的建议》等议案、提案。其中《关于完善三水区公共自行车系统的建议》被评为优秀提案。

【社会服务】 2014年，中国民主建国会佛山市三水区总支部委员会派医生参加爱心义诊活动，举办健康保健和摄影艺术讲座，考察养老服务和水环境体系建设，开展“助学·敬老·扶贫·南山行”活动。4名会员被评为优秀政协委员。

（郭慧清）

中国民主同盟佛山市三水区总支部委员会

【概况】 2014年，中国民主同盟三水区总支部（简称“民盟三水区总支部”）盟员56人。主委吴章荣任十三届民盟佛山市委委员、九届三水区政协常委，副主委陈维汉任区电大、教师进修学校校长、九届三水区政协委员。总支部下设第一支部（科技支部）、第二支部（教育支部）、第三支部（退休支部），谢凯、陈维汉、何晓霞分别担任3个支部的主委。

【思想建设】 2014年，中国民主同盟三水区总支部加强政治学习和思想建设，按照佛山市民主党派创“六好”、提升组织建设水平的要求，提高盟员的政治素质和参政议政的水平。

【参政议政】 2014年，中国民主同盟三水区总支部委员会发挥民盟联系广泛的优势，围绕区委、区政府中心工作和经济社会发展的大局，认真开展调查研究，积极建言献策，提高参政议政能力，提交25篇信息。在区政协会议上交8篇提案：《关于加强社会化养老服务的建议》《关于建立居家养老服务的建议》《关于进一步加强社区教育工作的建议》《关于三水区教育均衡发展的建议》《关于增加城市公共停车位的建议》《关于打造水都世界级饮料食品产业基地的建议》《政府应大力引导居民自行车出行的建议》和《关于加强公交车管理的建议》。开展基层组织建设年、“我为民盟建一言”活动，召开座谈会，提建议。杨霞撰写《到盟员单位开展探访和调研活动，增强盟员的荣誉感和组织的凝聚力》的建议；黄艳芬建议盟员加强交流，盟组织的社会服务工作推动企业转型升级，开展法律法规等宣传咨询，更好地参政议政、服务社会。谭仁革建议佛山民盟需要更多宣传自己。谢凯建言加强盟员自身修养。教育支部建议充分利用人才资源优势，扩大民盟组织影响力。退休支部在组织建设、思想建设、社会活动方面提出好建议。

【社会服务】 2014年，中国民主同盟三水区总支部委员会开展丰富多彩的社会服务活动。盟员廖浩峰参加区委统战部组织的两次爱心义诊活动。11月22日，民盟三水区总支参加区委统战部组织的民主党派到南山镇助学敬老扶贫活动，为中心小学捐赠约1000元的图书和文具，为养老院老人送温暖，为贫困家庭捐赠物资。

(师姚妮)

中国农工民主党佛山市三水区支部委员会

【概况】 中国农工民主党佛山市三水区支部委员会有党员15名，其中年内入党1名。绝大部分党员在卫生和教育系统，均为高级职称，平均年龄42岁。主任委员方长庚、副主任委员姚伟平、党员童绍洪任区政协常委，但修前任市政协委员及区人大代表，饶汉斌任区政协委员。

【党务活动】 2014年，中国农工民主党佛山市三水区支部委员会学习党章，考察生态保护、旅游资源开发，为三水经济建设建言献策。参加党的群众路线教育实践活动，加强调研和信息工作。

【参政议政】 2014年，中国农工民主党佛山市三水区支部委员会积极撰写提案、议案及社情民意稿件，提交社情民意17篇，被市政协采纳2篇；提案5篇，被区政协评为优秀1篇；人大议案1篇。调研报告《进一步加强我区养老服务体系建设工作》，获区政协好评。积极参加区政协、区委统战部组织的调研活动，为“大塘镇建设为北部板块中心”“加快专业市场建设”“三水发展现代服务业”建言献策。11月，姚伟平、胡朝晖被农工民主党广东省委会评为农工民主党广东省委会成立60周年先进个人。12月，姚伟平被评为三水区2014年度优秀政协委员。

【社会服务】 2014年，中国农工民主党佛山市三水区支部委员会参加区委社工部送医送药义诊活动。农工民主党三水支部和顺德第三支部联合举办扶贫助学活动，为西南二中的贫困学生捐款、捐赠图书和运动鞋，总金额1.2万元，捐助家庭困难的成绩优异学生30多人。得到师生的好评。

(胡朝晖)

中国致公党佛山市三水区支部委员会

【概况】 2014年，中国致公党三水区支部委员会（简称“致公党三水支部”）成员22人，主委彭蘅为区政协副主席，副主委赵景为区政协常委，副主委叶世伦、支部委员乐振华为区政协委员。2014年，致公党三水支部遵循“致力为公、参政兴国”宗旨，认真履行职责，加强自身建设，各项工作取得进展。

【参政议政】 2014年，致公党三水支部提交提案7份，得到主办单位采纳，给予回复和落实。《关于建立负面清单管理制度推进透明政府建设的建议》被定为区委书记督办提案，促进三水区法治建设。提交社情民意和信息11篇，分别被省、市政协和致公党市委会采用，区领导批示。向区委统战部报送信息6篇，均被采用。支部和一名党员分别被区政协评为“2013年度信息工作先进集体”和“先进个人”。参加区政协、区委统战部和有关部门组织的调研、座谈和政风行风评议会等活动10余次，提出意见和建议。支部参与区政协组织的民主党派联合调研组，围绕区专业市场规划建设问题进行深入调研，作为主笔撰写调研报告，得到区政协的好评。

【社会服务】 2014年，致公党三水支部履行社会责任，参加社会服务活动。参加“爱心、暖心、同心”社会服务活动，到南山镇敬老院和贫困家庭慰问，向小学捐书。支部成员麦荣周慷慨解囊，向敬老院老人和困难侨胞送上慰问金近两万元。

（乐振华）

九三学社佛山市三水区基层委员会

【概况】 2014年，九三学社佛山市三水基层委员会有社员66人，其中新社员14人。社员年龄结构、界别结构、整体素质进一步优化和提高，参政议政能力明显增强。

【参政议政】 2014年，九三学社佛山市三水区基层委员会6名政协委员参加三水区政协九届四次会议，提交8份提案，其中《关于依托“中国长寿之乡”品牌，大力发展我区健康长寿产业的建议》和《关于大力促进我区中医药进社区，缓解群众看病难、看病贵的建议》两份提案被评为优秀提案。李家铎、陈汉礼、郑炳飞被评为优秀政协委员。高度重视信息工作，把收集信息线索作为每次组织活动的固定内容，鼓励社员积极反映社情民意，全年报送信息35篇，其中7篇被市政协采用，2篇被九三学社中央采用。李家铎、胡力生、潘正兵获九三学社省委2013年参政议政二等奖，陈汉礼、罗俊宇获鼓励奖；罗俊宇、李家铎被九三学社省委会评为优秀信息员。九三学社佛山市三水区基层委员会被区政协评为2013年信息工作先进集体三等奖，李家铎被评为先进个人二等奖。

【社会服务】 2014年，九三学社佛山市三水区基层委员会积极参加区委统战部组织的义诊活动、到南山镇为南山小学捐书、慰问贫困家庭和敬老院。九三学社三水区基层委员会由副主委潘正兵带队，组织10多位社员，带着价值3000多元的大米、食用油等慰问品，重点走访特困家庭。

（潘正兵）

三水区总工会

【概况】 2014年，三水区总工会累计已建基层工会1900家，有工会会员19万多人。签订工资集体协议企业1527家，占已建工会企业的80.4%。接待职工来信来访来电257宗653人。举办职工文化体育节、员工大讲堂和“职工圆梦”学历提升计划，提高职工素质，丰富职工业余生活。三水区有1人获“全国五一劳动奖章”，2人获“广东省五一劳动奖章”，16个集体获市级以上“工人先锋号”称号。区总工会在编8人，内设办公室、组织宣传部和权益经济部。全区各级工会深入开展党的群众路线教育实践活动，服务科学发展，创建“三型工会”，推进工会各项工作，推动区经济社会提速提质发展。

【劳动竞赛】 2014年，三水区总工会广泛开展群众性经济技术创新活动，培养实用型人才。区总工会与区人社局联合举办客房服务员、食品检验工职业技能竞赛，评选技术状元2名、技术能手18名；与好帮手电子科技公司联合举办创新改善QCC项目年度评比活动；与区邮政局联合举办邮政储汇业务员职业技能竞赛。区总工会加大“工人先锋号”创建力度，佛山海尔电冰柜公司注塑班组被评为“广东省工人先锋号”，三水工业园区企业员工服务中心等15个班组被评为“佛山市工人先锋号”。围绕“凝聚职工正能量，当好改革主力军”主题，征集合理化建议1236条，获奖61条。落实广东省总工会的“工会培优计划”，为24名优秀职工发放技能补贴11200元。

【弘扬劳模精神】 2014年，三水区总工会注重劳模先进的评选，1人获全国“五一劳动奖章”，2人获广东省“五一劳动奖章”。构建“领导支持、工会组织、劳模挂帅、职工参与”的格局，完成第二批10家劳模创新室建设。组织劳模“六进”，广泛开展爱心公益活动，向社会传递正能量。落实劳模待遇，按照政策提高2001年前部级劳模的荣誉津贴标准。关心爱护劳模，在春节、7月1日、中秋节和教师节慰问劳模304人次，发放慰问金（慰问品）近8万元。组织劳模欣赏新年音乐会、疗养和游览。

【帮扶解困】 2014年，三水区总工会发挥帮扶中心的作用，打造维权绿色通道，致力为职工排忧解难。做好对困难职工的调查核实和申报工作，完善困难职工档案管理。开展送温暖和日常走访，慰问困难职工668人次，发放帮扶资金44.6万元。其中，医疗救助44人次，发放救助金22.9万元；金秋助学47人次，发放助学款3.65万元；工伤探视54人次，发放慰问金2.58万元。推广职工医疗互助保障计划，4433人次购买5798份职工互助保险，为7人办理14.5万元理赔。开展“扶贫济困日”慈善募捐活动，向全区工会会员发出交一次“特殊会费”的倡议，5917人捐款8.6万元。

【职工维权】 2014年，三水区总工会依法推动企业开展工资集体协商，在全区范围内开展工资集体协商“要约行动”，规范协商程序，提高工资集体协商质量和实效。已建工会企业签订工资集体协议1527家，占已建工会企业的80.4%。区总工会与区司法局共建企业人民调解组织，着力把劳资矛盾化解在基层，化解在萌芽状态，全区500人以上符合条件的42家企业建立人民调解机构。推动企业工会主动参与安全生产机制建设，青岛啤酒（三水）公司包装部机修班被评为全国“安康杯”竞赛优胜班组，佛山科勒公司被评为广东省“安康杯”竞赛优胜企业。与区安监局联合参加佛山市第十届安全生产知识竞赛，组队参加全市职工消防运动会，均取得优秀成绩。各级工会深入基层，督促企业落实防暑降温政策，在全区开展“炎夏送清凉·点滴润人心”防暑降温送清凉活动，到企业赠送总值约10万元的清凉饮料3500箱。关心特殊行业职工健康，组织1119名从事陶瓷、化工、环卫等工作的一线职工参加免费体检。配合政府有关部门开展安全隐患整治排查、职业卫生执法监察联合行动和安全生产事故调查处理。

2014年8月，三水区总工会组织1119名特殊行业一线职工开展免费体检活动

【职工服务】 2014年，三水区总工会打造为职工特色服务的品牌。开办“员工大讲堂”和“职工圆梦”学历提升计划。开办讲座31场，职工3000多人次参与。大塘镇推进“企业职工综合素质培训”，乐平镇开办“职工夜校”，职工2000多人次参与。区总工会与国家开放大学（广州）实验学院联合启动“职工圆梦”学历提升计划，采取学费补助、送服务入企业等优惠办法，职工100多人入学。春节期间，在两个加油站设立“工会浓情小驿站”，为返乡的外来工提供各类便民服务。举办2014年职工文化体育节，在工业园区开展“筑梦森城·共庆大年——2014年三水区职工春节慰问活动”，1400多名职工参与。举办“我们的节日·劳动节——三水区庆祝‘五一’国际劳动节活动”，展示劳动者的

风采。与区文体旅游局联办“产业工人免费悠游三水”活动，工业园区500名产业工人免费游览三水景点。与区委组织部联办“缅怀革命先烈·筑梦幸福生活——企业党员、优秀职工教育实践活动”，近千名企业党员、优秀职工领略佛山城市升级的魅力。与区安监局联办10场“鼓劲争先·安全发展——安全文化进园区、进企业宣传活动”。与团区委、《佛山日报·今日三水》合办2014年三水区“时代城杯”春季企业青年职工运动会。推进“小燕乐园”暑期系列活动13场，外来工子女1144人参与。推进职工书屋建设。向10家市级职工书屋赠书，并对15家符合条件的企业职工书屋赠送无线网络，拓展职工的学习方式和阅读层面。与区文体旅游局组队参加“广东省百万职工第九套广播体操比赛”，获二等奖和三等奖。与澳门工会联合总会合办“相约佛山·唱响森城——澳门、佛山（三水）两地职工文艺交流汇演”。送电影进企业、到职工快乐大舞台100场。区总工会出资支持基层工会开展职工歌唱比赛、青年联谊、体育比赛等73项活动。基层工会举办文体活动290场，参与职工近7万人次。

（黎镜维）

■ 共青团佛山市三水区委员会

【概况】 2014年，三水区有共青团员20321人，一级团（工）委30个，一级团组织48个。共青团佛山市三水区委员会（简称“团区委”）机关内设青少年组织部和青少年事务部。是年，团区委坚持青年工作改革创新，推动团的组织转型发展,团结带领广大团员青年向社会输送青春正能量。

【组织建设】 2014年，共青团佛山市三水区委员会推进枢纽型团组织建设。新增非公企业建团72家、团员673人，提前完成任务。开展街道区域化团建工作，突出街道团工委的枢纽功能，打破行业、层级、所有制界限，实现区域内组织共建、资源共享、阵地共用、工作联动。西南和云东海街道实现社区建团100%全覆盖，新建直属“两新”团组织10个，开展活动12次。探索团建工作新机制，推动学校共青团在学生思想引领、成长服务、机制创新和基层服务型团组织建设方面取得新进展。团区委在区直属学校团组织中开展学校共青团重点工作创新项目评选工作，选出三水理工学校团委“探索加强中职学生团员意识教育的有效途径”等8个优秀工作项目，并给予表彰奖励。

【主题实践活动】 2014年，共青团佛山市三水区委员会组织基层团组织的团干部和团员代表120人参加三水区“五四”表彰大会暨“圆梦三水”青年励志讲座，参观“实现中国梦大型宣传图片展”，开展团队拓展活动。团区委与区青联举办第十届“佛山市三水区十佳青年”评选活动，评出10位优秀青年代表。3月，团区委组织“青春与梦想同行”座谈会，区长陈英文与青年企业家交流，围绕区委、区政府在体民意、解民情方面广泛听取青年企业家的意见建议。

【青年就业创业服务】 2014年，共青团佛山市三水区委员会成立“三水区青年就业创业服务中心”，在文锋西社区成立“亲青家园”青年服务中心，为青年社会组织提供开展活动的必要信息和资源。贯彻落实团省委《关于做好2014年“展翅计划”——广东大学生就业创业能力提升行动有关工作的通知》，通过镇（街道）团（工）委、区直属机关、区直属大型企业、区青年商会会员企业，收集大学生实习和见习岗位，联系区内3所高校，三水籍在校大学生协会、佛山市学生联合会三水分会等大学生组织，发动在校大学生报名参加“展翅计划”，并做好协调对接工作。本次展翅计划联系48个企事业单位，提供106个职位、1002个实习或见习岗位，1218人报名。

团区委与区经科局联办“三水区首届创新创业大赛”，48支创业团队参加，进入决赛的20支创业团队参加创业导师培训、专家点评交流等活动，“新型无孔防水透湿功能薄膜的开发及产业化技术研究”项目凭借高新技术优势、雄厚的人才团队资源、稳定而持续的盈利模式获得一等奖，获奖的

2014 年 8 月 1 日，团区委举办七夕联谊会

12支优秀创业团队获总额73万元的创业资金扶持。结合共青团广东省委2014年“启航计划”——广东青年创业圆梦行动，成立三水青年就业创业服务中心，联合区青年商会与三水籍在校大学生协会、佛山市学生联合会三水分会等组织互动，支持青年就业创业。通过“启航计划”建立高校创业学院及创业协会4个，组建青年就业创业导师团5个，导师124人，孵化创业团队34个。举办第一届三水优秀大学生职场体验营、三水籍高校毕业生走进企业游学活动、“规划职场蓝图，放飞创业梦想”创业就业宣讲会等活动，提高三水籍在校大学生对家乡企业、地区发展的认识，增进职企双方的沟通了解，协助高校学生做好职业规划。组织青年参加2014年佛山市“圆梦计划·佛山1000”，三水区各镇（街道）团（工）委召开3场宣讲会，引导新生代产业工人提升学历，提高综合素质。

【社会服务】 2014年，三水区青年联合会换届，三水区青年商会推出品牌活动，举办3期“青商学堂”。团区委成立预防青少年违法犯罪专项领导小组，出台《“阳光行动——三水区青少年健康成长守护工程”行动实施方案》，将闲散青少年、流浪乞讨青少年、服刑在教人员未成年子女、农村留守儿童、有不良行为青少年五类特殊群体纳为阳光行动重点帮扶对象。开展“千名青年律师千场青少年法律服务”活动，举办7场法律讲座、法律咨询、模拟法庭活动。团区委举办“雅居乐·雅湖半岛浪漫情人节”、北部3镇单身青年联谊、“邂逅七夕，情‘签’森城”青年联谊等多场活动。通过QQ群、微信平台沟通联系，将青年人才管理常态化，促进青年人才联谊服务的长效健康发展。

【志愿服务】 2014年，共青团佛山市三水区委员会支持春雨、心语、蓝天、弘毅4个社工机构申请到2014年志愿服务重点项目资金6.5万元。推荐弘毅社工“请为我提升——残疾人增能计划”申请成为三水区唯一“益苗计划”省级示范项目，代表佛山市参加首届全国志愿服务展览。区志协成功申请佛山市文明办“六支队伍”优质项目1.5万元资金，并入选佛山市社会建设创新项目。重点培育社区志愿服务队，成立全市首支由社矫人员参与的志愿服务队。优化培训体系，开展志愿者培训。成立三水区民情志愿服务队，编制《三水民情信息》12期，发布有价值的社情信息93条，围绕交通出行、文化建设、生活配套、环境保护、教育分配等热点问题，多角度反映群众需求。区志愿者协会充分发挥志愿者的组织、协调优势，打造“与你同行”品牌项目。全区志愿者开展活动388次，参与志愿服务25322人次。

【宣传沟通】 2014年，共青团佛山市三水区委员会组建网络宣传员队伍200人，举办网络宣传员操作技能培训，建立传统手段和新媒体充分融合，多层次、广覆盖的宣传体系。团区委官方微博每周平均发布原创微博数十条，微信订阅号发布61期，团属网站日浏览量106次，网评文章44篇，手机报《三水青年》每周发布3—4期，开发《三水青年》手机APP应用软件。团区委建立团干部、青年的QQ群、微信群，加强工作、学习沟通交流。

（骆永锋）

三水区妇女联合会

【概况】 2014年，三水区妇女组织有镇(街道）妇联7个，村、社区妇联70个，区直机关妇工委35个。三水区妇女联合会内设办公室、组织宣传部、妇女儿童权益和儿童工作部（区妇女儿童工作委员会办公室）。推进“巾帼建功”创建活动，扶持妇女创业致富，切实维护妇女儿童合法权益，举办妇女儿童公益项目，保障妇女儿童身体健康。

【引领妇女创业就业】 2014年，三水区妇女联合会继续做好妇女创业小额担保贷款财政贴息工作，第一批发放贷款826万元，直接受惠妇女92人，间接受惠妇女500余人，产生直接经济效益2560万元、间接经济效益3250万元，带动妇女在培育新品种、开拓新项目等方面有显著突破。培育“懂技术，善经营”女致富带头人。4月24日，成立佛山市首个镇级农村女能手协会——南山镇女能手协会。在协会中培育16个以女性为主要负责人的农民专业合作社，带动500多名妇女创业就业，年产值近亿元。推动1个女农民专业合作社申报，获得中央农民专业合作组织发展资金项目支持25万元。深化城市“巾帼建功”活动。

【“巾帼建功”活动持续推进】 创建区级“巾帼文明岗”10个，累计创建各级“巾帼文明岗”93个。开展技能培训和技术比武活动500多场，妇女1.5万人次参加。联合区直部门开展妇女招聘专场和就业培训、“科技直通车”活动，为近500名妇女提供就业岗位。

【维护妇儿合法权益】 2014年，三水区妇女联合会拓宽源头维权的工作领域，开展以“三八”维权，禁毒、反家暴等为主题的大型户外宣传活动3场次，近万名群众参与。下基层举办3场“幸福沙龙”讲座、1场防邪知识讲座、3场“阳光妈妈”育婴员技能培训，500多名妇女得到培训。开展“倾听妇女心声，维护妇女权益”12338热线妇联主席接听日等活动，通过户外宣传、现场咨询、志愿服务等形式，深入社区（村）宣传保护妇女儿童的法律法规知识。处理信访案件165宗，接待信访217人次。区妇女儿童人民调解委员会处理个案2宗，区法援处处理法律援助案件1宗，担任人民陪审员陪审妇女儿童权益诉讼案件8宗。

【民生实事取得实效】 2014年，三水区妇女联合会举办公益项目，为单亲特困母亲、“春蕾儿童”、困境家庭、“两癌”患病贫困妇女及芦苞镇新乐丰小学筹措帮扶资金126万元。组织社工在南山镇留守儿童中开展“阳光下，我们心连心一起绽放梦想”系列活动，在芦苞镇渔民子女中开展“爱·泽渔儿”系列活动，200多名留守儿童、渔民子女学习感恩、责任，让他们的心灵健康成长。区妇联与区卫计局、区妇幼保健院为8600多名妇女免费筛查“两癌”，联合区人民医院为400多名妇女免费检查乳腺，联合区中医院举办7场“爱·健康”中医药进社区健康大讲堂活动。在企业流动妇女学校中开展7场“幸福沙龙”“从心关怀”知识讲座，为外来女务工人员传授健康幸福和谐生活理念。区妇联举办“巾帼绘蓝图·书画中国梦”主题活动及南粤幸福

2014年4月30日，三水区妇联举办“与孩子心灵的对话”论坛第125期。广东省家庭教育金牌讲师丘智慧（右一），南海电视大学副校长邓兵（中）现场与孩子交流

周——“兴业杯”巾帼广场舞活动，展现三水区女性丰富多彩的文化生活和蓬勃向上的精神风貌。联合多个部门开展禁毒主题日活动、反邪教知识讲座等，为创建无毒、平安家庭营造良好的家庭、社会氛围。举办家庭教育巡回报告会、“与孩子心灵对话”论坛和家长沙龙活动，及情绪管理、亲子教育等主题的家庭教育进社区村居系列活动。对22户“最美家庭”、被评为广东百名慈母贤妻孝女等先进典型进行多种形式的宣传，在“妇女之家”开展家庭美德和良好家风专题学习讨论70场，2000多名妇女参加。加大妇联网站和新媒体的宣传力度，全年发布信息1100多条，开通区妇联微信公众号，印发家庭服务中心画册和妇女之家宣传画册各1000本。

【基层组织建设】 2014年，三水区妇女联合会按照佛山市妇女联合会关于村（社区）妇代会改建妇联的文件精神，落实改建工作，全区70个村（社区）组建了妇联，村（社区）妇联主席全部进“两委”，妇联执委总数225人。区委组织部与区妇联对村（居）“两委”女干部进行专题培训，妇联队伍的壮大及人员素质的提升，为妇联工作打下坚实的基础。区妇联在乐平产业园区、白坭陈氏大宗祠、岗头文化中心建立“妇女之家”，创建6个省级第二期“妇女之家”示范点，5个“妇女之家”入选市妇联特色项目。举办“她力量崛起”——2014年佛山市三水区妇女干部学习大讲堂（第八讲），组织执委学习贯彻广东省第十二次妇代会会议精神并参观三水区和南海区的家庭服务中心、妇女之家等妇联阵地建设，组织各级妇联干部参加上级妇联和同级部门举办的各类培训活动，有效提高了妇联干部队伍的整体素质。

【创新社会治理模式】 2014年，三水区妇女联合会投入使用的家庭服务中心5间，受惠对象主要以妇女、儿童、家庭及特殊人群为主。全年接访个案20宗。开展教育性、成长性、支持性小组活动112节，服务1465人次。举办家庭教育讲座、亲子义卖、新三水人共融等社区活动218场，服务24130人次。全年发放居民需求调查1万份，并根据需求定位设计项目，在各中心的恒常服务基础上，致力提供差异化服务，打造不同的特色项目品牌。发动妇联系统工作人员参与社工职业资格考试，全年参加市、区两级督导培训13场，100人次参与。

区妇联网站刊登信息589条，其中被佛山市妇联采用229条，被广东省妇联采用27条，在妇联政务微博上发布信息1308条。

（张仕杰）

三水区工商业联合会

【概况】 2014年，三水区工商业联合会有西南、云东海、白坭、乐平、芦苞、大塘和南山7个镇（街道）商会，企业会员951家，其中年内新入会企业会员114家。发动会员中的政协委员和人大代表参政议政，撰写提案、议案和建议。组织会员参与各项经贸活动，拓展企业商机。加强基层商（协）会建设，做好各项服务工作。

【教育引导】 2014年，三水区工商业联合会向全体执委会成员传达党的十八届三中全会精神，学习《中共中央关于全面深化改革若干重大问题的决定》，开展“做精工产品、做诚信企业”活动，举办“逆境赢口碑，智勇创品牌”“引领创新：如何在企业中注入创造力”等专题讲座及培训班，引导企业家把握机遇，创新思维，助推企业健康和可持续发展。

【参政议政】 2014年，三水区工商业联合会发动工商联界别的政协委员和人大代表，就全区社会经济发展中一些亟需重视和解决的热点、难点问题，向“两会”提交提案16件、议案3件、建议1件。区工商联与区政协深入走访会员企业，开展“提高行政效能，优化营商环境”的专题调研，协助撰写题为《以提高行政效能为抓手，进一步优化我区营商环境》的建议，提交区委、区政府作决策参考。

【会员服务】 2014年，三水区工商业联合会团结、引领非公

2014年5月23日，三水区诉调对接办公室成立

有制经济人士健康成长，促进民营经济健康发展。协助开展各项经贸活动，组织会员参加第二届佛山商博会、第十一届中国国际中小企业博览会、2014中国（成都）国际现代工业技术博览会。赴新疆伽师县考察投资环境、赴顺德参观广东工业设计城及美的集团等，帮助企业拓展商机，推动企业创新发展。区工商联与杭州市建德工商联缔结为友好商会。组织会员参加香港佛山工商联会成立28周年、澳门三水同乡会65周年志庆活动，加强与港澳工商社团的联系与交流。区工商联利用民间性的优势，发挥桥梁纽带作用，引入香港工商联客商与区经科部门开展电子商务合作洽谈。区工商联与相关部门建立常态化沟通机制，及时收集、整理全区扶持非公有制经济发展的政策法规，通过网站、会刊、走访企业、电话短信等方式宣传，确保企业充分掌握和用好各项扶持政策。联合区司法局推进6个镇（街道）商会成立企业商事调解委员会镇（街道）工作站，做到“机构、场所、人员、经费四落实”，扩大企业商事调解组织的覆盖率和知晓率。5月23日，区工商联与区人民法院共同成立“三水区诉调对接办公室”，建立诉调对接机制，落实商事调解的司法确认程序。区工商联加强与区经科局、区金融办的联系沟通，推广“三水金融网”及落实“保险贷”政策等，为企业解决融资难问题。

【基层商(协)会建设】 2014年，三水区工商业联合会指导商（协）会规范运作，不定期召开商（协）会工作交流会，传达贯彻上级加强社会管理、规范商(协）会运作的精神，加强商(协）会间的会务交流，促进商(协）会工作共同提升。各商(协）会结合自身实际，开展各具特色的会务活动。区五金商会抓融资、抓拓展，落实“保险贷”政策，为10家会员企业协调解决融资问题，涉及融资金额3000万元，并通过上下游产业对接，为会员企业转型升级拓展商机。区建筑业协会通过制定行规行约，促进行业良性、有序竞争。三水区企业家高尔夫球协会通过举办佛山市五区高尔夫球联谊赛，加强企业家交流，推介三水新城投资环境。乐平总商会充分发挥枢纽型组织作用，成立电子商务、智能制造、汽车配件、铝型材等行业协会，并通过成立行业专家服务队、安全与环保服务队，定期为企业提供专业服务。西南总商会以党建带动会务，发动28家会员企业成立党支部，并通过购买政府服务的方式为企业提供饮料微生物检验及科技创新、节能减排扶持专项资金申报等方面的服务。白坭总商会探索建立产业社区的可行性，为企业家搭建公共服务平台。大塘总商会拟通过盘活闲置工业用地实现以会养会。为壮大基层商会组织，以区划调整为契机，指导、推动云东海街道成立总商会，实现7个镇（街道）的基层商会组织全覆盖。

【公益慈善】 2014年，三水区工商业联合会在党的群众路线教育实践活动中，注重与暖企行动、扶贫工作相结合，深入企业调研，听意见诉求，动员云东海建筑、恒福兴达房地产、龙声乐器、升达电梯等4家企业共同捐资7.8万元，帮扶罗定市船步镇贫困学生。

（覃琳）

地方军事

LOCAL MILITARY

人民武装

【概况】 2014年，三水区人民武装部内设军事科、政工科、后勤科，有国防综合训练基地和民兵武器装备仓库。年内，区人武部按照“扭住根本、聚焦中心、夯实基础、攻坚克难、守住底线、稳中求进”的工作思路，团结拼搏，锐意进取，狠抓落实，部队和民兵预备役建设发展势头良好。

【党委建设】 2014年，三水区人民武装部把党委班子建设作为人武部全面建设的根本，着力在强素质、长能力、上水平方面下功夫，发挥党委班子的战斗堡垒作用，促进人武部全面建设提高到一个新水平。强化中国特色社会主义理论和科学发展观理论的系统学习，着重抓好习主席系列讲话精神的学习贯彻，广泛开展形式多样的学习教育活动，务求在武装头脑、指导实践、推动工作上取得实效。强化政策法规学习，做到办事处理问题有法可依、有法必依，熟悉政策法规，不搞拍脑袋做决定，提高自身遵规守纪意识。向地方党委、政府、兄弟单位学习借鉴他们的经验做法，检讨自己的短处，汲取别人的优点，提高党委决策水平能力。针对以前党委班子不团结导致单位建设滑坡的问题，把党委班子团结作为重中之重来抓。搞好交心通气，每次党委人员变动后，委员之间主动互相介绍，熟悉情况，遇事多商量多沟通，形成良好的团结共事的氛围。抓好《党委工作条例》贯彻落实。坚持民主集中制“十六字”方针，不搞正、副书记“一言堂”和“个人说了算”。充分尊重每一名委员的意见，坚持原则，统一思想，减少矛盾。大事讲原则，小事讲风格。在重大活动、经费使用、干部提拔、职工录用等重大事项方面，严格按党委议事原则，做到公平、公正、公开。在工作成绩、名誉面前，发扬风格，不争名、不争利，不争你高我低。7月，在军分区首长指导下，召开专题民主生活会。在会上放下包袱，本着以发现问题、解决问题、共同提高为出发点，委员之间坦诚相待，广开言路，开展批评与自我批评，勇于揭丑亮短，增强党委班子的凝聚力、战斗力，促进党委班子建设。

【正规化建设】 2014年，三水区人民武装部按照“狠抓规范

2014年11月20日，三水区人武部应急维稳演练现场

2014年7月28日，三水区举办夏秋季征兵宣传发动报名仪式

管理，正规四个秩序，突出防范重点，确保安全稳定”的思路，狠抓部队安全管理和各项制度落实。坚持依法严管。结合条令月、安全月活动，狠抓《共同条令》《安全条例》和《军区部队安全工作常识》等法规文件的学习教育，强化广大官兵的安全意识和法规意识。坚持每月一次军容风纪检查、每周一次办公秩序评比。突出重点细管。按照《省军区营院安全警卫规定》，组织营院门卫、民兵武器仓库警戒人员培训，提高防范处突能力。完善车辆管理规定，强化人员车辆管理，严禁干部私自开车，严禁司机酒后驾车。开展涉密载体“清零”活动，投入资金3万多元加强文印室建设，对重点部位和核心涉密岗位人员进行政治考核，对所有涉密载体进行彻底清查，消除安全隐患。

【兵员征集】 2014年，三水区人民武装部围绕提高兵员质量，加强征兵环节的落实，圆满完成全区132名的新兵征集任务，连续34年未发生责任退兵问题。着重抓好准备工作，及早做好兵役登记工作。6月，加强区内高中以上各级各类院校应届毕业生兵役登记。建立征兵工作组织领导机制。7月10日召开全区征兵工作会议，学习贯彻省、市征兵工作会议精神，部署区征兵工作任务，成立征兵工作领导小组和征兵办公室。组织征兵体检医生和政审组人员集训，熟悉相关内容，明确责任人，强化责任追究。把宣传发动作为征兵工作的重要环节，协调区委宣传部通过发网络、微博、手机报和媒体宣传等方法，报道征兵工作政策法规，即时解答各种疑问。各镇（街）成立宣传小组，深入各家各户进行一对一宣传，充分调动广大适龄青年报名应征的积极性。7月28日晚，在三水西南影剧院召开三水区2014年夏秋季征兵宣传报名仪式，邀请军区战士文工团近40人表演节目，突出“中国梦”“强军梦”这个主题，产生很好的社会效应。适龄青年报名热情空前高涨，个别镇（街）出现难得的争指标的现象，部分青年还主动申请到新疆当兵。落实征兵工作责任制，坚持谁签字谁负责的原则，严把学历、体检、政审关。贯彻落实上级“阳光征兵”有关指示要求，坚持以公开促公正，领导机关带头保公正。征集指标全部分配到各乡镇，部领导带头承诺“不打招呼”。协调军地各级纪委、纪检部门直接参与征兵工作全过程，采取公布征集工作人员名单，开通举报电话、设立举报信箱和上查下、交叉查、异地查、暗访查等多种方法，实施全程监督，确保兵员质量。新兵文化程度比上年提高，高中以上文化程度100%，大专以上文化程度47名，占新兵数35.6%。

【双拥共建工作】 2014年，三水区人民武装部发挥军事机关的职能作用，协调区教育局，推进《军队子女教育优待办法》落实，解决45名官兵子女入学入托问题。抓好军分区“手拉手、帮战友”活动落实，在每个民兵营建立“退伍军人之家”，帮助退伍老兵解决实际困难，先后6次配合地方信访、民政和维稳等部门开展工作。探索与海防一团二连开展“三互”活动有效办法，深入开展调研、互帮互助活动。根据海防二连需求，购置一套4万余元家庭影院和电视机，并计划出资10万多元帮助连队完善家属区的配套设施。

扎实抓好新一轮扶贫开发工作落实，先后投入资金10万元，帮助10户困难群众，圆满完成今年扶贫工作目标。

（邹震）

■ 民兵工作

【概况】 2014年，三水区人民武装部认真抓好民兵组织的调整和整顿、战备工作、军事训练、抢险救援，提高民兵营长的综合素质，增强民兵轻舟大队的作战能力，完成各项训练和抢险救援任务。

2014年3月27日，广东省军区第一批联合工作组到三水区人武部检查基层“四个基本”建设和民兵队伍建设情况，并对三水区武装工作给予肯定

【民兵组织调整】 2014年，三水区人民武装部把提高部队战斗力作为全面建设的出发点，按照能打仗打胜仗总要求，狠抓训练、战备工作的落实。抓好《战备工作条例》《战备工作规定》学习。狠抓节假日和重要敏感时期的战备值班、战备教育、战备检查制度的落实，加强对各级各类值班人员和分队的检查指导，西南街道1个民兵应急分队时刻保持战备拉动状态。结合民兵组织整顿工作，完善防卫作战、抢险救灾、反恐维稳、处置群体性事件等应急处置4类9份战备方案。组织国防动员潜力数据的调查核对。按照上级要求，着眼规范组织名称、调整组织布局、优化兵员结构。3月初，下发《关于搞好年度民兵组织调整的通知》，部领导多次到乡镇、街道和企业调研，了解具体情况，指导镇（街道）做好民兵组织调整和整顿工作。

2014年11月，三水区人武部承担佛山市民兵应急分队演练拉动示范科目。图为民兵在准备物资器材

【军事训练】 2014年，三水区人民武装部组织民兵轻舟大队集训、民兵营长集训和民兵应急分队集训。6月，组织区60名轻舟分队队员集训并选派24名骨干参加佛山军分区与市三防办联合举办的民兵轻舟大队骨干集训暨冲锋舟课目演练，演练课目得到上级肯定。10月，组织一期民兵营长集训，重点抓好基本理论、业务技能学习，提高民兵营长的素质。下发年度军事训练计划，落实星期二、四早操和每天1小时体能训练制度。5月，围绕省军区比武竞赛科目，组织职工和民兵应急分队进行为期20天的集训。11月，

组织干部参加军分区的集训，承担军分区应急维稳紧急拉动演练示范科目，取得较好效果。响应上级有关“考、比、拉”指示精神，宣传发动，掀起军事训练热潮。结合“牢记强军目标、献身强军实践”主题教育活动，围绕“战斗力标准是什么、差距在哪里、建设怎么办”，广泛开展战斗力标准大讨论。提高部队作战指挥能力，完善和升级本部信息化建设，改造作战室指挥平台。加快基础设施建设，完成车库、饭堂升级改造，拟定兵器室建设方案。按照“一保战备、二保生活”的原则，抓好后勤战备训练和后勤战备建设，强化预算外经费和代管经费管理，压减行政消耗性开支，努力使有限的经费向战斗力“聚焦”。发挥民兵预备役在抢险救援中的突击队作用，11月，3次出动民兵800多人次参加云东海街道森林公园和南山镇大南山山火扑救行动，受到军地领导和群众的肯定。

（邹震）

■ 人民防空

【概况】 2014年，三水区人民防空办公室为三水区国土城建和水务局内设机构，在区行政服务中心设有人防工程报建窗口接受市民、企业咨询及人防工程报建。每月开展防空警报信号测试和人防应急机动指挥系统训练。年内，新增6台防空警报器，防空警报覆盖面不断增大。加强防空警报管理人员培训，保障防空警报器保持良好战备状态。

【人防工程】 2014年，三水区受理人防工程报建项目478项，加强对在建人防工程的质量监督，落实人防工程隐蔽验收制度和完善人防监理制度。对建成的人防工程进行定期巡查，确保人防设备设施完好。

【森林公园人防疏散地域建设】 2014年，三水区结合绿道建设人防疏散地域，第一期在三水森林公园建设。根据人防疏散地域建设要求和结合森林公园现状，划分为两个应急掩蔽区、一个车辆疏散区、一个临时居住区和一个文体活动区，根据森林公园内的办公、酒店、餐馆等配套设施，设定卫生所、指挥室、物资储备站、食品供应站、防化检测及洗消站、治安所及消防站等功能室，战时可容纳约5万人疏散隐蔽需求。广东省人防办7月3日在佛山召开结合绿道建设人防疏散地域观摩活动，三水区高标准地开展疏散地域建设，并做好现场观摩会的准备工作，受到好评。

【人防教育】 2014年，三水区人防办印发《人民防空知识（学生读本）》10000本，要求在全区初中二年级开展“三防”知识教育，让学生了解现代高科技条件下的防空袭斗争，了解核武器、化学武器和生物武器的防护知识，掌握在战争、自然灾害中救护和求生的基本技能。

【人防宣传】 2014年，三水区在西南街道左岸公园设立人防宣传栏，定期更新内容，向市民宣传人防知识，人防流动宣传栏不定期在区内巡回展览。结合防空警报试鸣，在全区各社区、村委会派发张贴警报试鸣通告和人防应急知识8500份，增强市民的国防观念和人防意识。

（黄振文）

2014年7月3日，广东省人防办在佛山市三水区举办结合绿道建设人防疏散地域观摩活动

政法

POLITICS AND LAW

■ 综述

【概况】 2014年，中共三水区委政法委（简称“区委政法委”）与区司法局、区委防范和处理邪教问题领导小组办公室合署办公，加挂区委维护稳定工作领导小组办公室、区社会管理综合治理委员会办公室、区国家安全工作领导小组办公室、区社会工作委员会牌子，挂靠管理区流动人口服务管理工作领导小组办公室，内设秘书科、执法督查科、综治科、维稳科、基层工作管理科、宣传教育科、公证律师科、法律援助科、社会工作管理科、流动人口服务管理科10个科，下设区公职律师事务所、三水公证处2个事业单位。是年，区委政法委以改革创新为主线，以“平安三水”建设为主题，以化解矛盾为重点，深入开展党的群众路线教育实践活动，切实加强基础工作，努力提升服务水平，完成各项工作任务，为三水经济社会提速提质发展营造安全稳定的社会环境、公平正义的法治环境和优质高效的服务环境。

【维稳工作】 2014年，中共三水区委政法委强化维稳工作规范化建设，坚持矛盾纠纷定期排查研判工作机制，完善重大紧急涉稳信息报送、重大事项社会稳定风险评估、重要敏感时期值班备勤等制度，及时排查防范化解矛盾纠纷，指导38个项目按照风险评估结果落实维稳措施，督促镇街和有关部门完善维稳应急专项预案，加强各个重要敏感时期维稳安保工作，确保社会大局稳定。开展“社会矛盾化解年”工作，专项治理涉农、劳资纠纷、环境污染、医患纠纷等8类影响社会稳定的突出问题，排查发现的各类矛盾纠纷化解率98%，其中重大矛盾纠纷化解率100%。出台《佛山市三水区预防和处置劳资纠纷工作意见》，重点预防和治理建筑行业劳资纠纷问题，从源头上预防和化解劳资纠纷，年内排查发现的劳资纠纷不稳定因素苗头全部妥善化解。加强村居人民调解委员会规范化建设，达标率92.4%。组建专业性、行业性人民调解组织，镇街、物业小区两级组建物业管理纠纷人民调解组织26家，组建率100%，12家有工会的企业创建调解组织，增强调解专业力量。指导各镇街建立人民调解“以案定补”或“以奖代补”激励机制，提高调解成功率，补贴案件396件约5.2万元。三级人民调解组织受理各类纠纷630宗，调解成功率98.7%。

【综治工作】 2014年，三水区率先在佛山市推行村居综治网格化管理工作，以村居（社区）为单位，按行政层级和辖区大小划分三级管理网格，其中一级网格66个、二级网格372个、三级网格1206个，组建1600多人的网格员队伍，并规范管理制度，通过网格员及时收集、反映群众诉求，使村居管理精细化。网格员全年调解邻里纠纷319宗，发现并及时处置消防等安全隐患23处，引导群众到政府办理事务136人次，协助开展禁毒、消防安全等宣传83场次。循环排查、整治重点区域和治安重点地区，严格实行“排查、整治、挂牌督办、检查验收、结果通报”的工作模式，重点整治“黄赌毒”、校园周边

2014 年 12 月 25 日，三水区召开区直单位综治暨平安创建工作述职汇报会，区综治委、区平安创建工作领导小组 52 个成员单位分管领导参加会议

环境、“三小”场所、消防、电信诈骗、废品收购违规等问题，群众安全感大幅度提升。完善综治考评办法，以领导责任制和目标管理责任制落实情况为重点，按照领导述职、台账互评、专项测评、材料审核与实地考查相结合等形式进行严格考核，把考评结果作为责任单位领导晋升、评先评优的重要依据，提升部门和镇街工作的主动性、自觉性。

【社会管理】 2014年，中共三水区委政法委推动区“城乡社区建设提升年”工作，指导西南街道打造文锋西社区综合服务中心，推进以祠堂为依托的白坭镇岗头、凤果文化活动中心建设，激发基层社会管理活力。探索基层治理新模式，建立村组两级议事会和村委监事会，有效规范村级权力运行。组建三水区民情志愿服务队，编印《三水民情信息》，为党委、政府科学决策社会建设工作提供依据，全年收集民情信息571条，发布有价值的社情信息111条。加强特殊人群服务管理，实施社区矫正人员季度考核奖惩和评估工作机制，落实手机定位实时监控，无发生社矫人员脱管漏管。购买专业社工服务，开展社矫人员心理矫治工作，组建首支由社矫人员组成的义工服务队伍，矫治成效明显提升，全年接收社矫人员151名，解除矫正144名。定时做好刑释人员信息核查和反馈，落实“一帮一”“多帮一”帮教措施，加大社矫人员和安帮对象就业技能培训帮扶，有效减少重新违法犯罪。加强流动人口服务管理，指导乐平产业社区改造、升级，推动大塘镇筹办产业社区，为流动人口基本公共服务均等化搭建平台，促进社会有序、和谐、融合。组织流动人口和出租屋调查登记专项行动，选取10个流管站开展流管信息系统移动采集终端使用试点工作，规范出租屋地址申请管理，建立流管信息报送制度，提高服务管理水平。

【平安创建】 2014年，三水区推进平安创建十年计划和三年行动计划，印发《2014年佛山市三水区综治暨平安创建工作要点》，加强工作指引。持续扩大平安创建宣传影响，以制作宣传牌、编印漫画宣传册、印发宣传单张、发布微博、发送手机短信等多种形式进行广泛宣传，在社区、村居安装8000多块统一版面的平安创建宣传牌。根据公共场所的安全防范要求，制作3000多块“平安牌”安装在居民小区出入口、医院、学校、公交车(站) 等人员密集地方，通过《佛山日报》《南方日报》等主流媒体和佛山电视台三水分台《三水纵横》节目等平台开展平安创建专题宣传报道，提高群众对平安创建工作的知晓率。协调18个“平安细胞”项目的牵头单位，完善各个“平安细胞”创建工作方案和创建标准，提高覆盖率和工作实效，重新检查验收18个“平安细胞”项目。深化“平安村居”建设，将物业小区纳入“平安村居”建设范畴，扩大“平安村居”范围；指导协调镇街加强围院式小区建设，落实视频监控、安全封蔽、人员值班、治安防范等措施，西南、云东海、乐平、芦苞镇街实现辖区“平安村居”视频联网集中监控，南山、大塘、白坭镇通过在重点地区、交通要道、监控盲点增加摄像头，将一批标清摄像头升级为高清，或以增加补光设备等方式提高视频监控效能，提升"平安村居"治安防范能力，三水区"平安村居"创建工作群众知晓率、满意度和安全感位居佛山市五区之首。完善立体化治安防控体系建设，推进公共视频监控系统三期工程，推动镇街"平安村居"视频监控接入公安网调度平台，组建539人的镇街应急"处突"专业队，采取"步巡+驻岗"的方式强化治安队日常训练，提高治安防范能力。

【司法行政】 2014年，三水区增建城乡公共普法设施，在滨江公园建设三水区首个主题普法公园——"三水法治苑"；结合西南社区公园升级改造融入法治元素，在西南公园建设公益LED宣传屏，增强法治文化氛围。重点开展校园和村居普法，组建校园普法宣讲团，建设小区普法宣传栏，通过《法制之窗》节目开展环保、动植物保护、防电信诈骗等民生热点普法，提高普法直观性。指导500人以上规模企业开展普法"五有"建设，白坭、乐平镇组建企业普法机构。加强驻村律师监督管理，通过每月进村走访、定期交流座谈、组织律师与村干部见面会等形式，提高律师服务质量。年内，全区驻村律师走访971次，提供举办法制课、审查村规民约、调解纠纷等法律服务1731件(次)，走访、服务次数分别比上年增加37.3%、126%。探索延伸律师服务功能，6月在乐平镇试点通过购买服务形式，由律师包案化解重大社会矛盾纠纷和历史积案，化解3宗死亡赔偿重大矛盾纠纷案件和3宗历史积案。成立镇街商事纠纷调解工作站，组建区商事调解法律专家库，为镇街商会、企业提供法律服务。以村居民和军人为重点对象开展"法律援助便民服务"活动，在各村居聘请法律服务联络员，开展"法律服务三下乡"活动，打造"一小时法律援助服务圈"，全年受理、指派法援案件781宗，受援群众3159多人次。围绕政府中心工作为政府及职能部门办理各类法律事务46件，促进依法行政。优化公证服务，推出"最低承诺时间""预约办证""便民咨询""出证快车""绿色通道""恤民收费""代办邮寄公证书""电子公章"等便民新举措，并规范不动产公证业务收费，全年受理各类公证案件7878宗，公证案件质量受省质量检查组充分肯定，成绩位列佛山市第二。

【执法督查】 2014年，三水区委政法部门建立案件督办评查、"两法衔接"联席会议、涉法涉诉信访工作例会等执法司法工作联动机制，规范和加强执法督查，提升执法司法人员的业务水平。组织区政法部门专项整治暗箱操作、执法不公与违规办事问题，纠正执法监管部门以罚代管、"搭车"收费行为和捆绑服务问题，增强执法司法公信力。督促区公检法部门落实涉法涉诉信访专门机构，完善案件受理、办理、终结等工作制度，全年政法各部门受理涉法涉诉信访案件49宗，比上年下降26.9%。

(植小红)

审判工作

【概况】 2014年，三水区人民法院（简称"区法院"）受理各类案件8668件，办结7826件，

2014年12月31日，三水区法院首批选任的39名主审法官举行宣誓仪式

2014年2月3日，三水区法院巡回法庭进社区开庭

结案标的额25亿元，一线法官人均办案150件。区法院内设刑庭、民一庭、民二庭、民三庭、民四庭、行政庭、少审庭、立案庭、执行局、办公室、政工科、纪检监察室、审判监督庭（审判管理办公室）13个内设机构及司法警察大队1个直属行政机构，下设西南、乐平、大塘、白坭4个派出人民法庭。是年，区法院坚持“司法为民、公正司法”工作主线，全面履行职责，勇于改革创新，整体工作保持良好发展，被授予“全省优秀法院”称号。

【服务大局】 2014年，三水区法院立足本职，围绕全区工作大局找准定位，着力服务全区经济社会发展，维护社会和谐稳定。贯彻宽严相济政策，依法惩治各类违法犯罪，审结刑事案件799件，判处犯罪分子1254人，依法从严从重打击制造、销售假冒伪劣食品药品犯罪，较为典型的有李学明等20人贩卖死猪肉案、刘卫星等7人制售“毒鱼皮”案。坚持把调解贯穿于民商事审判全过程，分别建立商事纠纷、消费纠纷诉前联调工作机制，审结民商事案件2277件，近五成案件以调解、撤诉方式实现案结事了。妥善办理李氏兄弟系列借款案、迈发公司股权转让案、纺织印染厂租赁系列案、丰恒猪场系列案等一批社会影响大的案件。加强行政审判协调，审结71件行政诉讼案件，三成多以协调方式妥善化解。办理执行案件2395件，为胜诉当事人实现债权4.47亿元。注重引导社会价值导向。审结受贿等职务犯罪案件23件，教育公职人员廉洁用权。统一道路交通事故案件裁判标准，切实维护受害者权益，引导公众遵守交通规则。将不履行生效裁判的案件信息录入最高法院失信被执行人名单库，与人民银行征信系统实现信息共享，多渠道曝光“老赖”，依法制裁失信行为。参与基层法治治理。加强司法宣传，深入机关、镇街、学校开展“法律讲堂”活动10多次，到村居开展巡回审判30多次，在各类媒体发稿超过400篇。在区委政法委、西南街道办的支持下，建设西南公园公益法制宣传平台，动态直观展示司法过程，细致深入解读法律知识，宣传效果更佳。妥善处理房屋拆迁行政案件，为“三旧改造”、外嫁女分红问题提供法律意见。向行政机关、企事业单位发出司法建议书20份，回复率和建议采纳率较高。协助有关镇政府处理突发性劳资纠纷，加强法庭工作与相关部门的信息互通。

【办案质效】 2014年，三水区法院采取各种措施提高办案质量和效率，让人民群众在每个司法案件中都感受到公平正义。确保案件质量。普通程序案件全部实现全程录像，简易程序案件做到全程录音。生效裁判文书全部上网公开。开展常规评查、重点评查、庭审专项评查和案卷归档专项检查。完善案件质量评估体系，促进各项质效指标全面达标，其中服判息诉率87.37%、再审申请率1.62%、信访投诉率0.49%。提高司法效率。完善审判流程节点监控机制，促进收结案均衡。加强立案、审判、执行各环节的协调和衔接，缩短各类案件平均结案周期。推广运用电子送达制度，提高送达效率。加快评估、拍卖、鉴定等环节，依法及时进行诉讼保全，尽快维护当事人权益。办案效率指标位居全市基层法院前列。主动接受监督。开展“公众开放日”活动，邀请人大代表、政协委员、基层群众等旁听庭审。向区人大常委会报告“严格执法、文明司法”情况，认真落实审议意见。建设“审判流程、裁判文书、执行信息”三大公开平台，不断增加公开内容。通过官方微博、微信发布工作信息，主动加强与媒体沟通，及时回应网络舆情。

【司法改革】 2014年，三水区法院顺应形势发展，积极稳妥推进司法工作机制改革，发扬创新精神，推动工作发展。启动审判权运行机制改革。按照党的十八届三中、四中全会精神，依据上级法院改革方案要求，在全院法官中严格选任39名主审法官。根据“审理者裁判、裁判者负责”原则，由主审法官依法独立行使审判权、依照有关规定签发裁判文书，对所承办的案件独立、终身承担责任。制定《主审法官考核办法》《错案责任追究管理办法》等8项制度，逐步建立改革配套制度体系，明确院庭长、主审法官、合议庭成员等职责，明确主审法官办案责任，合理界定审判管理权、审判监督权的行使范围，实现权责明晰统一，确保监督到位。举行宣誓仪式，增强主审法官队伍的职业尊荣感和履职责任感。落实信访工作改革。实现诉讼与信访分离，保持信访渠道畅通，规范信访处理程序，切实把信访案件纳入法治轨道处理。加强信访情况分析通报，实现动态管理。坚持院领导定期接访、专职人员接访、初任法官轮值接访制度，妥善处置信访突发事件，探索网络信访和远程视频接访，保持信访态势平稳。创新工作机制方法。在刑事审判中推动侦查人员、鉴定人出庭作证，发挥庭审作用。在区司法行政部门支持配合下，对撤销缓刑案件实行听证审查，落实外地户籍少年犯在三水区实行社区矫正。对拒不履行义务的被执行人采取限制高消费等新措施，与公安部门建立查控被执行人联动机制，增强执行效果。简化交通事故案件、劳动争议案件裁判文书，让当事人更易读懂和接受。

（邹蕴）

■ 检察工作

【概况】 2014年，三水区人民检察院内设办公室（内设案管科）、政工科、监察室、反贪污贿赂工作局（内设侦查科、职务犯罪预防科）、侦查监督科、公诉科、未成年人案件检察科、反渎职侵权局、监所检察科、民事行政检察科、控告申诉检察科（加挂区人民检察院举报中心、区人民检察院刑事赔偿工作办公室牌子）、行政装备科、检察技术科、司法警察大队、西南检察室、乐平检察室。年内，区检察院以“素质过硬，实干进取，执法公信，人民满意”为目标，以执法办案为核心，以规范化和专业化建设为重点，坚持真抓实干，法律监督职能作用得以充分发挥。

【惩治刑事犯罪】 2014年，三水区检察院刑检部门加强审查逮捕、起诉工作，全力维护社会和谐稳定。全年受理提请批准逮捕案件718件1120人，审查后批准逮捕案件669件1031人，不批准逮捕案件43件81人，受理案件数和人数比上年分别下降1.8%和13.6%，批准逮捕案件数和人数分别上升4.7%和17.1%，不批准逮捕案件数和人数分别上升48.3%和50%。受理移送起诉案件884件1373人，审查后决定提起公诉案件767件1211人，有罪判决率保持100%，决定不起诉案件42件79人，受理移送起诉案件数和人数比上年分别上升9.3%和下降1.6%，提起公诉案件和人数分别下降2%和6.3%，不起诉案件数和人数分别上升35.5%和46.3%。重点打击“黄赌毒”、破坏环境资源、危害食品药品安全、扰乱市场经济秩序等犯罪，办理李某明等20人生产销售病死猪肉710多吨，凯迪威酒店彭某荣等8人组织卖淫获利800多万元，三水天颖通公司非法吸收公众存款720余万元案等一批重大刑事案件。

【查办职务犯罪】 2014年，三水区检察院自侦部门立案侦查16件17人，其中反贪13件14人，反渎3件3人。反贪部门突出查办教育、税务、国土城建、扶贫、社会保障行业领域的贪污贿赂案件，加强查办行贿犯罪。健全追逃追赃长效工作机制，持续加大对涉案款项的追缴处理力度，对1宗10多年前的案件追缴犯罪所得本息共计580多万元。反渎部门注重深挖“黄赌毒”犯罪背后的保护伞，查办两名公安干警滥用职权，放纵涉黄犯罪和1名治安队员帮助犯罪分子逃避处罚的渎职案件，在保持惩治腐败的高压态势方面，取得良好成效。

【预防职务犯罪】 2014年，三水区检察院预防部门加大预防宣传力度，创新警示教育方式，开展“法治行·检察2014”专项行动，增强对行政管理部门、行业商会、工业园区和重大建设项目的系统性法律宣教服务，打造司法为民工作品牌。创办《三水检察预防职务犯罪专刊》，在重大工程建设领域开展廉政教育约谈，在地税部门开展预警式“行政执法告知”试点工作，举办“镜影萦清”廉洁摄影书画展览等，推动预防工作向纵深发展。

【控告申诉工作】 2014年，三水区检察院控申部门全年受理各类控告申诉信访案件28件，受理举报线索30条，受理刑事申诉案3件4人，通过接访移送侦监部门启动立案监督程序11件11人。加快推进“大控申、大接访”工作格局建设，制定《关于进一步完善群众接访机制的补充规定》《中层干部控申接访排期表》等制度，将检察长接访制度的人员范围扩大到全体党组成员和检委会专职委员，各部门正、副职干部轮值接访，每人负责一周，提高中层干部化解涉法涉诉信访和群众工作能力，并将接访信息通过现场挂牌和互联网向社会公布，方便群众来访。推出控申“绿色通道”措施，对行动不便、往返不便或不愿意到区检察院提出控告、申诉的群众，通过电话预约后，变“坐堂”受理为干警上门受理。完善内部联动、外部配合、带案下访三项工作机制，重点解决部分当事人重复信访、越级上访、久诉不息以及社会敏感案件。如依法、迅速、妥善处理公安人员在实施抓捕过程中开枪致嫌疑人曾某死亡的申诉案件。

【监所检察工作】 2014年，三水区检察院监所部门提升监管活动法律监督水平，派驻三水看守所检察室二级规范化建设于上半年完成，并于8月通过省检察院验收，被评定为二级规范化检察室。加大对社区矫正工作的法律监督力度，对全区社区矫正人员的信息进行再次检查，防止脱管漏管。对三水区首次举行的社区矫正人员撤销缓刑听证会进行现场监督。

【民事行政检察工作】 2014年，三水区检察院民行部门全年受理民事行政申请监督案件6宗，其中作出不支持监督申请2宗，终止审查2宗、和解1宗。探索民事执行和解工作，对有执行和解可能的案件，运用“检调对接”工作机制，注重与多部门联动配合，采取调解协商、释法说理等措施，联合制定和解方案，促使当事人自愿签订和解协议，实现案结事了。2月，区检察院与西南调解委员会协作配合，对1宗多次上访的劳动行政确认纠纷申诉案进行调解，最终帮助申请人刘某荣得到10万元补偿金作为后续治疗费，达到息诉和解的效果。

【检察技术工作】 2014年，三水区检察院技术部门与有关部

2014年9月5日，三水区检察院开展公诉辩论赛，着力提高检察人员的业务水平

门加强沟通，完成“检察专网（涉密）分级保护”项目的立项、采购工作，在全市检察系统率先启动项目建设。探索“统一业务应用软件系统”的应用创新，解决监所部门分配办理羁押必要性审查案件的系统权限等问题。根据最高人民检察院部署要求，克服软硬件配置等困难，确保在9月底完成案件信息公开系统上线运行工作，受到省检察院表扬。

【法警工作】 2014年，三水区检察院法警部门高度重视办案安全和机关安全保卫工作，加强对外来人员的检查和分流，强化对看管、押解、搜查等安全事故易发环节的排查，认真做好送达法律文书工作，规范办案工作区的管理使用，保障办公办案环境安全。协助办案25次，其中执行传唤、拘传4次、看管16次、提押5次。

【镇街检察室工作】 2014年，三水区检察院西南、乐平镇（街道）检察室，发挥贴近基层的优势，收集涉及危害民生民利、侵犯人民群众权益的职务犯罪线索，初查案件线索2件，协助自侦部门调取相关重要证据材料200多份。认真做好村居“两委”换届选举的综治维稳工作，配合镇街政府做好法律宣传工作，排查“涉选”案件线索，多次组织相关部门处理选举工作村居涉法涉诉问题，确保村居“两委”换届选举工作的顺利进行。协助各业务部门开展职务犯罪预防、社区矫正、综治维稳、调解和解等工作，将矛盾化解在基层，促进镇街经济社会健康发展。

【法律监督工作】 2014年，三水区检察院在办理刑事案件中推行诉讼监督卡制度。诉讼监督卡以“菜单式”设计，列明122种常见侦查违法或不当行为、50种常见审判违法或不当行为，要求侦监、公诉、未检部门承办人在办理每宗刑事案件时，均应同步填写诉讼监督卡并附卷，将发现的办案瑕疵、诉讼违法或不当行为如实记录，并要求办案机关予以补正或发出纠正违法通知书予以纠正，补正或纠正侦查、审判办案瑕疵及不当行为100多宗，增强办案人员履行诉讼监督职责的自觉性和执行力，实现刑事诉讼多方位、全覆盖监督。运用“两法衔接”信息共享平台加强立案监督。1月，三水区“两法衔接”信息共享平台运行，有16家行政执法单位录入案件1270件。区检察院通过审查，对李某涉嫌贩卖淫秽物品牟利案和谭某乐涉嫌销售有毒、有害食品案2宗案件进行立案监督，在防止行政执法机关有案不立、有案不移和以罚代刑等方面发挥重要监督作用。4月，省“两法衔接”专项检查组到佛山市调研时，区检察院作为基层院代表介绍经验。加大对法院审判监督力度。通过强化责任意识、落实检察长列席法院审委会制度、参加区公检法刑事工作联席会议等措施，拓展监督渠道，确保法律正确实施。全年向法院提出量刑建议803份，法院采纳775份；向法院发纠正违法通知书1份，提出抗诉6件19人，抗诉件数和人数以及上级检察机关支持率为历年之最。

【规范执法行为】 2014年，三水区检察院推行案件“精细化”管理。以规范法律文书为重点，从严监管案件，逐步改变粗放型办案模式，对案件从“案件管辖、引导侦查、证据采信、事实认定、法律适用、文书审核、诉讼程序、法律监督”八道关口实行精细化管理。每季度由案管科负责对各部门的业务考评项目进行统计打分，按工作版块分析优势和不足，并在局域网上公布，供对照改进，以此促进各业务部门注重提高办案质量。区检察院班子成员带头参与办案，以案代训，推动检察业务规范开展，公诉部门按照检察长的要求，对2005年以来办结的案件质量进行深入的分析梳理，撰写1万多字的分析报告，通过查找问题和不足，推动执法行为的规范和案件质量的提高。建立独立第三方案件评查常态化机制。激活检委办在案件质量上的考查作用，组建案件质量评查小组，实行“一案一查，一案一表”，围绕执法理念、事实认定、法律适用、法律程序、实体处理、文书装订6项内容，抽取区检察院2013年办结的245件批捕、起诉和自侦案件进行评查，对发现的问题以通报会的形式及时反馈给业务部门，实行“边查边改，以改促进”，切实把好案件质量关。用好公、检、法联席会议机制。针对疑难、复杂、直诉案件在起诉标准、证据条件、法律适用等方面存在的不同意见，注重发挥联席会议机制的协调作用，争取排除分歧、达成共识。通过诉前沟通会商、适时介入侦查、详细阐释非法证据的认定标准等有效措施，引导侦查机关依法规范、全面细致取证，提高上述案件的起诉成功率。公安机关全年向区检察院移送直诉案件184件250人，经审查后，有14件25人作不起诉处理，其余都依法提起公诉。

【推进检务公开】 2014年，三水区检察院加大执法办案信息公开力度。制定《关于加强阳光检务工作的实施方案》，于9月底前完成案件程序性信息、法律文书和重要案件信息上线“人民检察院案件信息公开系统”的相关工作，公开发布法律文书112份、程序性信息576条、重要案件信息2条，公开数量位居全市基层检察院前列。利用微博、官网、传统媒体，及时公布检察动态，宣传检察工作的措施及成效。与《佛山日报》合作开设“检察视窗”宣传专栏，重点反映区检察院工作的亮点措施、阶段性重点工作、检察干警事迹等，受到三水区主要领导的肯定，取得较好的反响。推行网上检务便民服务。推出案件办理动态和行贿犯罪档案通过QQ、微信、邮箱申请查询的便民举措，受到当事人、辩护人等查询申请人的好评，其中受理行贿犯罪档案查询694件次，接受律师预约阅卷、查询信息150人次。以加强检务公开为契机，自觉接受监督，向区人大常委会作“严格执法、文明司法”专题报告，召开社会人士座谈会，听取“两代表一委员”、人民监督员和律师等对检察工作的意见和建议，通过接受监督提高执法公信。

【服务大局工作】 2014年，三水区检察院深入开展四个专项检察工作。开展“查办和预防危害生态环境职务犯罪”“查办和预防发生在群众身边、损害群众利益职务犯罪”专项行动，找准此类职务犯罪易发多发的行业、部门和领域，加强对重点环节、重点人员的查处和预防力度，查办3宗公安机关工作人员渎职案件。区检察院与区环保局、区食品药品安全监管局成立“两法衔接”联合办公室，重点开展“破坏环境资源和危害食品药品安全犯罪专项立案监督”工作，通过梳理区环保局等部门自2012年以来的500多宗案件，监督行政执法单位向公安机关移送案件16件16人，公安机关立案14件14人。开展“清理纠正久押不决案件和减刑、假释、暂予监外执行专项检察”活动，通过重新查阅案卷、重新体检等措施，对三类罪犯实行逐一清查，发现1名罪犯不符合保外就医条件，遂向司法行政部门发出检察建议并得到采纳，由原执行监狱将该犯重新收监。推进检察官“五进”工作。成立由院领导、业务部门负责人及业务骨干组成的警示教育和法律服务宣讲团，制定《警示教育和法律服务宣讲团管理办法》，发挥各部门的职能优势和案件信息资源，为机关事业单位、镇街村居干部、各类所有制企业及学校师生等举办警示教育和法律宣讲110多场，受教育人数6万多人，有效提升检察官“五进”工作效能。

（梁德荣）

■ 公安工作

【概况】 2014年，三水区公安机关开展“六大专项”“八大战役”工作，推进“环保执法年”和建设人民满意政府工作，坚持“紧抓热点、难点、重点问题，倡导实干精神，以主动出击的姿态，打主动仗”的总体思路，圆满完成各项任务，各项公安业务工作保持良好的发展态势。全区违法犯罪警情实现双位数下降，其中刑事警情比上年下降17.8%，以往高发、多发性侵财类“三两”警情大幅下降21.2%，治安案件查结率上升14.5%，命案破案率100%，打击效能连续两年全市排名第一。巡警大队民警孙建国获“全国优秀军转干部”“全国公安机关爱民模范”“全国公安系统二级英雄模范”等4个国家级称号，刷新佛山警队个人获奖纪录。全局16个单位获集体三等功以上奖励，49名民警获个人三等功以上奖励。

佛山市公安局三水分局内设指挥中心（局办公室）、政工室、监督室、法制室、警务保障室5个科室，直属机构有交通警察、刑事侦查、巡逻警察、治安管理、国内安全保卫、经济犯罪侦察、网络安全保卫、监所管理、出入境管理、禁毒、防火11个大队，下设西南、云东海、白坭、乐平、芦苞、大塘、南山7个派出所。

【维稳防控】 2014年，佛山市公安局三水分局以“保稳定、促和谐”为指引，围绕维护国家安全和社会稳定工作重点，全面履行情报收集研判、防范保卫职能，有效稳控化解各种事件苗头；加大各重点防护期安保工作力度，圆满完成了2014年全国“两会”、党的十八届四中全会、APEC会议等防护期各项安保任务。2014年，佛山市公安局三水分局实现西南中心城区巡逻常态化，每天对三水广场、恒福广场、汽车站、区政府等群众活动聚集地、主要街道和敏感部位分时段开展武装巡逻；组建539人的镇街应急处突专业队伍，专职开展巡逻防控、秩序维护、应急处突等辅助警务工作，街面见警率显著提升，街面犯罪警情比上年下降8.4%。

【平安创建】 2014年，佛山市公安局三水分局以贴近群众、夯实基层为方向，深化警务机制改革，优化机关，强化基层，提高快速反应能力。坚持民有所呼、我有所应，围绕群众反映强烈的治安、交通、安全问题开展治理整顿。

建立“四校长”工作机制　通过建立中小学法制、禁毒、交通、消防校长工作机制，指导学校建立、健全内部保卫组织和工作制度，设立学校警务室12个，在校园周边建立治安岗亭38个，排查、整改校园安全隐患25处，完成对全区125间中小学安全评估工作，全区校园无发生涉校恶性案件和重大治安灾害事故。

行业场所清查　检查旅业2352间次、桑拿沐足985间次、娱乐场所536间次、游艺场所387间次；召开行业场所教育培训会议6次。检查危爆单位452间次、枪库72间次，收缴废旧雷管140支、非法烟花爆竹50多箱、管制刀具462把。

道路交通安全整治　全年查处各类交通违法行为44000多宗，暂扣机动车16000多辆，有效净化中心城区的道路交通环境；推进“限摩”工作，加大对涉摩托车交通违法行为的执法力度，完成12个公交换乘点视频监控系统建设；淘汰黄标车、老旧车4300多辆，任务完成率102.85%，提升道路交通安全管理水平。

消防安全检查　提升社会面火灾防控与救援能力，检查行业场所4825间次，发出责令整改通知书155份，督促整改火灾隐患283处，派发消防宣传资料2.8万份，行政处罚126宗，行政拘留2人，罚款17.87万元。

环保执法　区公安分局抽调8名民警到区环运城管局组建区环保整治联合执法大队，开展环境污染犯罪专项打击整治行动。

【打击犯罪】 2014年，佛山市公安局三水分局坚持“打击是硬道理、防范是真功夫”的打防理念，把打击犯罪作为首要任务，以信息化为依托，实施

2014 年 5 月 22 日，三水特警队员携警犬进行街面巡逻

专业化精确打击，通过抓管理、抓机制、抓重点、抓基础、抓规范的“五抓”工作措施，以“信息串并破案大会战”“雷霆扫毒”“六大专项”“八大战役”打击整治行动为契机，严厉打击涉毒、涉黄赌、涉食药假、涉电信诈骗及银行卡、涉车、涉枪六类突出违法犯罪，通过铁腕整治社会治安热点和难点问题，社会治安环境得到净化，命案、打架斗殴等案件降至历史最低点。年内，全区打掉犯罪团伙42个，逮捕嫌疑人1200多人，命案破案率达100%；连续侦破“10·20涉及毒品3000余克的特大吸、贩毒团伙”“11·7涉案金额300多万元的假冒领导诈骗案”等一批重特大案件，破获电信诈骗案297宗和“涉枪”案件32宗，创历史新高。10月17日，在西南街道打掉一涉案金额7000万元、利用POS机非法套现的团伙，抓获犯罪嫌疑人7名，缴获各类银行卡724张及涉案工具一批。该案侦破后，公安部党委副书记、纪委书记刘金国作出高度评价。

国庆期间，三水巡特警加强街面巡逻防控，武装震慑街面犯罪

【治安防控】 2014年，佛山市公安局三水分局狠抓公安基础设施建设，全力提升立体化社会治安防控水平。按照“高标准、严要求、讲实效”的原则，周密部署，突破难点，克服困难，快速完善各项联防联控措施。完成汽车站、三水广场、恒福广场3个警务联勤执勤岗亭建设，并从12月初起安排民警、治安员进驻开展巡防工作。完成范湖收费站、黄竹坑、大塘长江3个“环佛护城河治安检查站”建设，完善高清视频监控等软硬件配置，确保紧急状态下警令畅通、快速反应。实施“亮灯”工程，新增警灯287个、警示牌20个，全区街面犯罪警情比上年下降8.4%，实现“警灯亮起来，治安好起来，事故降下来”。做好登革热、埃博拉疫情的联防联控工作。

【群众服务】 2014年，佛山市公安局三水分局着力解决联系服务群众“最后一公里”问题，加强服务型公安机关建设，提升服务群众的能力和水平，使公平正义能让群众看得见、摸得着、感受得到，保证群众话有地方说、事有地方办，困难有人帮、问题有人管。

接访便民　年内，区公安分局领导接访群众75批次99人次，解决群众实际问题72件。落实“监所开放日”等14项便民措施。

出入境办证　投入80多万元对出入境办证大厅升级改造，增设24小时自助受理区，办事窗口由5个增至13个，等候区可容纳100人。填表区、受理区、咨询区、缴费处、自助受理区、警务公开栏等功能区划分清晰，办证环境更加舒适。落实“一证办”“三表合一”、网上预约办理等方式减少办事环节，上半年有800多名群众通过网上预约办理出入境证件。通过理顺审核环节使新办各类证件由15个工作日缩减至10个，港澳台签注由10个工作日缩减为7个。

多元化宣传　加强宣传《警讯》《今日警事》《阿sir早晨》等传统栏目，联合《南方日报》《南方法治报》《佛山日报》等媒体，策划《立体防控保平安，创新服务贴民心》《扎根基层守卫人民平安，三水特警孙建国成为全国军队转业干部模范》等专题报道50篇次。与央视、北京卫视、湖南卫视、深圳卫视等知名电视台合作，弘扬三水公安正能量。通过平面媒体发布正面报道400多篇，中央、省、市电视台播出正面报道近800篇。举行市民进警营活动，“阿Sir与你面对面”宣讲活动，“小记者进警营”采访等互动活动10次。

（邝晓华）

司法行政

【概况】 2014年，三水区有各级人民调解组织169个，全年开展纠纷排查活动1817次，排查出矛盾隐患58个，调处民间纠纷630件，调处成功率98.7%。全区有律师所7所、律师62名，全年办理各类案件2696件。三水公证处办理各类公证7878件，比上年增长28.6%。区法援处受理法律援助案件731件。年内，三水区司法行政部门结合平安创建工作，发挥司法行政职能，以规范化建设为重点扎实做好人民调解工作，以制度化监管落实社矫安帮措施，以多样化载体为平台开展法制宣传教育，以优质化服务为目标推进律师管理工作，加强法律援助服务，各项工作取得较好成效。

【人民调解】 2014年，三水区司法行政部门加强村居人民调解委员会规范化建设，制定《关于在村居换届选举工作中加强村居人民调解委员会建设的通知》，要求各司法所加强对村居换届选举后调委会调解员调整、业务培训和规范化建设工作指导力度；61个村居申报规范化建设达标单位，创建率92%。推进行业性、专业性人民调解组织建设，组建镇街、物业小区两级物业管理纠纷调解组织26家，组建率100%，确定12家有工会的企业创建调解组织，创建率120%，达到规范化建设要求。指导协调7个镇街健全人民调解“以案定补”或“以奖代补”激励机制，7个司法所对396件案件补贴约5.2万元。加强人民调解宣传，开展“人民调解平安创建宣传示范点”和“人民调解宣传月”活动，举办区、镇街、村居三级人民调解业务培训班。督促司法所做好矛盾纠纷排查调处工作，三级人民调解组织受理各类纠纷630宗，成功调处622宗，调解成功率98.7%。

【安置帮教】 2014年，三水区司法行政部门制定《社区矫正人员考核及分类管理暂行规定工作细则》《社区矫正人员定位手机使用管理规定》和《佛山市三水区社矫安帮办关于协助做好拟被假释人员评估工作办法》，实施季度考核奖惩和评估工作机制。加强信息化监管工作，落实《佛山市社区矫正信息管理系统》资料录入、24小时手机实时监控、手机与人员分离抽查工作，社区矫正人员信息资料录入669名，录入率100%。做好社区矫正人员出境报备工作，办理报备人员310人次。8月5日，成立三水区首支由社区矫正人员组成、在区义工协会注册的“有爱，传递正能量”志愿服务队伍。购买专业社工服务开展社矫人员心理矫治工作，开展法制教育课、公益劳动和手工制作等活动73场次，个案访谈和个案跟踪67人次，帮助就业指导4人次，并为困难社矫人员子女、重病人员送学习用品和申请大病救助，矫治成效明显提升。全年接收社会矫正人员151名，解除矫正人员144名，在矫正人员251名。做好安置帮教综合管理平台资料登记、刑释人员信息核查反馈工作，录入人员373名，录入率100%，信息核查451人，核查和反馈率100%；落实“一帮一”“多帮一”帮教措施，开展社矫人员和安帮对象就业技能培训推介工作，登记培训意向20人，减少重新犯罪因素。

【法制宣传】 2014年，三水区司法行政部门推进“法律六进”工作，组织包括党政领导在内的4816名公务员参加2013年度公务员学法考试，参考率99.88%。协调有关部门组织学法讲座或培训，加强机关普法。组建校园普法宣讲团，举办青少年学生网上交通安全知识竞赛，开展民办学校调研和赠书活动，加强校园普法。开展《消防法》和《广东省信访条例》等专项宣传活动，制作流动普法展架在小区物管处展出，加强村居普法。指导镇街在500人以上规模企业开展普法“五有”试点建设，加强企业普法，其中西南、白坭、乐平镇（街道）依托企业人民调解委员会组建企业普法机构。加强社会面普法工作，录播《法制之窗》节目26期，在电视台录播法援公益宣传片和普法公益宣传广告220多次，在"三水普法网"刊发普法信息和专栏文章230多篇，解答网上咨询40余人次。发布或转发普法微博约260条。利用商业广场大型户外LED屏播出普法公益广告。在150辆公交车的LED屏循环播出普法标语。通过"三水普法"微信公众账号发布法律知识信息。推动法治文化建设，建设三水区首个专题普法公园——"三水法治苑"。结合西南街道社区公园升级、改造，融入法治元素、在西南公园建成用于公益普法的大型户外LED宣传屏，动态播放法制节日，增强法治文化氛围。

2014年12月4日，三水区司法局在恒福广场举行"增强全民宪法观念、推进法治三水建设""12·4"全国法制宣传日大型主题宣传咨询活动。近20个职能部门和7家律师事务所人员参加活动

【法律援助】 2014年，三水区司法行政部门实施惠民措施，按要求调整经济困难标准，向军人军属发放"涉军法律援助证"，制作服务指南发放到各村居委，播放法援公益广告，扩大法援覆盖面。为外来农民工、残疾人、老年人、妇女和青少年等群体开辟法援"绿色通道"，提高法援工作效率。开展"法律服务三下乡"活动。全年受理、指派法援案件781宗，受援群众3159人次。公职律师按时到区信访局参与接访，围绕政府中心工作为政府及职能部门办理各类法律事务46件，促进依法行政。在66个村居各聘请1名村居干部担任法律服务联络员，为村居群众提供法律援助、公证业务指引，将法律援助、公证等法律服务延伸到村居。

【律师工作】 2014年，三水区司法行政部门深化律师服务村居工作，通过每月进村走访、定期交流座谈、组织律师与村干部见面会等形式加强日常监督，以村居委评分和司法所提改进意见建议的形式完成考评工作，提高律师服务质量，全区驻村律师走访971次，提供举办法制课、审查村规民约、调解纠纷等法律服务1731件（次）。加强律师管理，完成律师事务所检查考核和律师执业年度考核工作。核查2宗投诉律师案件，并答复投诉人。组织律师代表与区法院沟通交流，促进律师业务开展。探索延伸律师服务功能，6月在乐平镇试点通过购买服务形式，由律师包案化解重大社会矛盾纠纷和历史积案，调解3件重大矛盾纠纷，化解3宗历史积案。加强商事调委会建设，成立6个镇（街）商事纠纷调解工作站，组建区商事调解法律专家库，成立区诉调对接办公室，商事调解调委会正常运作。

【公证服务】 2014年，三水区司法行政部门推进公证规范化、标准化建设，合理规划和改造办公场所，增设办证窗口，办公场所、办公设备等各项硬件达到省司法厅建设标准。严格实行案件审批制度、下乡调查核实制度，坚持重大、复杂案件集体讨论制度，严格落实公证收费管理规定。开展便民服务措施，结合党的群众路线教育实践活动，推出"最低承诺时间""预约办证""便民咨询""出证快车""绿色通道""恤民收费""代办邮寄公证书""电子公章"等便民新举措，并规范不动产公证业务收费。全年受理各类公证案件7878宗，公证案件质量受到省质量检查组肯定，成绩位列佛山市第二。

（植小红）

城市建设和管理

CITY CONSTRUCTION AND MANAGEMENT

■ 综述

【概况】 2014年，三水区完成三大板块统筹协调规划，合理安排新增建设用地指标，保障重点项目用地。将清理处置闲置土地工作纳入常态化。调整“三旧”改造三年行动计划工作方案，重新确定23个项目。推进高标准基本农田建设，建立项目信息数据库。加强建设工程、房地产业管理、防灾减灾、抗震、人民防空、市政管理和绿化等工作。全区完成建筑工程施工许可201宗，建筑工程面积427万平方米，分别比上年减少4%、增长50%。商品住宅销售面积81.22万平方米、7946套，分别比上年增加11.67%和14.43%；销售金额49.08亿元，比上年增加7.95%；销售均价为6043.16元／平方米，比上年减少3.33%。三水区“十件民生实事”之一的中心城区农贸市场周边景观改造工程、红卫路商业步行街改造工程完成并启用。全区4个古村落活化改造工程施工。建成公租房2088套，新开工公租房建设560套。提高城市管理和“创文”工作的长效化、精细化管理水平，开展城市管理专项整治行动，举办诚信建设、志愿服务、文明交通等135场活动，使城市文明氛围日趋浓厚。推进供电、供水等公用事业的发展，全区供电量64.8亿千瓦时，比上年增长7.48%；供水量14129万吨，增长3.8%，自来水服务人口约60万人。

【规划报建与审批】 2014年，三水区发展规划和统计局（规划）开发的“规划报建网上预申报系统”率先在全省启用。该系统包含网上报建系统、“一张图”平台和三维辅助决策系统，将信息化与规划业务深度融合，进一步提高行政审批效能。推行网上预报建，简化办事流程。启用“规划报建网上预申报系统”，使申请人可以直接通过互联网填报申请内容、提交申请资料电子件，并由审批人对电子件进行预审，有问题可通过修改电子件解决，提高审批一次通过率，避免企业多次提交纸质资料造成浪费。系统启用后，办结所需时间缩短1/3，部分审批事项实现“网上预审，一次办结”。优化审批系统，提高审批效率。以地块为单位进行项目管理，将同一项目的各环节审批信息相互关联，让审批人更加快捷便利地查询审批结果，提高审批效率。将中介机构审核的信息直接归入审批系统，减少资料运转环节，方便企业办理。以审批电子文件代替审批纸质文件，降低企业成本。直接调用前置审批结果和前置环节已填报的内容，大大提高审批通过率。充分利用数字信息化的优势，实现流程再造、步骤简化、成本降低和效率提高的目标。打造数字规划，提高决策科学性。建设“规划一张图”平台，以项目为单位进行全过程管理，把企业及个人的申报信息保存到数据库，减少信息的重复录入，实现多规统一，方便市民查询规划成果，为规划审批提供充分的信息和合法的依据，实现规划编制与规划实施的有机结合。建设“三维辅助决策系统”，将城市现状与未来有机结合，推进城市可视化管理，为领导决策提供准确、直观的信息和可视化、可互动的操作平台，也可让市民了解与品评规划成果，参与规划监督，提高规划决策的科学性。融入廉政科技，防控渎职腐败现象。为网上报建系统和电子政务系统加入流程监督、过程跟踪和审批督办等科技防控功能，可自动拒收不符合审批要求的申报资料，实现廉政风险的科技防控，使决策更加科学、规范。通过电脑自动审批将科技防控关口前移，减少人为参与影响因素，实现系统自动防控廉政风险，对防止渎职腐败现象具有重要意义。

【规划编制】 2014年，三水区发展规划和统计局（规划）按照“一主三副三板块”要求和“多规合一”的理念，在完成新一轮城市规划编制项目的基础上，完成《三水区三大板块统筹协调规划》《三水区中部板块分区规划》，上报市政府审批。制定“两规合一”工作方案，完成《佛山市三水区土地利用总体规划（2010 2020年）城乡建设用地落实方案》（161.8公顷），并获省人民政府批准。完成云东海文化创意产业基地项目、南山危破房项目、佛山飞驰客车项目等一批项目“土规”修改审批备案，以及南海一汽大众铁路专用线及周边土地开发建设规划前期工作。

（陆露丹）

国土资源管理

【概况】 2014年，三水区公开出让土地56宗，面积368.15公顷，出让金额834426.46万元，完成万达广场、普洛斯、佳明重工等多个大项目的供地。划拨土地7宗，面积13.71公顷，解决西南街道北江小学、110千伏永平输变电工程等民生项目的用地。年内开展新一轮城镇基准地价更新工作，探索建立地下空间建设用地基准地价体系。

三水区国土城建和水务局（国土资源）是主管用地审批、耕地保护、土地出让、土地执法、土地登记发证、地质灾害防治、测绘行业管理的区人民政府工作部门，内设综合一科、执法监察科（区国土资源执法监察大队）、土地利用和地矿管理科（区“三旧”改造办公室）、土地市场管理科、地籍权属和测绘管理科（区人民政府调处土地纠纷办公室）5个职能科室，属下有区土地登记事务所、区国土资源信息中心2个事业单位。

【用地报批】 2014年，三水区国土资源管理部门充分利用和合理安排上级下达三水区的311.28公顷新增建设用地指标，上报批次城镇建设用地32个，保障福田汽车、苏宁电器、三全食品、SOD合作区、影视三水、青岛啤酒搬迁扩建等项目的用地，涉及面积409.85公顷；上报220千伏永丰输变电工程选址项目，面积2.05公顷。三水区获批的批次城镇建设用地22个，涉及用地面积95.51公顷；获批的选址项目1个，用地面积13.7公顷。

【闲置土地和低效用地处置】 2014年，三水区将清理处置闲置土地工作纳入常态化。重点跟进2012年、2013年已认定的闲置土地处置进度。其中，新增动工的10宗、面积37.23公顷；新增达25%的15宗，面积47.88公顷；消除政府原因的5宗、面积134.98公顷；新增协议收回的4宗，面积20.17公顷。对新发现的6宗疑似闲置土地进行初步调查。配合区经科局开展低效用地处置工作，完成低效企业用地情况初步调查，对3宗低效用地处置。

【“三旧”改造】 2014年，三水区调整“三旧”改造三年行动计划工作方案，重新确定2014年、2015年重点启动推进三水新城、对外经济开发区等23个项目、面积294.53公顷，并对上述项目的建设进度实行每月跟踪掌握。做好相关的业务审批。继续跟进和完善历史用地手续，有52宗、82.61公顷的历史用地手续，经区人民政府批准同意。做好“三旧”改造项目认定的工作，完成白坭镇永基陶瓷有限公司旧厂房等13个改造项目的认定工作。启动高速公路沿线旧厂房整治工作。制定《佛山市三水区高速公路沿线旧厂房专项整治改造工作方案》，收集整理各镇街相关高速公路沿线旧厂房的调查情况。

【耕地保护】 2014年，三水区推进高标准基本农田建设。成立工作领导小组，由区、镇两级部门共同推进落实相关工作。完成2012年1.75万亩高标准基本农田建设任务，及2013年1.57万亩高标准基本农田施工建设。

根据建设完成的情况，三水区分别获得省级和市级奖励新增建设用地指标10公顷和20公顷。做好基本农田保护补助补贴发放工作。落实省级建立的基本农田保护经济补偿制度和佛山市三水区基本农田保护补贴实施办法，2012年的省级补助和2013年的市、区级基本农田补贴发放到各镇（街道）。核实、完善耕地开发项目的信息，对2002年至2014年24宗、面积12600亩的耕地开发项目进行核实，并建立数据库。

【土地执法】 2014年，三水区做好年度卫片执法检查工作。对土地矿产卫片执法监督检查中发现的23个违法用地图斑行为按要求全部处理完毕，立案率、查处率、结案率、履责率均达100%。10月底，三水区2014年土地矿产卫片执法监督检查工作通过省政府验收组的检查验收。开展违法违规用地查处整治专项行动和“小产权房”排查摸底工作。集中对2013年1月以来的170宗违法违规用地行为立案查处；联合区职能部门、镇（街道）和村（居）委对“小产权房”排查摸底，排查出“小产权房”15宗。强化日常国土资源执法工作。抓好基层国土资源执法队伍规范化建设，并对动态巡查工作实行科学管理。严肃查处违法用地行为，对涉嫌犯罪的责任人移送司法机关追究刑事责任，移送责任人6人，其中1人立案批准逮捕，并组织村级干部及村民小组长130多人听审。

【盘活农村集体经济留用地】 2014年，三水区多管齐下，盘活未完善用地手续的经济留用地。通过安排新增建设用地指标、三旧改造完善手续、盘活存量等方式解决59.34公顷历史留用地手续问题。加大招商力度，提高已完善用地手续经济留用地的利用效率。如西南街道水都工业园引入港中旅华贸国际物流和红牛、百威饮料仓储等项目，盘活留用地24.67公顷；乐平镇引入润泰装饰建材市场、创图机械、乐南创新产业园等项目，盘活留用地24公顷。

【宅基地改革】 2014年，三水区出台《佛山市三水区推行宅基地改革工作方案》，重点推进四项工作的落实。督促试点镇（街道）做好公寓式农民住宅建设工作。其中，云东海街道横涌村委会驿岗陈村、驿岗何村和鲁村村委会下岗村试点项目开展确定合作模式、制定建设和征收补偿方案等前期工作；白坭镇岗头村委会岗头股份合作经济社项目确定选址位置、用地规模、建设主体、设计方案；南山镇华侨农场危房改造项目动工建设650户，完成450户。抓好规范村庄规划建设工作。联合区规划部门出台《关于进一步规范农村宅基地审批管理的通知》，完成宅基地禁建区方案的划定工作。各镇（街道）开展村庄规划的编制工作，作为审批宅基地的前置条件。开展“一村一策”试点工作。选取乐平镇三江村委会海洲村作为试点单位，解决151户村民的住房问题，召开村民会议表决通过宅基地分配处置方案。加快推进农村宅基地审批工作。安排17.73公顷指标解决宅基地用地需求，全区审批宅基地380宗，面积45600平方米。

2014年6月24日，三水区国土城建和水务局常务副局长区显波到西南街道国土城建和水务局参加西南街道国土资源执法监察中队挂牌仪式，并与西南街道国土城建和水务局局长何启华共同为西南街道国土资源执法监察中队揭牌

【地质灾害隐患点治理】 2014年，三水区出台《佛山市三水区2014年度地质灾害防治方案》，明确防治地质灾害的任务、预防措施和工作责任。落实地质灾害应急管理工作专项经费，投入约425万元地质灾害防治工作经费，分别用于开展三水区地质灾害隐患点治理工程、购置地质灾害应急指挥车、为地质灾害群测群防员提供经费补助和购买意外伤害保险等方面；继续加强对地质灾害隐患点的治理，西南街道江根沙塘、基塘李村、横涌驿岗陈村边坡二期、五顶岗食神山庄，白坭镇岗头小学后岗、富景中灶村边坡二期、周村后山、芦苞镇西河片下北8处地质灾害隐患点开展工程治理。西南横涌驿岗陈村边坡二期在招标，7个地质灾害点完成招标工作并施工。

【审批服务】 2014年，三水区按时办结各类土地登记核准业务15317宗，受理群众、外单位的查档申请3363份。提升国土资源信息的公共服务水平，对外提供地理基础数据42份。其中，向区、镇部门无偿提供地理基础数据24份，为区、镇两级财政支出节省约1335.33万元。

【信息化建设】 2014年，三水区开展地理空间框架建设工作。全区1:500地形图完成项目范围所有修测工作及项目验收。一村一镇一地图项目完成地图初稿制作及征求镇街意见工作。领导机关工作用图完成编图及通过广东省国土资源厅验收。开展档案规范化整理项目（第二期）。完成档案整理约11.5万份，数字化约10万份，占工作总量的75%。

【土地专项审计】 2014年，三水区对2008年至2013年土地出让、用地审批、土地收储、土地登记、土地执法等情况进行自查自纠。配合审计小组开展审计工作，组织各部门做好资料提交、沟通解释和问题答复。对审计初步发现的问题，制定整改措施并落实。

（邓广贤）

■ 住房和城乡建设

【概况】 2014年，三水区商品住宅销售面积81.22万平方米、7946套。公租房新开工616套，基本建成2088套，分配956套。年内，三水区国土城建和水务局（住建）落实区政府重点工作和民生十件实事，优化行政审批，提升服务水平，以“提速提质”为主线，以“城市管理”为重点，加强城乡建设管理，推进重点项目和市政设施建设，规范建筑和房产市场，改善民生。

三水区国土城建和水务局（住建）主管全区建设工程管理、房地产业管理、防灾减灾、抗震、人民防空、市政绿化等工作。内设综合二科、房产市场和权属管理科、建筑业管理科、城市拆迁和住房保障科、城乡建设管理科、企业资质和物业管理科、防空抗震科（区人民防空办公室、区地震局）7个职能科室，直属机构有市政管理局（设市政绿化管理科），及下属区建筑工程质量安全监督站、区建筑工程质量检测站、区房产交易中心、区房产登记事务所、区城建水务档案馆、区住房基金管理中心、区代建项目管理中心、区路灯园林所8个事业单位。工作中存在的问题是：历史遗留问题多，情况复杂，处理难度大、需时较长；建筑工程施工单位安全主体意识不强，且建设领域劳资纠纷时有发生，安全生产管理压力大，任务重；受条件限制，未能完成公园绿地建设任务。

【建筑业】 2014年，三水区完成建筑工程施工许可201宗，建筑面积427万平方米，工程造价约57亿元，分别比上年减少4%、增长50%和43%。其中，住宅建筑施工报建35项，建筑面积215万平方米，工程造价36亿元，分别比上年增长118%、117%、80%。工业建筑施工报建142项，建筑面积167万平方米，工程造价15亿元，分别比上年减少37%、5%、25%。公共建筑施工报建19项，建筑面积38万平方米，工程造价5.5亿元，分别比上年增长5%、123%、96%。

【房产市场】 2014年，三水区商品房批准预售面积128.54万平方米，比上年增加63.89%。商品住宅销售面积81.22万平方米、7946套，分别比上年增加11.67%和14.43%。销售金额49.08亿元，比上年增加7.95%；

2014年5月5日，三水区副区长、区国土城建和水务局局长张卫红到南山镇、芦苞镇、西南街道检查2014年住房保障和华侨农场危房改造任务落实情况

销售均价为6043.16元/平方米，比上年减少3.33%。

【城市升级项目】 2014年，三水区“十件民生实事”之一的中心城区农贸市场周边景观改造工程完成并投入使用，对新西南市场周边建筑外立面、道路路面及设施、照明亮化、绿化种植、供电高压台架等改造提升。其中，重点对红卫路按商业步行街标准改造，工程于6月底完成，改造资金约1200万元。红卫路步行街长约300米，原道路宽7米，改造后路宽13米，并将破损严重的混凝土路面铺设为花岗岩路面；在改造提升范围内进行了一系列绿化美化工程，种植香樟、秋枫、细叶榄仁等乔木，统一更换时尚简洁的铺位招牌和路灯，并将原位于西南市场西门对面的高压台架按下沉式箱变形式改迁到西门广场。经改造提升后，该片区成为悠闲舒适的购物好去处。

【古村落活化改造】 2014年下半年，三水区按照省、市关于古村落活化升级改造的要求，区国土城建和水务局（住建）对古村落现状进行摸查，对芦苞镇长岐古村（首批）和芦苞镇独树岗村、白坭镇富景社区祠巷村（首批）和白坭镇岗头村开展特色古村落宜居示范和活化升级。将城市升级向乡村延伸，将城市活力向乡村辐射，将城市资源向乡村流转。根据以人为本、以城带乡、城乡统筹、协同发展的总体要求，探索推进三水区特色的城市升级带动并反哺农村农业发展升级的新型城镇化之路。

【保障性住房】 2014年，佛山市政府下达三水区住房保障目标任务为：新开工建设公租房560套、基本建成公租房1419套、分配公租房900套。三水区新开工公租房616套，基本建成公租房2088套（包括竣工462套），分配公租房956套。区第三期公租房项目540套全部用于分配中心城区低收入住房困难家庭。

【市政园林绿化】 2014年，三水区推进省立绿道6号线的建设工作，涉及的大塘北江大堤段、芦苞北江大堤段、乐平北江大堤及防汛路段、云东海白云路及防汛路段线路完成建设，共33.9千米。11月20日，开展省立绿道6号线（新增段）建设检查工作，要求各镇（街道）对照检查中发现的问题，认真制订整改措施，及时整改。三水区部分路灯由于使用年期过长、设施老化，性能出现下降，部分小区缺少路灯，为夜间市民出行带来不便。区国土城建和水务局（住建）组织相关维护单位全面排查，对人民四路三座、鹿洞村南巷4号、赤岗路四巷三座、沙头一路等地段加装路灯和改造部分残旧路灯设施。

（吴嘉丽）

■ 水务管理

【概况】 2014年，三水区国土城建和水务局（水务）按照建设“产业新城、南国水都、广佛肇绿芯”的工作思路，推进水务工作。年内，全区水利建设项目34宗，其中续建工程13宗，新开工工程21宗。加强水资源管理和水务工程管理，村村通自来水工程和污水处理厂网建设加快发展。

2014年12月23日，水利部珠江水利委员会副总工陈枫率领水利部检查组到三水区开展中小河流治理重点县综合整治及水系连通试点项目专项检查，图为三水区乐平镇乐平涌中段施工现场

三水区国土城建和水务局（水务）负责水务工程建设、水资源管理、河道管理、水土保持、水政执法、供水排水、污水处理、三防管理，设水务工程建设科、水资源管理科、水务工程和河道管理科、三防综合管理科4个职能科室，属下有三水区机电排灌总站1个事业单位。三水区水务管理工作中的存在问题是征地拆迁工作滞后，部分工程受镇街征地拆迁影响。部分镇街工程建设配套资金和水利设施管养配套资金不到位。污水处理厂和配套管网建设滞后，进水浓度和污水收集率偏低。水功能区水质尚未达标。

【水利工程建设】 2014年，三水区水利建设项目34宗，总投资9.3亿元，续建工程13宗（已完工1宗），总投资6亿元，新开工工程21宗，总投资3.3亿元。投资2.7亿元，更新改造泵站3535千瓦，河涌整治39千米，清淤疏浚74万立方米。城市升级河涌整治项目投资1.75亿元，超额完成年度考核任务。中小河流重点县综合整治和水系连通试点项目、小型农田水利建设项目设计，完成设计文件技术审查30件。完成阶段验收2宗、单位工程验收5宗，专项验收11宗、竣工验收16宗。全年三水区水利工程安全生产零事故。

【水资源管理】 2014年，三水区国土城建和水务局（水务）加强水资源管理工作，加大世界水日、中国水周以及城市节水宣传周的宣传力度，加强水源保护，确保全区人民饮用水安全。完成三水区水资源管理年报、地下水通报、水务管理年报、水资源公报、水资源管理年报的编制工作。新发取水许可证1个，新增年许可取水量4.8万立方米；辖区取水企业30家，许可取水量2894.9万立方米。

【村村通自来水】 2014年，三水区村村通自来水工程计划总投资3492万元，完成投资1854.85万元，完成31个自然村村内管网改造。推动大塘跨北江至芦苞西河村委会、南山镇的主管网建设。

【污水处理厂网建设】 2014年，三水区城镇污水处理厂网建设8宗，总投资8680万元。新建污水管网工程4宗，投资2030万元；续建污水处理厂网工程4宗，投资6650万元；增加1.2万吨/日总处理能力，年度完成投资1850万元，全区城镇生活污水处理率约93%。

【水浸黑点治理】 2014年，三水区投入2600万元，对三达路、教育东路及南丰路宝月市场路段三个水浸黑点实施排水改造工程，开展西南城区污水管网清淤工作，完成45千米管网清淤，清淤约7000立方米。

【水务工程管理】 2014年，三水区实现水务工程的规范化和社会化管理。重点对山塘水库、机电排灌设施进行安全检查和隐患排查，保障水利设施安全运行和度汛。加强堤围管理养护工作，抓好堤围割草、白蚁防治及主干河涌水面保洁工作，加强堤容堤貌的整治。全区受理行政审批148宗，征收水利规费约1.2亿元，其中堤围防护费约8680万元，城镇生活污水处理费约2416万元，水资源费约470万元，河道管理范围占用费约45万元，水土保持补偿费约0.57万元。做好河涌水质改善工作，全区各引水泵站实行引水闸站联动开机每日不少于6小时工作制度，自2014年4月4日执行引水调度规定起至2014年末，各引水泵站累计开机时间12238小时，引水总量17813万立方米。

【水政执法】 2014年，三水区开展执法巡查125次，出动执法人员796人次、执法船（艇）22艘次、执法车177车次，排查出水事违法案件16宗。

【防汛工作】 2014年，三水区出现5次较明显的风雨灾害，分别是“3·30”雷雨大风、“8·6”和“8·12”特大暴雨、“7·18”第9号超强台风“威马逊”和“9·16”第15号台风“海鸥”。5月出现连续性降雨，31天内26天有雨量记录，较多年同期偏多35%，其中5月24日由于北江上游连降暴雨，北江河口站出现洪峰水位4.97米，大塘出现洪峰水位9.06米。6月上旬受西江上游来水影响，6月8日马口站出现洪峰水位4.02米。抗击多场强降雨侵袭，区内除部分低洼地段出现短时水浸外，水利工程设施没有因水灾受损。仅9月16日23时受台风“海鸥”残余云系影响，白坭镇桂丹路至城区路段遭遇局地小龙卷风袭击，沿线部分厂房及绿化树木等受到不同程度损毁，没有人员伤亡报告。2014年汛期全区洪涝受灾农作物0.62万亩，经济损失867.65万元，没有发生因风雨灾害造成的人员死亡事故，实现全年安全度汛。

（黄晓珊）

环境保护

【概况】 2014年，三水区空气质量指数（AQI）优良天数277天，达标天数占76.1%。六项空气污染物中，除NO_2、PM2.5超标外，SO_2、PM10、CO、O_3日最大8小时滑动浓度均达标准限值，其中SO_2、CO达标率100%。9条责任考核河涌，水质较好的有芦苞涌、西南涌、大塘引涌和草塘围东排渠，Ⅴ类水体达标率36.11%，主要污染物为氨氮、总磷、五日生化需氧量和化学需氧量。

三水区环境保护局承担全区的环境保护职责。局内设办公室、督查考核科、环境影响评价管理科、法制监督科、生态与总量控制科（区创模办、区总量办）、污染控制科（区固体废物管理中心）、环境监察分局7个科室；下属有三水区环境保护监测站1个事业单位。三水区环保局面对严峻的环境形势，围绕环保责任考核、百项环保民生实事等中心任务，推进大气和水环境综合整治，提升服务水平，解决一批群众关心的难点、热点环境问题，有效提升整体环境质量。

【建设项目环境管理】 2014年，三水区环境保护局审批区、镇项目321个，含报告书项目29个、报告表项目185个、登记表项目107个；验收企业132家；核发排污许可证342份，排污费入库2378万元（比上年增长10.45%）；出具环保守法证明187份；核发机动车环保检验合格标志59403个。

【环境综合整治】 2014年，三水区环保部门狠抓重点行业的综合整治。完成青岛啤酒、西城玻璃、粤玻玻璃、大鸿制釉等大企业及一批小锅炉的改燃工作，预计可减排二氧化硫1503.5吨、氮氧化物915.28吨。强化工业锅炉和高污染限燃区内设施的淘汰或改造，淘汰整治锅（窑）炉71台。31家挥发性有机物排放企业完成整治工作，25家陶瓷企业完成烟气深

2014年10月23日，广州军区司令部干休所三水农场内无牌无证炼油企业被清拆

化治理，28家企业安装烟气在线监测，52家重点企业完成清洁生产验收。严控机动车污染，查处黄标车、黑烟车，淘汰黄标车4240辆，发放黄标车补贴2082.6万元（比上年增长190.02%）。落实环保“一岗双责”，牵头住建、城管、交通、镇街等部门，通过要求工地围蔽洒水覆盖、道路洒水清扫、治超治撒、责令污染企业停产等措施，落实扬尘防控。建立“一查一报”制度，加大巡查、通报力度。启动空气质量预警机制，10月起每天最高以每4小时1次的频率向相关部门、区主要领导报送情况，有效避免启动重污染应急预案。强化污水管网建设，推广污水管网网格化精细管理模式，扩大部分污水处理厂的纳污范围，解决污水处理厂负荷低及进水COD浓度低的问题。正常运行的城镇生活污水处理厂7个，在建及调试的2个；各镇（街道）城镇生活污水处理厂配套管网长约60千米，中心建成区和工业开发区市政合流管网约740千米；城镇污水处理厂网建设13宗，新增配套管网25.3千米。开展河涌综合整治，落实“一河一策”，实施河道清淤、补水调水。开展大棉涌、大塱涡涌、左岸涌水质改善工程，利用多元生态平衡生物修复方法对水体进行原位修复，保持水质稳定达标。建立广泛覆盖的综合污水处理模式，城镇生活污水处理厂、农村分散式处理设施、农村面源连片整治设施等多种污水处理模式并存，打通污水收集关键节点，提供高污水收集率。完成12套分散式农村污水处理设施建设，全区累计建成处理设施35套。加大农村环境和禽畜养殖场综合整治力度，完成禁养区145家禽畜养殖场的清理和70家规模化养殖场的整治。完成20个行政村的综合整治验收，累计完成全区行政村（全区55个，2013年完成18个）的69%；打造7个亮点行政村；完成“10个领域60项工程”项目70个。

【创建国家生态区、镇】 2014年，三水区白坭镇、芦苞镇、大塘镇、南山镇创建为国家生态镇。

【环保执法】 2014年，三水区成立“环保警察”，从区公安分局、区城管办各抽调8名骨干进行环保执法，对环保污染犯罪线索提前介入，联合调查取证和及时立案、侦查、侦破，提高证据搜集、案件认定以及违法人员抓捕、审查的效率。构建联动执法、监管机制，推进网格化工作。完善区、镇和村居三级联动的网格化环境执法机制，统一执法规范，责任到人。构建“区—镇—村居—企业—环保监督员”5个层次的监控体系，以点带面铺开全区网格监管。发挥区信息中心作用，完善24小时在线监控平台，实时监控全区120多家企业主要污染物排放情况，切实提高对前端企业监控的实时性、有效性和监控效率。微信受理并回复群众投诉，将线下执法与线上投诉、回复、发送处理报告相结合，从“网络问政”转为“网络行政”。开展为期3个月的专项整治行动，通过关闭、清拆、强制停水停电以及查扣生产设备等手段，对干休所农场、西南工业园、乐平工业园、范湖工业园、西南董藂片区及金本等区域进行执法，严厉打击偷排、漏排、直排等违法排污行为，有效清理环境隐患，区内环境明显改善。

全年出动环境监察6867人次，检查企业2150家次，立案查处违法企业204宗次，罚款金额805.03万元。责令企业整改57家次；责令停产企业243家。移送公安机关案件14宗（法院已判决3宗），4人被追究刑事责任，9名犯罪嫌疑人被刑事拘留。处理环境投诉案件542宗，处理率100%。处罚宗数、金额均远超上年，其中处罚宗数增长240%，处罚金额增长259%。

（王晓美）

城市管理

【概况】 2014年，三水区城市管理工作提速提质，围绕“强化服务、改善民生、提升品位”的主线，以“创文”促城管、以城管保“创文”，城市面貌、居住环境、市民素质得到明显提升。在全市第二个城管考评年度中三水区获得年度总评成绩第三，佛山市通过中央文明委的“创建文明城市国家级检查”。

三水区交通运输和城市管理局（城管）内设综合科（政策法规科）、“创文”科、监督考评中心、数字城管指挥中心、市容环卫科、城管综合执法科6个职能科室。

2014年6月27日，三水区创文办城管办配合区政府，对佛山生生农贸城有限公司所属的位于西南街道红卫路16号的违法建筑佛心大药房实施强制拆除

【发挥考评导向作用】 2014年，三水区“创文”城管办围绕城市管理和“创文”工作，适时调整考评内容，完善考评方式，及时发现、督促各责任部门整改工作的存在问题，提升城市管理和“创文”工作的长效化、精细化管理水平。充分发挥考评的导向和倒逼作用，案件处理水平得到提升，数字城管全年案件75454宗，完成处理75336宗，处理率99.84%。

【提升宜居城市品质】 2014年，三水区开展“美丽乡村，治理脏乱差”农村清洁专项行动，环卫工作向乡村延伸，提高乡村的环卫保洁水平。完成西南街道九小区市政绿化提升试点工程，对小区道路、绿化、下水道、停车位、文体设施等进行提升。对7个公园、14座公厕，及广海大道中、广海大道西、白坭镇黄金大道、南山镇漫江大道4条示范路的“五位一体”沿街景观，有针对性地整改提升。优化公共自行车营运，加强对公共自行车营运公司的监管，加强对公共自行车的保养和调度。

【城管专项整治】 2014年，三水区加大专项执法力度，重点整治城市“八乱”行为。开展工地扬尘、渣土运输路面撒漏、不文明施工执法，查处600多处工地，使工地违规问题得到有效遏制。开展乱摆卖、占道经营、乱穿马路整治，规范城市主要道路的秩序。加强户外宣传整治工作，完善全区户外广告审批事项，审批广告389处，规范广告设置。开展生活噪音整治专项行动，维护清净的生活、工作环境。

【城市文明建设】 2014年，三水区以“创文”促城市管理水平提升，办好公益广告，举办诚信建设、志愿服务、“好人巡讲巡演”、“三关爱”、文明交通、文明旅游等135场活动，使城市文明氛围日趋浓厚。加大对“创文”新举措、新成效的宣传力度，激发全民“创文”热情，有效提升市民的支持度和参与度。

（梁小燕）

■ 供电

【概况】 2014年，三水供电局是中国南方电网有限责任公司广东电网佛山供电局直属的县级供电局，三水供电局设综合部、营业部、配电部、计划建设部、财务部、安全监管部、党群工作部7个职能部门，下辖西南、乐平、芦苞、白坭、大塘、南山6个供电所。三水区内有供电客户27万户，110千伏及以上变电站26座，其中500千伏变电站1座、220千伏变电站3 座、110千伏变电站22座，35千伏变电站1座。西电东送广东的主力站西江变电站（500千伏）在白坭镇。中低压配电线路10千伏馈线423回，10千伏公用线路总长2614.06千米。公用0.4千伏供电低压线路长2605.56千米。在中压配电设备方面，10千伏配变6567台（其中公用配变2593台，专变3974台），配变总装载容量318.52万千伏安，其中公用配变容量92.29万千伏安，专变容量226.24万千伏安。

是年，三水供电局供电量64.8亿千瓦时，比上年增长7.48%；售电量62.96亿千瓦时，增长7.26%；线损率2.84%，上升0.2个百分点；最高负荷110.7万千瓦，增长12.38%；欠电费回收率100%；综合电压合格率99.99%。三水供电局综合指标排名佛山市五区第一。

【电力供应】 2014年，三水区

2014年9月17日，台风后三水供电局工作人员在抢修线路

供电量累计增幅排名佛山市第三，高于顺德、禅城，低于南海、高明；全社会用电量62.96亿千瓦时，比上年增长7.26%；最高负荷110.7万千瓦（7月31日），增长12.38%；工业用电量53.72亿千瓦时，增长9.39%；全年税费1.59亿元，增长8.61%。2014年，三水区第一产业用电量比上年增长10.66%，第二产业用电量增长9.35%，第三产业用电量降低6.16%。其中，工业用电量53.72亿千瓦时，占总供电量的82.9%。住宅用电4.42亿千瓦时，增长19.55%；商业用电2.7亿千瓦时，增长5.62%。工业用电延续了上半年以来的良好势头，比2013年同期的3.5%提高了5.89个百分点。其中，服装制品业和木材加工制造业用电增长近25%，以铝材生产为主的有色金属冶炼及压延加工业用电增长7.38%，以水泥和陶瓷生产为主的非金属矿物制品业用电增长2.1%，以金属制造加工为主的金属制品业用电增长14.66%，纺织业用电增长3.19%，交通运输、电气、电子设备制造业用电增长4.98%。虽然食品饮料和烟草制造业总体用电有所下降，但是水都工业园区百威啤酒、红牛饮料用电量强势增长，增长率分别达36.15%和8.34%。2014年，三水区电力需求仍保持平稳增长态势，电力供需平衡，没有实施错峰用电。用户平均停电时间为1.41小时，比上年降低6%。从2008年11月28日开始，三水供电局保持安全生产零事故记录，安全生产局面稳定，至2014年12月，连续安全运行2225天。三水供电局有效应对“威马逊”和“海鸥”强台风袭击，完成高考、中考、国庆、十八届四中全会等期间保供电任务。

【电网建设】 2014年，三水供电局电网建设计划投资3.15亿元，其中主网投资2.05亿元，配网投资1.1亿元。落实区政府与佛山供电局签订的电网规划建设框架协议，争取广东省、佛山市供电公司支持，立项开展汽配产业园区专项规划，筹建福田汽车项目电力配套，完成110千伏桃布变电站扩建和配套10千伏项目前期工作，110千伏高岗输变电项目（解决汽车产业园用电需求）投产计划提前到“十三五”。与佛山供电局沟通，推进110千伏南岸站前期工作，为水都基地项目投产与热电联产上网配套做好准备。完成省重点项目500千伏东坡线和220千伏光孝线全部塔基，交付施工。220千伏光孝线于2014年11月投产，三水区220千伏电源接入点增至4个，极大改善网络结构和供电能力。完成151项配网工程建设，及时满足三水工业园、水都工业园、西南街道产业城市升级十大项目等区重点发展项目的用电需求，有效缓解局部片区的电网重过载和低电压问题，确保工商业及居民生产生活用电。

【供电服务】 2014年，三水供电局配合区政府完成三水新城分布式光伏发电应用规划，开展光伏发电并网服务，推进三水区创建广东首个国家新能源示范城市工作。明确分布式电源接入电网技术规范以及分布式光伏发电项目并网申请资料审核、工程建设投资界面划分、用户档案归档等具体指引。全区并网运行的光伏发电项目5个，并网容量22.56兆瓦，累计光伏发电量1550.8万千瓦时，上网电量247.02万千瓦时。在新能源汽车方面，贯彻落实政府的各项政策，配合推动新能源汽车的应用。定期对企业的用电设备进行“节能诊断”，优化企业能源利用效率，加快企业转型，完成4家企业节能培训及诊断工作，推进国家首批电力需求侧管理城市综合试点建设，开展客户侧节能改造项目5个，节约电量0.24亿千瓦时；完成“两个千分之三”的考核指标（0.24亿千瓦时、0.43万千瓦）。配合区政府做好“三小”场所消防专项整治及“排污”企业的关停工作，出动192人次，对64家环保违法企业实施停电措施。关注区政府“民生十件实事”为重点的民生工程建设。配合西南街道办在11月15日（提前一个月）完成建设一路、建设二路电缆沟工程、西青大道电缆沟工程。配合做好贵广（南广）铁路、广佛肇城轨、肇花高速等省级重点项目，精心谋划，切实做好电力配套服务，保证项目的顺利投产。广佛肇城轨云东海牵引站供电线路工程提前6个月完成前期工作。加强协作，关注重点项目，提前介入确定方案，做好北江新区、福田汽车、三全食品华南总部基地等重点项目的配套用电服务，简化用电手续和缩短接电时间，有效提升业扩报装效率。收集客户用电需求并及时修编报装进度，配合百威4期20万吨生产线建设，4期用电工程已接电，5期增容6500千伏安已报装，北外附校三水外国语学校一期1250千伏安于2014年8月13日送电。三水供电局进驻西南街道行政服务中心设立营业窗口，在河口、金本建设24小时自助营业厅，在20个人群密集的广场、偏远村居设置自助服务终端，为居民提供更便捷的服务。以专项督导检查“回头看”等形式，重点开展低电压专项治理工作，不断提升客户用电品质；开展营业窗口业务受理资料规范化建设，简化业扩报装资料，资料数量比上年减少26%。将群众满意作为评价供电成效的标准，上线三水电台《对话民生》栏目与市民交流，收集意见建议16条并全部实施。

（黄涛）

■ 供水

【概况】 2014年，三水区全年总供水量14129万吨，比上年增长3.8%；售水量13222万吨，增长3%。供水水质综合合格率99.9%。水质各项指标中，水源水、出厂水、管网水水质良好，出厂水质合格率100%，管网水质合格率99.89%。

佛山水业三水供水有限公司是佛山市水业集团有限公司下属子公司（简称“三水供水公司”），在编410人，公司属下有北江、石塘、西南、六和、佛山市新泉供水有限公司（原迳口水厂）5家水厂。供水能力每日约42.5万吨，供水服务面积约827平方千米，供水管道总长约2027千米，服务人口约60万。

【村村通自来水工程】 2014年，三水供水公司完成西南大道、乐平镇黄塘、南山镇迳口漫江大道3个市政供水管道工程，乐平镇黄塘村委会、湖岗村委会与南山镇东和村委会卢屋村前供水管道建设。芦苞镇西河、大塘镇六一，南山镇六二、楼房、深坑、邓边、东和、择善8项村前供水管道建设工程纳入北江以西片区村村通自来水工程统筹范围。完成北江以西片区村村通自来水工程项目申请报告、环评报告表编制，油金大桥搭载供水管道安全评估。编制芦苞镇、大塘镇、南山镇等片区供水管线地形图，完成地形图缺失部分管段的补测。至2014年底，按全区农村常住人口计算，通水率95%。

【新泉供水公司技术改造】 2014年，三水供水公司在新泉供水有限公司安装原水管道，针对迳口片区用水高峰期工业园、远端和地势高用户水压低情况，完成送水泵房泵机技术改造及“纯氧曝气+活性无烟煤”工艺升级，扩大供水量，降低能耗，提高供水水质。

【安全生产】 2014年，三水供水公司根据安全标准化和公司质量、环境、安全三标体系要求，优化调整公司安全管理架构、职责。完善部门安全检查标准，有效监控重大危险源。加强安防建设，安装视频监控系统、警铃、设置安全标识。开展消防安全培训，提高员工安全意识。全年组织安全检查8次、安全教育培训8次，开展水质危化品泄露、井下中毒应急救援等应急演练7次，工伤事故发生率控制在可控范围之内。

【水源管理】 2014年，三水供水公司通过分区实地勘察，收集三水区北江、西江水系饮用水源保护区范围工业园部分企业生产类别、产品及生产原料等信息并进行汇总，编写污染源调查报告。取样检测肇庆市高新区大旺工业园区内河涌，收集水质资料。加强水源保护区、重点排污口巡查，联合区环境保护局、区国土城建和水务局、区卫生监督所、区疾病预防控制中心开展水源巡查。根据环保部门检测数据和公司监测数据显示，三水供水公司取水源水质符合《地表水环境质量标准（GB3838-2002）》II类，适合作为集中式生活饮用水水源。全年开展水源巡查264次，其中水厂水源保护区巡查52次，重点排污口巡查212次。

2014年8月23日，三水供水公司在属下北江水厂开展“开辟第二课堂，相约美丽水厂”水厂开放日活动，让市民近距离了解自来水生产过程

【饮水安全】 2014年，三水供水公司对供水水质实行三级监测管理，佛山市水业集团水质监测中心（国家城市供水水质监测网佛山监测站）三水分部（水厂化验室、班组、24小时在线监测系统），按照国家、行业主管部门要求，贯彻执行《生活饮用水卫生标准(GB5749-2006)》《城市供水水质管理规定(CJ/T-206)》，对水源、水厂各处理工艺单元、出厂水及管网水水质进行全过程监测。实施边远农村管网末梢排水监测、北江水厂纯氯消毒、管网改造等，改善管网末梢水质。三水供水公司属下北江、石塘、西南、六和4家水厂和新泉供水公司出厂水质合格率100%；管网水质合格率99.89%；水质综合合格率99.9%；出厂水、管网水综合合格率高于国家标准要求的大于或等于95%的规定。

【管网改造与维护】 2014年，三水供水公司完成各类市政管网维修3808宗（西南片区2557宗，乐平、南边片区633宗、金本片区164宗、六和片区69宗、迳口片区76宗，白坭片区252宗、青岐片区57宗），抢修及时率99.68%，办结率100%。全年查漏、定点开挖349个，确保供水管线安全。完成西南街道金本松边村、河口大闸沙村、金本沙水村、奥林匹克花园，云东海街道唐家村、乐平镇黄塘圩等供水管网改造，提升管网水质。完成西南街道红卫路、环城路、商业城一带、康华街片区、六和松元村、南边中心东路一带、南边陆坑村等供水管网改造，改善供水压力。

【客户服务】 2014年，三水供水公司根据佛山市水业集团有限公司“服务年”工作部署，制定公司“服务年”工作方案。建立多部门季度联席会议机制，对用户多次反映水质、水压不足的区域实施市政管网改造，并派专人回访，听取用户意见。开展上门服务标准化培训，提高表后维修人员服务水平。以技术提升服务，全面实施跨银行划扣水费。收集用户手机号码，筹备邮政账单改用电子账单，完善短信通知服务。加强对民众的宣传和沟通，深入乐平黄塘片区、西南青岐片区、白坭片区开展便民服务进社区活动，为市民提供供水服务。举办北江水厂开放日活动，让市民了解自来水生产过程。服务进校企，与大客户及政府职能部门沟通，上线三水电台《对话民生》栏目，及时了解客户需求，解答市民用水疑问，提升供水服务质量。

（罗敏玲）

口岸管理
PORT MANAGEMENT

综述

【概况】 三水口岸位于珠江三角洲西江、北江、绥江三江汇流处，地理位置得天独厚，水陆运输四通八达。水路距香港118海里、澳门98海里，陆路距广州30千米、佛山24千米。广三、三茂、广珠铁路，贵广、南广高速铁路，广佛肇城轨（在建），国道G321、G324，广三、广肇、广贺、珠二环、珠外环（肇庆至花都段）高速公路贯通三水境内，距广州白云机场约30分钟车程，是连接珠江三角洲和粤西、粤北地区的交通枢纽。三水口岸水路、公路货运口岸兼有，布局合理，设施完善，能实施有效监管。全区有2个二类口岸，1个来往港澳的进出境货运车辆检查场。其中，二类口岸为三水港口岸、西南口岸；车检场为三水进出境货运车辆检查场。三水口岸有4个查验单位，即佛山海关驻三水办事处、佛山出入境检验检疫局三水办事处、佛山三水海事处、佛山边防检查站执勤业务二科。三水港位于西江马口段，由佛山市三水港吉宝物流有限公司经营，港区内集装箱堆场面积15万平方米，年吞吐能力30万个标箱。西南口岸位于北江下游东平水道左岸，由佛山三水三港集装箱码头有限公司经营，港区集装箱堆场面积11.5万平方米，年吞吐能力18万个标箱。三水车检场占地面积20亩，货柜车候检场5000平方米，设计日检车能力50辆次，车检场经营单位为三水区口岸服务公司。三水口岸各部门为企业提供进出口贸易、报关、报检、中转、运输、装卸、仓储等一条龙高效、优质、快捷的服务，致力推动三水区及周边地区对外经济贸易的发展。

2014年，三水口岸加强口岸发展的统筹规划，科学决策，合理布局。推动口岸通关信息资源共享，加快口岸通关模式改革；推进口岸资源的优化整合，完善口岸服务功能，为三水区开放型经济发展提供优质高效服务。全区口岸进出口货运量193.2万吨，比上年增长10%。口岸工作中的存在问题：随着周边码头及车检场竞争的加剧，需要加大对三水各口岸的投资力度，用于升级改造，以期增强竞争力和提高经营效益。

2014年6月25日，佛山海关驻三水办事处口岸监管科关员对卡口车辆进行验放

【通关便利化措施】 2014年，三水区为提高口岸的通关效率，推进通关模式的改革创新，更好地服务开放型经济发展。口岸查验单位实施一系列通关业务改革以提高通关效率的措施。在全区货运口岸实施关检合作“三个一”，完成通关“一次申报”“一次查验”“一次放行”手续，搭建通关便利化的“快车道”，促进企业通关便利化，在全区货运口岸实施“6+1”工作制。三水港保税仓成为三水首个投入运营的公用型保税仓。海关推进区域通关一体化建设，扩大“属地申报、属地放行”试点，与黄埔海关协商实现全关区“舱单互认、就地报关”，深化“一关通”模式，实现企业在广州关区内任一监管点申报、任一口岸验放的“全关通”，推进通关作业无纸化试点改革，实施海关“企业协调员”制度，为企业提供法规政策咨询服务，协调解决企业办理海关事务疑难问题。检验检疫推出出境货物广深珠范围直通放行工作模式、进出口货物电子监管系统工作模式、工业品出口企业分类管理模式、检验检疫绿色通道模式、无纸化报检工作模式。海事部门在规范船舶进出三水口岸海事查验手续基础上，推行预约查验服务、优化港建费代缴流程等措施提高通关效率，加强对进出口岸船舶的安全检查力度及口岸码头前沿水域停泊秩序管理，保障进出口岸船舶的航行、锚泊安全。边防检查系统通过建立边检船舶监管系统，实时掌握船舶航迹动态，打造扁平化海港边检业务指挥管理体系，建立船舶备案资料共享及船长报告书自助打印系统，建立船舶安全量化管理机制。

（劳佳）

■ 佛山海关驻三水办事处

【概况】 佛山海关驻三水办事处为佛山海关的正处级派驻机构，下设办公室、人事政工科、风险防控科、关税统计科、加工贸易监管科、稽查科、缉私科、西南码头监管科、三水港监管科和车场监管科10个科室。2014年，三水口岸进出口货运量193.15万吨，比上年增长10.05%；进出口商品总值25.22亿美元，增长4.08%；全年税收入库23.21亿元，增长1.05%。监管进出境船舶3206艘次，增长4.07%；监管进出境车辆3431辆次，下降6.92%。

【监管】 2014年，佛山海关驻三水办事处落实各项政策措施，推进综合业务改革，提升海关监管效能。

便民利企服务经济 推进“区域通关”改革，提高通关效率，减少企业成本。主动联合地方经贸部门走访本辖区在外关区有进出口纳税的大型生产型企业，推广“全关通”“双属”、通关模式，通过对口宣介会，加强“区域通关一体化”的推广应用，有效降低企业物流成本，为企业整合生产布局等提供支持。至10月底，有佛山纬达光电材料有限公司等8家A类企业开通使用“双属”①通

佛山海关驻三水办事处口岸监管科关员在查验货物

①“双属”是指海关推行的“属地申报、口岸验放”“属地申报、属地放行”的通关模式。

关模式，促使企业回流到三水申报纳税，实现“关企双赢”。以关检合作“三个一”①试点为契机，优化作业流程，提高通关效率。通过简化作业手续，结合“新舱单系统”上线运行，优化物流监管流程。改善口岸通关环境，针对试点要求，科学设置人员岗位，加强口岸联检协作，主动了解企业意见，及时做好跟踪反馈，保障改革取得实效。自启动试点以来，三水办事处有1970票报关单采用系统进行申报。加大“通关作业无纸化”“电子支付”的推广工作。鼓励企业使用无纸化报关，引导利用电子支付进行税费、滞报金、保证金的缴纳，电子支付率99%，高于广州关区87%的平均水平，位居全关第二位。推动“跨境电子商务”基础建设。结合辖区特点，发挥地缘与交通优势，主动为地方外贸增长出谋划策，鼓励企业建设保税仓库。三水奥特莱斯保税仓完成建设，推动三水港监管区保税仓库改造工作，改善口岸通关环境与仓储条件，做大做强物流，增强口岸的吸引力、竞争力。

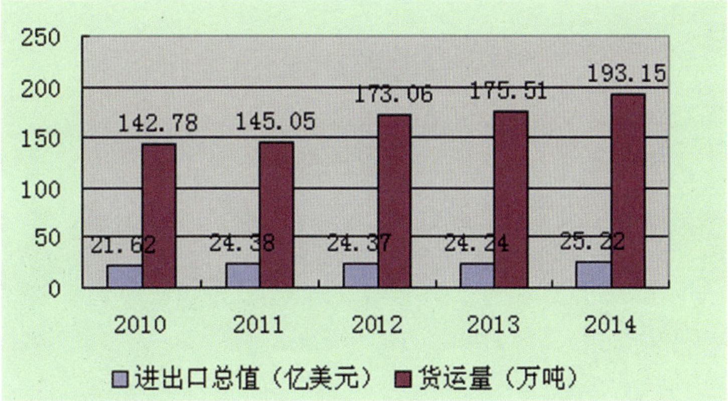

2010—2014年三水口岸进出口总值、货运量示意图

强化正面监管效能 坚守底线意识，提高监管制度执行力。严守执法底线，落实进口固体废物管理各项制度，打击混装和夹杂物超标。加强规范申报、品种验估、价格审核、“三个100%”查验等方面监管要求，细化分类装运、分类规范申报、摆柜、卸柜等标准，确保执法依据明确、程序规范、操作严格。发挥科技优势，减少人工干预程度，降低企业通关成本。3月，三水港的全国首套“三废”快检系统（PDS6000集装箱快速检测系统）投入使用，至10月机检自然箱数10603个，月均1178个自然箱。使用“非侵入式查验”方法，减少人工拆装作业，缩短通关时间，有效降低企业通关成本。强化监管场所管理机制。完善卡口管理，重点加强卡口硬件和视频监控设备等硬件设施维护。加大进出口吉柜、地磅、拖车、货物分区堆存管理力度。对出闸吉柜实行100%检查，实行磅单流转专人负责制。三水港和西南码头增加星期六为正常工作时间，提供24小时预约通关和外验服务。做好打私专项工作。突出打击重点，坚决遏制“两废”走私违规回潮。提高办案效率，减缓企业压力。落实“宽严相济”政策，促进企业合法经营。发挥职能优势，加强对业务现场的指导和专业培训。

【征税】 2014年，佛山海关驻三水办事处税款入库23.21亿元，比上年增长1.05%。提前统筹规划，科学预测分析。走访关区重点税源企业，结合国家宏观政策对税收形势进行科学分析预测，为各项工作开展提供有力支撑。加强统筹协作，确保补税工作及时到位。发挥职能科室作用，在审价、归类、化验等方面加强与现场联系配合，提高办事效率，加强各职能科室联系配合，准确统计并掌控各项重点补税项目进度。开展风险分析，运用HL2008、综合业务平台等系统，密切与稽查、风控等部门的配合，重视相关业务环节的衔接，提高对重点商品和减免税设备的监管。

① 关检合作“三个一”是指海关与检验检疫机构实行“一次申报，一次查验，一次放行”通关作业模式。

2014年11月18日，佛山海关驻三水办事处召开企业政策宣讲会

【缉私】 2014年，佛山海关驻三水办事处围绕国家进出口政策，开展“绿风行动”①等专项行动，发挥海关把关服务职能，维护国家进出口秩序和企业合法权益。突出打击重点，遏制“废五金、废塑料”走私违规回潮。采取深化调查力度、处置力度等方式，加工政策宣讲等手段，规范经营企业申报、生产企业经营行为。全年查获案件数量、案值、涉税额均呈明显下降趋势，“两废”走私违规得到有效遏制。提高办案效率，减缓企业压力。加快办案速度和涉案货物处理速度，缩短办案周期，减少对企业正常经营的影响，减少涉案违规货物在码头滞留时间，减轻企业负担。落实联合打私，开展反走私综合治理。加强与三水打私办各成员单位的沟通协调，及时向地方打私办通报“绿风行动”开展情况，参与打私办组织的各项反走私综合治理行动，加强在海关监管区外西北江水域、非设关码头、陆路运输的查缉协同作战能力。

【统计】 2014年，佛山海关驻三水办事处发挥进出口统计监测预警和宏观经济决策辅助作用，及时撰写地方外贸进出口快报，把握进出口形势和动态，并有针对性地开展进出口专项统计分析，为地方经济建设和企业发展提供数据和信息支持。完善沟通交流机制，提高海关对地方经济发展的宏观控制能力。通过参加地方经贸会议等，及时了解三水区经济发展形势及面临的问题，每月编发两期海关工作动态，向地方政府通报海关政策、外贸统计数据、企业发展和工作开展情况，主动发挥海关作用，提高服务经济水平。增强外贸统计分析职能，发掘和收集比较突出或值得注意的统计题材，分析辖区重点商品和行业、贸易结构、市场结构变化趋势，增强工作的针对性和主动性。主动融入三水经济发展格局，增强对地方经济发展的宏观把控能力，做好重点项目跟踪服务，支持和配合地方政府改善投资环境，促进地方经济稳定发展。

（汤元瀚）

佛山海关驻三水办事处不断加强准军事化纪律部队建设

① “绿风行动”是指中国海关2014年开展的为期一年打击农产品走私的专项行动。

经济管理
ECONOMIC MANAGEMENT

■ 发展和统计

【概况】 2014年，三水区做好年度全区发展计划，完成区“十二五”规划中期评估，开展“十三五”规划编制前期准备工作。大力推进全区的企业投资体制改革工作，构建完善的城乡发展规划体系。

三水区发展规划和统计局（发改统计）内设综合一科（政策法规科）、产业投资科、发展改革科、招标投标管理科（区公共资源交易管理委员会办公室）、综合核算科（区国民经济动员办公室）、工交投资和农村统计科、调查科、服务业统计科、物价科（区物价局）、价格检查监督所（价格举报中心）、粮食科等11个职能科，区统计调查中心、区物价局价格认证中心、区粮食管理储备中心为下属事业单位。

【发展改革】 经济分析 2014年，三水区发展规划和统计局（发改统计）认真总结2013年三水区经济社会发展情况，精心谋划全年发展计划，编制《三水区2013年国民经济和社会发展计划执行情况和2014年发展计划草案的报告》，获区十五届人大四次会议通过。做好实施《珠江三角洲地区改革发展规划纲要（2008—2020年）》评估考核工作。实时监测分析经济发展情况，做好各项重要经济指标的数据收集评估工作。做好各项考核指标的监测落实，协调三水区2014年绩效管理有关主要经济指标的核算考核工作。完成区“十二五”规划中期评估，开展“十三五”规划编制前期准备工作。

管理体制改革 2014年，三水区发展规划和统计局发展改革科制定《区发展规划和统计局（发改统计）2014年深化改革方案》。贯彻执行广东省企业投资管理体制改革方案，在广东省、佛山市企业投资体制改革的框架下，大力推进全区的企业投资体制改革工作，探索核准改备案制的立项方式。建立区重大项目管理制度，成立区重大项目建设协调领导小组，制定重大项目库管理办法，提高行政审批效能，为重大项目打造一站式服务的“绿色通道”，推进重大项目的建设管理。加快发展现代服务业，绿色三水建设等项目已上报审核。

2014年11月14日，三水区粮食应急演练现场

三水区优质粮食储备基地

重点项目 2014年，三水区发展规划和统计局制定《三水区领导联系挂钩2014年省、市重点项目工作制度实施方案》，由区主要领导分别挂钩重点项目，并明确各职能部门的职责分工；制定《佛山市三水区重大项目管理暂行办法》，协调解决重大项目建设资金、土地、环保容量等问题；深入基层，走访企业，加强部门联动，全力解决项目建设的困难。2014年全区有省重点项目12项，年度计划投资335.18亿元，超额完成年度建设计划；市重点项目15项，年度总投资100.72亿元；亿元以上重点项目59项，年度总投资336亿元，第三产业市重点项目19项，年度总投资174.5亿元。

城乡发展 2014年，三水区发展规划和统计局以服务全区发展大局为主线，推进区、镇两级旧城改造，通过"三旧"改造促进工业发展。探索工业地产，推动土地利用方式由外延扩张向内涵挖潜转变。协助区国土、经科部门推进闲置土地处置工作，盘活农村集体经济留用地。认真履行部门职责，推进三水新城建设。启动编制新城启动区18.57平方千米的控制性详细规划、广佛肇城际轻轨周边TOD片区控制性详细规划、广佛肇城际云东海站周边用地控制性详细规划、核心区市政专项综合规划、核心区水利系统专项规划，构建完善的规划体系。

【粮食储备管理】 2014年，三水区发展规划和统计局完成稻谷轮换8911吨、大米6158吨、食用植物油1416吨的储备任务，优质储备粮比例提升至49.8%。在粮食轮换工作中，狠抓粮食质量，防止土壤污染造成粮食重金属超标，坚持"同一水源、同一土壤，生产环境基本相同的连片种植"的收购原则，严格筛选供应商。探索储备优质稻谷的可行性，加大优质稻谷的收储量，提高粮食轮换效益。

【统计工作】 第三次全国经济普查 2014年，三水区发展规划和统计局加大第三次全国经济普查的宣传力度，多渠道开展宣传工作，最大限度扩大第三次全国经济普查在社会的认知度与接受度，争取普查对象对入户调查的支持。完成全区6000多个经济单位、25000多个个体经营户的入户登记和数据采集工作。切实做好事中、事后质量抽查工作，一旦发现操作不规范的情况，及时予以整改，举一反三，查找系统性原因，杜绝问题重复出现，严格按照广东省经济普查办公室的要求，完成全区审核校对工作，确保数据质量。

数据统计 2014年，编发《三水统计年鉴》。做好《三水统计信息》月度编写工作，及时提供统计信息。完成工业、能源、科技、固定资产投资、房地产、建筑、交通、商业等专业的2013年年报，以及2014年月度、季度、半年报表工作。开展城镇居民工资收入以及消费结构的抽样调查，完成"人口变动和劳动力抽样调查""工业品价格调查""规模以下工业调查"等各项调查工作。

（薛娟）

■ 物价管理

【概况】 2014年，三水区贯彻落实上级有关清费减负政策，免征22项涉企行政事业性收费的省级收费部分，停征1项涉企行政事业性收费，全年减轻企业和群众负担约4147万元；其中降低和免征堤围防护费一项全年减负额约3342万元。完成2013年的收费年审工作，涉及行政事业性收费的25个部门78个单位，并重点现场检查11个部门和2个镇街单位的收费情况，年审率100%。通过年审规范收费单位的收费行为，全区收费收入42345万元都纳入“收支两条线”管理。

【“三项建设”】 2014年，三水区将水产、生猪养殖等基地纳入“三项建设”范畴，新增生猪养殖基地2个、水产养殖基地2个，拓展蔬菜种植面积500亩，提高产销对接比例。全年全区新建成13家平价商店，总数62家，西南城区实现“万人一店”“社区一店”“十五分钟平价圈”的建设目标。对蔬菜、生猪、水产的产销对接实行动态管理，引入第三方中介机构对“三项建设”项目进行评估，提升“三项建设”水平。组织群众到基地参观，录播“三项建设”宣传片，宣传“三项建设”保供稳价、平价惠民等社会效益，营造良好的稳价惠民氛围，提高“三项建设”的社会认知程度，扩大受惠群体。

【价格认证】 2014年，三水区价格认证中心办理各类涉案财产鉴定案件415件，比上年增加6%，标的额1090万元，比上年略有下降。其中刑事案件涉案财产价格鉴定360件，占承办案件总数的87%，鉴定标的额1089万元；行政案件5件，鉴定标的额2万元，价格咨询服务100宗。在“二抢一盗”专项整治中，全区办理涉案财产鉴定案件，其中盗窃案件265宗、抢劫案件21宗、抢夺案件15宗，无一例重新鉴证、补充鉴证或复核裁定的案件，错案率为0，结案率100%。

（薛娟）

■ 审计监督

【概况】 2014年10月，根据三水区机构改革精神，重新设立三水区审计局，将原三水区纪委（三水区政务监察和审计局）的审计职能划入三水区审计局。区审计局设5个职能科（室）：办公室、法规审理科、财税审计科、行政事业审计科和经济责任审计科。

年内，三水区审计局加大审计力度，发挥审计保障经济社会健康运行的“免疫系统”功能，完成审计及审计调查项目15个，至年底在审项目5个。完成的15个项目中，跨年度经济责任审计项目2个，固定投资审计项目1个，审计调查1个；本年度固定投资审计项目1个，预算执行审计8个，专项资金审计1个，经济责任审计项目1个。审计查出问题涉及资金45456.92万元，其中违规资金80.52万元，管理不规范资金45376.4万元。审计发现非金额计量问题80个，提出并被采纳审计建议57条。

【财政审计】 2014年，三水区审计局按照规范管理、完善预算制度、规范资金分配行为、提高资金使用效益的思路，在突出重点、审深审透的基础上，围绕促进重点领域、重点部门深化财政预算体制改革，完成本级预算执行和其他财政收支审计。开展区2013年度本级预算执行及其他财政收支审计，区地方税务系统税收征管、契税征管情况审计，区环境运输和城市管理局、区国土城建和水务局、西南街道、乐平镇和云东海街道8个预算执行情况审计。

【经济责任审计】 2014年，三水区审计局为完善权力运行制

2014年12月25日，三水区审计局全体人员收看全国审计工作电视电话会议

约机制，加强干部监督管理和勤政廉政建设，开展任中（任期）经济责任审计项目7个，其中1个任期经济责任审计项目由区纪委效能监察室对其追究责任；对8人进行诫勉谈话问责(其中3人调离工作岗位问责)。经济责任审计工作的重要特点是以任中经济责任审计为主，审计监督关口前移，将“先离再审”转变为“任中即审”，发挥审计“免疫系统”功能，将财政财务收支真实性、合法性审计向经济决策及管理审计延伸，并关注部门内部控制制度的健全情况，从而规范财经管理和促进制度建设。

【政府投资审计】 2014年，三水区审计局以加强对民生和城市建设项目的审计监督，发挥审计在政府投资项目科学决策、规范管理、控制成本、提高质量上的监督和服务作用为目标，组织对2013年保障性安居工程跟踪审计和三水区南昌电排站工程项目审计。为规范区政府投资项目工程变更的管理，促进其严格执行审批权限和程序，区审计局审计人员参与工程变更部门协调会议19次，对区粮油中心（一、二期）、一环西建设等13个项目的工程变更，依法实施事前监督。

【重点专项资金审计】 2014年，三水区审计局按照年度审计工作计划和上级审计机关的统一部署，对区2012年至2013年体育彩票公益金管理、募集和使用情况进行审计。审计中，以促进制度完善和政策执行为目标，以揭露资金支出中的重大违规问题为主线，以资金支出绩效分析为审计重点，切实保证专项资金审计的权威性和严肃性。

【重大审计项目】 2014年，三水区审计局按照国家审计署统一部署和广东省审计厅的要求，派出审计组对2013年保障性安居工程进行跟踪审计。5月中旬，派1人赴广州市花都区参加广东省社会抚养费征收管理审计。8月至11月，派3人赴湛江市参加广东省土地出让金审计。为国家、省审计工作的开展提供帮助。

（黄俏）

■ 工商行政管理

【概况】 2014年，三水区各类市场主体29019家，比上年增长9.38%。其中，外商投资企业404家，投资总额5.75亿元人民币，总注册资本4亿美元；内资(非私营)企业1260家，出资总额100.42亿元；私营企业5743家，出资总额133.85亿元；个体工商户21524家，出资总额6.27亿元；农民专业合作社88家，出资总额2.05亿元。在个体工商户中，有港澳居民个体工商户28家，出资总额360.35万元；台湾居民个体工商户1家，出资总额5万元。全年办理按新制度登记的各类市场主体4597家。全年查办各类经济违法违章案件327宗，案值454.91万元。其中，查办登记类案件162宗，案值279.56万元；办结各类食品违法案件17宗，案值6.33万元；不正当竞争违法案件37宗，案值82.78万元；产品质量违法案件29宗，案值8.44万元。三水区“12315”申诉举报系统受理消费者申诉案件1378宗，为消费者挽回经济损失116.02万元；全区45个“12315”投诉联络站处理消费者申诉举报案件1034宗，为消费者挽回经济损失4.8万元。区“12315”申诉举报系统受理的经济违法举报233宗，其中违反企业、个体私营登记管理法规类举报175宗，占75%；违反产品质量管理法规类举报23宗，占10%。全年核发户外广告登记证100个，查处各类广告违法案件31宗。收到拍卖前备案的拍卖委托书160份，涉及金额4.4亿元；拍卖后备案的拍卖确认书58份，涉及金额2219.43万元。

三水区工商行政管理局（简称“三水区工商局”）内设办公室、人事监察股、财务股、法规股、登记注册股、企业监督管理股、经济检查股、商标广告管理股、市场合同管理股9个职能股室，经济检查大队1个直属行政单位；下设12315投诉举报中心和机关服务中心2个事业单位，六和、大塘、芦苞、乐平、南边、园林、西南、河口、金本、白坭10个工商所。

【“两建”工作】 2014年，三水区工商局牵头“两建”工作有序实施，完成“两建”办机构常态化调整，全年刊发简报58篇，并配合市“两建”办完成2014年度“两建”企业满意度调查。体系建设持续取得成效，召开相关工作协调会1次，落实25个年度重点项目（含3个市级重点项目）建设。

【企业登记改革】 2014年，三水区工商局开展工商登记制度改革，3月1日起实行企业注册资本认缴登记制，除国家特殊规定以外的企业，实收资本不再作为工商登记事项。5月26日起实行“先照后证”改革，除13项工商登记仍需前置审批外，其余108项审批许可项目可直接向工商部门申请登记注册。8月1日起启动企业登记注册“同城通办”第一阶段的登记管理模式，主要是原属佛山市工商局登记管辖权限的内资有限公司（不含股份有限公司）及分支机构的设立登记业务，申请人可选择向市工商局或企业所在地区级工商局进驻行政服务中心登记注册窗口申请办理。10月启动第二阶段即县域内的同城通办，通过登记机关内部权限调整和规范，使申请人可选择在三水区任一登记窗口办理个体工商户设立登记业务，实现登记地点就近便捷办理。

【“个转企”工作】 2014年，三水区工商局落实“个转企”优惠政策，加大宣传力度，强化信息互通，开展镇街走访和转型升级业户回访工作，协调部门统筹解决“个转企”工作的问题。有262家符合条件的个体工商户成功转型升级为企业。

【企业信息公示】 2014年，三水区工商局搭建多个宣传平台，

2014年3月5日，三水区工商局发出工商登记制度改革后首张新版营业执照

推进企业信息公示宣传工作。通过红盾信息网、官方微博、微信等及时发布年报信息、年报流程图；在《佛山日报》发布年度报告公告；在电台、电视台播放年度报告宣传片；利用网格化监管载体开展“一对一”实地宣传；召集全区企业代表、协会理事、中介机构、物业管理方举办专场培训宣讲会，提高经营者对年度报告的认知度。

【实施商标战略】 2014年，三水区工商局推进商标战略，全区有效注册商标5177件，中国驰名商标15件。2014年新增中国驰名商标5件、广东省著名商标46件、证明商标2件。注册“三水大塘蔬菜”集体商标，“三水大塘蔬菜”是佛山市第一件蔬菜类集体商标。开展“商标战略乡镇行”活动，发放调查问卷，倾听企业心声，了解企业需求。宣传新《商标法》，提高全社会的商标意识，将商标战略宣传与小品比赛创新性结合。举办主题为“我们与商标品牌同行”的三水区深入推进商标战略小品比赛，各镇街、政府部门、企业、区志愿者协会、高校的10个队报名参加比赛。

【市场综合整治】 2014年，三水区工商局牵头平安市场创建工作，修订《佛山市三水区“平安市场”创建活动工作方案》，调整《佛山市三水区“平安市场”考评标准》，成员单位由原来的6个新增到11个。组织创建领导小组成员单位对15个创建市场进行考评验收，15个市场通过考评，达到“平安市场”创建工作2014年度完成80%的目标。开展“守合同重信用企业”公示活动，推荐173家企业参评“守合同重信用企业”，其中6家企业申报国家工商总局“守合同重信用”公示资格。开展诚信经营创建宣传工作，发动35家商户申报“诚信经营示范点”，公示评选23家。组织2011—2014年度65家诚信经营

示范店命名暨“诚信兴商”宣传活动。

【监管执法】 2014年，三水区工商局出台《佛山市三水区开展查处取缔无证无照经营行动总体方案》《佛山市三水区开展无证照经营废品回收站联合整治专项行动工作方案》，开展市场周边“清无”专项整治行动。深化商品质量监管，开展超标电动自行车专项整治、手机及配件商品专项整治等行动，立案查处销售超标电动自行车案件4宗，销售假冒伪劣手机案件12宗，其他相关案件7宗。推行商品质量定点监管对象管理，完成18类33个品种商品的546个定点监管对象的确定工作。开展打击传销、规范直销工作，联合佛山市公安局三水分局开展为期3个月的打击整治传销集中行动，在全市率先启动无传销区创建工作。

【消费维权工作】 2014年，三水区工商局12315中心接受消费者来电来信来访及转办的咨询、投诉、举报案件1378宗，其中咨询318宗，受理投诉827宗，举报233宗，办结率100%，为消费者挽回经济损失116.02万元。启动诉调对接案件3宗、诉转案6宗，利用举报线索查办案件12宗，案值12万元，罚没款15.37万元。强化消费维权工作，在27个农贸市场建立“消费维权工作站”。组织“3·15”国际消费者权益日活动、“新消法、新权益、新责任——实践群众路线活动专题普法宣讲会”及“消费与维权”模拟法庭进社区等宣传活动。与区法院、消委会联合印发消费纠纷诉调对接机制的相关方案，推进“诉调对接”工作。

（陆晴晴）

质量技术监督

【概况】 2014年，三水区加大对企业争创名牌的支持力度，制定全区重点抽查产品目录，推动企业参与各项标准战略工作，加强计量检测和特种设备安全监管。年内，出动打假执法1568人次，检查生产经销企业466家，立案查处案件95宗。

三水区质量技术监督局（简称“区质监局”）内设办公室（与纪检组、监察室合署）、政策法规股、质量股、标准化股、计量股、特种设备安全监察股、人事教育股，下辖行政单位区质监局稽查队。

【质量工作】 2014年，三水区质量技术监督局加大对企业的培育力度，宣传广东省名牌产品政策，调查摸底，掌握情况，鼓励具有规模和优势产品的企业争创名牌。做好名牌产品申报工作。有15家企业的19个产品申报2014年“广东省名牌产品”，比上年增加8家企业8个产品。配合名牌审查专家组完成广东省卓越质量品牌研究院下达的（10家企业12个产品）申报企业核查。全区新增5个产品获“广东省名牌产品”，8个产品通过“广东省名牌产品”复审，累计18家企业26个产品获“广东省名牌产品”称号。

质量提升工程　培育、细分行业龙头企业。把龙头企业的范围从上年的30家扩大到51家，全部完成建档工作，完善“一企一策”，对8家行业龙头企业开展专家评议。对三水区被佛山市列入先进装备制造业重点支撑项目（第一批）68项61家企业完成走访、建档、分析报告。推行卓越绩效管理模式。指导龙头企业引入先进的质量管理模式，参与申报政府质量奖，组织14家企业参加卓越绩效管理培训班。2月，凤铝公司获得首届“佛山市政府质量奖”。

质量监管　落实产品质量监督抽查工作。制定全区重点抽查产品目录，非食品类生产企业抽检595批次产品，检验合格543批次，不合格52批次，不合格产品发现率8.74%，比上年下降2.98%。落实产品质量监督抽查后处理工作，后处理到位率100%。做好证后监管工作。对企业进行日常巡查，发现问题及时督促整改，强化企业的法制意识及质量责任意识。巡查生产许可证获证企业164家，实现巡查全覆盖。完成37家强制性认证及体系认证巡查工作，超额48%完成省、市的任务。做好质量问题的跟踪整治。完成乳胶手套、人造板、食品接触材料、建材等专项检查7项，对区卫浴龙头水嘴企业存在的行业性质量问题进行风险评估和分析，帮扶化解质量问题。开展产品质量监督约谈工作。对区内两次以上检验不合格的4家企业进行产品质量监督约谈。

【标准化工作】 2014年，三水区质量技术监督局加大采标工作力度，采标26个（累计124个），100%完成区政府下达的重点工作任务。推动企业参与各项标准战略工作。对企业专利及标准化情况调查摸底，建立台账，实行动态管理和跟踪。全区事业单位参与制订各级标准并发布的6项，其中国家标准2项、行业标准4项（累计各级标准46项，其中国家标准21项、行业标准19项、地方标准6项）。办理企业标准备案97个，执行标准登记113家。组织机构代码新增2471家，年检7793家，总量15304家；商品条码系统成员新增26家，累计164家。

【计量检测】 2014年，三水区质量技术监督局免费检定25个集贸市场的1459台贸易结算用衡器及62家农村医疗卫生单位的160台强检医疗器具，受检率及合格率均98%以上。开展集贸市场、出租车公司、液化气站、加油站等民生热点问题的专项检查。加强机动车安检机构车辆检测线日常巡查监督，对区内5家安检机构各巡查两次。

【特种设备安全监管】 2014年，三水区质量技术监督局开展特种设备安全监察工作。全区新增设备2601台（套），在用累计17866（套）。区质监局出动执法1147人次，检查单位481家，发出指令书145份，治理安全隐患302项，保持特种设备重特大事故为零的良好形势。推进以电梯维保为重点的电梯安全监管改革工作。开展各类专项整治行动。在各大节日前对重点工程领域、码头起重机、销售市场特种设备进行专项检查，以及快开门式压力容器、停用锅炉、气瓶两站、城镇燃气管道、粉尘企业、氨介质等特种设备的专项检查。加强行业管理。召开气瓶和电梯安全的专项会议，规范行业经营行为。开展应急演练。组织大型游乐设施故障、液化石油气泄露等应急救援演练，提高事故应变能力。

2014 年 5 月 20 日，广东省质监局质监处副处长蔡若夫带领省质量检验协会、省水泥检测站等单位的专家到三水区生产蒸压加汽混凝土砌块的企业进行调研和指导

【专项行动】 2014年，三水区质量技术监督局保障食品监管职能划转过渡期间食品安全。元旦、春节期间开展节前应节食品安全专项检查行动，出动执法87人次，检查企业13家，立案查处案件4宗。开展专项检查行动。对食品加工企业、涉氨设备、气瓶充装单位等使用的特种设备，餐饮、水泥等经营企业使用的计量器具，农资产品、电风扇、灯具、电源转换器、儿童玩具、涂料、人造板等产品开展专项整治行动，有效规范了市场经济秩序。

（陈博坚）

安全生产监督

【概况】 2014年，三水区安全生产监督管理局建立安全生产长效机制，落实安全生产“一岗双责”制度，加强“打非治违”和“八打八治”等专项整治工作，推进安全生产基层基础工作，保障全区经济社会发展。全区全年发生各类生产安全事故190宗，死亡61人，受伤234人，直接经济损失87.69万元。比上年事故宗数下降64.4%，死亡人数上升7%，受伤人数下降52.9%，直接经济损失下降52.5%。

三水区安全生产监督管理局（简称“区安监局”）内设办

公室（政策法规科、安全生产应急救援管理办公室）、安全生产综合监督科(区安全生产委员会办公室)、危险化学品监管科、职业卫生监管科、监察室；1个直属行政单位：执法监察大队；7个派出机构：各镇（街道）安全生产监督管理分局。

【安全生产综合监督】 2014年，三水区安全生产监督管理局推进企业安全生产标准化创建达标工作。加大安全生产标准化工作占年度安全生产责任制考核的比重，区、镇两级预计全年投入财政资金约100万元，用于安全生产标准化工作的宣传培训、评审、表彰奖励。全区全年完成400家企业安全生产标准化评审工作，其中完成评审并上交佛山市安监局审核的企业358家，已公示达标企业319家。通过申请专项奖励资金、宣传发动、调研等方式鼓励企业开展二级标准化创建工作，全区有6家企业提交二级安全生产标准化评审报告，8家企业在创建二级标准化。抓好佛山市安全生产综合监管平台信息化建档工作。通过调研、宣传发动、培训等方式推动企业开展安全生产隐患自查自报，全区近千家安全生产达标企业每月按时填报隐患排查治理情况，平均填报数近5条。做好安全生产日常监督检查执法信息上网，将日常工作中的现场检查记录、基础安全检查记录、整改指令书、整改复查意见、执法处罚情况等信息录入信息平台，建立电子档案。将安全生产信息化建档和安全生产标准化建设相结合，促进安全生产标准化达标企业在广东省冶金等工贸行业企业安全生产标准信息化系统建立档案，实现信息化管理。开展安全生产"八打八治"专项行动。按照国家、省、市安全生产"八打八治"打非治违工作部署，重点在油气管道、道路交通和水上交通、非煤矿山、危险化学品和烟花爆竹、建筑施工、人员密集场所和"三合一"、涉爆粉尘企业、渡口渡船等方面开展"打非治违"专项行动，出动执法2080人次，检查企事业单位和场所3504家次，责令停产整顿10家，关闭取缔小作坊60家，打击"三合一""多合一"场所违法生产经营行为2212次。组织危险化学品和烟花爆竹专项检查、储罐区专项整治、易制毒专项检查、重大危险源专项检查、标准化"回头看"、危化品运输专项检查和气体充装企业专项检查等专项行动，特别是加强对"两重点一重大"企业的督查，督查危险化学品生产经营企业460家次；与相关单位组成联合督查组对重点行业进行督查，加强对全区食品生产企业、有限空间作业、重点工程项目和液氨制冷企业的安全检查。抓好重点行业职业危害专项治理，对全区水泥制造和石材加工企业粉尘危害进行职业卫生专项整治。开展安全文化建设示范企业、诚信企业、安全社区创建工作。根据企业申报，各镇(街道)、区安全监管部门推荐，佛山市安全监管局复审，全区有6家企业获得年度"安全文化建设示范企业"称号，8家企业获得"佛山市安全生产诚信企业"称号，将"安全文化建设示范企业""诚信企业"创建作为落实企业安全生产主体责任、弘扬安全文化、改善安全条件、实现安全生产状况持续好转的重要举措，从各行业、领域中发掘典型模范企业，推进全区企业安全文化建设。按照创建

2014年6月13日，由三水区安全生产委员会举办的2014年三水区安全生产月咨询日活动在白坭镇青年文化广场开幕，活动主题为"坚守红线、从严执法"

安全社区帮扶计划，推进白坭镇安全社区创建工作。

【危险化学品监管】 2014年，三水区安全生产监督管理局依法实施安全生产许可，严把源头关。按照《行政许可法》等法律法规的要求，优化办事流程，按照“三天上报，五天办结”的要求对全局所有行政审批事项进行梳理。做好危险化学品生产、经营、储存，烟花爆竹经营单位办（换）证和危险化学品建设项目“三同时”安全审查工作。全年完成危险化学品生产经营企业办证（换证）136家，烟花爆竹办证（换证）22家。将安全生产大检查和专项检查相结合，深化危险化学品和烟花爆竹安全专项整治。采取全面检查与重点督查相结合、明察暗访与突击检查相结合等多种方式，对危险化学品和烟花爆竹从业单位检查覆盖率100%。开展各类专项安全检查，组织开展元旦、春节和清明期间烟花爆竹专项检查、“平安细胞”创建等各类行动。

【职业卫生监管】 2014年，三水区安全生产监督管理局推进用人单位职业卫生基础建设。按照“先易后难、先重点后一般”的工作原则，从责任体系、规章制度、管理机构、前期预防、应急管理等10个方面，督促指导企业开展工作，全区全年完成135家企业基础建设创建工作。督促2013年以来已开展职业卫生“三同时”工作的建设项目按要求完成相关工作，

2014年9月24日，三水区委副书记、区长陈英文率公安、环运、安监、消防、海事、西南街道等单位负责人，对三水区西南战备渡口、青岛啤酒有限公司、三水大桥西南城区出入口、三水汽车站等重点地区和单位的国庆节前安全措施进行检查

对2009年以来进行了职业病危害预评价，已经投入生产使用但未进行控评验收的企业开展清理工作，督促相关企业限期完成“三同时”工作。完成职业病危害预评价审核（备案）建设项目69项，职业病危害严重项目防护设施设计审查16项，竣工验收14项。

【安全生产委员会工作】 2014年，三水区安全生产监督管理局加强组织协调督办。组织年度各级安全生产责任制考核工作。召开全区安全生产工作会议及各类专项会议，分析安全生产形势，研究解决安全生产工作中的重大问题。健全联合执法制度，组织全区有关部门开展专项整治和督查，组织在建施工工地、电网用户配电房设施隐患安全检查、燃气专项督查、住房电梯安全及餐饮趸船安全整治、清明期间烟花爆竹安全、职业卫生监管执法等专项行动。突出阶段监管重点，结合“春节”“元旦”“两会”“五一”及汛期等重大节日和重点时段的工作特点，部署开展道路及水上交通、消防、建筑、水利、特种设备、危化品等重点行业领域的安全隐患排查治理。抓好隐患的督查督办和整改工作。针对发现的问题，及时向相关部门、单位、企业通报，由区安全生产委员会及时下发督办函，协调督促职能部门立即采取针对性措施，按照整改资金、整改期限、责任人员、整改内容、应急预案“五落实”原则，建立隐患整改台账，实行销号管理。及时转发上级部门安全生产事故通报，区镇（街道）上下联动，严防重特大事故的发生。

【安全生产应急管理】 2014年，三水区安全生产监督管理局突出重点，开展应急救援演练。突出危险化学品、烟花爆竹、建筑施工、道路交通、消防火灾等高危重点行业企业，针对危险源和危险危害因素，开展安全演练1800余场，参演2万余人。其中区安全生产委员办公室组织大型危险化学品事故应急救援综合演练1场，相关部门和各镇（街道）共同组织综合、专项演练36场。开展应急管理检查，推动企业落实主体责任。对非煤矿山、危险化学品、烟花爆竹、重大危险源、300人以上企业及安全生产风险分析报告中的工贸企业等重点单位开展专项检查。

【安监综合执法】 2014年，三水区安全生产监督管理局加强执法监察力度。全年检查生产经营单位1925家（含镇街，下同），出动执法6848人次，查出安全隐患7646项，整改隐患7603项，整改率99%；立案98宗，罚款137.76万元，实际收缴134.21万元，收缴率97%。针对重点行业领域，开展烟花爆竹专项执法联合行动、安全生产“阳光执法”活动、安全生产培训教育专项执法行动、道路桥梁高空作业单位专项执法联合行动、查处取缔无证无照生产经营专项执法行动、查处取缔无证无照生产经营单位“回头看”专项执法行动、职业卫生专项执法联合行动、“安全生产执法监察警示”专项执法行动、危险化学品和非煤矿山领域安全生产执法监察专项行动、职业卫生执法监察专项行动、粉尘作业企业专项执法行动、“三级联动”专项执法监察行动等12个专项、联合执法行动，有效排查一批事故隐患。加强安全生产教育培训工作。组织企业从业人员培训6242人，其中烟花爆竹从业人员复训49人，煤制气作业人员培训342人，危化从业人员培训460人，主要负责人新领证培训228人，主要负责人复训1646人，注册安全主任新领证培训533人，注册安全主任复训2984人。其中安全主任培训3517人，超额完成佛山市下达的全年培训最低目标数2058人的任务。

（李万里）

■ 食品药品监督管理

【概况】 2014年1月，三水区组建新的食品药品监督管理局。三水区食品药品监督管理局内设办公室（政策法规科）、综合协调科（应急管理科）、食品生产安全监管科、市场安全监管科、食品餐饮安全监管科、药械保化监管科、稽查局（监督检查科）、监察室8个科室，各镇（街道）设置区食品药品监督管理局分局，为区食品药品监督管理局的派出机构。

年内，三水区食品药品监管局修订《三水区推进佛山市建设食品安全示范市工作指引》。统筹全区食品抽检工作，区食安办结合示范市的要求，确定年度全区食品抽检工作，将任务分解到各部门，要求按照有关标准将各项抽检任务细化落实到各镇（街道）。推进食品生产环节安全风险防控体系建设。通过质量体系及HACCP体系认证企业10家，实施关键控制点防控企业62家。加强对食品生产加工小作坊的监管。推进农村集体聚餐备案试点工作。超额完成省级食品安全示范学校食堂创建任务。推进“三品一标”认证工作。加强“菜篮子”基地建设。

【食品安全监管】 2014年，三水区食品药品监管局加强生产加工环节食品安全监管。做好食品生产加工日常监管工作。制定《佛山市三水区食品药品监督管理局食品生产加工小作坊登记管理办法（试行）》，结合相关规定及三水区食品生产加工小作坊实际情况，选定数量最多的豆腐、烧腊、卤肉作坊作为登记管理的试点行业，督促小作坊经营者改善生产环境及设备等硬件设施。制定简易便捷的登记程序，经验收符合要求的小作坊，发放登记证书，作为其食品进入市场的重要凭证，通过验收获发登记证食品生产加工小作坊43家。分类推进并落实关键控制点防控体系建设。精心组织，分类推进关键控制点防控体系建设。10家生产加工企业通过第三方HACCP认证，62家企业确定关键控制点。加强流通环节食品安全监管。做好农贸市场升级改造后续工作，多次召开农贸市场从业人员培训和到农贸市场指导，配合区城管部门开展农贸市场周边环境整治工作，使三水区农贸市场在市场准入、管理、经营规范等得到提升。完成流通环节食品监管职能移交，开展流通环节食品安全许可工作，以及酒类、冻肉、豆芽、食用油等专项检查及整治行动，加强抽检及宣传力度，规范流通环节食品经营行为。加强餐饮消费环节食品安全监管。超额完成省级食品安全示范学校食堂创建任务。推进农村集体聚餐备案工作。下发《关于全面推广农村集体聚餐备案工作的通知》，编写《三水区农村集体聚餐备案工作指引》。进一步做好宣传和培训工作。印发4款宣传海报5000份。编印《佛山市三水区食品安全协管员培训教材(农村集体聚餐备案工作)》，培训各镇（街道）食品安全协管员、自然村相关人员157人次。登记乡村厨师822人，培训乡村厨师629人，组织乡村厨师体检324人，48个村委会194个自然村备案278宗。开展量化分级工作。实施量化分级管理单位2725家，量化分级率98.4%。深入开展食品安全综合整治，完成重大活动食品安全监管工作。

【药械保化安全监管】 2014年，三水区食品药品监管局开展药械保化安全“百日行动”、保健食品打“四非”、医疗器械“五整治”、整治成人用品店“壮阳类假药”、打击经营未经批准的“进口药品”等专项整治行动。开展药品零售企业GSP认证49家，GSP跟踪检查31家，检查药品经营企业220家、保健食品经营企业225家、医疗器械生产企业15家、医疗器械经营企业65家、医疗机构药房132家次、化妆品经营企业250家次。

【食品药品安全稽查执法】 2014年，三水区食品药品监管局开展食品药品抽检2183批次，检查食品药品企业13810家（次），立案查处案件197宗，罚款39.8万元，发出责令改正通知书231份，取缔窝点41个，没收、查扣物品一批，移送公安机关刑事案件34宗、移交工商案件1宗，处理食品药品安全的投诉举报342宗。开展食品药品安全“百日行动”“三打两整治”等专项行动，食品药品安全“百日行动”成效显著，实现食品药品安全监管工作的“六个突破”（案件查处数量、大案要案查处、打击违法犯罪行为力度、两法衔接工作、净化成人用品市场、基层办案能力都有新突破）。

【推进“两法衔接”工作】 2014年8月20日，三水区检察院“两法衔接”办公室和区公安、食品药品监管“联合执法”办公室于区食品药品监督管理局稽查局挂牌。完善“两法衔接”机制建设，加强部门之间的协调和配合，推进食药安全稽查工作的开展。

（朱曙亮）

■ 公有资产管理

【概况】 2014年，三水区区属营运企业资产总额136.65亿元，比上年增长5%；负债总额82.02亿元，增长7%；所有者权益总额54.63亿元，增长2%；营业收入39450万元，利润3350万元，上交税费4306万元。公有企业实现增值保值，平稳运行。

三水区公有资产管理办公室（简称“区公资办”）内设行政人事股、产权管理股、考核监管股、预算财务股、监察室，在编19人；直辖一级单位有区土地储备中心、水利工程建设中心、三水发展公司、区公投公司、三水国家粮食储备库、范湖粮所、金本粮所、西南油厂、中粤房产公司。

【经营情况】 2014年，三水区公资办推动区属公有企业深化改革，提高公有经济的活力、控制力和影响力，推进重点工作，盘活公有资产。公资系统深化国资改革战略规划项目启动。引入北大纵横咨询公司为公资系统进行深度调研与诊断分析，形成《区公资系统调研诊断报告》《区公资系统战略规划报告》《区公资系统业务板块分析报告》《区公资系统法人治理结构及管控模式报告》和《政府投融资平台标杆研究》5个成果报告。省重点项目区粮油中心完成一期工程的99%、二期工程的53%。三水港扩建工程项目编制整体规划及工程可行性研究报告（初稿）。口岸车检场重新选址乐平镇，并委托乐平镇开展征地工作。落实6个加油站的选址工作，其中乐平镇桃布地块完成征地工作。出让健力宝厂地块及南丰

2014年7月22日，三水区公资办召开区公资系统发展战略规划项目启动会议

大道翠云路地块，力促中心城区改貌提质。盘活公有资产，上报区政府拟将区国盈公司（拍卖公司）打造为区资产交易中心，制定《区公有资产交易平台及监管体系建设实施方案》，推进阳光交易平台建设。推动无证资产过户到区公资办，审批43家企业的退出工作，防止公有资产流失。202万元拍卖健力宝南路文化公园广场西北角和三水大桥旁户外立柱广告5年经营权。

【融资工作】 2014年，三水区公资办坚持以服务区域经济、服务社会民生为出发点，挖潜增效、统筹集聚，注重发挥公资系统作为区经济发展和社会稳定的“第二支撑”作用。服务全局，化解财政债务风险。深挖抵押物资源，制订应对融资项目抵押物盘活和资金调度计划，提高资金使用效率，增强再融资能力。通过新增贷款、展期及短期融资、并购重组、授信融资、融资租赁、“三旧”改造项目贷款等多种手段优化信贷结构。推动城投债项目上马。以淼城公司为主体，与区财政局联手打造企业发债平台，将涉及城市建设投资和基础设施项目的交通建设投资公司等4家公司的资产和项目注入平台，以财政专项拨款充实现金流，借助券商等中介服务，发行期限7年涉及10亿元的城投债券，申报资料获区发改委审批通过，并上报市发改委。拓宽融资渠道，加强银企合作。加强与地方性商业银行的沟通和合作，扩大合作范围，推动私募债、中期票据等业务，打通银行信贷渠道，缓解资金压力。

【土储管理】 2014年，三水区公资办及时调整对策，掌控区级土地市场，发挥土地资源的最大效益，加快旧城改造，推进土地联合收储。土地征收出让，累计收回47.6公顷闲置土地，通过旧城镇改造项目收回58.16公顷国有建设用地。出让健力宝、南丰大道翠云路等4宗地块，出让土地66.38公顷。加快旧城改造，探索和创新“三旧”改造工作，启动西南影剧院、商业城、丁字基、文锋西（二期）、三达路南延线、武庙、家乐饲料厂7个片区“三旧”改造项目，美化城市环境，提升城市品位，推动城市转型升级。推进土地联储征收。市、区两级联储征收云东海街道伏户村委会204.34公顷土地，区、镇联动征收芦苞镇22.35公顷土地，盘活闲置土地，促进区土地资源合理开发利用。

【国资监督】 2014年，三水区公资办优化国资监管模式和手段，提高依法监管水平，推动国有企业转型创新，促进国有经济安全增值运营。完善国资监管及廉政监察机制。以党的群众路线教育实践活动为契机，落实和细化公有资产监管机制，制定《区属公有企业债权追收管理暂行办法》《区公有资产管理办公室账户资金划转及费用支付审批制度》等11项监管制度，以制度建设促规范监管。开展属下企业财务审计及经济责任审计。对属下4家企业进行财务审计，规范企业财务管理及财经纪律监管，掌握各种风险因素和苗头性问题，严格企业风险管控；组织对关闭企业相关责任人的任期经济责任进行审计，严格监督企业领导干部的经济责任。

（何燕芬）

财政·税收

FINANCE·TAXATION

■ 综述

【概况】 2014年，三水区财政综合实力倍增，推动产业发展提速提质，民生方面投入加大，市政设施和生态环境改善，居民幸福指数提高。全年全区财税收入204.6亿元，比上年增长36.5%；地方库收入134.9亿元，增长56.5%；其中公共财政预算收入39.4亿元，增长23%。公共财政预算收入加上级补助收入和上年结余，收入总计516333万元，比上年增加64245万元，增长14.2%。财政支出457061万元，比上年增支30017万元，增长7%。全区民生方面支出23.3亿元，占地方公共财政预算支出的63%。

年内，向社会首次公开2013年三水区财政决算和2014年区直部门“三公”经费预算，增强预算透明度。树立勤俭办事、节约资源的理念，压减一般性行政支出，强化预算约束和部门绩效用款责任，对上年度已完成的70个支出项目开展第三方绩效评价工作，并把评价结果纳入区机关作风和效能建设考评内容，确保财政资金发挥实效。区财政局国库支付中心为区直部门提供一站式优质、快捷的服务。

【提高涉民涉企财政服务水平】 2014年，三水区将非税POS刷卡应用延伸至7个镇街收费窗口，实现了食品或公共场所从业人员卫生培训费、机动车驾驶证工本费、执法部门罚款等12个项目刷卡缴费，方便企业和群众就近缴费。建立“三水会计之家”网站和微信平台，为社会财会人员提供培训、交流、咨询等服务。联同环保、公安等部门推行黄标车提前报废申报奖励资金“一站式”服务，提高审批效率。推行35项涉企收费“一表制”，通过财政网站、执收单位收费窗口公示，让企业明明白白缴费。开展企业、行政事业单位新会计准则讲解活动，举办村级财务培训班，培训500多人次。组织7个镇街36个村居（社区）100名未取得会计从业资格证的农村财务人员参加培训考试，提高基层财务人员的业务水平。创建国库支付、会计集中核算一站式文明示范窗，有效解决联系服务行政事业单位“最后一公里”问题。推进政府采购立项网上审批，简化政府采购审批流程，切实提高审批效率。

■ 财政

【概况】 2014年，三水区财政

2014年地方公共财政预算主要税种及非税收入

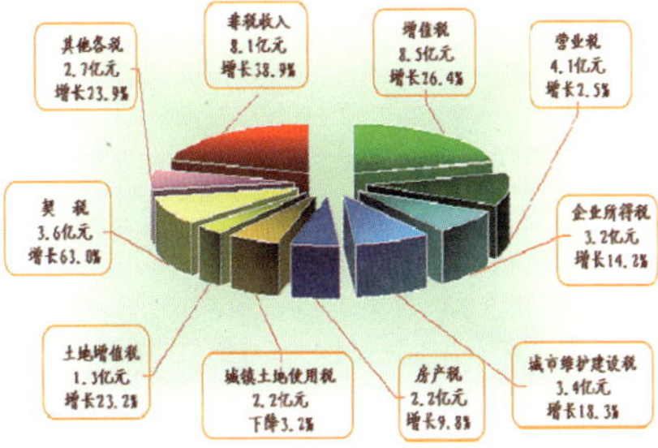

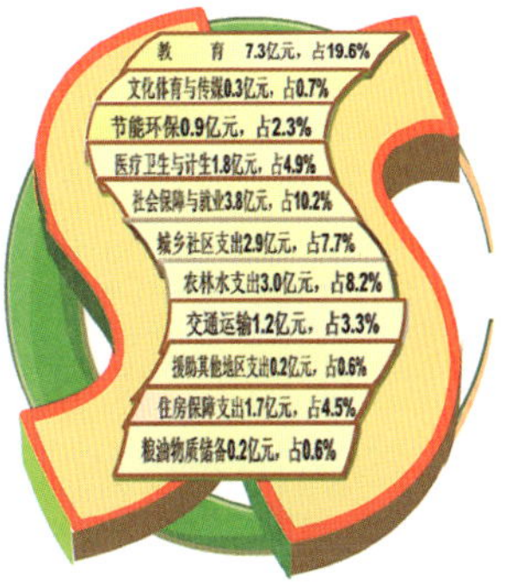

2014年民生方面支出23.3亿元

占地方公共财政预算支出63%

局统筹聚财、惠民理财、绩效用财、服务管财，全区地方公共财政预算收入393851万元，为年初三水区第十五届人大第四次会议通过预算（简称“年初预算”）的111.8%，比上年增收73680万元，增长23%。公共财政预算收入加上级补助收入和上年结余，收入总计516333万元，为年初预算的123.7%，比上年增加64245万元，增长14.2%。财政支出457061万元，为年初预算的111.2%，比上年增支30017万元，增长7%。其中，公共财政预算支出369846万元，为年初预算的119.3%，比上年增长6.5%；上解支出78221万元；计提专项资金5994万元，安排预算稳定调节基金3000万元。收支相抵，略有结余。

【推动产业发展提速提质】 2014年，三水区财政综合实力倍增。全区预计实现生产总值920.75亿元，比上年增长9.6%；工业总产值2898.57亿元，增长10.5%。良好的经济发展形势为财政收入的增长打下坚实的基础。财税部门深化税收征管改革，推进纳税同城化服务，加强税源专业化管理，强化出让地价款入库监控，推动财政收入提速增长。全年财税收入实现“双百亿”，从2011年突破100亿元，仅用3年时间到2014年再增100亿元，实现204.6亿元，增长36.5%；地方库突破100亿元，实现134.9亿元，增长56.5%，其中公共财政预算收入39.4亿元，增长23%。政府运筹能力增强。构建财政、公资、金融大运营体系，促进财政资金、资本运营与金融杠杆的有效融合，将有限资源效能最大化，充实区级融资平台的现金流，筹措基建工程及还本付息资金18.2亿元，推动40项重点工程项目建设，打造稳健的资金运作链。完善区、镇财政资金统筹运营机制，有效缓解镇街短期资金紧缺问题。理顺西南和云东海街道在鲁村等6个村委会行政区划调整后的财政管理体制，调动街道组织收入的积极性。企业动力有效激活。落实81项税收优惠政策，取消、停征及减免10项行政事业性收费，累计为超两万户企业和群众减负4.8亿元。办理出口退税8.4亿元，服务企业外贸发展。筹集4.1亿元，重点推进新城建设、产业升级和企业技术创新，打造创新创业人才团队，支持现代服务业、食品饮料等50多个企业项目发展壮大。率先使用网上申报省级专项资金管理平台，为本土企业畅通专项资金申报渠道，全年为223家企业获取2亿元扶持资金。推行“税融通”“政银保”、创业小额担保等业务，带动金融机构发放6.2亿元贷款，缓解中小企业（农户）融资难题，促进群众就业创业。

【加大民生方面投入】 2014年，三水区财政局筹集6.6亿元，支持贵广（南广）铁路三水南站道路连接线及站前广场、塘西一期、三水二桥南延线等20个交通项目建设，助推区位优势日益凸显。筹集2.9亿元，支持城市绿化、沿街景观长效管理、西布村文明村建设等工作，助推城市品质有效提升。筹集3.9亿元，支持淘汰黄标车4469辆、清理禁养区145家畜禽养殖场、落实42个村级公益事业“一事一议”财政奖补项目资金等工作，助推生态环境逐步改善。全区民生方面支出23.3亿元，占地方公共财政预算支出的63%。其中，落实各级（省、市、区）民生十件实事资金1.3亿元，支持“菜篮子”三项建设扩面优化工程、“市

2014年3月24日，三水区会计核算中心和国库支付中心实行一站式办公

民之窗”网上办事一体化自助服务平台等44个项目建设。设立1000万元民生微实事专项资金，支持候车亭、敬老院升级改造、村路亮灯工程等72个项目建设。投入3.8亿元，支持各项社会保险待遇全面提标、免除户籍人员殡葬基本服务费用、提供残疾人全方位康复救助、新孵化社会组织40家等工作，健全社会保障和就业体系。投入1.7亿元，支持建设保障性住房、建成2088套公租房、完成迳口华侨农场危房改造首期450户限价房等工作，全力提高居民住房保障水平。投入9.3亿元，促进义务教育均衡发展，推广“中医中药进社区”工程，启动重大和基本公共服务项目、全区公共体育场地设施建设等工作，助推社会事业全面进步。投入6亿元，建设公共安全视频监控系统、治安联防、妥善处置突发公共事件、完成450家企业安全生产标准化验收、加强食品安全监控等工作，助推社会稳定。

【资金监管公开透明】 2014年，三水区财政局盘活财政存量资金，清理核销上年结余（结转）资金0.5亿元，回收当年预算资金1.3亿元，统筹支持民生改善、生态环境、产城发展等重点领域建设。向社会首次公开2013年三水区财政决算和2014年区直部门“三公”经费预算，增强预算透明度。树立勤俭办事、节约资源的理念，压减会议费、培训费、差旅费等一般性行政支出，开展党政机关办公用房清理等专项工作。建立项目滚动预算管理模式，探索实施跨年度预算编制的同步同向管理。试行大部门分党组的预算及财务管理模式，提高部门预算执行力。建立预算支出进度通报、大额支出划拨短信告知制度，强化预算约束和部门绩效用款责任。对涉及26个单位、75个项目累计3.1亿元资金纳入绩效管理，增强预算单位的支出责任；对上年度已完成的70个支出项目开展第三方绩效评价工作，并把评价结果纳入区机关作风和效能建设考评内容，确保财政资金发挥实效。开展区镇两级公有资产管理、执行中央八项规定、严肃财经纪律和“小金库”专项治理等66项检查，健全因公短期出国培训费用管理办法、中小学校财务制度等38项制度，加强政府采购和基建工程领域监督，基建预结算核减率12%，提升科学理财水平。开展财政廉政文化示范点建设，营造廉洁理财的氛围。

【国库支付中心】 2014年，三水区财政局国库支付中心直接支付率87.87%，比上年提高14.55%；会计集中核算业务受理统管单位原始凭证51.3万张，汇总金额约365.26亿元，办理资金结算业务4.5万笔，填制记账凭证4.4万份，提供会计报表5000多份。国库支付中心完成争创“五个一”工作。建立一站式服务窗口，改变分散受理预算单位报账和支付业务的方式，方便单位报账员办理业务。开设一个自助服务区，方便报账员填单、自助打印扣费单据、复印资料等。一个服务承诺，每个科室都提出服务承诺，服务窗口设置评价工作人员服务的电子评分器。疏理一个工作流程，简化审批环节。提供一项快捷贴心服务，开通支付绿色通道，提供方便、快捷的服务。

（杨卉）

■ 国家税务

【概况】 2014年，三水区国家税务局全年税收收入（含海关代征）74.22亿元，比上年增长15.5%，增加9.96亿元；国内税收收入53.18亿元，增长22.2%，增加9.65亿元；区级税收收入11.32亿元，增长23.6%，增加2.16亿元。国内税收收入、区级税收收入比上年增速均为全市五区第一。

三水区国家税务局作为主管三水区国家税收工作的全职能局，内设行政机构：办公室、人事教育科（机关党委办公室）、监察室、收入核算科、征收管理科、纳税服务科（办税服务厅）、政策法规科、税源管理一科、税源管理二科。直属机构：稽查局；事业单位：信息中心；派出机构：白坭税务分局、乐平税务分局、芦苞税务分局。

【税收快速增长】 2014年，三水区国家税务局抓收入统筹，建立收入联动机制。制定《组织收入联动机制管理办法》，建立组织督导、信息共享、任务发布、联合分析、收入评价等机制，加强沟通协作。抓企业

2014年2月25日，三水区国税局举办“三水国税纳税服务”微信公众平台上线启动仪式

自查，以税负抓收入。以征管改革为契机，以全省平均税负水平、利润率水平为标准，加强基础征管数据的综合分析。全年向1275家企业发出涉税风险提醒。抓评估质效，向管理要税收。加强评估工作统筹，集中基层税源管理精干，深入摸清异常企业的真实情况。对740家企业实施评估；评估查补税额5376万元。抓稽查进度，发挥查补促收作用。加快清理历年稽查积案，稽查查结案件22宗，立案查补税额2608万元；稽查自查160家，查补税额5557万元；稽查合计查补税额8165万元。

【提升税收征管水平】 2014年，三水区国家税务局以征管改革为助推，税收征管实现新突破，重点抓好“两大工程、三项创新”。深化税收征管改革。从9月1日起启动税收征管新模式。实现“三集中一转型”，集中风险监控、集中办税服务厅、集中重点企业管理，实现全职能分局向专司依职权基础管理和风险应对的专业化管理部门的转型。推进金税三期工程试点。抽调20名骨干，成立7个业务小组进行测试攻关。建立“问题收集—分析研究—处理反馈—持续跟踪”的管理机制，向佛山市国税局反馈。清理1.3万条异常数据，提升数据质量。开展8期业务轮训，培训135人次。开展全业务全员双轨试运行，运行业务累计1588笔。通过扎实、有序的准备工作，确保金税三期优化系统单轨上线。推进三项征管基础工作创新。加强信息技术支撑力度，创新三项工作手段：第一项是开发“营改增”混库收入快速校验工具，及时查找和调整“营改增”混库收入；第二项是开发所得税后续管理模块，以此为平台建立“数据查询—任务下发—事项审核—事项反馈”的所得税后续管理机制；第三项是深化征退衔接，将出口退（免）税与征管监控指标有机融合，实现数据分析自动化和智能化，提升税源监控分析准确性。

【提升纳税服务水平】 2014年，三水区国家税务局以落实“便民办税春风行风”和推进“全国县级税务机关纳税服务规范”为契机，整合纳税服务资源，重点打造“四大服务平台”：打造“三水国税纳税服务”微信

2014年12月18日，三水区国税局开展第二轮金税三期工程优化版实际业务压力测试

公众平台，为纳税人打造方便快捷的“掌上纳税服务”。微信平台的服务成效获得《南方日报》《佛山日报》的关注和报道，也受到三水区委宣传部的肯定。微信关注者1200余名，推送的图文阅读量超过10000次。打造24小时自助办税服务厅。推进自助办税，形成“1个自助办税厅+4个门前自助办税平台+14个自助办税终端”的自助办税服务网络，有17606家次纳税人使用自助办税终端办理涉税业务。打造新办企业辅导平台。联合区地税局建立新办企业税前辅导机制，每月定期为新办企业进行税收政策及办税流程辅导，举办36期辅导会，培训纳税人980家次。打造融资服务平台。联合农信社、区地税局推出“税融通”服务项目，为企业发放贷款4.01亿元。2014年，全局纳税服务工作受到纳税人的充分肯定，在纳税人满意度调查中，纳税人对三水区国税局工作总体评价得分居佛山市五区第二。

【强化税收执法监督】 2014年，三水区国家税务局健全税收执法风险预防机制。推出65项风险防范措施，有效强化税收执法风险预防效果。加强税收执法督察。采取信息化检查与纸质资料检查相结合的模式，集中对各基层单位开展税收执法督察，并加强执法督察结果的应用，提高基层单位执法规范。加强系统监控管理。安排专人专责，加强税收执法系统、佛山工作平台、CTAIS文书预警的监控管理，认真做好跟踪落实工作，有效避免执法过错行为发生。推行税务行政处罚裁量权执行基准。重点加强施行后的跟踪管理，了解执行情况，及时向佛山市国税局反馈。

（孙露）

地方税务

【概况】 2014年，三水区地方税务局税费收入取得三突破：税费总收入首次突破50亿元大关，达53.3亿元，比上年增长11.2%。其中，税收收入首次突破30亿元，达31.7亿元，比上年增长14.1%；各级次收入中，市、县级税收首次突破20亿元，达20.1亿元，比上年增长17.5%，增幅居佛山市五区第一。中央级收入3.6亿元，增长7.8%；省级收入7.99亿元，增长8.96%；非税收入21.7亿元，增长7.24%，其中社保费收入17.2亿元，增长6.7%。全面落实税收优惠政策，全年税收减免2.9亿元。其中，为302家次小型微利企业减免税122万元，为7家高新技术企业减免税3565万元。

三水区地方税务局设办公室、税政股、征收管理股、人事教育股、监察室和纳税服务股6个内设机构，稽查局1个直属单位，以及西南、乐平、大塘、白坭4个基层税务分局。

【税收征管】 2014年，三水区地方税务局严格落实组织收入工作责任制，强化分析汇报和税源预测预警，密切监控收入进度。加强收入关联税种征管和纳税评估工作，加大土地增

2014年三水区地方税收主要税种收入完成情况

项目	金额（万元）	增减额(万元)	比上年递增(%)
营业税	95449	4174	4.57
企业所得税	24770	2852	13.01
个人所得税	34965	1473	4.4
房产税	21939	1957	9.79
车船税	4314	−637	−12.86
印花税	7118	716	11.18
资源税	310	234	306.56
土地使用税	22063	−727	−3.19
土地增值税	26569	4995	23.15
城市维护建设税	33915	5224	18.21
耕地占用税	8729	4698	116.57
契税	36468	14087	62.96

值税清算力度、加强耕地占用税的清欠和房产土地“两税”核查等工作。在规费方面，加强与区人社局、区社保局等部门联动，按照“区局—分局—税管员”层层分解任务、具体责任落实到人，秉承“先易后难、重点突破”原则抓紧入库。推进后监体系建设，对所有涉税纸质资料进行严格审核，启用后台监督审核辅助系统，分局督导员负责对整改情况跟踪抽查，内审组针对执法薄弱环节实施审查。推进征管稽查联动新机制，整合利用稽查和征管资源，对企业所得税申请退税审核、企业亏损确认审核和企业注销审核进行双重把关，在发票管理、案件处理、纳税服务上协调联动，加强管理，形成“以查促管、查管联动”的工作新机制。全程规范进户执法，白坭分局率先制定管理员下户管理办法，明晰下户管理的10类服务事项，有效避免“多头执法”“重复检查”。强化综合治税，由区政府牵头，健全综合治税工作联席会议制度，将综合治税工作与区效能考核挂钩，提高成员单位的主动性。加强与工商、法院、国土等重要部门的合作，与区工商局建立常态联系机制，开发三水区综合治税数据报送系统，实现成员单位之间信息共享。全力推进金税三期上线。

【纳税服务】 2014年，三水区地方税务局取消22项行政许可和审批事项，下放2项行政审批事项，对契税减免等24项审批服务事项实行最低时限办结承诺制。深化征管纳服配套改革，设立5个税收管理服务区，实行“管服区一窗受理、内部流转、限时办结、窗口出件”流水式运作，方便纳税人办税。增设24小时自助办税厅，全局设有36台自助办税终端，覆盖全区。推广“一厅一台”，电子办税服务厅用户有1329户。推出发票免费配送、车船税全市通办、税务登记业务全区通办服务。开发“税费早知道”短信平台，向纳税人发送税费信息约22.9万条。编制“基层分局工作人员服务行为规范”，开展12场服务规范礼仪培训。完善“纳税服务首问责任制”，推出“一次性告知单”，印制“表证单书填写样本”，规范152项办税业务流程及表证单书填写样式内容。联合区国税局、区农村信用合作联社推出“税融通”服务项目，向诚信纳税的中小企业提供融资产品及金融服务，全区有26家企业通过“税融通”项目获得贷款，发放贷款4亿元。

【税法宣传】 2014年，三水区地方税务局推出“税宣微讯台”视频宣传短片4期，开设办税员协会微信群，与电视台合作推出《阳光税务》8期、《三水纵横》专栏报道1期，策划税收精品课堂，纳税人学校举办辅导96场次，惠及纳税人3461人次。与广东财经大学合作开展“税熠生辉”系列活动，巩固校园税宣阵地，积极送税法进社区、进商会、进企业，提升和扩大税宣影响力和辐射面。

（董颖贤）

2014年9月中旬，受台风“海鸥”残余云系影响，白坭镇出现龙卷风天气，多家企业受灾严重。三水区地税局迅速成立专项工作小组，实地走访企业，专人跟进帮扶工作，帮助企业尽快渡过难关（王柔　提供）

交通·邮电

TRAFFIC·POST AND TELECOMMUNICATIONS

综述

【概况】 2014年，三水区推进城市升级项目和交通基础设施建设，优化和提升公共交通服务，规范、完善和创新交通行业管理，加强交通综合执法工作，为区经济转型升级和社会发展提供有力的交通支持。全区交通路网8项工程竣工开通或交付使用。在建交通工程9项，其中纳入区城市升级项目7项。区公路局整治改造干线公路工程8项，建成5项，在建3项，项目总投资6185万元。全年完成公路客运量330.15万人次、公路货运量1288万吨；港口吞吐量1238.93万吨（外贸254.6万吨，内贸972.33万吨，集装箱40.13万标准箱）。全区有公交线路87条、公交车471辆。开展“公交周及无车日”活动，提高公共交通的影响力，引导群众绿色出行。加强公路运输和内河航运的管理，全年出动执法人员4650人次，查处各类违法行为1460宗，罚款471.88万元，有效地规范交通运输市场秩序，确保交通安全。

【推进智慧城市建设】 2014年，三水区通信业务发展迅速，围绕区“产业新城、南国水都，广佛肇绿芯”建设重点，根据客户通信需求及通信市场发展趋势，推进区内党政机关、事业单位、商户厂企等客户的互联网化、移动化、智能化发展，普及3G/4G技术应用和大宽带高速光纤入户，推进城市升级改造和智慧城市建设。区电信公司有移动用户超16万户、宽带用户超12万户，服务客户群体近30万人；其中3G、4G移动网络实现全覆盖；光纤覆盖超40万户，可享用100兆高速宽带服务。区移动通信公司全年业务收入5.21亿元，有56万客户。区联通通信公司新增移动用户22.1万户、家庭宽带超3万户。

交通建设

【概况】 2014年，三水区推进城市升级项目和交通基础设施建设，优化提升公共交通服务，规范、完善、创新交通行业管理和交通综合执法工作。年内，全区竣工项目11个，在建交通工程项目9项。工作中存在的问题是工程项目受征地拆迁滞后、资金到位较慢等因素影响；行业管理和执法存在薄弱环节，交通运输管理、港航管理以及交通执法等方面人才不足；公交配套设施用地不足，建设资金来源渠道较少。

三水区交通运输和城市管理局（交通运输）负责全区交通建设、交通运输、港口码头行政、交通综合行政执法等工作。内设机构6个：综合科、安全应急管理科(区交通战备办公室)、港航管理科(区港航管理局)、交通工程建设管理科、交通运输科、交通综合执法科(区交通综合执法大队)。下属事业单位4个：区交通管理总站、区汽车站交通管理所、区港航管理所、区公路局。

【路网建设】 2014年，三水区路网建设多个项目竣工。3月18日，三水二桥南引道延长线完工开通。5月13日，广海大道商业城、西南公园、汽车站3座人行天桥验收投入使用。6月20日，健力宝立交、塘九立交改造完成。9月28日，口岸大道下穿广三高速道路改造工程完工开通。11月8日，高丰南路改造

健力宝北路立交

与景观提升工程完工。11月8日，广四线（S118）三水范湖至大塘段改建工程莘田村段变更工程完工开通。12月26日，贵广（南广）铁路三水南站道路连接线及站前广场完工，与三水南站同步投入使用。广四线油金桥到伊利段路灯完工。

在建工程项目　2014年，在建交通工程项目9项（纳入区城市升级项目7项），需跨年完成。其中，广海大道景观改造与提升工程计划2015年完成。塘西二期剩余约3千米沥青路面计划2015年铺设。兴业路北延线三水段完成。虹岭路西延线、三达路南延线工程，西乐线、乐大线、省道S269（大塘至清远）路灯工程施工。

【交通运输行业管理】　2014年，三水区交通运输和城市管理局加强行业管理。春运期间，全区公路运输共发客运班车26369班次，完成旅客发送量510096人次；横水渡口7个，渡船11艘，客位568位，渡运乘客约4.3万人。新增公交线路5条，优化调整原线路21条，更新客运班车9辆（采用国Ⅳ或国Ⅲ以上车型），注销19辆客运班车、30辆旅游包车道路运输证，注销162辆黄标公交车公交登记证。至年末，全区有公交线路87条、公交车471辆，建设公交站亭8个。开展“公交周及无车日”活动，提高公共交通的影响力，引导群众绿色出行。全年完成公路客运量330.15万人次、公路客运周转量26765.52万人／千米；完成公路货运量1288万吨、公路货运周转量71606万吨／千米。

【港航管理】　2014年，三水区交通运输和城市管理局加强港航管理，对全区9个危货码头企业开展隐患排查。港口油气输送管线安全生产形势稳定，并未存在安全隐患。6月，编发《三水区水路交通突发事件应急预案》，解决船舶管理问题。9月，编发《关于促进三水区港口发展的意见》。11月，联合三水海事处，组织对各镇（街道）、各渡口所属村委会、各渡口进行年度平安渡口创建考察工作。完成乡镇渡口渡船安全管理、水运、港口企业自查自改，25家港口经营单位换证及“港口危险货物作业附证”的核发工作、6家普货码头标准化达标工作，年检船舶210艘、水运公司5家、水运个体1人、渡运船舶13艘。2014年，全区港口吞吐量1238.93万吨（外贸254.6万吨，内贸972.33万吨，集装箱40.13万标准箱）；2013年货物港务费返还约184.25万元；征收2014年货物港务费约326.19万元。

【交通执法】　2014年，三水区交通运输和城市管理局依法治理、规范交通运输市场秩序，有效推进交通综合执法工作。全年出动执法人员4650人次，查处各类违法行为1406宗，罚款471.88万元。其中，超限超载323宗，罚款318.44万元；蓝牌车非法营运3宗，罚款9万元；擅自改装营运车辆4宗，罚款2万元；不按规定维护运输车辆566宗，罚款66.4万元；客运班车不按规定站点上下客24宗，罚款5.2万元；其他486宗，罚款70.84万元。

【交通运输和安全生产】　2014年，三水区交通运输行业发生交通事故3宗（客运班车、公交车、出租车事故各1宗），比上年5宗下降66%；死亡3人，比上年死亡7人下降42.9%；受伤为零，比上年受伤1人下降100%；直接经济损失约45.83万元，比上年93.24万元下降51%。

（何惠琪）

■ 公路建设养护

【概况】 2014年，三水区在册省养护公路里程430.29千米，未纳入省公路网的道路63.24千米。年内公路整治改造项目8项，项目总投资6185万元。

三水区公路局为正科级行政类事业单位，归口区环境运输和城市管理局管理。主要职责是负责全区公路的养护、建设、战备、抢险应急、路政管理等。内设公路养护股（加挂“三水区地方公路管理站”牌子）、公路基建股、路政管理股（加挂“三水区公路路政管理所”牌子）、人事股、财务股、办公室6个职能股（室）。下设公益二类事业单位“三水区公路局公路管养中心”，负责全区公路、桥梁隧道日常养护、建设、管理及应急抢险等工作。

【公路养护】 2014年，三水区公路局在册省养公路里程430.29千米，其中国、省道138.09千米，县、乡道191.13千米，广三高速公路37.82千米，地方大道及未纳入省公路网的道路63.24千米。区公路局以路面养护为中心，坚持精修细养，打造养护精品工程，提升路容路貌、管养全线路况水平及公路景观形象。区公路局完成路面使用性能指数PQI88.31，为佛山市公路局计划指数（86）的102.69%；完成路面行驶质量指数RQI88.83为佛山市公路局计划指数（86）的103.29%；县、乡道路况指标方面，MQI优等路里程169.73千米，良等路里程19.41千米，中等路里程2千米，优良路里程占直接养护总里程的98.95%，各项路况指标均超额完成上级下达任务。加大路容路貌整治力度。加强对公路路面及附属设施的养护管理，对管养线路沥青路面病害进行维修。全年完成挖补沥青路面坑槽28313平方米，沥青罩面73436平方米，整修路肩553641.6平方米，确保公路行车畅顺。注重绿色生态公路建设。加强路面保洁排污工作，净化路域环境，保护公路沿线生态，做好G321广成线、G324福昆线、S269清龙线、S361盐南线、S262连大线、塘西大道等绿色通道的经常性植绿、补绿、护绿工作，公路净化绿化景观形象明显提升，较好地配合三水区“创文”工作的开展。加强公路沿线交通设施维护管理，对管养全线交通指示标志、标线进行更换、维修、完善，做到交通指示齐全、清晰，规范，修复波形护栏462米，更新或加固缺损示警桩67个，更换防撞桶5个，修复或设置指示牌18块。抓好桥梁养护管理。狠抓公路桥梁经常性检查，落实桥梁经常性养护工作，做好桥涵疏通、桥梁支座保养、伸缩缝清理等基础性工作，确保桥梁安全运营。优化完善养护运行机制。合理安排资源配置，指导区公路管养中心进行养护线路、人员、机械的调整配置，完善各项管理制度，促进公路养护资源配置的优化组合及养护效率不断提高。加强农村公路养护管理工作。开展“农村公路养护年”活动，加大对各镇（街）农村公路日常养护工作的支持、指导力度，落实农村公路养护补助资金，保障农村公路养护资金及时到位。

【公路建设】 2014年，三水区

2014年4月23日，旧独树岗大桥拆除工程施工

公路局争取上级资金支持，推进公路干线升级改造，提升公路路网品质。落实一批公路干线整治项目，公路整治改造项目8项，建成5项，在建3项，项目总投资6185万元。建成项目：北外附校三水外国语学校北侧道路工程，总造价680万元；县道X528线把岗至乌石岗段路面中修工程，总造价1025万元；广三高速高丰段下穿道路改造工程，总造价133万元；六硫线（Y141）K0+140—K0+790段中修整治工程，总造价126万元；广四线（S118）油金大桥至塘排段（K134+075—K137+150）水泥混凝土路面板挖补维修工程，总造价150万元。在建项目：广四线（S118）独树岗大桥改建工程完成80%，总造价1191万元，计划于2015年1月底完工；西黄线（X527）扩宽工程完成70%，工程总造价2100万元。西南街道第二中学江南校区（东侧辅道）工程完成约60%，工程总造价780万元。推进2012—2014年农村公路"路况提升、路网优化"项目。完成农村公路项目工程6项，投入资金588万元，合计里程6.33千米，包括六硫线（Y414）（K0+140—K0+790）段路面中修工程、旧盐南线源潭段路面维修工程、南山镇牛王庙桥接信连线建设工程、独树岗桂北至塘西线段村道建设工程、乐平镇海洲村村道改造提升工程、独树岗长岐至花都段村道建设工程；在建工程1项，永街线路面维修工程，投入资金180万元，合计里程4.41千米。完善农村公路养护管理体系。落实省、市、区三级养护补助资金，保障农村公路养护资金及时到位，指导各镇（街）开展农村公路管理，建立完善的农村公路养护管理体系。

2014年11月26日，国道G321线改造（养护）示范工程佛山段三水区基塘村至榄岗段路面改造工程施工现场

【路政管理】 2014年，三水区公路局依法行政，强化维权，提升路政管理工作水平。加强综合整治，与相关部门沟通协调，对公路撒漏、违法标牌设置、占道摆卖等公路违法行为进行综合整治，全年处理损坏路产赔偿案件267宗，收回赔偿费187万元，因交通事故损坏路产赔偿案件的索赔率100%。加强上路巡查，治理路域环境，定期排查公路标志标线设置状况，新设或修复标牌185个、拆除残旧标牌8个、更换或修复钢护栏492米、修复维护水泥护栏板14米、维护公路宣传牌32块、修复大型龙门架一座、修复大型水泥砼箱涵盖板一套、增设维护示警桩233支、修复维护隔音板1209米、改造防眩板7540块、刷划标线10919平方米、新设沙桶5个，有效保障公路整洁畅通。

【安全生产管理】 2014年，三水区公路局狠抓安全生产管理，强化公路安全保障措施，建设平安公路。落实安全生产责任制和自查自纠工作，加强施工养护现场、沥青生产基地、加油站等重点部位的安全防范和监督管理。建立部门联动的应急协调机制，开展公路应急演练和培训，加强公路水毁抢修复工作，提高公路险情应急处置与抗灾能力。三水区公路局被佛山市交通运输局评为地方公路先进公路站，乐平公路养护所被评为先进道班，南山养护所被评为全优道班。

（卢丽云）

■ 海事管理

【概况】 2014年，三水海事处辖区发生统计范围内水上交通事故0宗、死亡0人，与上年持平。辖区船舶进出港签证7万艘次，比上年下降3.7%；进出口岸查验船舶2910艘次、比上年上升3.8%。

佛山三水海事处是交通运输部海事局的派出机构，直属佛山海事局领导。内设综合办公室、船舶监督科、政务受理科和海巡执法大队，下设西南口岸、三水港和河口3个办事处。主要负责三水辖区水域的水上交通安全和防止船舶污染水域的监督管理。

【海事监管】 2014年，佛山三水海事处认真做好海事管理各项工作。

提升监管水平　强化信息预警，打造水上交通空中信息交流平台。在恶劣天气到来前及时搜集发放气象水文信息，通过手机短信平台、VHF（甚高频）、对外签证服务窗口、宣传单张、LED荧屏滚播及出动海巡船艇现场广播等传统方式进行信息预警，还通过智能管理系统实时播报桥区、水流湍急区域等重点航段的水位、流速、桥区净空高度等通航信息，实现信息实时精准投放。通过强制要求自卸沙船、危货运输船、海船、集装箱船这四类重点船舶在经过三水辖区时必须通过VHF向三水海事处报告船舶动态，引领其他非强制船舶自发报告船舶动态，养成船舶互相通报船舶动态和分享航行安全信息的习惯，打造水上交通空中信息交流平台。对危险水域实施严管，强化整治驾驶人员不安全操作行为。三水海事处在推进智慧监管转型工作中，牢抓安全监管中心工作，以思贤滘河段严管为切入点，扩大电子监管在现场管理中的应用面，高标准、严要求整治该河段驾驶员的不良驾驶行为及船员违法违章行为。《思贤滘水域严管工作方案》自6月1日起实施，按照“一个必须，六个不准”的严管原则，以“三严”（严教育、严监管、严处罚）为主要手段，通过实施多重电子预警、全河段电子巡航、无限制电子设卡构筑高压监管网络，提高对航经船舶抽查、截查频率。加大对船员违法处罚力度，强化整治驾驶人员不安全操作行为，防止事故(险情）发生。突出重点监控，净化通航环境。利用CCTV（闭路电视监控系统）、AIS（船舶自动识别系统）等监管手段，对西南交通战备渡口、思贤滘河段和桥区水域等重点河段监控，观测和评估通航环境变化可能会造成的影响，引导船舶在临时停泊区内锚泊，净化通航环境，及时制止违章航行行为，规范航行秩序。与桥梁、水上施工、渡口等单位密切保持联系，提醒落实安全防护措施和维护好警示标识。应对十年一遇洪水，确保水上交通安全形势稳定。5月，辖区北江干流出现规模超10年一遇的较大洪水，北江河口与西江马口的水位落差达到1.29米，思贤滘出现3米/秒的流速，面对来势汹涌的洪水，三水海事处发挥水上交通智能管理系统作用，运用电子巡航、电子设卡、电子护航等手段，果断采取单向通航交通管制、应急疏导、锚泊水域巡航等措施，确保洪水期辖区安全无事故。洪水期间，三水海事处与气象部门、水利部门联系，及时发布预警信息；将电子护航对象由重点船舶扩大至所有船舶，尤其注意较少航经三水辖区的船舶；加强对锚泊水域巡航，规范船舶锚泊秩序；采取单向通航交通管制措施，仅允许船舶出滘，禁止船舶入滘。经过近30个小时的封航管制后，有效疏导思贤滘口250多艘等待入滘的船舶，

2014年11月20日，三水区举行以“人水和谐，平安三水”为主题的水上交通（溢油）事故应急救援演习

应急期间未发生险情事故。

开展“安全共建”活动 三水海事处开展“安全共建”活动，在三水港、三港集装箱码头船舶待装待卸水域，加强管理，引导船舶在临时停泊区内锚泊，维持码头前沿水域良好锚泊秩序，起到很好的示范作用。共建活动搭建信息互通、共同发展的平台，增进沟通与交流；提高海事服务质量；促进口岸码头安全主体责任的落实，有效规范三港、三水港码头前沿船舶停泊秩序，规避因为锚泊秩序混乱引发的碰撞事故。保障口岸安全畅通，促进三水区物流经济发展。

渡船监督检查 三水海事处履行海事监管职责，保障渡运安全。提供海事专业意见，协助区政府落实省、市政府的要求，强化渡口渡船安全监管。按照相关工作制度要求，将渡口水域纳入重点巡航检查区域，加强对渡口渡船的日常监督检查，将监督检查发现的问题和隐患及时向有关部门通报。加强沟通，联合区交通部门形成合力。将日常监督检查过程中发现的问题及时向渡口经营人和相关部门通报，协助区环运局制订“平安渡口”建设考评方案，联合印发创建方案和检查通知，形成渡口渡船安全监管合力。强化危险天气下的安全监管。因辖区渡船主机功率小、动力不足，在危险天气下难以控制渡船，开展现场特别监督检查，确保渡船每航次开航前均处于适航状态，绝不允许带“病”航行。督促渡运经营人落实安全主体责任，根据洪水、雾季变化情况，必要时暂停渡运，不冒险开航。

建立应急救援体系 理顺水上交通（溢油）应急体系。履行水上应急救援海事工作职责，发挥三水区水上交通（溢油）应急指挥分中心（办公室设于三水海事处）的作用，加强与区政府及相关部门的沟通，形成《三水区水上溢油应急设备库建设分析报告》。建设水上应急设备库和应急救援队伍，加快溢油应急体系建设。修订三水海事处内部水上交通、防热带气旋和防汛应急反应3个预案，完善内部应急预案管理。举办水上交通应急演习，提升快速救援能力。理顺水上应急救援工作程序，完善应急预案，提高水上重特大险情（事故）的应急处置能力。2014年演习以“人水和谐，平安三水”为主题。三水海事处、公安、消防、卫生、环保、交通、水务、航道等单位110余人、26艘应急救援船艇参与演习。演习成为提升救援能力的常态化工作机制。

（孟强）

■ 通信

电信通信

【概况】 2014年，中国电信股份有限公司佛山三水区分公司（简称“三水电信分公司”）下设综合部、销售部、维护部，西南、乐平、白坭、大塘、河口、芦苞6个营销服务中心。公司下辖营业厅13个，其中全网通手机城3个；合作商代理门店500多家，其中便利店430家、专营店53家、合作厅7家。三水分公司围绕区“产业新城、南国水都、广佛肇绿芯”建设重点，根据客户通信需求及通信市场发展趋势，推进区内党政机关、事业单位、商户厂企等客户的互联网化、移动化、智能化发展，普及3G/4G技术应用和大带宽高速光纤入户，推进城市升级改造和“智慧城市”建设，为

2014年12月25日，中国电信健力宝南营业厅改造为全网通手机城

社会各界、市民群众提供全方位的综合信息服务。公司有移动用户超16万，宽带用户超12万，服务客户群体近30万；其中3G移动网络实现区内无缝覆盖，4G移动网络实现区内全覆盖；光纤覆盖超40万户单位、企业及住宅，全区超15万户市民实现光纤到户，可享用100兆高速宽带服务。

【市场运营】 2014年，三水电信分公司收入持续增长，移动、宽带基础业务持续发展，IDC等集成电路项目取得突破，翼支付、智慧WiFi新兴业务、银行止付跨界合作、callcenter（翼卡中心）等新项目带来收入增量，全年业务收入比上年增长4.11%。

3G/4G和光纤普及 3G通信技术和智能手机应用普及，发展4G网络及4G智能手机，开展4G百万换卡大行动，推出大流量4G优惠套餐，提升手机上网速率和质量，让市民充分享受高速信息新生活。移动用户数超16万，其中4G用户近4万、3G用户近11万。发展光纤用户，光宽带进小区、进厂企，推出宽带速通卡、宽带融合套餐等业务，提高宽带使用速率和客户感知。宽带用户超13万，光宽用户近4.5万，宽带速率20兆以上的超3万。

网点改造 加大力度、多批次推进业务网点建设，拓宽服务范围，大型连锁门店进驻各镇街核心商圈，便利店、合作专营店、代理门店遍布社区、商业区，全区500多个网点方便市民咨询和办理电信业务。为提供全方位的服务，形成业务受理—终端销售—售后服务一条龙服务，宝南、德兴、乐平营业厅改造为全网通手机城，面向三网用户提供专业的信息服务。

跨界业务合作 以双方资源共享、发挥各自优势、共同发展业务为目的，三水分公司与日日升等连锁超市、厂企商户合作“翼支付”项目，与邮储、农信社、平安银行等金融机构合作开展银行止付移动业务，与酒店业、服务业合作智慧WiFi免费WiFi服务，与广东翼卡车联网公司合作呼叫中心项目，推动合作双方客户的转化和扩大，共同拓展市场。

信息化建设 以信息化服务推进“智慧城市”建设，由区经科局牵头组织区直职能部门领导、大型厂企代表100多人次参观智慧城市体验馆。与商会合作举办推介会，向企业介绍信息化管理技术。参展“三水区工业产品展暨产业科技金融服务对接会”，向36个政府部门、社会组织和300多家企业现场演示、推介多项信息化技术产品。协助区委宣传部及区直单位创建微信、微博公众账号，提供技术支持。为广大客户提供个性化的智能信息化应用服务，与区地税局合作，为三水纳税大户提供“天翼税通”在线咨询、查询、缴付等服务。与区总工会合作“WiFi宝”，接入企业电子阅览室，推广“智慧WiFi”业务合作，为商企的客户提供免费WiFi服务。与三水中学（高中部）等学校合作“天翼学生证”，已使用2000户。与制造业、销售业合作“外勤助手”，为客户解决外派员工监管、调度问题。与连锁商铺、超市、油站等合作“翼支付”，为市民提供刷手机消费享受购物折扣优惠。与多领域客户合作“翼机通”“天翼对讲”等20多种智能化应用，为经济建设、社会民生、公共服务提供专业的通信服务。

【网络建设】 2014年，三水电信分公司推进移动网络、光纤建设，提高服务水平。

移动网络、光纤建设 3G/4G基站累计开通250多个，3G移动网络无缝覆盖，4G移动网络区内全覆盖。加快无线城市建设，WiFi热点累计开通近800个，AP接入点近2500个，方便市民享受网络便利。全年光纤建设投资近5000万元，光纤覆盖超40万户单位、企业及住宅，光缆线路长7000多千米，光纤到户超15万户，享用100兆高速宽带服务。乡镇100%光纤到村，城区100%光纤到楼，为自然村、城区用户提供更稳定更高速的宽带服务。

提高服务水平 完成多家大型企业客户的联网报警和门禁系统、视频监控、计算机网络大型集成项目，为企业的信息化管理提供技术支持。西南及芦苞平安村居、海尔工业园三期项目、三水农信社中心机房搬迁等大型信息项目完成，确保客户重点业务运行的安全平稳。

【客户服务】 2014年，三水电信分公司提升客户服务水平。

重点提升营业员、装机维护人员及10000号客服热线的服务质量，提高综合性客服窗口的服务水平。完善业务争议投诉处理指引，加强客服处理和管控要求，开展关键感知点暗访服务监测工作。开展行风建设暨纠风自查工作，通过自查营业厅、门店网点的服务情况，提升服务质量。深化电话实名制专项检查，规范业务办理流程。上线《对话民生》电台栏目，通过与听众的对话将企业的重大经营活动、业务资费、服务工作等信息向社会公众公开，自觉接受社会和群众的监督。三水分公司全业务投诉率、客服抱怨率持续下降，客户服务质量不断提升。

【通信保障】 2014年，三水电信分公司完善重点工程支撑体系和流程，进行平安村居、海尔工业园等项目网络建设，加强公安监控系统维护和平安三水一期设备清点工作。完成春运、高考、中考、台风、防汛等公共事务的通信保障工作。构建“平安细胞”，开展信息监管行动，加强对信息、短信的安全监控；配合区综治、公安等相关部门，切实做好三水区公共安全视频监控系统建设及维护工作。配合牵头单位区经科局，联同责任单位及相关职能部门，加强信息网络服务保障，健全网络问政和网络舆情引导机制，加强各类网站备案信息管理及安全应急事件处置工作。开展平安创建宣传，利用营业厅LED屏宣传平安创建工作。

（黄冉）

移动通信

【概况】 2014年，中国移动通信集团广东有限公司三水分公司（简称“三水移动通信分公司”）下设综合部、市场部、政企客户部、网络部、城南服务销售中心、城北服务销售中心、家客运营中心、校园运营中心和11间沟通100服营厅。公司以“打造4G精品网络、深耕市场服务、优化运营管理、持续深化党的群众路线”为发展主线，推进各项运营管理工作，有力配合区发展重点，为客户提供语音通信、数据信息、宽带专线等服务。全年业务收入5.21亿元，客户总数56万户，纳税1367万元。

【网络通信】 2014年，三水移动通信分公司推进工程建设属地化管理，持续优化建设模式，全年开通282个宏站、101个室内站点，完成390个宏站4G网络F频段升级，区域所有具备升级条件的2G网站完成升级转化，实现投入产出效益最大化。推进广度覆盖，区内4G网络整体覆盖率90%，交通要道覆盖率90%，主城区覆盖率95%以上，区域高校100%覆盖，4G网络平均下载速率为每秒30兆字节。强化网络信息安全，有效落实话务热点信息收集制度，高校迎新及重要节假日的网络应急通信支撑到位，全年通信网络事故为0。

【市场运营】 2014年，三水移动通信分公司4G客户6.12万户，推进客户流量分阶运营，2/3/4G移动数据流量141.7T，比上年增长117%，户均流量275.2兆，比上年提升113%。优化渠道运营管理，新增1家本地连锁渠道、1个本地4G客户发展平台、8家4星及以上门店，有效增强主要商圈服务能力。优化自营门店布局和人员配置，通过驻点督查、案例分享等举措，增强门店销售能力和提高服务水平，在客户满意度方面获得较高得分。

【客户服务】 2014年，三水移动通信分公司打造4G服务体系，营业店面建成4G体验专区，推进手机服务积分计划，全年服务客户4.2万人次，安装应用13万个。参与“为民服务，创先争优”活动，利用“总经理接待日”与客户互动，收集意见，解答疑问，记录客户需求并进行闭环跟进解决。开拓流量服务新领域，为区国税局批量开通430笔手机流量全年包，为顺丰等集团批量办理2375笔手机流量礼包优惠。

（郭骏逸）

联通通信

【概况】 2014年，中国联合网络通信有限公司佛山市三水区分公司（简称“三水联通公司”）是中国联通集团在三水区的分支机构，内设综合部、营销部、大客户中心、商企中心、校园中心，并根据属地化管理设置网络综合部、运行维护部、网络建设部、客服部以及南区、中区、北区三个营销中心和乐平商企营业服务中心，下辖4家营业厅。健力宝南营业厅于9月25日迁至健力宝南路33号。12月29日，位于乐平大道38号华盛广场1座的乐平营业厅开业。三水联通公司坚持以“规模突破、量质并重、结构科学”为发展主线，聚焦核心市场、核心用户开展营销工作，营业额比上年增长超15%。

【网络能力增强】 2014年，三水联通公司以客户感知为核心，科学配置网络资源，重点加速以客户投诉热点、核心商圈等网络完整性覆盖为目标的工程建设速度；以提高服务质量、改善客户感知为目标，落实分级维护体系，提高网络安全性能，确保核心网络安全平稳运行。新建的宽带网络全部采用FTTH（光纤到用户）接入，保障西南红卫路业务区及高丰村FTTH宽带网络的稳定。全年完成43个基站租赁、119个LTE基站的协调和配套改造。

【经营业绩增长】 2014年，三水联通公司3G、4G业务保持快速增长，渠道结构、用户结构、发展质量实现优化。形成以商圈为主、乡镇市场为辅的稳定体系。营业收入快速增长，市场份额迅速增加，移动用户新增22.1万户，新增家庭宽带超3万户。

【服务质量提高】 2014年，三水联通公司开展服务质量提升与优化管理活动。营业厅开展各项服务主题活动。通过内部各营业渠道的实训、比赛及巡检工作，有效提升各渠道尤其是窗口部门的服务质量。推进民主评议政风行风“回头查”工作，上线“对话民生”听取群众意见，接受群众监督。推出“沃百富”虚拟理财产品，沃百富是广东联通与百度、富国基金、德电咨询携手合作，面向新老用户提供的首款通信理财产品，为用户带来全新的通信产品消费和理财投资收益方式，实现基于手机号码的随时随地理财和生活服务。

【行业应用深化】 2014年，三水联通公司针对集团客户、商企市场和校园市场推出的产品，可分为基础通信产品、增值服务产品和行业应用产品三大类，在此基础上，衍生出行业应用解决方案、系统集成服务等。通过向各类集团客户提供标准化产品、解决方案、系统集成服务，满足客户日益多元化的需求，协助客户在生产、管理、移动办公、营销等众多领域实现全面信息化。如“沃·移动办公”为区政府构建移动联网审批办公平台，“沃·外勤通”为企业提供外勤人员综合管理平台，助力企业人力资源管理及信息化情报收集。“沃·云WiFi”为企业完成厂区无线覆盖，助力企业工会丰富员工厂区生活，提升员工的归属感。

（刘君怡）

邮政

【概况】 2014年，三水区邮政系统业务收入10490万元，其中邮政局4670万元、邮储银行4386万元、速递物流公司1434万元。

三水区邮政局设综合办公室、市场经营部，下辖技术维护、金融业务、函件、报刊投递4个专业中心；全区设宝南、白坭、人民、康乐、张边、广海西、河口、南边、乐平、芦苞、大塘11个邮政储蓄网点，宝南、人民、广海西、河口、白坭、南边、乐平、芦苞、大塘9个邮政营业网点，新明珠、左田、商学院、石湖洲、范湖、塘邮、迳口7个代办所。开办邮政金融、邮政速递、平常信函、商业信函、明信片、贺卡、集邮、汇兑、物流、包裹、报刊发行、代理保险、代办个人港澳游二次签注、代办交通违章等业务。

【邮务类业务】 2014年，三水区邮政局邮务类业务收入1145.77万元。

函件业务　账单业务方面，新增供水公司乡镇供水账单业务，全年增收18.76万元，抵消供电及燃气账单的减量。交警邮资封业务经营方面，交通违法通知书交寄量大幅提升，月均增量约3万份，全区邮资封业务收入增长63.36万元，抵消定制型贺卡减量带来的影响。数据库商函业务方面，致力于发展房地产DM宣传业务，全年房地产DM收入76万元（含制作费），比上年增长一倍；开发北京外国语学院三水附校DM业务创收近10万元。

报刊业务　全年报刊业务收入361.5万元。采取零售扩量的方法，5月起增开两趟区内零售报刊邮运专线，满足乡镇零售报刊上摊时间的需求，以此缩减报刊减量而带来的收入影响。与课堂内外刊社联合，在区内重点中小学开展“创新作文大赛”，选送优秀选手参加华南赛区的比赛，并获得优异成绩。2014年校园书刊销售额超过7万元。

集邮业务　举办第二届“广东集邮生肖文化节”客户尊享会，活动销售额27万元。中秋节前，延续往年文化中秋推介会的营销模式，举办“精品钱币品鉴会”，现场创收超10万元。

代理车险业务　全年销售车险保费177.4万元。与人保财险三水分公司签订代理财产保险合同，可代理车险类及其他财产类保险，既为客户提供更多车险服务企业选择，也带来业务创收。

信报箱业务　全年揽装楼盘信报箱4600多个，收入14.84万元。

【邮政储蓄业务】　2014年，三水区邮政储蓄年末余额17.71亿元，其中区邮政局代理金融储蓄余额13.13亿元，比上年增长19.58%；邮储银行下辖的宝南、白坭、三水支行3个一类网点储蓄余额4.58亿元。代理保险业务新增保费3089万元，比上年增长100.55%。

【速递物流业务】　2014年，三水区邮政局推进速递物流业务。

特快专递业务　业务收入897.6万元，其中国内特快专递业务收入764.7万元，占85.2%；国际及港澳台特快业务收入132.89万元，占14.8%。省内标件比上年增长87%，推动整体标件业务发展。国内经济快递抓住大型电商客户发展迅猛，在新开发的电商大客户，日彩、海朋公司业务带动下，经济快递收入比上年增长3倍。

2014年4月3日，三水区邮政局广海大道西营业所获授三水区“巾帼文明岗”

物流业务　全年国内物流业务收入427.12万元。其中新物流业务依托保威整车物流项目，实现有序增长，全年创收150多万元。

国际非邮业务　抓住重点客户进行优惠推介，为客户提供询价、发货、跟踪一条龙服务，提升客户满意度，业务收入比上年增长近5成。全年业务收入超50万元。

【基础建设】　2014年，三水区邮政局投入近100万元，改造乐平五金城离行ATM机的外防设施，维修区内网点部分二道门，更换部分老化的录像监控、尾箱等设备，整治南边储蓄营业厅，新增5台在行CRS、5台离行ATM。

【服务质量提升】　2014年，三水区邮政局引进第三方监督检查，加强规范服务。聘请专业公司每月对网点的规范服务情况进行暗访、分析、指导，对个别问题突出的网点提出改进方案，提高全区网点的服务水平。在全市暗访中，三水区网点平均得分为89分，规范服务保持良好，全年未发生投诉升级和媒体曝光情况。

【加强安全管理】　2014年，三水区邮政局推进安全“双岗”履职管理。全年检查网点166个次，审阅现场报告书1320份，填写检查报告385份，发出整改通知书5份，发现问题100处，提出整改意见60条，充分发挥管理和监控的作用。

（陆巧华）

工业
INDUSTRY

■ 综述

【概况】 2014年，三水区有工业企业2246家，其中规模以上工业企业857家。全年工业总产值2898.57亿元，其中规模以上工业企业产值2846.35亿元，分别比上年增长10.5%和10.6%。规模以上工业企业主营业务收入2756.26亿元，比上年增长10.4%。产品销售率96.8%，与上年持平。规模以上工业亏损企业11家，比上年减少6家；亏损企业亏损总额0.42亿元，增长-50.6%。三水区高新技术制造业产值175.94亿元，比上年增长12.3%。其中电子及通信设备制造业产值141.77亿元，比上年增长10.6%；占高新技术制造业产值的80.6%。先进制造业全年产值1126.86亿元，比上年增长11.3%。以金属制品业、纺织服装、家用电力器具制造业等为主导的优势传统产业稳步提升，全年产值1192.91亿元，比上年增长12.5%。

【强优项目引进】 2014年，三水区把招商工作重心从具体项目的洽谈向完善招商网络、搭建招商平台、投资环境推介和招商业务指导转变，对目标项目的信息收集梳理和后续跟踪服务能力得到提升。1—12月，开展专项招商活动10场，构建立足珠三角、遍及国内外的招商网络和近百个项目储备的信息库。面对优质大项目竞争日趋激烈的局面，引进新签项目73个，签约项目投资总额187.8亿元，完成全年目标任务的117.4%，项目平均投资额、投资密度和产出强度分别为2.57亿元、351.7万元/亩和263.7万元。其中：引入世界500强项目1个（空调国际）、中国500强项目2个（港中旅华贸物流、大连万达广场），完成全年任务的150%。“6+1”主导产业项目和超亿元项目成为主流，分别占投资额的84.6%和94%，4个超10亿元项目投资总额90亿元，其中万达商业广场项目投资总额40亿元，创全区单个项目投资额新高，成为三水“三旧”改造和服务发展新的里程碑。有效突破土地指标瓶颈制约，引导32个项目以租地、租厂房的形式降低投资成本、加快投产速度，盘活存量土地63.57公顷，比上年增加346%。

【产业优化升级】 2014年，三水区充分利用外需不足、成本攀升和环境容量形成的倒逼效应，大力发展先进装备制造业，坚持把增资扩产和技术改造作为招商引资的“第二战场”，产业转型升级步伐不断加快。制定实施全区先进装备制造业工作方案，并对首期67个项目的推进情况进行定期跟踪督办，恒力泰、奥瑞金等龙头项目的成长性得到充分显现，并跻身年纳税超亿元企业俱乐部。恒力泰和金银河分别入围2014年广东省战略性新兴产业（智能制造）骨干和培育企业名单。把技术改造作为推动制造业转型升级、企业内涵式发展的关键手段，制定全区技术改造管理办法，建立企业技改目标项目库，指导企业通过“机器换人”、淘汰更新落后电机设备、引入先进清洁生产技术等手段，全面优化企业生产工艺、降低企业生产成本，提高市场综合竞争力。全年88个项目投入67.93亿元实施技术改造，拉动全区技改投资增长25.3%，对工业投资的贡献率20.2%。千方百计引导优势企业增资扩产，全年有35个存量项目新增投资20.61亿元，预计投产后年新增产值121.64亿元、税收1.77亿元。

【转变角色定位】 2014年，三水区按照“越位退位、错位归位、缺位补位”的原则，全面梳理区、镇两级经科部门的职能关系，将区经科局的职能定位为“三定准”（定准目标、定准方向、定准门槛）+“帮、扶、带”。对具体审批事项和工作事务，坚持“能放即放”，全部进行下放，既充分激发了基层主战场的动力和活力，也使区经科局的决策、统筹、服务、指导、监督职能更加专业和专注。全年取消和下放16项行政审批事项，向外商投资企业协会转移4项，占总数的25%。

【科技自主创新】 2014年，三水区突出科技创新在转变发展方式中的主导地位，把建设创新平台、引进人才团队和培育知识产权作为切入点，创新型城市建设取得突破性进展。广东三水合肥工业大学研究院落户三水工业园区，吸引9个和26个团队分别参加市、区两级创新人才团队申报，比上年分别增长50%和116.67%，其中2个团队通过市级创新人才团队认定，实现三水区大型科技创新公共服务平台和市级人才团队零的突破。创新工作模式，在全区首届创新创业大赛中引入创业精英提升、企业自由行、导师创业沙龙等元素，既确保入围项目的质量，也营造浓厚的全民创新创业氛围。48个参赛项目中，全部有望实现产业化，为创新型人才的引进和培育打造基础。优化科技企业服务，企业自主创新积极性得到充分调动，新增10家高新技术企业，比上年增长11.11%。44家企业申请认定各级工程中心。省级工程技术研究中心获批8家，比上年增长167%；市级工程技术研究中心获批11家，增长57%。省、市工程中心申请数量和获批数量为历年之最。加大知识产权资金扶持和维权力度，区知识产权协会和西南街道知识产权维权援助工作站成立，至12月全区专利和发明专利申请量分别达1508件和686件，比上年分别增长42.26%和91.62%，增幅位居全市首位。

【对外经济转型】 2014年，三水区经济和科技促进局深刻剖析国际产业转移新趋势，围绕“理清思路、提高站位、强化联动、延伸服务”工作主线，创新外经贸工作方式方法，全区外向型经济在逆境中实现多项突破。采用“自主研发+借脑服务”的模式，对全区外向型经济发展情况进行全面摸底和系统梳理，对外资外贸工作进行“全身体检”和“把脉会诊”，形成《三水区外向型经济发展路径研究》及外资房地产、加工贸易等10项成果报区委、区政府。建立“三水区外经贸工作联席会议制度”，将外资外贸工作的重心上升到区政府层面，有效凝聚区直部门和镇街的合力。强化与省、市商务部门的业务审批和数据信息互通，提高外管、海关、检验检疫等部门的属地感和服务地方的荣誉感，实现联合服务基层的常态化，建立上下无缝对接的审批服务“绿色通道”。盘活外企协会、延伸服务触角、缩短服务距离，将鼓励扶持外资企业发展的政策信息直接送到企业总部，有效推动百威啤酒等企业增资扩产。组织海关和港口码头等相关单位联合举办推介会，提高企业进出口的属地化水平。全区外经贸工作的服务水平和工作基础上升到新的台阶，并实现保税仓零的突破。

【工业经济运行状况】 2014年，三水区工业经济平稳发展。纳入统计的205家工业龙头企业中，销售收入比上年增长的有131家，占63.9%，其中20%以上高速增长的企业59家，占28.8%；比上年下滑10%以内的有30家，占14.6%；下滑10%—20%的20家，占9.8%；下滑超过20%的24家，占11.7%，有2家企业全年处于停业状态。

【技术改造项目】 2014年，三水区完成企业技改项目备案35项，项目投资总额40.07亿元，比上年分别为-30%和62.1%，占全市比例为15.8%和22.7%。在建的技改项目50项，计划总投资41.93亿元，其中备案项目16项，备案金额35.68亿元；未动工及意向技改项目79项，计划总投资26.2亿元，其中备案项目7项，备案金额4.54亿元，两项合计储备可发动备案项目106项，可发动备案资金27.92亿元。单个项目投资金额方面，超亿元（含1亿元）项目5个，5000万元至1亿元项目2个，1000万元至5000万元项目23个。

【装备制造业发展】 2014年，三水区装备制造业总产值683.91亿元，比上年增长17%，比规模以上工业总产值增长速度快6.4个百分点；其中汽车制造业产值37.66亿元，增长30.3%；电子及通信设备制造业产值141.77亿元，增长10.6%；医疗仪器设备及仪器仪表制造业产值24.73亿元，增长19.5%。三水区67个重点项目中有57个项目进展顺利，10个项目由于各种原因项目无法推进，全区重点项目完成投资额48亿元。

【企业技术中心建设】 2014年，三水区发动15家企业创建企业技术中心，4家通过市级企业技术中心的认定。全区有省级企业技术中心9家、市级企业技术中心12家。

（劳佳）

主要工业行业

【酒、饮料和精制茶制造业】 2014年，三水区有规模以上饮料生产企业11家，主要有广东健力宝集团有限公司、青岛啤酒（三水）有限公司、百威啤酒（佛山）有限公司、广东红牛维他命饮料有限公司、可口可乐装瓶商生产（佛山）有限公司等。工业总产值171.23亿元，比上年增长18.9%，占全区工业总产值的5.91%。

【纺织业】 2014年，三水区有规模以上纺织企业68家，主要有佳利达纺织印染公司、悦奥体育发展有限公司、广达织造有限公司等。工业总产值141.63亿元，比上年增长4.2%，占全区工业总产值的4.89%。

【化学原料及化学制品制造业】 2014年，三水区有规模以上化学原料及化学制品制造业企业91家，主要有多正化工科技有限公司、道达尔石化（佛山）有限公司、大鸿制釉有限公司等。工业总产值266.37亿元，比上年增长8.2%，占全区工业总产值的9.19%。

【汽车制造业】 2014年，三水区有规模以上汽车制造企业10家，主要有大宽过滤器（佛山）有限公司、安捷铝合金轮毂有限公司、爱汽科技（佛山）有限公司等。工业总产值37.66亿元，比上年增长30.3%，占全区工业总产值的1.3%。

【非金属矿物制品业】 2014年，三水区有规模以上非金属矿物制品企业88家，主要有博德精工建材有限公司、欧神诺陶瓷有限公司、新明珠建陶工业有限公司、惠万家陶瓷有限公司等。工业总产值464.02亿元，比上年增长7.9%，占全区工业总产值的16.01%.

【钢铁冶炼及加工业】 2014年，三水区有规模以上钢铁冶炼及加工企业15家，主要有广东联钢薄板有限公司、南钢实业有限公司、兴信钢铁有限公司等。工业总产值59.88亿元，比上年增长0.2%，占全区工业总产值的2.07%，

【金属制品业】 2014年，三水

2014年7月7日，三水区经科局派员到上海参加2014中国国际铝工业展览会

区有规模以上金属制品企业131家，主要有波尔亚太（佛山）金属容器有限公司、日美五金制品有限公司、广东合和建筑五金制品有限公司等。工业总产值242.08亿元，比上年增长17.1%，占全区工业总产值的8.35%。

【家具制造业】 2014年，三水区有规模以上通用家具制造业企业20家，主要有远大华辉实业有限公司、佛山丽江椅业有限公司、丽旺居家具有限公司等。工业总产值31.5亿元，比上年增长5.3%，占全区工业总产值的1.09%。

【医疗设备及器械制造业】 2014年，三水区有规模以上医疗设备及器械制造业企业5家，主要有佛山杉山大唐医疗科技有限公司、佛山盛田医疗器械有限公司、佛山达安医疗设备有限公司、广东科艺普实验室设备研制有限公司等。工业总产值12.77亿元，比上年增长15.7%，占全区工业总产值的0.44%。

【电子及通信设备制造业】 2014年，三水区有规模以上电子及通信设备制造企业36家，主要有好帮手电子科技有限公司、盛路通信科技股份有限公司、弘声电器配件有限公司、日明电子有限公司等。工业总产值141.77亿元，比上年增长10.6%，占全区工业总产值的4.89%。

（劳佳）

■ 产业基地

【三水工业区西南园】 2014年，三水工业区西南园形成以食品饮料、新材料、金属深加工、彩印包装等主导产业集群。拥有“中国饮料名镇”“中国饮料之都”“广东省食品饮料产业集群升级示范区”“广东省通信天线集群升级示范区”和“省市共建循环经济产业基地”等称号。以中国（三水）国际水都饮料食品基地为载体的佛山食品产业集群升级示范区“饮料产能300万吨项目”和“佛山市三水区西南饮料基地生产服务中心项目”入选省重点项目，示范区内的“中国西南水都饮料基地研发创意中心”等两个项目也入选省重点建设项目，为基地产业集群升级壮大和持续发展注入新动力。结合中心城区总体规划，完善路网、水网、电网、下水道、通信等基础设施，提升园区档次和承载力。借助产业链招商，引入港中旅、北大资源、百威五期等强优项目10个，投资总额50.2亿元。西南园工业总产值734.7亿元，比上年增长9.53%，主要企业有百威啤酒、红牛维他命饮料、青岛啤酒、健力宝、可口可乐、凤铝铝业、道达尔石化、好帮手电子等。

【三水工业区白坭园】 2014年，三水工业区白坭园致力于转方式和调结构，经济发展质量和效益在转型升级中不断提升。产业结构持续优化。引进佛山水泵厂等8个优质项目，旷达汽配等9家企业建成投产，陶瓷行业税收占比从2010年底的43%下降到28%。推动传统产业投入超3亿元进行技术改造。盘活超10万平方米的闲置土地及厂房，淘汰5家低效企业，为优质产业项目腾出发展空间。企业创新能力持续增强。扶持企业申请各类科技创新资金超600万元。新增2家国家高新技术企业，新增1家省级工程技术中心、2家市级工程技术中心以及1家市级企业技术

广东爱康太阳能科技有限公司

中心，获得中国驰名商标2个，新增发明专利申请量43件。成立白坭人才协会，成功申报2个区级人才团队。载体建设持续加快。水都基地对接区取得实质性突破，完成1000亩基本农田核减。科技园核心区启动首期路网、园区景观等基础设施工程。汇金工业城人才公寓动工建设，机械制造、电子电器精品工业园区建设成型。园内有规模以上工业企业89家，工业总产值443.2亿元，比上年增长10.72%；税收入库8.1亿元，增长36.6%，创历史新高。

【三水工业区芦苞园】 2014年，三水工业区芦苞园招商引资项目15个，计划总投资20.67亿元，主要有普洛斯物流、华农大种业、金宏至科技等项目。园内投产企业106家，工业产值253.35亿元，比上年增长10.9%。主要企业有博德精工建材、多正化工科技、华兴玻璃、威特精工建材、迪生电力钢构、振宣精密科技等。芦苞镇确立产业升级三年行动计划，通过“内提外引”，提升工业园发展质效。推进城镇升级改造，利用生态环境优良、基础配套完善等优势，在北部三镇中率先探索工业经济与城市经济协同的发展模式，助推北部板块发展，构建芦苞发展新优势。

【三水工业区大塘园】 2014年，三水工业区大塘园新签项目9个，合同引资额18.45亿元，包括上海东久产业园、广东拉多美复合肥、和丰盛纺织等一批规模项目，产业发展后劲持续增强。签约项目动工和在建项目建设进度加快，新增安博物流等5个签约项目动工，西陇化工等9个项目完工或试投产，推动菱王电梯等6个在建项目抓紧施工。盘活低效存量用地，引导16家企业通过二次招商、增资扩产等方式，盘活58.87公顷存量用地。园内投产企业增至170多家，工业产值279.3亿元，比上年增长12.3%，主要企业有佳利达纺织、大鸿制釉、住商肥料、司马化工、联群科技、三强塑胶、北江实业、菱王电梯、西陇化工和安博物流等。产业载体建设推进，完成主干道修护15千米，其他道路修护面积12000平方米；实施天然气管网以及产业社区装修改造工程。推进集中供热、非印染企业污水集中处理、广佛跨界污染严重企业整治等环境保护工作，淘汰燃煤锅炉23台，关停污染严重企业20家，对10家违法企业立案罚款33.5万元。创建为广东省绿色升级示范园区。企业创新步伐加快，评定高新技术企业2家，认定省级工程中心1家、区级工程中心2家，新增7家企业通过清洁生产审核。

【三水工业区南山园】 2014年，三水工业区南山园坚持走“产业强镇”的绿色发展道路，利用生态优势，确立“生态立镇、产业强镇、科农兴镇”的发展理念，擦亮“中国绿色名镇”招牌，打造南山成“养生福地，精品名城”。南山园区定位为中国（三水）国际水都饮料食品基地北园，发展生物科技、饮料食品及上下游相关配套产业。园区总体规划面积666.67公顷，已开发土地面积约266.67公顷，有100公顷土地进行“七通一平”工程，累计投入约4000万元，预留发展用地300公顷。新签约项目11个，投资总额约20亿元，包括杰隆生物制品、杰康诺酵母、杰隆南方科技、森和丰等项目。工业总产值57.2亿元，比上年增长11%；固定资产投资14.55亿元，增长26.6%，税收0.72亿元。主要企业有佛山伊利乳业有限公司、佛山乐华恒业卫浴有限公司、广东福贞金属包装有限公司、广东顺发起重机设备有限公司、广东杰隆南方科技有限公司和佛山卓超热力有限公司等。

【三水新城】 2014年，三水新城打造高端都市型产业基地，以实施重大创新项目为重点，开展招商选资，促进项目动工。加快推进国家创新型城市建设。根据市、区创建国家创新型城市工作部署，引入IT科技、教育研发等产业项目，跟进微安IT科技产业园、影视三水、卡通奇境、北京外国语大学南方（佛山）国际学院及国际文化创意产业园南方分园等签约项目，落实土地出让及公司设立等事宜，跟进在谈项目。完善城市功能，实现产城互动，巩固现代服务业集聚区载体。培育发展现代服务业集聚区。强化省级现代服务业集聚区载体建设，完善新城产业服务功能配套，实现产业创新发展，借助资源优势，加强新汽车客运站综合体、万达综合体、旅游和酒店项目等一批在谈项目的对接，完善城市功能，培育现代服务业产业体系。拓宽宣传，开创招商新局面，加强信息宣传工作，抓住主导产业，盯住重大项目，狠抓项目信息收集，高效开展招商引资。

（劳佳）

三水工业园区鸟瞰图

【广东佛山三水工业园区】

2014年，三水工业园区围绕“产业新城、南国水都、广佛肇绿芯”目标，坚持“大项目+主题园”发展战略，推进产城互动关键环节的产业载体建设。全年工业总产值843.4亿元，比上年增长10.24%；地区生产总值235.06亿元，增长9.8%；税收17.94亿元（含消费税，不含财政组织收入），增长30.48%。纳税超500万元以上企业54家，比上年增8家；其中超亿元以上企业3家，1000万元以上企业29家。全社会固定资产投资119.38亿元，比上年增长14.5%。进出口总额68933万美元，增长13.79%。工业用电总量16.01亿度，增长9.19%。

抓项目强支撑　全年新签项目37个，投资总额42.75亿元，其中超亿元项目14个。围绕打造珠江西岸先进装备制造产业带，主要引进世界500强空调国际汽配项目及德国梅塞尔气体、德国代傲电子、采埃孚等5个欧美百年企业，诺尔贝等6家机器人集成应用项目。7月，园区被纳入佛山市智能制造产业基地的组成部分，入选“广东省智能制造示范基地”。狠抓项目落地，永力泰车轴等9个项目加快建设，海尔滚动洗衣机等7个项目建成投产，省市重点建设4个项目超额完成年度投资计划。其中分布式光伏发电应用示范区并网发电51.6兆瓦，在建18兆瓦。推动海尔、澳美、兴发铝业成立销售公司，欧神诺成为佛山首家挂牌“新三板”企业。

抓载体提品质　强化经营城市理念，完成园区总体规划优化方案、中心城区控制性规划修编方案及城市设计中期方案，明确城市开发时序。投入9.6亿元，完成12个城市升级项目。汽车产业园具备动工条件，华南电商物流港完成133.33公顷土地征收，永久用水、用电及进园道路均已招标。完成绿化11万平方米、道路7千米、雨污水管网2万米。提升发展环境。推进省生态镇创建，完成乐平涌整治投资5518.7万元，占总投资额的90%。生活污水处理厂二期工程进入调试、水污染物在线监控系统投入运行，完成65家企业在线监控设备的安装和调试。推进清洁生产示范园区申报工作，推动一百铜业等10家企业开展清洁生产工作，15家完成清洁生产评估。

抓创新促升级　促成21家企业投入9.92亿元技术改造，新增恒力泰等4家年税收超亿元企业。推动澳美铝业、佛吉亚等近20家企业应用近100台机器人，促成全球四大机器人生产商德国KUKA设立机器人应用技术与培训中心，成立智能制造行业协会和三水区智能制造产业技术创新联盟。合肥工业大学广东研究院两个创新人才团队获市级认定，新增10个产学研项目、5个省名牌产品，新建4个省级、6个市级工程技术研究中心、新增4家高新技术企业。专利和发明专利申请量比上年增长51.2%、110%，均创历年之最。

（王鑫）

商业
COMMERCE

对外贸易

【概况】 2014年，三水区合同利用外资56831万美元，比上年增长5.21%；实际利用外资41510万美元，增长5.11%。全区进出口贸易总值248388万美元，增长8.41%；其中出口153881万美元，增长4.62%；进口94507万美元，增长15.19%。

【运行情况】 2014年，三水区存量优势外资企业做大做强，百威、澳美等项目在利用外资工作中的骨干作用持续发挥。全区有10家外资企业增资扩产，合同外资增资总额3421.84万美元。为应对全球经济的疲软，13家外资企业增加经营范围，多渠道提升公司的竞争力。全区一般贸易出口119100万美元，下跌8.41%，占全区出口总值的77.39%；加工贸易出口23300万美元，增长37.02%，占全区出口总值的15.14%。三水区对亚洲、欧洲两大传统市场出口比上年分别增长8.19%和5.1%；对非洲及大洋洲等新兴市场的出口略有增幅。进出口商品结构优化，光电技术、电子技术和计算机集成制造技术等技术含量较高的机械设备、电子电器、汽车零配件产品出口增长迅速。机电产品出口66234万美元，比上年增长6.96%，占出口总值的43.04%；高新技术产品出口24787万美元，增长29.9%，占出口总值的16.1%。

【全区外贸运行主要特点】 2014年，三水区外贸发展整体平稳，加工贸易增长显著。全区外贸进出口平稳增长，从贸易方式分析，占全区货物进出口主导地位的一般贸易略有放缓，进出口值19.56亿美元，比上年下降0.96%，贡献率78.74%。加工贸易较快发展，进出口值3.47亿美元，比上年增长28.54%。以电器及电子产品为代表的加工贸易企业迅猛发展，带动全区加工贸易显著增长，其中加工贸易出口增长37.02%。全区机电产品出口总值6.62亿美元，占全区出口总值的43.04%。以光电技术、计算机与通信技术产品、电子技术产品及计算机集成制造技术产品为代表的高新技术产品出口值2.48亿美元，比上年增长29.9%，占出口商品总值的16.1%。铝材、钢铁制品等传统产品的出口保持较强的市场竞争力，增幅超过20%。机电产品进口1.49亿美元，比上年增长24.52%，其中，光电技术产品和液晶显示板增幅均超四成。全区288家企业有外贸进出口业务，其中，进出口值超1亿美元企业5家，5000万美元至1亿美元企业4家，9家企业进出口值9.72亿美元，占外贸总值的39.13%，外贸骨干企业的带动作用尤为突出。

（劳佳）

商贸流通

【概况】 2014年，三水区城市综合竞争力增强和商业配套完善，商贸流通业保持良好的增长态势。全年社会消费品零售总额181.55亿元，比上年增长9.6%。批发和零售业零售额143.88亿元，增长8.9%；住宿和餐饮业零售额33.67亿元，增长9.7%。民营经济稳步发展，全区货运量1625万吨，比上年增长2.7%；商品销售总额219.75亿元，增长7.2%。

【促消费扩内需】 2014年，三水区打造“乐享三水”商贸官方微信平台，分门别类展示三水区知名商贸企业，为市民每日搜罗餐饮、住宿、旅游、休闲等最新促销优惠信息，营造消费氛围。区经科局组织三水酒厂等企业参加“2014中华老字号博览会暨旅游嘉年华”，为企业提供拓展国内外市场和品牌推广的平台。组织商家参与佛山市首届缤纷乐购节活动。日日升、卜蜂莲花和大润发等企业出席启动仪式，参与全市商贸信息手册制作，促进区商业资源延伸服务全市。

【商业网点发展】 2014年，三水区形成双核心的商业格局，以三水广场和恒福广场为中心的两大商圈，加上在建的新城万达广场和捷和广场、北江新区的新动力广场、三达路附近的德澳中心等，形成“三足鼎立”或多中心的商业格局。促进中移动华南物流中心项目、海尔(佛山)物流产业园、顺峰山庄、三水区科技与经济总部(澳盈商务中心)、普洛斯、安博等项目竣工投入运作。实施“智慧物流”腾飞计划。区经科局推进物流企业科技创新优化物流配送环节，推荐三水港吉宝物流有限公司成为佛山市第三批“智慧物流”腾飞试点企业。为优化三水区商业网点建设规划，提升城市商业氛围，区经科局委托广东财经大学编制完成《佛山市三水区商业网点发展规划》。

万达广场　万达集团布局广东的第15个项目，位于三水新城，占地面积约12万平方米，建筑面积55万平方米，将建成集大型国际购物中心、特色室外步行街、高品质住宅和精装SOHO公寓为一体的大型城市综合体项目。建成后将成为佛山第二个万达广场。

三水广场　一期建筑面积超4万平方米，多家国际知名品牌店加盟，包括世界500强企业之一的卜蜂莲花超市，餐饮巨头麦当劳、肯德基、必胜客，周大福、钻石世家、国美电器、屈臣氏、班尼路、大地数字影院等品牌店。二期建筑面积8万平方米，设有铂金财智公寓、国际标准写字楼、商务公寓及酒店等，有多家电子商务、商业服务等知名公司。

恒福广场　地处中心城区，地段优越。首层为一线服饰、黄金珠宝等门店，有万岁寿司、风雅老树餐厅、民信双皮奶、仙踪林等特色餐饮店。国美电器、7-11便利店、周大福珠宝、中国黄金等知名销售商进驻。台湾润泰集团旗下的大润发大型综合服务超市，面积2万平方米，日均人流量2万人次。

捷和广场　由香港捷和控股集团投资，靠近广佛肇轻轨三水站，占地面积13万平方米。建设高层住宅、酒店、写字楼及大型商场，规划建11000平方米的人工湖、露天游泳池、人工沙滩地、园林等。

芭蕾雨项目　首创置业与中国基建集团合作成立奥特莱斯（中国）有限公司，占

三水奥特莱斯广场

地面积约200万平方米，建筑面积约150万平方米，总投资超138亿元，“芭蕾雨”项目将涵盖休闲度假购物特区、世界风情城、大型购物中心、主题广场、特色商业街、美食天地、文化娱乐和公共配套设施等功能区域，是融居住生活、旅游度假、休闲购物、商务疗养等多种大型商业集群的城市时尚新中心，2014年3月与意大利ONLY ITALIA集团合作，可引进该集团旗下2000多个意大利品牌，打造为品牌货源最充足、品牌款式最新颖、品牌价格最优惠的购物天堂。

（劳佳）

旅游业

【概况】 2014年，三水区整合旅游资源，提升服务质量。三水温泉度假村被评为国家AAAA级景区，佛山伊利乳业集团被评为国家AAA级景区。全年旅游总收入20.18亿元，比上年增长3.92%，接待人数427.19万人，增长6.18%。旅游工作存在的主要问题是缺乏龙头旅游企业，旅游产业链条不完善，旅游景点散而不精。

【旅游宣传推介】 2014年4月，三水区委宣传部（区文体旅游局）主办的第二届三水区旅游文化节开幕，并举办“三水真滋味”美食评选大赛、三水旅游读本《乐三水》首发仪式、“三水旅游”微信公众平台上线等，有效提升三水旅游整体形象，提高三水旅游知名度，扩大三水旅游品牌效应，带动旅游综合消费。

【旅游资源整合】 2014年，三水区文体旅游局协助、指导旅游企业建立40个旅游路牌，完善旅游路牌指引。推进文化、体育、旅游产业改革，联合华南师范大学文化产业与文化地理研究中心开展课题研究，形成文体旅游产业融合发展三个课题研究成果。邀请旅游策划人贾云峰作旅游发展讲座，为三水旅游发展出谋献策。

【旅游服务品质提升】 2014年，三水区举办“文明与旅游同行”主题活动，印发1万份《文明旅游倡议书》、5万份《中国公民旅游文明行为指南》，提升市民出游素质。开展“平安景区”创建，三水温泉度假村、侨鑫生态园和芦苞祖庙成功通过第二批“平安景区”考评。

（吴薇）

烟草专卖

【概况】 2014年，三水区卷烟销售113277万支，比上年增长1.84%。持证户入网率、入网销售率均为100%。

三水区烟草专卖局（广东烟草佛山市有限责任公司三水分公司）是集行政执法管理和卷烟经营于一体的县级企业单位，内设专卖管理办公室、营销部和综合管理部。烟草专卖局为行政执法主体，依法对三水区烟草市场实行烟草专卖行政管理和监督；三水分公司是广东烟草佛山市有限责任公司的分支机构，以佛山市公司为经营主体，为三水区1894户卷烟零售户提供卷烟营销服务。全年出动执法人员2609人次、执法车辆632车次，检查卷烟零售户22866户次。查处各类涉烟违法案件216宗（其中移送工商部门并处罚的15宗），比上年上升10.2%；查扣各类违法卷烟87.72万支，下降82.6%。

2014年4月30日，三水区旅游文化节暨雅居乐·雅湖半岛美食嘉年华开幕式举行

2014年3月15日，三水区烟草专卖局举办消费者权益日宣传活动

【烟草专卖管理】 2014年，三水区烟草专卖局加强制假窝点排查工作。每月不少于1次排查，排查范围以三水区边界等偏远的“三不管”地带为重点，覆盖区内镇（街道）、村（居委），做到打防结合，严防死守，从源头上遏制制假行为。加强烟草专卖法律法规宣传，提高市民法制意识。区烟草专卖局与区司法局联合开展“送法到社区”活动，在部分居委、村委宣传栏张贴烟草法律法规，及宣传举报有奖，扩大打假宣传面。在“3·15”消费者权益日、“5·15”打击经济犯罪宣传日、“12·4”法制宣传日和零售户培训等平台，组织宣传活动，加强群众、零售户的法律意识。发挥联合监管优势，落实专卖管理联席会议制度，定期召开协商会议互通信息，组织联合执法检查12次。加强市场掌控，开展3个专项行动（卷烟市场清理整治行动，打击物流运输、仓储涉烟违法犯罪行为“风暴”专项行动方案，打击走私烟草专卖品联合行动）。区烟草局根据区打假办要求，创新工作方式，实行“一地一策”，对乐平镇新坑岗尾开展专项整治，强化中队辖区的监管。抓好业务技能培训，提高执法水平。

【卷烟营销】 2014年，三水分公司的现代零售终端建设成效显著。成立现代零售终端建设的领导小组和工作小组，对辖区内现代终端功能店进行问题排查和操作辅导，用派发使用手册、教学PPT分享、QQ远程指导操作等方法提升客户操作水平。提升客户经营能力。开展零售客户培训8场，培训客户191人次。提升团队业务素质。开展8次营销团队的培训研讨会议，内容涵盖行业政策精神、规范经营要求、现代终端建设、客户分类服务和品牌培育等方面。通过对主题内容的讲解和思考讨论，发扬集体智慧对各项营销重点工作的开展出谋划策。参与佛山市烟草专卖局（公司）组织的营销竞赛活动，凭借“我家‘邮喜’”主题陈列作品连续3年获得佛山烟草主题陈列竞赛的第一名。

（何健航）

2014年7月8日，三水区烟草专卖局举行消防疏散演练

农业
AGRICULTURE

■ 综述

【概况】 2014年，三水区农业总产值63.45亿元，比上年增长3.2%，其中，种植业产值18.74亿元，减少2%；林业产值2302万元，增长19.1%；畜牧业产值28.2亿元，减少0.2%；渔业产值13.2亿元，增长17.6%。农村经济总收入725.78亿元，减少10.44%；村组两级集体可支配收入7.7亿元，增长3.1%；农村居民人均可支配收入18903元，增长10.3%。全年农作物播种面积37.1万亩，减少1.5%，其中粮食作物播种面积11万亩，减少4.1%；蔬菜种植面积18.1万亩，减少5.3%。粮食产量3.52万吨，减少1.9%；蔬菜产量41.7万吨，减少3.2%；水产品总产量11.4万吨，增长8.9%。优质鱼养殖水平提高，品种结构优化。受畜牧养殖规划调整和H7N9禽流感的影响，肉类总产量11.3万吨，比上年减少0.6%。

三水区农林渔业局承担全区农、林、渔、畜牧业工作和农村工作，内设办公室、农业发展科、林业管理科、畜牧兽医管理科、农村管理科、综合协调科，下设省渔政总队三水大队1个行政单位和区农业机械安全监督管理所、区农林技术推广中心、区农产品质量安全检测中心和区大南山生态公益林场、区新农村建设中心5个事业单位。

【农业科技示范推广】 2014年，三水区农林渔业局推广应用水产养殖新技术。推动白金水产种苗有限公司与珠江水产研究所共建青岐水产科技园，落实科研项目。在笋壳鱼、桂花鱼、加州鲈鱼等品种养殖上开展微电技术的健康养殖试验。推广通威365养殖模式，提高水产养殖密度，达到增产增效的目的。三水区农林渔业局与珠江水产研究所签订科技合作协议，委托其编制《佛山市三水区养殖水域滩涂（渔业发展）规划》，推进全区水产养殖业快速发展。新建“佛山市三水区农林技术培训基地”3个，总数6个。举办专业技术培训班26期、新品种新技术示范推广现场活动5场、科技集市2场，5300人次参与，颁发“佛山市职业农民培训证书”300多本。加强农产品品牌建设。2014年，全区35个农产品基地获无公害产地认证，40个农产品获无公害农产品认证，注册“大塘蔬菜”等28个商标。启动“三水西瓜”和“三水芦苞鱼干”地理标志证明商标申报，推进“三品一标”申报工作，完成“三水黑皮冬瓜”省著名商标的续期工作。

【农产品抽样检测】 2014年，三水区农林渔业局对全区生产基地、养殖场抽检农产品样品12554份。抽取蔬菜样品10101份，进行农药残留检测；抽取生猪样品（猪尿）1504份，进行盐酸克伦特罗、莱克多巴胺残留检测；抽取水产样品417份，养殖用水904份，进行孔雀石绿、氯霉素、硝基呋喃残留检测；抽取禽血清样2457份，检测禽流感、新城疫，对1182份鸡血清进行H7N9检测；抽取猪血清775份，检测猪瘟、口蹄疫。

【农机推广和安全监理工作】 2014，三水区有24户申请中央财政农机购置补贴专项资金152万元，发放救灾复产农机具1320台，检测年审拖拉机402台。签订“农机安全生产责任书”402份，完善《佛山市三水区重大农业机械事故应急预案》。开展农机安全执法检查，检查场地332处、拖拉机1202台、联合收割机3台、冷库5座，排查农机事故隐患28项；发放宣传资料2729余份、宣传标语800条、宣传横幅36条、宣传短信7880条。

【农村综合改革】 2014年，三水区农林渔业局推进家庭农场等三项改革试点工作。在发展家庭农场方面，出台《佛山市三水区农林渔业局关于规范家庭农场发展的指导意见（试行）》。以68户（其中水产养殖户24户）符合资格的农户作为试点推进该项工作。探索股权固化方面，全区选定股权固化试点14个。在土地流转方面，全区通过农村集体资产交易平台流转300亩以上并交付使用的土地8宗，共5318亩。培育发展农民专业合作社。全区有农民专业合作社68个，占全市总数的50%，其中，省级示范合作社5个、市级示范合作社20个，在册成员2046人。开展村组两级财务预算改革。7个镇（街）完成村组两级财务预算改革工作。村集体资产交易平台完成农村集体资产累计交易337宗，总额2828.85万元，增值17.71%。拓宽“政银保”合作农业贷款融资渠道。新增三水珠江村镇银行作为“政银保”的合作银行，修订《佛山市三水区“政银保”合作农业贷款实施办法》，确保政策落实有文可依。全区累计发放贷款3715笔，金额58752.1万元；其中2014年发放贷款897笔，金额17854万元。

【新农村建设】 2014年，三水区农林渔业局申报村级公益事业“一事一议”项目奖补资金，推动新农村建设。全区获得省、市“一事一议”项目资金1043万元，用于完成全区33个自然村创建新农村示范村，全区累计完成622个自然村创建任务，约占全区自然村创建任务总数的90%。加大农村污水处理力度，完成11个分散式农村生活污水处理设施建设，全区累计完成39个分散式农村生活污水处理设施建设，有效改善农村生活环境。

【农村土地承包经营权登记工作】 2014年，三水区农林渔业局推进土地确权登记工作。出台《佛山市三水区农村土地承包经营权确权登记颁证工作方案》，指导各镇（街）开展土地确权登记工作。成立区土地确权登记工作领导小组，成员含13个区直单位和7个镇（街）。召开全区确权登记工作动员会议，举办土地确权登记工作培训班。完善三水区农村土地承包经营权确权登记颁证工作操作规范和流程图，作为各镇（街）开展工作的依据。编发宣传材料，通过媒体开展土地确权登记专题报道。委托招投标中心，按照法定程序开展土地确权登记服务项目招标。

【扶贫开发“双到”工作】 2014年，三水区农林渔业局开展新一轮扶贫开发双到工作，落实扶贫资金1500万元。罗定市15个对口帮扶贫困村考核成绩均被省确定为优秀档次，名列佛山市前茅。

■ 种植业

【概况】 2014年，三水区种植业产值18.74亿元，比上年减少2%；农作物播种面积37.1万亩，减少1.5%，其中粮食作物播种面积11万亩，减少4.1%；蔬菜种植面积18.1万亩，减少5.3%。粮食产量3.52万吨，减少1.9%；蔬菜产量41.7万吨，减少3.2%。三水区农林渔业局推动农业园区和“菜篮子”基地建设，推广农业新科技，加强蔬菜样品检测和“大塘蔬菜”“三水西瓜”等农业品牌建设。“大塘蔬菜”等商标已注册，省著名商标“三水黑皮冬瓜”完成续期工作，启动“三水西瓜”地理标志证明商标申报。

【现代农业园区】 2014年，三水区农林渔业局继续完善农业园区建设。在上年完成10万亩现代农业园区建设的基础上，完成现代农业园区5项提升工程，大塘镇利达隆农业示范园、大塘农业园区入口景观改造、芦苞上塘及大鲁涡机耕路改造工程建成。

【“菜篮子”基地建设】 2014年，三水区农林渔业局新增9家市级“菜篮子”基地和1家市级“菜篮子”流通基地。大塘镇利达隆公司获得2013年中央“菜篮子”扶持资金50万元。抓好“菜篮子”基地的规范管理工作，组织检查

20次，检查蔬菜基地70多个次。

■ 林业

【概况】 2014年，三水区推进林业生态建设、低效林改造和进村主干道绿化提升工程，加强森林资源保护、森林防火和森林病虫害防治工作。林业用地面积12313.6公顷。林业年产值2302万元，比上年增长19.1%。

【林业生态建设】 2014年，三水区农林渔业局推进林业生态建设，投入约800万元实施森林公园扩面工程，新建南山镇九道谷森林公园为市级森林公园，完成九道谷前期调研、总体规划及启动部分基础设施建设；改造提升大南山森林公园。投入400万元完成21个森林家园示范村建设，其中6个村被评为省级绿化示范村，11个村被评为市级绿化示范村，有效改善村居环境。

【低效林改造和进村主干道路绿化提升工程】 2014年，三水区农林渔业局对二广高速、广梧高速、西江和北江沿岸2600亩低效林改造进行补植、抚育工作，强化管护措施，确保新建林带成林达标，投入200万元在各镇（街道）开展1000亩低效林改造。结合乡村绿化美化工程和新农村建设要求，投入160万元启动10千米进村道路绿化。

【森林资源保护】 2014年，三水区林业用地面积12313.6公顷，其中生态公益林面积6294.6公顷，占51.12%，商品林6019公顷，活立木蓄积1317531立方米，森林覆盖率18.66%，林木绿化覆盖率32.86%。通过科学规划和管理，切实保护林地和绿地，确保水源涵养和水土保持。加强对区内征占用林地建设项目的检查、监督，防止越界开发。2013年12月至2014年12月，全区因建设需要征占用林地7宗，面积25.22公顷，全部依法办理审批手续，缴纳森林植被恢复费151.44万元。做好林地保护工作，没有发生违法使用林地的行为。

【森林防火和森林病虫害防治】 2014年，三水区农林渔业局召开会议、下发文件、印发通告、设置警示牌以及现场检查、演练，部署森林防火工作，特别对清明、重阳、国庆等重大节日或高火险时期的防火工作进行重点部署。开展森林防火宣传教育、火灾隐患排查、防火培训演练、强化火源管理，及时补充维护灭火机具和组织巡山护林值班调度措施，有效防止山火，全年无发生森林火灾事故。按上级要求完成森林病虫害防治等任务。

■ 渔业

【概况】 2014年，三水区完成高标准连片鱼塘整治并验收1500.4亩。渔业年产值13.2亿元，比上年增长17.6%。推进8个水产品示范基地建设，重点扶持优质高值水产新品种养殖，加快水产业结构调整，提高水产品数量和质量，促进水产业向规模化、标准化、产业化发展。

【高标准连片鱼塘整治】 2014年，三水区农林渔业局完成2013年度1691亩的鱼塘整治验收工作。鱼塘整治经验收合格后，区财政分3年共给予2000元/亩的补助。开展2014年度鱼塘整治申报、验收工作，完成整治并验收1500.4亩。

【水产“菜篮子”及示范基地建设】 2014年，三水区农林渔业

2014年1月16日，三水区农林渔业局、珠江水产研究所科技合作协议签署仪式举行

局抓好水产“菜篮子”及示范基地建设。大塘镇华淼水产专业合作社获得2013年中央“菜篮子”扶持资金50万元。加强水产新品种的引进和养殖工作，重点扶持泰国笋壳鱼、黄颡鱼、罗氏虾等优质高值水产新品种养殖，以点带面，推广优质高效的水产新品种养殖和健康养殖模式。启动“三水芦苞鱼干”地理标志证明商标的申报工作。积极推进南部、北部、中部8个水产品示范基地建设，加快水产业结构调整，提高水产品质量，促进水产业向规模化、标准化、产业化方向发展。

【提升水产种苗质量】 2014年，三水区有市级水产种苗场2个，区级水产苗种场6个，申报市级场4个。推进水产种苗场的培育，提升水产种苗繁育水平和产量。开展水产种苗种质提纯复壮，提高笋壳、罗非鱼等种苗质量。加强对水产种苗场的日常监管。

【渔业工作】 2014年，三水区农林渔业局完成986艘渔船的签证工作，更换捕捞证、换发船员证1610个，完善渔船档案。开展渔业政策性保险工作，为全区1965名渔民购买渔业保险，市、区、渔民个人以30∶65∶5的比例缴交保费，为渔民从业风险提供有效的社会保障。

■ 畜牧业

【概况】 2014年，三水区农林渔业局加强畜牧业生产的动物防疫、规模化畜禽养殖场污染防治、饲料监督和禁养区清理等工作，落实生猪良种奖补资金。全区畜牧业年产值28.2亿元。

【动物防疫】 2014年，三水区农林渔业局在畜禽强制免疫、消毒灭源、免疫排查、免疫监测和防疫物资调配等方面常抓不懈，严防疫情爆发，未出现重大动物疫情。全年发放禽流感疫苗3186.5万毫升，猪口蹄疫苗336.5万毫升（其中合成肽52.5万毫米），猪瘟疫苗294.2万头份，猪蓝耳弱毒疫苗101万头份，猪蓝耳灭活苗37.4万毫升，牛羊口蹄疫苗6.5万毫升，狂犬病疫苗3.7万毫升。

【规模化畜禽养殖场污染整治】 2014年，三水区农林渔业局开展规模化畜禽养殖场整治70家，其中猪场51家、牛场1家、鸡场18家。通过国家审核认定养殖场41家，其中猪场25家、鸡场16家、6家关停（搬迁），5家减产至非规模场。

【“菜篮子”基地建设和生猪良种补贴】 2014年，三水区农林渔业局加快推进“菜篮子”基地建设，在生猪养殖方面，芦苞镇金佳生猪养殖合作社获得2013年中央“菜篮子”扶持资金50万元。区农林渔业局通过公开招投标选定2家供精单位，在全区7个镇（街道）设立10个生猪冻精供应服务站点。发放良种猪精18107份，授配母猪9054头，划拨生猪良种补贴资金181070元。

【生猪调出大县奖励资金】 2014年，三水区农林渔业局列入2013年农业源减排任务的6家生猪养殖场沼气池建设项目通过区级验收，拨付奖补资金72万元。三水区农林渔业局与区财政局修订《生猪调出大县中央奖励资金使用实施办法》，将2013年度的奖励资金重点用作扶持养殖场减排设施建设。44家列入2014年畜禽污染整治（农业源减排）任务的生猪养殖场申报该项目，申请奖补资金196万元。

【饲料监督和禁养区管理】 2014年，三水区农林渔业局完成饲料生产企业年度备案的报送工作，换发饲料生产许可证22个，饲料监督抽样92份。清理禁养区内畜禽养殖场145家，完成禁养区清理任务。

（许锦华）

2014年11月14—16日，三水区组织企业参展第五届广东现代农业博览会

金融业

FINANCE

综述

【概况】 2014年，三水区有银行类金融机构17家、金融网点135个、金融从业人员1815人。各金融机构认真执行国家金融宏观调控政策，强化内部管理，调整信贷结构，金融生态环境不断优化，金融业经营状况逐步好转，资金实力不断增强。年末，全区金融机构本外币各项存款余额558.81亿元，比年初增加53.22亿元，增长10.53%；各项贷款余额381.65亿元，比年初增加73.49亿元，增长23.85%；出口收汇16亿美元，比上年增长8.1%；进口付汇10.6亿美元，增长18.3%。

中国人民银行三水支行内设办公室、综合业务股、外汇管理股、会计国库股。年内，执行稳健货币信贷政策，推进金融改革创新，提升金融管理和服务水平，强化金融风险防范，加强内部管理，开创三水金融工作新局面。

【支持区经济发展】 2014年，中国人民银行三水支行根据国内外经济金融形势和发展趋向，结合三水区经济金融发展运行特点，按照上级行对信贷政策“保持定力、精准发力，不宜从紧、不能放松”的核心精神，加强对金融机构的窗口指导，将上级行的货币信贷政策及国家宏观调控意图及时、全面、正确地传递给金融机构，引导金融机构贯彻落实上级行货币信贷政策，为地方经济发展提供有效支撑。引导金融机构按照总体稳健、调节有度、结构优化的要求，制定年度信贷投放计划，避免新增贷款季度和月度之间的大起大落，保持信贷平稳投放，合理增长。引导金融机构坚持“区别对待、有扶有控”原则，用好用活信贷存量，优化信贷资源配置，提高信贷资金配置效率，对重大在建项目、战略性新兴产业、产业转移等给予信贷支持，结合三水区“产业新城、南国水都、广佛肇绿芯”的发展目标以及“禅南三”三区合作发展战略，探索金融支持地方总部经济发展的有效模式。引导金融机构加大对中小微企业、“三农”等薄弱环节和民生领域的支持力度。至12月末，全区金融机构存款余额558.8亿元，贷款余额381.7亿元，较年初分别增长10.5%和23.9%，增幅在佛山五区中排名第一，加强对地方经济发展的支持作用。

【推动金融服务创新】 2014年，中国人民银行三水支行做好“金融超市”推广工作。年初，促成“三水金融融资超市”网上服务平台开通，改变金融机构与客户之间传统的对接方式，实现网上融资功能，为企业提供贷款、股权投资、融资担保、保险服务等个性化、全方位的综合金融服务，为城乡企业、农民专业合作社开通便捷、对接的融资“绿色通道”。服务三农和小微企业金融产品创新，推进“政银保”“保险贷”“创业小额担保贷款”“妇女创业贷款”等多项金融创新产品。扩大受惠面，“政银保”和“创业小额担保贷款”发放贷款分别为5.74亿元和1.37亿元。引导金融机构做好骨干企业和重点项目的金融服务，扶持本地民营企业做大做强。推动跨境人民币结算新业务，为涉外企业提供全方位的金融产品服务。

【深化金融机构改革】 2014年，中国人民银行三水支行推动三水农信社改制工作，完善内部控制制度，提高风险防控能力，为其改制农商行提供有力的支持。引导三水珠江村镇银行坚持“支农支小”市场定位，走差异化发展之路，构建与“三农”和“小微”发展相适应的服务模式。加强金融体系建设，引进各类金融机构。支持地方政府引进股份制银行、农村商业银行、外资银行以及证券、保险等金融机构，增强竞争力和提高服务水平。配合区政府打造首条“金融街”，形成集聚效应。引进南粤银行和南海农商行，顺德农商行、光大银行筹划进驻。加强政、银、企的沟通协调，鼓励企业上市融资，做好后备上市企业的培育和辅导工作。欧神诺股份有限公司、盛华德通讯科技股份有限公司2家企业上市“新三板”，其中欧神诺成为佛山首家新三板的企业。完成股改企业7家，后备上市企业库50余家。加强企业发债融资的宣传，完善企业发债信用增进、偿债保障机制，鼓励符合条件的企业在银行间市场发行短期融资券、企业债等，拓宽企业的融资渠道。

【提升金融服务水平】 2014年，中国人民银行三水支行提升金融服务水平，加强金融知识宣传普及工作。推进农村支付服务环境建设工作，建设“银行卡助农取款服务点”，做好农村财务管理“e财通”工作，拓展和优化助农取款业务。做好国库会计核算工作，有效支持地方经济发展。以“业务零差错、资金零风险”为目标，确保ACS系统上线运行，准确及时地办理各级预算收入的收纳、报解、退付及库款的支拨等业务，高质量完成国库资金收支核算工作。推进“创建平安金融”工作，加强宣传和引导，以社会信用体系建设为着力点，以创建平安金融为目标，加强信用环境、制度环境、法制环境和市场环境建设，督促金融机构规范安全经营，做好广东省农户信用信息系统的推广和运用工作，为经济发展营造良好信用环境。协助上级行对两家法人机构征信接口验收，其中三水珠江村镇银行是首次接入人民银行征信系统。开展金融知识进校园、进社区活动，加大对反假货币、反洗钱、银行卡和征信等方面的金融知识宣传。开展人民币反假现场检查2次、户外宣传和讲座活动4次、金融机构人员反假实操考试1次。办理人民币鉴定18笔，收缴假人民币11700元。做好金融消费权益保护工作，引导金融机构认真履行社会责任，完善金融消费纠纷处置机制，确实保障消费者合法权益。深化外汇管理改革工作，有效实施企业分类监管，做好企业现场核查工作，规范涉外企业用汇行为。加强与外经贸部门的沟通联系，及时了解企业对外汇业务的需求，推动进出口贸易和外商投资的平稳增长。加强各类金融风险防范，维护金融稳定运行。加强沟通协调和监管信息共享，研究制定防范和化解措施，增强防范和化解区域金融风险能力。关注重大金融事件，完善重大事项报告制度，上报金融风险专报信息3篇。加强综合执法检查，规范金融市场秩序。9月中旬至10月底，组织对建行三水支行的综合执法检查，发现该行存在的一些业务操作、金融法规问题，及时纠正。

（卢畅燃）

■ 银行业

中国工商银行佛山三水支行

【概况】 2014年，中国工商银行股份有限公司佛山三水支行员工136人，内设支行本部，下设1个营业部、7个二级支行，24小时自助银行8间，柜员机27台，离行式柜员机2台。围绕“三分天下有其一”的发展目标，提升竞争力，推动盈利持续增长，强化风险管理，实现业务、利润和风险控制目标。获佛山分行授予“拨备前利润之星”“创利进步奖”“合规标兵单位”等奖项。至年末，本外币各项存款余额42.28亿元；各项贷款余额24.36亿元；中间业务收入3163万元；利润10144万元。

【业务发展】 2014年，中国工商银行佛山三水支行加强各项管理，促进存贷款业务发展。

存款业务　坚持存款为立行之本，将存款业务抓好、抓细、抓实，促进存款业务的持续发展，扩大资金来源和经营规模。立足市场，以客户为中心，推动对公存款加快发展。

细化客户营销管理。对有贷客户和无贷客户进行梳理分类，分解到客户经理管户，做到人人管户、户户有人管，对存量客户跟踪营销。加强联动营销，重点攻关。支行与网点、政府部门加强沟通，及时掌握客户信息，实行贴身跟踪服务。引进某村委会4000多万元存款。年末，对公存款比年初净增24314万元，在佛山分行名列前茅。稳定个人存款，推进储蓄存款增长。以理顺VIP柜台服务为突破口，提升优质客户服务，扩大客户群体。年末，20万元以上中高端客户比年初增加430户。开展EBM项目精准营销工作，落实对三方存管、商友客户群体和信用卡客户存款的3项EBM精准营销，实现银证资金的转化，引入更多商友客户群体的经营资金和信用卡客户存款。明晰产品，储备存款资源。强化结构、保本产品承接率，为储蓄存款提供重要保证。引导网点每天关注和做好资金的承接，在保本、结构有额度的前提下，尽量用保本、结构理财产品进行承接。做大与储蓄存款互动的GD及期次类产品规模，提升储蓄存款的资源储备。GD系列收益相对较高，有利于吸纳资金。提高现金类产品规模，重点对三方存管客户、商友卡客户、信用卡客户营销。

贷款业务　抓机遇，锁目标，开拓新市场。拓展项目贷款和客户市场。开展高层营销，及时掌握项目资金需求动向，赢取先机。狠抓住房贷款，加强与房地产开发商的联系，扩大业务来源，使市场占比及余额逐步提高，年末，个人贷款余额105049万元、净增24865亿元，创下支行个人贷款业务的新纪录。防范信贷风险。全年三水支行不良贷款率控制在0.11%以内，低于佛山分行的水平。

中间业务　以全产品营销为重点，发展中间业务。提升个金业务、公司中间业务、国际业务。

【网点升级】 2014年，中国工商银行佛山三水支行优化网点布局，加快旧网点升级改造。将河口支行并入支行营业部。装修文锋支行，将新风支行并入文锋支行，提升网点的竞争力。

（刘德丰）

中国银行股份有限公司佛山三水支行

【概况】 2014年，中国银行股份有限公司佛山三水支行（简称“中行三水支行”）有员工109人，下设业务发展部、结算业务部、营业部，管辖6家二级支行。强化市场营销能力、风险防控能力、优质服务能力、制度执行能力、攻坚克难能力，推进4个重大项目，加强内控管理，优化服务环境和服务流程，为客户提供更便捷的服务。实现各项业务平稳发展。

【业务发展】 2014年，中行三水支行致力加快各项业务发展。加强与三水区政府的合作关系，为三水区建设新型城镇化城市、城市升级、“三旧”改造、工业园区提供快捷、便利的金融服务。获得上级行大力支持，批复重大项目4个。加大对当地企业授信支持力度，满足企业发展需求。全年为5家企业新增授信总量。获得省行新增批复金额合计14.7亿元，存量客户增额批复金额合计5800万元，投放金额合计7.58亿元，涉及行业包括新型城镇化、房地产、办公家具、纸业（印刷）等支柱行业。加强与工业园区的沟通与合作，成立园区服务小组，对园区内的大、中、小、微企业上门服务，根据企业的实际需求，推介中国银行多种特色产品，如税款通宝、供应链通宝、租金通宝、石油通宝、集采通宝、医药通宝、联保联贷、诚信贷、加成贷等，给予企业最大限度的支持。全年新增15户中小企授信企业，获得批复金额合计11560万元，投放6420万元，涉及行业包括加油站、机械、贸易、五金等行业。拓展楼宇按揭贷款、个人循环抵押贷款、个人投资经营贷款业务。适应购房政策、房贷政策变化，落实在售或将售楼盘的申报准入，优化内部审批流程，提升放款效率，全年个人贷款净增7589万元。做好区直单位统发项目代发薪的服务及营销工作。为区直单位8500多人代发薪。为客户制订各种产品配套服务，满足区直单位及职工多样化的金融需求。致力创新和优化产品，推出个人汇款套餐、约定转账产品、密码汇款等日常转账汇款，又推出大额存单、个人投资理财产品证明、收汇通、平价远期、中润池、中银集富等多样化产品，满足客户多样化的投资理财需求。创新改革，优化渠道建设。自助开户渠道方面，自助通增加发卡功能，不仅能自助开立借记卡，网银及手机银行也可一并开通，无需填写申请表，随到随办，省事快捷，受到客户认可。交易渠道方面，中国银行还借助"中国银行微银行""中国银行广东分行""中国银行信用卡"等公众微信平台，为客户提供动账通知、信用卡账单查询及积分兑换、在线预约、在线理财等多种微服务，更切合当前客户的使用习惯。客户服务渠道创新，全辖网点免费WiFi全覆盖，为客户提供便利；并在部分网点设立智能体验区，提供手机、IPAD等智能产品向客户展示银行产品，引导客户现场体验银行自助渠道功能，提升对客户的增值服务。

【服务水平】 2014年，中国银行三水支行坚持从服务客户的理念出发，因时而变，博采众长，积极优化服务，强化文明优质服务要求，提升物理网点服务质量，努力打造客户最满意的银行。大力整治营业环境，提升环境舒适度。严格按照《中国银行业文明规范服务千佳示范单位考核标准》中网点服务环境的标准，对网点进行营业环境的整治工作，特别是对各种线路不规整进行整理，规范物品摆放标准，增添绿色植物，引进无线定向呼叫系统。加强柜台内外人员的沟通，提升响应速度，创建良好的内设服务环境。优化服务流程。开展4个批次的业务流程优化工作，涉及挂失、汇款、现金收付、身份证复印、强制扣划、理财易、贵金属、国际卡还款、开户填单、账户流水打印、集中授权拍摄内容、移动POS、IC卡换卡、随身保、ATM清机等业务品种或操作环节，提升业务办理效率，减少客户等候时间。严格落实柜员"七步曲"，提升柜台人员服务质量。按照"七步曲"内容规范柜台服务各个环节，从"举手迎"到"目相送"，确保柜台提供标准化文明优质服务。优化人员配置。尽可能释放人力，参与营业大厅服务。保安员、引领员、大堂经理、客户经理等多方面配合，确保为每一位进入网点的客户提供全方面的现场服务，及时为客户解答疑问，帮助客户解决问题。创新检查监督方式，持续提高服务水平。开展文优检查方式创新活动，组织"大堂服务""线路规整"两项文优服务录像视频上报评比工作。开展服务"金点子"征集活动，集思广益，凝聚全员力量提升服务质量。聘请客户作为义务监督员，对网点服务评分，以客户的角度检验网点服务，对网点对外服务起到监督的作用。

（何佩佩）

中国农业银行股份有限公司佛山三水支行

【概况】 2014年，中国农业银行股份有限公司佛山三水支行员工219人，内设公司业务部、个人金融部、运营财会部和综合管理部，下辖17个网点，其中营业部1个、二级支行16个。围绕"控险"重点，巩固存款、中收两项基础，提升价值创造、业务创新、业务执行能力，强化增加值、扩户提质、强基控险、队伍建设意识，通过打基础、补短板、盯目标、调节奏、控风险，推动各项业务发展和安全营运。年末，各项存款余额82.84亿元，比年初净增3.74亿元；各项贷款余额39.92亿元，比年初增加9.37亿元。

【业务发展】 2014年，中国农业银行股份有限公司佛山三水支行多策并举，发展存款业务。加强与政府部门的沟通联系，营销新落户企业和新开工项目，拓展财政资金和各类社保基金存款。拓展高端客户上下游企业的结算账户，实现资金行内循环。公私联动，积极拓展信贷客户和集团客户的代发工资业务。对重点客户实行名单制营销和管理，提升市场营销效率和质量。建立重点客户管理台账，落实责任，明确营销目标和工作要求。做好个人贵宾客户的拓展与维护工作，拓展个体工商户、私人银行客户等个人优质客户。提升网点综合服务水平，推行"6S"标准化管理模式，以优质服务吸引和留住客户。推进基层网点对公业务转型，提升网点的综合业务能力。在信贷方面加快对大项目和优质中小企业的投放，优化信贷结构，加强信贷风险防控。发放房地产项目贷款2笔2.37亿元，三水区政府平台贷款2笔4.78亿元。加大对工业园区中小企业的信贷支持，提供多元化、个性化的金融服务，对节能环保、信息技术、生物制药、高端装备制造、新能源、新材料等行业的22个客户给予贷款支持。做大做强个人信贷业务，由网点直接经营，配备客户经理，缩减流程，提高办贷效率。个人贷款市场占有率42.9%，比年初提高1.77个百分点。强化信贷风险管理，把好信贷业务的调查关，落实贷后管理工作。扩大中间业务收入，挖掘潜力，抢占市场份额。提升结算业务、代理业务、贵金属业务、分期业务、理财业务、收单业务、电子银行业务的服务水平和综合营销效率。加强自助银行建设，扩大ATM机的使用范围，提高其收益率。加大对新兴中收业务的拓展力度，推进投资银行业务、银团业务、资金托管业务、企业年金业务，增加投行收入。

【服务“三农”】 2014年，中国农业银行股份有限公司佛山三水支行把重点工作放在便民、利民服务上。在镇、乡、村、商贸中心、工业园区设立离行式自助银行，有离行式自助银行21个、65台自助设备，极大地方便了城乡居民的金融需求。推进“社保卡”惠民工程，发放社保卡33万多张，是区内发放社保卡最多的银行。开展进乡村、进企业、进车行、进楼盘、进商场、进市场活动，方便办理金融业务。发放农村个人生产经营贷款和农户贷款29笔，推动农村经济发展。

（石秋迅）

中国建设银行股份有限公司佛山三水支行

【概况】 2014年，中国建设银行股份有限公司佛山三水支行（简称“建设银行三水支行”）内设个人金融部、公司业务部，下设1个营业部、9个股级支行、2个分理处，员工184人。年内，建设银行三水支行加强团队建设，细化网点层级管理，调动员工积极性。推进抓客户、促存款、强核心等工作，夯实经营基础和客户基础，开展重点产品营销竞赛活动，各项业务得到发展。2014年全量存款余额121亿元，当年存款新增12亿元；贷款余额73亿元，全年贷款发放17亿元；中间业务收入1.3亿元，存款、贷款、中间业务收入等各项主要指标完成情况，均在系统内排名前列，获“建设银行佛山分行2014年度优秀支行团队”称号。

【基础管理工作】 2014年，建设银行三水支行落实合规管理。抓好案件防控各项工作，实现“安全年”工作目标。抓客户维护与拓展，夯实客户管理基础。抓贷后维护，力促存贷比例提升。加强网点层级管理，提高“八岗”综合贡献度。

【个人金融业务】 2014年，建设银行三水支行坚持以存款为工作核心，公私联动，促进个人业务稳步增长。利用建设银行优质的金融理财产品，拓展中高端及潜在客户在建行办理高收益产品，促进存款增长。通过举办形式多样的理财沙龙活动，进一步拉近客户的距离，提升客户对建设银行的满意度和忠诚度。加大代发工资业务、社保卡代理业务等批量业务的拓展和服务，扩大个人客户群体。做好员工的业务培训，方案推动，提高个人住房按揭业务的市场占比。

【公司客户业务】 2014年，建设银行三水支行拓展资产业务，以资产业务带动其他业务的发展。推进三项资产业务下沉到网点经营，通过轮岗、跟班培训、信贷夜校等方式普及资产业务知识，提升网点资产经营能力，并通过资产业务带动其他产品的销售。开展各类型客户交流活动，促进客户有效增长，并带动存款及产品的销售。设立最低营销目标考核，加强对工业园区企业的走访，提高服务效率，拓展新进园企业的业务，促进行外企业客户增加。

（陆世昌）

中国农业发展银行佛山市三水支行

【概况】 2014年，中国农业发展银行佛山市三水支行职工18人，内设办公室、客户业务部、会计结算部。年内，加大信贷支农力度，防控和化解风险，推行精细管理。年末各项存款余额52341万元，各项贷款余额101390万元。

【信贷重点】 2014年，中国农业发展银行三水支行履行政策性职能，贯彻国家粮食安全战略，做好粮油收储信贷工作，做好全区粮油收购资金的供应，保证区粮油市场的平稳发展和粮食安全。支持区粮油中心项目建设，改善粮油储备仓库、仓储技术装备，提高粮油加工技术水平。支持西南涌北段综合整治工程建设，有效提升防洪排涝能力，美化河道景观。支持横涌村、高丰村片区土地征收工作，推进三水新城建设。

【信贷管理】 2014年，中国农业发展银行三水支行加大信贷风险、粮油贷款管理，落实库存监管措施，确保储备粮库存数量真实、质量可靠。加强农业农村基础设施建设贷款管理，完善项目贷款监测体系，密切关注客户运营和项目进展情况。做好贷款质量分类，提高风险预警和处置能力。加强资金计划管理，提高项目资金的利用率。做好财政补贴资金监督拨付工作，确保收回贷款本息。三水支行被总行评为“模范职工之家”，被省行评为“先进基层党组织”，被市分行评为“先进基层党组织”。

（陈向明）

三水区农村信用合作联社

【概况】 2014年，三水区农村信用合作联社内设16个职能部门，下辖5个信用社、1个营业部、1个小企业专营中心、62个营业网点，员工794人。年末，各项存款余额175.57亿元，比年初增加14.32亿元，增长8.88%；各项贷款余额125.57亿元，比年初增加11.56亿元，增长10.14%；利润4.3亿元，比上年增加0.62亿元，增长16.85%；存贷款市场份额均居全区同业之首，上缴税金1.44亿元，连续3年纳税超1亿元。

【产权改革】 2014年，三水区农村信用合作联社重点推进产权升级改革工作，结合改革中存在的突出问题，与三水区政府研究解决措施，加快推进捐赠及抵债资产的变现工作，采取进入土地二级交易市场、协商政府回购、打包处置、土地储备中心托管处置储备等方式，制定抵债土地资产处置方案，完成6宗抵债土地处置的变更手续。12月31日，广东省人民政府批复同意三水区农村信用合作联社启动组建农村商业银行的相关工作。

【普惠金融】 2014年，三水区农村信用合作联社加大企业信贷扶持力度，践行普惠金融服务理念。组建大客户中心，提供特色化、差异化和个性化的服务。举办大客户交流会，搭建与高端客户沟通交流的平台，加强银企沟通。大客户中心拓展公司存款8700万元，拓展贷款客户14户，发放贷款5.6亿元，以优质客户资源带动业务新增长。争取信贷资源向小微企业倾斜，在风险控制的前提下尽量满足小微企业的资金需求，推出微贷易、无“微”不至系列信贷业务产品，弱化担保，推动本地小微企业的发展。开展以“助小微，促升级，防风险，惠民生”为主题的第三届小微企业金融服务宣传月活动，将普惠金融服务理念传递到小微企业客户群中。年末，小微企业贷款余额52.48亿元，比年初增加7.75亿元，实现小微企业贷款“两个不低于”的目标，金融服务惠及越来越多的小微企业。推行贷款审批官制和限时工作制，在确保信贷风险防控到位的情况下加快信贷

2014年7月19日，三水区联社辖内首家新标志标杆网点——蓝湾分社开业，标志着区联社全面铺开新标志宣传推广应用工作

审批流程，压缩贷款办理时间，提升贷款办理速度。立足服务“三农”的定位，择优扶持乐平大智生物科技、合洋水产、南边金东“三鸟”屠宰场等一批农业龙头企业，促进农业集约化发展。加大“政银保”的支农力度，扩大贷款规模，将“政银保”贷款的政府担保基金由1000万元上升到1600万元；放宽贷款对象，首次将仓储运输、农业服务性行业以及家庭农场纳入贷款对象。三水户籍种养户贷款额度由50万元提高到70万元，区级农业龙头企业、农民合作社贷款额度由150万元提高到200万元。在芦苞镇西河村成立区首家农村金融服务站，解决当地近5000名村民因位置偏远而带来的金融服务难题，填补当地金融服务空白。年末，涉农贷款余额20.55亿元，比年初增加2.91亿元，增长16.5%，达到涉农贷款增速高于各项贷款增速的考核要求。其中，“政银保”合作农业贷款3636笔、5.64亿元，贷款余额1.49亿元，比年初增长1641万元，增长12.34%。

【服务创新】 2014年，三水区农村信用合作联社加大产品创新力度，推出无“微”不至系列产品、微贷易、履约保函、税融通、“卡付宝”便民BST、银电合作、“房易贷”抵押贷款等创新业务，丰富产品种类，以适应社会发展和客户需求，增加利润增长渠道。抓住农村征地款发放机遇抢占存款市场。提升科技自主开发能力，完成经营分析报表、房地产物业维修基金管理、小企业数据统计等各项应用软件系统，推出粤信通间联POS、卡付宝、POS理财等新业务，拓宽中间业务渠道。结合广东省农村信用社联合社新标识改造要求，合理规划网点布局，装修11间营业网点，改造网点招牌29个，设立西河村委自助银行1个，提升网点服务形象。推出微信公众号，创新服务宣传平台，为客户提供全新的电子渠道，强化品牌形象。开通营业网点免费WiFi服务，提供免费无线网络，使客户更方便地登录手机银行、网上银行，体验账户余额查询、转账汇款等功能，提高客户满意度。推行营业网点大堂引导员管理模式，改善网点管理秩序，提高业务办理效率。实行柜员等级评定，聘请顾问对网点人员进行服务营销技巧实战培训，提升服务水平和营销能力。

【流程银行建设】 2014年，三水区农村信用合作联社启动流程银行建设项目，促进风险管理。合理调整部门架构，定岗定编定员，提高工作效率。对规章制度流程逐一梳理、评估、修订，编制流程体系文件，规范和加强制度体系建设。完成合规管理系统的研发并上线运行，为员工提供多维度合规信息支持。

（谭彩红）

三水珠江村镇银行

【概况】 2014年，三水珠江村镇银行内设6个部（室），下辖3个营业网点（总行营业网点、乐平分理处、白坭分理处），员工47人。三水珠江村镇银行坚持“支农、支小”的发展战略，细化内控管理，加强品牌宣传，创新和完善业务品种。6月26日，召开股东大会及董事会、监事会临时会议，完成董事会、监事会的换届选举工作。年末，资产总额70838.16万元，比年初增加12732.46万元；各项存款余额41986.43万元，比年初增加11784.75万元，增长39.02%；各项贷款余额51418.75万元，比年初增加8959.17万元，增长21.1%；利润1835万元。

【支农支小】 2014年，三水珠江村镇银行坚持“支农、支小”的市场定位，利用村镇银行“小、灵、快”的优势，加强产品创新，联合当地政府、工商局、保险公司等，推出“政银保”“保险贷”“公职贷”“信用宝”“助业贷”等特色微小贷业务产品。年末，小微企业贷款余额39771万元，比年初增长28.21%；个人经营性贷款7313万元，比年初增加4404万元，增长151.39%；贷款户均余额70万元，比年初减少136万元，减少66.01%。

【网点服务和社会活动】 2014年5月30日，三水珠江村镇银行白坭分理处开业，扩大农村金融服务覆盖面。8月，三水珠江村镇银行向三水光彩事业促进会捐善款8万元，为教育事业奉献爱心，履行社会责任。9月，开展“金融知识进万家”活动，推进银行业消费者权益保护工

2014年9月，三水珠江村镇银行开展“金融知识进万家”活动

作宣传教育，为青少年普及金融知识。

（侯小军）

保险业

中国人民财产保险股份有限公司佛山市三水支公司

【概况】 2014年，中国人民财产保险股份有限公司佛山市三水支公司是三水区实力最雄厚，信誉、管理、服务一流的财产保险公司，在区内财产保险市场份额保持在40%以上，稳居区第一位。公司内设总经理室、综合部、理赔分部、出单分中心及14个销售团队，在各镇街设置营业网点，从业人员100多人，为客户提供方便快捷的保险服务，为地方经济发展和金融繁荣提供重要保障。

【服务地方经济】 2014年，中国人民财产保险股份有限公司佛山市三水支公司的企业宗旨——“人民保险，造福于民”，推进“政银保”农业小额贷款保证保险、“保险贷”“农家女金钥匙”小额担保财政贴息贷款项目，帮助农业大户、中小微企业、农村妇女融资创业，促进三水经济发展。发展“三农保险”，推动新农村建设。承保能繁母猪保险、水稻保险等政策性农业保险业务，为三水区农村经济建设提供重要支撑。

【内控管理和服务创新】 2014年，中国人民财产保险股份有限公司佛山市三水支公司坚持合规经营，最大限度降低人为的经营风险，确保公司持续健康运作。组织员工学习保险法、保监法规、经营制度及业务知识，增强员工合规经营意识，提高保险业务水平。贯彻“以客户为中心”的经营理念，立足市场，服务创新。通过与产业链商家合作，创新保险市场相关产品的合作模式，推出公司微信平台、微信查勘、客户增值服务等项目，加强客户维护和业务拓展力度，为客户提供全方位服务。

（刘敏姗）

中国人寿保险股份有限公司佛山市三水支公司

【概况】 2014年，中国人寿保险股份有限公司佛山市三水支公司在编16人，聘用业务员367人，设个人业务部、团体业务部、银行中介部和客户服务部。个人业务部下辖银海、凤凰、白金、乐平、芦苞、创新6个营业区部。全年保费收入1.64亿元；其中，个人业务部首年期交保费1339万元、十年期及以上期交保费937万元、短期险保费666万元、短期意外险462万元；团体业务部短期险保费364万元、意外险325万元、小额信贷险92.7万元；银行中介部首年保费4927万元、期交保费955万元。

【经营管理】 2014年，中国人寿保险股份有限公司佛山市三水支公司以“达标光荣”的创业思想为引导，以大综合为服务前提，营销团队为客户提供优质、高效服务。开展制式化培训，代资考通过率取得90%的好成绩。个险渠道通过大客户拜访计划、个人品牌推介会、少儿绘画才艺比赛、会员大回馈活动等增加客户。银保渠道是通过由团队主管每日巡点，监督网点的展业情况和质量。推进散卡升级工作，客户转保时提升保费。

（陆惠霞）

科学技术

SCIENCE AND TECHNOLOGY

■ 科技管理

【概况】 2014年，三水区完善《三水区工程技术研究中心管理办法》《三水区创新人才团队创业计划扶持办法》《三水区专利资助办法》《三水区科学技术奖励办法》等系列配套扶持政策，健全创新引领的政策支撑服务体系。全区50多家企业91个项目申报国家、省、市、区科技项目。新增佛山安亿纳米材料有限公司、佛山欣涛新材料科技有限公司、佛山拜澳生物科技有限公司、佛山广源铝业有限公司、合众（佛山）化工有限公司、南宝树脂（佛山）有限公司、三水宏源陶瓷企业有限公司、佛山瀛辉包装机械设备有限公司、佛山普拉迪数控科技有限公司、佛山三叶环保设备工程有限公司10家高新技术企业。广东多正化工科技有限公司通过省创新型企业认定，广东爱康太阳能科技有限公司通过省创新型企业（试点）认定。38家企业100个项目申报广东省高新技术产品认定，其中86项通过认定，比上年增长91%。11家企业申报国家科技型中小企业技术创新基金。企业申报市院合作创新平台项目、市院合作项目、市级科技计划企业研究院专题项目19项。发明专利申请686件，比上年增长91.62%；发明专利授权67件，比上年增长91.43%；全区有效发明专利210件，增长43.84%，三项指标增幅在佛山五区均居于首位。佛山金银河智能装备股份有限公司获得“广东省知识产权优势企业”称号，广东翼卡车联网服务有限公司、佛山普拉迪数控科技有限公司、广东尚高科技有限公司、广东华凯特种纤维板科技有限公司、佛山恒力泰机械有限公司等5家企业获得“三水区知识产权示范企业”称号。

三水区经济和科技促进局行使科技主管部门职权，内设科技发展科（区科学技术协会）、科技管理科、知识产权科（区知识产权局），下辖三水区产业服务创新中心(加挂“三水区生产力促进中心”“诺贝尔生

2014年4月18日，三水区西南街道知识产权维权援助工作站授牌成立

命科学研究中心”牌子）、中国科学院广州能源研究所佛山三水能源环境技术创新与育成中心2个事业单位。

【创新型城市建设】 2014年，三水区确定创新型城市建设重点工作46项，制定“2014年三水区创新型城市建设任务分解表”，将任务落实到单位，责任落实到个人。完善考核机制，将重点工作完成情况纳入“创新型城市发展指数”评分指标，46项重点工作均按进度要求有序推进。

【平台和载体建设】 2014年，三水区新增省级工程技术研究中心8家、市级11家、区级6家。开展产学研合作项目22项，中科院广州能源所佛山三水能源环境技术创新与育成中心有8个中科院科研技术团队进驻，区内企业联合中科院下属机构申报市院合作项目12项、市院合作创新平台项目1项。佛山中国科技开发院分院与乐平、西南合作共建产业服务创新中心，与新明珠陶瓷达成共建科技孵化器意向。9月，广东三水合肥工业大学研究院挂牌，成为全市第二个大型综合性研究院，填补了三水区在大型综合性科技公共服务平台上的空白。10月，佛山诺尔贝机器人技术研究有限公司等18家企业、院校、商会、科技服务机构组建“三水区智能制造产业技术创新联盟”，实现机械装备制造业企业与院校之间的优势互补、资源共享，推动机械装备制造业做大做强。乐平的登骏数码城和芦苞的宝华生态产业城完成大部分主体建设工程，科技和商务总部项目在建，白坭科技园进行设计和立项。

【人才引进和培育】 2014年7月—11月，三水区举办首届创新创业大赛，省内外48个项目参加，12个优质创新创业项目获得三水区创业扶持资金及优惠扶持政策。开展创新人才创业团队引入工作，发动9个人才团队申报市级科技创新团队，2个团队通过认定，纳入“2014年度佛山市科技创新团队”扶持名单。三水区创新人才团队创业计划项目吸引26个海内外人才团队报名，项目质量和数量均比往年有所提升，三水区确定重点扶持类团队项目1个，引导扶持类团队项目5个，比上年增长100%。

2014年10月17日，三水区知识产权协会成立

【科技投融资体系】 2014年，三水区完善《三水区中小微企业保险贷工作实施意见》，推动“保险贷”资金向科技型企业倾斜。引进前海股权交易中心，为中小企业破解融资难题。建成三水中小企业金融服务网站，建立“一站式”综合性中小企业融资超市服务平台。有2家企业通过该平台获得950万元融资支持，1家企业获得150万元银行额度贷款。

【培育知识产权优势企业】 2014年，三水区扶持企业提高专利创造、运用、管理和保护的能力，培育企业核心技术竞争力。佛山金银河智能装备股份有限公司被评为区内首家省知识产权优势企业。3个项目获佛山市专利奖，其中佛山金银河智能装备股份有限公司的硅酮胶的生产方法及生产线项目获金奖。广东华凯特种纤维板科技有限公司等5家企业被认定为2014年度三水区知识产权示范企业。

（劳佳）

■ 科学普及

【概况】 2014年，三水区开展各类科技交流和科普活动，举办青少年科技创新大赛，组织人才引进培训，为科技工作者服务，促进全区科普事业健康发展。

【科普活动】 2014年3月，三水区开展“大手拉小手”等科普进校园活动，邀请5位科学家到区7所学校作科普报告，参与学生1800多人。3—5月，区经科局联合市科协、区农林渔业局、区卫计局、区气象局、区地震局、区妇联等部门分别到芦苞、大塘开展科技下乡活动。6月，区经科局联合沙头社区举办绿色生活、放心食品、安全健康“科普进社区”活动。9月，区经科局开展“创新发展，全民行动”为主题的全国科普日活动，参与人员2000多人。

【青少年科技创新大赛】 2014年5—11月，三水区举办青少年科技创新大赛，82所中小学校和幼儿园参与，收到科幻绘画作品1695件、科技创新成果329件、科技实践活动129项，评选获奖作品1103件，对14名优秀科技辅导员、6个优秀组织单位进行表彰。组织学生参加第29届广东省青少年科技创新大赛、第30届佛山市青少年科技创新大赛等活动。

2014年11月11日，三水区举行创新人才团队创业计划项目答辩评审会

【人才引进培训】 2014年2月，三水区推动广东多正化工科技有限公司组建“院士专家企业工作站”，实现区“院士专家企业工作站”零的突破。1月，三水区召开创新人才交流会，市科协、市级学会代表、合肥工业大学代表和区内企业代表60多人参加。5月，联合市科协举办技术创新暨职称公需课培训班，邀请市质量技术协会、市心理学会、市科学技术学院的多名专家和教授授课，120多名企业科技工作者和技术中层干部参加培训。8月，推动广东省食品学会分别与三水区水都基地、隐雪饮料有限公司组建科技服务站。11月，组织三水区高新技术企业及科技型企业的研究人员、技术主管一行70多人到深圳市参加“2014第十六届高新技术成果鉴定交易会”。12月，举办三水区科技创新沙龙活动，邀请省市科协、省化工学会、省机械工程学会的相关领导和专家作科技创新服务政策和业务知识宣讲，市科技局、区科协、区经科局、区委组织部、区人力资源社保局、区

2014年11月8日，三水区首届创新创业大赛举行决赛及颁奖仪式，图为区经科局局长李峰为获得一等奖的项目代表颁奖

知识产权协会、各镇（街）经促局负责相关工作的人员以及各企业科技代表180多人参加活动。

（劳佳）

气象观测

【概况】 2014年，三水区气象部门完成全年天气预报服务和各项工作。全预报质量如下：24小时晴雨预报准确率90.6%，高温76.4%，暴雨过程66.3%。测报没有出现迟测、缺测、涂改、伪造、丢失原始资料等重大责任事故，个人、台站均保持零错情率，上报省局报表审核错为零。预报质量评定全部达到省气象局目标管理要求；测报、预报业务质量在同级气象台中处于领先水平。在“3·30”局地冰雹全区强对流天气和5月持续性强降水天气、“9·16”龙卷风天气等气象服务工作中，提前预报、及早预警，为政府和社会各界提供准确、及时的天气预报。

三水区气象局实行局、台合一体制，负责全区天气监测、预报和预警制作、发布及组织管理雷电灾害防御工作，内设办公室、业务服务股，直属事业机构有三水区防雷设施检测所和三水区突发事件预警信息发布中心（加挂三水区防雷减灾中心、三水区人工影响天气中心的牌子）。

【气象服务】 决策气象服务 2014年，三水区气象局通过气象应急短信平台，适时发布《重大气象信息快报》和《天气报告》，及时将决策气象服务信息发送至各级党政领导、三防责任人、教育系统安全责任人、社区干部等气象应急联系人。提醒区三防等政府相关部门和市民注意防御强降水引起的城乡积涝，并注意防御强雷暴天气产生的雷击，以及大风导致的厂房工棚、临时构筑物、户外广告牌、树木倒塌等灾害，做好强降水及其引发的城乡内涝、山体滑坡等地质灾害防御工作。加强与区三防办、应急办、农业、国土、建设等部门联动，在每次灾害性天气过程气象服务中，做到“早监测、早预警、早通报”，在通报最新天气实况和预报的基础上，与政府部门互通资料信息。启动气象灾害应急预案，做好气象预警信息发布工作，2014年启动三水区气象灾害应急预案20次，发布《三水区气象灾害应急响应通知》20期，以最快的速度提供准确及时的气象信息，使各级政府组织避险、救援和抢险，最大限度地减少人员伤亡和财产损失，把气象灾害所造成的破坏程度降到最低。向全区政府部门、各镇（街）发布《重大气象信息快报》38份、《天气报告》45份、微博3670条，区电台天气直播88次，区电视台天气录播25次，为政府决策提供有效的科学依据，为做好防灾减灾工作当好参谋。

公共气象服务 “三水天气”官方微信上线，每日及时发布区气象预报预警信息、最新气象资讯、实用气象科普及气象防灾减灾知识等，不定期向网友推送图文消息，增强气象与公众互动，传播气象科学知识，发布相关气象信息，更方便快捷地为公众提供气象服务。

2014年开汛日偏早，雷雨大风等强对流天气频发，龙卷风天气影响严重。1月23日和2月20日出现低温霜冻。3月29日到31日大塘、芦苞出现10级大风和冰雹。5月强降水频繁，22日芦苞出现暴雨，并伴有强雷暴。7月17日到18日受“威马逊”外围环流影响，三水区普降大雨、局部暴雨。8月6日白坭镇、12日西南街道和云东海街道局部出现短时特大暴雨。9月16日23时25分，白坭镇下灶村附近出现龙卷风天气。三水区气象局利用网站、微博、微信、12121气象声讯电话以及电台、电视台、报纸等预警信息发布平台，开展人性化、精细化的气象服务。加强气象

2014年三水区天气预报质量表

预报项目	准确率	达标基数
24小时晴雨	90.6%	85%
24小时暴雨	57.5%	30%
暴雨过程	66.3%	45%
低温	100%	75%
高温	76.4%	75%

灾害防御知识宣传，开展内容丰富、形式多样的宣传教育培训活动，引导公众主动获取和有效利用突发事件预警信息。三水区气象局发布气象预警信息567条，服务对象包括区、镇党政部门、村居、学校、企业、山塘水库责任人、地质灾害易发多发点负责人、大种养殖户164.7万人次。

预警发布及时、预案启动迅速 每次灾害性天气来临前，区气象局均能提前发出预警预报，发布预警信号145次，其中台风预警信号3次（白色1次、蓝色2次），暴雨预警信号27次（黄色22次、橙色4次、红色1次）、冰雹预警橙色预警2次，雷雨大风预警信号52次（蓝色38次，黄色13次，橙色1次）、高温预警信号16次（黄色14次、橙色2次）、大雾预警信号8次（黄色6次，橙色2次），灰霾黄色预警信号20次，森林火险预警信号6次（黄色4次，橙色2次），寒冷预警信号11次（黄色8次，橙色3次）。

【气象基础业务建设】 **三水区突发事件预警信息发布中心** 2014年，三水区气象局推进气象基础业务建设。预警信息发布中心负责全区各类自然灾害、事故灾难、公共卫生事件等突发公共事件预警信息发布，力求最大限度预防和减少突发事件发生及其造成的危害，维护公共安全和社会稳定。

校园自动气象站 校园自动气象站一期4个站建设完成，完善三水区气象灾害监测系统建设，方便学校进行气象科普教育工作，使学生能实地接触和了解气象监测设备运行情况，更好地学习气象防灾减灾科普知识。

2014年11月27日，三水区西南街道第十小学学生到区气象局参观

风廓线雷达建设 4月14日，边界层风廓线雷达在三水区气象局观测基地安装。风廓线雷达，能弥补三水区实时观测气象要素的不足，对提高全区天气预报水平有极大帮助，对佛山龙卷风研究及三水区大气污染扩散的研究有重大意义，为三水区气象现代化建设增添助力。

镇街气象服务站 10月28日全区7个镇（街道）气象服务站挂牌成立，对加强全区基层三防和农村防灾减灾能力建设有重要意义，健全农村气象防灾防御体系，为气象防灾减灾和气象服务工作提供保障。

【部门合作应急防灾建设】 **实现部门数据和资源共享** 2014年，三水区重大气象灾害应急领导小组领导和指挥气象灾害及其次生、衍生灾害的应急处置工作；区气象灾害监测预警及信息发布工作领导小组负责全区气象灾害监测预警及信息发布的领导、统筹、协调和督促工作。加强部门联动，及时发送气象实况和防御建议信息，启动信息共享，规范和指导气象灾害应急处理工作，为气象防灾减灾工作提供重要的政策依据。数据共享平台建设项目在汛期前完成项目验收，4月投入使用，深化与三防、环保、国土等部门合作，实现部门数据和资源共享，加强气象、水文、地质的联合监测。

开展直通式气象服务 深化与农业部门和国土城建部门合作，通过多种渠道将气象灾害预报预警信息直接发送至全区各大型农业专业户、各地质灾害隐患点和各大型建筑工地。提高气象为农业生产服务能力，提高气象预警信息在三水区地质灾害隐患点周边人群和在建大型建筑工地的覆盖率，指导开展防灾减灾、生产生活自救活动，有效避免或减轻气象灾害造成的损失。

应对台风暴雨停课安排　为提升三水区教育部门和气象部门在台风、暴雨等恶劣天气下部署停课工作联动水平，加强与区教育部门合作，坚持以人为本、保障学生生命安全的原则，7月30日联合教育局发文《关于建立教育系统应对台风暴雨停课安排实施细则的通知》，切实做好教育系统气象灾害防范工作。

【防雷管理】 防雷安全生产监督　2014年，三水区气象局加强对新建、扩建、改建建（构）筑物的防雷装置的监督检查，确保防雷装置与主体工程同时设计、同时施工、同时投入使用。加强和相关部门的沟通合作，建立和完善防雷装置"三同时"联合执法检查机制，定期开展防雷装置"三同时"执法检查，确保防雷装置和主体工程"三同时"得到有效落实。区气象局联合区安监局、区公安分局、区国土城建和水务局、区经科局和区教育局等部门在佛山市气象局法规科的配合指导下，开展5次大型防御极端天气（雷电）安全生产专项大检查。

防雷设施定期检测、验收　三水区防雷设施检测所对250多家易燃易爆企业及200多所一般企业进行防雷定期检测工作和400多座新建单体建筑物的跟踪监测工作，发出整改意见200份。防雷设施检测所对242家二类厂企、361家三类厂企，实施了845次的现场检测，新开拓41家年检企业。防雷设施检测所验收517栋建筑物，登记在案的分段跟踪检测记录467次。

【气象宣传】 2014年，三水区气象局开展气象科普宣传活动，4次下基层现场摆设气象科普知识展板和开展气象科普咨询。2次接待市民和中小学生到气象台参观学习，派发《天气预报的奥秘》《防雷减灾36计》《中小学生气象灾害防御手册》《防雷避险手册》《灰霾——健康的隐形杀手》等气象科普小册子10000余份。

（陈韵行）

■ 地震观测

【概况】 三水区地震局为三水区国土城建和水务局内设机构，在区行政服务中心设有地震业务报建窗口接受市民、企业咨询地震安全性评价业务报建。2014年，区地震局加强地震观测台站监测与管理、设备维护和检查，保障所有台站正常运行，为佛山市地震趋势会商提供准确有效的数据。开展防震减灾科普宣传下乡、进学校、进社区活动。西南街道沙头社区创建为三水区第一个"国家地震安全示范社区"。

【地震知识宣传】 2014年5月12日是第六个全国"防灾减灾日"，活动主题是"城镇化与减灾"。区地震局协助区减灾委在区社会福利中心开展"防灾减灾日"宣传活动。12月19日，按照《佛山市地震应急救援综合演练总体方案（2014）》要求，三水区选择实验小学开展地震应急疏散演练。

【创建地震安全示范社区】 2014年，按照《佛山市创建广东省防震减灾示范城市工作方案》，区地震局创建西南街道沙头社区为第一个示范点，经中国地震局审核评议，沙头社区获得"国家地震安全示范社区"称号。

【重大建设工程抗震设防要求执行审核】 2014年3月1日，三水区实施"佛山市重大建设工程抗震设防要求执行审核"，完成地震安全性评价项目17个，抗震设防分类100多个。

（周良勇）

2014年5月9日，三水区地震局协助区减灾委在区社会福利中心开展"防灾减灾日"宣传活动

教育
EDUCATION

■ 综述

【概况】 2014年，三水区通过“全国义务教育发展基本均衡县(区)”督导验收，申报“国家级农村职业教育和成人教育示范县(区)”，通过“广东省社区教育实验区”复评。实现区域教育资源升级优化，师资队伍整体素质增强，教育教学质量提升，各类教育协调快速发展。学前教育毛入园率104.59%，小学毛入学率105.84%，初中毛入学率127.03%，高中阶段毛入学率101.7%，三残儿童少年入学率100%。全区各级各类公办学校（幼儿园）52所，其中电大1所、中等职业技术学校2所、九年一贯制学校1所、特殊教育学校1所、中小学生社会实践基地1所、普通高中3所、初级中学10所、小学31所，幼儿园2所。公办学校（幼儿园）在校学生57235人，其中幼儿1161人、小学生31503人、初中生11526人、高中生（含中职）12955人、特殊教育学生90人。公办学校（幼儿园）教职工4381人，其中专任教师4133人。全区各级各类民办学校（幼儿园）74所，其中幼儿园56所，小学4所、初中2所、九年一贯制学校10所。民办学校（幼儿园）在校学生42266人，其中幼儿18059人、小学生14101人、初中生8198人、高中生（含中职）1908人。民办学校（幼儿园）教职工4110人，其中专任教师2586人。全区公办学校在编教职工4381人，其中区直属学校12所，在编教职工1555人；镇属中小学44所，在编教职工2826人。全区小学专任教师1890人，学历达标率100%，其中大专以上学历1827人，占96.7%。全区初中专任教师1276人，学历达标率99.5%，其中本科以上学历1183人，占92.7%。高中专任教师667人，学历达标率98.7%，其中研究生165人，占24.7%。骨干教师队伍建设取得进展，市、区两级学科带头人和骨干教师215人，特级教师5人。

全区教育经费总收入145460万元，比上年的172038.6万元下降15.45%。其中，国家财政性教育经费109916万元（其中公共财政预算教育经费105227万元，政府性基金预算教育经费4684万元），比上年的133308.3万元下降17.55%。2014年公共财政教育支出72582.9万元，比上年的72538万元增长0.06%。全区财政经常性收入300302万元，比2013年的244722.2万元增长22.71%。

三水区教育局内设办公室、组织人事科、基础教育管理科（区人民政府教育督导室）、大中专职业成人教育科、招生考试科（区招生委员会办公室）、财务基建科和监察室。附设事业单位教研室、信息装备中心。

【全区义务教育均衡发展】 2014年，三水区推进义务教育均衡发展，通过“全国义务教育发展基本均衡县（区）”督导验收。加大教育投入力度，强化教育装备建设，校舍维修专项资金重点向农村薄弱学校倾斜，有效缩短城乡学校硬件差距。优化教育资源供给，完善义务教育学校布局，实施北部片区学校建设提升工程，加大学校新建、扩建、改建力度，推进义务教育学校标准化建设，高水平、高质量普及标准化义务教育。加强教师队伍建设，狠抓教师培训培养，促进教师师德师风与专业水平提高。建立区域内校长、教师交流机制，实施城镇教师支援农村教育、优质学校教师支援薄弱学校工作，均衡了校际师资水平。落实教育资助政策，完善省、市、区、镇、校、社会团体和个人的扶贫助学网络，加强特殊教育工作，保障经济困难等特殊群体学生的受教育权利，促进教育公平。实施素质教育，建立教育教学质量保障体系、质量监测与考核评价体系，深化课堂教学改革，提高教学效益，实现城乡教育教学质量的均衡提高。

【校长教师交流制度】 2014年，三水区加强区级统筹管理，开展校长、教师交流工作，加快构建科学、规范、有序的区域义务教育学校教师交流机制。区政府出台《三水区义务教育学校教师交流工作方案》，拟用3年时间使全区义务教育学校符合条件的教师参与交流比例达25%。区内有139名中小学教师参加交流，占符合交流条件人数的15%，其中从城区学校到农村学校支教交流的教师23人，三水区到外地（清远）支教2人。区教育局对区第三中学领导班子进行优化调整，派出教师到外校挂职锻炼。暑假期间，西南街道、芦苞镇、白坭镇对校长、中层队伍进行调整。校长教师交流制度的实施，均衡了区域内学校间师资水平，促进学校的学科建设和管理水平的提高，为相对薄弱学校建设和教师发展带来机遇和活力。

【职业教育校企合作】 2014年，三水区推进职业教育综合改革试点项目，深化校企合作。推进三水职教联盟实体化运作，完善职教联盟章程，探索人才培养、师资互聘、专业建设、招生与就业、创业与素质拓展、科技与社会服务、社会培训方面校企资源共享、优势互补和互惠共赢。举办两场公益招聘会，促进人力资源供求对接。加强职业学校内涵建设，中职学校实施专业学部制、一体化教学、学徒制改革，探索“对外加工、社会培训”等模式，工业中专与德国西门子上海公司共建先进实训室等，提高职业学校服务经济的能力。改进中职教师培训工作，通过跟岗学习、挂职交流等方式促进师资提升，培养“双师型”教师。修订并印发《校企合作财务管理办法》，规范和完善校企合作资金管理。启动中职学校社会化培训工程，开展企业人才需求调研，结合学校优势科目为企业送教上门，提供个性化培训服务，3所中职学校为区内海尔、西门子等企业提供电脑绘图、企业班组长培训等项目，全年培训2300人次。

【课堂教学改革】 2014年，三水区深化教科研工作，加强教科研队伍建设，完成教育科研“十二五”规划课题开题，其中区资助课题64项、自筹课题125项。开展教学研究，推进分类分层教学改革，组织各学科备考研讨活动、教学视导工作、竞赛交流活动，着力提升教师的教科研水平，课堂教学改革取得显著成效。西南中心小学魏广生获得广东省说课比赛一等奖和全国说课比赛特等奖后，作为广东省的唯一代表在全国第七届小学数学优质课观摩交流会获全国一等奖。三水中学附属初中梁晓华作为广东省初中组的唯一代表参加第十一届全国物理青年教师教学大赛，以第一名的优异成绩获全国一等奖。三水区高考重本上线率比上年增加56%，中考全区提前批录取1047人，公办高中录取2965人（含体艺特长生），上线率54.05%。

【校园安全】 2014年，三水区开展“平安校园”创建活动，联合有关部门建立法制、交通、禁毒、消防、安监“五校长”工作机制，推进校园警务室建设。乐平镇南边小学率先建成三水区首个校园警务室。围绕食品卫生、校车管理、防溺水安全教育、学校及周边安全检查、校园卫生管理、消防教育培训及防恐演练等重点工作，加大投入，狠抓隐患排查与整治，为师生营造安全稳定的校园环境。完成“阳光厨房”建设，全区362辆校车全部申领校车标牌，学生溺水问题专项治理工作受到广东省学生溺水问题专项治理工作督查组的充分肯定。全区102所学校（幼儿园）获区“平安校园”称号。

学前教育

【概况】 2014年，三水区有幼儿园（所）58所，等级幼儿园占71%。在园幼儿19220人，毛入园率104.59%；教职工2616人，其中专任教师1246人。

【普惠性幼儿园建设】 2014年，三水区加快全区学前教育事业发展，构建公益性、普惠性的优质学前教育公共服务体系，区教育局制定《三水区普惠性幼儿园管理细则》，开展普惠性幼儿园认定工作，公益性普惠性学前教育覆盖率约50%。

【优化学前教育资源】 2014年，三水区扩充优质学前教育资源，推进区中心幼儿园分园、乐平镇南边幼儿园、南山镇六和幼儿园建设，预计2015年建成使用。芦苞实验幼儿园和锦江豪庭小区伊萌幼儿园开办，增加优质学前教育学位910个，解决当地入园难问题。开展全区民办幼儿园年检工作，会同工商、消防、卫监等部门，对无证办园、超出经营范围的现象清查取缔，查处无证办学的鲁村幼儿园，取缔芦苞镇东华文武学校"学前班"。规范幼儿园收费管理，严格执行《三水区民办幼儿园收费备案细则》，联合物价部门开展收费检查。落实学前教育幼儿补贴制度，2013—2014学年划拨幼儿补贴10008人，财政投入超105万元。提升学前教育保教质量，加强幼儿园园长和骨干教师培训，提升学前教育师资水平。幼儿教师在第一届佛山市幼儿园优秀自制玩教具展评获一等奖1项、二等奖2项、三等奖2项。芦苞镇瑞芳幼儿园教师舞蹈队参加2014年佛山市群众音乐舞蹈展演获金奖。

【三水区中心幼儿园】 2014年，三水区中心幼儿园有教学班14个，在园幼儿435人，教职工63人，其中专任教师31人。是公办全日制幼儿园，开办于1987年。被评为"广东省一级幼儿园""广东省绿色幼儿园""佛山市示范性家长学校"，对全区学前教育起着示范作用。以《幼儿园教育指导纲要》《3—6岁儿童学习与发展指南》为引领，科学实施保育和教育，强化队伍建设，深化素质教育特色，促进幼儿身心健康和谐发展，被评为"佛山市第三批语言文字规范化示范校"，通过"全国优秀家长学校实验基地"初评验收。推进教科研工作，促进教师专业成长。心理课题"建构性玩具对幼儿心理发展的促进研究"结题，2位教师的教学案例获一等奖，1位教师的教学案例获三等奖。2位教师的论文获三等奖。教师组合玩教具《荷塘乐》获第一届佛山市幼儿园优秀自制玩教具展评一等奖、第一届广东省幼儿园优秀自制玩教具展评二等奖。建构多元平台，促进幼儿素质发展。深化园本特色课程建设，以艺术活动为切入点，通过组织才艺展示、主题活动、亲子游园等活动，培养孩子的个性品质、想像力和创造力。在佛山市国学经典诵读大赛三水区选拔赛中，获幼儿组特等奖。在全国青少年科技创新大赛幼儿科幻比赛中，1人获二等奖。在三水区青少年科技创新大赛幼儿科幻比赛中，25人次获奖。

■ 中小学教育

【概况】 2014年，三水区有普通高中3所，学生8635人；普通初中12所，学生16307人；小学35所，学生36686人；九年一贯制学校10所，学生11088人；十二年一贯制学校2所，学生2301人。

【德育】 2014年，三水区教育部门坚持立德树人，加强未成年人思想道德建设，开展一系列以"中国梦"为主题的征文、书信、摄影等活动，引导广大师生树立社会主义核心价值观。培育学校的德育特色，多所学校在日常行为规范教育、法制教育、单亲家庭子女教育、家庭教育等方面经验突出，三水中学附属初中被确立为"佛山市德育品牌培育单位"。完善中小学诚信教育体系，建立诚信教育信息报送机制。加强法制教育，成立三水区法制宣讲团，为全区中小学校法制教育提供更丰富的师资储备。加强德育队伍建设，吸纳优秀班主任参与佛山市名班主任工作室，举办三水区第四届中小学班主任专业能力大赛。加强家长学校建设，完善家庭、学校、社会"三结合"德育网络，区内多所学校均以优异成绩通过"全国优秀家长学校实验基地"的评估验收，芦苞镇实验小学被评为"佛山市示范性家长学校"。

【体艺教育】 2014年，三水区教育局加强体艺教育，开展中小学“体育、艺术2＋2项目”实验，通过举办合唱比赛、乐器比赛、书法比赛、特长展示及组织参加区运会、市运会等课内外体艺活动，不断提高学生综合素质。例如，选派9支中小学合唱、合奏队伍参加佛山市第二届中小学生合唱、合奏比赛，西南中心小学、西南二中、三水中学合唱队分获各组别金奖，创下了近年来三水区参加佛山市中小学生合唱比赛的最好成绩。区内10多所学校师生的书法、摄影作品入选省级比赛，为历年最佳成绩。

【教育督导】 2014年，三水区教育局全面推行素质教育，创新教育管理方式，提升教育教学质量。抓好普通高中《三年发展规划》实施，重点贯彻《关于提升500所普通高中办学水平的指导意见》精神，加强对普通高中办学理念的指导、评价和分析，推动普通高中内涵建设，三所示范性高中在教科研发展、课程教学、艺术教育、德育、班级管理等方面形成各自的特色。抓好义务教育学校减负工作，开展义务教育阶段学校“减负万里行·第2季”活动，依托本地媒体资源，在佛山电视台三水分台《智汇三水》栏目开展减负话题讨论，营造良好氛围。规范课程开设和教学行为，严格执行国家和省颁布的课程计划，对学校课程开设情况进行定期督查。做好小学与幼儿园教育衔接工作，将小学一年级的第一个月设为“幼小衔接月”，切实做好小学与幼儿园教育衔接工作。抓好督学责任区建设，将全区中小学及幼儿园划分为4个督学责任片、9个责任区，选聘5名专职督学和37位兼职督学，建立挂牌督导制度，开展综合性督导评估工作探索。重点完成全区义务教育公办学校标准化学校专项督导工作，乐平、芦苞两镇通过“教育强镇”复评。

【三水中学】 2014年，三水中学有教学班60个，学生2852人；教职工238人，其中专任教师215人。三水中学开办于1917年，有近百年办学历史，是省一级学校、广东省国家级示范高中、省普通高中教学水平评估优秀学校、佛山市高考优胜学校、市中考提前批招生学校。三水中学对办学理念和校园文化进行整合提升，将原校训“勤奋、严谨、求实、创新”调整为“责以树德、任以立学”；将原办学特色“分期教育、分层教学、分类指导”调整为“责任教育”。加强“一训三风”（校训，校风、教风、学风）建设，唱新校歌，宣传和推行学校核心文化价值观。学校获首届广东省中小学生环保大赛优秀组织单位奖、佛山市国学经典诵读大赛二等奖、佛山市第二届中小学生合唱比赛金奖、街舞社被评为“广东省优秀学生社团”。创新尖子生培养新模式。邓汉恒高考以670.5分位列三水区理科总分第一名、全省理科总分190名。完成“一体化教学案”教学改革，课堂教学质量明显提高。高考再创好成绩，1042名考生，重点上线233人，本科上线885人。学校获佛山市普通高中教学质量综合评价优秀奖，数学科组获佛山市“工人先锋号”称号。参加国际文化交流活动，承接AFS国际交流项目，是广东省获准的AFS项目10所学校之一。禹璐同学经选拔到美国马里兰州坎伯兰郡进行为期10个月的学习和文化交流，学校培训2名来自马来西亚的交流生。

2014年9月30日，三水中学合唱团获佛山市第二届中小学生合唱比赛金奖。图为合唱团演出结束后与指导教师们合影

【华侨中学】 2014年，华侨中学有教学班66个，学生3194人，教职员工273人，专任教师255人。华侨中学开办于1985年，是广东省国家级示范高中。坚持“植根深厚民族文化，培养高素质现代人”的办学理念，秉承“严格、友爱、求实、进取”的校训。加强师资队伍建设，促进教师专业发展。在佛山市高中政治教师基本功现场原创题解题比赛中，学校有1位教师获一等奖、2位老师获二等奖。在佛山市高中数学说课比赛中，2位教师分别获一、二等奖。在全国青少年冰心文学大赛中45位学生获金奖，12位教师获得辅导金奖，学校获“全国写作师范学校”称号。有17位教师指导学生参加比赛获国家级奖项，8位老师获省级奖项，35人次获市级奖项，102人次获区级奖项。加强备考研究，促进学生全面发展。高考重点本科上线15人，本科上线426人，创历史新高。杨鸿才和何国毅分别获美术和体育术科三水区第一名。学生参加各类竞赛，190人次获国家级奖项，12人次获省级奖项，10人次获市级奖项，83人次获区级奖项。

【实验中学】 2014年，实验中学有教学班54个，学生2589人；教职工212人，其中高级教师54人。实验中学开办于1999年，是广东省国家级示范高中、省一级学校、省教学水平优秀学校。秉承“以人为本，和谐发展，追求卓越”的办学理念，狠抓师资队伍建设和教学质量提升。教师论文发表在国家级刊物有11人次，省级有39人次，市级有113人次。教师参加省、市、区教学论文评比取得较好成绩，石必武的论文获国家级一等奖。几十位教师申报区、市、省课题，其中校长刘伟江主持的省“十二五”强师工程项目课题“基于导学案的学生分组学习评价体系”、陈华的“高中古诗词教学策略研究”获省级课题立项。开展“生本和谐课堂”小组合作模式课改活动，强化备课组的导学案编写和班级小组活动学习的组织。高考本科以上上线400人，重点上线9人，陈洁滢高考英语口语成绩获三水区第一名。

【三水中学附属初中】 2014年，三水中学附属初中有教学班54个，学生2499人，教职工197人，其中高级教师52人。三水中学附属初中是广东省一级学校、省现代教育技术实验学校、佛山市首批中小学德育品牌学校。紧扣“高效课堂”主题，通过校本教研提实效。岑瑞怡、曾颖分别获中考三水区总分第二名、第三名，6名学生进入区总分前十名；音乐术科中考试获三水区前三名、佛山市第二名、第三名；获三水区美术术科中考第一名、第二名。梁晓华在第十一届全国物理青年教师教学大赛中获初中组一等奖。邹国钊在广东省初中地理教师技能展示交流活动中，获微课视频制作技能展示一等奖。罗增胜在佛山市中学数学青年教师优质课评比观摩活动中获材料评比及现场说课一等奖。饶阳梓在第四届“中国移动校讯通杯”全国中小学教师论文大赛中获二等奖。陈亭兴在“恒源祥文学之星”中国中学生作文大赛获二等奖。邓嘉明在第五届广东省学生规范汉字书写大赛获硬笔初中组特等奖。以主题活动为载体，创建平安、文明、卫生、和谐校园。落实各项德育规章制度，贯彻“一岗双责”，组织系列活动，成立学校义工社团，加强学生思想道德教育。借助电视、报纸、QQ、微信、微博、校园网站、短信等加强宣传教育，营造良好的氛围。学校被评为“中国校园媒体建设百佳示范学校”“广东省少年儿童科学教育体验活动实验学校”。

【实验小学】 2014年，三水区实验小学有教学班36个，学生1664人，教职工108人。实验小学开办于1997年，是广东省一级学校、全国学科“四结合”教学改革试验研究基地、全国少先队工作实践基地、全国“巾帼文明岗”，省文明单位、省现代教育技术实验学校。学校致力于培养“科学求真，道德求善，艺术求美，身体求健，有持续发展潜能”的小学生，实施“全面发展＋特长培养”方式，以活动为载体促进学生个性发展。为学生搭建展示才艺的小舞台，开展学生社团、第二课堂兴趣小组活动，拓宽学生的视野，培养学生的特长。学校获广东小学生诗歌节优秀组织奖；学校合唱队获省中小学合唱比赛一等奖。学生获国家级奖项9人次、省级奖项47人次、市级奖项28人次、区级奖项105人次。教师获国家级奖项12人次、省级奖项68人次、市级奖项75人次、区级奖项63人次。

■ 中等职业教育

【概况】 2014年，三水区中等职业学校3所，其中公办学校2所，即区工业中专、区理工(技工)学校；民办学校1所，即佛山市实验技工学校（佛山市三江职业技术学校）。中职(技工)在校生8765人，教职工356人，专任教师281人。三水区以申报创建“国家级农村职业教育和成人教育示范区”为契机，加大职业教育综合改革力度，开展区政府重点课题“农村职业教育与成人教育体系建设”研究，加快构建现代职业教育和成人教育体系。建成一批实训场室，工业中专的机电技术应用专业成为三水首个“广东省重点专业”，模具制造技术专业被评为“佛山市重点专业”。改革中职招生方式，实行区理工学校试点免中考入学，录取662人。实施中等职业教育免学费政策，资助9163人次，财政投入约1583万元。在省级职业技能竞赛佛山选拔赛中，三水区工业中专获佛山市团体总分第一名；3所职校有26个项目代表佛山市参加省赛，取得二等奖12个、三等奖18个、优秀奖22个；在全国职业院校“用友新道杯”沙盘模拟经营大赛（中职组）全国总决赛中，三水区工业中专以第一名的成绩获全国一等奖。

【三水区工业中等专业学校】 2014年，三水区工业中等专业学校有62个教学班，在校学生2832人，教职工164人，其中专任教师136人。学校开办于1985年，是广东省重点中等职业学校。开设17个专业，其中机电技术应用、电工电子、数控与模具制造、计算机应用为学校的四大主干专业，机电技术应用专业被评为“广东省重点专业”。以学校《三年发展规划》为目标，探索管理新模式。开展“微文明”专题教育、“艺术节”、社团活动，培育具有较高文明素养的中专学生。学校被评为“广东省交通安全先进单位”“佛山市语言文字规范化示范校”。提升职业教育质量。加强教科研工作，全校有市、区级课题4个，校级工作研究课题组3个，新开发校本教材和教辅资料11本。加强师资队伍建设，约80人次参加区级以上的培训，选送黄一平老师到德国参与专业技术培训，有效提高教师的综合素质和业务能力。加强专业、硬件建设，完成与西门子（中国）公司共建的先进电气实训中心建设；学校模具实训中心投入使用。完成省竞争性重点专业建设资金500万元的设备采购，建设8个信息化和2个机械实习室。经广东省人力资源和社会保障厅同意，在学校成立第二十三职业技能鉴定所，举办职业技能鉴定——高级维修电工培训班。探索人才培养新模式。深化校企合作，安排30个班1400多人到企业顶岗实习，提高中职学生的实践操作能力。与4家企业共建实习和人才培养基地，与8家企业签订现代学徒制订单式培养合作协议，与3家企业开展“招生暨招工”专题宣传，组建现代学徒制试点班，促进人力资源对接。学校有200多名学生进入高等职业院校深造。毕业生一次就业率99.7%，一次就业对口率74.2%。学生参加佛山市技能大赛有5个项目获一等奖，在广东省技能大赛有5个项目获二等奖，在企业经营沙盘项目全国职业院校总决赛中以第一名成绩获一等奖。

【三水区理工（技工）学校】 2014年，三水区理工（技工）学校有教学班33个，在校学生2700人，教职工115人，其中专任教师91人。学校是中等职业和技工教育为一体的公办中等职业技术学校，开设机电技术、汽车维修、商贸服务、信息技术、文化艺术等5大类13个专业。坚持“质量为本、立足园区、对接产业、校企双赢”的办学理念，深化中高职协同培养人才改革，与佛山职业技术学院、广东省职业技术学院联合建立“三二分段自主招生”中高职衔接机制，实现中高职优质资源共享。年内毕业生969名，推荐就业率98%以上，应届毕业生参加高职高考和高职自主招生被录取94人。开展现代学徒制试点改革，与佛山市业精机械厂开设“业精”冠名班现代学徒制试点，与三水工业园区佳明重工等知名企业开展形式多样的校企合作活动。实施一体化教学改革，加强场室建设，实施7S管理，培养学生职业素养，有效提高教学质量。涌现了一批先进集体和个人，其中获省、市、区表彰的教师72人次，获奖学生120多人次。学校被评为“第29届青少年科技创新大赛佛山市十强学校”。

■ 特殊教育

【概况】 2014年，三水区有1所特殊教育学校，5个镇（街道）设有特殊教育资源室提供随班就读服务，形成特殊教育支持体系。三水区实施全纳教育，加强特殊教育工作，落实残疾少年儿童15年免费教育政策，资助学前、高中阶段残疾学生25人，义务教育阶段所有在校残疾学生都能享受免费教育，财政投入约15万元。出台《三水区关于加强普通中小学残疾学生随班就读工作的实施意见》，强化随班就读工作，培训随班就读的教师。对52名重度残疾儿童少年逐一家访筛查，提供送教上门服务。加强随班就读支持服务体系建设，各镇（街）选择1所试点学校建立资源教室，西南街道第八小学、白坭镇中心小学、芦苞镇实验小学、乐平镇中心小学、大塘镇中心小学等试点学校建成随班就读资源教室。

【启智学校】 2014年，三水区启智学校有教学班7个，学生90人，教职工31人，专任教师20人。学校开办于2008年，是区直属的九年一贯制公办特殊教育学校。加强随班就读指导工作，提供特殊教育专业书籍、教材、教具以及系列教学课件。加强校本培训工作，组织教师专题讨论。开展学校第二届粉笔字、教师诗词朗诵比赛，开展区级课题研究项目1项、省级立项课题1项，论文、计算机软件制作大赛获奖60人次。加强学校安全工作，完善各类突发事件应急预案，健全人防、技防、物防三结合的安全防范体系，监控设备全部更换为最新的高清监控。

■ 成人教育、实践基地

【社区学院】 2014年，三水区依托区广播电视大学成立区社区学院，构建以区社区学院为龙头、镇（街道）社区教育学校（成人文化技校）为骨干、社区教育基地（农村专业合作社）为基础的社区教育三级教育运行网络。区社区学院开展农村人力资源开发、从业人员培训、技术培训与推广、劳动力转移培训、退役士兵培训、进城农民工职业技能培训、下岗失业人员再就业培训、弱势人群技能培训、老年人群社会文化培训。8月，三水区通过“广东省社区教育实验区”复评。加强社区教育信息化建设。社区学院的“三水数字化学习港”和社区教育服务中心建成使用，“三水数字化学习港”以开放性、大众性、互动性教育为手段，为市民提供社区教育服务和实践体验。开展文化艺术、知识技能、生活常识等教育培训活动，培训2653人次。农民和企业职工技能培训7000多人次；与区经济和科技促进局联合引进高端培训机构“广州柏邀”，向三水企业中、高层管理人员开展公益培训。联合区人力资源和社会保障局、区总工会等部门，借助教育超市，采用远程教育的方式，开展各种岗位技能培训和考证，效果明显。组织全民终身学习活动周活动，向市民宣传全民终身学习理念，营造良好的学习氛围。

【区广播电视大学、教师进修学校】 2014年，三水区广播电视大学、教师进修学校是区直属学校，承担成人高等教育、教师继续教育等任务。有教职员工32人，其中高级职称8人、中级职称19人，学历教育在校学生1000多人。学校坚持“面向市场，服务地方，强化技能，发展特色”的办学理念，学校与广东财经大学合作开设本科班社会工作专业，与江门职业技术学院合作开设专科初等教育专业，依托中央电大现代远程教育公共服务体系开办远程网络学历教育，招收本科、专科班学生265人。电大类学历教育各专业学生统考成绩位居省、市前列，其中会计学专业班学生尹晋、彭美芳2人获中央电大奖学金。加强教科研工作，提升教师的学历层次和教学、教研水平。面向全区中小学、幼儿园教师开展公需课、专业课培训，开设中小学骨干教师研修班，培训12000多人次。研究生学位的教师占专任教师的40%，成为区属学校中教师拥有研究生学位比例最高的学校。教师在省级刊物发表学术论文5篇，重点抓好省电大立项课题“远程学习者学习效能和学习策略实证研究”、省财政厅立项课题“广东发展现代农业组织研究——以佛山三水为例”、省教育厅立项课题“新型城镇化进程中区（县）域现代农村职业教育和成人教育发展模式实践研究”。其中，课题“广东发展现代农业组织研究——以佛山三水为例”于3月结题。

【区中小学生社会实践基地】 2014年，三水区中小学生社会实践基地是区直属全民所有制教育事业单位、青少年学生校外教育活动主要阵地、青少年法制教育基地。主要有野外训练场地、学工活动场室、野炊烧烤炉灶、国防知识专栏、法制教育展览馆、交通安全教育展览（体验）馆、禁毒教育展览馆、消防安全教育（体验）馆、风雨训练场、环保行为规范专栏（画廊）、人口与计划生育教育馆（青苹果乐园）、科普馆和健康教育馆（卫生知识科普馆）。基地推进三水校外教育特色品牌建设，在青少年急救技能教育培训方面取得成效。联合佛山市卫生局、佛山市健康教育所建设“佛山市青少年急救技能培训中心”，培训内容有急救护理应急处理方法、步骤措施以及人工呼吸等，为中小学生普及现代急救护理概念和技能，举办创伤包扎、突发事件应急处置知识讲座，邀请香港旅游远足协会主席周国强开办专题知识讲座、现场模拟包扎活动，有效提高学生自救、现场救护及应急处置能力。

■ 镇街教育

【西南街道】 2014年，西南街道有幼儿园31所，在园幼儿10479人；小学17所，学生24180人，专任教师1222人；普通中学12所，学生9443人，专任教师690人。以“扩容提质”为中心，从特色建设、教研工作、队伍建设方面下功夫，推进“三名”（名校突破、名师打造、名家引领）工程，使西南教育发展水平呈现快速提升态势。投入5亿多元实施以西南二中江南校区和北江小学建设为重点的“扩容提质”工程，推进西南中心幼儿园消防整改工程、金本中学教学楼重建、西南四中运动场改造、健力宝中学饭堂和会议室改造等多个项目。投入370多万元为各中小学购置电脑、图书等教育装备。增加中学优质学位1200个，小学优质学位1600个，有力促进义务教育均衡发展。开展校（园）长、主任竞争上岗，为教育管理团队注入活力。集中培训和校本培训相结合，推进师德师风和教师专业化建设。以西南街道中心小学的魏广生、王蕴玉等为代表的名教师脱颖而出，魏广生老师获第四届全国小学数学说课大赛金奖、第七届全国小学数学优质课评比一等奖；王蕴玉获广东省小学语文课堂教学比赛一等奖；西南二中关肖锋老师获佛山市实验操作与创新技能展演大赛一等奖。西南街道教学质量保持区内领先地位，中考重点中学上线1278人，上线率55.1%。街道师生有3580人次获奖，其中，国家级189人次、省级439人次、市级529人次。

【乐平镇】 2014年，乐平镇有幼儿园7所，在园幼儿3068人；小学7所，学生8396人，专任教师414人；普通中学4所，学生3303人，专任教师213人。乐平镇教育工作以实现区域教育现代化为目标，精心打造“均衡、优质、特色”教育品牌，推进教育改革，提高办学水平。加强重点工程建设，全镇大多数重点工程向薄弱学校倾斜，如南边小学食堂扩建，源潭小学食堂重建。合理配置教育资源，分别在镇中心小学、南边小学和范湖小学新建电脑室和图书室，改善办学条件。开展“品牌学校”创建活动，镇中心小学、南边小学、范湖小学等一批品牌学校创建工作取得显著成效。在全区学业水平质量抽样检测中，乐平镇五年级数学、英语成绩居全区镇街之首。中考重点中学上线率位居全区镇级中学前列。8名学生获全国物理竞赛奖项。12名学生获三水学生英语口语比赛一等奖。三江小学选手获第四届全国少儿围棋精英赛佛山赛区女子A组第三名。镇中心小学获佛山市中小学乒乓球锦标赛小学组团体总分第一名。镇中心小学民乐队演奏的《凤阳花鼓》获佛山市第二届中小学生器乐比赛银奖。三溪小学9人参加区少年儿童棋类比赛全部获奖，其中2人获冠军、1人获季军。乐平中学11名学生获三水区第七届中小学师生毛笔书法比赛初中组一等奖。范湖小学武术队参加第八届佛山市运动会和十五届三水区运动会的开幕式，其表演的武术操《岭南律动——舞动佛山》和《功夫出少年》获得好评。实施教师队伍提升工程，强化绩效管理。镇中心小学彭洁琴、南边中学张晴晴参加佛山市优质课和说课比赛分别获特等奖、一等奖。强化学校安保工作，联合镇公安、消防、交警、供电、司法、广播电视、食品药品监管等部门开展安全检查、宣传教育、应急疏散演练，在南边小学、范湖小学、中心小学、三江小学、南边中学、乐平中学建成三水区首批校园警务室，加强周边综合治理。

三水区第三中学教学楼

【大塘镇】 2014年，大塘镇有幼儿园4所，在园幼儿1330人；小学3所，学生3241人，专任教师188人；普通中学1所，学生232人，专任教师18人。大塘镇推动教育事业发展，通过广东省教育强镇第二轮复评。优化义务教育资源，近两年镇政府投入1900多万元，新建镇中心小学南教学楼、永平小学教学楼B楼，为学校采购桌椅台凳、空调电教设备、配置特殊教育资源课室，学校厨房升级改造、校园市政配套工程，提升办学条件。整合教育资源，完成区第三中学二阶段整合升级工作，原南山镇迳口中学并入区第三中学，让北部乡镇学子就近享受优质教育资源。完成大塘镇工业园小学撤并工作，满足群众对优质学位的需求。提高教育教学水平，加强德育和教研活动指导，组织校长、骨干教师参加培训，提高教师业务素质。加强幼儿园建设，规范办学行为，坚持每学期两次督查幼儿园，提高幼儿教师持证上岗率。安全工作纳入常态管理，联合各部门整治学校周边环境。规范民办学校管理，加强民办学校安全工作、师资队伍、教育质量等方面的管理。

【白坭镇】 2014年，白坭镇有幼儿园8所，在园幼儿1979人；小学2所，学生2681人，专任教师127人；普通中学1所，学生1066人，专任教师73人。白坭镇提升师资队伍素质，学前教育和社区教育成效明显。设立教育专项培训资金30多万元，组织教师参加专题培训、讲座、研讨会，确保每位教师每年接受不少于10课时的校本培训。启动教师交流工作，选送白坭中学校长邓志玲到北外附校三水外国语学校挂职、副校长黎锦光到三水中学附属初中交流，白坭中心小学副校长陈江华到清远市连山县禾洞镇禾洞小学支教。实施科研兴校战略。安排课题立项研究经费12万元，用于教科研活动，中小学、幼儿园申报立项有国家级课题2项、省级课题2项、市级课题4项、区级课题6项。凯旋幼儿园、岗头幼儿园成为国家教师科研基金"十二五"科研规划重点课题"3—6岁幼儿良好生活习惯培养的研究"的重点实验学校。促进学前教育均衡优质发展。推动周村片建成童梦幼儿园，解决幼儿入园问题。开展普惠性幼儿园建设，小太阳幼儿园、岗头幼儿

白坭镇第二小学

园、灶头幼儿园被认定为普惠性幼儿园。打造社区教育特色，以“机构+阵地+教师”的联动模式，借助祠巷村文化活动中心、中心小学乡村学校少年宫、三水新明珠工业园为载体，开展不同主题的社区活动、专业技能知识培训、兴趣小组活动、乡村少年宫活动和志愿者活动等50多场次，发挥社区教化功能，促进学习型社区建设。

【芦苞镇】 2014年，芦苞镇有幼儿园4所，在园幼儿1183人；小学4所，学生3154人，专任教师161人；普通中学2所，学生1188人，专任教师124人。芦苞镇加大投入，推进教育发展，通过广东省教育强镇复评。实施素质教育，全镇教学质量保持上升势头，重点中学上线率48.23%，创历史新高。实验小学被评为“全国亿万学生阳光体育冬季长跑活动优秀学校”。实验小学乡村学校少年宫、蔡边小学在暑假分别开展公益性夏令营活动，受到家长和学生的欢迎。筹措资金，优化办学条件。全镇公办学校投入9.2万元，购图书7200册。区级财政拨款和学校自筹资金投入56万元，购置一批教学设备设施。投入120万元重建龙坡中学围墙。佛山市女企业家协会捐款56万元建新乐丰小学综合楼。扩充学前教育资源，优化保教服务。实验幼儿园和锦江伊萌幼儿园招生，新增优质学前教育学位910个。瑞芳幼儿园和朝阳幼儿园被认定为普惠性幼儿园。加强安全管理，维护校园稳定。各中小学聘任“法制、禁毒、交通、消防”四校长，强化警校合作。开展公办学校安全综合评估，完善中小学安全管理、教学管理、校园文化建设，通过省、市两级关于开展学生溺水问题专项治理工作督查。

【南山镇】 2014年，南山镇有幼儿园1所，在园幼儿384人；小学2所，学生1916人，专任教师146人；普通中学1所，学生1529人，专任教师117人。南山镇以构建优质教育体系、促进教育均衡发展为目标，多措并举，在发展学前教育、完善办学条件、推动教育均衡发展、提高教育教学质量等方面取得新突破。投入15万元在中心小学建成遮雨棚，接通学校教学楼、功能楼、饭堂等主要建筑物，为师生创建良好的学习与生活环境。投入40多万元为两所公办小学添置计算机80多台，满足教学需求。投入40万元新建4个学生候车亭。投入800多万元新建六和幼儿园。完成两所中学的撤并工作，为500多名学生提供优质的教育资源。突破以往的培训方式，拓宽师资培训渠道，对全镇公办小学的教师实行全员跟班学习，提升教师队伍素质。

（郭燕芬）

文化·体育

CULTURE·SPORTS

文化事业

【概况】 2014年，三水区有文化馆、图书馆、博物馆各1个，镇（街）文化站7个、农村文化室360个、影剧院1个、数字影院1个。全区图书馆藏书量45.33万册，电影观众52.02万人次。文化活动室总面积11.18万平方米、文化广场总面积17.11万平方米。组织群众文化活动90场次，参与10万人次。

【文化设施建设】 2014年，三水区首间24小时自助图书馆建成使用，博雅滨江新文化中心图书馆和西南中心小学图书馆分别成为首家社区和学校联图成员馆。全区70个行政村（居）文化室实现“五个有”要求，完成28家数字农家书屋建设，建成1家园区书屋。

【群众文化】 2014年，三水区举办各类文化活动约90场，如“我们的节日”“文化五送”“三水好风采”广场舞大赛、“三水好声音”歌唱大赛等文化品牌活动。举办各类艺术展览约30场，如三水书画院艺术双年展、视障人士心灵影像展等。举办国学、书法、美术、摄影、养生等各类公益文化讲座约40场。举办“筑梦三水”异地务工人员子女文化艺术夏令营，约450名异地务工人员、低保家庭子女参与。区文化馆及各镇（街道）文化站举办舞蹈、书画等免费培训辅导300多场次，惠及1万多人次。区图书馆新增“库客数字留声机”服务，举办暑期免费电脑培训班7期，约300人参与。放映农村数字电影576场。

【文艺精品创作】 2014年，三水区加强文艺精品创作。贺显亮书法作品获全国首届陶渊明奖，胡建红声乐《那就是我》获第八届全国残疾人艺术汇演比赛金奖，芦苞镇《谁有我的芦花美》获广东省第六届群众音乐舞蹈花会铜奖，三水中学合唱团获省第十一届“百歌颂中华”歌咏活动佛山赛区金奖。全年有5人加入国家、省级协会；蔡玉燕被中国作家协会吸收为会员，卢冠东获第三届“广东省十大杰出青年摄影家”称号，黄敏获“广东省优秀民间文艺家”称号。

2014年9月25日，佛山市非物质文化遗产传习所（粤曲星腔艺术研究中心）举行挂牌仪式

2014年12月24日，“百歌颂中华”群众歌咏活动——2014“三水好声音”歌唱大赛优秀歌手汇演晚会在三水广场举行

【文化产业】 2014年，三水区委宣传部（区文体旅游局）注重引导，推动文化产业转型升级。邀请华南师范大学教授到三水区调研，形成《文化体育与旅游业发展战略规划》《佛山市三水区文化体育与旅游业融合发展专题研究报告》《武庙文化特色街区提升改造方案》研究成果，明确三水文体旅游产业的发展方向。组织区、镇两级参加深圳文化产业博览会；结合古村活化工作，到深圳大芬油画村、观澜版画村、凤凰古村考察学习。微安IT、影视三水、卡通奇景项目入选佛山市文化产业重点项目。举办文化产业培训班、印刷行业经营管理培训班，邀请营销专家帅文才为200多名企管人员就“打造卓越团队，快速倍增效益”进行主题演讲。

【文化遗产保护与传承】 2014年，三水区推进非物质文化遗产的保护和传承工作，贯彻“保护为主、抢救第一、合理利用、加强管理”的方针，加大不可移动文物巡查力度，以镇街为单位建立文物巡查工作制度；在建筑类文物中开展白蚁防治工作。加强三普成果的转化与应用，出版三水文化系列丛书——《三水祠堂》《三水书院文化》《飘逝的红头巾》，举办“三水祠堂文化展”。按照第一次全国可移动文物普查《文物藏品二维影像技术规范》的要求，做好影像数据采集等设备的立项、采购工作。开展普查试点，进行文物调查、普查认定和信息数据采集、登录工作。建立第五批三水区非遗名录体系，新增洪家拳和猫狮2个项目，区级非遗项目增到20个。省级非遗项目机构——粤曲星腔艺术中心申报为市级非物质文化遗产传习所。芦苞胥江祖庙举行“北帝神诞，福泽四方”庙会，吸引2000多位信众和游客。

【文化市场】 2014年，三水区做好文化市场审批业务窗口服务工作，全年受理审批89项，其中注销13项、变更38项、新设立21项、准印证14项、境外加工备案1项、审核文书延期2项。组织各镇（街道）文化市场窗口行政审批人员参加业务培训班，提升审批质量。文化市场采取日常执法巡查与专项行动相结合的方式，加大执法检查力度，全年出动执法3164人次，检查娱乐场所80家次、电子游艺场所148家次、网吧302家次、书报店162家次、音像店66家次、印刷企业160家次、旅游经营单位31家次，收缴“六合彩”非法出版物6100份、非法出版书刊208份，发出整改通知书3份，整改率100%，立案处理1宗，发出行政处罚决定书1份。

【文化交流】 2014年，三水区对外文化交流涉及摄影、书画、曲艺等门类，由香港诗书联学会、三水区委宣传部主办“赖智豪书画展”在香港文化中心开幕。中国体坛名将李宁率领奥运冠军代表团参观三水书画院并进行了艺术交流。举办“2014年三水区文化遗产保护宣传月”活动，包括三水民俗文化展、非物质文化遗产展演等9项活动，吸引万多名市民参观。白坭银洲贝丘遗址出土的青玉玦等6件文物入选“岭南印记·粤港澳考古成果展”，在香港、澳门等地展览。

（吴薇）

档案事业

【概况】 2014年，三水区档案局坚持“以民为本，服务先行”的原则，加强档案资源体系、档案利用体系、档案安全体系“三大体系”建设，抓好地方志年鉴和党史编纂出版等业务工作，取得较好成效。区综合档案馆年度评估被广东省档案局评为“合格”等次。

【档案基础业务建设】 2014年，三水区档案局推进档案资源、档案数字化、开放利用业务建设。

档案馆资源建设 新增文书档案702卷、专门档案275卷，新归档实物档案20件。档案总数为35312卷、44239件，其中文书档案24496卷、41475件，专门档案8720卷、659件。档案征集方面，接收美籍华人陈国强的个人档案、援越抗美战争老兵冯留彰捐赠的纪实资料《神秘军队不辱使命》《我们曾经不怕牺牲英勇战斗》及光盘《炮兵第63师援越抗美作战纪实》各两套。征集到三水地情照片180张。

档案数字化建设 选定上海中信信息发展股份公司为档案数字化工作服务提供商，对利用率较高的民生档案进行数字化处理，组织人员全程跟进数字化工作，完成数字化数量约10万页。完善档案目录数据库，做好电子公文与现行文件接收工作，新接收20个单位的电子公文5151份、现行文件79份。

档案鉴定开放工作 执行《保密法》等法律法规，落实档案鉴定开放工作，严格按照“三审”的要求层层把关，确保档案开放鉴定工作规范开展。完成63个全宗4962卷档案的开放鉴定初鉴工作。

档案利用服务 打造优质档案服务窗口，为单位与群众查档用档提供更多便利。针对地方志资料年报工作启动后，查档量激增等情况，调派人手，设置专门服务通道。全年接待查档利用约538人次，调档840卷(件)次，复印约4300页(张)。

2014年3月19日，三水区档案局领导到三水实验中学开展档案业务指导

发挥爱国主义教育基地功能 4月，区档案馆挂牌成为“三水区小记者协会素质教育实践基地”，并组织小记者协会会员到馆参观学习，加强对区情的了解。全年组织爱国主义教育活动2次。

【档案规范管理】 2014年，三水区档案局切实做好档案规范管理、民生和工程档案开发等工作。

全区档案史志调研 为掌握全区档案方志工作情况，结合党的群众路线教育实践活动，3月26—28日，区档案局领导班子带队到各镇（街道）开展档案方志工作调研。按照“底子摸清、问题查准、措施找对、总结提高”的总体要求，调研组通过听取各镇（街道）分管领导汇报、座谈交流收集意见和建议以及实地察看镇村档案室等多种形式，详细地了解和掌握各镇（街道）档案方志工作情况，特别是档案室库建设、档案保密与安全管理、档案信息化、年鉴图片资料收集、地方志资料年报的编写、村（居）委会档案日常工作的监督与指导等重点情况，并提出要求和建议。

机关档案服务工作 区档案局印发《关于做好党的群众路线教育实践活动文件材料收集归档工作的通知》等11份规范性文件，多次派出人员到区经科局、区安监局、区委社工部、区国土资源信息中心等单位开展档案监督指导工作。关注机构改革等事项，及时与区食品药品监督管理局等部门建立业务指导关系，指导档案处置工作，防止档案流失。

规范农村档案工作 区档案局加快推进建立覆盖新农村建设各个方面的档案工作体系，做好区行政区域变动后的档案监督指导工作，加强与西南街道、云东海街道的沟通协调，确保行政区域调整后，档案工作顺利交接。云东海街道被评为“广东省档案工作目标管理省特级单位”。芦苞镇、乐平镇6个村（居）委会通过档案目标管理复查工作。全区7个镇（街道）档案目标管理工作全部被评为省特级单位，村（居）委会达省级以上档案目标管理标准率60%。各镇（街道）加强对辖属村（居）委会档案工作的监督指导，将村（居）委会档案工作纳入年度绩效考核范围。

民生档案工作 围绕加强产业建设、旅游资源开发、建设美丽家园等发展大局，区档案局抓好民生档案工作。指导华侨中学、实验中学健全档案工作，尤其是完善学籍档案。指导健力宝公司、盛路通讯公司做好档案归档工作，加强区社保、环保、计生等档案业务指导，确保各类民生档案持续健康发展。

指导验收重点工程档案 区档案局加强对大棉电排站重建、大棉电排站至新鸭嘴岗整治、樵桑联围防汛照明、庆业盛发货运码头、广海大道提升工程等重点建设项目资料归档的指导监督。大棉电排站等4项工程项目档案通过验收。

三水区档案馆展厅一角

【档案安全保障】 2014年，三水区加大配套设施投入，加强档案管理安全工作，确保馆藏档案安全。

安全工作常态 严格实行涉密计算机专人管理和使用制度、档案数据迁移审批制度、档案信息公开保密审查制度和档案进出库房登记制度等；档案库房采用“双人双锁”管理，库房锁匙专人管理，严禁无关人员进出；对涉密计算机设置符合要求的密码，并严禁连接互联网或局域网；定期对消防灭火系统、防盗报警系统、视频监控系统开展安全检查，确保运作正常；开展消防安全知识培训及应急演练。

档案配套设施投入 加大档案馆各项硬件设施的投入，对视频监控、防盗报警、消防灭火系统及时更新，装修库房，配置铁门、铁窗、铁柜，档案箱柜和空调、抽湿机、消毒机等设备设施。

【档案执法检查】 2014年，三水区档案局依法开展档案执法检查及年检工作，推动各单位档案工作规范化水平的持续提升。档案年检扩大了检查的范围，将各村（居）委会、下属事业单位首次列为年检对象。完成档案中介机构的备案工作。与区工商局、区委保密局联合开展档案执法检查，规范档案中介机构服务行为，针对出现的问题提出指导意见，要求企业在档案保密保管、杜绝档案用品侵权等方面加强管理，规范操作，为社会提供更加优质的档案服务。4月，召开全区档案工作会议，组织全区镇（街道）、村（居）委档案工作培训，提升基层档案员的业务水平。8月，召开专题学习会，重点学习《关于加强和改进新形势下档案工作意见》与《档案管理违法违纪行为处分规定》。区档案局领导剖析档案违纪行为，提出整改意见，督促各单位加快档案工作规范化、制度化、标准化建设。

【档案图片资料利用】 2014年，三水区档案局加强声像档案服务工作。参与政务活动拍摄361次，拍摄图片68700张，为各部门、单位提供图片资料服务。举办“美丽家园·印象三水”图片征集活动。

（潘俊辉）

《三水年鉴（2014）》获中国出版协会主办的第五届年鉴编纂出版质量评比综合一等奖

■ 史志编纂

【概况】 2014年，三水区人民政府地方志办公室、区委党史研究室、《三水年鉴》编辑部认真加强地方史志编纂出版工作。在年鉴编纂工作中，调整年鉴篇目框架，充实部分篇目内容，大幅度提升年鉴编纂质量，《三水年鉴》(2014年卷)获中国出版协会主办的第五届年鉴编纂出版质量评比综合一等奖、框架设计一等奖、条目编写二等奖、装帧设计二等奖。推进地方志资料年报工作。发行《中国共产党三水历史》第二卷。

【年鉴工作】 2014年，三水区人民政府地方志办公室、《三水年鉴》编辑部认真调整年鉴篇目框架，充实部分篇目内容，使年鉴的编纂更加科学和规范，保持“精品年鉴”的编纂特色。经过精心编纂，《三水年鉴(2014)》于10月付印出版，采用全彩色印刷，同步出版多媒体只读光盘，大幅度提升整体质量和视觉效果，获中国出版协会主办的第五届年鉴编纂出版质量评比综合一等奖。

【地方志资料年报工作】 2014年，三水区人民政府地方志办公室加强地方志资料年报工作。召开地方志资料年报工作会议并举办培训班，培训通讯员150余人。按地方志资料年报编写计划，督促各部门、单位抓紧年报工作，按时保质地完成地方志资料年报的编写任务。为区国税局、区经科局及各镇(街道)等30个单位提供资料年报编写业务培训。

【党史工作】 2014年，三水区

2014年4月9日，中共佛山市委党史研究室主任钟秀文（左五）一行到三水区调研，并与三水区档案局有关领导合影留念

委党史研究室在完成《中国共产党三水历史》（第二卷）编辑出版任务后，举行《中国共产党三水历史》(第二卷）首发座谈会。完成《佛山100位党史人物》三水区材料的编写、校对工作。启动《中国共产党三水历史》(第三卷）资料征集工作。积极为各界人士提供历史资料和地情资料咨询等方面的服务。

（潘俊辉）

■ 体育事业

【概况】 2014年，三水区、镇（街道）两级举办体育赛事、活动55场次，参与1.3万人。新建体育场地10个，体育场地增至1549个，其中体育馆6个、篮球场816个、网球场21个、足球场45个、游泳池28个。区级场馆全年96日开放，节假日定时免费开放8天，接待市民1.8万人次。承办各级赛事10项，参赛5000人次，观众5万人次。开办培训班5期，培训学员200多人。

【竞技体育】 2014年，三水区举办第十五届运动会，组团参加佛山市第八届运动会。5月16—30日，区第十五届运动会设成年、青少年两个组别。成年组有乒乓球、羽毛球、篮球、足球、拔河、棋类、武术7项；青少年组有田径、篮球、足球、跆拳道、乒乓球、羽毛球、游泳、武术、棋类9项目，各镇（街道）、企业13个体育代表团1530名运动员参加。11月16—28日，佛山市第八届运动会在高明区举行。三水区组成851人体育代表团参加，获24枚金牌、52枚银牌、66枚铜牌。成年男子组、青少年组足球均获冠军。

【人才输送及比赛成绩】 2014年，三水区向国家队输送（集训）6人：钟杏平（蹦床）、禤倩文（曲棍球）、周施雄（体操）、陈萍萍、黄丽文（足球）、郝超（跆拳道）；省体工队转正4人：蔡永权（摔跤）、黄丽文、陈玉丹（足球）、欧阳华瑞（曲棍球）；省体校4人，市体校21人。以三水女足为班底的佛山女足夺得全省女子足球联赛亚军，陈玉丹入选U17中国女子足球队并于3月参加了在哥斯达黎加举行的第四届世界杯U17女子足球赛。钟杏平在韩国仁川亚运会上获蹦床银牌。何忠勉入选中国男子篮球队和国家奥林匹克代表队。三水青少年选手获世界赛第六名1项1人次，亚运会第二名1项1人次，全国赛前三名3项5人次，广东省锦标赛前三名18项72人次，佛山市锦标赛前二名8项49人次。

【公共体育设施】 2014年，三水区加大公共体育设施建设的投入，建成“北江体育休闲公园”等大型公共体育活动场地。投入公共体育设施维护资金25万元，新增全民健身路径5条。全国第六次体育场地普查工作（三水区）12月结束。全区有体育场地192万平方米，居全省前列。

【体育产业】 2014年，三水区体育产业平稳增长。全区体育彩票销售网点35个，总销量3746万元，其中电脑型体育彩票销售3300万元、即开型体育彩票销售447万元。体育消费成为一种社会时尚和生活需求，网球、羽毛球、游泳等项目尤其受到市民的喜爱。注册的区级单项体育协会7个，社会经营卡丁车场1个、综合健身馆2家、游泳场（池）32个、篮球馆10个、羽毛球馆38个、室内篮球场33个、大型足球场28个、小型足球场76个。体育俱乐部、经营性场馆与体育培训相结合，拉动体育市场消费，促进体育培训业的发展。

（吴薇）

2014年11月28日，佛山市第八届运动会在高明区举行闭幕式。图为佛山市副市长麦洁华（右）为三水区体育代表团颁奖

卫生
HEALTH

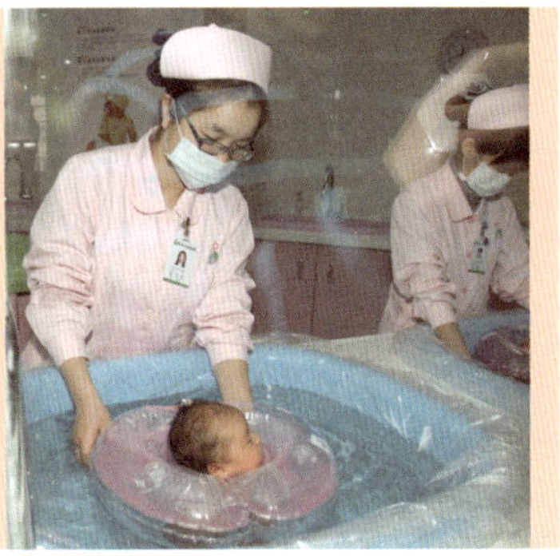

■ 综述

【概况】 2014年，三水区有198家医疗机构，其中公立78家、民营120家；机构类别中，医院15家（三级甲等综合医院1家、二级甲等中医院1家、镇级医院及一级医院13家），其中，公立的4家、民营的11家；综合医院3家、专科医院12家；民营医院占73%，专科医院占80%；公立的妇幼保健院1家、卫生院3家。社区卫生服务机构52家，其中镇级公立社区卫生服务中心5家（不含大塘卫生院、南山卫生院加挂的社区卫生服务中心）、村级社区卫生服务站47家（公立的31家、民营的16家）、村级卫生室15家（公立的3家、民营的12家）。在村级医疗卫生服务机构中，公立的约占55%，民营的约占45%。门诊部29家（其中公立的2家、民营的27家，综合门诊8家、专科门诊19家、口腔门诊1家、精神卫生门诊1家）。诊所49家（公立的1家、民营的48家，其中普通诊所23家、口腔诊所22家、中医诊所1家、其他诊所3家）。卫生所5家（公立的4家、民营的1家）。医务室27家（公立的21家、民营的6家）。公立的专科疾病防治所1家、疾病预防控制中心1家。全区有3741名卫生技术人员，其中高级职称233人、中级职称673人。全区住院床位2379张，其中区级医疗机构病床1348张、镇级医疗机构病床1031张。病床使用率78.02%。全年全区门诊、急诊超670万人次，比上年增长7.5%；出院病人8.5万人次，增长7%；平均门诊费用78.6元，增长2%；住院平均费用5780元，下降0.2%。全区深化医药卫生体制改革，健全医疗卫生服务网络，加强医疗卫生质量安全，推进“三名”工程、智能卫生建设，加大公共卫生保障力度，提升医疗卫生服务水平。

1月，三水区人口和卫生药品监督局的保健品、化妆品、药品、医疗器械监督管理职责划转至区食品药品监督管理局。三水区人口和卫生药品监督局更名为“三水区卫生和计划生育局”（简称“三水区卫计局”），主管卫生、计划生育工作，依法行使卫生和计划生育监管职能。内设办公室（突发公共卫生事件应急处理办公室）、政策法规科、医政科、公共卫生科、基层卫生与妇幼保健技术服务科、费用管理科、宣传教育信息科（区计划生育协会机关）、流动人口计划生育管理科、人事科、爱卫科（区爱国卫生运动委员会办公室）、区红十字会和监察室等12个机构。

【卫生服务网络建设】 2014年，三水区卫计局推进卫生服务网络建设。中南部板块服务网络得到优化。区人民医院门诊配套大楼竣工并投入使用。完成西南街道江根、耀华、南岸、青岐社区卫生服务站升级改造；建成乐平镇南边社区服务网点，填补了南边公立医疗卫生机构的空白。启动云东海街道伏户社区卫生服务站和西南街道北江社区卫生服务中心工程。北部板块卫生资源得到优化。三水区人民医院大塘医院挂牌，完成芦苞社区卫生服务中心升级改造工程，启动南山镇社区卫生服务中心建设。芦苞社区卫生服务中心搬址改造，业务用房面积比原来增加近4倍。

【“三名”工程建设】 2014年，

三水区卫计局持续实施“名院、名科、名医”工程，加强医院内涵和医疗卫生服务质量建设。区人民医院加挂“佛山市第六人民医院”牌子，成为市级三甲医院。三水区中医院通过二级甲等中医院复审，成为广州中医药大学附属佛山市中医院三水医院。区级第二批重点专科建设推进。申报通过省级继续医学教育项目3项、市级继续教育项目28项。申报通过省卫生科研立项2项、佛山市医学科研课题立项15项、佛山市科技局科研立项16项。

【医疗质量建设】 2014年，三水区卫计局继续加大医疗质量管理力度，加强医疗安全建设。规范医疗机构执业行为。开展医疗机构年度校验，加强医疗机构设置审批，严格医疗机构诊疗科目、人员、设备、技术准入。推进“抗菌药物专项整治”“医疗质量万里行”、创建“平安医院”、医疗机构不良行为记分制，加强对医疗机构执业行为的监督和管理，规范医疗机构执业行为，提升医院管理水平。全年检查180多家医疗机构，责令3家医疗机构停业整改，对1家医疗机构注销处理，对81家医疗机构记分处理，约谈医疗机构6家；完成20家新设医疗机构的验收，对37家医疗机构实施执业变更。严厉打击非法行医行为。制定三水区2014年打击非法行医行动方案，取缔非法行医14宗，罚款1.3万元，没收非法药械价值约2.32万元，查处违法违规医疗机构16家次，罚款3.37万元。加强医疗服务行风建设。以党的群众路线教育实践活动为载体，深入7个镇（街道）和4家区级公立医疗机构，围绕医疗行业“四风”问题开展全面调研活动和换位体验式学习活动，广泛收集医疗服务的存在问题和改进建议。收集67个问题，制定16项整改措施，并建章立制7项。以落实“九不准”和行风专项治理行动为重点，组织7个行业作风专项治理督查组，对收受医药回扣、收受红包、医疗收费、医疗设备采购和使用等开展专项检查和整治。成立暗访组，加大对医疗服务不规范行为的监督检查和纠错力度。全年巡察暗访45次，纠正问题51个。落实《医疗机构从业人员行为规范》及实施细则，督促医务人员签订廉洁承诺书1739份，医患双方签署不收和不送红包协议53383份，签署医药产品廉洁购销合同584份。

【卫生医药体制改革】 2014年，三水区卫计局完善基本药物制度。全区可供使用基本药物1042种，享受基本药物制度120多万门诊人次，比上年增长46%，群众减少药费支出360多万元。镇、村两级公立医疗机构全部实施基本药物制度，零差价销售率100%，实施一般诊疗费和医保支付政策。区人民医院基本药物配备率和使用率分别是60.04%、41.58%，区妇幼保健院基本药物配备率和使用率分别是77.2%和50.23%，三水中医院基本药物配备率和使用率分别是66.71%和52.71%。3家区级公立医院基本药物使用率远高于上级关于“三级县（区）级公立医院30%”和“二级县（区）级公立医院40%”的标准。有9家民营医疗机构实施基本药物制度。平价医疗服务推进力度加大。区妇幼保健院作为区的平价医院，全年接受平价服务门诊72.1万人次、住院10836人次。区人民医院和区中医院设置平价诊室12间，平价诊室占门诊资源超过10%，全年有近10000人享受平价诊室服务。因开设平价诊室服务而使病人减少支出近80万元。在基层医疗卫生服务机构推广使用平价药包服务工作，全年全区有120多万人次享受平价药包治疗。巩固基层医疗卫生事业单位综合改革成果，全区列入公益一类事业单位的社区卫生中心、卫生院运行良好。落实《佛山市三水区重点和基本公共卫生服务财政补助资金支出实施方案》和《佛山市三水区基层医疗卫生机构经常性收支核定和差额补助暂行办法》，将基层医疗卫生机构补助资金列入区、镇两级财政预算，明确各项补偿政策，为基层医疗卫生机构发展提供资金保障。区财政按在职在编每人每年3万元的标准，对镇级医疗卫生机构补偿到位。一般诊疗费按70%的比例由区社保基金补偿。对每个完成标准化新建或升级改造的社区卫生服务站给予30万元的经费补助。对基层医疗卫生机构的经常收入仍不足弥补经常性支出的差额部分，由区、镇两级财政按3∶7比例负担。对实施国家公共卫生服务项目，区财政按人均30元的标准补贴。启动全科医师转岗培训工作，注册全科医师69人，拥有至少1名全科医师的公办基层医疗卫生机构7家，占总数的87.5%。

【智能卫生建设】 2014年，三水区卫计局推进区域医疗影像平台建设，建立区域PACS系统数据管理及影像云计算中心，即三水区域PACS系统的运行管理中心和数据存储中心，承载三水区域医院数字影像所有数据的采集、存储、交换、分发、管理、监控、挖掘、数据分析和共享应用等，6家公立医院完成PACS系统的统一改造并接入区域数字医学影像管理平台，区域数字医学影像管理平台主体构架完成。11月，启动医疗影像平台三期建设，主要是完成区域影像全景信息系统和社区卫生服务中心PACS系统的建设。

【疾病预防控制】 2014年，三水区卫计局做好各项疾病预防控制和公共卫生应急处置工作。全区手足口病病例2513例，其中重症病例2例。各犬伤门诊上报5150例暴露者，全程接种狂犬疫苗人次1977例，抗狂犬病免疫球蛋白注射人次230例，未发现并报告狂犬病病例。全年报告5宗突发公共卫生事件：2月6日的1例人感染H7N9禽流感病例事件，6月24日大塘镇中心小学1宗A型（H3）流感病例暴发疫情49例，9月16日三水区登革热局部暴发疫情55例，2宗水痘疫情58例，得到快速有效控制。推进艾滋病综合防治示范区工作，开展艾滋病防治知识宣传、高危人员干预、哨点监测、慰问艾滋病遗孤、自愿咨询检测等工作。在辖区内桑拿、发廊、沐足等娱乐场所开展干预工作，发放安全套24545个、宣传资料8408份，抽取血样403份，完成哨点监测任务。科学开展自愿咨询检测工作，全区3间艾滋病自愿咨询检测室接受艾滋病自愿咨询444人次，HIV抗体检测354人次，发现8例HIV抗体初筛阳性病例，发放安全套4860个、防艾宣传资料300份。

【公共卫生服务】 2014年，三水区卫计局推进国家公共卫生均等化服务，重大和基本公共卫生服务项目完成年度目标。全区建档51万份，建档率81.92%，其中电子档案47万份，电子建档率75.48%。为39743名高血压患者进行建档管理，高血压患者管理率58.04%，规范管理高血压患者33961人，规范管理率85.45%，血压达标30565人，血压控制率76.9%。对12316名糖尿病患者进行建档管理，糖尿病管理率90.34%，糖尿病患者规范管理10043人，糖尿病患者规范管理率81.54%，血糖达标8272人，血糖控制率67.16%；推进健康教育和健康促进工作，举办8场健康教育知识活动、5场户外宣传日系列活动，派发宣传资料12800份，接受咨询500人次，参与活动2300人次。投入18万元与佛山电视台三水分台合作，播放手足口病、流感、艾滋病、控烟、碘缺乏病、结核病、计免、登革热等10多种健康知识。定期更换各镇街卫生宣传栏内容，居民基本卫生知识知晓率88%，健康行为形成率85%。实施0—3岁散居儿童常规体检12676人，4—6岁集体儿童免费体检21168人，完成年度任务。达标完成孕产妇免费保健3386人，其中本地孕妇2994人，常住孕妇392人。开展老年人保健工作，为全区26159名65岁以上老年人进行免费保健管理。实施国家预防接种计划，全区适龄儿童（本地外地）乙肝疫苗、卡介苗、脊灰疫苗、百白破疫苗、麻疹疫苗、乙脑疫苗接种率以镇（街道）为单位95%以上。全区含麻疹成分疫苗应种儿童2483人，已种儿童2455人，服食率98.87%；做好传染病防治工作，全区27家医疗卫生单位均实行传染病网络直报，网络直报覆盖率100%。全区无甲型传染病报告病例，乙类传染病报告病例1959例（其中死亡5例），丙类传染病报告病例3520例。全区未出现霍乱病例、不明原因肺炎病例、狂犬病病例等急性传染病疫情。管理3663名重性精神疾病患者，发现率5.89‰，规范管理率80.9%。建立重性精神疾病患者档案357份，建档完成率112%。重性精神疾病患者危险性评级3665人，危险性达3级或以上患者人数79人。患者总数比上年增长357名，增长率11%。发生重性精神疾病患者病情不稳及有明显肇事肇祸倾向事件248次，送院治疗1288人次，其中危险性达3级或以上69人次。为8651名35—59周岁农村妇女“两癌”检查，乳腺疾病、宫颈疾病检出率分别为27.06%和23.75%，并对异常者进行跟踪随访和给予医学指导。为6293名孕前和孕早期妇女免费补服叶酸。完成年度农村饮用水水质卫生监测任务。

【卫生监督】 2014年，三水区卫计局依法对各类公共卫生场所进行卫生监督管理，全年无卫生安全事故发生。100%普及公共卫生场所和学校卫生量化分级管理。建立卫生监督协管工作机制，严格考核办法。3月初公布2014年三水区卫生监督协管考核办法，首次实施工作考核与补贴发放挂钩的做法，对全区74名卫生监督协管信息员于7月、11月进行考核并发放服务补贴。结合流感、登革热、手足口病、H7N9禽流感防控工作，加强对学校、托幼机构的卫生监督。查处医疗机构未经许可开展诊疗活动、出租承包科室、聘用非卫生技术人员行医、超出登记范围开展诊疗活动、“医疗机构执业许可证”不按期校验、非医学需要的胎儿性别鉴定和选择性别的人工终止妊娠、违法违规开展人类辅助生殖技术等行为。查处医疗机构违法行为29宗，简易处罚10宗，立案处罚19宗，罚款60400元。开展美容美发场所、沐浴场所卫生监督专项检查和抽检工作，对10间美容美发场所和5间沐浴场所进行专项抽检，其中美容美发场所合格7间，及格率70%，沐浴场所合格2间，及格率40%。对1家美容机构擅自开展针灸减肥活动立案查处，予以警告及罚款5000元。开展游泳池水专项抽检工作。抽检23家游泳场所，其中不合格5家。依法开展餐饮具集中消毒单位卫生监督。

【妇幼保健】 2014年，三水区卫计局规范妇女、儿童两个系统管理工作，全区孕产妇系统管理率98%，高危妊娠管理率100%，7岁以下儿童保健覆盖率96.97%，5岁以下儿童死亡率5.51‰，婴儿死亡率3.75‰，全区新生儿听力筛查率98.79%，新生儿疾病筛查率99.87%。实施免费婚检、孕产检。全年婚检率28.3%。初次孕产检率100%。实施计划生育技术免费服务、免费生殖健康普查普治。全区举办79期优生健康检查班，参加免费优生健康检查的夫妇2770对，覆盖率100%，全省免费孕前优生项目临床检验室间质量评价结果为优秀，项目合格率100%。建立检查对象档案，随访跟踪服务，对高风险对象由专人负责跟踪随访，及时提供优生优育指导。

【社区卫生建设】 2014年，三水区卫计局推进卫生机构升级改造工作。完成芦苞社区卫生服务中心以及西南街道江根、耀华、南岸、青岐社区卫生服务站升级改造，新建乐平镇南边社区卫生服务站。区政府将“中医中药进社区工程”列为2014年民生“十件实事”。区卫计局以普及中医药文化、开展中医“治未病”、推广中医药适宜技术为突破点。加强中医药文化普及。录播中医特色技术电视节目20期、中医中药三水行专题2期、潮流生活节目2期、《智汇三水》专题1期。在三水电台“答问中医”栏目播出中医药服务资讯23期。在《佛山日报·今日三水》刊登“推广中医中药·关注百姓健康”活动专题8期、相关报道20期。在企业、学校、社区、单位举办30场“健康大讲堂”中医药科普知识讲座，派发中医药健康手册10000份。开展中医“治未病”。推广中医保健茶饮、三伏“天灸”疗法、中医保健操，成立糖尿病、高血压慢性病病友俱乐部。为4104人次进行中医体质辨识、相关体检指标及健康指导工作，建立居民中医健康档案，中医体质辨识工作获得2项佛山市科技局科研课题立项。推广中医药适宜技术，提升基层中医药服务能力。加强基层医疗卫生单位中医药人才的培训，举办1期“三水区中医药理论与老年人中医药服务培训班”、2期“三水区中医药理论与适宜技术临床应用培训班”，培训基层医务人员122人。全区建立7个“中医特色示范点”，由区中医院提供技术支持，推广应用中医药适宜技术。建立“全区中医适宜技术培训基地”1个和“中医适宜技术推广视频平台”，培训1805人次，制定《全区中医基础知识与适宜技术的培训方案》并培训463人次。推行家庭医生服务，以家庭医生团队为基础，为签约居民提供免费基本公共卫生服务和个性化医疗保健服务。西南街道、白坭镇、乐平镇、大塘镇、南山镇等社区卫生服务中心组建家庭医生团队，开展家庭医生签约服务，全区组建家庭医生团队29个，签约家庭1608户，签约服务人数4048人。西南街道社区卫生服务中心作为佛山市家庭医生服务市级示范单位，成立13个家庭医生服务团队，深入10个居委、村委，签约家庭1074户，服务2617人。

【无偿献血】 2014年，三水区无偿献血率100%，临床用血100%来源于无偿献血。全年全区有8358人次参加无偿献血，献血总量2200升，比上年增长4.35%；临床用血约1890升，比上年增长6.53%，100%满足全区医疗临床用血的需要。完善ISO质量体系建设，加强血液质量管理，坚持依法管血、规范用血，确保临床用血安全。优化群众办理用血报销手续，2014年用血报销170人次，报销金额279200元。

【爱国卫生运动】 2014年，三水区卫计局加强爱国卫生工作，结合H7N9禽流感、登革热防控，在全区加强清理积水、蚊虫孳生地、卫生死角等环境整治，改善城乡卫生环境，减少病媒生物。登革热防控期间全区出动60420人次，清理蚊幼虫孳生地、卫生死角15566处，灭蚊面积139平方千米。推进卫生村、健康村创建工作，新增省卫生村76个，芦苞镇实现100%省卫生村的目标，成为三水区继白坭镇后第二个实现“村村卫生村”的镇。全区创建省卫生村523个，全区省卫生村覆盖率66.8%。各镇街加大环境治理力度，完善基础设施建设和垃圾收运，加大健康教育宣传力度，健全保洁长效机制，提高创建村的环境卫生水平。乐平镇投入3400万元，芦苞镇投入709万元，大塘镇投入650万元，南山镇投入561万元，用于完善卫生环境基础设施建设。

【红十字会】 2014年，三水区卫计局加强红十字会建设和救助救护工作。开展爱心帮扶，有120户家庭得到红十字会的爱心救助。帮助特殊患病家庭开展医疗救助，有2个先天性心脏疾病儿童接受免费心脏病手术，1名白血病患者获得国家红十字会基金3万元救助金，1名地贫患者获得区红十字会3万元资助金。6月23日至7月20日，区红十字会开展2014年“佛山（三水）扶贫济困日”募捐活动，收集捐款214000元。

（黄新华）

医疗卫生

三水区人民医院

【概况】 2014年，三水区人民医院员工1080人，招录新员工39人。其中，医生占43.6%，护士占43.6%，医技人员占2.6%，行政后勤管理人员占10.3%；正高级职称人员占2.5%，副高级职称占8.3%，中级职称占25.5%，初级职称占48%，各类人员比例符合三甲医院要求。医院设置科室55个，其中临床科室32个、医技科室7个、行政科室16个。医院病床828张，全年业务收入比上年增长9%；门诊、急诊人次增长4.22%，人均门诊、急诊费用增长3%；出院人数增长5.5%，人均出院费用下降1.1%；病床使用率92.5%，出院患者平均住院日6.7天。医院增挂“佛山市第六人民医院”牌子，晋升为市级三甲医院。加强对基层医院的帮扶，与大塘医院签订共同建设“佛山市三水区人民医院大塘医院”协议。召开三甲复评工作动员大会，提升医疗质量和安全内涵建设。加强科研教学工作，推进专科建设，呼吸内科、神经内科、脊柱关节外科、产科被评为区第二批医学重点专科，急诊科被评为区级医学特色专科，医学重点专科增至9个，医学特色专科增至2个。科研楼投入使用，提升医疗卫生水平和科研能力。加强平安医院建设，确保医疗秩序稳定和医院安全。弘扬良好的医德医风，提高医疗服务水平。

【医疗质量安全】 2014年，三水区人民医院重点抓制度落实，医疗行为和流程的规范，提高医疗质量，确保医疗安全。医院出台《关于落实三级医师查房制度的通知》《关于促进我院三级医师查房制度执行的实施方案》，抓病历书写规范与管理、首诊负责、三级医师查房、疑难病例讨论、会诊、死亡病例讨论、术前讨论制度等医疗核心制度的落实，推进各临床科室三级医师查房制度执行情况的督查工作，使各项核心制度得以贯彻执行。规范全院医师的诊疗行为和流程，修订《三水区人民医院创伤救治工作制度》，明确医务人员和科室、部门的工作职责，规范会诊流程，提高创伤救治水平，为病人抢得救治的机会。制定《住院病人医嘱专项管理规定》，对长期医嘱的更改、科室每天发送医嘱的时间及基数药物的使用等都作了明确的要求，全面推行电子处方，规范电子处方和临床医嘱专项管理，手写处方明显减少，医嘱更加及时准确，提高工作效率，极大减轻工作量和缩短病人候诊时间。修订《医技科室紧急意外抢救预案》，加强医技科室医疗安全。制订《关于送手术通知的补充规定》，规范送手术流程。组织产科、儿科、急诊科、术科等进行医疗质量改进会议，使科室和医院及时发现医疗质量和管理上的隐患和漏洞，督促科室整改。加强护理创新管理，提高护理质量。在《三级综合医院评审标准实施细则（2011版）》的基础上，修订护理质量标准。推动金点子活动，将好的点子向全院推广，如防走失衣、约束背心的制作等，保证病人住院安全。个案追踪检查，从入院到出院，各个环节进行检查，使护理工作更到位。改变工作床边责任制的排班模式，推行“把时间还给护士，把护士还给病人”的护理理念。推进精品五常法管理工作，进行QC项目评审及奖励工作，在各科推进QC小组活动，执行三级护理安全监控网，每季度组织护理不良事件分析1次，建立护理质量检查与考核制度，健全护理质控体系网。开展护理文书书写评比活动和流动奖牌活动，举办礼仪培训、静脉输液研讨会、岗前培训、护理安全培训与考核。强化医院感染管理和传染病防控。加强医院环境、无菌物品和AFP病例的监测，落实医护人员手卫生和多重耐药菌的管理，落实对艾滋病防治的管理，及时上报传染病例，严格管控漏报情况，每周搜索全院病例，对可疑病人进行追踪和报告区疾病预防控制中心。尤其是重点做好H7N9、手足口病疫情、甲流、登革热、埃博拉等疫情防控和重症医疗救治工作。成立防控领导小组及专家组，建立防控流程，发出各类传染病的规范指引，制定应急预案，进行全院覆盖式培训、应急演练。加强抗菌药物临床应用管理和基药优先配备使用，推进阳光用药与监管。所有基药均在“广东省药品交易平台”进行报量采购。充实临床药师队伍，规范中成药注射剂的临床合理使用，加强与临床的沟通，提高医院整体合理用药水平。组织抗菌药物知识培训和考核，规范化管理抗菌药物处方权。

2014年3月28日，三水区人民医院增挂“佛山市第六人民医院”牌子

【科研教学工作】 2014年，三水区人民医院获得省卫生厅课题2项，市科技局科研课题13项，市卫生局课题11项。其中，普通内科主任医师蔡敏主持的科研课题“以家庭为单位综合社区医疗网络模式的高血压病防治和管理”，通过佛山市科技局和佛山市卫计局组织的专家鉴定，科研成果达到省内先进水平。加强业务培训工作。选派医学骨干进修16人次，外出学术交流411人次，培训人员8500余人次。强化住院医师24小时负责制培训，实行带教导师制。医院举行学术讲座21次，培训4300余人次。接收医、技、药、检实习生达154人，各专业

来院进修人员有16名。医院白内障超声乳化和医用高压氧治疗两项临床医疗技术获得技术开展资质。

【医疗服务】 2014年，三水区人民医院在手术室、急诊科、输液中心投入液晶电视，在药房对发药信息系统、患者取药显示LED屏进行合理优化。完善门诊挂号、门诊分诊和门诊医生工作站系统。门诊普通综合楼—科研楼一期工程竣工启用，为患者提供崭新、安静、舒适的就医环境。门诊自助服务终端启用，患者在门诊大厅、急诊科和检验科均可自助挂号、预约挂号、自助缴费、自助打印检验报告服务。加强全院员工的礼仪服务培训。规范取药流程，完善医院标识和就诊流程引导。推行电子住院卡，取消急诊挂号环节，缩短病人等候时间，提高门诊病人满意度。

【平安医院建设】 2014年，三水区人民医院强化平安医院建设，确保医疗秩序稳定和医院安全，促进和谐发展。医院重视安全工作，对消防、物资、电梯、安保、建筑、水电安全进行检查，对易燃易爆容易引发火灾、存放危险品及人员集中的场所重点检查（如药库、病房等）。严格落实科室安全责任制，制定人防、物防、技防应急措施，实行医院总值班制度和医院领导值二线班制度，切实把防火、防盗、防破坏等治安防范措施落实到位，杜绝重大可防性事件发生。

【医德医风】 2014年，三水区人民医院认真践行党的群众路线教育实践活动，开展党建廉政工作，弘扬良好的医德医风。到南山镇开展义诊活动。医院召开整治行业不正之风专项治理工作动员大会，开展医药纠风专项治理工作承诺集体签名活动，强化党员干部廉洁自律意识。执行医疗机构和住院患者签署“医患双方不收和不送‘红包’协议书”。医院收到锦旗、牌匾50面、表扬信18封，医护人员30人次退红包32060多元。医院获区“文明单位”称号，方长庚、廖真溶分别获“2014年感动三水”道德模范奖及提名奖，夏结婷获“2014年佛山市三水区第十届十佳青年”称号，眼科获“2014年广东省模范职工小家”称号。

【公益活动】 2014年，三水区人民医院强化医院社会公益性，履行公共卫生服务工作职责。医院与乐平镇中心医院、佛山市公安局三水分局看守所等单位签订“医疗合作协议书”，并与7家企业签订“伤病员工医疗服务协议书”。做好对口帮扶工作，医院和大塘镇医院、南山镇六和医院对口帮扶。完成2014年征兵体检和区直机关、事业单位工作人员体检的任务，安排15次医疗保障服务，举办义诊活动12次，医院普通外科主任医师郝晋齐入选佛山市第七批援藏医疗队，并担任队长，前往西藏墨脱县开展为期一年的援藏工作。医院筹集1万多元的药品、设备支援西藏墨脱县。

（林文雄）

佛山市中医院三水医院

【概况】 2014年，佛山市中医院三水医院（简称“中医院”）以建设“患者满意、职工满意、政府满意”（简称“三满意”）医院为发展目标，以三水区2014年十件民生实事之一的“中医中药进社区”工程为载体，抓医疗质量和安全，突出中医药特色。全院员工548人，其中在编235人、合同工313人；卫生技术人员445人，其中医生148人、护士218人、医技28人、药剂51人；高级职称40人，中级职称125人。全年门、急诊量98.91万人次，比上年增长6.92%；出院病人11945人次,增长2.44%；全年医疗事故发生率为零。院长余俊文获“奥赛康杯2014年中国最具惠民精神的基层医院院长”称号；创新护理用品“主动足踝锻炼器”“足踝锻炼器”获国家实用新型专利。12月12日，中医院举办“广州中医药大学附属佛山市中医院三水医院”挂牌仪式。

【“中医中药进社区”工程】 2014年，佛山市中医院三水医院推进“中医中药进社区”工程，以中医药文化普及、开展中医“治未病”工作、推广中医药适宜技术为重心，提升中医药服务水平。

中医药文化普及 借助媒体、网络等载体广泛宣传中医中药保健知识及中医适宜技术。中医院录播中医特色技术电视节目30期、中医中药三水行专题2期及潮流生活节目2期，

《智汇三水》专题1期。在三水电台“答问中医”栏目播出中医药服务资讯23期。《佛山日报·今日三水》刊登“推广中医中药·关注百姓健康”活动专栏8期、相关报道30期。《南方日报·佛山观察》刊登相关报道和专题3篇。印发5000份9种体质养生和茶饮养生折页。组织40多名专家到企业、学校、社区、事业单位举办30场“健康大讲堂”中医药科普知识讲座，服务约13000人次。举办大型义诊活动10多场，为市民解答健康问题，教授中医药保健常识，并演示穴位贴敷法、耳压药压法、小儿捏脊法等实用的中医适宜技术，参加群众25000多人次。

开展中医“治未病”工作 成立糖尿病、高血压慢性病病友俱乐部，每月举办中医健康讲座1场，全年服务300余人次。开展中医体质辨识，对不同人群4000多人次开展中医体质辨识、相关指标的检测及健康指导工作，其中65岁以上居民2800多人次。医院专业人员开展科研攻关，获得佛山市科技局科研课题立项2项。开办中医运动保健操培训班，邀请世界武术大赛太极拳冠军唐隆平任顾问，组织培训近40场，参与人数1600多人次。举办“运动强身心、中医治未病”中医运动保健操比赛，全区各镇8支队伍参赛。根据中医膳食处方及中药保健茶饮处方制作中药保健茶饮，发放中药保健茶饮10000多份。

推广中医药适宜技术 举办中医药适宜技术培训班3期，近500人次参加。以治未病科与针灸推拿科为培训基地，培训6个“中医中药进社区示范点”医务人员120多人次。开展中医药适宜技术远程培训，利用中医药适宜技术推广视频网络平台，每周二下午向全区中医医务人员免费开放，全年开放20多次，培训2000余人次，提高基层医务人员中医诊疗水平。

2014年12月12日，佛山市中医院三水医院举办“广州中医药大学附属佛山中医院三水医院”挂牌仪式

【医疗业务管理】 2014年，佛山市中医院三水医院把医疗质量放在首位，每个季度开展医疗质量和安全评价，落实整改，提高医疗安全管理水平。

通过二级甲等中医医院复审 按照二级甲等中医医院评审细则实施方案的要求，中医院制定迎检工作方案，各科室组织员工学习、完善相关资料，做好迎检工作。4月，广东省医药局评审专家组对照标准，检查医院管理、医疗质量、中医药服务等方面的情况，充分肯定中医院工作成效，尤其是“中医中药进社区”活动得到群众支持，值得推广。中医院通过二级甲等中医医院复审。

广州中医药大学附属佛山市中医院三水医院挂牌 12月中旬，举行“广州中医药大学附属佛山市中医院三水医院”揭牌仪式。与广州中医药大学合作，加强中医院的专科、学科、人才、医疗质量和医德医风的建设，促进中医院在医学教育、科研工作的发展，提高综合服务能力和整体水平。

开创护理管理的新局面 在佛山市中医院的指导下，中医院开展品管圈（QCC）活动，召开阶段分享研讨会、品管圈成果汇报会，使护理人员学会运用创新性的评判思维能力，改进护理工作质量。5月，中医院举办首届护理用具创新设计比赛，参赛作品近40件。

规范抗菌药物使用和管理 执行临床药师查房制度，及时发现问题并提出改进意见，对疑难病例进行跟踪并提供个体化用药方案、解决相关问题，对临床科室用药情况进行检查、评分。加强抗菌药物耐药情况监测和处理，多次开展全院医务人员临床合理用药培训，提高全体医务人员合理用药率，保障临床用药的安全性、经济性、有效性，减少药物不良反应的发生，提高医疗质量，保障医疗安全。

【特色技术和专科建设】 佛山市中医院三水医院中西医结合糖尿病专科、中西医结合心血管专科分别被确定为三水区第二批重点专科和特色专科。中医院加强专科规范化管理，增加投入，完善措施，修订《佛山市中医院三水医院重点专科建设管理制度》，从人员引进、设备投入、服务能力提升、优化专科病种治疗等方面进行目标管理，形成特色专科优势。8月，三水区首个“胃食管反流病”专病门诊在中医院举行揭牌仪式，提升中医院消化疾病诊治技术。

【科研教学工作】 佛山市中医院三水医院完善科研教学管理制度，落实临床科研工作的激励政策，营造良好的科研学术氛围。获佛山市科技局立项2项，获佛山市科技局科研结题1项，获佛山市卫生局立项5项。举办广东省省级中医药继续教育项目2项、佛山市级继续教育项目8项，近2000人次参加学习。在省级以上杂志发表各类学术论文19篇，其中在核心期刊发表8篇。安排医务人员到佛山市中医院及其他上级医院进修学习40人次。接收广州中医药大学、广西中医药大学、韶关医学院、肇庆医学高等专科学校、新兴中医药学校、南海卫生职业技术学校等100多名学生实习。

【医院管理与建设】 2014年，佛山市中医院三水医院以建设“三满意”医院为目标，结合党的群众路线教育实践活动，开展满意服务系列活动、加快信息化建设和加强文化建设，提高患者满意度。中医院客服中心开展问卷调查，患者满意度99.37%。

开展满意服务系列活动 5月，中医院各科室开展人性化、有特色的满意服务活动，为患者提供便利、优质医疗服务，每两个月评选满意服务之星，年底开展满意服务团队和满意服务之星竞选演讲，通过先进典型带动全院，提高满意度。

信息化建设 完成新外网建设，树立良好的网络形象；开通微信服务号，更好地向服务对象传达医院信息；增设自动叫号，改善患者就医秩序；实现门诊注射系统的上线，优化诊治流程；推行门诊实现处方无纸化，有效减少耗材，提高工作效率；开通网上预约挂号，减少患者等候时间。

（陈育涵）

三水区妇幼保健院

【概况】 2014年，三水区妇幼保健院内设医疗、保健、医技科室11个，职能科室12个。全院员工351人（编内员工193人，合同工158人）；其中卫生技术人员293人（医生105人，护士130人，医技人员58人）；高级职称34人，中级职称70人，初级职称207人。医院以保健为中心，保健与临床相结合，坚持“以病人为中心”的服务理念，围绕医院年度计划，创新技术和服务管理，严抓医疗服务质量，保障医疗护理安全。医院获“三水区2013—2014年度无偿献血先进单位”“三水区志愿者服务先进集体”称号。陈维强获“佛山市优秀中医工作者”称号。全年门、急诊工作量800108人次，比上年增长9.6%；住院出院病人10850人次，增长11.2%；病床使用率112.02%，增长11%，病床周转次数63.45次，增长6.4次。全院业务收入增长15.96%；药占比24.38%，下降4.03%。分娩人数3446人，增长16%；孕产妇抢救成功率100%；新生儿窒息率1.54%，下降0.26%，新生儿窒息抢救成功率100%；危重病人抢救成功率98.7%。住院手术2353例次，增长14.11%，其中外科手术179例次，增长2.9倍。

【妇儿保健】 2014年，三水区妇幼保健院履行公共卫生职能，加强基层妇幼卫生工作的监督管理。深入基层加强督导，对免费公共项目绩效考核、儿童保健、出生医学证明管理、产儿科质量、产前筛查、听力筛查、地贫防控等专项工作进行督查。加强业务培训，举办“三水区儿童保健适宜技术培训”“新生儿听力筛查适宜技术培训”6期，召开妇幼例会4期。加强出生医学证明发放管理，落实出生医学证明出入库登记、签发、换发、补发、废证登记和印章管理等工作。加强产、儿科建设，确保母婴安全，对全区13家助产机构开展产、儿科质量督导。重点督导产科医院的建设、设备、技术、制度、人员配置、产儿科病历质量、新生儿复苏技术的操作与理论考核等方面。规范开展孕产妇、新生儿死亡评审，召开2次新生儿和围产儿死亡评审会议，评审新生儿死亡病例3例、围产儿死亡病例18例。开展爱婴医院复核工作，复核涵盖医院制度建设、医护人员母婴知识技能、医院母婴宣教等内容，主要采取现场汇报、查阅资料、实地查看、知识考核、电话回访等形式进行。经对申请的9家医院进行复核，6家通过爱婴医院区级评估。配合广东省妇幼保健协会在三水区进行妇幼保健工作调研活动。做好健康宣传教育工作，印发妇幼保健、产前筛查、新生儿听力筛查宣传资料14万张，地贫健康读本10000本、DVD光盘5000个。全区免费婚检率28.3%，比上年下降17.2%；妇检率84.6%，上升35.55%；全区新生儿听力筛查率98.79%，上升0.52%；新生儿疾病筛查率99.87%，确诊先天性甲状腺功能低下7例。全区孕产妇系统管理率98%，与上年（98.25%）基本持平；7岁以下儿童保健管理率96.97%，上升1.92%，未达标。高危妊娠管理率100%。5岁以下儿童死亡率5.51‰，婴儿死亡率3.75‰，比上年分别上升2.98‰、1.87‰。孕产妇艾滋病、梅毒检测率100%。

儿童保健与托幼管理 开展0—36个月儿童中医药健康管理服务，保健科与中医科密切配合，针对小儿的生理病理特点和主要健康问题，对家长开展中医饮食起居指导，传授中医穴位按揉方法，改善儿童健康状况，促进儿童生长发育，完成0—36月儿童中医药指导3483例。0—3岁散居儿童保健免费建卡3825人，比上年增加1.8%；规范高危体弱儿专案管理，对398名高危体弱儿进行专案管理，比上年增加491%，管理率100%。开展高危儿早期干预项目，运动发育评估1504人次，运动治疗1717人次。婴儿智能发育评估4145人次，比上年增加9%。婴儿游泳15138人次，比上年增加142%；早期潜能开发1236人次，增加193%；弱视治疗2854人次。新生儿听力筛查初检3958例，比上年增长12%。早产儿视网膜病变筛查193人。完成西南城区35间幼儿园集体年度体检11794人次；进行免费常规体检和血常规检测，屈光视力筛查7733人。完成全区托幼机构工作人员健康体检1269人。

妇女保健和健康教育 将公益服务送进各镇村居，完成全区农村妇女免费“两癌”筛查和妇女病免费普查普治工作。8649名农村妇女接受“两癌”筛查，疾病检出率分别为：宫颈疾病23.75%，乳腺疾病27.06%，宫颈癌1例。4101名妇女参加免费妇女病普查普治。完成免费产妇上门访视1431人次，回访1564人次。婴儿免费上门访视1430人次，回访1920人次。完成单位体检1724人次，其中区公务员体检1004人次。开展多方面、多层次的健康宣传教育，提高市民自我保健意识和健康水平。全年举办面向公众的健康教育义诊咨询活动6场、健康教育讲座12期，受教育800多人次。利用媒体传播健康知识，完成新闻时段“妇幼保健、优生优育”专题报道25期、《童心向上》栏目“健康

2014年7月5日，佛山市首个“全国孕期营养讲堂”在三水区妇幼保健院挂牌

100分”6期、三水电台《妇幼大学堂》24期、《今日三水·健康周刊》报道59篇；妇幼医院网站《健康保健知识》15篇。

【专科建设和新技术】 2014年，三水区妇幼保健院加强产科重点专科建设。产科营养门诊通过中国医师协会评估和审核，“全国孕期营养讲堂”落户三水区妇幼保健院，成为佛山市内首个具有国家级孕产妇特殊营养宣教资质的医院。陈兰芳主管护师通过考核获得中国医师协会颁发“孕期营养课堂”讲师资格。“孕期营养课堂”授课内容主要采用中国医师协会提供的标准课程，授课讲师由孕期营养课堂专业讲师担任，孕妇可通过中国医师协会网络平台“阳光妇儿”预约“孕期营养课堂”课程，协会聘用的医师、营养师在线一对一为孕妇实时解答孕期疑难问题。通过合理的个体化膳食营养指导，最大限度地降低妊娠期糖尿病、贫血、营养不良、妊娠期高血压等疾病的发病率，合理控制宫内胎儿体重，减少巨大儿及小于胎龄儿发生率，降低剖宫产及产伤的发生率，改善孕产妇健康状况，保障母婴安全。率先在区内开展无创接产技术，有效降低初产妇的会阴侧剪率，使初产妇的会阴侧剪率由原来的98.7%下降至20%以下，达到世界卫生组织的要求。新开展腰部穴位按摩减痛法助产，在产程中由助产士运用专业手法或借助专用按摩器给予产妇最贴心的腰部穴位按摩，减轻产妇腰部疼痛的症状和缓解产时紧张焦虑的情绪，有效提高顺产率，降低难产率。妇科开展“经阴道子宫下段疤痕妊娠切除术”手术成功2例，在流产安胎治疗方面，开展复发性流产的免疫治疗和血栓前状态的抗血栓形成治疗成功210例。儿科开展双波段激光治疗、中医定向透析治疗、中药封包治疗的新项目治疗儿童呼吸道、消化道常见疾病，治疗效果良好。新开展降钙素原检测、甲型流感病毒抗原检测新项目，提高临床诊断能力，指导临床合理用药。以科研提升重点专科建设，市级科研2项：“胎儿大脑中动脉、脐动脉血流超声监测联合胎心监护与新生儿窒息的相关性研究”“脐血乳酸及PH测定、胎儿大脑中动脉联合胎心监护与胎儿窘迫的相关性研究”获佛山市科技局结题。举办妇科腹腔镜操作器械应用技巧培训班、儿科急诊医学新进展学习班等市级医学继续教育项目6期，1500多人次参加学习班。

【医疗质量管理】 2014年，三水区妇幼保健院严格落实医疗安全管理制度，提升医疗护理质量。制定《三水区妇幼保健院医师手术资质准入制度》《三水区妇幼保健院手术分级管理制度》，规范医师手术资格管理。加强医疗质量监管力度，每月定期做好临床科室医疗质控工作，包括流程、归档病历质量、科间质控、危急值报告、处方医嘱点评等。对三级医师查房、疑难病历讨论、知情告知制度、手术分级管理加强质控，使质控工作规范化。加强处方质量管理，组织全院医生进行病历书写及处方知识考核。开展临床路径使用培训，妇、产、儿科开展临床路径149例，出径7例。落实不良事件上报制度，纳入医疗护理质量常态化管理，及时掌握全院医疗护理安全运行情况。运用“鱼骨图法”和“PDCA质量管理环”等现代管理手段，对不良事件及时分析、评估和干预介入，及时发现和消除医疗护理安全隐患。职能部门重点对医患沟通不到位、核心制度落实不到位、服务不到位、管理不到位、基本功不扎实等造成的不良事件，提出整改建议并责成科室及时整改。强化“新生儿窒息复苏”三基考核。定期召开医疗质量分析会，完善产科门诊高危妊娠管理流程。开展护理“五常法”管理病区活动，培训和验收检查，护理单元之间交叉评比，为病人创造整洁、舒适、安全、有序的就医环境，提高工作效率。组织全体护士长参加广东省护理管理干部培训班，提升管理水平。开展“护理质量管理金点子”、品管圈活动，提升护理质量。

（唐雁云）

疾病防控

三水区卫生监督所

【概况】 2014年，三水区卫生监督所（简称“区卫监所”）是参照公务员法管理的事业单位，在编34人，内设办公室（受理服务窗口）、公共场所卫生监督股、医疗消毒卫生监督股、传染病防治监督股、卫生案件稽查股；下设西南、白坭、乐平、大塘4个片区分所。区卫生监督所开展公共场所、生活饮用水、医疗消毒、放射诊疗、传染病防控、创建国家文明城市及学校卫生等各项卫生监督工作。建立稽查考核和岗位责任制考核机制，提升股室、分所的综合素质。以属地管理为原则，以统一部署和分工负责相结合，完善计划、执行情况考核和奖惩机制，促进全区卫生监督各项工作的贯彻落实。

【机构建设与管理】 2014年，三水区卫生监督所按照新“三定”方案，任命西南、乐平、大塘3个分所的领导职位；招录5名公务员，充实股室和分所一线监督员的配置。区卫监所启动行政执法案卷评查和质控工作，对全所上半年的全部17宗行政处罚案卷进行评查，全部合格，17宗案卷均100%结案，未出现复议和诉讼情形。制定《卫生监督信息管理系统应用管理制度》《系统运行维护工作规范》和《信息质控方案》，明确办公室、系统管理员、各股室和分所的职责，使信息报告工作得到加强。制定《卫生监督员内部培训和业务考核管理制度》，加强监督员的培训考核管理；举办培训班和网络培训平台，提升卫生监督员的执法案卷质量和监督执法技巧。整理行政审批、行政处罚、行政检查、行政强制监管清单，明确区卫生监督所的权责内容和监管的依据、标准。首次实施卫生监督协管考核办法，切实提高协管队伍的工作能力和工作实效。

【公共场所和生活饮用水卫生监督】 2014年，三水区卫生监督所推进公共场所和饮用水的卫生监督管理工作。公共场所监督覆盖率81.82%、建档率100%。深化公共场所和生活饮用水卫生监督量化分级管理工作，新一批拟评A级单位6家。全区生活饮用水监督覆盖率、建档率均为100%。完成对集中式供水单位和二次供水单位监督检查。开展游泳场馆专项监督抽检，生活美容机构非法行医专项整治，美容美发场所、沐浴场所卫生监督专项检查抽检工作。抽检23家游泳场所，对不合格的5家责令限期改正；对一家生活美容机构擅自开展针灸减肥活动立案查处，予以警告及罚款5000元的从重处罚。抽检10家美容美发场所和5家沐浴场所，其中美容美发场所合格7家，及格率70%，沐浴场所合格4家，及格率80%。对抽检不合格的场所，均责令限期改正。

【餐饮具集中消毒专项整治】 2014年，三水区卫监所对3家餐具集中消毒单位进行监督、普查建档，覆盖率、建档率均为100%。

【学校卫生监督】 2014年，三水区卫监所、区教育局、区疾病预防控制中心及镇（街道）教育局、社区卫生服务中心组成督导组，对全区69所学校、幼儿园进行流感、手足口病等春季传染病防控专项督导检查。开展学校卫生监督量化分级管理工作，学校卫生监督覆盖率、建档率均为100%，监督频次约为每校4次。抽取区内10所中小学校直饮水，检测结果全部合格。

【医疗机构卫生监督】 2014年，三水区卫生监督所开展医疗机构不良执业行为记分管理。检

2014年5月22日，三水区卫生监督所监督员对血站进行检查

查医疗机构183家、402家次，约谈医疗机构5家，暂缓校验“医疗机构执业许可证”3家。开展医疗广告监测。全区有3家医疗机构取得“广东省医疗广告审查证明”，其发布医疗广告的形式均为户外广告，发布的内容均按照规范要求。对未有“广东省医疗广告审查证明”而违规发布户外广告的医疗机构，区卫监所给予警告的行政处罚。开展血液安全监督。5月，区卫监所对三水区唯一的采供血机构区血站进行监督检查。6月初，联合区血站对全区12个临床用血单位进行用血安全检查，检查结果良好。对医疗机构执业许可中核准医疗美容科目的4家医疗机构进行专项监督检查。开展医疗机构校验工作。

【打击非法行医】 2014年，三水区卫生监督所开展打击无证行医活动。查处无证行医15宗，全部取缔，其中行政处罚11宗，罚款15920元，没收非法药品、器械约值2万元。查处非医师行医6宗，罚款120元。加强城中村的“打非”宣传工作，派发宣传小册子15870份，张贴《打击无证行医，你我共同参与》专题宣传海报300余张。全年收集群众举报的非法行医信息8条，经核实非法行医4宗。对区内全部零售药店监督检查，未发现有非法坐堂行医现象。查处医疗机构违法行为30宗，简易处罚10宗，立案处罚20宗，罚款64400元。查处医疗机构中医师违法行为5宗，均给予警告的行政处罚。

【传染病防治和消毒产品监督检查】 2014年，三水区卫生监督所开展防控人感染H7N9禽流感疫情监督检查，检查14家综合性医院和40家门诊部、诊所，对检查中发现的问题责令限期整改。开展传染病防治监督，检查183家医疗机构。其中，24家开展预防接种的医疗机构均取得合法资质。57家有实验室的医疗机构中，11家医疗机构13个实验室通过病原微生物实验室备案，生物安全级别均为二级，涉及的病原微生物主要是第二类、第三类，没有第一类。开展医疗机构消毒灭菌效果专项抽检，对20家医疗机构消毒效果采样监测，采集样品153份，合格143份，合格率93%，对8家消毒效果抽检不合格的医疗机构进行行政处罚，罚款5000元，责令整改。开展对医疗机构、学校和公共场所防控登革热疫情的监督检查，检查全区所有学校、托幼机构。开展消毒产品监督检查，检查药店217家、商场18家。

【职业卫生和放射卫生监督】 2014年，三水区卫生监督所联合省、市卫生监督所对三水区取得职业健康检查资质的区疾病防治所监督检查，未发现有违法违规行为。开展放射诊疗专项整治工作。全区放射诊疗的医疗机构有31家，其中领取“放射诊疗许可证”的30家，持证率97%。对20个新、改、扩建放射诊疗机构重新核发“放射诊疗许可证”。对2014年度9家需要校验的放射诊疗机构进行资料审查及现场审查，其中3家通过校验，6家因设备性能检测及场所检测不合格或结果未出而未能通过校验。出动卫生监督员144人次，72车次，下发卫生监督意见书24份，当场行政处罚2宗，立案处罚1宗，罚没金额2000元。

【妇幼保健计划生育技术服务监督】 2014年，三水区卫生监督所对辖区内180家医疗卫生机构进行监督检查，联合村居卫生监督协管员对辖区内无证机构或个人的“两非”行为进行排查，均暂未发现有违法行为。

【行政审批】 2014年，三水区卫生监督所开展公共场所申请流程的试点改革，将公共场所设计审查、竣工验收、卫生许可的申请表格，一次性提供给申请人填写，减少到窗口办事的次数。全年发放医师执业证349本，发放新办公共场所卫生许可证215个，变更112个，复核374个，延续17个，公共场所预防性体检、卫生培训合格证9905个。

（刘敏红）

三水区疾病预防控制中心

【概况】 2014年，三水区疾病预防控制中心（简称“区疾控中心”），加挂“区卫生检验中心”“区健康教育所”牌子，负责疾病预防与控制、突发公共卫生事件应急处置、疫情及健康相关因素信息管理、健康危害因素监测与控制、实验室检测检验评价、健康教育与健康促进和技术指导与应用研究等工作。内设办公室、疾病控制股、计划免疫股、艾滋病防制股、卫生检验股、公共卫生股、职业卫生监测股、慢性非传染性疾病防制股。编制36人，其中高级职称6人、中级职称14人、初级职称14人。

【疾病监测防控】 2014年，三水区传染病发病报告6143例，其中乙类传染病报告14种2349例，报告排前三位是乙肝、肺结核和梅毒；丙类传染病报告7种3794例，报告排前三位是手足口病、流行性感冒和其他感染性腹泻。全年未报告甲类传染病病例。9月17日，三水区发生登革热局部暴发疫情，至12月31日，全区报告55例，疫情波及全区6个镇（街道）、19个村居。区防控中心组织各镇（街道）、社区卫生服务中心和各村居入户调查，出动工作人员838人次，走访15062户，参与调查34702人次，开展布雷图监测201次、诱蚊灯监测87次。开展登革热疫点蚊媒消杀工作，出动240人次，消杀面积1351400平方米，使用消杀药物236千克；印发登革热宣传折页16万份、登革热海报1万份、学生宣传登革热告知书11万份。全区报告手足口病2665例，比上年1452例增加83.54%，其中重症2例。全区没有出现霍乱和狂犬病病例。

【艾滋病检测】 2014年，三水区疾病预防控制中心做好国家艾滋病综合防治示范区各项工作。区疾病预防控制中心、区妇幼保健院、区人民医院3个自愿咨询检测室接受艾滋病自愿咨询539人次、自愿检测442人次，发现11例HIV抗体筛查阳性病例,发放安全套8000多个、防治艾滋病宣传资料1000多份。开展娱乐场所暗娼干预工作。对全区桑拿、发廊、沐足等娱乐场所开展预防艾滋病干预工作，覆盖暗娼2221人次，发放安全套25785个和环保袋、纸巾、折页等宣传资料9483份，HIV抗体检测1184人次。开展艾滋病同伴教育活动。为凤铝铝业公司员工举办3期艾滋病同伴教育和艾滋病防治知识培训，发展艾滋病同伴教育骨干100名。

【免疫接种】 2014年，三水区卡介苗、脊髓灰质炎疫苗、百白破（白破）疫苗、麻疹疫苗、乙肝疫苗和乙脑疫苗的接种率均95%以上，超过上级要求。区防控中心对全区8月龄至14周岁儿童开展含麻疹成分疫苗查漏补种工作。全区含麻疹成分疫苗应种儿童2483人，已种2455人，服食率98.87%，各年龄组接种率95%以上。区人民医院、佛山市中医院三水医院、区妇幼保健院和各预防接种单位报告疑似麻疹92例，实验室确诊62例，排除30例；报告AFP2例，按规范完成网络报告、粪便送检和病例随访；报告AEFI72例，其中一般反应39例，异常反应22例，偶合症11例，全部按规范报告并处理。无新生儿破伤风病例报告。

【病媒生物监测】 2014年，三水区疾病预防控制中心做好病媒生物监测工作。对西南街道进行鼠密度监测，监测结果显示鼠种主要为褐家鼠、黄胸鼠和小家鼠，鼠密度1.9%。在城区、特殊行业（餐饮、食品制售等）和自然村3个监测环境中，捕获鼠的环境以特殊行业（餐饮、食品制售）为主，其次

2014年8月12日，三水区疾控中心举办“登革热防控宣传群众开放日”，工作人员向群众展示捕获的蚊子并对其进行鉴别

为自然村。每月定期一次在西南城区开展布雷图指数监测。区发生登革热局部暴发疫情时期，增加布雷图监测、诱蚊灯监测次数，有效开展疫点蚊媒消杀工作。

【慢性非传染性疾病预防】 2014年，三水区各级医疗机构实行“死因登记报告信息系统”网络直报，规范死因报告。全区报告死亡2044例，死因排前五位为恶性肿瘤502例、心脏病451例、脑血管病293例、呼吸系统疾病272例和伤害89例。前五位死因病例合计1608例，占总数的78.67%。通过死因监测数据显示，慢性非传染性疾病已成为全区主要的死亡原因，为全区制定慢性非传染性疾病综合防治策略提供科学依据。

【健康危害因素监测】 2014年，三水区疾病预防控制中心加强生活饮用水监测，保障饮用水安全。对全区所有大型集中式供水单位监测，抽检生活饮用水186份，合格份数170份，合格率91.4%。开展居民食用盐的监测，检测样品300份，合格碘盐292份，合格率97.33%，达到消除碘缺乏病目标考核的要求。加强消毒卫生监测。抽检39家医疗卫生单位，抽检470份样品，合格438份，合格率93.19%。抽查托幼机构16家，抽检561份样品，合格450份，合格率80.21%。开展公共场所卫生专项监督抽检工作。对38家游泳场所、公共浴室、美容美发店，抽检样品84份，合格68份，合格率80.95%；检验项目398项，合格381项，合格率95.73%。完成国家重点职业病哨点监测，其中粉尘作业场所哨点监测35间，采集粉尘样品458份，合格352份，合格率76.9%；完成1,2–二氯乙烷哨点监测31间，采样217份，合格217份，合格率100%。在高考、国庆等重要活动和重大节日，开展传染病督导、饮用水监测，预防突发公共卫生事件的发生。

【健康教育与健康促进】 2014年，三水区疾病预防控制中心在世界卫生日等宣传日开展户外宣传咨询活动，开展多种形式的宣传活动8场，派发宣传资料12800份，接受咨询500人次，参与活动2300人次。

（何颖嘉）

三水区疾病防治所

【概况】 2014年，三水区疾病防治所（简称“区疾防所”）服务42万人次（其中门诊19.8万人次，体检18.6万人次），比上年增加5.6万人次，增长15%。全所工作人员118人，在编69人；高级职称4人、中级职称31人、初级职称48人。内设办公室、费用管理科、质量控制科、职业病防治科、结核病防治科、皮肤病防治科、精神卫生科、社区药物维持治疗点、药剂科、检验科10个科室。

【职业病防治】 2014年，三水区疾病防治所各类职业健康检查8.2万人次。经常性健康检查，包括餐饮、食品药品、公共场所从业人员体检3.1万人次；预防性健康检查0.4万人次。矽肺和职业性1,2–二氯乙烷中毒重点职业病，监测企业38家。区直属学校学生健康检查，9所学校16913名学生体检。与110家企业联系职业卫生评价工作，签约企业43家。完成检测22家，完成预评价项目25个、控评项目4个。区疾防所受区安监局委托，开展水泥建材行业职业病危害专项整治的验收工作。3月，区防控所通过实验室计量认证（扩项）现场评审并取得资质证书。7月，取得职业病诊断机构资质。职业卫生检测能力范围从27个项目增到56个项目。乐平、大塘、芦苞职业卫生工作站投入使用，全区建成6个镇级工作站，建立区、镇两级职业卫生服务网络，打造20分钟职业卫生服务体系，实现全区职业卫生服务网络全覆盖。

【结核病防治】 2014年，三水区疾病防治所加强结核病防治工作。全区2645例结核病可疑者接受免费检查；登记、治疗、管理活动性肺结核病人637例，其中初治涂阳病人196例、复治涂阳病人26例、涂阴病人390例、结核性胸膜炎24例、未痰检1例。“五率”中4个达标：医疗机构病人报告率、病人转诊率≥100%；病人家属筛查率≥98.5%、病人系统管理率≥95.2%；不达标的是结核病防治机构追踪到位率78%（要求≥85%）。中国全球基金TB/HIV双重感染防治工作。全年对171例

2014年5月8日，三水区疾病防治所乐平工作站投入使用，群众在咨询健康体检的相关信息

场所外HIV/ADIS患者开展结核病筛查，筛查率100%。为608例结核病病人提供HIV抗体检测服务，检测率95.6%，未发现HIV阳性感染者。加强管理和督导工作，提高病人管治质量。3月，召开全区结控工作会议，部署工作任务，与区属医疗单位和各镇（社区）签订“结核病控制管理责任状”，作为年终考评的重要指标。全年督导乡镇（街道）34次，访视患者240人次。结核病防治创新模式工作有成效。芦苞、大塘、金本职业卫生工作站与区疾防所实现结核病防治市、区、镇三级DR联网。

【皮肤病、麻风病、性病防治】 2014年，三水区疾病防治所扩展皮肤病防治科工作场所，诊疗环境得到优化。区疾防所与佛山市皮肤病防治所签订性病哨点监测、预防与控制梅毒母婴传播项目和麻风病普查等工作协议，开展三水区麻风病、性病、预防与控制梅毒母婴传播项目工作督导检查。全年完成梅毒母婴传播检测8540例，发现梅毒感染孕妇21人；梅毒感染孕妇所娩活产10人。完成性病哨点监测任务200人以及哨点监测工作小结。做好1例现症麻风病病人的治疗、资料建档及管理，12月做病理检查后判愈。关爱麻风病康复患者。由区疾防所和佛山市皮肤防治所组成慰问组，于2014年春节前对麻风病康复者探访和慰问。组织党、团员到沙梨疗养院进行中秋慰问健康体检。

【精神卫生科】 2014年，三水区疾病防治所开展重性精神疾病患者建档和危险性评级工作，建档3665份，建档完成率99.9%；重性精神疾病患者危险性评级3665人，危险性达3级或以上患者121人，比上年增长1.8%。重性患者应急处置及紧急处理。全年发生重性精神疾病患者病情不稳及有明显肇事肇祸倾向事件248宗，送院治疗79人次，其中危险性达3级或以上45人次。

【药物维持治疗点】 2014年，三水区疾病防治所药物维持治疗点迁至西南街道赤岗路47号。全年收治入组人员10人，治疗298人，在治148人，平均日门诊量89人，平均美沙酮剂量73毫升，治疗保持率93.3%，在治人数和保持率达到国家要求。在中美艾滋病防治合作项目“美沙酮维持治疗公共卫生评介”，招募入组人员74人，完成调查问卷和资料录入。加强受治人员各项实验室的检查。每月定期或不定期进行一次尿吗啡定性检测工作，尿吗啡定性检测1174人次。对在治半年以上的人员进行HIV筛查，全年未发现新的HIV病人。

【健康宣传教育】 2014年，三水区疾病防治所制作宣传栏12期，录播健康教育电视片22个，19条信息在《三水新闻》播出；制作《三水纵横》2期，在《佛山日报》《南方日报》刊出8期专栏。6月12日开始，每周四在三水电台FM906《有备无患》专栏播放疾病防治知识，播出29期。举办3场以关爱皮肤病为主题的麻风病防治宣传义诊活动，举办“3·24世界防治结核病日”宣传活动、“世界精神卫生日”宣传义诊活动。社区药物维持治疗点每月定期开展一次同伴小组主题活动，1054人参加，发放宣传资料1335份，同伴教育104人。

（侯丽秋）

社会民生

THE LIVELIHOOD OF THE PEOPLE

■ 社会工作

【概况】 2014年8月，三水区民政局重新成立，内设办公室、优抚安置科、救灾救助科、基层政权和区划地名科、社会福利和社会事务科、残疾人事务科，下属事业单位有区殡仪馆、区社会福利中心、区残疾人综合服务中心、区婚姻登记处、区殡葬管理所。是年，区民政局发挥民政在构建和谐社会中的基础作用，做好社会救助，提高救助标准；认真落实双拥、优抚、安置工作；完成全区村(居）委会换届选举和基层社会治理改革；推行社会组织管理规范化；加强社会福利服务体系建设和殡葬、婚姻登记、区划地名和流浪乞讨人员救助等社会事务管理工作，各项业务协调发展。工作中的存在问题是：公办养老机构建设和运营存在困难。民办养老机构建设推进有待提速。部分村（组）议事会尚未发挥民主议事决策作用。

【社会救助】 2014年，三水区民政局做好社会救助工作，提高救助标准。

最低生活保障　1月，全区城乡低保标准从原每人每月470元提高至510元，至12月底，全区低保对象2150户4867人，共发放低保金20167290元（其中分类金1467637元），城镇低保补差水平372.89元，农村低保补差水平329.76元；发放城乡低保对象临时生活补贴799160元，特困人员（农村五保、城镇“三无”）临时生活补贴159440元；发放医疗金2145511.07元，救助因病致贫1522次；对5069名低保对象一次性发放区春节生活补贴506900元，对6098名城乡低保、特困供养人员下拨省生活补贴914700元；为全区697名临界低保家庭中的重病患者、丧失劳动能力的残疾人、60周岁以上老年人和未成年人购买城乡居民医疗保险。

特困人员供养　1月，全区特困人员供养标准由原每人每月670元提高至864元。至12月，全区农村特困供养对象935人，其中集中供养483人、分散供养452人；城镇特困供养对象54人，其中集中供养24人、分散供养30人。全年全区发放特困人员供养经费9151684元，其中区级供养经费3051496元、镇（街道）供养经费6100188元。区民政局开展特困供养人员“暖心行动”，结对干部和党员2200多人次，结对帮扶重病、重残等失能、半失能五保对象1270多人次。

医疗救助　做好城乡困难居民门诊和大病医疗救助工作。根据《佛山市人民政府办公室关于调整全市城乡低保对象大病医疗救助报销比例的通知》精神，区民政局及时调整区城乡低保对象大病医疗报销比例，有效缓解城乡困难群众医疗难问题。

防灾减灾　区减灾委于5月9日在区社会福利中心举行“2014年佛山市防灾减灾宣传周活动”启动仪式，提升居民在紧急情况下的自救互救能力。区民政局将大塘镇永平村委会、白坭镇富景社区、南山镇漫江村委会定为全国综合减灾示范社区的创建点，指导和督促示范社区的规范化建设。

【双拥优抚安置】 2014年，三水区认真落实双拥、优抚、安置工作。

双拥工作　开展各项拥军优属活动，营造良好的拥军优属、拥政爱民宣传氛围，为广大优抚对象办好事办实事，为驻地部队排忧解难。双拥工作取得显著成效。春节、“八一”期间，区级走访慰问重点优抚对象60户支出慰问金6万元，向驻地部队送节日慰问金102万元；各镇（街道）走访慰问部队及重点优抚对象，赠送慰问金和慰问品100多万元；向全区1717位抚恤补助优抚对象（含60岁农村籍退役士兵）发放2014年春节前一次性生活补贴150元，共25.76万元；对享受抚恤补助的优抚对象发放每人1500元春节慰问金、1000元“八一”慰问金。

优抚工作 提高优抚对象抚恤补助标准，有效保障优抚对象的基本生活。从7月起，烈士遗属和因公牺牲军人遗属，病故军人遗属，在乡老复员军人，非在职残疾军人，带病回乡退伍军人以及参战退役人员的抚恤补助标准，从原来的每人每月1700元、1570元、1210元、1210元、960元、500元，分别提高至1880元、1740元、1340元、1340元、1060元、550元。

安置工作 妥善做好退役士兵、随军家属安置工作，接收2013年冬季退役士兵127名，全部实行货币安置，发放安置费5412613元，退役安置率100%。做好退役士兵免费职业技能培训工作，其中62人接受免费职业技能培训，34人参加SYB创业培训的新项目，效果良好。

【基层政权工作】 2014年，三水区民政局完成村（居）委会换届选举和基层社会治理改革工作。

换届选举 全区于1月20日前完成村（居）委会换届选举工作。全区70个村（居）新一届村(居）委会成员373人；全区870个村民小组中862个村民小组完成换届，占99%，依法选举产生村民小组长836人、副组长187人、村民代表3457人。换届选举工作体现“五个高”：交叉任职率高、选民投票率高、一次性投票通过率高、得票率高、“两委”干部素质高。

基层社会治理改革 建立村(组）议事会及议事模式得到国家民政部充分肯定。结合换届选举，各村（组）同步产生议事会、监督委员会，建立由议事会决策、村委会（村民小组长）执行、村务监督委员会监督的三权分设体制。选取西南街道康华、张边、沙头、园林、河口5个社区为试点，建立居民议事会和居务监督委员会。居民议事会开展4期议事活动，广泛征询和听取居民意见建议，为政府、社区决策提供参考。全区统一印制议事会、监督委员会成员当选证，印制8种村(居）会议记录簿发放各镇街、村居使用，健全村（居）委会议事决策制度，推动村务管理规范化。推行一站式公共服务平台，提升服务水平。区民政局按照“一村（社区）一站”的模式指导镇（街）设置村(社区）公共服务站。西南街道、白坭镇、乐平镇、大塘镇、芦苞镇的全部村居，云东海的伏户村委会和上九村委会、南山镇禾生社区（六和村委会）完成公共服务站升级改造，占村居总数的83%。

【社会组织管理】 2014年，三水区民政局推行社会组织管理规范化。

社会组织培育发展 2014年新建33家社会组织，其中社会团体13家、民办非企业20家。推动政府购买服务，出台《佛山市三水区确定具备承接政府职能转移和购买服务资质的社会组织目录的办法（修订)》；开展第三批社会组织等级评估工作，在9家参加评估的社会组织中，1家被评为4A级、8家被评为3A级。全区有4A级社会组织2家、3A级16家、2A级1家。社会组织开展参观学习、联谊交流、服务推广、工作培训、拓展体验等活动，受惠对象3000余人，有效发挥服务窗口和管理平台的作用。

社会组织规范化管理 在全区开展社区社会组织的重新备案工作，新备案社区社会组织12个，全区备案100个。做好社会组织年度检查整改工作，年度检查183个社会组织，年检率88.8%。首次根据法定程序对3年及3年以上没有进行年检的社会组织实施清理工作，对28家名存实亡的社会组织实施撤销登记的行政处罚。开展行业协会商会与行政机关脱钩专项整治活动，对不符合规定的行业协会发出限期整改通知。

社工队伍建设 举办区“岭南社工宣传周”暨社工联谊活动，为不同服务领域的社工提供沟通交流平台。举办为期8天的社会工作者职业水平考前培训班。组织15名社会工作者赴香港参加培训并到香港机构实习体验社会服务。举办为期3天的社工专业系列培训活动，66名社工参加，提升全区社工人才队伍的素质。

【社会福利工作】 2014年，三水区民政局加强社会福利服务体系建设。

养老服务体系建设 民办养老服务机构培育力度加强。近年来，三水区在机构养老方面存在着床位紧缺的难题。区民政局引入社会资本兴办养老机构。乐平颐康院获得由省民政厅颁发的“养老机构设立许可证”。青岐万福颐养居开业。皓晖养老院等4家民办养老机构完善消防审批、土地证办理等手续，预计开业后，增加养老床位2510张。居家养老服务的监督管理更为完善。全区约1000名老人接受居家养老服务，区镇两级居家养老服务经费支出3799720元。7月1日起，区创新社会工作服务中心对三水区3所承接政府购买居家养老服务的居家养老服务机构服务情况进行跟踪。做好老年人优待与权益保障工作，按时、足额发放高龄津贴42743人次，津贴总额2685.8万元，其中区级发放总额1029.75万元。全年为老年人办理老年人优待证8597张。

残疾人服务体系建设 2014年，三水区有持证残疾人10750人，比上年增长25.95%。其中肢体残疾6031人、视力残疾729人、听力残疾1604人、言语残疾124人、智力残疾706人、精神残疾828人、多重残疾728人。开展残疾人救助，全年发放各项救助金1442.22万元。其中，为9735名持证残疾人发放生活津贴930.51万元，对居家安养的616名重度残疾人补贴472.74万元，补贴160户困难残疾人家庭进行居家无障碍环境改造约28.8万元，为150户特困残疾人家庭和残疾人服务机构发放节日慰问金8万元，为84名符合条件的肢体残疾人发放燃油补贴2.18万元。全年办理残疾人证2215个。举办培训班2期，培训残疾人、残疾人家属和残疾人工作者100多人。开展康复救助工作，投入康复救助经费229.81万元，为脑瘫儿童、精神病人、白内障患者、听残肢残等残疾人提供全方位的康复救助。全年发放重度残疾人托养补贴2316300元、残疾人生活津贴6812940元，缓解残疾人生活困难。落实残疾人社保补贴工作，按每人每月30元的标准，采取实报实销方式，向2013年符合条件享受社保补贴的392名残疾人发放补贴，合计92460元。残疾人康复服务及居家无障碍环境改造工作有序开展。残疾人居家康复服务工作于7月开展，由各镇（街道）社区卫生服务中心入户对残疾人服务对象开展居家康复服务，2014年新增服务对象60名，服务为期一年。9月，残疾人家庭无障碍改造工作竣工，为162户残疾人的起居出行提供便利。

孤儿福利保障工作 建立全区孤儿基本生活费专项补助资金自然增长机制，参照农村五保供养标准，每年1月1日按照本地上年度农村居民人均纯收入的70%调整核发补助资金，区散居孤儿基本生活费每人每月864元。

2014年12月31日，参战老兵陈建良一行8人向三水区民政局优抚科送上锦旗

【社会事务管理】 2014年，三水区民政局加强社会事务管理工作。

殡葬管理 完成佛山市对三水区2013年度公墓年检工作；执行免除三水区户籍居民殡葬基本服务费用的规定。举办“首届三水区殡仪馆开放日活动”，让社会各界了解殡仪馆的服务管理工作。区殡仪馆获“省二级殡仪馆”及“全国先进集体”称号。

婚姻登记 区民政局加大婚姻登记规范化建设力度。针对好日子“扎堆结婚”“排队难”等问题，全区婚姻登记处启用广东省婚姻登记预约系统，预约分为结婚登记、离婚登记、补领登记等，预约人数平时每天10对。2014年，全区办理结婚（补领）登记4781对（区级2578对），离婚（补领）登记1082对（区级651对），出具证明3640份（区级2308份）。

区划地名工作 5月20日，佛山市委、市政府批复同意将西南街道管辖的鲁村、高丰、横涌、邓岗、石湖洲、宝月6个村民委员会调整至云东海街道管辖。认真做好地名登记，全年办理地名登记38宗，其中建筑物23宗、道路15宗。

流浪乞讨人员救助管理 依法开展救助管理工作，为198名流浪乞讨人员提供救助咨询和指引服务，发放临时救助费6600元。

（蔡凯贤）

■ 人口 · 计划生育

【概况】 2014计生统计年度，三水区人口统计结果：户籍总人口409585人，入住满一个月以上的全员流动人口284483人。全区计划生育工作以“精细管理，紧扣考核，夯实基础，提速提质”为要求，通过强化基础工作、动态考核、流动人口服务管理、计划生育利益导向和优质服务、依法行政和宣传教育等措施，完成全年人口计划生育目标任务。

【人口计划执行情况】 2014年，佛山市下达三水区的人口计划指标，分别为出生率11.2‰、自然增长率7.2‰。区人口目标管理执行结果：常住人口出生6789人，出生率10.8‰，自然增长率6.74‰。户籍人口出生4557人，出生率11.15‰；死亡2487人，死亡率6.09‰；自然增长人数2070人，自然增长率5.06‰；政策内出生4317人，政策生育率94.73%。通过广东省、佛山市两级年度考核，三水区获得省、市“2014年计划生育工作先进单位”称号。

【婚育情况】 2014年，全区户籍人口已婚育龄妇女85318人，全区入住满一个月的流动人口已婚育龄妇女68437人，全年全区户籍女性初婚人数3298人，其中23周岁以上结婚人数2484人，晚婚率75.32%。全年领取独生子女光荣证650人，领证率16.19%。

【人口目标责任制】 2014年，三水区对计划生育工作坚持“一把手”亲自抓、负总责，各级各部门主要领导切实履行第一责任人的职责，对重大事项亲自研究、亲自部署、亲自督办，经常听取情况汇报，解决实际困难，推动各项工作落实。4月，区政府召开全区计生工作会议，传达贯彻省、市计划生育工作会议精神，深入分析2013年人口计生工作情况，部署2014年度工作。7月和9月，分别召开区人口计生领导小组（扩大）会议，分析问题，部署省经常性工作检查和年度考核工作。落实领导挂钩帮扶制度，区委、区政府、区人大、区政协等主要领导和18个职能部门领导，深入9个后进村居开展人口计生挂钩帮扶活动，各镇

2014年三水区人口目标管理责任制指标完成情况表

镇（街道）	人口出生率（‰）	自然增长率（‰）	政策生育率（%）
合计	11.15	5.06	94.73
西南	9.08	3.95	93.93
云东海	13.86	8.68	95.09
乐平	12.74	5.54	95.68
芦苞	11.94	3.32	95.63
大塘	13.26	6.17	94.43
白坭	12.88	4.58	95.04
南山	11.14	6.71	94.27

(街道)主要领导分别挂钩帮扶后进村居，班子成员分别挂钩联系各村居计生工作，促进后进村居的转化和计生责任的落实。强化目标责任管理，严格实行党政部门、相关部门、计生部门、“三线”考核，兑现奖惩，严格执行“一票否决”和责任追究制度。落实计生经费保障。全区各级加大对计生工作的投入力度，财政投入人均45元以上，确保“两个到位”：一是确保法律法规规定的各项奖励扶助、优惠政策等经费落实到位；二是确保专项投入到位，包括技术服务、流动人口服务管理、免费孕前优生健康检查、地贫防控项目等各项投入落实到位。全区7个镇(街道)均完成人口目标。其中，西南街道、云东海街道、乐平镇、芦苞镇、大塘镇、南山镇获得佛山市“2014年度计划生育工作先进单位”称号。

【信息化应用】 2014年，三水区卫生计生局应用全员人口信息系统，建立全员人口数据库。所有数据实现省、市、区、镇、村五级实时系统自动生成。为加强数据质量，全区落实系统数据日监控、周分析、月通报的人口统计动态监测制度，信息应用所有指标和管理均达到或超过上级的标准。

【人口文化建设】 2014年，三水区在佛山电视台三水分台开办《人口之窗》《计生知识与你》栏目，在《佛山日报》开办《生殖健康》栏目，栏目分别每月或每周刊发、录播，区镇两级利用新兴媒体如网站、微博、微信、手机短信等，重点对“单独两孩”政策、奖励扶助政策、免费孕前优生健康检查、打击“两非”等重点、专项工作广泛宣传。打造三水本土特色“七彩人生”长寿人口文化品牌，提升以“红、橙、黄、绿、青、蓝、紫”为主题色彩的七个镇街的人口宣教阵地品位，三水荷花世界人口文化园被省卫生计生委评为2014年度“十佳”宣传创新项目。以“5·29”计生协会会员日、“7·11”世界人口日、流动人口计划生育服务管理专项活动等为主题，开展大型宣传活动，营造氛围，提升影响力。

【计划生育利益导向】 2014年，三水区落实独生子女保健费、免费产检、节育奖、农村家庭奖励制度、独生子女家庭特别扶助制度、城镇独生子女父母退休奖励等一系列优惠奖励政策。全年全区发放计划生育奖励扶助金938万元，奖励扶助4785人。其中，获计划生育节育奖641人，获农村部分计划生育家庭奖励2092人，获特别扶助109人，获城镇独生子女父母计划生育奖励1870人。奖扶对象落实率100%，资金发放及时率100%。对自觉参加双查和落实避孕节育长效措施的育龄群众发放误工补助、对自觉参加免费孕前优生检查的新婚夫妇发放营养补助等。深入开展“生育关怀行动”，向计生困难家庭免费赠送计生家庭意外伤害保险，为农村独生子女户、纯二女户、贫困计生家庭、单亲家庭和失独家庭等购买计生意外险，对20户计生失独、特别困难家庭给予每户5000元困难扶助。优化计划生育技术服务。全区新增计生服务人员12名。芦苞镇投入50万元实施服务所搬迁升级，南山镇投入48万元对计生服务所升级改造。佳利达、海尔、好帮手等企业设置温馨的计生服务室。2014年全国实施“单独两孩”计划生育政策。三水区严格执行省、市两级贯彻落实“单独两孩”政策，严格执行再生育申请和审批流程，对生育审批做到快接、快审、快批。全年全区受理审批“单独两孩”申请849宗，群众满意度100%。

【治理出生人口性别比】 2014年，三水区针对出生人口性别比偏高的情况，全区各级计生部门加大综合治理力度，加强“孕情动态跟踪服务”，打击“非医学需要的胎儿性别鉴定”和“非医学需要的终止妊娠”行为，力促出生人口性别比趋于合理水平。全区设查处“两非”有奖举报电话、信箱，成立由区卫生人口计生局、公安、药监、卫监等部门组成的查处“两非”联合执法队，分别于3月、7—9月开展3次全区性打击“两非”统一行动，检查医疗卫生机构、药店63家，查处2宗非法引产案件，依法收回二胎生育指标，并分别处违法对象2000元罚款。

【流动人口计生管理】 2014年，

三水区开展流动人口计划生育服务管理专项活动。推进流动人口计划生育基本公共服务均等化，以“双查”送爱心保险、流动人口落实长效节育措施给予节育奖等，调动流动人口参加查环查孕的积极性和自觉落实长效措施，全年投入13万多元，送出爱心保险2.7万份。推行聘请计生协管员制度，300人以上企业聘请计生协管员基本全覆盖，并逐步向中小企业、村民小组延伸。芦苞镇率先在村民小组聘请计生协管员100名，充分利用计生协管员协助做好全员信息更新采集和孕情、长效措施的落实等工作。加强流动人口计划生育区域协作和双向服务管理。三水区与湖南永州3个县（市、区）、广西贺州2个县（市、区）分别签订“流动人口计划生育区域协作协议书”，加强省际协作；与广西富川县及省外几个县（市）签订“双向服务管理协议书”，落实双向服务管理职责。广东省将粤东、粤西、粤北10个县（市、区）作为省内协作试点县（市、区），佛山市将三水区大塘镇作为佛山市开展该项工作的试点镇，推动省内协作和双向服务管理的落实，提升流动人口服务管理工作水平。

【计生协会建设】 2014年，三水区有计生协会286个，会员6.47万人。其中村级协会66个，300人以上企业协会52个，300人以上住宅小区协会6个，300人以上出租屋片区协会9个，100人以上300人以下协会79个，100人以下协会62个。全部协会通过评估认定。开展计生协会活动，扩大计生影响力。5月27日，三水区承办广东省计生协“5·29会员活动日”暨生育关怀基金捐赠仪式，发动会员参与，争取社会各界支持，在区内筹得生育关怀基金154.8万元。10月16日，三水区承办广东省科学育儿家庭教育主题活动（三水专场），分别在区和镇（街道）举办国家级和省级讲座。11月4日，三水区承办广东省“创建幸福家庭·关爱计生特殊困难家庭”活动，活动向三水区单位和计生特殊困难家庭扶助价值410万元的计生服务设备和物资，包括12台蓝氧治疗仪、116台微波治疗仪和10000盒福施福母婴保健品。

（黄新华）

人力资源和社会保障

【概况】 2014年，三水区城镇新增就业人员6022人，城镇失业人员再就业1850人，就业困难人员再就业260人，新增农村劳动力转移就业4018人，新增吸纳本省劳动力5019人，实现零就业家庭动态归零，城镇登记失业率控制在2.32%。全区职工养老、医疗、失业、工伤、生育保险参保人数分别为28.16万人、21.59万人、17.41万人、17.4万人、17.54万人。

三水区人力资源和社会保障局（简称“区人力资源社保局”）内设办公室、专业技术人员管理科（区博士后科研工作站管理办公室）、培训就业科、劳动关系科（政策法规科）、劳动监察科（区劳动监察大队）、劳动争议仲裁科（区劳动争议仲裁委员会办公室）、社会保险科（区公费医疗管理办公室、区退休人员社会化管理科）、监察室8个科室；下设区社会保险基金管理局、区人才服务管理办公室（区人才交流中心，一类事业单位）、区劳动就业服务中心（二类事业单位）、区劳动培训中心（区职业技能鉴定指导中心，三类事业单位）4个事业单位，主要负责全区的人力资源管理、劳动就业和维权、社会保险等工作。

【劳动就业服务】 2014年，三水区人力资源社保局提高劳动就业服务水平。

就业促进工作　招聘工作有新进展。举办阶段性大型综合招聘会、节点性专场招聘会和日常性常规招聘会。根据招工场地的不同，举办人力资源市场定点招聘会、区内农村富余劳动力招聘会、限摩失业人员招聘会和劳务合作外地招聘会。全区举办招聘会200场，开发就业岗位30256个，满足各类企业用工需求。落实就业扶持政策，享受三水区就业困难农村劳动力一次性保险补贴500人，区、镇级财政发放140万元；享受三水区农村劳动力技能培训补贴111人，区、镇级财政发放17.76万元；发放就业见习补贴41396元，吸纳高校毕业生一次性补贴4000元，创业补贴4.5万元，小额担保贷款贴息140.68万元，各项就业扶持政策实际发放补贴总额343.48万元。发放创业小额担保贷款推动创业带动就业。调整担保基金到最大担保规模，调整单笔贷款最高额度到20万元。加大宣传力度，首次采取公交车广告宣传方式进行流动宣传，营造全民创业的良好氛围。全年发放创业小额担保贷款金额4300万元，扶持550人创业，带动就业11018人。推进异地务工人员积分制入户城镇和高技能人才入户城镇工作。积分入户人数（含随迁人数）78人，入户数(不含随迁人数）52户；高技能入户人数（含随迁人数）4人，入户数(不含随迁人数）2户。

扶持高校毕业生就业　“一站式”服务窗口提供“五个一”专项服务，办理毕业生人事代理1750人，接收区外毕业生385人，办理毕业生转正定级380人。9月，开展高校毕业生就业服务月活动，举办25场专场招聘会和3期“三水籍大学生2014年企业游学系列活动”，创新性地举办第一届“三水优秀大学生职场体验营”。三水区2014届高校毕业生2298人，已就业2119人，就业率92.21%，“双困生”家庭毕业生22人全部就业。

【职业技能培训】 2014年，三水区人力资源社保局加强各项培训工作。

培训实施　实现培训与就业有效对接。培训、就业工作任务分解下达各镇（街道），按计划推进。区劳动培训中心和区劳动就业服务中心进行业务衔接，向参加培训的人员发放“求职意向登记表”，收集就业需求信息，向企业推荐就业，实现培训与就业的有效对接，增强培训的实效性。推进区企业创办职业培训学校，成立广成铝业职业培训学校、爱君家政职业培训学校。创造性开展“订单式”点对点对接培训，举办企业职工培训班200个，培训7940人；培训登记的下岗失业人员521人、区户籍农村劳动力2000人，完成培训任务。

培训机构认定　发挥政府的监管服务职能，认定区劳动培训中心、区技工学校、佛山市实验技工学校、金领职业培训学校、中科职业培训学校，佛山职业技术学院、三水工业中专、南海区卓艺职业培训学校8家培训机构，新设立培训机构有广成铝业职业培训学校、爱君家政职业培训学校。

技能竞赛　12月，举办区客房服务员、食品检验工2个项目的技能竞赛，三水花园酒店刘华连、佛山职业技术学院余晓虹分别夺得“三水区客房服务员技术状元”“三水区食品检验工技术状元”称号，并获申请办理相应工种的“高级职业资格证书”资格。

【人才队伍建设】 2014年，三水区人力资源社保局做好人才服务工作。

人才服务　制定“1+7”人才政策的配套文件，为人才工作提供理论政策依据。提高人才服务水平。颁发三水区首批10名高层次人才证书，并核发其生活及购房补贴，宣传三水区的2名佛山市创新领军人才和10名三水区高层次人才事迹，开展第二批高层次人才认定。协助企业招纳中、高层次人才，首次组织中、高层次人才网络预约式专场招聘会，吸

2014 年 12 月 15 日，三水区举行食品检验工技能竞赛，佛山职业技术学院余晓虹获“三水区食品检验工技术状元”称号。图为技能竞赛现场

引500多名人才参会，人才与岗位比例达3：1，提高招聘成功率。组织25家企业赴西安、武汉参加高校招聘会，接洽高学历人才621名，达成就业意向155人。三水区与教育部直属武汉高校毕业研究生就业工作协作组签订“人才科技战略合作伙伴关系框架协议”，与湖北人力资源中心、广东石油化工学院、湛江市技师学院签订“人才工作合作协议书”，拓展人才信息渠道。举办“佛山市三水区2014年政校企合作对接交流会”，吸引19个省（市）175所院校和三水区150家企业代表参加。

认定首批“森城英才” 2月25日，三水区认定10人为首批高层次人才。马立云、冯瑞阳、梁敏、霍泳东获评为第II层次“森城英才”；蔡富良获评为第III层次“森城英才”；沈少雄、欧伟基、唐奇、黄志其、曾昭德获评为第IV层次“森城英才”。6月12日，区长陈英文为首批高层次人才颁发“森诚英才”证书。

专业技术人员服务 全区专业技术人员初级认定153人。其中，工程技术人员初级认定150人，员级1人，助理级149人；教师类初级认定2人，农业助理农艺师认定1人，气象类初级认定1人。全区申报初、中、高级职称评审（中小学教师、卫生医疗人员除外）185人，其中申报初级41人、中级105人、高级34人。办理外来粤人员专业资格确认8人。办理在职高等学历教育学费报销工作23人，报销金额421344元。为6位外国专家办理“外国专家证”延期，为3位外国专家新办“外国专家证”。人才库入库单位132个，入库人数3508人。专业技术人员继续教育记录审核24322条。

【劳动维权执法】 2014年，三水区人力资源社保局加强劳动维权执法工作。

劳动关系 劳动关系协调工作基础更加牢固。开展4次户外劳动保障法律法规宣传，深入工地、车间、基层劳动保障服务平台宣传劳动法律法规，到37家企业进行劳动保障调研，与各镇（街）人社局联合举办6期企业用工管理法律法规培训班，600多家企业800多名单位相关人员参加。发出劳动合同文本20236套，办理劳动合同鉴证6076份。提高企业和劳动者对签订劳动合同预防违法用工从业的认识。扩大创建和谐劳动关系示范区工程覆盖面，全区参加创建工程的企业达企业总量的60%，符合和谐劳动关系示范区创建标准的示范点达45%，完成年度任务。检查劳务派遣单位、劳务派遣用工单位用工比例、同工同酬情况，保障劳务派遣工各项权益得到落实。全面推进工资集体协商，做好特殊工时制审批。

劳动监察 加大劳动保障监察维权力度。全年立案处理劳动监察案件147宗，为1168名劳动者追回工资等待遇约174万元，劳动保障监察投诉举报法定期限内办结率保持在100%。快速化解劳资隐患，接待群众来访1381批次2771人次。加强区中小型用工密集型企业和劳资纠纷频发用人单位的日常巡查力度，巡查用人单位1425家次，涉及劳动者3.5万人。及时排查不稳定因素，推进“社会矛盾化解年”工作，开展7次专项检查，检查企业1065家，涉及职工6.91万人。推动劳动监察“两网化”和执法队伍建设，及时化解群体性劳资纠纷。处置24起突发事件，涉及1984名劳动者。

劳动仲裁 劳动争议处理效能得到提高。劳动争议立案受理1498宗，涉及劳动者2720人，涉及经济标的8110.21万元。贯彻“调解为主”的办案思想，案前能化解的不立案，庭前能和解的不审理，裁前能调解的慎裁决，使66.6%的案件不需要开庭就调解结案。推进基层仲裁机构建设，4个镇（街道）实现独立开庭审理案件。规范区、镇（街道）两级劳动争议仲裁工作，按照仲裁程序和经济标的数额划分管辖权限，形成区、镇（街道）两级仲裁力量的有效联动。加强镇（街道）仲裁队伍建设，开展仲裁业务带班培训，完成镇（街道）仲裁员和书记员跟班培训。加强与法院的裁审对接，统一办案思路和裁审标准，不定期开展区、镇（街道）两级劳动仲裁案例分析会，提高办案质量。

工伤认定及劳动能力鉴定 严厉打击职业病防治违法行为，维护劳动者健康权益，工伤预防与安全生产职业健康体检1856人。对行动不便的工伤职工上门进行劳动能力鉴定。缩短工伤认定时间，做到“即收即审”，对事实清楚、权利义务明确的在15日内作出工伤认定，受理工伤认定申请2130例，劳动能力鉴定申请709人。

【镇街工作】 2014年，西南街道人社局形成预防和处置劳资纠纷工作的合力，及时妥善处置劳动投诉案件182宗。云东海街道人社局受理工伤认定申请151件、劳动争议仲裁申请37件，处理各类劳动保障违法案件139宗。白坭镇人社局推动成立全区首个镇级“人才协会”，实现劳动仲裁就地立案、调解、审理、裁决，受理劳动争议仲裁案件中有84%成功调解。乐平镇人社局协调企业提供就业岗位11274个，开展技能培训1376人，农村人才“家门口”技能培训取得成效；促成广成铝业成立全区首个企业自办职业技能培训学校。芦苞镇人社局承担全区工伤保险业务电子化运行试点工作，促成人力资源社会保障服务中心的选址、设计、开工。大塘镇人社局开展技能培训推动就业，组织425名农村富余劳动力参加育婴师、叉车、企业管理、厨师等技能培训，超额完成任务。南山镇人社局组织各类检查11次，检查企业231家次，处理劳动争议案件20宗，已结案19宗，结案率95%。

（张海燕）

社会保险

【概况】 2014年，三水区扩大社保覆盖面，全区职工养老、医疗、失业、工伤、生育保险参保人数分别为281634人、215948人、174071人、174035人、175433人（各险种均包含机关征收数据）；社保扩面人数任务分别完成103.68%、104.65%、103.3%、104.78%、105.01%；基金征缴入库任务分别完成97.81%、112.05%、107.07%、145.09%、109.66%。居民医疗保险完成年度征收24.92万人。全征地农村居民基本养老保险参保缴费的村146个，参保人数18506人，参保率91.23%。

三水区社会保险基金管理局内设网络信息综合股、计划财务股、社会保险稽核股、保险关系股、养老失业保险股、医疗工伤保险股6个股室，外设西南、云东海、白坭、乐平、芦苞、大塘和南山7个办事处。主要承担三水区各项社会保险的管理和服务工作。险种有城镇职工基本养老、工伤、失业、医疗和生育保险，全征土地农村居民基本养老保险、居民基本医疗保险、城乡居民社会养老保险（俗称“新农保”）。覆盖范围包括机关事业单位、国有集体企业、外资企业、私营企业、城镇个体工商户、全征土地农村居民和其他城乡居民。

【养老保险】 2014年，三水区养老保险待遇稳步提升，企业退休人员人均养老金每月1830元，人均增加259元。机关事业单位退休人员人均退休金每月1469元，人均增加44元。散队退休人员人均养老金每月1126元，人均增加140元。三水区社会保险基金管理局创新退休人员领取养老待遇资格认证方式，首次允许75周岁以上或行动不便的人员由其亲属代为办理。全年办理领取养老待遇资格认证9万多人。

【医疗保险】 2014年，三水区职工住院22100人次，报销金额14274.82万元，报销比例73.23%。特定门诊就诊279429人次，支付金额5139.02万元。三水区实现职工医疗保险参保人跨区参加门诊医疗，解决佛山市城镇职工基本医疗保险参保人因参保地与工作地（户籍地、居住地）不一致而存在的不便情况，全区有3679人申请跨区门诊医疗。居民住院24000人次，报销金额8499.22万元，报销比例50.52%。特定门诊就诊9332人次，支付金额307.19万元。三水区使用“广东省基本医疗保险普通门诊统筹用药范围”作为居民门诊报销新标准，用药范围从850种扩大到938种。

【工伤保险】 2014年，三水区社会保险基金管理局根据国家和省有关规定，两次调整1—4级工伤伤残津贴标准，人均待遇上浮350元。三水区社会保险基金管理局完善工伤保险结算流程，从1月起，工伤保险零散报销由每月月结支付待遇改进为日结支付待遇，缩短支付时间，方便用人单位及参保人申报待遇。8月，三水区实施工伤医疗现场结算，参加工伤保险的工伤职工，出院时不需垫付全部住院费用，只需支付自费部分的住院费用，而纳入工伤保险核报范围的费用由医院与区社保局定期结算，大大缩短经办流程，减轻用人单位及工伤职工支付压力。

【失业保险】 2014年7月1日，《广东省失业保险条例（2013年修订）》实施，失业保险待遇在原失业保险金的基础上增加求职补贴，标准为本人失业前12个月平均缴费工资的15%，领取期限最长不超过6个月。增加生育保障，对领取期间生育的女性失业人员一次性加发失业保险金，标准为生育当月本人失业保险金的3倍。增加就业和创业鼓励措施、职业技能鉴定补贴，提高参保人的保险待遇。

【城乡居保】 2014年，三水区城乡居民社会养老保险（新农保）基础养老金由每月120元调整到135元。为贯彻落实《佛山市人民政府关于印发广东省城乡居民社会养老保险实施办法的通知》文件精神，7月开始，三水区社会保险基金管理局通过电视台、电台、网站、微信等平台，大力宣传城乡居民社会养老保险补缴新政策，制定补缴流程，组织各镇办事处和村居工作人员培训，与合作银行联系，确保做好城乡居民社会养老保险补缴工作，全年三水区有14106人办理城乡居民社会养老保险补缴。

【强化医疗机构监管】 2014年，三水区社会保险基金管理局为强化医疗机构监管，开展病历审阅考查活动。成立专家小组，对三水区人民医院、佛山中医院三水医院等10间医院300多份病历进行审阅，通过分析病历结算费用的合理性，有效预防不合理的检查、治疗、用药费用。开展医疗机构年度考核工作。区人社局、区卫生局和区社保局会同区药监局、区发展规划和统计局，于6月、7月对区定点医疗机构进行年度检查和考核，考核采取日常管理和年度考查相结合的方式，通过病历抽查、调查问卷、试卷测验等形式对医疗机构的基础管理、服务管理、药品目录和费用控制方面进行考核，考核结果与质量保证金挂钩，约束医疗机构诊疗服务行为。签订新年度服务协议，完成基金分配工作。10月初，区社保局召开2014社保年度医疗机构工作会议，与各定点医疗机构签订2014年度、2015年度医疗保险服务协议，并通过分析统计区内医疗机构住院情况，与佛山市内其它医疗机构作横向对比，再综合考虑医疗机构实际情况，对区内各定点医疗机构2014年度住院总量进行分配，三水区医保基金可分配住院总量为职保9579万元、居保6904万元。

【社保信息建设】 2014年，三水区社会保险基金管理局开通“三水社保”微信公共平台，改造升级门户网站，扩充网站信息量，增加自助服务功能，向公众公开社会保险政策法规、服务指南、个人权益以及各项社保数据信息。全区7个镇(街)67个村（居）、社区的公共服务平台增设自助查询功能，提供新农保、全征地和居民门诊的自助终端查询服务。

（林洪波）

2014年11月11日，三水区社会保险基金管理局西南办事处工作人员在为群众办理城乡居民养老保险一次性补缴手续

驻三水单位

UNITS IN SANSHUI

■ 广东省北江流域管理局

【概况】 广东省北江流域管理局是省水利厅直属副厅级行政类事业单位，主要履行法律法规规定的和省人民政府水行政主管部门授予的流域水资源管理和监督职责，协调北江流域区域和行业之间的水事关系，负责北江大堤、飞来峡水利枢纽和乐昌峡水利枢纽3个大型水利工程管理工作。5个内设机构：办公室（与党委办合署）、人事（监察）处、计划财审处、防汛与工程建管处、水资源管理处；3个分支机构：北江大堤管理处、飞来峡水利枢纽管理处、乐昌峡水利枢纽管理处；设立广东省飞来峡水利枢纽水力发电中心，隶属飞来峡水利枢纽管理处；设立广东省乐昌峡水利枢纽水力发电中心，隶属乐昌峡水利枢纽管理处。2014年，广东省北江流域管理局围绕“守住一条堤、管好一条江、发挥好两个枢纽的作用”的中心工作，做好防汛、工程建设与管理，水资源管理、水政监察等各项工作，开创北江流域管理事业的新局面。

【防汛工作】 2014年，广东省北江流域管理局落实“安全第一、常备不懈、以防为主、全力抢险”的工作方针，按照省长朱小丹、副省长邓海光等领导视察北江防汛工作时作出的指示精神，细化各项防御措施，完善北江大堤、飞来峡、乐昌峡等防洪工程防洪抢险预案及防汛工作制度，积极备汛防汛。配合省三防办开展《北江大堤—飞来峡水利枢纽抗洪抢险预案》修订工作，组织技术力量修订《北江大堤防汛工作手册》及地形图，开展防汛抢险演练，增强防汛抢险应变能力。汛期密切注意水情、雨情、风情变化，认真做好防汛值班工作，成功抗击5月中旬北江出现的2014年1号洪水，确保乐昌峡、飞来峡、北江大堤等水利工程安然无恙，实现安全度汛目标，保障人民群众生命财产安全。

【工程建设与管理】 2014年，广东省北江流域管理局破解流域管理“重建轻管”问题，完

2014年4月18日，广东省省长朱小丹（前排左二）率省直有关部门负责人到北江大堤检查防汛工作

善水利工程运行管理，推进北江大堤、飞来峡、乐昌峡规范化、标准化、精细化管理。

北江大堤 北江大堤遥堤加固达标工程竣工验收，芦苞刘寨和西南城区险段实施除险加固处理。出台《北江大堤管理标准化建设工作方案》，完善一系列维修养护管理制度，开展大堤安全检测前期工作。精心管护大堤，全年完成堤身草皮养护206万平方米，堤身草皮补植1.1万平方米，防汛路养护38千米，堤顶沥青路养护58千米，石（砼）护坡养护135万平方米，压渗地及外滩地草皮养护413万平方米，减压井维护331眼，测压管维护282根，清洗减压井和测压管各10个，护岸维护长9千米，丁坝维护长2千米，机电设备、管理房维护一批以及附属设施等。完成96.5万平方米堤身及400公顷蚁源区和4.1万平方米的防汛仓站、办公楼、独立仓库及生活小区的白蚁防治。全年蚁源区灭杀成年巢20巢，诱杀幼龄蚁巢257处，灭杀红火蚁2607巢，处置鼠洞3220个，全堤堤身没有发现白蚁，继续保持"无蚁害堤"成果。完成20个固定大断面和22个监测大断面测量，全堤5座大小穿堤涵闸变形测量，险工险段变形观测和部分河段的河道地形测量以及全堤的管理测量。北江大堤始终保持良好的堤容堤貌和设备设施的正常运作。

飞来峡水利枢纽 优化运行管理，全年发电量5.6亿千瓦时，船闸航运量1500万吨，飞来峡防汛生产调度中心投入使用，社岗防护堤除险加固工程开工，完成全线3610米段堤基础清理。

乐昌峡水利枢纽 工程建设收尾工作加快推进，枢纽由建设管理转入正常运行管理阶段。全年发电量3.61亿千瓦时，完成《广东省乐昌峡水利枢纽水库调度规程》的报批工作，建章立制，标准化管理逐步展开。

2014年7月2日，佛山市代市长鲁毅（左一）对北江大堤防汛备汛工作进行调研

【水资源管理】 2014年，广东省北江流域管理局编制《2013年广东省北江流域水资源状况》。对流域内重要饮用水源区、水功能区的水质进行监测评价，编制综合监测评价成果。深入北江源头和北江干流重点水利工程调研，从源头抓好流域水资源管理和保护等工作。加强库区水资源管理，飞来峡管理处编制完成《枢纽库区保护范围划分工作方案》和《大型水库水资源保护关键技术研究》项目，开展库区水生态系统修复试点工程。乐昌峡管理处编制《枢纽水资源保护方案》和《枢纽水资源保护规划方案》。发挥水利工程水生态保护、水资源保障功能，将优质北江水引入芦苞、西南两涌，芦苞、西南水闸全年引水6.28亿立方米，改善沿线地方水生态环境。

【水政监察】 2014年，广东省北江流域管理局成立飞来峡、乐昌峡水政监察支队。完成对北江流域片130多个水土保持项目的督查，及时处理北江干流占滩围库行为3宗。依法征收水行政规费，收费率100%。加大巡查力度，严厉打击违法采（运）砂行为，开展北江干流的日常、联合、标段巡查90组次，西南的省、市联合执法点巡查658组次，出动执法2790人次、267车次、183船次；检查运砂船393艘；查处违法运砂案5宗。联合清远、佛山水务局查处"11·18"重大违法运砂案，截查17艘违法运载河砂的船只。做好涉堤涉河建设项目的审查、审批，无违法违规行为发生。

【信息化和科技创新】 2014年，广东省北江流域管理局开展北江干流及其三角洲主要河段水环境参数与纳污能力研究工作。与中山大学、美国加州大学研究团队开展北江流域防洪体系联合调度合作研究。精选《耦合水文气象遥感技术的北江流域防洪体系洪水预报方法研究与应用》《广东省北江大堤管理标准化研究》等2个项目，申报2014年度广东省水利科技创新项目。

2014年4月30日，广东省三水强制隔离戒毒所召开第三届敬业爱岗标兵（能手）表彰大会。图为所党委班子与标兵（能手）合影

【安全生产】 2014年，广东省北江流域管理局深入开展"安全生产月"、安全生产"八打八治"等活动，重点抓好在建工程建设的安全生产工作，及时排查、治理工程隐患，有效地遏制生产安全事故。参加水利部2014年全国水利安全生产知识网络竞赛，获得全省水利系统排名第一名、全国第26位和水利部集体奖。实现全年安全生产零事故目标。

（黄燕冬）

■ 广东省三水强制隔离戒毒所

【概况】 广东省三水强制隔离戒毒所始建于1955年，正处级建制，省直属单位，特大型戒毒场所。2005年12月建成部级现代化文明劳教所。2008年6月加挂"广东省三水强制隔离戒毒所"牌子。2013年劳教制度废止后，称"广东省三水强制隔离戒毒所"。内设办公室、所政管理室、教育矫治室、习艺计财室、政治处、监察审计室，下辖4个分所、18个大队，警务保障中心、医院、警戒护卫大队3个直属单位。2014年，广东省三水强制隔离戒毒所做好场所"去劳教化"职能转型、科学戒毒模式探索推进、集中收治点大收戒等工作，取得新的成绩。

【安全稳定】 2014年，广东省三水强制隔离戒毒所树立安全首位意识，按照"严之又严、细之又细、实之又实"要求，落实安防工作刚性要求，开展平安场所建设，场所保持持续安全稳定。一线民警人手一册《安防手册》，随带、随学、随用。制定《安防工作手册实施细则》，对执法管理各环节进行细化，增强手册的可操作性。采取安防知识讲座、安防知识竞赛、全员培训、全员考试、面对面抽查、考核督查等多种形式，使民警对安全岗位职责、工作规范和量化要求入脑入心，落实安防制度，场所实现持续安全稳定，为科学戒毒工作提供了良好环境。狠抓安全问题隐患排查整改，严格执行安全研判、安全检查、重点人员管控等制度，开展地毯式安全问题隐患排查33次，发现并整改安全隐患179处，将安全隐患消灭在萌芽状态。投入资金改造院区防逃网、学员宿舍阳台防护设施、视频监控系统，效果明显，提高物防技防水平。

【集中收治】 2014年，广东省三水强制隔离戒毒所配合省委、省政府"雷霆扫毒"行动和公安部、司法部"百城禁毒会战"部署，做好全省戒毒人员集中收治分流工作，实现依法应收尽收和安全有序目标。建立协同协作机制。针对接收戒毒人

2014年11月4日，广东省三水强制隔离戒毒所举办廉政情景剧比赛，图为嘉宾及所领导与获奖选手合影

员点多分散、人数不断增加的实际，与公安机关建立收治协同协作机制，严把公安机关分段执行时间、法律文书、入所体检、地域打散和分流关口，发挥源头性、基础性和安全“过滤网”作用，集中收治工作做到了依法、安全、有序。总结集中收治以来的工作，对照戒毒法律法规，完善收治流程、入所管理、入所教育、分流转送、所外就医等20多项工作制度，促进收治工作规范化，把二分所打造成在全国具有标杆和示范意义的集中收治、入所教育工作品牌。按照省局下达的收治任务，挖掘场所收治潜力，推进留医部搬迁、二分所戒毒人员宿舍及饭堂一楼改造，确保大收戒需要。

【疾病防治】 2014年，广东省三水强制隔离戒毒所执行疾病防控三级管理规定。加强首诊、巡查和主动救治，开展定期体检、留医观察治疗、外诊治疗跟踪、回所后续治疗等工作。落实血压和心率“一日两检”制度（每天为戒毒人员测量血压和心率两次），对血压心率异常人员及时送医观察治疗。3月，司法部戒毒局简报第三期头条刊发广东省三水强制隔离戒毒所防范戒毒人员猝死的经验，在全国戒毒系统推广。以传染病防治为重点，加强戒毒院区公共卫生和戒毒人员个人卫生管控，落实清洁消毒和内务卫生督促检查。广东省爆发登革热疫情以来，落实预防宣传、清污灭蚊、进出院区人员管控等防控措施，无登革热病例。加强所院合作机制，畅通疾病救治通道。借助社会医疗资源优势，开展所院医疗合作，与三水中医院、三水人民医院、省武警总队医院、省司法警察医院、广州精神病医院合作，定期聘请专家来所会诊、建立医疗处置绿色通道，缓解集中收治以来场所医疗资源严重不足的问题，提高医疗救治水平。

【戒毒模式】 2014年，广东省三水强制隔离戒毒所推进“六法”运用，把“六法”运用作为“三三六”戒毒模式的核心和关键。生理脱毒法，结合集中收治入所教育实际，制定“生理脱毒期一周教育安排表”，采取“三背两操一考核”等措施，使入所教育和生理脱毒工作制度化、规范化。毒害认知法，组织系统学习《毒品危害认知读本》，将专职教师上课内容制成光盘组织戒毒人员观看，实现教育全员覆盖。定期组织戒毒人员座谈、现身说法，强化毒品危害认识。意念强化法，通过民警深度解读“戒毒信条”“行为规范十三字谣”，戒毒人员每天五次背诵，使戒毒人员强化戒毒意念，增强“毒能戒”“我要戒”信心。行为训练法，开展“三操一歌”训练，每天早、中、晚各做一次“五行健康操”，工间操时间做广播体操，规范戒毒人员行为，戒毒人员违纪率比上年下降43.05%。情景模拟法，开展情景剧排演，帮助戒毒人员识别高危情景，掌握应对方法，提高拒毒定力。技能培训法，与佛山现代商贸技工学校合作，开展职业技能培训两期535人，举办戒毒人员就业意向现场签订会，117名戒毒人员与用工厂家签订了就业意向书。

【教育戒治】 2014年，广东省三水强制隔离戒毒所按照“戒毒条例”和“127号”部令规定，落实“周课堂教育日”制度，制定“戒毒人员一周戒治流程”，落实每周一天的课堂化教学。借鉴海南、云南、北京等省、市经验，在全所开展“三心三感恩”和“忏悔感恩”

专项教育活动，弘扬中华民族传统美德和社会主义核心价值观，培养戒毒人员的感恩情怀和遵规守纪意识，提高教育矫治质量。开展课堂化感恩教育，将《三字经》《弟子规》《二十四孝》等优秀传统文化纳入教学内容，播放《钱文忠解读三字经》《钱文忠解读弟子规》等教育光盘，增强戒毒人员的感恩认知。反复咏唱《跪羊图》歌曲，加以手语演绎，唤醒戒毒人员良知，激励其从孝道做起，强化其内心戒毒愿望，取得良好的教育效果，形成具有特色的教育品牌，得到省局充分肯定，一些兄弟单位来所学习。营造科学戒毒环境。坚持资金使用向“三三六”戒毒模式倾斜，落实专项资金使用计划，完善心理矫治中心，设置“三三六”戒毒模式各功能室、体能康复训练场地和职业技能培训实操基地，购置视频教学等设备。在一、三、四分所戒毒人员宿舍安装有线电视，实现戒毒人员网络教学全覆盖。在一、二、四分所院区围墙、教室、灯柱等位置制作毒品危害认知、国学、感恩、励志等内容的宣传画，营造浓厚的戒毒氛围。

【习艺劳动】 2014年，广东省三水强制隔离戒毒所以提高习艺保障水平和帮助戒毒人员掌握劳动技能，提高谋生能力为目标，推进习艺项目转型升级，向管理要效益要安全，各项经济考核指标创历史新高，保障各项工作的正常运转。注重培养戒毒人员正确的劳动观念，把习艺劳动同“三三六”戒毒模式技能培训法、行为训练法紧密结合，强化戒治功能和保障水平。淘汰低值项目，引进带设备、技术含量高、习艺性强、效益好的生产项目，提高项目准入门槛。科学规划，配套解决原料成品仓储、物流等困难，确保优质项目引得进、留得住。加强成本控制和现场管理，完成全年财务指标，连续20年实现安全生产零事故，宝月经济发展总公司被评为“广东省2013年度安全文化示范企业”；在广东省第34次质量管理小组活动中，被授予“广东省质量管理小组活动优秀企业”称号，三篇QC（质量管理活动）成果获省厅一等奖。

（秦俊龙）

广东省南丰强制隔离戒毒所

【概况】 2014年，广东省南丰强制隔离戒毒所以“四化”建设为目标，以创建工作为载体，抓好安全管理和教育矫治，深化品牌建设，提升队伍专业化水平，各项工作保持领先发展的良好势头。学习《安防工作手册》和《安防工作行政问责办法》，提升民警安全意识。全年超额完成省局下达的4800人收治任务，收治5300人。上半年开展创“平安南丰”行动，下半年开展“三六五”行动，组织危重病患清理、违禁品打击等10多项专题行动，平均违纪率保持在0.8%以下。加强入所体检、营养调查和流行病普查，出台所外就医材料报送一日完成、特危病症人员应急处置、正常死亡处置等工作程序，与三水人民医院、肇庆第三人民医院建立定期来所巡会诊机制，开通危重急病抢救“绿色通道”。保持安全管理、执法管理、职业暴露、疫情感染、所内死亡和难改分子转化反复“六个零指标”，全年未发生“两死”事件。

【教育矫治】 2014年，广东省南丰强制隔离戒毒所落实“三

2014年3月25日，司法部戒毒局巡视员刘卫民到广东省南丰强制隔离戒毒所调研，广东省戒毒局领导陪同调研

2014年10月17日，广东省南丰强戒所举办所企对接“就业直通车”现场招聘活动

三六”戒毒模式“三期”“三分”要求，制定分级处遇办法，购置笔记本电脑、投影仪、音响设备等电教硬件设施，建立“教师库”，实行“课堂化教育日”和晚间不开工集中教育，试行建立吸食新型毒品人员管控档案，制作《毒害认知教育读本》PPT课件、拍摄3D厌恶疗法戒毒微电影、开展新投人员“习三学、做三操、正三姿”教育、与广州大学合作研制“拒毒六技巧”等“六法”创新措施。开办电工、钳工等职业技能培训班培训865人，举办企业用工见面会吸引13家企业现场签约32人。开展“孝文化”“信文化”“礼文化”主题教育，和“心语家园”周记、趣味运动会、“文化进大院”等综合矫治活动，提升戒治质量。1名民警获广东省科学技术进步奖，4人获省局“优秀教育能手”称号。

【生产财务】 2014年，广东省南丰强制隔离戒毒所在狠抓安全生产实现第20个安全生产年的基础上，将最低单工准入标准提升至每人每天46.43元，采取了收取厂家水电费65万元、要求厂家投入设施设备改造费用14万元等严控成本措施。全年生产总值5800万元，比上年增长15%；利润4400万元，增长23%。超越“季过千三万，人均千三元”的目标，实现收支平衡。

【“四化”建设】 2014年，广东省南丰强制隔离戒毒所加强对诊断评估、所外就医等执法行为和所务、政务公开检查力度，推进“行政依法化”。修编岗位工作职责，细化“民警一日工作流程”、收治解戒流程、“戒毒人员一日行为规范”等日常管理流程，推进“工作标准化”。启动政法二期工程，加强全所视频监控平台、OA办公自动化系统和工具条形码、电子病历、固定资产条形码等业务软件的维护和使用，投入约80万元保养设备维护。严抓民警警械具佩戴、交接班程序、岗位职责履行等执勤细节，整治戒毒人员言行举止、行进队列、内务卫生等管教“小事”，推进“管理规范化”，业务基础明显增强。

【品牌特色】 2014年，广东省南丰强制隔离戒毒所一分所承办省局“四化”现场会，发挥示范作用。二分所落实“课堂化教育日”，“六法”流程形式活泼，激发戒毒人员矫治新活力。三分所习艺“四化”升级改造和强戒人员日常行为规范“两手抓”，管教秩序和习艺生产相互促进。四分所有机融合“3+1+1”管理模式与“三三六”戒毒模式，集中管理示范效应明显。入所队狠抓行为养成和违纪整治，树立良好“南丰印象”。出所队搭建所企对接平台，《南方日报》《法制日报》等媒体宣传报道。护卫队开展科目训练和技能演练，安全护航和应急处突水平明显提升。

（钟贵斌）

广东省第二强制隔离戒毒所

【概况】 2014年，广东省第二强制隔离戒毒所推进“三三六”戒毒模式和戒毒业务“四化”建设，开展爱岗敬业、创建优秀团队等专题教育实践活动，狠抓《安防工作手册》等安全制度落实，实现安全“六无”。

【安全管理】 2014年，广东省第二强制隔离戒毒所执行安防制度，治理隐患，确保场所安全无事故。做好戒毒人员大收治。设立专管大队落实病残戒毒人员集中收治，严格按照疾病防控“三级预警管理”机制，落实“四到位一及时”（组织领导到位、疾病排查到位、跟踪管理到位、健康教育到位、应急处置及时），做好安全防范工作。完善安全防范五项机制。落实安全形势研判、重点人员管控、值班巡查等重点制度，所领导带头每天不少于5次进入院区对民警履职及“三大现场”巡查，抓好《安防工作手册》的执行。排查整治安全隐患，在严格执行每月一次大检查的基础上，开展6次专项大排查，建立夹控转化和整治跟踪档案，落实专人限期整改。开展专项整治活动。针对场所达到满员收治临界点、地域性集结收治较突出的实际，从9月1日起，开展为期4个月的“打帮派、整秩序、创平安”专项整治活动，通过奖惩结合、预案演练，营造平安和谐的戒治环境。做好生活卫生和疾病防控工作。按照生活卫生“四化”建设要求，配齐消毒碗柜、饮水机及戒毒人员“20个有”等生活卫生设施，开展卫生环境消毒、登革热防治和食品安全工作，在省局举办的食堂管理及戒毒人员烹饪技能竞赛获第二名。做好戒毒人员猝死防控和精神疾病防治，实行戒毒人员猝死危险分级管理，戒毒人员血压心率每日两检测，及时做好跟踪治疗和包夹防控工作，全年实施血压心率检测1698人，对21名戒毒人员进行精神疾病司法鉴定，没有发生非正常死亡事故。

【教育矫治及戒毒试点】 2014年，广东省第二强制隔离戒毒所加强科学论证，融入循证戒治，深化“三三六”戒毒模式应用。抓培训推进，建立“每周一汇报、每月一会议”的工作制度和“每日一巡查、每周一分析、每月一通报”的督察工作机制，加大周课堂教育日、多媒体设施设备投入，统筹安排专兼职教师、心理咨询、教育矫治能手等专业队伍，为“三三六”模式推进提供有力保障。加强专业学习和培训，通过举办实操培训班、专题讲座、知识竞赛、考试考核等方式，培训民警2000多人次。与中山大学、广州大学等院校合作，开展戒治课题研究，建立院校“科研基地”和“实习基地”，与团省委合作开展“甘露行动”，并以“南海工作站”为平台，将南海籍戒毒人员帮教工作纳入南海禁毒办组织的公益南海“火凤凰”社区戒毒（康复）项目，提升回归社会适应性训练和社会帮教工作水平。抓“六法”论证，加强效果评估。建立比对模型和数据库，通过实验组对照、横向纵向比较、量表问卷测评，开展“六法”实施前后比对分析、深入论证，提高戒毒模式针对性和科学性。应用生理脱毒法戒毒人员1911人，急性戒断反应消除或减轻、体能测试合格率90%以上。开展毒品危害、厌恶治疗等毒害认知教育，通过“戒毒意愿测试量表”监测显示，戒毒人员的戒毒意愿提高14.3%，毒害认识更加深刻，内源性戒毒动力显著增强。通过团体心理辅导、手环训练等心理矫治，实验组50名戒毒人员自我和谐程度、意志力水平提升11%。开展心里情景剧等情景模拟训练，50名实验组戒毒人员的测评显示，戒毒人员心理健康状况、应对负性情绪和高危情境能力显著提升。通过每日行为规范、板块移动、定置管理等严格的行为约束管理，戒毒人员遵纪守法意识明显提高，违纪率持续下降，从年初的0.36%下降到年末的0.28%。通过与佛山技能培训学校合作办学，免费为戒毒人员提供汽修、电工、家电装配等职业技能培训，搭建解戒人员“就业直通车”，培训强戒人员636人，戒毒人员参与度、通过率均有较大提升。根据南海区禁毒办信息反馈，南海籍参加技能培训的戒毒人员重新就业率42.5%。实施新型毒品类强戒人员心理测试、建档，戒毒人员心理健康建档率、心理测试率、教育普及率和一类重点人员干预率“四个100%”。邀请司法部、社会专家教授来所指导工作，将循证理念与“三三六”戒毒模式相结合，开展一类重点人员循证戒治。加强戒治效果跟踪评估，随机抽取60名戒毒人员作为研究对象，开展为期3年的专项研究，总结戒治个案，为“三三六”戒毒模式的科学戒治提供理论支持。

【生产经营】 2014年，广东省第二强制隔离戒毒所狠抓安全生产，增收节支，提高财政保障水平。引进较高附加值、符合安全生产、习艺性较强的优质项目，采取分片分包责任到人的安全生产三级管理机制，结合“安全生产月”活动，加强现场安全管理和消防预案演练，实现增产增效和安全生产无事故。强化成本控制、经费开支事前审批和规范实施政府采购等措施，压减一般性行政经费支出。抓好土地资源综合利用。健全土地管理工作机制，加强土地出租合同审批和土地动态巡查，与港南公司重新确立土地边界，配合环保部门清理一批不符合环保规定的承租户，保护场所土地完整。结合市场实际上调部分出租土地的租金，委托省政府采购招投标中心完成入所门楼旁闲置土地的出租招标工作，提高土地附加值。依法依规了结七号地块土地纠纷案，及时追回被拖欠土地租金27.1万元。

（赖道逊）

广东省女子强制隔离戒毒所

【概况】 2014年，广东省女子强制隔离戒毒所围绕建设“平安女所、美丽女所”总目标，推进场所转型升级。狠抓安全行政问责，构建安全稳定工作新常态，以戒毒业务“四化”建设为重点，创建一级现代化文明强戒所。推进“三三六”戒毒模式、循证戒治工作模式试点、优秀团队示范点、行政后勤服务项目建设，落实惠警新举措，实现场所转型发展。选派224人次参加上级业务培训班，举办科学戒毒、循证戒治、新型毒品脱毒实践与探索等所内培训讲座24场，培训民警4365人次。15人次获得上级表彰，其中荣立三等功11人，1人被评为“全国模范军转干部”，1人被评为全国戒毒监狱先进个人，1人获得“广东省质量管理小组活动优秀领导者”称号，1人获得“广东省质量管理小组活动优秀推进者”称号。

2014年8月29日，广东省女子强制隔离戒毒所举办教育矫治能手比赛

【创建一级强制隔离戒毒所】 2014年，广东省女子强制隔离戒毒所加强“一级强制隔离戒毒所”的创建工作。

“学法用法”活动 “每周四学习日”组织民警“学法用法”，提升民警依法履职、规范管理的水平。为适应职能转换要求，对场所管理教育、考核奖惩、诊断评估、所外就医等执法执纪行为进行核查，确保做到依法行政、依法办事。

强化软件建设 对照《“四化”指引》和创建标准，对全所制度铺开“废、改、立”，重新修编全所109个民警岗位职责，更新岗位职责牌、工作流程图等各类牌子800余块，新编《广东省女子强戒所制度汇编》，编印《出入所指南》《心理咨询指南》《职业技术培训指南》等小册子。对全所各项工作日志、值班记录、工作台账等表册进行检查，规范填写要求。对照《四化指引》，分线修改完善目标管理考核办法，实行基础业务每季度一考核，落实基础管理制度。

提升硬件水平 重点做好视频监控安防系统、OA办公自动化系统运行的检查。投入近300万元，维修所政设施，安装空气能热水供应系统，在医院建立电子病历档案管理系统，添置

X光机等一批先进医疗设备，使场所的硬件建设得到改善。

【管理教育】 2014年，广东省女子强制隔离戒毒所做好各项管理教育工作。

平安场所创建 场所实现连续16年安全生产无事故，连续9年安全“六无”。完善安防长效机制，强化《安防工作手册》《行政问责办法》的学习和执行，重点抓好安全形势研判、面对面交接班、生活卫生及疾病预防等制度的落实，开展全所安全研判12次、应急预案演练8次、管理工作季度考核4次。推进隐患治理常态化，全年开展“整秩序、除隐患、保安全”专项及安全隐患专项排查整治活动，每月排查重点人员、要害部位和关键环节不少于一次，做好值班巡查、特勤巡逻、专项督察和视频倒查等工作。完善医疗救治机制，严格执行疾病防控三级管理机制，探索“小病在所内，大病到地方医院，住院到定点医院”的治疗救治机制。做好登革热防控，从饮食安全、饮食营养、疾病预防、环境卫生等方面，加强生活卫生工作。5月下旬，在省直单位戒毒人员食堂管理与烹饪技能竞赛取得第一名。推进警戒护卫组织正规化训练。特勤队警体技能训练150天，开展监控、特勤联动应急演练30余次，提高快速反应、联动高效的应急处置能力。

“三三六”戒毒模式 推行“三三六”戒毒模式，开展心理咨询、循证戒治探索、职业技能培训、“感恩孝道”文化建设等一系列教育矫治工作，提升科学戒治水平。《“三三六”戒毒模式七字谣》和“两台四库五步法”循证戒治工作模式得到好评。落实“周课堂教育日”，“三课”教育保持领先优势。戒毒人员入所教育和回归社会教育落实率100%，心理健康教育普及率、建档率和危重人员心理危机干预率100%，职业技能培训符合条件人员的入学率和获证率90%以上。加强教育师资建设，在全省教育矫治能手竞赛中，民警禤绮华获得“广东省职工经济技术创新能手”称号，罗小玲获得省局“优秀教育矫治能手”称号。

循证戒治试点工作 强化教育矫治队伍建设，成立禁毒戒毒教育、法律道德教育、戒毒脱瘾教育、身体康复训练、职业技能教育五个教研室，科学调整和规范专兼职老师，召开脱瘾九训教学研讨会、示范课，培训民警教师及举办科学戒毒讲座。探索“两台四库五步法”循证工作方法，结合现代教育工作理念和科研成果，对循证戒治模式进行丰富和完善，建立专家信息库16人，建立重点人员循证戒治个案53宗，探索循证戒治与“三三六”戒毒模式的融合性，提炼循证戒治的技巧方法，丰富和延伸“六法”的内涵，达到科学戒毒、科学矫治的目的。探索“所社”合作模式。与院校、科研机构开展合作，建立科研基地和教育矫治专家数据库，开展教学交流指导、课题研究，促进和提升教育矫治工作效果，开展2个工作项目或课题研究，解决戒毒脱瘾教育工作中遇到的疑难问题，提高教育矫治工作水平。

“蝶美”文化品牌建设 探索教育戒治工作与中华传统文化的有机结合，推进“感恩孝道”院区文化示范点建设。投入近50万元，重新设计和完善科学戒治中心及各大队院区的板式，建立具有女所特色的“走廊文化”“楼梯文化”“室内文化”。以“粹美之警”“蝶美之路”两大主题，推进院区

2014年11月9日，“心灵驿站”民警心理健康咨询现场

文化长廊的改造升级，优化美化院区环境。将《三字经》《弟子规》等传统文化引入课堂，开展学员趣味运动会、“戒毒之星”评比、“向毒品说不”情景模拟剧汇演等一批精品文化活动。推进“一队一亮点”创建活动，如一大队的“心灵有约”栏目，二大队的“半月谈”剧场，三大队的阳光加油站，四大队的“瑜美人”心灵有氧操，五大队的“星光”话剧团，六大队的“悠悠心语”广播站，皆成为特色品牌项目。

【生产经济】 2014年，广东省女子强制隔离戒毒所严格执行省局项目引进规定，引进厂家6个，共有11个合作厂家，全年加工业收入比上年增长57.09%，全员月人均产值创建所最高水平，月人均产值继续排名省直单位首位。5个QC小组获得“省优秀QC小组”称号，其中二大队求索QC小组、一大队QC务实小组分别获得“南粤之星”金、银奖，一大队务实QC小组获得“全国优秀QC小组”称号。

（石素云）

■ 广东省三水戒毒康复管理所

【概况】 广东省三水戒毒康复管理所隶属广东省戒毒管理局，内设政治处、办公室、康复辅导室、就业指导室、监察审计室，下设戒毒康复医院、戒毒康复管理区等6个直属单位。该所是司法部和省禁毒委指定开展戒毒康复工作的“试点”单位，也是司法部全国6个示范所之一。2014年，广东省三水戒毒康复管理所收治各类戒毒康复人员3535名，比上年增长5.77%，收治规模保持全国领先。加工业年产值620万元，比上年增长33.87%；月人均单工1950元，比上年增长28.53%；加工货款回收率100%。

【安全管理】 2014年，广东省三水戒毒康复管理所出台《安防工作手册》《安全工作行政问责办法》，开展安全隐患专项排查治理活动，落实安防制度，全年组织安全检查督导36次，开展所情动态研判分析12次，完善应急处置预案6项，应急演练4次，签订安全责任状11份，排查、整治安全隐患5个，建立隐患跟踪档案12份。戒毒康复人员防毒尿检9700人次，尿检合格率99.75%。联合公安机关缉毒巡查4次，依法处理回所尿检不合格人员24名。全年未发生所内涉毒、群体恶性事件、重大疫情和非正常死亡，场所连续5年保持安全稳定。

【教育矫治】 2014年，广东省三水戒毒康复管理所推进“行政依法化、工作标准化、手段现代化、管理规范化”建设，编印《戒毒康复辅导基本制度》，推行“三段三法”康复体验模式，在场所公共区域建立电教系统、戒毒康复人员“一卡通”管理系统，联合暨南大学、广州大学等高校开展戒治康复课题研究3项，加快戒毒康复工作科学化、专业化发展。编印《戒毒康复“五训”手册》，实行科学教育训练“一人一策”、菜单式个人康复计划，戒毒康复人员参加体能测试、文体竞赛、心理辅导、社工服务等活动927人次，提升戒治康复效果。全年有5对戒毒康复人员在所内结婚，3对怀孕生子，148人实现社会再就业。跟踪回访196名回归社会的戒毒康复人员，保持操守76人，戒毒操守率39.79%。

【培训就业】 2014年，广东省

2014年1月24日，广东省三水戒毒康复所举行2014年度工作总结表彰大会

2014年6月20日，民盟广东省委、广东省戒毒管理局在广东省三水戒毒康复所举办"6·26"国际禁毒日宣传教育活动

三水戒毒康复管理所优化生产习艺项目，引进佛山雷德灯饰照明、广州基路伯包装等生产项目，实现转型升级，经济效益得到提升。戒毒康复人员实现全员就业，日人均单工超100元。加强土地资源管理，完成鱼塘招投标工作，全年土地出租收入330万元，比上年增长4.8%。提升种养品质和经济效益，产出蔬菜55000斤、鱼3500斤、鸡2390只，满足所内食堂所需，自给率70%以上。

【社会合作】 2014年，广东省三水戒毒康复管理所加强与科研院校合作，与中国人民解放军军事医学科学院、暨南大学、广州大学开展"戒毒康复人员心理问题评析"等2项课题研究，联合开展心理测试440人次，心理访谈105人次、脑部核磁共振检测87人次，提升戒毒康复技术含量。开展跟踪回访，对中山小榄、顺德容桂、茂名电白、云浮罗定的196名离所戒毒康复人员进行调查跟踪回访，推行社会康复和防复吸干预。加大对外宣传力度，以"6·26"国际禁毒日为契机，与广东省民盟联合举办"圆梦康复，拥抱幸福"为主题的大型禁毒宣传文艺汇演，获得良好的社会反响。

（丘安升）

广东省核工业地质局二九一大队

【概况】 广东省核工业地质局二九一大队是省属正处级事业单位。主要承担国家和省下达的核地质勘查任务，重点负责粤北百顺矿田和南雄盆地成矿区、粤西北铀资源勘查工作；承担本队的放射性档案管理及本队工作区的军工核设施（铀矿地质勘探）退役治理工作。大队设14个科室、10个二级单位。

【三大产业】 2014年，广东省核工业地质局二九一大队承揽的地质项目包括国家级整装勘查项目、中国地质调查局项目和综合研究项目等，项目规格高，社会效应大。全队确立以地质勘查业为主导的产业格局，加强地质找矿工作。实施地质项目39个（中核总项目2个、中国地质调查局项目2个、省铀矿风险勘查专项资金项目8个、省地质勘查基金项目3个、省财政补助项目24个）。施工钻孔31个，钻探进尺11000米，完成槽探工作量27600立方米。广东省南雄市澜河地区铀矿普查项目

2014年7月24日，二九一大队大队长苏文聪、总工张辉仁在连州西江野外实地考察

2014年8月5日，二九一大队大队长苏文聪到南雄百顺野外实地考察

完工钻孔10个（工业矿孔2个、矿化孔4个、异常孔4个），见矿率60%。广东黄坑—百顺地区矿产地质调查项目通过地质测量、水系沉积物测量、伽玛能谱测量等，圈定铀矿远景区11处、有色金属成矿远景区3处、稀土矿远景区2处，为二九一大队今后在诸广整装勘查区内筛选找矿靶区、开展地质立项和地质勘查工作打下基础；广东韶关诸广山岩体南部铀多金属矿整装勘查区专项填图与技术应用示范项目，构建诸广南部地区铀成矿模型，为诸广南部深部找矿圈定靶区提供依据。新立探矿权7个（铀矿权1个、非铀矿权6个）。大队有矿权25个，其中非铀矿权17个、铀矿权8个，有17个探矿权在申办。二九一大队新增地质坑探乙级、水工环地质调查乙级、液体矿产勘查丙级、地球化学勘查乙级资质等地勘资质。获得地质灾害治理工程监理资质，成为广东省核工业地质局第一个持有地灾监理及整套地灾资质的单位。二九一大队成立“佛山诸广矿业开发有限公司”，负责大队矿权的市场运作。引进社会资本，对大队优质的矿权合作开发。全年承接地灾防治项目8项，完成商业性地质勘查技术服务30项、工程勘察项目50项、勘察钻探工作量14879.78米。核工业南方工程总公司中标工程项目11个，合同金额3亿元；承接工程项目25个，合同金额6.55亿元；承接地灾勘查项目18个（勘查8个、设计8个、施工2个）。

【档案信息】 2014年，广东省核工业地质局二九一大队档案管理工作取得新成效。接待资料借阅222人次，利用档案资料482卷（3544件），新增档案134卷（37198件），归档率100%。各类档案的接收、立卷、整理入库规范。扫描原始地质资料108328张，占电子化总工作量的16.66%。建立全宗卷（包含全宗指南、大事记、组织沿革、档案移交及接收文据、档案销毁鉴定清册以及各类台账等档案），运用ED-Maker汇交专用软件，完成5个项目地质资料向广东省国土资源档案馆和广东省核工业地质局档案馆汇交。依据广东省档案局组织的“开展省直单位珍贵档案调查”工作，收集大队省部级荣誉证书档案、重要公务活动礼品档案、领导人声像档案等珍贵档案49宗。加强档案资料的开发，与广东省核工业地质局辐射环境监测中心合作的“广东省放射性地质环境调查与评价”项目，对二九一大队历年放射性地质资料进行综合整理、分析评价，该项目的完成有利于了解广东省部分片区地下水水质类型及受放射性污染程度，指导水利工程建设，减轻及避免放射性危害，此项目收益60余万元。依据三水区人民政府地方志办公室要求，严格按照地方志资料编写格式，完成二九一大队2013年以及1993至2002年地方志资料的编报。档案管理规范到位，全年未发生失泄密事件。

【军工核设施退役治理】 2014年9月17日，核工业华南放射性矿产地质管理办公室检查指导二九一大队“十二五”第一期2个军工铀矿地质勘探设施退役整治工程项目资料整理工作，给予肯定。11月，核工业地质研究院对二九一大队第一期完工项目2403矿点、239矿点进行治理区域终态环境现场检查，其放射性外逸值符合规定限值，整治区域可有限开放。

（赖小华）

■ 广东财经大学三水校区

【概况】 2014年，广东财经大学三水校区在校全日制本科生10907人（普教一年级本科生5931人、二年级本科生4976人）。三水校区实行“2+2”的教学运行模式，学生一、二年级在三水校区学习基础课程，三、四年级回广州校本部学习专业课、毕业实习、撰写毕业论文。三水校区作为广东财经大学“一体两翼”办学格局中的“西翼”。学校在三水校区设立党委和管委会，负责校区的党建、思想政治工作和日常管理工作，协调二级院系和相关职能处室延伸到校区的有关工作。

【校区工作】 2014年，广东财经大学三水校区制定《广东财经大学三水校区进一步加强和改进机关作风建设方案》，实现作风建设工作规范化与制度化。在日常教学管理方面，三水校区配合学校教务处和各教学单位，完成课程安排、选课工作，选课学生2万多人次，手工处理选课数据3千多条。认真做好本年度学生学籍管理、教师工作量核算及课程教学质量网上评价工作。根据校区学生人数多、学生需求复杂、教学资源短缺的实际，合理统筹，分配安排各项教学及管理工作。作为固本强基示范点建设先进单位，三水校区党委重视党校培训工作，建立学生推优、入党积极分子培训、党员发展与培养长效机制。首次对18名党支部书记、41名学生党支部委员和71名新生党员进行培训。三水校区党委贯彻《中国共产党发展党员工作细则》，在党员发展中创新“五公示三测评一答辩”制度，严格党员发展程序，提高党员发展质量，三水校区新发展党员240人。校区把握“善水大讲坛”在提高青年学生综合素质中的重要作用，围绕感悟“立身”“法治中国建设”“大学与成长”“艺术人生”等系列主题，组织8000余人次听取12场“善水大讲坛”讲座，拓宽学生视野，丰富课外知识。三水校区在“挑战杯”创业、学术科技竞赛培训及“赢在广财”创业竞赛项目上，培训学生1300多人次，学生参与各项创新创业竞赛900多人。在“挑战杯”广东大学生创业计划竞赛中，三水校区的团队获得金奖1项、银奖2项、铜奖1项。

【创新教育】 2014年，广东财经大学三水校区创新教育模式，加强与地方机构合作，举办研讨活动。12月21日，互联网背景下校地合作与协同创新研讨会在广东财经大学三水校区举行。省委宣传部讲师团副处长唐锋军，佛山市政府研究室主任张美华，佛山市社科联专职副主席邓翔，佛山市委宣传部理论科科长何子健，广东财经大学研究生处处长、佛山市社会发展研究院常务副院长林仲豪，MBA教育中心主任李焕荣等专家代表出席研讨会。6月26日，“书记项目”系列活动之一——“爱岗敬业，创先争优”宣传教育活动暨三水校区优秀教职工表彰大会在三水校区举行。云东海街道城管创文办副主任李倩仪，三水校区党政领导、全体教职员工出席大会。

（韩淑仪）

2014年6月26日，广东财经大学三水校区表彰“爱岗敬业，创先争优”优秀员工

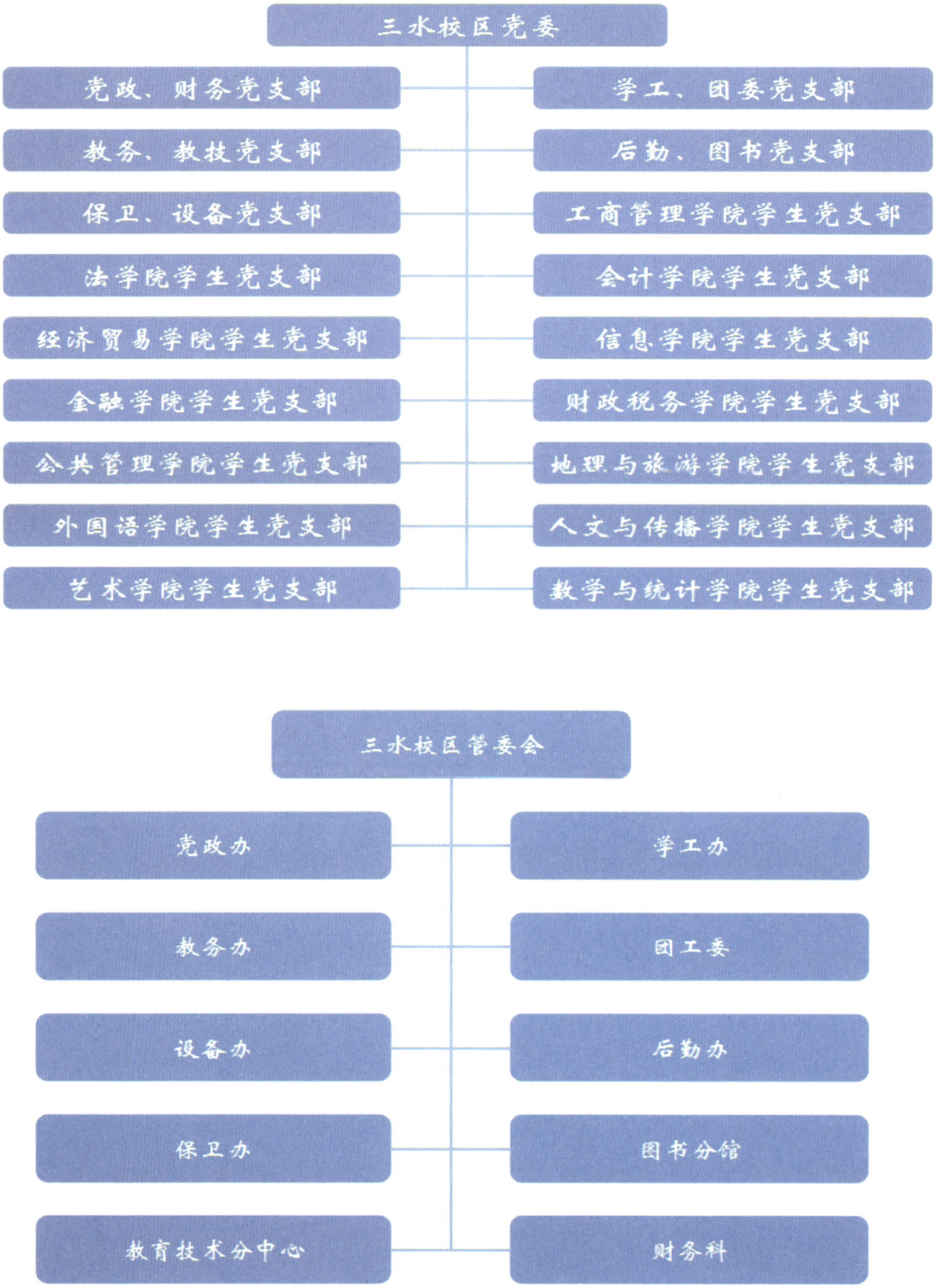

广东财经大学三水校区组织架构图

先进单位与先进个人

EXCELLENT UNITS AND
EXCELLENT INDIVIDUALS

■ 先进单位

2014 年度获全国系统先进单位称号名录

获奖单位	评定单位	先进称号
佛山市三水区	教育部	全国义务教育发展基本均衡县(区)
佛山市公安局三水分局交警大队车辆管理所	公安部	全国优秀县级车辆管理所
三水区乐平镇	中国城市经济学会中小城市经济发展委员会	中国中小城市综合实力百强镇
三水区芦苞镇	住房和城乡建设部	全国重点镇
三水区乐平镇总工会职工培训中心	全国总工会	全国职工教育培训示范点
三水区农村信用合作联社	中国人民银行征信中心	2013 年度企业征信系统数据质量工作优秀机构
三水区殡仪馆	民政部	全国殡葬工作先进集体
三水中学附属初中	国家教育行政学院、中国教育报刊社培训中心	中国校园媒体建设百佳示范学校
三水区西南街道第二中学	教育部关心下一代工作委员会	全国青少年五好小公民“美丽中国　我的中国梦”主题教育读书活动示范学校
三水区西南街道中心小学	教育部关心下一代工作委员会、教育部关工委全国青少年主题教育活动组织委员会	全国青少年五好小公民“美丽中国　我的中国梦”主题教育活动示范学校
三水区西南街道中心小学	中央电化教育馆	“中国移动校讯通杯”第十五届全国中小学电脑制作活动“校讯通”专项作品优秀组织奖
三水区乐平镇南边小学	教育部关心下一代工作委员会、教育部关工委全国青少年主题教育活动组织委员会	全国青少年五好小公民“美丽中国　我的中国梦”主题教育活动示范学校
三水区乐平镇南边小学	中国少年儿童杂志社、中国出版工作者协会摄影艺术委员会、北京青春之歌文化艺术发展中心	“艺术之星”全国少年儿童美术书法摄影大赛集体优秀奖

2014年度获省（含省直部门）先进单位称号名录

获奖单位	评定单位	先进称号
佛山市三水区	广东省教育厅	广东省社区教育实验区
中共三水区委组织部	中共广东省委组织部	2014年基层党建优秀“书记项目”
中共三水区委组织部	广东省扶贫办公室	2014年度扶贫开发“双到”工作考核优秀等次
中共三水区委老干部局	中共广东省委老干部局、广东省体育局、广东省老年人体育协会	广东省第八届老年人运动会·健身球项目自选套路及规定套路三等奖
中共三水区委老干部局	广东省文联、广东省文化馆、广东省舞蹈家协会	广东省首届中老年人舞蹈大赛·学习组节目金奖（《阿婆的幸福生活》）
中共三水区委老干部局	广东省文联、广东省文化馆、广东省舞蹈家协会	广东省首届中老年人舞蹈大赛·创作节目表演金奖和创作金奖（《远去的红头巾》）
三水区人民法院	广东省高级人民法院	广东省优秀法院
三水区西南街道综治信访维稳办公室	中共广东省委员会	广东省依法治省工作先进单位
三水区云东海街道办事处档案室	广东省档案局	广东省特级档案综合管理单位
共青团三水区白坭镇委员会	共青团广东省委员会	广东省五四红旗团委
三水区乐平镇总工会	广东省总工会	2014年广东省模范职工之家
广东省三水强制隔离戒毒所二分所	广东省司法厅	集体二等功
广东省三水强制隔离戒毒所四分所一大队	广东省司法厅	集体二等功
广东省南丰强制隔离戒毒所四分所	广东省司法厅	集体二等功
三水区农村信用合作联社	广东省农村信用社联合社	广东省农村合作金融机构2014年度经营目标考核金融服务创新奖
三水区农村信用合作联社	广东省农村信用社联合社	广东省农村合作金融机构2014年突发事件应急处置知识竞赛优秀奖
三水区农村信用合作联社	广东省农村信用社联合社	广东省农村合作金融机构“唱响中国梦·七一歌咏活动”合唱优秀奖
中共三水区农村信用合作联社委员会	中共广东省农村信用社联合社委员会	广东省农村合作金融机构2014年先进党支部
中共三水区乐平信用社支部	中共广东省农村信用社联合社委员会	广东省农村合作金融机构2014年先进党支部
三水区地方税务局白坭税务分局工会小组	广东省总工会	2014年广东省模范职工小家
三水区地方税务局乐平税务分局办税服务厅	广东省妇女联合会	广东省“巾帼文明岗”
三水区工商行政管理局登记注册大厅	广东省妇女联合会	广东省“巾帼文明岗”

（续表）

获奖单位	评定单位	先进称号
三水区人口和计划生育服务站	广东省妇女联合会	广东省“巾帼文明岗”
三水区人民医院眼科工会小组	广东省总工会	2014年广东省模范职工小家
三水区殡仪馆	广东省民政厅	广东省二级殡仪馆
三水区西南街道桥头居委会	广东省住房和城乡建设管理局	广东宜居社区
三水区西南街道张边居委会	广东省住房和城乡建设管理局	广东宜居社区
三水区西南街道沙头居委会	广东省地震局	广东省地震安全示范社区
三水区西南街道沙头居委会	共青团广东省委员会	2014年度广东省“青少年维权岗”
三水区西南街道洲边村委会	广东省计划生育协会	人口和计划生育基层群众自治示范村居
三水区白坭镇富景社区	广东省妇女联合会、广东省社会治安综合治理委员会办公室	广东省“平安家庭”创建活动示范村（社区）
三水区芦苞镇上塘村委会	广东省住房和城乡建设厅	广东省级宜居村庄
三水区芦苞镇芦苞社区居委会	广东省住房和城乡建设厅	广东省级宜居社区
三水区南山镇六和村委会塘墩村	广东省爱国卫生运动委员会	广东省卫生村
三水区南山镇六和村委会岩门口村	广东省爱国卫生运动委员会	广东省卫生村
三水区南山镇六和村委会塘肚村	广东省爱国卫生运动委员会	广东省卫生村
三水区南山镇六和村委会上寨村	广东省爱国卫生运动委员会	广东省卫生村
三水区南山镇六和村委会深坑新村	广东省爱国卫生运动委员会	广东省卫生村
三水区南山镇六和村委会深坑田心村	广东省爱国卫生运动委员会	广东省卫生村
三水区南山镇六和村委会深坑上屋村	广东省爱国卫生运动委员会	广东省卫生村
三水区南山镇六和村委会深坑新井村	广东省爱国卫生运动委员会	广东省卫生村
三水区南山镇六和村委会塘排村	广东省爱国卫生运动委员会	广东省卫生村
三水区南山镇漫江社区居委会天桥新村	广东省爱国卫生运动委员会	广东省卫生村
三水区南山镇漫江社区居委会六队新村	广东省爱国卫生运动委员会	广东省卫生村
三水区业余体育学校	广东省体育局	2014—2015年度广东省青少年体育训练先进单位

（续表）

获奖单位	评定单位	先进称号
三水中学附属初中	广东教育学会、广东省电化教育馆、广东第二师范学院科学教育研究所	广东省少年儿童科学教育体验活动实验学校
三水区实验小学	广东省教育厅	2014 年广东省中小学生合唱比赛一等奖
三水区实验小学	中共广东省委宣传部、广东省教育厅、南方报业传媒集团、广东省作家协会	2014 年广东小学生诗歌节优秀组织奖
三水区西南街道中心小学	广东省妇女联合会	广东省“巾帼文明岗”
三水区西南街道中心小学	广东省教育科学“十二五”规划与广东省小语会综合项目小学语文阅读与运用研究总课题组	广东省教育科学“十二五”规划与广东省小语会综合项目“小学语文阅读与运用研究”课题实验学校
三水区大塘镇永平小学三（3）中队	少先队广东省工作委员会、广东省教育厅、共青团广东省委员会	2013—2014 年度广东省少先队先进中队
广东精工钢结构有限公司工会委员会	广东省总工会	2014 年广东省模范职工之家
广东迪生电力钢构器材有限公司工会委员会	广东省总工会	2014 年广东省模范职工之家
佛山海尔电冰柜有限公司注塑班组	广东省总工会	广东省“工人先锋号”
三水新华雄陶瓷有限公司工会女职工委员会	广东省总工会	广东省工会女职工工作先进集体（2009—2014 年度）

■ 先进个人

2014 年度获全国系统先进个人称号名录

姓　名	工作单位	评定单位	先进称号
董海泉	中共三水区委政法委（区司法局）	全国普法办	全国“六五”普法中期先进个人
孙建国	佛山市公安局三水分局	国务院军队转业干部安置工作小组	全国优秀模范军队转业干部
孙建国	佛山市公安局三水分局	公安部	全国公安机关爱民模范
孙建国	佛山市公安局三水分局	公安部	第五届“我最喜爱的人民警察”特别奖
孙建国	佛山市公安局三水分局	公安部	全国公安系统二级英雄模范
谢秀芳	广东省女子强制隔离戒毒所	司法部	全国监狱戒毒工作先进个人
刘更生	广东省女子强制隔离戒毒所	国务院军队转业干部安置工作小组、中共中央组织部、人力资源和社会保障部、中国人民解放军总政治部	全国模范军转干部
朱均平	三水区农业机械监督管理所	农业部、国家安全生产监督管理总局	2014 年全国农机安全监理示范岗位标兵

（续表）

姓　名	工作单位	评定单位	先进称号
朱献柔	中国电信三水分公司	中国电信集团公司	中国电信集团公司“劳动模范”
何享贤	三水区理工学校（三水区技工学校）	中国科学技术协会	第29届全国青少年科技创新大赛优秀科技创新项目优秀辅导员（科技发明类一等奖，项目名称：汽车眼）
梁晓华	三水中学附属初中	中国物理学会物理教学委员会	第十一届全国中学物理青年教师教学大赛初中组一等奖
刘国庆	三水中学附属初中	中国教育报刊社培训中心、全国校园媒体示范学校评选委员会	全国校园媒体先进工作者
邓广汉	三水区西南街道中心小学	中国教育学会、中国新教育教学研究编委会	全国教育科研先进工作者
魏广生	三水区西南街道中心小学	河南省、湖南省、湖北省、广东省、广西壮族自治区、海南省、河北省、山西省、重庆市、云南省教育学会小学数学教学专业委员会	中南、华北、西南十省区市第七届小学数学优质课观摩交流活动一等奖
王康平	广东好帮手电子科技股份有限公司	全国总工会	全国五一劳动奖章
白煌标	广东省三水强制隔离戒毒所	司法部	2011—2013年全国监狱劳教（戒毒）工作先进个人
苏念升	三水区农村信用合作联社	中国人民银行征信中心	2013年度企业征信系统数据质量工作优秀个人

2014年度获省级（含省直部门）先进个人称号名录

姓　名	工作单位	评定单位	先进称号
黄　敏	中共三水区委宣传部（区文体旅游局）	广东省民间文艺家协会	2014年度广东省优秀民间文艺家
唐帼英	中共三水区委组织部	中共广东省委组织部、中共广东省委老干部局、广东省人力资源和社会保障厅	全省离退休干部先进个人
陈鑫彬	中共三水区委组织部	中共广东省委组织部	2014年广东省优秀网宣员
张文辉	中共三水区委统一战线工作部	广东省人民政府	广东省民族团结进步模范个人
黎伟忠	中共三水区委政法委（区司法局）	广东省司法厅	个人二等功
孙建国	佛山市公安局三水分局	腾讯公益、大粤网	温暖广东2014年度人物
张孟春	三水区人民法院	广东省高级人民法院	二等功
麦志雄	三水区云东海街道司法所	广东省人民政府	人民满意公务员
何顺荣	三水区乐平镇总工会	广东省总工会	2014年广东省优秀工会工作者

（续表）

姓　名	工作单位	评定单位	先进称号
蔡志杰	广东省三水强制隔离戒毒所	广东省戒毒局	广东省戒毒局“中国梦·劳动美·我与改革创新”演讲比赛一等奖
蔡志杰	广东省三水强制隔离戒毒所	广东省总工会	广东省职工“中国梦·劳动美我与改革创新”演讲比赛三等奖
蔡志杰	广东省三水强制隔离戒毒所	广东省公共文化促进会	广东省公共文化促进会“我的梦·广东省首届演讲大赛”最佳沟通奖
何　跃	广东省三水强制隔离戒毒所	广东省司法厅	个人二等功
植钟琼	广东省三水强制隔离戒毒所	广东省司法厅	个人二等功
张武军	广东省三水强制隔离戒毒所	广东省戒毒管理局	优秀教育矫治能手
杨洪胜	广东省三水强制隔离戒毒所	广东省戒毒管理局	优秀教育矫治能手
钟江新	广东省三水强制隔离戒毒所	广东省戒毒管理局	教育矫治能手
金　宇	广东省三水强制隔离戒毒所	广东省戒毒管理局	教育矫治能手
陈楷胜	广东省三水强制隔离戒毒所	广东省戒毒管理局	广东省职工经济技术创新能手、省局优秀教育矫治能手
陈俊吉	广东省三水强制隔离戒毒所	广东省戒毒管理局	优秀教育矫治能手
王元龙	广东省三水强制隔离戒毒所	广东省戒毒管理局	教育矫治能手
游少驹	广东省三水强制隔离戒毒所	广东省戒毒管理局	教育矫治能手
邓　锦	广东省三水强制隔离戒毒所	广东省戒毒管理局	教育矫治能手
于晓辉	广东省三水强制隔离戒毒所	广东省戒毒管理局	连续三年优秀个人三等功
万克伟	广东省三水强制隔离戒毒所	广东省戒毒管理局	连续三年优秀个人三等功
王国英	广东省三水强制隔离戒毒所	广东省戒毒管理局	连续三年优秀个人三等功
付星华	广东省三水强制隔离戒毒所	广东省戒毒管理局	连续三年优秀个人三等功
冯　炜	广东省三水强制隔离戒毒所	广东省戒毒管理局	连续三年优秀个人三等功
陈　亮	广东省三水强制隔离戒毒所	广东省戒毒管理局	连续三年优秀个人三等功
陈楷胜	广东省三水强制隔离戒毒所	广东省戒毒管理局	连续三年优秀个人三等功
陈　鸣	广东省三水强制隔离戒毒所	广东省戒毒管理局	连续三年优秀个人三等功
何伶俐	广东省三水强制隔离戒毒所	广东省戒毒管理局	连续三年优秀个人三等功
李　能	广东省三水强制隔离戒毒所	广东省戒毒管理局	连续三年优秀个人三等功
李文利	广东省三水强制隔离戒毒所	广东省戒毒管理局	连续三年优秀个人三等功
苏旭纯	广东省三水强制隔离戒毒所	广东省戒毒管理局	连续三年优秀个人三等功
杨　萍	广东省三水强制隔离戒毒所	广东省戒毒管理局	连续三年优秀个人三等功
张　彪	广东省三水强制隔离戒毒所	广东省戒毒管理局	连续三年优秀个人三等功
张　林	广东省三水强制隔离戒毒所	广东省戒毒管理局	连续三年优秀个人三等功
张英芳	广东省三水强制隔离戒毒所	广东省戒毒管理局	连续三年优秀个人三等功

（续表）

姓　名	工作单位	评定单位	先进称号
林国涛	广东省三水强制隔离戒毒所	广东省戒毒管理局	连续三年优秀个人三等功
易宝堂	广东省三水强制隔离戒毒所	广东省戒毒管理局	连续三年优秀个人三等功
赵胜葵	广东省三水强制隔离戒毒所	广东省戒毒管理局	连续三年优秀个人三等功
姜　磊	广东省三水强制隔离戒毒所	广东省戒毒管理局	连续三年优秀个人三等功
夏洁波	广东省三水强制隔离戒毒所	广东省戒毒管理局	连续三年优秀个人三等功
曾伟荣	广东省三水强制隔离戒毒所	广东省戒毒管理局	连续三年优秀个人三等功
赖晓波	广东省三水强制隔离戒毒所	广东省戒毒管理局	连续三年优秀个人三等功
雷树宝	广东省三水强制隔离戒毒所	广东省戒毒管理局	连续三年优秀个人三等功
陈文贵	广东省第二强制隔离戒毒所	广东省戒毒管理局	三等功
刘路军	广东省第二强制隔离戒毒所	广东省戒毒管理局	三等功
王　睿	广东省第二强制隔离戒毒所	广东省戒毒管理局	三等功
王洲城	广东省第二强制隔离戒毒所	广东省戒毒管理局	三等功
吴成根	广东省第二强制隔离戒毒所	广东省戒毒管理局	三等功
李建忠	广东省第二强制隔离戒毒所	广东省戒毒管理局	三等功
李国全	广东省第二强制隔离戒毒所	广东省戒毒管理局	三等功
何振洪	广东省第二强制隔离戒毒所	广东省戒毒管理局	三等功
肖金超	广东省第二强制隔离戒毒所	广东省戒毒管理局	三等功
刘志超	广东省第二强制隔离戒毒所	广东省戒毒管理局	三等功
杨志松	广东省第二强制隔离戒毒所	广东省戒毒管理局	三等功
范新想	广东省女子强制隔离戒毒所	广东省质量管理协会、广东省总工会	广东省质量管理小组活动优秀领导者
陈梅丽	广东省女子强制隔离戒毒所	广东省质量管理协会、广东省总工会	广东省质量管理小组活动优秀推进者
赵英平	广东省南丰强制隔离戒毒所一分所	广东省司法厅	个人二等功
沈军初	广东省南丰强制隔离戒毒所四分所	广东省司法厅	个人二等功
暨国良	广东省南丰强制隔离戒毒所警务督察队	广东省戒毒管理局	个人三等功
王建红	广东省南丰强制隔离戒毒所办公室	广东省戒毒管理局	个人三等功
钟立成	广东省南丰强制隔离戒毒所入所队	广东省戒毒管理局	个人三等功
刘　跃	广东省南丰强制隔离戒毒所一分所	广东省戒毒管理局	个人三等功
林星标	广东省南丰强制隔离戒毒所三分所	广东省戒毒管理局	个人三等功

（续表）

姓　名	工作单位	评定单位	先进称号
李用珊	广东省南丰强制隔离戒毒所医院	广东省戒毒管理局	个人三等功
罗素玲	广东省南丰强制隔离戒毒所医院	广东省戒毒管理局	个人三等功
林　斌	广东省南丰强制隔离戒毒所四分所	广东省戒毒管理局	个人三等功
林航宇	广东省南丰强制隔离戒毒所四分所	广东省戒毒管理局	个人三等功
彭国防	广东省南丰强制隔离戒毒所所政管理室	广东省戒毒管理局	三等功（三年优秀）
何　勇	广东省南丰强制隔离戒毒所出所队	广东省戒毒管理局	三等功（三年优秀）
蒋　能	广东省南丰强制隔离戒毒所一分所	广东省戒毒管理局	三等功（三年优秀）
姚东升	广东省南丰强制隔离戒毒所二分所	广东省戒毒管理局	三等功（三年优秀）
华元盛	广东省南丰强制隔离戒毒所三分所	广东省戒毒管理局	三等功（三年优秀）
傅建伟	广东省南丰强制隔离戒毒所四分所	广东省戒毒管理局	三等功（三年优秀）
钟贵斌	广东省南丰强制隔离戒毒所办公室	广东省戒毒管理局	三等功（三年优秀）
吴法汀	广东省南丰强制隔离戒毒所教育矫治室	广东省戒毒管理局	三等功（三年优秀）
崔　壮	广东省南丰强制隔离戒毒所入所队	广东省戒毒管理局	三等功（三年优秀）
张英辉	广东省南丰强制隔离戒毒所出所队	广东省戒毒管理局	三等功（三年优秀）
吴虎辉	广东省南丰强制隔离戒毒所医院	广东省戒毒管理局	三等功（三年优秀）
刘心文	广东省南丰强制隔离戒毒所医院	广东省戒毒管理局	三等功（三年优秀）
刘军超	广东省南丰强制隔离戒毒所护卫大队	广东省戒毒管理局	三等功（三年优秀）
吴寿旭	广东省南丰强制隔离戒毒所一分所	广东省戒毒管理局	三等功（三年优秀）
杨卫华	广东省南丰强制隔离戒毒所一分所	广东省戒毒管理局	三等功（三年优秀）
何永东	广东省南丰强制隔离戒毒所一分所	广东省戒毒管理局	三等功（三年优秀）
郭小悍	广东省南丰强制隔离戒毒所一分所	广东省戒毒管理局	三等功（三年优秀）
陈少彬	广东省南丰强制隔离戒毒所一分所	广东省戒毒管理局	三等功（三年优秀）

（续表）

姓　名	工作单位	评定单位	先进称号
钟访燎	广东省南丰强制隔离戒毒所二分所	广东省戒毒管理局	三等功（三年优秀）
吴艺青	广东省南丰强制隔离戒毒所三分所	广东省戒毒管理局	三等功（三年优秀）
符宏君	广东省南丰强制隔离戒毒所三分所	广东省戒毒管理局	三等功（三年优秀）
张辉煌	广东省南丰强制隔离戒毒所三分所	广东省戒毒管理局	三等功（三年优秀）
王天恒	广东省南丰强制隔离戒毒所三分所	广东省戒毒管理局	三等功（三年优秀）
甘明光	广东省南丰强制隔离戒毒所四分所	广东省戒毒管理局	三等功（三年优秀）
卢志刚	广东省南丰强制隔离戒毒所警务保障中心	广东省戒毒管理局	三等功（三年优秀）
邝荣彬	三水区农村信用合作联社	中共广东省农村信用社联合社委员会	广东省农村合作金融机构2014年度优秀共产党员
黄惠娟	三水区农村信用合作联社	中共广东省农村信用社联合社委员会	广东省农村合作金融机构2014年度优秀共产党员
潘玲丽	三水区农村信用合作联社	广东省农村信用社联合社	2014年度信息宣传工作优秀信息员二等奖
韩健明	三水区农村信用合作联社	广东省农村信用社联合社	广东省农村合作金融机构2014年度优秀客服协调员
李少金	三水区农村信用合作联社	广东省农村信用社联合社	广东省农村合作金融机构2014年度拷包经理
陈庆贺	三水中学	共青团广东省委员会	2013—2014年度广东省优秀共青团干
王玉辉	三水中学	广东省教科文卫工会	广东省教科文卫工会优秀职工之友
钟　颖	三水区广播电视大学	广东省成人教育协会	广东省成人教育先进工作者
冯志华	三水区工业中等专业学校	广东省职业技术教育学会学生工作指导委员会	广东省职业院校“先进德育工作者”
张晓云	三水区工业中等专业学校	广东省职业技术教育学会学生工作指导委员会	广东省职业院校“优秀班主任”
李丽间	三水区工业中等专业学校	广东省职业技术教育学会学生工作指导委员会	广东省职业院校“学生工作积极分子”
何享贤	三水区理工学校（三水区技工学校）	广东省科学技术协会、广东省教育厅、广东省科学技术厅、广东省知识产权局	第29届广东省青少年科技创新大赛科技辅导员创新成果竞赛项目一等奖（汽车眼）
邹国钊	三水中学附属初中	广东省教育学会中学地理教学专业委员会	2014年广东省初中地理教师微课视频制作技能展示一等奖
王韫玉	三水区西南街道中心小学	广东省教育学会小学语文教学专业委员会	广东省小学语文青年教师教学观摩活动一等奖

（续表）

姓　名	工作单位	评定单位	先进称号
魏广生	三水区西南街道中心小学	广东省教育学会小学数学教学专业委员会	广东省第七届小学数学说课评比活动一等奖
陈　蕴	三水区西南街道第六中学	广东省教育学会化学委员会	2014年广东省中学化学教师化学实验能力大赛二等奖
邓志聪	三水区西南街道第二中学	广东省教育厅	广东省第七届中小学体育教学比赛初中组一等奖
蔡百青	三水区西南街道第二中学	广东省教育厅	《合纵与连横》在2014年广东省计算机教育软件评审活动中获基础教育组学习型优课二等奖
何静达	三水区大塘镇中心小学	广东省妇女联合会	广东百名孝女
何静达家　庭	三水区大塘镇中心小学	广东省妇女联合会	广东百户最美家庭
邱凤英	三水区大塘镇中心小学	广东省妇女联合会	广东省百名慈母
莫玉婷	三水顺华源水产有限公司、华森水产专业合作社	广东省妇女联合会	广东省"三八红旗手"
何艳云	三水新华雄陶瓷有限公司	广东省总工会	广东省工会女职工工作先进工作者（2009—2014年度）
何燕敏	广东精工钢结构有限公司	广东省总工会	广东省工会女职工工作先进工作者（2009—2014年度）
罗彩芬	三水新华雄陶瓷有限公司	广东省总工会	2014年广东省优秀工会工作者
陈志兴	广东盛路通信科技股份有限公司	广东省总工会	广东省五一劳动奖章
彤彦伟	三水区白坭家福五金搪瓷制品厂	广东省总工会	广东省五一劳动奖章
冼玉转	三水区西南街道月桂社区退休工人	广东省妇联	广东百名慈母
林焕仪	三水区西南街道五顶岗村民	广东省妇联	广东百名慈母
任　明家　庭	三水区西南街道园林社区退休工人	广东省妇联	广东百户最美家庭

全国先进个人事迹

董海泉　三水区委政法委（区司法局）宣传教育科科长。自2011年"六五"普法以来，他围绕消防安全、安全生产、预防青少年犯罪、反邪教宣传、"创文""三打两建"等社会热点问题，通过多种形式开展法制宣传教育，组建三水区"六五"普法讲师团、"法制副校长"、普法联络员和校园普法宣讲团等普法队伍，开展"百人千场"法律宣讲、质监法律法规宣讲、"法律进校园"赠书、学生网上法律竞赛和学法征文比赛、法制副校长培训班、法律服务"三下乡"等一系列"法律六进"活动。2012年上半年开发网上学法考试系统，使三水区成为佛山市第二个开展无纸化学法考试的区。他带领科室人员办好《法制之窗》栏目和三水普法网，开通“三水普法”微博和微信公众号，并于2014年底建成三水区首个法治文化主题公园，拓展普法工作阵地，推动法治文化建设。2014年3月，被全国普法办评为全国“六五”普法中期“先进个人”。

苏念升　三水区农村信用合作联社信贷管理与资产保全部综合管理组副经理。他工作细致认真，业务水平不断提高，得到领导和同事的赞扬，2014年被中国人民银行征信中心评为2013年度“企业征信系统数据质量工作优秀个人”。

刘更生　广东省女子强制隔离戒毒所监察审计室主任科员。2005年1月，在部队工作24年的他，转业到广东省女子强制隔离戒毒所，从事教育转化工作。这对他来说完全是一个陌生的领域，但他不畏艰难，保持和发扬部队的优良传统，勤于学习，大胆实践，敬业奉献，赢得全所干警的好评。2005年被评为优秀党员，2006—2008年连续3年被评为先进个人、优秀公务员，2007年被评为“省劳教系统岗位排头兵”，2009年立个人三等功、被评为“广东省模范军队转业干部”。2014年，被国务院军队转业干部安置工作小组、中共中央组织部、人力资源和社会保障部、中国人民解放军总政治部联合授予“全国模范军转干部”称号。

谢秀芳　广东省女子强制隔离戒毒所特类人员专管大队管理分队长。她从警16年来，始终辛勤工作在戒毒一线。2010年5月，HIV专管大队筹建，她主动到特类人员专管大队工作，坚守在“抗艾”前线，把党和政府对艾滋病感染人员的人文关怀，渗透到管理、教育、生活的每一个细节，救治每一名艾滋病感染学员。她多次被评为先进工作者、优秀党员。2007年获“全省劳教系统岗位排头兵”称号，2011年立个人三等功。2014年被司法部评为“全国监狱戒毒工作先进个人”。

何享贤　三水区理工（技工）学校教师，从事计算机教学和网络设备管理维修教学。业务精湛，成绩显著，是一名优秀的老师、受学生欢迎的班主任、学校科技创新带头人。他连续3年辅导学生参加省青少年科技创新大赛取得突出成绩。2014年，组织师生参加第29届广东省青少年科技创新大赛获一等奖1项、三等奖1项，何享贤发明的“汽车眼”获一等奖，并代表省参加国赛，获得第29届全国青少年科技创新大赛科技发明类一等奖，国家副主席李源潮为何享贤颁奖。他指导的学生作品“鱼塘增氧好帮手”获省三等奖。学校被评为“第29届青少年科技创新大赛佛山市十强学校”。

梁晓华　三水中学附属初中教学处副主任、中学物理一级教师。2000年毕业于陕西师范大学物理系。坚持以学生为主体，注重培养学生的学习兴趣，提高学生的思维能力，使学生爱学、会学。连续多年辅导学生参加全国初中应用物理知识竞赛获得全国一等奖。被评为“三水区优秀教师”“骨干教师”。在佛山市中青年教师解题比赛中获一等奖，在佛山市课堂教学录像课评比中获一等奖，在三水区青年教师基本功比赛获一等奖。2014年，获全国物理青年教师教学大赛初中组一等奖。

刘国庆　中学英语高级教师，三水中学附属初中工会副主席、德育处主任。曾任班主任、英语科组长、学校团总支部书记、年级组长、办公室主任等职务。注重学生行为习惯的培养，言教和身教相结合，教育教学工作成绩显著。善于用课改理念来丰富课堂教学，采用“生生互动，师生互动”的方法，活跃学生的思维，开展学生自主合作学习和探究性学习活动，注重分层次教学，发挥学生的主体作用。所教的班级英语中考成绩名列三水区前列，有5名学生取得三水区中考第一名，2004年、2006年、2008年、2013年辅导学生参加全国奥林匹克英语竞赛均获得一等奖。他的论文获得区、市、省、国家级奖励，曾获“全国校园媒体先进工作者”“三水市优秀团干部”“佛山市优秀青年教育工作者”“三水区优秀共产党员”“三水区优秀德育工作者”等称号。

魏广生 西南街道中心小学数学教师。热爱教育事业，尽职尽责，注重身教，秉承“仰之弥高，越高越攀；钻之弥坚，越坚越钻”的精神，不断超越着自我。他立足教学第一线，致力于教育教学研究，曾经主持、参与多个国家、省、市级科研课题。他带领的数学科组多次获得上级表彰，他被评为佛山市首批“品牌科组”、佛山市首批学科“示范教研组”。他被评为三水区优秀教师、佛山市骨干教师、佛山市资源骨干教师。多次在国家、省、市、区及街道青年教师教学基本功等比赛获一等奖、三水区课件制作展示大赛一等奖。曾获全国小学奥林匹克数学竞赛指导教师奖、数学育苗杯比赛优秀指导老师奖。在国家、省、市、区教育学会等论文评比多次获一等奖。2014年，代表广东省参加第四届全国说课比赛，获得特等奖；又作为广东省的唯一代表参加第七届全国小学数学优质课比赛，获得一等奖。

邓广汉 小学数学高级教师，西南街道中心小学副校长，曾任教导主任、校长、数学教研员，获得三水区优秀校长、三水区教改积极分子、全国教育科研先进工作者等称号。从教20多年，坚持扎根教学第一线，潜心教育教学实践研究，倡导“学案导航，自主探究”的教学方式，得到领导、同行们的好评。他参与和主持多项国家、省、市级科研课题；所主持的全国教育科学“十一五”规划重点课题“读懂中小学生数学学习过程的方法研究”的子课题“读懂学生，构建小学数学高效课堂”，佛山市课题“小学生科学实验能力的评价与测试研究”已结题，市级课题获课题成果二等奖。参与全国教育科学“十一五”规划重点课题“CSCL促进知识建构研究”的子课题“基于LV环境促进知识建构的研究”的课题研究已结题，课题成果获全国二等奖。他主持和参与广东省“十二五”规划强师工程课题“三层模式推进小学数学资优生培养的实践研究”、广东省教育科学课题“小学数学‘非线性’小组合作学习模式的实验研究”子课题“提升学生‘有效思维量’的实践研究”的课题研究。多篇论文获国家、省、市、区奖励，多篇论文在《师道》《中国新教育教学研究》《东南西北教育观察》《读者报》《佛山教研》等报刊发表。

王康平 广东好帮手电子科技股份有限公司夹具工程师。他研制旋钮寿命测试仪，解决测试旋钮寿命的难题，获得国家发明专利奖。他设计的蓝牙模块升级夹具，将美国客户库存的3000台机器升级处理，挽回公司重大经济损失。他设计的“虚拟碟盒格式化夹具”（带软件），效率提高80%以上。他对公司的产品质量提升，起到很大的作用，被称为公司的“发明大王”。2012年获“佛山市先进劳动者”称号。2013年获“广东省五一劳动奖章”。2014年获“全国五一劳动奖章”。

■ 省级先进个人事迹

黎伟忠 中共三水区委政法委（区司法局）宣传教育科科员。他制作《法制之窗》电视专题栏目，编故事短剧邀请群众演员参加演出，并由律师、法官等专业人员对涉及的法律法规进行解读。这种寓教于乐的模式受到广大群众的好评，节目收视率直线上升，收看人数基本涵盖全区人口的90%以上。2013年，在广东省基层司法行政“以案说法”现场会上，《法制之窗》栏目作了经验介绍，受到省司法厅领导高度评价，并被确定为佛山市第二批普法品牌。在2013年举行的2011—2012年度全国法制题材电影电视节目评选活动中，《法制之窗》第442期《无名“夫妻”》获三等奖。2014年，广东省司法厅授予黎伟忠个人二等功。

张文辉 中共三水区委统战部党派和党外工作与民族宗教科科长。他积极学习相关政治理论和业务知识，不断加强自身修养；妥善调处民族矛盾纠纷，保障少数民族合法权益，努力办好与各民族同胞切身利益相关的好事实事；创新民族工作思路、方法，开展民族团结进步创建工作，健全少数民族代表人士资料信息库，推进民族事务服务体系建设，维护全区民族领域的和谐稳定，取得显著成效。2014年，他被广东省人民政府授予“广东省民族团结进步模范个人”称号。

张孟春　三水区人民法院审判监督庭（审判管理办公室）庭长（主任）。他创造性建立多项审判管理制度，构建科学规范的审判管理体系，推动审判质效持续提高，在2012—2014年位于全市法院前列。他在2006年被评为三水区人民调解工作先进工作者，2011—2013年连续3年考核优秀，2013年被评为优秀共产党员、个人三等功。所在审判监督庭（审判管理办公室）也因成绩突出，于2011年、2012年获集体三等功、二等功。

何顺荣　三水工业园区管委会副主任、三水工业园区招商局局长、三水区乐平镇党委委员、乐平镇总工会主席。他做了大量服务员工、服务企业的工作，使当地工会工作上新的台阶。2012年4月开始任三水工业园区工会联合会、乐平镇总工会主席。2013年，获“佛山市十佳工会主席”称号。2014年，获“广东省优秀工会工作者”称号。

麦志雄　云东海街道司法所副所长，负责司法所日常工作和云东海街道人民调解委员会工作。20多年来，他一直致力于基层司法行政工作，从事人民调解、普法宣传、法律援助、刑释解教人员安置帮教、社区服刑人员社区矫正等工作，先后主持调解各类矛盾纠纷600多宗。他忠于职守，工作表现出色，先后获广东省、佛山市、三水区各级表彰10余次；2012年，被国家司法部授予“全国人民调解工作能手”称号；2014年，被广东省人民政府授予“人民满意公务员”称号。

范新想　广东省女子强制隔离戒毒所副所长。他围绕场所的发展规划、方针目标，精心设计课题，推动全面质量管理工作，开展QC活动，建立13个QC小组，完成70个QC成果，提升场所的经济效益。他任组长的求索QC小组连续3年获得“国优”。2013年他获得“全国质量管理小组活动优秀推进者”称号。2014年，他被广东省质量管理协会、省总工会联合授予“广东省质量管理小组活动优秀领导者”称号。

陈梅丽　广东省女子强制隔离戒毒所二大队教导员。2009年以来，她把推进全面质量管理工作放在首位，作为提高管理水平的关键，狠抓全面质量管理工作，针对生产、安全、管理、服务的问题，开展多种形式的QC小组活动，使之形成质量管理的严密网络。有力地推进了女所质量管理小组活动的发展。她的QC小组连续3年获得“国优”，她被广东省质协推选为省QC工作评委。2014年，她被广东省质量管理协会、省总工会联合授予“广东省质量管理小组活动优秀推进者”称号。

李建忠　广东省第二强制隔离戒毒所五大队党支部书记、大队长。他团结带领全队民警职工，抓好班子建设，推进“三三六”戒毒模式工作，出色地完成各项工作任务。2010—2012年连续获公务员考核“优秀”等次，被广东省戒毒管理局授予个人三等功。

何振洪　广东省第二强制隔离戒毒所三大队政治教导员。他协助大队支部书记落实“抓班子、带队伍、促安全、谋发展”总体工作思路，打造一流警队。坚持从严管警，率身垂范，严于律己，落实各项规章制度，并加强对民警的教育引导和监督。他身兼双职，任劳任怨，指导大队“三三六”戒毒模式工作的开展。2010—2012年连续获公务员考核“优秀”等次，被广东省戒毒管理局授予个人三等功。

李国全　广东省第二强制隔离戒毒所三大队副主任科员。他协助大队领导抓好安全生产和改造工作，树立安全生产观念，及时消除各种安全隐患。善于沟通，加强协作，与合作企业谋求双赢，获得企业好评。2010—2012年连续获公务员考核“优秀”等次，被广东省戒毒管理局授予个人三等功。

陈文贵　广东省第二强制隔离戒毒所办公室秘书。他热爱戒毒事业和办公室工作，善于对工作中出现的“难点、热点”问题进行综合分析研究。注意把握工作大局，开展信息调研，较好地发挥岗位职责作用。他具有较高的理论素养，写作能力较强，他采写的信息数量多、质量好，为推动该所信息调研工作发挥了积极的作用。2010—2012年连续获公务员考核“优秀”等次，被广东省戒毒管理局授予个人三等功。

刘路军 广东省第二强制隔离戒毒所警戒护卫大队特勤中队指导员。他协助支部抓好特勤队伍和制度建设，重点抓特勤训练、执勤、巡逻、押解病号、礼仪形象等工作。在外诊护送、长途押解、大型活动、考核演练工作中始终做到无纰漏、无失误，出色地完成任务，受到上级领导的好评。2010—2012年连续获公务员考核“优秀”等次，被广东省戒毒管理局授予个人三等功。

刘志超 广东省第二强制隔离戒毒所所政管理室民警。他先后在医院、生活卫生科、所政管理室等岗位工作，始终干一行，爱一行，钻一行，精一行，取得突出的工作业绩，受到领导和同志们的好评。他围绕“三三六”戒毒模式，实施生理脱毒法，做好疾病防控工作，保障戒毒人员健康。狠抓消毒灭菌，完善生活卫生设施，加强基础设施的维护和管理。2010—2012年连续获公务员考核“优秀”等次，被广东省戒毒管理局授予个人三等功。

杨志松 广东省第二强制隔离戒毒所所政管理室民警。他先后在警戒护卫队、一大队、教育科、会见室、七大队工作，坚持做到爱岗敬业、勤勤恳恳，在戒毒工作一线辛勤付出、无怨无悔，保障场所的安全稳定。他关爱他人，和睦相处，是戒毒人员的好管教。2010—2012年连续获公务员考核“优秀”等次，被广东省戒毒管理局授予个人三等功。

王洲城 广东省第二强制隔离戒毒所六大队民警。他热爱党的戒毒工作事业，将身心扑在大队的工作上。为打造“平安二戒、和谐院区”，确保场所安全稳定，提高戒毒人员教育矫治质量，降低复吸率、提高操守率尽心尽力。他坚持文明执法、科学管理，细心关爱戒毒人员，保障戒毒人员健康和场所的安全稳定，教育挽救质量稳步提高。2010—2012年连续荣获公务员考核“优秀”等次，被广东省戒毒管理局授予个人三等功。

吴成根 广东省第二强制隔离戒毒所六大队民警。他担任车间主任以来，立足本职，克己奉公，优质高效地完成各项工作任务，业绩出色。严格执行法律法规和规章制度，提高戒毒人员教育矫治质量，确保场所安全稳定。开展戒毒人员日常管理，耐心细致做好思想教育疏导工作。2010—2012年连续获公务员考核“优秀”等次，被广东省戒毒管理局授予个人三等功。

邝荣彬 三水区农村信用合作联社副主任。他时刻以中共党员的高标准严格要求自己，以身作则，认真履行岗位职责，致力于改革发展、业务创新，带领干部员工，推动区联社各项工作。2014年，被中共广东省农村信用社联合社委员会评为“优秀共产党员”。

黄惠娟 三水区农村信用合作联社兴塘分社经理。她工作表现突出，成绩优秀，发挥先锋模范作用，得到领导和同事的赞扬。2014年，被中共广东省农村信用社联合社委员会评为“优秀共产党员”。

潘玲丽 三水区农村信用合作联社办公室综合管理组副经理。她擅长写作，注重信息宣传工作，在省、市、区信息宣传工作中表现突出。2014年，她获广东省农村合作金融机构信息宣传工作优秀信息员二等奖。

李少金 三水区农村信用合作联社小企业专营中心客户营销部副经理。她坚持支持小微企业的工作理念，帮助小微企业创业致富，以优秀的业绩和良好的服务精神得到社领导和客户的认可。2014年，她被广东省农村信用社联合社评为“挎包经理”。

韩健明 三水区农村信用合作联社电子银行部网点服务及证照管理员。她善于沟通，服务意识强，及时、有效地处理好各类投诉，工作得到领导和同事的认可。2014年，她被区联社评为“优秀员工”，广东省农村信用社联合社评为“优秀客服协调员”。

陈庆贺 三水中学团委书记。健全团委、学生会管理制度，实施社团建设，组织社团活动，加强对青年团员的思想教育。坚持“助人自助”的志愿理念，拓展青年志愿服务活动。开展一系列寓教于赛、寓教于乐的活动，培养学生自主学习、团结协作能力。创新工作方式，搭建网络交流平台，加强与青年团员的信息沟通，2014年被评为“广东省优秀共青团干”。

王玉辉 三水中学办公室主任。关爱师生员工，为特困家庭、重病师生、灾区人民捐款捐物，为教职工送上温暖和帮助。组织工会活动，丰富业余文化生活，维护职工合法权益。协助工会召开教代会，积极提交提案，推进民主管理和工会工作。2014年被评为“广东省教科文卫工会优秀职工之友”。

钟颖 三水区广播电视大学工商管理专业骨干教师和学科带头人，佛山电大系统第一届开放教育教学名师。她热爱教育事业，有高度的事业心和工作责任感，治学治教严谨，教学经验丰富，积极参与教改、教研活动，教学效果显著。注重学科基础理论和专业知识的深入研究，参加广东远程开放教育科研基金项目等课题研究，近两年发表专业论文12篇。被评为“佛山市优秀青年教师”“广东广播电视大学系统优秀教师”“广东省成人教育优秀工作者”。

冯志华 三水区工业中专学校党总支副书记、常务副校长，中学数学高级教师。乐岗敬业，为人师表，在教育教学中始终把学生放在第一位，教书育人，有效转化大批问题学生。积极发挥德育作用，各项评比优秀。认真组织学生社团活动，使一年一度的校园艺术节办出特色。重视常规管理，带头巡视校外实习学生管理，每天早读课必到教学楼巡查班级。认真抓好德育队伍建设，抓好年轻中层培养和班主任培训，开展佛山市德育课题“中职学校学生核心能力培养研究”，效果明显。2014年被评为“广东省职业院校先进德育工作者”。

张晓云 三水区工业中专计算机高级教师、班主任。班主任工作经验丰富，对学生有爱心、耐心、宽容心、责任心，所带班级均获学校“先进班级”称号，其中一个班级获学校“五四红旗团支部”称号。其论文《让爱与爱牵手》获三水区德育论文一等奖；设计的多个主题班会教案获学校一、二等奖。教学能力强，自编校本电子教材《图形创意与设计》，合编校本教材《图形绘制案例教程》，其制作的教学课件获广东省二等奖、教学软件获广东省优秀奖、《计算机应用基础》精品课程项目获佛山市一等奖。被评为学校“先进教职工”“广东省职业院校优秀班主任”。

李丽间 三水区工业中专财经部副部长，英语高级教师。从事班主任、级长等学生管理工作15年。热爱教育事业，切实履行职责，以良好的师德修养及显著的教育教学效果，得到学生和家长的好评。所带班级都获得学校“先进班”称号，其中两个班级获得“三水区优秀团支部”称号，培养多位市、区级优秀学生。曾获2013年广东省中职学校英语教师说课大赛二等奖、佛山市班主任征文一等奖、三水区首届中小学心理健康教育优质课比赛高中组一等奖、三水区优秀德育论文二等奖、三水区教育故事高中组二等奖。被评为“三水区第二届名班主任”“三水区先进班主任”“三水区优秀教师”、广东省职业院校“学生工作积极分子”。

邹国钊 三水中学附属初中中学地理一级教师。其独具特色的教学风格“地理教学生活化，生活经历教学化，教学模式多元化”受到学生的欢迎。曾获得广东省首届初中地理教师技能展示大赛微课制作一等奖、广东省中小学教师教育技术项目教学应用创新竞赛二等奖、广东省计算机教育软件评审大赛二等奖、佛山市英特尔未来教育创新教学比赛一等奖、佛山市第三届教师行动案例研究征集大赛二等奖、广东省中学地理奥林匹克竞赛优秀辅导老师等奖项及称号。

何静达 三水区大塘镇中心小学教师。出身于一个父母双残的家庭，长期侍奉父母。夫妻俩省吃俭用照顾父母，免老人的后顾之忧。2014年，她被评为“广东省百名孝女”，她家被授予“广东省百户最美家庭”“佛山市最美家庭”称号。

邱凤英 三水区大塘镇中心小学教导主任。热爱教育事业，教育教学成绩显著，曾被评为“三水区优秀教师”“优秀指导教师”“佛山市学科带头人”“南粤优秀教师”“佛山市骨干教师”“三水区名教师”。在她的精心培育下，儿子莫镇维勤奋、上进，与同学相处融洽，学习成绩名列前茅，多次参加学校、教育部门举办的活动取得优异成绩。2014年，她被评为“广东省百名慈母”。

邓志聪 三水区西南街道第二中学体育科组长，带领体育科组在各项体育竞赛中获得优异成绩。2014年9月任总务处副主任，负责学校的基建、绿化、设施设备的采购及维护、学校日常管理工作，得到师生的好评。教学论文分别获得三水区一等奖和广东省三等奖。教学基本功比赛获得三水区一等奖。2008—2010年获得“三水区优秀教师”称号。2009年获得西南街道“优秀共产党员”称号；2014年代表佛山市初中组参加广东省第七届中小学体育教学比赛获得省一等奖。

蔡百青 三水区西南街道第二中学历史教师。认真践行教书育人的理念，善于总结教学经验，多篇论文获得省级、市级奖项，多次基本功比赛获一等奖，多次承担公开课获好评。2010年，她被评为“西南街道少先队优秀中队辅导员”。2011年第二届全国北师大版历史教材（7—9年级）优秀教学录像课和优秀课件评选活动一等奖。她的微课《合纵与连横》在2014年广东省计算机教育软件评审获基础教育组学习型优课二等奖。

王韫钰 小学语文高级教师，西南街道中心小学语文科组长。“做一名幸福的老师”是王老师的追求。15年的默默耕耘，被评为“西南街道十佳教师”“三水区优秀教师”。曾获广东省首届小学语文青年教师教学观摩活动一等奖、广东省首届美文诵读大赛一等奖、佛山市第一届语文教师素养大赛一等奖、三水区语文说课比赛一等奖。2014年获得首届广东省小学语文青年教师教学观摩活动一等奖。

陈志兴 广东盛路通信科技股份有限公司微波终端事业部产品总监。他从事微波室内分系统和微波点对点传输系统相关产品的研究和开发，设计系列优质高效的产品，适应市场需求，赢得国内外客户的信赖，提高企业的知名度。所研发出的产品获得多项国家专利，组织的多个项目，获得专家的认可，所总结的产品测试经验被收录于2013年出版的《天线测量手册》一书，所带领的团队多次获得市、区“工人先锋号”称号。2014年，获“广东省五一劳动奖章”。

罗彩芬 1992年开始工会工作，用积极的心态来处理工会事务，让工会工作推动企业发展。完善工会组织建设，以车间为单位建立工会小组，让车间领导作为工会小组长，起到领导和带头作用。组织各种工会活动。为职工送温暖，做好困难职工帮扶工作，稳定职工队伍。2014年，获“广东省优秀工会工作者”称号。

彤彦伟 三水区家福五金搪瓷制品厂安全主任。在企业管理中，对生产区、生活区的消防设施的配备、安全供电、厂区绿化和环境达标等严把安全质量关。他抓管理和生产，为员工谋福利，改善劳动强度；协调企业与政府部门的联系，完成各项任务。乐于助人，为员工解决困难。2006年被评为“三水区先进劳动者”。2007年被评为“三水区政府安全生产先进个人”。2012年被评为“佛山市先进劳动者”。2014年，获“广东省五一劳动奖章”。

社会经济统计资料

SOCIAL AND ECONOMIC STATISTICS

三水区基本情况

项目		单位	2014 年	2013 年	对比(%)
人口情况	一、年末常住人口	万人	63.63	63.13	0.8
	二、年平均常住人口	万人	63.38	62.99	0.6
	三、年末户籍人口	万人	40.49	40.23	0.6
	其中：男	万人	20.1	19.98	0.6
	女	万人	20.39	20.25	0.7
	四、年末户籍总数	万户	12.55	12.52	0.2
	五、年出生人口	人	4416	4654	-5.1
	人口出生率	‰	10.94	11.61	-5.8
	六、年死亡人口	人	2508	2256	11.2
	人口死亡率	‰	6.21	5.6	10.3
	七、年平均人口（户籍）	万人	40.36	40.07	0.7
	八、自然增长率	‰	4.9	6	-18.1
	九、人口密度（常住人口计）	人/平方千米	769	761	1.1
劳动力	年末全部从业人员数	万人	37.14	36.58	1.5
	其中：第一产业	万人	6.22	6.33	-1.7
	第二产业	万人	19.47	19.01	2.4
	第三产业	万人	11.45	11.24	1.9
土地情况	土地面积	平方千米	827.69	827.69	0
	建成区面积	平方千米	21.17	21.17	0
	1. 耕地面积	万亩	17.25	17.15	0.6
	其中：水田	万亩	12.03	12	0.3
	旱地	万亩	3.49	3.42	2
	2. 淡水养殖面积	万亩	15.15	15.49	-2.1
镇村	镇（街道）	个	7	7	0
	农场	个	4	4	0
	居委会	个	22	22	0
	村委会	个	48	48	0

2014年三水区分镇（街道）行政区、人口

项目 行政区	居委会（个）	村委会（个）	总户数（户）	总人口（人）				出生人数（人）	死亡人数（人）	自然增长率（‰）
				合计	非农业人口	男	女			
总计	22	48	125506	404883	404883	201008	203875	4416	2508	4.7
西南街道	11	8	56539	169887	169887	85702	84185	1619	860	4.3
云东海街道	1	10	9603	29894	29894	14025	15869	394	189	9.4
大塘镇	1	7	10719	41027	41027	20397	20630	478	285	4.7
乐平镇	3	14	23858	76535	76535	37676	38859	861	567	3.9
白坭镇	1	2	7677	26038	26038	12700	13338	310	121	7.3
芦苞镇	1	6	10592	36666	36666	17891	18775	387	291	2.6
南山镇	4	1	6518	24836	24836	12617	12219	367	195	7

2014年三水区分镇（街道、场）土地总面积、年末耕地面积

项目 行政区	土地总面积（平方千米）	年末耕地面积（亩）	其中		
			水田（亩）	水浇地（亩）	旱地（亩）
总计	827.69	172458	120272	17277	34909
西南街道	146.04	26796	14900	1648	10248
云东海街道	78.82	10502	6210	651	3642
大塘镇	98.15	26625	20220	3975	2429
乐平镇	209.89	54204	39534	2727	11944
白坭镇	66.63	15506	12581	1313	1611
芦苞镇	103.95	18646	15339	1328	1979
南山镇	124.21	20178	11488	5634	3056
省三水强制隔离戒毒所	10.58	519	413	37	69
省南丰强制隔离戒毒所	5.99	1210	1210	0	0
省女子强制隔离戒毒所	4.73				
省第二强制隔离戒毒所	1.31	19	2	12	4

注：年末耕地面积采用国土部门数据（此耕地不包含可调整地类）。

三水区地区生产总值

单位：万元

项目	按当年价格计算		按不变价格计算		
	2014 年	2013 年	2014 年	2013 年	对比 ± %
地区生产总值	9488398	8459785	10072074	9188827	109.6
1. 农林牧渔业	307951	300882	257150	251081	102.4
其中：农林牧渔服务业	12686	11439	11090	10240	108.3
2. 工业	7192367	6363397	7962336	7198674	110.6
3. 建筑业	134375	118977	115520	104328	110.7
4. 批发和零售业	337511	119967	347504	335787	103.5
其中：批发业	182474	57568	199306	193586	103
零售业	155037	317202	148198	142201	104.2
5. 交通运输、仓储和邮政业	137732	174959	127082	98865	128.5
6. 住宿和餐饮业	91727	142243	98144	94852	103.5
其中：住宿业	19010	84271	17657	17661	100
餐饮业	72717	18156	80487	77191	104.3
7. 信息传输、计算机服务和软件业	64984	66115	69475	61912	112.2
8. 金融业	151442	192661	159646	166234	96
9. 房地产业	428922	304369	271091	267459	101.4
其中：居民自有住房服务	162898	114600	78019	74304	105
10. 租赁和商务服务业	30814	26582	40565	37430	108.4
11. 科学研究、技术服务和地质勘查业	21315	18996	23989	19756	121.4
12. 水利、环境和公共设施管理业	45193	36751	53275	44804	118.9
13. 居民服务和其他服务业	95865	91761	131845	115632	114
14. 教育	213650	213378	195478	195976	99.7
15. 卫生、社会保障和社会福利业	87948	77508	79944	71446	111.9
16. 文化、体育和娱乐业	5242	5277	7074	6803	104
17. 公共管理和社会组织	141359	130238	131956	117788	112
第一产业	295266	289443	246060	240841	102.2
第二产业	7326742	6482374	8077857	7303003	110.6
第三产业	1866390	1676529	1748158	1644984	106.3

2014年三水区在岗职工人数和工资（按行业分类）

	在岗职工人数（人）	年平均人数（人）	工资总额（万元）	年均工资（元/人）
总计	96641	97134	503260	51811
按隶属关系分组：1. 中央	597	597	3134	52491
2. 地方	96044	96537	500126	51807
按企事业机关分组：1. 企业	83368	83997	424555	50544
2. 事业	8036	7920	46659	58913
3. 机关	5237	5217	32046	61426
按经济组织分组：1. 国有	16926	16773	98867	58944
2. 集体	663	641	2487	38800
3. 其他	79052	79720	401906	50415
按行业分组：				
1. 农、林、牧、渔业	15	15	34	22600
2. 采矿业	331	326	1528	46868
3. 制造业	70221	71023	361308	50872
4. 电力、燃气及水的生产和供应业	937	935	7534	80575
5. 建筑业	2934	2877	11828	41112
6. 批发和零售业	1726	1722	5710	33156
7. 交通运输、仓储和邮政业	1920	1868	9563	51192
8. 住宿和餐饮业	912	921	3417	37098
9. 信息传输、软件和技术服务业	263	263	1289	49000
10. 金融业	918	906	6381	70434
11. 房地产业	1518	1494	8022	53695
12. 租赁和商务服务业	874	867	3650	42095
13. 科学研究、技术服务和地质勘查业	144	149	998	67007
14. 水利、环境和公共设施管理业	141	140	747	53386
15. 居民服务和其他服务业	221	217	755	34811
16. 教育	5657	5539	33069	59701
17. 卫生、社会保障和社会福利业	1822	1818	12234	67295
18. 文化、体育和娱乐业	94	94	374	39819
19. 公共管理和社会组织	5993	5960	34819	58422

三水区物价指数

类别	以上年为 100		类别	以上年为 100	
	2014 年	2013 年		2014 年	2013 年
居民消费价格指数	101.9	102.0	(6)水产品类	105.5	103.6
服务项目	103.5	103.1	(7)菜类	102.7	111.0
非食品价格	101.3	101.4	(8)在外饮食	100.5	102.1
消费品价格	101.3	101.6	2. 烟酒及用品	98.3	98.9
1. 食品类	102.9	103.1	3. 衣着类	101.3	102.6
(1)粮食	102.2	102.0	4. 家庭设备及用品	101.2	100.8
(2)淀粉及薯粉	105.9	102.1	5. 医疗保健	99.6	100.5
(3)油脂类	99.0	100.8	6. 交通和通讯	100.9	100.6
(4)肉禽及其制品	99.6	100.0	7. 娱乐教育文化用品	102.4	100.0
(5)蛋类	98.1	101.0	8. 居住	102.3	103.6

2014 年三水区工业企业主要经济指标（按行业分类）

项目	企业单位数(家)		工业总产值(当年价)(万元)	工业销售产值(万元)
	合计	其中:亏损		
总计	804	16	28296786	27407830
一、按登记注册类型分组				
内资企业	641	11	19191029	18545923
国有企业	6		49355	47624
集体企业	2		15129	14481
联营企业	60	3	2820602	2771647
有限责任公司	4		164689	159803
股份有限公司	569	8	16141255	15552369
私营企业				
港、澳、台商投资企业	107	2	6588535	6420102
外商投资企业	56	3	2517222	2441806
二、在总计中：国有控股企业	19		600497	580139
在总计中：轻工业	310	8	8670762	8415530
重工业	494	8	19626024	18992301

（续表）

项目	企业单位数（家）		工业总产值（当年价）（万元）	工业销售产值（万元）
	合计	其中：亏损		
在总计中：大型企业	24		6010776	5816534
中型工业	192	1	11864819	11501456
小型工业	588	15	10421192	10089840
三、按工业行业大类分组				
非金属矿采选业	2		24444	23668
农副食品加工业	13		793570	764830
食品制造业	3		133048	116832
酒、饮料和精制茶制造业	10	1	1712259	1656536
其中：酒的制造	3		548135	526766
饮料制造	7	1	1164125	1129770
纺织业	61	2	1367746	1354186
纺织服装、服饰业	9		158187	154116
皮革、毛皮、羽毛及其制品和制鞋业	11	1	144509	139590
木材加工及竹、藤、棕、草制品业	9		177695	172952
家具制造业	18	1	292358	285994
造纸及纸制品业	30	1	802332	773279
印刷业、记录媒介复制业	9		160822	155494
文教、工美、体育和娱乐用品制造业	20		248161	237572
石油加工、炼焦及核燃料加工业	7		1083162	1063406
化学原料和化学制品制造业	85		2694214	2589905
医药制造业	3		39785	41364
化学纤维制造业	2		160188	155576
橡胶和塑料制品业	68	2	1324956	1266758
非金属矿物制品业	90	1	4594184	4446298
黑色金属冶炼及压延加工业	17		667572	639951
有色金属冶炼及压延加工业	34		3079132	2981407
金属制品业	122	2	2303961	2246997

（续表）

项目	企业单位数（家）		工业总产值（当年价）（万元）	工业销售产值（万元）
	合计	其中：亏损		
通用设备制造业	31		1000498	966854
专用设备制造业	29		796279	779388
汽车制造业	12		254496	243685
铁路、船舶、航空航天和其他运输设备制造业	4		139251	134978
电气机械及器材制造业	50	1	1968406	1912067
计算机、通信和其他电子设备制造业	33	3	1550749	1488137
仪器仪表制造业	5		126029	122828
废弃资源综合利用业	10	1	200963	194603
电力、热力的生产和供应业	2		237049	236882
其中：电力生产	1		231247	231247
水的生产和供应业	5		60782	61701

注：本表统计范围为规模以上企业。

2014年三水区农业基本情况

指标	单位	2014年	2013年	对比±%
农业总产值（按生产价值计算）	万元	634453	614677	2.4
农业增加值	万元	307951	299582	2.4
年末实有耕地面积	万亩	17.25	17.15	0.6
其中：水田	万亩	12.03	12	0.3
粮作食物总产量	万吨	3.55	3.52	0.9
其中：稻谷	万吨	0.66	0.87	−24
花生总产量	吨	2260	2364	−4.4
蔬菜总产量	万吨	41.72	43.09	−3.2
水果总产量	吨	22084	27807	−20.5
肉类总产量	吨	117663	118100	−0.4
其中：猪肉产量	吨	48416	48891	−1
禽肉产量	吨	69002	68967	0.1
禽蛋产量	吨	6097	5972	2.1
水产品总产量	吨	114253	110772	3.1

2014年三水区主要工业产品产量

产品名称	计算单位	2014年	对比(%)
饲料	吨	1895296	12.2
精制食用植物油	吨	1282	-21.3
啤酒	千升	1056106	-7.1
软饮料	吨	1869501	6.1
布	万米	3816	-3.8
印染布	万米	28517	-29.1
服装	万件	3514	-10.9
家具	万件	218	7
机制纸及纸板	吨	74058	5.4
纸制品	吨	245333	10.8
塑料制品	吨	336818	10.6
水泥	万吨	782.8	-3.2
墙地砖	万平方米	58670.6	4.9
卫生陶瓷	万件	346.8	4.4
铝材	吨	1072698	16.4
不锈钢日用制品	吨	40504	17.5
摩托车	辆	149805	34.8
太阳能电池	千瓦	1266495	5.6
发电量	万度	574924	-14.3
自来水生产量	万吨	15174	-22.7

注：本表统计范围为规模以上企业。

三水区农业总产值

单位：万元

项目	按生产价格计算		按可比价格计算	
	合计	构成(%)	合计	比上年±%
总计	634453	100	629308	2.4
种植业	187394	29.5	191676	0.2
林业	2350	0.4	2346	15.9
牧业	282084	44.5	280482	-0.4
渔业	131872	20.8	124772	11.3
农林牧渔服务业	30753	4.8	300032	8.3

2014年三水区林业、渔业、畜牧业生产情况

	内容	单位	数量		内容	单位	数量
林业	年末实有林地面积	亩	176607	畜牧业	年末牛存栏量	头	5002
	本年零星植树	万棵	826000		生猪：饲养量	头	1022433
	镇区以下采伐木材	立方米	8978		出栏量	头	678100
渔业	淡水养殖：总产	吨	108525		存栏量	头	344333
	面积	亩	151539		“三鸟”饲养量	万只	4493.6
	其中：鱼塘总产	吨	104697		其中：鸡	万只	2129.58
	面积	亩	144145		鸭	万只	1881.79
	山塘、水库总产	吨	3226		鹅	万只	482.23
	面积	亩	5728		“三鸟”存栏量	万只	972.75
	河涌总产	吨	602		其中：鸡	万只	498.6
	面积	亩	1666		鸭	万只	360.71
	青蛙、鲟鱼、水鱼产量	吨	338		鹅	万只	113.44
	淡水天然捕捞产量	吨	5390		当年出售和自宰家禽	万只	3544.16
畜牧业	肉类产量	吨	117663		其中：鸡	万只	1630.98
	其中：猪肉	吨	48416		鸭	万只	1521.08
	家禽肉	吨	69002		鹅	万只	368.79
	禽蛋产量	吨	6097		其他家禽	万只	23.31

三水区主要农作物面积、亩产、总产量

项目	2014年			2013年			对比		
	播种面积（亩）	亩产（千克）	总产（吨）	播种面积（亩）	亩产（千克）	总产（吨）	播种面积（%）	亩产（%）	总产（%）
农作物总计	371010			376655			−1.5		
稻谷	17526	379	6639	24794	351	8691	−29.3	8	−23.6
玉米	39311	338	13283	38784	338	13094	1.4	持平	1.4
薯类	45342	306	13882	38280	306	11706	18.4	持平	18.6
花生	12533	180	2260	13021	182	2364	−3.7	−1.1	−4.4

（续表）

项目	2014年			2013年			对比		
	播种面积（亩）	亩产（千克）	总产（吨）	播种面积（亩）	亩产（千克）	总产（吨）	播种面积（%）	亩产（%）	总产（%）
蔬菜（含马蹄）	180729	2309	417249	190830	2258	430938	−5.3	2.3	−3.2
其中：冬瓜	32541	4265	138791	34850	4278	149082	−6.6	−0.3	−6.9
果用瓜	27817	1413	39311	25235	1432	36131	10.2	−1.3	8.8

三水区对外经济、旅游情况

项目		单位	2014年	2013年	对比(%)
对外经济	一、进出口贸易总额	万美元	248400	229142	8.4
	1、出口总值	万美元	153900	147083	4.6
	其中：“内资”企业出口	万美元	104300	102200	2.1
	“三资”企业出口	万美元	49600	44883	10.5
	2、进口总值	万美元	94500	82059	15.2
	其中：“内资”企业进口	万美元	55800	43686	27.7
	“三资”企业进口	万美元	38700	38373	0.9
	二、利用外资方面				
	当年新签利用外资合同数	宗	20	12	66.7
	合同投资总额	万美元	56831	54019	5.2
	实际外商直接投资	万美元	41510	39493	5.1
旅游	一、城市接待总人数	万人次	427.19	402.31	6.2
	1. 国际游客	万人次	24.74	26.01	−4.9
	2. 国内旅客	万人次	402.45	376.3	6.9
	二、星级宾馆、酒店	家	9	9	0
	三、旅游营业总收入	亿元	20.18	19.42	3.9

（续表）

项目		单位	2014年	2013年	对比(%)
旅游	四、旅行社组团总人数	人次	112248	119438	-6
	1. 出境旅游总人数	人次	12020	10768	11.6
	港、澳、台游	人次	9522	8398	13.4
	海外游	人次	2498	2370	5.4
	2. 省内外旅游总人数	人次	100228	108670	-7.8

三水区财政收支、金融

单位：万元

项目	2014年	2013年	对比（%）
一、地方公共财政预算收入	393851	320171	23
其中：1. 增值税	84801	67096	26.4
2. 营业税	40822	39834	2.5
3. 企业所得税	32329	28314	14.2
4. 个人所得税	6993	6700	4.4
5. 城市维护建设税	33915	28674	18.3
6. 城镇土地使用税	22063	22789	-3.2
二、地方公共财政预算支出	369846	347166	6.5
其中：1. 一般公共服务	63528	59357	7
2. 公共安全	34141	32361	5.5
3. 教育	72583	72538	0.1
4. 科学技术	6873	8242	-16.6
5. 文化教育与传媒	2501	1997	25.2
6. 社会保障和就业	37727	35251	7
7. 节能环境保护	8670	17588	-50.7
8. 农林水事务	30204	24868	21.5

（续表）

项目	2014年	2013年	对比(%)
三、各项存款余额	5588130	5055963	10.5
1. 单位存款	2030694	1861110	9.1
其中：活期存款	1199357	1168997	2.6
定期存款	255047	151255	68.6
2. 个人存款	3302792	3044210	8.5
其中：储蓄存款	3223398	2979370	8.2
3. 临时性存款	4593	2562	79.3
4. 委托存款	15322	−13186	
5. 其他存款	0	3000	
四、各项贷款余额	3816484	3081561	23.8
1. 短期贷款	1333378	1183654	12.6
2. 中长期贷款	2386264	1805629	32.2
3. 票据融资	86105	79940	7.7
4. 各项垫资	3	2781	−99.9

2014年三水区教育事业

项目	单位数（所）	在校学生人数（人）	专任教师人数（人）
一、普通学校	124	99501	6150
1. 普通中学	27	29413	2238
2. 小学	35	45604	2365
3. 职业中学	3	5174	281
4. 幼儿教育	58	19220	1246
5. 特殊教育	1	90	20
二、大中专院校和成人教育	7	37831	1850
1. 高等院校	3	28623	1496
2. 电大、教师进修学校	1	812	27
3. 中专、技校	3	8396	327

注：电大、教师进修学校为“两块牌子，一套人马”。

2014年三水区科技、文化、体育、卫生情况

项目	单位	数量	项目	单位	数量
一、各类专业技术人员人数	人	31429	观影人数	万人次	55.85
其中：高校教师	人	28	放映场次	场次	15592
自然科研	人	5	区图书馆总藏书量	万册	46.25
社会科研	人	7	三、体育		
中专教师	人	361	1. 县级体育馆	个	1
农业技术	人	331	其他室内体育场、馆	个	56
工程技术	人	7494	其他室外体育场、馆	个	1341
卫生技术	人	5242	2. 体校在校学生	人	335
经济	人	2804	向上级输送体育人才	人	35
会计审计	人	3252	3. 参加市以上比赛	人次	708
统计	人	411	获省市比赛奖项	项	680
艺术人员	人	11	四、电视		
中学教师	人	5051	1. 有线数字电视用户	万户	15
小学教师	人	5953	2. 有线电视覆盖率	%	100
群众文化	人	20	五、卫生		
文博	人	50	1. 医疗卫生机构（全社会）	个	188
新闻	人	72	其中：医院、卫生院	个	18
档案	人	124	妇幼保健院（站、所）	个	1
律师	人	23	社区卫生服务中心（站）	个	50
公证	人	7	2. 卫生机构床位数（全社会）	张	2379
体育教练	人	36	其中：医院、卫生院	张	2208
翻译	人	53	3. 卫生技术人员（全社会）	人	3741
图书资料	人	68	其中：执业医师	人	1105
播音	人	12	执业助理医师	人	177
工艺美术	人	14	注册护士	人	1489
二、文化			4. 疾病预防控制中心（防疫站）	个	1
艺术表演团体（含民间）	个	40	疾病预防控制中心卫生技术人员	人	32
剧院间数	间	2	5. 医院、卫生院诊疗人次数	万人次	495

2014年三水区交通运输、邮电业情况

项目	单位	2014年	2013年	对比±%
交通运输业（全社会）				
（一）通车公路里程	千米	984	984	
其中：等级公路	千米	984	984	
桥梁总数合计	座	143	143	
（二）水陆运输				
1.货运量	万吨	1625	1582	2.7
货运周转量	万吨千米	112428	93400	20.4
2.客运量	万人	329	240	37.1
客运周转量	万人	26765	22904	16.9
（三）港口运输				
港口码头数	个	40	52	-23.1
码头泊位数	个	91	105	-13.3
港口货物吞吐量	万吨	1261	1239	1.8
其中：集装箱	万吨	460	427	7.7
邮电业				
邮电业务总量（2010年不变价）	万元	107043	91304	17.2
其中：邮政业务总量	万元	18744	13901	34.8
电信业务总量	万元	88299	77403	14.1
固定电话用户数	户	127094	149518	-15
其中：住宅电话	户	74000	98095	-24.6
移动电话户数	户	1021317	928494	10
流动市话	户		18246	
国际互联网用户	户	174498	165830	5.2
互联网宽带用户	户	173698	163782	6.1

便民服务
CONVENIENCE OF THE PEOPLE

便民热线电话

服务项目	电　话	服务项目	电　话
盗警	110	供水抢修	87732858
火警	119	供气抢修	87757000
急救	120	消费者投诉	12315
交通事故	122	环境污染监督	87728865
区长专线	87716228	中国建设银行客户服务热线	95533
人民医院	87837333	中国农业银行客户服务热线	95599
市中医院三水医院	87793120	中国银行客户服务热线	95566
妇幼保健院	87715015	中国工商银行客户服务热线	95588
疾病防治所	87755389	平安保险	95511
疾病预防控制中心	87752333	太平洋保险	95500
邮政业务	87730121	中国人寿保险	95519
公安交警大队	87733374	中国人保财险	87734076
城区交警中队	87732527	有线电视故障台	87732818
机动交警中队	87318984	邮政服务	11185
电话查号台	114	电话故障台	10000
报时台	12117	天气预报	12121
地震办	87733265	电召出租汽车	82023456
电力客户服务中心	95598	行政服务热线	12345
供电抢修	87713679	城管服务专线	12319

邮编、网址、电子邮箱

邮编

西南：528100　范湖：528138
金本：528132　白坭：528131
河口：528133　芦苞：528139
青岐：528134　大塘：528143
乐平：528137　六和：528144
南边：528135　南山：528145
云东海：528100

网址

三水区人民政府公众信息网：http://www.ss.

gov.cn

新三水网：http://www.xinss.com/

三水区人才交流中心：http://rczx.ss.gov.cn

三水区档案局：http://172.16.5.70/pub/ssq-daj2014/

三水区地情网：http://www.gd-info.gov.cn/shtml/ssq/

电子邮箱

《三水年鉴》编辑部：public@ss.gov.cn

公证、律师服务电话

三水区公证处	电话：87732681
三水区法援中心	电话：87700148
广东信征律师事务所	电话：87730421
广东务正律师事务所	电话：87710229
广东华生律师事务所	电话：87703838
广东浩森律师事务所	电话：87705000

■ 三水区人民政府行政服务中心

三水区人民政府行政服务中心（以下简称“中心”）于2004年9月成立，2005年6月对外服务。中心占地面积18000平方米，建筑面积7800平方米，停车位350多个，进驻单位20个，进驻事项约793项，进驻工作人员330多名，承担全区70%以上的行政审批和社会服务职能。中心直接对区政府负责，归口区委区政府办公室管理。中心是区政府推进行政审批制度改革、电子政务管理、转变政府职能、优化营商环境的重要平台，是集信息与咨询、审批与核准、管理与协调、投诉与监察为一体的区级行政服务机构。

中心围绕着提升行政服务水平、打造优良营商环境的目标，开展多项重点工作。一是根据区委、区政府的重要部署，设立区行政审批业务受理（督办）中心，全面完善“首问负责制”和“一次性告知制”，解决“入件难”等突出问题；二是进一步深化行政审批制度改革，推行“三集中、三到位”、并联审批、工程建设项目竣工联合验收等行政审批方式改革；三是优化事权下放工作，全面支持简政强镇建设，增强镇(街道)发展活力；四是加强行政服务中心体系建设和管理，建成了1个区级中心，6个镇(街道)中心和53个村居中心的网络体系；五是实行行政审批标准化，包括审批要件的标准化，审批流程的标准化和裁量准则的标准化，着力提高行政审批效率；六是加强对行政审批的监督，新开发业务受理（督办）系统，完善电子监察系统，建立行政审批外部监督与内部制约相结合的长效机制。

中心秉承“阳光服务、便民高速、行为规范、公正透明”的宗旨，高规格、高标准、严要求，努力打造优质政务服务大厅，为建设“产业新城、南国水都、广佛肇绿芯”保驾护航。

区审批业务受理（督办）中心职能

受区委、区政府委托行使全区行政审批业务受理（督办）的有关职能。主要包括以下职责：

对行政审批事项的受理、办理、审核、批准和办结等环节进行全程跟踪、协调受理（督办）、委托代办；

承担并联审批日常运作职责。并联审批是指：企业注册登记并联审批、工程建设项目报建并联审批、工程建设项目竣工联合验收审批、房地产权证登记并联审批；

对受理（督办）中发现的问题或者群众投诉举报的问题等进行调查核实，并责成相关承办机构作出情况说明，对有关行政审批不当的责任方作出书面责令改正决定；

对行政审批违法违规的行为，按照政纪案件调查处理的有关规定和程序处理，对需要移送司法机关处理的案件作出移送决定。

审批业务受理（督办）指引

基本受理（督办）流程：

（一）申请人到窗口办理相关事项，若被受理，工作人员应立即将申请输入行政审批系统，并出具“行政审批受理通知书”；

（二）若未被受理，申请人可以到受理（督办）中心登记，填写相关办事信息；

（三）受理（督办）人员根据登记信息，立即通知相关职能部门，要求其在1个工作日内填写好“行政审批一次性告知书”，并交回区受理（督办）中心；

（四）2个工作日后，申请人回中心领取“行政审批一次性告知书”。

多部门审批受理（督办）流程：申请人办理的事项涉及多部门审批，可以直接到受理(督办)中心登记，由受理（督办）人员帮其收集所有部门的“行政审批一次性告知书”，2个工作日后再回中心领取。

代入窗服务：申请人根据“行政审批一次性告知书”的要求，准备好全部材料后，到受理（督办）中心登记，由督办人员代（带）申请人到相关部门办理。

工业园企业服务：三水工业园区企业可以先到乐平收件中心登记，工作人员登记相关办事信息和收集相关办事资料后，再移交受理（督办）中心，由督办人员提供代办服务。

不予批准备案制度：审批件受理后，不符合相关法律法规要求的，相关部门必须在规定期限内作出“行政审批事项不予批准决定书”，且不能直接由科长签发，必须报上一级领导签发，签发后1个工作日内通知申请人领取，同时送受理（督办）中心备案。

督办流程示意图

入件难→找区审批业务受理（督办）中心→职能部门审批窗口→一次性告知书→代群众入窗

审批“入件难”请拨打：87612345，督办查询网址：http://xzdb.ss.gov.cn

佛山市政府12345热线

“佛山市政府12345热线”是佛山市政府为方便群众与政府沟通，推进和谐社会建设而建立的一个以热线电话方式为主的政务咨询服务平台，向佛山市五区的市民，企业提供“统一、规范、高效、便捷”的综合性政务咨询服务，咨询范围主要包括政府各职能部门的行政审批及其他行政服务事项。

热线服务时间和方式：每周一至周五（节假日除外）8时至18时为人工服务时间，18时至次日8时和节假日全天为自动语音或电话录音服务时间。

建议投诉指引

中心敬请办事群众对窗口的每次服务进行评议：

中心二层服务大厅设有咨询处和建议评议投诉箱，咨询处窗口摆放有“群众评议表”，各楼层服务大厅都设有群众评议箱。请办事群众每次办结离开时，对该服务窗口填写一份“群众评议表”，投至建设评议投诉箱内。

办事群众可对不满意的服务窗口进行投诉：

一、现场投诉：办事群众可直接到中心四楼行政投诉中心或六楼协调督办股进行现场投诉；

二、书面投诉：办事群众可将建议投诉填写在“群众评议表”投至建议评议投诉箱内；

三、电话投诉：办事群众可拨打行政投诉热线87612345或87733442；

四、网上投诉：办事群众可通过中心网站http://www.ss.gov.cn/xzfw，按照指定路径输入建议投诉信息；

五、信函投诉：办事群众可寄发建议投诉信函至：三水区西南街道同福路10号区行政服务中心协调督办股收（邮编：528100）。

“一站式”网上审批服务

行政服务中心按照“好事办好，实事办实”的基本原则，在区政府“一站式”公共服务领域进行了一系列创新实践。以区行政服务中心大厅管理系统建设为依托，以行政审批电子监察系统建设为契机，建设“一站式”网上审批服务大厅，方便企业和市民统一便捷地获得各种网上审批服务，使电子政务建设真正造福于民。

办事流程 进驻中心的办事项目分为即办件、承诺件、答复件、联办件、报批件5类，分别设定不同的办事流程。

一、即办件

窗口受理→当场审查资料→当场办结；

二、承诺件

窗口受理→发受理回执→审查→办结；

三、答复件

窗口受理→材料不全或不符合要求→一次性书面答复不受理原因；

四、联办件

主办窗口受理→发受理回执→主办单位召集相关部门审核→办结；

五、报批件

窗口受理→发受理回执→报送上级审核→上级批准→办结。

三水区行政投诉中心

为促进依法行政，提高行政效能，保证政令畅通，改善行政服务，保证行政机关及其工作人员正确、及时、公正、高效实施行政管理，防止行政过错行为发生，区委、区政府于2004年7月成立了三水区行政投诉中心。区行政投诉中心设在区纪委效能监察科。2007年4月，开通行政审批电子监察系统和网上投诉监察系统。

区行政投诉中心依据《中华人民共和国行政监察法》等法律法规以及《佛山市行政投诉管理暂行办法》等规定开展工作，受理公民、法人和其他组织认为国家行政机关、法律法规授权的组织和行政机关委托履行职责的组织及其工作人员，在履行具体行政行为中发生责任过错的投诉，并对投诉进行调查处理，实施责任追究。区行政投诉中心受理的行政投诉范围包括行政许可管理、行政征收管理、行政检查管理、行政处罚管理、行政执法强制措施、行政复议、履行行政职责等7类共50多项。

受理投诉的范围 一是各级行政机关和公务人员在执行国家的法律、法规、政策、决定、命令方面存在的问题，执行区委、区政府政策、规定方面存在的问题，公务人员在遵守政纪方面存在的问题。二是全区党政机关、具有行政管理职能的企事业单位及其工作人员在实施行政行为中不负责任，办事拖拉，违法违纪，借故吃、拿、卡、要或出现“冷、硬、拖、顶”现象等问题。三是行政机关在行政事业性收费、罚没方面存在的问题。四是当事人不服行政部门处理的投诉。

受理投诉的途径和办理程序 通过投诉电话、网上投诉信函和来访形式受理投诉。按照“分级负责、归口管理”和“谁主管、谁负责”的原则，区别投诉的不同情况，及时向职能部门交办并督查。对重大问题的投诉，由区行政投诉中心直接协调有关单位人员进行调查核实并作出处理；对影响较大、性质恶劣的典型案例，除按规定查处外，还将组织有关新闻媒体予以公开曝光。为确保企业和群众“投诉有门、投诉有效”，区行政投诉中心将不断加大监察力度，对受理的投诉一般在10个工作日内将办理情况或办理结果向投诉人反馈。区行政投诉中心的投诉电话：87733442；电子邮件地址：xzts@ss.gov.cn。

三水区城乡困难居民医疗救助实施办法（节选）

救助类型、对象和标准

门诊医疗救助

（一）基本门诊医疗救助。

低保对象（指低保家庭所有成员，下同）、城镇“三无”人员、农村五保供养对象到区内社保各定点医院就诊时，免收普通门诊挂号费、诊疗费、门诊病历费；一般检查项目（包括三大常规、心电图、X线、黑白B超）检查费按50%收取。

（二）特定门诊医疗救助。

1. 救助对象：低保对象、沙梨园麻风康复人员、城镇“三无”人员、农村五保供养对象和临界低保对象（指临界低保家庭所有成员，下同；区临界低保线暂定为本区最低生活保障标准上浮50%）。

2. 救助时限：凭基本医疗保险特定门诊费用结算单进行救助，结算单一年内有效（以结算单办理日期为准）。

3. 救助病种和标准：参照《佛山市城镇职工基本医疗保险门诊特定病种目录》和《三水区居民住院基本医疗保险》的特定门诊病种。医疗总费用在扣除自费金额和医保部门报销及其他补助金额后，每人每年报销救助额不超过5000元。

住院医疗救助

（一）救助对象：低保对象、沙梨园麻风康复人员、城镇“三无”人员、农村五保供养对象和临界低保对象。

（二）救助标准：住院总费用在扣除自费金额和医保部门报销及其他补助金额后，按以下相应的比例予以报销救助。

1. 低保对象和沙梨园麻风康复人员报销比例：市内医院就医的，在医保定点一级医疗机构就医的报销比例为70%；在医保定点二级医疗机构就医的报销比例为60%；在医保定点三级医疗机构就医的报销比例为55%。在市外医保定点医疗机构就医的报销比例为45%。

2. 临界低保对象报销比例：市内医院就医的，在医保定点一级医疗机构就医的报销比例为60%；在医保定点二级医疗机构就医的报销比例为50%；在医保定点三级医疗机构就医的报销比例为45%。在市外医保定点医疗机构就医的报销比例为35%。

3. 城镇“三无”人员、农村五保供养对象按100%比例报销。

4. 救助金计算公式：

救助金额=（总费用-自费金额-医保部门报销金额-其他补助金额）×报销比例

（注：“自费金额”指医保部门规定不纳入报销范围的部分；“医保部门报销金额”指城镇职工基本医疗保险、居民住院基本医疗保险的报销金额；“其他补助金额”指商业保险和申请人所在单位给予的报销赔付、政策性和社会救助等。）

5. 每年报销最高封顶线为50000元。

资金负担方式

基本门诊减免费用由区内各社保定点医院负担；特定门诊和住院医疗救助费用由医疗救助资金全额负担。

救助程序

门诊医疗救助程序

（一）基本门诊医疗救助程序。

低保对象、城镇“三无”人员、农村五保供养对象，持低保证、五保证（城镇“三无”人员同用）和身份证或三水区居民门诊医保卡到区内社保各定点医院就诊时，定点医院给予减免相关费用。

（二）特定门诊医疗救助程序。

低保对象、沙梨园麻风康复人员、城镇“三无”人员、农村五保供养对象和临界低保对象持身份证或户口簿、基本医疗保险特定门诊费用结算单原件，到所属村（居）委会按“民政救助程序”的要求进行申请。

住院医疗救助程序

（一）“一站式”结算救助程序。

1. 救助对象：参保的低保对象、沙梨园麻风康复人员、城镇“三无”人员、农村五保供养对象。

2. 结算程序：救助对象持本人身份证（或户口簿）在佛山市内定点医疗机构住院发生的费用，实行“一站式”结算服务，即在市基本医疗保险信息管理系统按照救助标准实行医院现场结算，三水区困难救助对象出院时只需缴纳住院医疗费用个人自负部分。

（二）民政救助程序。

1. 救助对象：

（1）临界低保对象。

（2）当市基本医疗保险信息管理系统出现故障或其他特殊情况不能在医院现场结算，以及在佛山市以外的定点医疗机构住院的救助对象。

2. 救助程序：

（1）申请。申请人员持基本医疗保险住院费用结算单，在6个月内（以结算单办理日期为准）向其所属村（居）委会提出书面申请，填写“佛山市三水区城乡困难居民医疗救助审批表”（以下简称“审批表”），并如实提供以下材料：身份证、户口簿；医保费用结算单原件；有关部门和单位的证明材料及社会救助、扶贫帮困资助情况证明材料；审核审批单位要求提供的相关证明材料。

（2）初审。村（居）委会在10个工作日内（含公示时间）对申请人进行入户调查审核，符合重大疾病救助条件的，在村（居）委会和村民小组公示3天，公示无异议的，村（居）委会将申请材料和审核意见一并报送所在镇（街道）社工局。

（3）审核审批。镇（街道）社工局在10个工作日内对报送材料进行逐项审核，对申请人的医疗支出、家庭经济状况、社会救助帮扶等情况进行核查公示。对有异议的及时组织人员入户重审；对不符合救助条件的，由所属镇（街道）社工局通知申请人，并说明理由；符合条件的，由镇(街道）社工局在“审批表”上签署意见，加盖终审审批公章，将救助对象名册上报区医疗救助办。

（4）发放。区医疗救助办在10个工作日内汇总全区各镇（街道）社工局上报的救助对象名册，制定统计表，开展救助金的发放工作。

经民政救助程序审批的医疗救助资金由区医疗救助办负责发放。

三水区各定点医院及服务电话

区人民医院	87801665	欣华范湖医院	87314665
区妇幼保健院	87744665	金本民信医院	87514665
同方芦苞医院	87230665	乐平中心医院	87386665
白坭华立医院	87561665	大塘卫生院	87299665
同方迳口医院	87216665	欣华南边医院	87320778
市中医院三水分院	87774665		

佛山市属各指定医院服务电话

佛山市第一人民医院	83106465	佛山市中医院	82324665
佛山市第二人民医院	83109410	佛山市慢性病防治院	82324665
佛山市第三人民医院	83878665	禅城区中心医院	82728765
佛山市第五人民医院	86886256	禅城区朝阳医院	82287972
佛山市妇幼保健院	82733365		

■ 三水区居民门诊基本医疗保险管理实施细则（节选）

参保标准

推行居民门诊“一卡通”制度后，从2010保险年度起居民门诊参保费用调整到120元/年/人，其中区、镇、个人各负担40元/年/人、30元/年/人、50元/年/人。

支付标准

参保人到承办医疗机构就诊时，除缴纳挂号费和门诊诊查费外，使用《三水区居民门诊基本医疗保险药品目录》（简称《药品目录》）以外的药品及其他项目的费用，由参保人个人负担。使用《药品目录》中规定的药品费用和纳入报销范围的常规基本医疗服务项目所发生的费用：在镇级或社区承办医疗机构就医的，居民门诊基本医疗保险基金支付80%，个人支付20%；在区人民医院、市中医院三水分院和区妇幼保健院总部门诊就医的，居民门诊基本医疗保险基金支付70%，个人支付30%；中药药方剂每剂报销金额不超出6元（含6元），超出部分由个人负担。

使用《药品目录》内肌肉注射药品时所发生的注射费和材料费，在区人民医院、市中医院三水分院、区妇幼保健院就医的，个人负担30%，在其他承办医疗机构就医的，个人负担20%。

纳入报销范围的常规基本医疗服务项目（包括血常规、尿常规、大便常规、胸透等）所发生的费用：在区人民医院、市中医院三水分院、区妇幼保健院就医的，个人负担30%；在其他承办医疗机构就医的，个人承担20%。

■ 三水区公共租赁住房管理实施办法（节选）

申请条件

一、本区公租房的保障对象

（一）具有本区城镇户籍，符合条件的中低收入住房困难家庭；

（二）新就业职工和引进人才；

（三）符合条件的异地务工人员。

二、同时符合下列条件的城镇中低收入住房困难家庭可以申请公租房：

（一）申请人及共同申请的家庭成员（包括配偶、共同居住的子女、父母和其他法定赡养、抚养、扶养关系的人员）具有本区城镇户籍且实际在本区工作或居住，户籍因就学、服兵役等原因迁出本区的，可作为家庭成员共同申请。

家庭成员中为非本区户籍的，若其在本区居住满3年，并连续3年缴纳社会保险和纳税的，可作为共同申请的家庭成员。

三代共同居住家庭的已婚二代及其小孩、离异带子女、单身具有完全民事行为能力并年满30周岁的可视为一个家庭，单独提出申请。

申请人必须具有完全民事行为能力。

（二）家庭人均年收入低于上一年度当地城镇居民人均收入的80%，家庭财产总额低于7万元（资产审核内容见附件）。

（三）申请人及共同申请的家庭成员人均自有住房或租住政府公房、单位自管公房在15平方米以下（含15平方米）以下。

（四）在佛山市未按房改政策购买公有住房，未参加单位内部集资建房，未购买经济适用住房、限价房，或享受过上述住房优惠政策但家庭人均建筑面积在15平方米（含15平方米）以下；未领取机关企事业单位住房补贴等其他购房优惠政策。

（五）申请人及共同申请的家庭成员在申请日之前3年内没有在佛山市购买、出售、赠与、离婚析产、自行委托拍卖房产或以其他方式转移房产。

30周岁以上的单身人士（含离异、丧偶）单独申请的，其父母（子女）在本区范围内自有产权住房，或父母（子女）租住廉租住房、经济适用住房、直管公房、单位自管公房家庭人均建筑面积必须在15平方米以下（含15平方米）。

中低收入住房困难家庭的公租房申请以家庭（同一户口簿）为基本申请单位。每个家庭原则上以户主作为申请人，其他家庭成员作为共同申请人。

三、同时符合以下条件的新就业职工、引进的技术人才可以申请公租房：

（一）符合下列条件之一的：

1. 经区引进人才工作协调小组认定的高层次人才；

2. 具有研究生以上学历、中级以上职称或技师以上职业资格的专业人才；

3. 经机关、企事业单位招聘录用并办理正式手续，大学及以上学历且毕业不满3年的非本区户籍新就业职工；

（二）已与本地用人单位签订2年以上劳动（聘用）合同。

（三）已在本区建立社保账户，并在本地缴纳税款。

（四）申请人及其配偶、父母、未婚子女在本区无私有房产且用工单位无住房或未租住公房。

（五）申请时没有享受其他住房保障政策。

全家在区长期居住的新就业职工和引进人才家庭以家庭为申请单位。每个申请家庭原则上以有正式工作的新就业职工和引进人才作为申请人，其他家庭人员作为共同申请人。

四、同时具备下列条件的异地务工人员及其家庭可以申请公租房：

（一）已与本地用人单位签订1年以上劳动（聘用）合同；

（二）申请人及其配偶、父母、未婚子女在本区无私有房产且用工单位未安排住房或未租住公房；

（三）申请时没有享受其他住房保障政策。

全家在区长期居住的异地务工人员家庭以家庭为申请单位。每个申请家庭原则上以有正式工作的异地务工人员作为申请人，其他家庭人员作为共同申请人。

申请程序

本区城镇中低收入住房困难家庭申请公租房，由申请人在每年4月、5月向户籍所在地社区居委会提出。

已通过廉租住房保障、经济适用住房购买资格审核，正在轮候的家庭，可直接到户籍所在地社区居委会申请轮候公租房。

每个符合条件的家庭只能申请一套公租房。

新就业职工、引进人才由用人单位作为申请人在每年4月、5月负责统一向单位所在地镇（街道）住房保障管理部门提出，不受理个人申请。申请单位需提供如下材料：

（一）单位书面申请书。

（二）申请人员明细表。

（三）各申请人员资料。

1. 三水区公租房申请表；

2. 身份证、户口簿（户籍证明）、居住证、劳动(聘用）合同、社保证明、结婚证、计划生育证明、本地完税证明等；

3. 毕业证书（学历证明）、学位证书、职称证书、职业资格证书或技能证书等；

4. 在户籍所在地、实际居住地拥有房产的证明材料，共同申请人所拥有的其他房产证明材料；承租住房的，提供租赁合同；单位住房分配情况证明；其他居住状况证明；

（四）区人才工作协调小组办公室、区委组织部、区人力资源社保局和接收单位同意接收的证明材料。

（五）单位出具的担保书。

（六）其他需要提供的相关材料。

新就业职工、引进人才申请公租房由用人单位统一受理并初审后向所在镇（街道）住房保障部门提出申请，对申请人员提供材料的真实性予以担保。

所在镇（街道）住房保障部门经复审符合条件的，由申请单位、就业人员与镇（街道）住房保障管理部门签订三方合同。申请单位根据被批准的入住人员名单进行组合安置，办理入住手续，交纳租金以及承担本单位人员的管理责任。

异地务工人员不受户籍、收入限制，直接向所在镇（街道）投资企业提出申请，由企业对异地务工人员的申请条件进行审查，符合条件的，签订租赁合同。

申请人需提交如下资料：

1. 身份证、户口簿（户籍证明）、居住证；

2. 有效的劳动（聘用）合同、社保证明、结婚证、计划生育证明等；

3. 申请人在本区工作并签订1年以上（含1年）劳动合同。

租赁管理

公租房实行轮候制度。各镇（街道）国土城建和水务局根据申请家庭申请的先后顺序安排分配。同一时期申请人数多于房源时，以抽签方式公开抽取确认入住人员。抽取结果必须公示，对有投诉的租赁对象，由镇（街道）国土城建水务局会同有关部门调查、核实，确实不符合条件的，取消公租房资格，并在5个工作日内书面通知当事人。

处于轮候状态的申请家庭，在轮候期间家庭情况发生变动不再符合公租房保障条件的，取消该家庭的轮候资格。

因不再符合廉租住房、租赁型经济适用住房条件的家庭申请公租房以及受区政府及以上各级政府表彰的劳动模范、烈士家属、优抚对象、移交政府安置的军队离退休和离职人员、高层次人才、专业人才、转业复员军人、孤老、残疾人、低保家庭等符合公租房申请条件的，优先轮候配租。

除不可抗力外，安排入住政府提供的公租房对象发生以下情况之一的，视同放弃本次租赁资格。

（一）未按住房保障管理部门规定的时间、地点参加选房的；

（二）参加选房但拒绝接受选定住房的；

（三）已选房但拒绝在规定时间内签订租赁合同的；

（四）签订租赁合同后放弃租房的；

（五）其他放弃租赁资格的情况。

公租房实行审核退出制度。经审核不再符合政府规定的公租房保障条件的，承租人应当退出租赁的住房。确有困难暂不能退出的，经所在地国土城建水务局批准可暂不搬出，可以给予租赁期满之日起最长不超过6个月的过渡期限；过渡期内，按同区域同类住房市场租金收取租金；过渡期满后，承租人仍不退出承租住房的，应当责令承租人退出，出租人可按同区域同类住房市场租金的2倍收取其超期居住期间的租金，并可依法申请人民法院实施强制搬迁，有关情况由所在地国土城建水务局载入承租人的个人诚信记录。承租人在超期居住期间及超期居住退房后3年内均不得申请公租房。

租赁政府的公租房后，应当在6个月内退回原租住的公房，逾期不退的，按市场平均租金收取公房租金。

承租人在租赁期满前3个月，应提出续期申请，经审查符合续约申请的，给予续期。未按规定如期提出续约申请的，视为自动放弃续租，应在租约到期日起3个月内搬出所租住的住房。

附件：申请公租房家庭资产审核说明

一、申请公租房家庭资产审核内容

银行存款	含现金和借出款
土地、房产	购买的住宅、商业及工业物业，停车位及已协议买卖的房产，以出让方式取得的土地，且房产、土地与借贷情况无关，价值以现估价值为准
汽车	自用和经营用车辆，价值以现估价值为准
投资类资产	含企业股份、股票、各类基金、债券等投资类资产
收藏品	字画、古币、瓷器等古董，黄金、白银等贵金属，邮票、货币等收藏品
备注	1. 拥有资产的申请人及其家庭成员必须提交有关的证明文件(包括纳税证明)以供查阅 2. 申请人在申报家庭资产时，应当将价值800元以上的上述物品全部统计在内 3. 申请人须书面同意主管部门审核包括申请人银行存款在内的所有资产

二、收入、资产和住房面积的核定

（一）申请家庭经济总收入的核定

1. 申请家庭成员属行政、事业单位职工的，由所在单位的劳资部门核定，加盖劳资专用章和单位公章；

2. 申请家庭成员属企业职工的，由所在单位的劳资部门核定，加盖劳资专用章和单位公章；所在单位未设劳动工资管理机构的，加盖单位公章；

3. 申请家庭成员属灵活就业人员的，由户籍所在地镇政府（街道办事处）受理、审核确认并加盖公章；居住地与户籍地不一致的，由居住地镇政府（街道办事处）受理、确认后提供给户籍所在地镇政府(街道办事处）审核确认盖章。

（二）申请家庭经济总收入的核算方法

申请家庭经济总收入的核算按照《佛山市三水区城乡家庭收入核算办法（试行)》执行，在该《办法》中未提及的内容或特殊人员难于核定其收入的按如下方法核算：

1. 申请对象为低保家庭的，不需再重新核查收入，以最低生活保障线标准与所领取低保金之差计算其家庭总收入；

2. 在法定就业年龄内有劳动能力而没有参加工作且非在领失业保险待遇的人员，无法出具收入证明的灵活就业人员，按以下年龄段分别计算其月收入：

(1）男性年龄18—50岁、女性年龄18—45岁的按区上年度企业职工最低工资标准的100%计算；

（2）男性年龄51—60岁、女性年龄46—55岁的按区上年度企业职工最低工资标准的50%计算；

（3）从事个体工商经营者按经营活动所在地公布的企业职工最低工资标准150%计算其个人月收入；

（4）应届毕业生毕业择业期为6个月，择业期内不计算其月收入。

（三）申请家庭资产的核定

1. 申请家庭成员拥有汽车及汽车价值的情况，提请公安交警管理部门查核；

2. 申请家庭成员拥有房地产的情况，由区国土城建和水务局查核；

3. 申请家庭成员拥有其他资产的情况，提请相关部门查核。

（四）现住房建筑面积的核定

下列住房纳入申购家庭现有（或已有过）住房面积核定范围：

1. 拆迁安置新社区住房；

2. 自行建造的住房，含宅基地住房；

3. 自有私房和通过继承、赠与等方式取得的各类私有住房；

4. 通过市场方式购买的商品房、二手房、存量住房；

5. 已拆迁补偿的住房（含以货币方式取得拆迁安置款的原住房或已签产权交换拆迁协议但未回迁的住房）。

附件：家庭月可支配收入、家庭年可支配收入、住房面积及家庭总资产净值限额标准

家庭组成（人口数）	家庭月可支配收入（元）	家庭年可支配收入（元）	人均住房居住面积（平方米）	申请人家庭资产限额(万元)
1	420	5040	＜15	3.5
2	840	10080	＜15	6
3	1260	15120	＜15	12
≥4	1680	20160	＜15	18

廉租住房保障申请人家庭资产审核内容

银行存款	含现金和借出款
土地、房产	落成及预售的住宅、商业及工业物业，停车位及已协议买卖的房产，以“招、拍、挂”出让的土地，且房产、土地与借贷情况无关，价值以现估价值为准
汽车	自用和经营用车辆，价值以现估价值为准
投资类资产	含企业股份、股票、各类基金、债券等投资类资产
收藏品	字画、古币、瓷器等古董，黄金、白银等贵金属，邮票、货币等收藏品
备注	1. 拥有资产的申请人及其家庭成员必须提交有关的证明文件（含纳税证明） 2. 申请人需书面同意主管部门审核包括申请人银行存款在内的所有资产

三水区旅行社、酒店、餐厅、景区电话

三水中旅国际旅行社	87782238	金太阳酒店（五星级）	87783333
三水之旅国际旅行社	87729992	三水花园酒店(五星级)	87799999
三水天下游旅行社	87776088	绿湖温泉度假酒店（五星级）	88526666
三水畅游天下旅行社	87787188	三水温泉度假村（五星级标准、AAAA级景区）	87268888
三水美丽华旅行社	87748188	华南戴斯酒店（四星级标准）	87666666
三水欢悦假期旅行社	87730866	乐平凯迪威酒店（四星级）	87398888
佛山美好假期旅行社	87910211	三水中旅华厦酒店（三星级）	87802318
佛山国旅国际旅行社三水营业部	87761358	恒福星际酒店（三星级）	87728888
佛山口岸国际旅行社三水营业部	87798899	君悦酒店（三星级）	86188723
佛山禅之旅国际旅行社三水营业部	87751177	柏安大酒店（三星级）	87821333
佛山广之旅国际旅行社三水营业部	87733122	阳光假日酒店（三星级）	87812888
佛山南湖旅行社三水营业部	87706111	白坭江帆大酒店（三星级标准）	66892888
佛山畅行旅行社	87720398	柏宁山庄酒店	87820888
佛山和平国际旅行社三水营业部	87784166	世纪皇庭酒店	87798888
佛山灏华假期旅行社	87786180	富丽华酒店	87706333
广东中国旅行社三水营业部	87720535	宝行大酒店	87766666

（续表）

海皇阁酒楼	87716999	六叶农庄横涌店	87726798
今日城酒店	87738608	灵芝鸡农庄	86660866
煌尚酒楼	87721188	乐平荷景湾美食农庄	87391788
明都渔村	87799333	乐平祥达轩农庄	87823677
明都渔村(白坭分店)	87568333	乐平闲来乐美食城	87653188
珍宝海鲜舫	87811882	范湖顺景湖酒楼	87360322
西南酒店	87788808	范湖金福轩山庄	87368223
华悦美食城	87754383	河口大井农庄	87658328
咏泉酒家	87728723	河口河塱园农庄	87652988
新快活林美食城	87822128	河口献东河鲜餐厅	87678693
丽港湾河鲜酒楼	87571337	河口半江桥海鲜酒楼	87673250
圣熙阁美食	87757777	河口一河两岸河鲜渔村	87677888
濠景山庄	87738288	芦苞银座假日酒店	87232999
粥缘轩食府	87738238	芦苞思乡阁酒店	87236385
听雨轩茶馆(餐厅)	87755523	芦苞芦江海鲜坊	87232652
大鸿图茶艺馆(餐厅)	87786086	芦苞敦煌海鲜坊	87234328
新和悦餐厅	87779988	芦苞芦江渔村	87233233
新东海渔村	87667633	芦苞拉爷水上农庄	87233033
阿具客家土菜(连锁店)	87778258	大塘纵云轩农庄	87270188
珍奇美食酒肆	87737468	大塘华贵园农庄	87298808
假日美食酒家	87766838	迳口升平大酒店	87276338
红灯笼山庄	87818133	迳口万水湾山庄	87218888
太子雍雅汤房	87743366	迳口祥欢农庄	87210860
日月酒楼	87743888	六和春树园农庄	87216688
明昌酒楼	87708818	三水荷花世界	87755302
明秀渔村	87829777	三水森林公园	87811848
贡福楼酒家	87817288	侨鑫生态园	87321333
香辣天府	87817276	乐平大旗头古村	87389548
百年湘情餐厅	87710238	芦苞胥江祖庙	87235561
信天游餐馆	87818428	九道谷漂流风景区	87218018
丰裕园农庄	63357007	南丹山生态风景区	87219988
左邻右里餐厅	87786768	杜马禅园	87215993
六叶农庄	87726798		

三水区旅游景点、古迹

西南街道：百年英国海关旧址、广东百年火车站、三江汇流、半江桥、文塔公园、昆都山、五显古庙。

云东海街道：三水森林公园AAAA级景区，内设国际标准36洞高尔夫球场、宣言广场、孔圣园、本焕寺、大卧佛、纪元塔博物馆、汉藏佛文化艺术殿堂、鳄鱼湖、维多利亚草上乐园、卡丁车赛车场、烧烤及划艇区；三水荷花世界（AAAA级景区）、杨梅西村陈氏大宗祠。

白坭镇：北洋政府国务总理梁士诒生祠及墓园、省级文物保护单位银洲贝丘遗址。

乐平镇：全国首批历史文化名村、省级文物保护单位大旗头古村；侨鑫生态园。

芦苞镇：省级文物保护单位“南武当”芦苞祖庙、芦苞温泉度假村（AAAA级景区）、省级古村落长岐村。

南山镇：大南山自然风景区、九道谷漂流风景区、越南美食街、十里水果长廊、南丹山风景区。

交通指南

三水区公共汽车路线时刻表

线路	起讫站点	发车时间
601路	御龙湾→时代城→西青大道→坳心派出所→邮政局→三水汽车站→贡福楼酒家→金豪庭酒店→中旅社→三水中医院→恒福广场（大润发）→西南酒店→新华南路→武庙口→驿西码头→中医院旧址→中山西路→云秀市场→体校→三水火车站	御龙湾 6:48—19:00 三水火车站 6:50—18:50 每隔 10—15 分钟发车
602路	三水农场场部→井口→黄局→旧何村→新何村→宝盛路口→南丰路→伏户→新三中（工业中专）→欧村（丽日坚美）→口岸车检场→三水汽车站→贡福楼酒家→聚福大厦→明富昌体育馆→花园酒店→电信局→文化公园东→文锋东路→西南市场（大润发）→文锋中路→文锋西路→三水火车站→西南七小→棉纺厂生活区	三水农场场部 6:30—22:00 棉纺厂生活区 6:30—22:30 每隔 10—20 分钟发车 （夜班车延长至 22:00 分，19:30 时后每隔 30 分钟一班）
603路	御龙湾→时代城→西青大道→坳心派出所→邮政局→三水汽车站→贡福楼酒家→金豪庭酒店→中旅社→园林市场→教育西路→月桂市场（世之博电脑城）→月桂二路→商业城→华侨中学→交警大队→月桂路口→环运局→文化公园东→府前站→沙头市场→证券公司→半江花园→西南二中	汽车站 6:30—19:00 西南二中 6:30—18:50 每隔 10—15 分钟发车
604路	**往左田总站方向：** 三水广场→张边市场→张边→德兴路→工商局→商业城→华侨中学→交警大队→石油公司→环运局→文化公园东→文锋东路→西南市场→文锋中路→文锋西路→体校→啤酒厂→北江体育休闲公园→明珠湾→西河路→农科所→魁岗→河口文塔路→河口地税→河口市场→西南街道办→河口邮局→河口油站→河口街→大塱山→河口地质队→好帮手公司→木棉村→苇庄村→河口石膏矿→广威瓦厂→黄竹坑→望岗村→基塘村→正丰饲料厂→盛丰陶瓷厂→凤铝厂→左田市场→左田总站 **往三水广场方向：** 左田总站→左田市场→凤铝厂→盛丰陶瓷厂→正丰饲料厂→基塘村→望岗村→黄竹坑→广威瓦厂→河口石膏矿→苇庄村→木棉村→好帮手公司→河口地质队→大塱山→河口街→河口油站→河口邮局→西南街道办→河口市场→河口地税→河口文塔路→魁岗→农科所→西河路→明珠湾→北江体育休闲公园→啤酒厂→体校→文锋西路→文锋中路→西南市场→文锋东路→文化公园东→环运局→石油公司→交警大队→华侨中学→商业城→工商局→德兴路→雅豪居→三水广场	三水广场→左田市场： 三水广场 6:30—22:30 左田总站 6:30—22:30 其中 6:30—19:00 约 10 分钟一班；19:00—22:30 约 15—30 分钟一班 三水广场→木棉村： 三水广场 7:10、11:00、13:40、18:05 逢星期天加开 16:40 木棉村 8:10、12:00、14:40、19:00 逢星期天加开 17:40 三水广场→基塘村： 三水广场 6:40、12:20、16:30、17:20 基塘村 7:15、12:50、17:05、17:50

（续表）

线路	起讫站点	发车时间
605路	高丰总站→高丰西村→高丰新村→德兴路东→华兴路→康乐路东→康乐三街口→康乐路→富丽华酒店→电信局→文化公园东→文锋东路→西南市场（大润发）→文锋中路→文锋西路→体校→啤酒厂→北江明珠→金盛包装厂→柏安大酒店→坾心派出所→西青大道→时代城→→御龙湾→工业大道（西村）→长途客运站→三水货场→建材市场→白沙路口→白沙煤场→广东财经大学西门	高丰总站6:30—18:50 广东财经大学西门6:30—18:50 德兴东路19:00—22:00 时代城19:00—22:00 每隔13—18分钟发车 19:00时后首末站设为德兴东路至时代城，每隔30分钟一班）
606路（A线）	三水汽车站→贡福楼酒家→皇朝酒店→西南公园→妇幼保健院→张边→百旺城→横涌→大田花厂→四村→平岗村→鲁村→石潭村口→石湖洲村→三水农场→农场纸厂→康复所→大簕→佛山市职业技术学院→桃坾村→田西村→横岗村→沙塘村口→三江圩→乐平工业园→乐平交警中队→华盛广场→乐平总站	汽车站5:50—20:00， 乐平总站6:30—20:00 每隔15—20分钟发车
606路（B线）	三水火车站→恒福广场→三水中医院→中旅社→金豪庭酒店→汇丰花园→三水广场→张边市场→百旺城→横涌→鲁村路口→荷花世界路口→邓岗→盛路通信路口→石湖洲村→石湖洲工业园→三水农场→农场纸厂→康复所→大簕→佛山市职业技术学院→桃坾村→田西村→爱康→佳明电器→新升电业→金四季→创业中心→澳美铝业→雍翠新城→乐平总站	汽车站6:25—20:00， 乐平总站6:25—20:00 每隔15—25分钟发车
607路	三水广场→人民医院（汽车站）→新沙→御江南北门站→收费站→显和村→彭坑村→翠坑村→高平村→御江南北门站→金浦饲料厂→潮湾→江根村→新街墟→亨堂村→沙塘村→石基村→龙洲（水泥厂）→竹山村→五顶岗（金本）→百威大道	三水广场6:45—18:00， 百威大道6:45—18:15， 每隔30—45分钟发车，其中进入“御江南”的班次发车时间：三水广场（8:45、9:45、15:15、17:25） 百威大道（8:30、9:30、15:00、17:10）
608路	雅居乐→金太阳东门→金太阳酒店→华侨中学→商业城→花园酒店→明富昌体育馆→聚福大厦→贡福楼酒家→汽车站→三水大桥收费站→洲边→官员村→竹山村→五顶岗（金本）→天湖村→云塘村→白坭医院→青年文化广场→灶头村→清塘村→新明珠→周村→黄岗里村→龙池→上梁村→新生村→①岗头、凤果村，②石鳌村、抱龙桥	雅居乐→白坭岗头（雅居乐6:15—19:15，岗头6:20—18:45，15—20分钟一班） 雅居乐→白坭凤果（雅居乐6:35—18:10，凤果6:20—18:00，15—20分钟一班） 雅居乐→抱龙桥（雅居乐6:15—18:45，抱龙桥6:45—18:45，15—20分钟一班）
609路	三水汽车站→贡福楼酒家→皇朝酒店→西南公园→妇幼保健院→康乐路→康乐三街口→康乐路东→华兴路→德兴路→张边→百旺城→横涌→鲁村路口→荷花世界路口→邓岗→盛路通信路口(南盛木业）→石湖洲村→南丰路(合和五金）→西头村口→樟山→宝月→远坑→侨鑫生态园→南边敬老院→南边	汽车站6:00—19:00 南边6:00—19:00 15—25分钟一班
609（B）路	西南二中→半江花园→金太阳酒店→华侨中学→商业城→工商局→康乐路→张边→张边市场→三水广场→汇丰花园→汇丰豪园→口岸车检场→欧村（丽日坚美）→新三中（工业中专）→伏户→云东海广场→六社→杨梅→四社→上九→上西→下南→油田→宝月→远坑→侨鑫生态园→陆坑→南边敬老院→黄塘路口→横山涡场部→麦岗→小涡尾→保安小学→黄塘墟	西南二中6:30—19:30 黄塘墟6:30—19:30 15—25分钟一班

（续表）

线路	起讫站点	发车时间
610路	三水广场→汽车站→邮政局→消防队→长途客运站→三水货场→建材市场→白沙路口→白沙煤场→广东财经大学	三水广场6:30—19:00，广东财经大学6:30—19:00 每隔15—20分钟发车（夜班车延长至22:00，19:00时每隔30分钟一班）
611路	大洲村→新沙→三水汽车站→公安局→汇丰豪园→汇丰花园→三水广场→西南四小→西南公园→行政服务中心→教育西路→园林市场→三水中医院→新广场（大润发）→西南酒店→新华南路→青少宫→人民三路→沙头市场→证券公司→永兴路→金太阳酒店→雅居乐→东交公园→董塱路口→酱油厂→麦村路口→董塱小学→董塱村委会→西董总站	大洲村6:45、7:20、9:30、11:50、14:10、16:30、17:30、18:50 西董总站8:22、10:40、13:30、15:20、16:21、17:50
612路	三水汽车站→欧村（丽日坚美）→新三中（工业中专）→伏户→云东海广场→杨梅→四社→上九→长江村→上西→下南→油田→宝月→二戒所→飞马→黄塘路口→南边市场→奉恩村→黄花基→坭一→机场→五溪（欧神诺）→范湖市场→范湖公园→赤岗村	汽车站7:20、9:20、13:00、16:40 赤岗村8:10、10:10、13:50、17:30
613路	西南二中→半江花园→证券公司→沙头市场→府前站→西南市场（大润发）→新广场→三水中医院→中旅社→金豪庭酒店→贡福楼酒家→汽车站→口岸车检场→欧村（丽日坚美）→新三中（工业中专）→伏户→云东海广场→六社→杨梅→上九→上西→下南→油田→宝月→二戒所→飞马→黄塘路口→南边市场→奉恩村→源潭→南岗村→乐平镇政府→大旗头村→河南村→少羊村→范湖市场→范湖公园→三花加油站→清湖村→龙院村口→虎眠	西南二中6:30—18:20 虎眠村6:30—18:40 20—30分钟一班
614路	A线：三水汽车站→欧村（丽日坚美）→新三中（工业中专）→伏户→云东海广场→六社→杨梅→四社→上九→上西→下南→油田→宝月→侨鑫生态园→南边→造纸厂→院头路口→大岗→大日头村→欧边→蔡边→多正化工→成公路→芦苞汽车站→潭基→街头墟→望岗→永平（村委）→永平墟→莲滘→大塘工业园（圣华利厂→污水处理厂→商务中心→佑隆污整厂→大鹏家俱厂）	三水汽车站6:15—18:30 大塘工业园7:50—18:30 30—35分钟一班
	B线：三水汽车站→欧村（丽日坚美）→新三中（工业中专）→伏户→云东海广场→六社→杨梅→四社→上九→上西→下南→油田→宝月→侨鑫生态园→南边→造纸厂→院头路口→大岗→博德→芦苞工业园→多正化工→成公路→芦苞汽车站→旺寮→芦苞高尔夫路口→独树岗→江塘坦→上坳→莘田→永平墟→永丰	三水汽车站6:15—19:20 永平墟6:15—19:20 每20—30分钟一班
	C线：雅居乐→金太阳→华侨中学→商业城→富丽华酒店→张边→百旺城→横涌→鲁村路口→荷花世界→邓岗→盛路通信路口（南盛木业）→石湖洲村→南丰路（合和五金）→西头村口→樟山→宝月路口→二戒所→飞马→黄塘路口→南边→造纸厂→院头路口→大岗→博德→芦苞工业园→多正化工→成公路→芦苞汽车站→旺寮→芦苞高尔夫路口→独树岗→三水温泉度假村→江塘坦→上坳→莘田→永平墟	雅居乐6:30—18:20 永平墟6:30—18:20 20—30分钟一班
615路	三水汽车站→欧村（丽日坚美）→新三中（工业中专）→伏户→南丰路→樟山→宝月→侨鑫生态园→南边→造纸厂→院头路口→大岗→博德→芦苞工业园→多正化工→成公路→芦苞汽车站→潭基→街头墟→李家村（大塘）→新岗村→大塘镇政府→大沙→大塘→油金桥→噉咀→文坑→禾生坑	三水汽车站→大塘 三水汽车站6:00—20:00 大塘6:10—19:50 20—30分钟一班 三水汽车站→禾生坑 三水汽车站6:00—18:30 禾生坑6:30—19:40 20—30分钟一班

（续表）

线路	起讫站点	发车时间
616 路	三水汽车站→欧村(丽日坚美)→新三中(工业中专)→伏户→南丰路→西头村口→樟山→宝月→侨鑫生态园→南边敬老院→广成铝业→博德→芦苞工业园→多正化工→成公路→芦苞汽车站→潭基→街头墟→李家村→新岗村→大塘镇政府→大沙→大塘→油金桥→嗷咀→塘排→九龙岗→七队→南山工业园→迳口客运站→天桥→西平→九道谷→择善	三水汽车站→迳口 三水汽车站 6:50—18:15 迳口 6:35—18:15 20—40 分钟一班 三水汽车站→择善 三水汽车站开 7:20、9:45、11:30、14:00 择善开 8:50、11:30、13:30、16:10
617 路	三水广场→三水汽车站→长途客运站→建材市场→白沙路口→正丰饲料厂→左田市场→四会马房→望楼岗(青歧)→银坑村→十字路→青岐墟→陆家村→梁家村→阁美	三水广场 6:40—18:45 青岐墟 6:55—19:15 每 30 分钟一班 往阁美班次： 三水广场:6:40 11:45 15:30 阁美:7:20 12:30 16:20
618 路	**往丹灶镇汽车站方向：** 三水广场→张边市场→张边→富丽华酒店→花园酒店→明富昌体育馆→皇朝酒店→贡福楼酒家→人民医院(三水汽车站)→洲边→塘夏→黄金路口→白坭青年文化广场→白坭开发区→竹坞→五金城(丹桂路口)→仙湖度假村→丹灶镇汽车站 **往三水广场方向：** 往三水广场方向：丹灶镇汽车站→仙湖渡假村→五金城（丹桂路口→竹坞→白坭开发区→白坭青年文化广场→黄金路口→塘夏→洲边村→人民医院(三水汽车站)→贡福楼酒家→皇朝酒店→明富昌体育馆→花园酒店→富丽华酒店→雅豪居→三水广场	三水广场 6:00—19:25， 丹灶镇汽车站 6:55—20:30 每隔 15 分钟发车
619 路	三水汽车站→邮政局→博物馆→绿湖度假酒店→绿湖爱伦堡→迳口村→千叶花园→孔圣园→三中初中部→欧村(丽日坚美)→口岸车检场→汇丰豪园→汇丰花园→三水广场→西南四小→西南公园→花园酒店→供电局→电信局→文化公园东→府前站→沙头市场→证券公司→半江花园→西南二中	三水汽车站发车时间： 7:00、7:40、8:40、9:40、10:40、11:40、12:40、13:40、14:40、15:40、16:40、17:40、18:40 西南二中发车时间： 7:00、7:40、8:40、9:40、10:40、11:40、12:40、13:40、14:40、15:40、16:40、17:40、18:40
620 路	三水福利中心→沙头一路→西南二中→半江花园→证券公司→沙头市场→府前站→文化公园东→西南中心小学→防保中心→行政服务中心→西南公园→西南四小→恒达花园→驿岗村(西)→污水处理厂→国宏公司→妇教所	福利中心开 10:00、12:00、14:00、16:00、18:20 西南二中开 7:30、8:00、17:00 妇教所开 7:45、8:30、10:30、12:30、14:30、16:30、18:00、18:40 (其中 7:45、16:30 两班车只到西南二中,其余各班开往福利中心) (夜班车延长至 20:30,19:00 后首末站设为西南二中至恒达花园)
621 路(东线)	三水汽车站→公安局→汇丰豪园→汇丰花园→三水广场→张边市场→张边→德兴路→华兴路→恒益花园→交警大队→石油公司→交通局→文化公园东→文锋东路→西南市场→文锋中路→文锋西路→体校→啤酒厂→陶瓷厂→口岸大道→金盛包装厂→柏安大酒店→邮政局→三水汽车站→御江南北门	每 60—75 分钟一班 东线发班进入御江南,班次为： 三水汽车站:7:15、11:15、13:35、17:15 御江南:8:15、12:15、14:30、18:15

（续表）

线路	起讫站点	发车时间
621路（西线）	汽车站→邮政局→柏安大酒店→金盛包装厂→北江明珠→北江体育休闲公园→啤酒厂→体校→文锋西路→文锋中路→西南市场→文锋东路→文化公园东→交通局→石油公司→交警大队→恒益花园→华兴路→德兴路→张边→张边市场→三水广场→汇丰花园→汇丰豪园→公安局→汽车站	头尾班7:15—18:30 每隔60—75分钟一班
622路	南岸码头→向西→五甲→南岸→南下→菉南 A线：乐平总站→蔗元坑村→南岗村→源潭→奉恩村→南边市场→横山涡场部→麦岗→小涡尾→保安小学→黄塘墟→梁家村→社滘村	南岸码头7:00—18:00 菉南7:00—18:00 每隔30分钟一班
623路	A线：乐平总站→蔗元坑村→南岗村→源潭→奉恩村→南边市场→横山涡场部→麦岗→小涡尾→保安小学→黄塘墟→梁家村→社滘村	乐平总站至黄塘墟发车时间： 乐平总站8:30—17:00 黄塘墟8:20—16:40 每隔30分钟一班 乐平总站至社滘村发车时间： 乐平总站7:30、10:30、11:30、13:00、16:30 社滘村7:20、8:30、11:20、13:20、14:30
623路	B线：乐平总站→蔗元坑村→南岗村→源潭→奉恩村→南边市场→横山涡场部→麦岗→小涡尾→保安小学→黄塘墟→下坑村口→水泥厂→横岗村	乐平总站至黄塘墟发车时间：乐平总站8:30—17:00 黄塘墟8:20—16:40 每隔30分钟一班 乐平总站至横岗村发车时间：乐平总站8:30、9:30、12:30、14:30 横岗村9:20、10:20、13:20、15:20
624路	西南二中→文化公园东→三水电信局→百旺城→芦苞汽车站	三水汽车站7:00—18:30 芦苞汽车站7:00—18:30 每隔30分钟一班 （其中：11:00—13:00每隔60分钟一班）
625路	三水汽车站→西南公园→张边→三江圩→乐平工业园→乐平总站	三水汽车站7:00—18:05 乐平总站7:00—18:20 每隔30分钟一班 （其中：11:00—13:00每隔60分钟一班）
626路	三水汽车站→新三中（工业中专）→芦苞工业园→大沙→大塘→七队→南山客运站	三水汽车站7:00—18:00 迳口客运站7:00—18:00 每隔30分钟一班 （其中11:00—13:00每隔60分钟一班）
627路	三水汽车站→洲边→青年文化广场→白坭华立医院	三水汽车站7:00—18:00 白坭华立医院7:00—18:00 每隔30分钟一班 （其中：11:00—13:00 每隔60分钟一班）

（续表）

线路	起讫站点	发车时间
628 路	三水福利中心→沙头一路→西南二中→半江花园→证券公司→沙头市场→府前路→文锋东路→西南市场→文峰中路→文锋西路→体校→啤酒厂→明珠湾→西河路→农科所→魁岗→河口文塔路→河口地税→河口市场→西南街道办→河口邮局→河口油站→红城区→河口地质队→好帮手→莘庄村→河口石膏矿→广威瓦厂→黄竹坑→望岗村（河口）→基塘村→正丰饲料厂→盛丰陶瓷厂→凤铝厂→左田市场→四会马房→望岗村（青岐）→银坑村→十字路→青岐墟	西南福利院 6:10—18:40 青岐墟 6:40—19:10 每隔 20—30 分钟一班
629 路	三水火车站→文峰中路→西南市场→文锋东路→文化公园东→三水电信局→花园酒店→西南公园→西南四小→张边市场→百旺城→横涌→鲁村路口→荷花世界→邓岗（西南）→盛路通信路口（南盛木业）→石湖洲→南丰路→宝盛路口→樟山→宝月→省二戒所→飞马→黄塘路口→南边→南边中学→造纸厂→院头路口→大岗→张边村→坉一→广职院→范湖机场→范湖广场→五溪（欧神诺）→范湖市场	三水火车站 6:30—19:00 范湖市场 6:30—19:30 每隔 15—25 分钟一班
630 路	三水广场→西南四小→西南公园→明富昌体育馆→聚福大厦→贡福楼酒家→人民医院（汽车站）→口岸车检场→欧村（丽日坚美）→三中初中部→新三中（工业中专）→伏户→云东海广场→六社→杨梅→四社→上九→深业云东海	三水广场 7:30—19:00(7:30、8:30、9:30、11:30、13:30、15:30、17:00、18:00、19:00) 深业云东海 8:00—19:30（8:00、9:00、10:30、12:30、14:30、16:30、17:30、18:30、19:00）每隔 60—120 分钟一班
631 路	西南二中→半江花园→证券公司→沙头市场→府前站→文化公园东→电信局→花园酒店→西南公园→西南四小→张边市场→百旺城→横涌→鲁村路口→质监局（荷花世界路口）→荷花世界总站→邓岗→盛路通信路口（南盛木业）→西南开发区→石湖洲→社堂村→西南工业园	西南二中 6:30—21:30 西南工业园 6:30—21:30 15—20 分钟一班
632 路	往雅居乐方向：御龙湾→时代城→西青大道→坉心派出所→邮政局→人民医院（三水汽车站）→贡福楼酒家→公路局→汇丰花园→三水广场→张边市场→富丽华酒店→商业城→华侨中学→金太阳酒店→雅居乐 往御龙湾方向：雅居乐→金太阳酒店→华侨中学→商业城→富丽华酒店→雅豪居南门→三水广场→汇丰花园→公路局→贡福楼酒家→人民医院（三水汽车站）→邮政局→坉心派出所→西青大道→时代城→御龙湾	御龙湾 6:30—22:00 雅居乐 6:30—22:00 每隔 10—15 分钟一班
633 路	工业中专→三水初中部→孔圣园→千叶花园→环山路→绿湖度假酒店→博物馆→邮政局→人民医院（三水汽车站）→贡福楼酒家→金豪庭酒店→中旅社→三水中医院→西南市场→电信局→月桂市场→华侨中学→恒益花园→华兴路→德兴路→张边→百旺城	工业中专 6:30—21:30 百旺城 6:30—21:30 每隔 10—15 分钟一班
634 路	西南工业园→社堂村→石湖洲→西南开发区→盛路通信路口（南盛木业）→邓岗（西南）→质监局→荷花世界→鲁村路口→横涌→百旺城→张边市场→三水广场→汇丰花园→公路局→贡福楼酒家→人民医院（三水汽车站）→邮政局→消防队→伟业加油站→长途客运站→三水货场→建材市场→白沙路口→白沙煤场→广东财经大学西门	石湖洲 6:30—22:00 广东财经大学西门 6:30—22:00 每隔 13—15 分钟一班

（续表）

线路	起讫站点	发车时间
635路	往雅居乐方向：广东财经大学东门→高尔夫花园→丽日天鹅湖→云东海街道办→云东海广场→伏户→新三中（工业中专）→欧村(丽日坚美)→口岸车检场→人民医院（三水汽车站）→贡福楼酒家→公路局→汇丰花园→三水广场→张边市场→张边→德兴路→华兴路→恒益花园→东海蓝湾→环城东路→金太阳酒店→金太阳酒店东门→雅居乐 往广东财经大学东门方向：雅居乐→金太阳酒店东门→金太阳酒店→环城东路→东海蓝湾→恒益花园→华兴路→德兴路→雅豪居南门→三水广场→汇丰花园→汇丰豪园→人民医院(三水汽车站)→口岸车检场→欧村(丽日坚美)→新三中(工业中专)→伏户→云东海广场→云东海街道办→丽日天鹅湖→高尔夫花园→广东财经大学东门	广东财经大学东门 6:30—22:00 雅居乐 6:30—22:00 每隔 15—20 分钟一班
636路	石湖洲→西南开发区→→邓岗→质监局→荷花世界→鲁村路口→横涌→百旺城→张边市场→三水广场→汇丰花园→公路局→人民医院→邮政局→柏安大酒店→金盛包装厂→口岸大道→明珠湾→西河路→农科所→魁岗→红城站→河口油站→河口邮局→西南街道办→河口邮局→河口油站→河口街→河口地质队→好帮手公司	石湖洲 6:30—22:00 好帮手 6:30—21:00 每隔 8—12 分钟一班
637路	西南二中→半江花园→证券公司→沙头市场→府前站→文锋东路→西南市场→恒福广场→三水中医院→园林市场→教育西路→行政服务中心→西南公园→西南四小→张边市场→百旺城→横涌→鲁村路口→质监局→邓岗→西南开发区→石湖洲→三水农场→农场纸厂→康复所→大簕→佛山职业技术学院→桃㘵→田西村→横岗村→沙塘村口→三江圩→乐平工业园→华盛广场→乐平总站→乐平镇政府	西南二中 6:00—18:00 乐平镇政府 7:00—19:30 每隔 15—20 分钟一班
638路	三水火车站→广场路→新广场→三水中医院→中旅社→金豪庭酒店→人民医院→口岸车检场→欧村→三中初中部→新三中→三水农场→农场纸厂→康复所→大簕→佛山职业技术学院→桃㘵→田西村→爱康→业精→澳美→雍翠新城→横岗村→沙塘村口→三江圩→乐平工业园→华盛广场→乐平总站→乐平镇政府→大旗头村→河南村→范湖市场→范湖工业园	三水火车站 6:00—17:30 范湖工业园 7:30—19:30 每隔 20—35 分钟一班
639路	三水火车站→文锋西路→文锋中路→恒福广场→三水中医院→园林市场→教育西路→行政服务中心→皇朝酒店→人民医院→口岸车检场→丽日坚美→三中初中部→新三中→飞马→黄塘路口→广成铝业→大岗→博德→芦苞工业园→多正化工→芦苞汽车站→成公路→潭基→街头墟→望岗→永平(村委)→永平墟→莲滘村→行政服务中心→黎木岗市场	火车站 6:00—18:00 大塘工业园 8:30—19:30 每隔 20—30 分钟一班
640路	三水火车站→文锋西路→文锋中路→西南市场→文锋东路→文化公园东→电信局→花园酒店→明富昌体育馆→聚福大厦→贡福楼酒家→人民医院(三水汽车站)→口岸车检场→欧村(丽日坚美)→新三中(工业中专)→伏户→农场纸厂→康复所→大簕→佛山市职业技术学院→桃㘵→田西村→爱康→业精→海尔→兴发铝业→丽江椅业→澳美铝业→创业中心→乐平工业园管委会→华盛广场→乐平总站→乐平镇政府→大旗头村→河南村→范湖市场→范湖工业园→广州工商职业技术学院	三水火车站 6:00—17:30 广州工商职业技术学院 6:30—19:30 每隔 50—60 分钟一班
641路	三水火车站→文锋西路→文锋中路→西南市场→文锋东路→文化公园东→电信局→供电大厦→花园酒店→明富昌体育馆→皇朝酒店→贡福楼酒家→人民医院（三水汽车站）→口岸车检场→欧村(丽日坚美)→三中初中部→新三中(工业中专)→南丰路→宝月→侨鑫生态园→南边(陆坑)→南边敬老院→横山涡场部→麦岗→保安小学→黄塘墟	三水火车站 6:00—17:40 黄塘墟 8:00—19:30 每隔 15—25 分钟一班

(续表)

线路	起讫站点	发车时间
642路	三水火车站→文锋西路→文锋中路→西南市场→文锋东路→文化公园东→电信局→供电大厦→花园酒店→明富昌体育馆→皇朝酒店→贡福楼酒家→人民医院(三水汽车站)→口岸车检场→欧村(丽日坚美)→新三中(工业中专)→南丰路→樟山→省二戒所→飞马→黄塘路口→广成铝业→博德→芦苞工业园→多正化工→芦苞汽车站→成公路→潭基→街头墟→李家村→新岗村→大塘镇政府→大沙→大塘→油金大桥→嗷咀→文坑→禾生坑汽车站→六和村委会	三水火车站 6:00—17:30 六和村委会 8:00—19:30 每隔 20—30 分钟一班
643路	好帮手公司→河口地质队→河口街→河口油站→河口邮局→西南街道办→河口市场→河口地税→河口文塔路→魁岗→农科所→西河路→明珠湾→啤酒厂→体校→文锋西路→文峰中路→西南市场→文峰东路→文化公园东→电信局→供电大厦→富丽华酒店→张边→百旺城→横涌→鲁村路口→质监局→邓岗→西南开发区→石湖洲→社堂村→南丰路→宝盛路口→宝月→远坑村→侨鑫生态园→南边(陆坑)→南边敬老院→南边中学→造纸厂→院头路口→博德→芦苞工业园→多正化工→芦苞汽车站→成公路→宝华生态产业城→潭基→街头墟→李家村[大塘] →新岗村→大塘镇政府→大沙→大塘→油金大桥→埠街村→嗷咀→塘排→九龙岗→迳口工业区→南山镇政府	好帮手 6:00—19:00 南山镇政府 6:00—19:30 每隔 15—20 分钟一班
644路	三水火车站→文锋西路→文峰中路→新广场→三水中医院→园林市场→行政服务中心→明富昌体育馆→皇朝酒店→贡福楼酒家→人民医院(三水汽车站)→洲边→塘厦→青年文化广场→白坭开发区→灶头→清塘村→新明珠陶瓷厂→黄岗里→上梁村→新生→石鳌村→抱龙桥	三水火车站 6:00—17:40 白坭(抱龙桥)7:00—19:30 每隔 15—20 分钟一班
645路	雅居乐→金太阳酒店→华侨中学→商业城→花园酒店→明富昌体育馆→皇朝酒店→人民医院(三水汽车站)→邮政局→消防队→伟业加油站→长途客运站→三水货场→建材市场→白沙路口→基塘村→正丰饲料厂→盛丰陶瓷厂→凤铝厂→左田村→左田市场→银坑村→竹洲村→青歧村→青歧	雅居乐 6:00—19:30 青歧墟 7:00—19:30 每隔 15—20 分钟一班
646路	西南二中→半江花园→证券公司→府前站→文化公园→交通局→石油公司→交警大队→华侨中学→商业城→花园酒店→明富昌体育馆→皇朝酒店→人民医院（三水汽车站)→口岸车检场→欧村(丽日坚美)→三中初中部→新三中（工业中专)→伏户村→南丰路→侨鑫生态园→南边（陆坑)→南边敬老院→院头路口→芦苞工业园→多正化工→芦苞汽车站→成公路→潭基→街头墟→李家村→新岗村→大塘镇政府→大沙→望岗→永平村委→永平墟→永丰	西南二中 6:00—17:45 永丰 8:00—19:30 每隔 15—20 分钟一班
647路	妇教所→国宏公司→污水处理厂→驿岗村→实验中学→恒达花园→三水广场→汇丰花园→公路局→贡福楼酒家→人民医院（三水汽车站)→御江南→洲边商业街→御江南南门→南岸市场→南岸渡口→南岸村→向西→五甲→南岸→南下→槼南	西南二中 6:00—20:00 槼南 6:00—20:00 每隔 20—30 分钟一班
648路	雅居乐→金太阳酒店→华侨中学→商业城→月桂二路→交通局→文化公园东→文锋东路→西南市场→文锋中路→文锋西路→体校→啤酒厂→北江体育休闲公园→明珠湾→西河路→农科所→魁岗→河口文塔路→河口地税→河口市场→西南街道办→河口邮局→河口油站→河口街→江根村→洲边大和村→安溪村→官员村→百威大道→五顶岗(金本)	雅居乐 6:00—17:30 五顶岗(金本)7:30—19:30 每隔 15—20 分钟一班
649路	西南二中→半江花园→沙头证券→沙头市场→府前站→文锋东路→西南市场→恒福广场→新中医院→中旅社→金豪庭酒店→贡福楼酒家→人民医院(三水汽车站)→三水大桥收费站→洲边→官员村→竹山村→五顶岗（金本)→天湖村→云塘村→青年文化广场→灶头村→清塘村→新明珠→周村→莘村机械塑料城	西南二中:7:15、10:00、13:30、16:30 莘村机械塑料城:8:30、11:30、15:00、17:45

（续表）

线路	起讫站点	发车时间
650路	高丰村委会→高丰新村→高丰玉器街→百旺城→横涌→大田花厂→四村(鲁村村委会)→平岗村→鲁村→邓岗村委会→盛路天线路口(南盛木业)→西南开发区→石湖洲→社堂村→云东海广场→云东海街道办	7:00—18:00 每隔30分钟一班
651路	西南二中→半江花园→沙头证券→府前站→文化公园东→电信局→花园酒店→西南公园→西南四小→三水广场→汇丰花园→公路局→贡福楼酒家→三水人民医院（汽车站)→御江南南门首末站→南岸市场→洲边村→振兴厂→塘厦村→白坭镇黄金路口→宝盈广场→白坭市场→白坭青年文化广场→白坭开发区→竹坞村→白坭客运站→桂丹路口→清塘村→新明珠	7:00—19:00 每隔20—30分钟一班
652路	西南二中→三水人民医院（汽车站)→新三中（工业中专)→大塘墟→南山镇禾生坑	7:00—18:30 每隔30分钟一班
661路	御龙湾→时代城→西青大道→邮政局→人民医院(三水汽车站)→贡福楼酒家→公路局→汇丰花园→三水广场→张边市场→百旺城→捷和广场→荷花世界→邓岗(西南)→西南工业园→石湖洲→石湖洲开发区→三水农场→康复所→佛山市职业技术学院(乐平)→横岗村（乐平)→三江圩→乐平工业园→乐平总站→乐平镇政府→大旗头村→范湖市场→范湖工业园→广州工商职业技术学院→三水温泉度假村→奥特莱斯广场	御龙湾6:30—17:30 奥特莱斯广场6:30—17:30 高峰期每隔30分钟一班 平峰期每隔60分钟一班
662路	三水火车站→恒福广场(文化广场)→三水中医院→中旅社→金豪庭酒店→人民医院(三水汽车站)→汇丰豪园→汇丰花园→三水广场→张边市场→百旺城→横涌→捷和广场→鲁村路口→荷花世界→邓岗(西南)→石湖洲→南丰路→宝月→省二戒所→飞马→黄塘路口→广源铝材→广成铝业→大日头村→博德→芦苞工业园→芦苞汽车站→思乡阁→芦苞地税→独树岗→奥特莱斯广场→三水温泉度假村→长岐村	三水火车站6:00—18:30 长岐6:00—18:30 每隔15—30分钟一班
663路	雅居乐→金太阳酒店→商业城→花园酒店→明富昌体育馆→贡福楼酒家→人民医院(三水汽车站)→欧村(丽日坚美)森林公园东门→新三中(工业中专)→伏户→南丰路(合和五金)→宝月→侨鑫生态园→南边敬老院→南边中学→芦苞工业园→多正化工→芦苞地税→芦苞车站→芦苞祖庙	芦苞祖庙7:00—17:30 雅居乐7:00—17:30 每隔30—45分钟一班
664路	雅居乐→金太阳酒店→商业城→花园酒店→明富昌体育馆→人民医院（三水汽车站)→森林公园东门→新三中（工业中专)→南丰路→宝月→博德→芦苞工业园→芦苞车站→奥特莱斯广场→三水温泉度假村→大布沙→大塘农业园（大塘中学)→生态园农庄路口→中大附中(伊利奶业)→升平大酒店→南丹山→九道谷→择善	雅居乐7:30—15:30 择善7:30—15:30 每隔120分钟一班
680路	好帮手公司→河口地质队→河口街→河口油站→河口邮局→西南街道办→河口市场→河口地税→河口文塔路→魁岗→农科所→西河路→明珠湾→北江体育休闲公园→啤酒厂→体校→文锋西路→文锋中路→新广场→三水中医院→中旅社→金豪庭酒店→三水公路局→汇丰花园→三水广场→西南四小→妇幼保健院→康乐路→康乐三街口→康乐路动→恒益花园→华侨中学东门→三水华侨中学→金太阳酒店→金太阳酒店东门→奥林匹克花园→右岸春天	好帮手6:30—18:30 右岸春天7:00—19:30 每隔25—30分钟一班

查询电话：0757-87811246。线路和班车信息仅供参考，如有变动以当天实际发班为准。

西南街道内公交路线图

线路	起讫站点	发车时间
01 号	三水广场→三水汽车站→邮政局→柏安大酒店→金盛包装厂→明珠湾→西河路→农科所→魁岗→河口文塔路→河口地税→河口市场→西南街道办→河口邮局→河口油站→河口街→高平村→金浦饲料厂→潮湾→江根村→上（下）陈村→新街墟→亨堂村→沙塘村→石基村→龙洲（水泥厂）→竹山村→九水江→三水港→五顶岗（金本）→百威大道→上骊→官员村→洲边村→显和村→彭坑村→翠坑村	三水广场 7:00、9:30、13:00、16:00 翠坑村 8:00、11:00、14:30、17:30 其中进入上（下）陈村时间: 三水广场开 9:30、16:00 翠坑村开 8:00、14:30

白坭镇内公交线路图

线路	起讫站点	发车时间
01 号	华立医院→西岸村→东坦村→新潦村→大滘沙村→昭信金属厂	华立医院发车时间:7:00、9:00、12:00、14:00、17:00 昭信金属厂发车时间:7:30、9:30、12:30、14:30、17:30
02 号	金竹村→大鸿图酒店→华立医院→青年文化广场→白坭开发区→竹坞村→新中源公司→承上村→四房村→中社村→南社村	金竹村发车时间:7:00、9:00、12:00、14:00、17:00 南社村发车时间:7:40、9:40、12:40、14:40、17:40
03 号	宝盈广场→白坭青年文化广场→白坭开发区→灶头村→中灶村→清塘村→新明珠→周村→新生村→岗头牌坊→岗头→解放沙一村→解放沙二村→解放沙三村	宝盈广场发车时间:7:00、9:00、12:00、14:00、17:00 解放沙三村发车时间:7:50、9:50、12:50、14:50、17:50
04 号	宝盈广场→白坭市场→白坭青年文化广场→白坭开发区→竹坞村→新华陶瓷厂→清塘二组→恒益发电厂→欧阳村→龙池村→下梁村→岗头村委会→大岗村口→凤果村	宝盈广场发车时间:7:00、9:00、12:00、14:00、17:00 解放沙三村发车时间:8:00、10:00、13:00、15:00、18:00

乐平镇内公交线路图

线路	起讫站点	发车时间
01 号	贤寮村→高岗村→海洲村→良岗头村→乐平工业园→乐平总站→新城大道北→新城大道南→百合商业街→三江市场	贤寮村 7:00—18:30 三江市场 7:00—18:30 每隔 50 分钟一班
02 号	乐平总站→乐平圩→华埇村委会→下华村→上华村→染织厂→尹边村→塘边村→米埇村→新村→水西村	乐平总站 7:00—18:00 水西村 7:00—18:30 每隔 30 分钟一班
03 号	范湖公园→范湖市场→太院→官地市场→永兴村→陈家庄→何家庄→显学岗村→红岗村	范湖公园 7:00—17:30 红岗村 7:30—18:00 每隔 30 分钟一班
04 号	望岗村→斜岗村→麦家村→南边→南边信用社→南边中学→桥头东道→萧边村→大日头村→张边村→塘埇村→村心村→先岗村	望岗村 7:00—18:00 先岗村 7:30—17:30 每隔 30 分钟一班

芦苞镇内公交线路图

线路	起讫站点	发车时间
01 号	成公路→芦苞祖庙→刘寨→旧潭→上塘→飞鹿水泥厂→上乐塘→金三角水泥厂→西河村委会→新村(芦苞西河)→村头	成公路 6:30—17:00 村头 7:30—18:00 每隔 120 分钟一班
02 号	成公路→思乡阁→芦苞地税→东海大道→多正化工→威特精工建材→黄岗市场→园区一路→园区西路→大埇村→欧边→南头村→蔡边→门口埇→沙墩→下沙村→成公路	6:40—18:10 每隔 60 分钟一班
03 号	成公路→思乡阁→芦苞地税→东海大道→刘岗尾→牛栏岗→叶岗→君荣→园区一路→黄岗市场→黄岗西向→威特精工建材→多正化工→成公路	6:50—18:20 每隔 60 分钟一班
04 号	成公路→思乡阁→芦苞地税→东海大道→大宜岗（李家村)→白土→独树岗牌坊→把岗→虎眠	成公路 6:30—18:00 虎眠 7:00—18:30 每隔 60 分钟一班
05 号	成公路→思乡阁→芦苞地税→东海大道→岗东村→旺寮→高尔夫球场→上渡头→独树岗市场→新村→江塘坦→长涡寮→长岐	成公路 6:30—18:00 长岐 7:00—18:30 每隔 60 分钟一班
06 号	成公路→思乡阁→芦苞地税→东海大道→多正化工→威特精工建材→黄岗市场→园区一路	成公路 19:00—22:00 园区一路 19:30—22:30 每隔 60 分钟一班

大塘镇内公交线路图

线路	起讫站点	发车时间
01 号	黎木岗市场→佑隆染整厂→商服中心→致明苑→污水处理厂→洲仔→行政中心→圣华利厂→塘边村→平地→新兴→后街牌坊→大布沙→大塘商业城→大塘镇政府→大塘中学→大塘圩→新莲塘村→北江实业→下埠村→上埠村→嗷咀(六一村委)→洲尾村→邓塘洲→连洲→梅花村→大坑村	黎木岗市场 6:40—17:10 大坑 7:30—18:00 每隔 120 分钟一班
02 号	黎木岗市场→大鹏家具厂→潦南市场→开元路→竹仔岗→新屋村→沙潦村→潦洲村→长岗村→梅花营村→横枝沥村→下潦村→大沙东村→大沙西村→三稔堆→大塘村→竹园村→大塘中心小学→大塘圩	黎木岗市场 6:30—17:10 大塘圩 7:20—17:50 每隔 120 分钟一班
03 号	黎木岗市场→佑隆染整厂→商服中心→致明苑→污水处理厂→洲仔→行政中心→圣华利厂→塘边村→平地→新兴→后街牌坊→大布沙→大塘商业城→大塘镇政府→大塘中学→大塘圩→永大路→连滘市场→连滘村→叶屋→新村→永平墟→永平小学→亚埇村→赤下社村→社坦→永丰新屋→塘溪→岗仔→大岗脚→永丰村委→大岗南→黄队→白岭→石溪→白水塘	黎木岗市场 6:15—17:05 白水塘 7:00—18:00 每隔 120 分钟一班
04 号	黎木岗市场→大鹏家具厂→潦南市场→开元路→芳寮村→新塘村→后街牌坊→大布沙→大塘中学→大塘圩→大塘商业城→大塘镇政府→新岗村→中社村→上屋村→岗尾村→望岗→陆村→土塘村→岭西村→永平村委→永平墟→望楼岗→莘田牌坊→窑溪→黄普岗村→莘田村→上坳	黎木岗市场 6:10—17:00 上坳 7:00—17:50 每隔 120 分钟一班
05 号	黎木岗市场→佑隆染整厂→商服中心→致明苑→污水处理厂→洲仔→行政中心→圣华利厂→塘边村→平地→新兴→后街牌坊→大布沙→大塘商业城→大塘镇政府→大塘中学→大塘圩	黎木岗市场 7:00—17:35 大塘圩 7:25—18:00 每隔 60 分钟一班

（续表）

线路	起讫站点	发车时间
06号	黎木岗市场→大鹏家具厂→潦南市场→开元路→芳寮村→新塘村→后街牌坊→大布沙→大塘商业城→大塘镇政府→大塘中学→大塘圩→永大路→连滘市场→连滘村→叶屋→新村→合富建材厂→永平墟→赤下社村→新梁屋村→旧梁屋村→念塘村→污水处理厂→致明苑→化工区→程洞	黎木岗市场 6:15—17:10 程洞 7:00—18:00 每隔 120 分钟一班

南山镇内公交线路图

线路	起讫站点	发车时间
01号	梅园→翁屋→碗厂→上坑村→六和村委会→禾生坑	迳口客运站 7:00—18:00 择善村 7:00—18:00 逢整点发班
02号	蒲坑→深坑村→塘墩村→禾生村	蒲坑 7:10—18:10 禾生村 7:10—18:10 每隔 60 分钟一班
03号	六和村委会→禾生坑→文坑→塘排→九龙岗→七队→南山工业园→南山市场	六和村委会 7:00—18:00 禾生村 7:00—18:00 每隔 20—30 分钟一班
04号	南山市场→六队路口→五队路口→天桥→西平→大村→大索→九道谷→择善（居委会）→择善	六和村委会 7:00—18:00 择善 7:00—18:00 每隔 40—60 分钟一班
05号	南山市场→漫江桥→坳头→赖屋→卢屋→东和→曹仔→蛇口岗→横江咀→黄坎→坭围（徐屋）→中集→社咀村	南山市场 7:00—18:00 社咀村 7:00—18:00 逢整点发班
06号	南山市场→漫江桥→坳头→富合塘→石头坑→红联→下寨→梁屋	南山市场 7:00—18:00 梁屋 7:00—18:00 逢整点发班

三水汽车站班车运行时刻表

类别	地区	终点站	发车时间（频率）
跨省班车	湖南	宁远	10:00
		安乡	11:20
		郴州	10:15
		安化	8:00（隔天班）
		湘阴	19:30
	江西	宁都	10:00
		龙南	8:00（每月单日发班）
	广西	博白	9:00（到粤西候车厅购票乘车）
		梧州	10:25、15:20
		北海	18:50（隔天班）

（续表）

<table>
<tr><th>类别</th><th>地区</th><th>终点站</th><th>发车时间（频率）</th></tr>
<tr><td rowspan="2">跨省班车</td><td>福建</td><td>福州</td><td>17:50</td></tr>
<tr><td>四川</td><td>仪陇</td><td>13:00</td></tr>
<tr><td rowspan="29">省内班车</td><td>吴川</td><td>梅录</td><td>10:00</td></tr>
<tr><td rowspan="7">广州</td><td>省站</td><td>5:40—20:30(每隔 20—30 分钟一班)</td></tr>
<tr><td>芳村</td><td>6:00—19:30(每隔 20—30 分钟一班)</td></tr>
<tr><td>天河</td><td>6:45—19:00(每隔 20—30 分钟一班)</td></tr>
<tr><td>滘口</td><td>5:35—18:20(每隔 20—30 分钟一班)</td></tr>
<tr><td>花都</td><td>7:00、7:30、8:20、9:10、9:50、10:30、11:10、12:00、13:00、14:00、15:00、15:40、16:20、17:00、18:00</td></tr>
<tr><td rowspan="2">番禺</td><td>9:00、15:10(进番禺客运站、广州南站)</td></tr>
<tr><td>6:30、7:20、8:00、9:30、10:10、11:30、12:20、12:50、14:10、14:35、16:00、16:30、17:30（进番禺市桥站）</td></tr>
<tr><td rowspan="4">深圳</td><td>直达罗湖口岸</td><td>7:30、8:30、9:30、10:30、11:30、12:30、13:30、14:30、15:30、16:30、18:30、19:30(逢星期天加班 19:40)</td></tr>
<tr><td>龙岗(直达)</td><td>9:00、12:00、13:25、15:20</td></tr>
<tr><td>龙岗(普通)</td><td>16:05</td></tr>
<tr><td>宝安</td><td>8:45、11:00、14:30</td></tr>
<tr><td rowspan="2">东莞</td><td>总站</td><td>8:30、10:00、11:30、13:00、14:40、16:00、17:30、18:30</td></tr>
<tr><td>长安</td><td>9:10、12:10、15:10、18:10</td></tr>
<tr><td rowspan="2">珠海</td><td>拱北(普通)</td><td>14:30、18:00</td></tr>
<tr><td>拱北(直达)</td><td>9:30、16:30</td></tr>
<tr><td rowspan="2">惠州</td><td>直达</td><td>13:40、17:00</td></tr>
<tr><td>普通</td><td>9:30、10:00、11:00、15:50</td></tr>
<tr><td rowspan="2">中山</td><td>中山(普通)</td><td>8:10、11:00、14:15、17:30</td></tr>
<tr><td>小榄(直达)</td><td>9:50</td></tr>
<tr><td rowspan="4">清远</td><td>清远</td><td>8:00、8:45、9:30、10:20、11:10、12:00、12:50、13:40、14:30、15:20、16:20、17:20</td></tr>
<tr><td>英德</td><td>8:00</td></tr>
<tr><td>连州</td><td>6:40、14:40</td></tr>
<tr><td>阳山</td><td>7:20、12:20</td></tr>
<tr><td>韶关</td><td>韶关</td><td>10:15、15:45</td></tr>
<tr><td rowspan="2">肇庆</td><td>肇庆(普通)</td><td>7:50—19:40 每隔 30—40 分钟一班</td></tr>
<tr><td>四会</td><td>7:45—19:20 每隔 30—40 分钟一班</td></tr>
</table>

（续表）

类别	地区	终点站	发车时间(频率)
省内班车	江门	江门	8:10、11:00、14:10、16:30
		开平	11:00、17:45
		台山	12:00、19:00
	阳江	阳江	8:10、13:35
		阳春	8:30、14:10
	茂名	化州	8:00、17:00
	梅州	梅州	9:40、17:20
		兴宁	12:00
		五华	13:45
		平远	18:15
	河源	河源	9:40、14:10
	揭阳	揭阳	11:00
	廉江	廉江	10:20、19:30
跨区班车	禅城（直达）		三水汽车站 6:30—19:30 佛山城巴总站 6:30—19:30 每隔 15—20 分钟一班
	禅城（非直达）		三水汽车站→皇朝酒店→西南公园→花园酒店→西南商业城→金太阳→走马营→坑口（狮岭）→狮岭（陈边）→莲塘→新城→狮中→大涡塘→华涌→华立医院→小塘路口→俊景花园→石门中学→湖景湾→博爱立交→A 区→兴业立交→百沙桥→上柏→下柏→罗村医院→城中公园→罗村→化纤厂→佛罗路口→佛山汽车站→佛山城巴总站 三水汽车站 6:00—20:30　佛山城巴总站 6:00—20:30 每隔 15—20 分钟一班
	南海		6:00—19:00 每隔 20—40 分钟一班
	南海丹灶		6:30—19:30 每隔 30 分钟一班
	顺德 A		三水汽车站→美的海岸花园→伦教工业大道站→新教路口→古娄→顺德客运总站→华宝→容奇大桥收费站→上佳市→容桂客运站 三水汽车站 6:00—18:20 容桂客运站 6:00—18:20 每隔 40 分钟一班
	顺德 B		三水汽车站→周边站→白坭青年文化广场→丹灶车站→金沙邮局→西樵车站→永安商场→南海中学→沙头清平路口→沙头英明→龙洲路口→龙江派出所→勒流中心小学→勒流汽车站→勒流交警中队→龙眼路口→勒良路口→飞马路口凤翔商业广场→古娄→顺德客运总站→容奇大桥收费站→上佳市→容桂客运站
	高明		三水汽车站→抱龙桥→沙基→西樵车站→太平路口→电厂→高明汽车站 6:30—19:00 每隔 20—30 分钟一班
	禅城（直达）		三水汽车站 6:30—19:30 佛山城巴总站 6:30—19:30 每隔 15—20 分钟一班

查询电话：0757—87838777。

粤港直通巴士

三水中旅社（每天对开6班）

三水君悦酒店、花园酒店（香港中旅社巴士每天对开1班）

三水花园酒店直通深圳福田口岸巴士

广东中旅社（每天对开1班）

三水汽车站（每天对开1班）

电召的士（出租车）电话

新协力出租车公司：82023456

三水国鸿出租车公司：82023456

三水港澳直通巴士班次

金太阳三水香港直通巴士时间表

目的地	票价（人民币）	上落车地点、时间
金太阳酒店→香港		出发时间:8:00、14:00 上车地址:佛山市三水区西南街道广海大道东6号金太阳酒店
香港→金太阳酒店	成人票价: 单程：130元；双程：210元； 3—12岁票价: 单程：半价；双程：半价； 3岁以下票价: 单程：10元；双程：20元； 65岁以上票价: 单程：100元；双程：200元；	健明邨(7:45、11:40) 油塘(7:50、11:45) 东港城(7:50、11:45) 坑口宝(7:55、11:50) 观塘(8:00、11:55) 香港机场(12:00、18:00) 湾仔地铁站(7:35、12:05、18:05) 黄大仙(8:15、12:10) 海洋公园(18:15) 尖东T广场(12:20、18:20) 佐敦南京路(8:00、12:30、18:30) 太子上海街(8:05、12:35、18:35) 旺角上海街(8:10、12:40、18:40) 尖沙咀圆方(8:15、12:45、18:45) 荃湾(8:30、13:00) 屯门(8:40、13:10)

三水中旅港澳直通巴士时间表

目的地	开车时间	票价(人民币)	过境口岸	下车地点	香港上市地点、时间
三水→香港	8:00	130元(单程); 210元（来回程); 230元（香港机场);	深圳湾	屯门、荃湾、太子、香港机场	柯士甸道:7:40、8:55、14:00、15:00、18:00 太子:8:00、9:15、14:20、15:20、18:20 沙田:8:15、15:35 荃湾:9:35、14:40 来回程票 回程3个月有效
	9:00 12:00 15:10		皇岗	上水、沙田、太子、柯士甸道、香港机场	
	16:30		深圳湾	屯门、荃湾、太子、香港机场	
三水→澳门/珠海	7:50 15:50	90元(单程); 165元（来回程);	珠海拱北 澳门富豪酒店 来回程票 回程30天内有效		澳门富豪酒店 10:10、17:30 珠海拱北 11:25、18:50

（具体车次以客户服务中心公布为准）

三水上车点：佛山市三水区西南街道新华路42号三水中旅旅行社

香港上车点：

柯士甸站：柯士甸道8号童军中心地下过境巴士总站；荃湾站：荃湾德海街跨境巴士站（德华公园旁）

太子站：太子地铁站A出口对面粤港公司售票处门口；沙田站：沙田正街1号伟华中心地下保惠侧

备注：粤港来回程车票由出发日起计回程3个月内有效。澳门珠海来回程车票由出发日起计回程30天内有效。票价及班次以前台咨询为准。

电话：0757-87802269　0757-87802272

三水站旅客列车时刻表

车次	乘车区间	到开时间		始发	终到	前方停车站
K9049	郴州—肇庆	19:00	19:02	13:15	20:00	肇庆
K397/K396	广州—南宁	17:40	17:55	16:38	5:46	肇庆、阳春、茂名东、茂名、化州、文地、陆川、玉林、贵港、黎塘、南宁
K9068/K9069	肇庆—张家界	19:46	19:52	19:00	14:52	佛山、广州、广州北、韶关东、郴州、耒阳、衡阳、株洲、湘潭、湘乡、娄底、涟源、冷水江东、新化、溆浦、怀化、吉首、张家界
K9080	肇庆—岳阳	22:09	22:12	21:24	9:38	佛山、广州、韶关东、郴州、衡阳、衡山、株洲、长沙、汨罗、岳阳
K1080	肇庆—武昌	21:01	21:04	20:07	11:18	佛山、广州、韶关东、郴州、衡阳、衡山、株洲、长沙、汨罗、岳阳、赤壁、咸宁、武昌
K1079	武昌—肇庆	8:01	8:07	16:50	9:21	肇庆
K9070	张家界—肇庆	11:35	11:37	16:10	12:22	肇庆
K9050	肇庆—郴州	6:29	6:31	5:34	12:31	佛山、广州、韶关东、乐昌、坪石、郴州

三水站电脑联网预售全国各站火车票。查询、订票电话：0757—87754354。

三水南站（高铁）列车时刻表

贵广高铁（三水南→广州南）

车次	出发站－到达站	用时	里程
D2831	三水南 10:08—广州南 10:42	34 分	51
D2801	三水南 12:21—广州南 12:54	33 分	51
D3607	三水南 12:35—广州南 13:10	35 分	51
G2911	三水南 15:04—广州南 15:35	31 分	51
D2837	三水南 15:28—广州南 16:02	34 分	51
D3615	三水南 17:42—广州南 18:17	35 分	51
D2813	三水南 18:32—广州南 19:06	34 分	51
G2903	三水南 19:58—广州南 20:33	35 分	51

（续表）

车次	出发站－到达站	用时	里程
G2905	三水南 20:56—广州南 21:30	34 分	51
D2843	三水南 22:03—广州南 22:37	34 分	51
D9801	三水南 22:29—广州南 23:03	34 分	51
D3648/D3645	三水南 22:46—广州南 23:21	35 分	51
D3685	三水南 22:57—广州南 23:32	35 分	51
G2902	三水南 8:00—广州南 8:33	35 分	51
D3604	三水南 8:30—广州南 9:03	33 分	51
D2834	三水南 10:00—广州南 10:32	32 分	51
D3608	三水南 10:30—广州南 11:03	33 分	51
D2808	三水南 11:35—广州南 12:07	32 分	51
G2904	三水南 12:28—广州南 13:01	33 分	51
D3616	三水南 13:49—广州南 14:22	33 分	51
G2906	三水南 15:37—广州南 16:09	32 分	51
D3646/D3647	三水南 16:45—广州南 17:18	33 分	51
D2816	三水南 16:55—广州南 17:27	32 分	51
D2842	三水南 17:17—广州南 17:47	30 分	51
G2912	三水南 17:45—广州南 18:18	33 分	51
D2844	三水南 20:00—广州南 20:32	32 分	51
D9802	三水南 20:45—广州南 21:16	31 分	51

（具体车次以铁路客户服务中心公布为准）

贵广高铁（三水南→贵阳、贵阳北）

车次	出发站－到达站	用时	里程
D2808	三水南 12:09—贵阳北 17.12	5 小时 3 分	813
D2816	三水南 17:29—贵阳 22:30	5 小时 1 分	803
D2816	三水南 17:29—贵阳 22:47	5 小时 18 分	813

贵广高铁（贵阳、贵阳北→三水南）

车次	出发站－到达站	用时	里程
D2801	贵阳北 7:13—三水南 12:19	5 小时 6 分	813
D2801	贵阳 7:31—三水南 12:19	4 小时 48 分	803
D2813	贵阳北 13:20—三水南 18:30	5 小时 10 分	813

南广高铁（三水南→南宁东、南宁）

车次	出发站－到达站	用时	里程
D3604	三水南 9:05—南宁东 12:26	3 小时 21 分	512
D3608	三水南 11:05—南宁东 14:30	3 小时 25 分	512
D3616	三水南 11:05—南宁 18:19	3 小时 55 分	546
D3646/D3647	三水南 17:20—南宁东 20:49	3 小时 29 分	512
G2912	三水南 18:20—南宁东 21:47	3 小时 27 分	512

南广高铁（南宁东→三水南）

车次	出发站－到达站	用时	里程
D3607	南宁东 9:15—三水南 12:33	3 小时 18 分	512
G2911	南宁东 11:30—三水南 15:02	3 小时 32 分	512
D3615	南宁东 14:20—三水南 17:40	3 小时 20 分	512
D3648/D3645	南宁东 19:10—三水南 22:44	3 小时 34 分	512
D3685	南宁东 19:15—三水南 22:55	3 小时 40 分	512

三水南→深圳北

车次	出发站－到达站	用时	里程
G2911	三水南 15:04—深圳北 16:19	1 小时 15 分	153
G2903	三水南 19:58—深圳北 21:14	1 小时 16 分	153
G2905	三水南 20:56—深圳北 22:11	1 小时 15 分	153

深圳北→三水南

车次	出发站－到达站	用时	里程
G2902	深圳北 7:20—三水南 8:33	1 小时 13 分	153
G2904	深圳北 11:48—三水南 13:01	1 小时 13 分	153
G2911	深圳北 14:53—三水南 16:09	1 小时 16 分	153
G2911	深圳北 17:05—三水南 18:18	1 小时 13 分	153

（具体车次以铁路客户服务中心公布为准）

佛山市内各区到贵广、南广高铁三水南站

1. （1）三水区内乘坐647路、651路公交车，至三水南站公交站下车。

（2）在三水汽车站乘坐233路公交车，到一村站下车，步行约300米即可到达。

2. 南海区、禅城区内乘坐佛山城巴线公交车到三水南站公交站下车。

3. 高明区内乘坐高明线公交车到三水南站公交站下车。

4. 顺德区内乘坐容桂B线公交车到三水南站公交站下车。

途经三水南站的公交线

647 路	妇教所→污水处理厂→实验中学→实验中学正门→恒达花园→三水广场→汇丰花园→三水公路局→贡福楼酒家→人民医院（三水汽车站）→新沙村→大洲村→洲边商业街→三水南站→御江南南门→南岸市场→南岸渡口→南岸村→向西→五甲→南岸→南下→槼南
657 路	新明珠→清塘村→五金城（桂丹路口）→白坭汽车客运站→竹坞村→白坭开发区→青年文化广场→白坭市场→宝盈广场→黄金路口→塘厦村→周边村→三水南站→南岸市场→御江南南门→人民医院（三水汽车站）→贡福楼酒家→三水公路局→汇丰花园→三水广场→西南四小→西南公园→花园酒店→三水电信局→文化公园东→府前站（三水）→证券公司→半江花园→西南二中
233 路	三水汽车站→人民医院（三水汽车站）→洲边村牌坊→洲边西旧村→洲边商业街→一村→御江南南门→南岸市场→南岸社区卫生服务站→南下工业区路口→张家村（南岸）→南下村委会路口→东黄村→徐边工业园→新农路口→隔坎路口→横江铁料城→隔涌村→横江圩→沙边牌坊→沙边市场→梁村大道→中心公路→上良村→南沙村委会→南沙市场→向南村→南沙总站

三水至广州白云国际机场班车

三水城市候机楼→广州白云国际机场

始发站	发车时间								终点站	车程
三水城市候机楼（三水汽车站对面）	5:50	6:30	7:30	8:30	9:30	10:20	11:10	12:00	出发大厅19号门	全程约50分钟
	12:50	13:40	14:30	15:20	16:10	17:00	18:10	19:20		

广州白云国际机场→三水城市候机楼

始发站		发车时间								终点站	车程
广州白云国际机场	到达大厅A区7号门	5:50	6:30	7:30	8:30	9:30	10:20	11:10	12:00	三水城市候机楼	全程约50分钟
		12:50	13:40	14:30	15:20	16:10	17:00	18:10	19:20		
	到达大厅B区10号门	8:30	9:10	10:00	10:50	11:40	12:30	13:20	14:10		
		15:10	16:10	17:10	18:10	19:10	20:10	21:10	22:00		

注：线路和班车信息仅供参考，如有变动以当天实际发车为准。

索　引

说　明

1. 本索引采用主题分析方法，按主题词汉语拼音字母顺序排列。

2. 本刊的《特载》《专文》《2014年三水大事记》《先进单位与先进个人》《社会经济统计资料》《便民服务》未做索引。

3. 索引的主题词后面的数字表示内容所在页码，数字后面的拉丁字母（a、b、c）表示该页自左至右的栏别。

4. 本索引分目采用黑体字，子分目采用楷体字，条目采用宋体字。

汉语拼音主题索引

A

B

C

D

E

F

G

K

L

T

W

X

Y

Z